西北大学名师大家学术文库

张岂之 修订

宋明理学史

侯外庐 邱汉生 张岂之 主编

上

西北大学出版社

参与撰写人员

邱汉生　　张岂之　　卢钟锋　　步近智　　唐宇元
何兆武　　黄宣民　　冒怀辛　　龚　杰　　樊克政
孙开泰　　崔大华　　柯兆利　　姜广辉　　任大援
李经元　　李晓东

《宋明理学史》(修订本)序言

侯外庐先生、邱汉生先生和我主编的《宋明理学史》始于1980年,用了六年时间,上卷于1984年由人民出版社出版,下卷于1987年也由人民出版社出版。1997年分上下两册同时出版,全书有1048页。

为何用这样长的时间来研究《宋明理学史》?外庐先生和汉生先生在书中已有全面论述,主要是对中国学术思想研究的需要。中国思想、中国智慧、中国学术的研究与阐述,不能离开宋明理学。在古代的中国,儒、道、佛的融会贯通,如果不对宋明理学进行比较深入的研究,那是很难从学术思想上加以解决的。

在我们的《宋明理学史》出版前,我国前辈学者已有不少研究成果问世,这些可供我们仔细研究,作为借鉴,但是在资料搜集上以及研究论点的论述上也应当有所进展,有我们自己研究的成果。

外庐先生、汉生先生辞世以后,我和共同执笔的朋友们商量,这部著作有待于加以修订,使之在质量上有所提高,同时在文字的表述上要力求准确无误。《宋明理学史》初版上欲语又止,或者加上某些没有准确内涵的贬义词,必须删除。因而对《宋明理学史》的修订便提到日程上。

其时,《宋明理学史》撰写者卢钟锋、冒怀辛、黄宣民、步近智、崔大华同志,他们已辞世,虽然当时他们的年龄并不大。我时常怀念他们。执笔者今天健在的,有龚杰、樊克政、李经元、姜广辉、任大援、李晓东等,由于大家住地分散,而且各有不同的工作,身体状况也不一样,不可能集中起来做《宋明理学史》的修订工作。在此情况下,我自己来做这项修订工作,虽然进度慢些,但全书前后由一人通贯起来研究,也有好处。

《宋明理学史》修订本由西北大学出版社编辑出版，因为外庐先生是新中国建立后西北大学第一任校长，他生前对这段时光非常珍惜，我在多篇记述外庐先生的文章中，也曾详细地记述了这一点。而我，于1952年底从清华大学哲学系来到古城西安西北大学工作，至今已有六十多年，在这里有许多相知很深的朋友和学生；我和这所综合性大学有着非常深厚的感情。因此，《宋明理学史》一书的修订本由西北大学出版社出版，我是乐意的。还有，20世纪的80年代，西北大学出版社建立，我曾兼任过第一任社长。因此，本书请西北大学出版社编辑出版，也是人情之常。

此次《宋明理学史》经过修订，分上、中、下三册出版。西北大学中国思想文化研究所的陈战峰、夏绍熙同志曾经为书中的部分资料查对过原书，我向他们表示感谢。

张岂之

2018年1月10日

于西安市西北大学中国思想文化研究所

序 一

1959年我们编著《中国思想通史》第四卷的时候，即开始进行宋明理学的研究。因为限于全书的体例和篇幅，这一部分不可能展开分析，只是写了几位有代表性的理学家。当时我就开始酝酿编著《宋明理学史》，以阐明理学的产生和演变及其在中国思想史上的地位，使它成为一部与思想史有联系而又有区别的专门著作。

事隔二十年，我们才开始执行这项科研计划。1980年我们编完《中国思想史纲》下册以后，邱汉生同志已将《宋明理学史》的章次目录编出。我们即组织中国社会科学院历史研究所中国思想史研究室的同志进行讨论，分工执笔。汉生同志在"四人帮"横行的年代，在极其险恶的环境下，悄悄地阅读了关于理学的许多原始资料，对理学思想的产生和演变有许多宝贵的见解，这样就为我们编著《宋明理学史》作了积极的贡献。"四人帮"被粉碎以后，社会科学的研究活跃起来。近年来国内陆续出版了不少关于宋明理学的论著。这些对我们编著《宋明理学史》起了激励的作用。经过三年的努力，现在《宋明理学史》上卷已脱稿，下卷的编写工作正在进行。

宋明理学是封建社会后期的统治思想，"性与天道"是理学讨论的中心内容，这是哲学问题，同时也涉及政治、道德、教育、宗教等许多领域。宋明理学以儒学的内容为主，同时也吸收了佛学和道教思想，它是在唐朝三教融合、渗透的基础上，孕育、发展起来的一种新的学术思想。宋明理学浸润封建社会后期社会生活、政治生活的各方面，成为具有权威性的支配力量。宋明理学吸收了大量的传统文化和外来文化，在思想史上是继先秦诸子、两汉经学、魏晋玄学、隋唐佛学之后的又一新的发展阶段,有值得后人参考的若干宝贵内容,需要我们应用马克思主义的观点和方法悉心加以鉴别,而不能笼统地采取一笔抹煞的态度。因此,在这部著作中,我们不是孤立地叙述某个理学家的思想,而是试图阐明理学产生和演变的历史过程,以及理学家们在这个历史过程中所占的地位。理学中有程朱理学和陆王心学两大派别。它们相互诘辩,相互渗透,又出现了朱陆合流的趋势。这一思想演变的过程也是我们研究的重点之一。众所周知,朱熹是程朱理学的集大成者。程朱理学,只是在朱熹的手里,才确立了它在学术上的庞大规模与独特的体系,影响了尔后学术思想发展达五六百年之久,其余波至今未已。由此便提出了一系列重要问题:理学形成的历史原因何在?朱熹究竟如何集大成的?为什么程朱理学在中国封建社会后期有过深远的影响?王守仁心学又是如何崛起的?为什么在明清之际理学趋于衰颓?理学发展的内在逻辑与当时社会发展的关系如何?对于上述问题,我们提出了自己的一些看法,奉献于学术界,以供参考和讨论。还要提到的是,在一部关于理学史的专门著作中,不能只是写鼎鼎大名的理学家,还有一批虽然不大知名,但在理学的演变或理学思想渊源的承接传授方面有过影响的理学家,也是不能忽视的,应当对他们的历史地位做出恰如其分的说明。元代理学的研究长期被忽视。其实,元代理学的资料并不少,而其演变和发展的线索也是很清楚的。在这部专著中,我们开辟专章予以论述。我认为,只有掌握了元代理学的特点,才能了解宋代理学是如何经过这个中间环节而转向明代理学的。另外,与理学相联系的象数学也是不能忽视的。总之,理学史不是一部理学家的评传,也不是思想史中的某几个章节,而是一部在宋明这一特定历史条件下产生的具有自己时代特色的思想演变的历史。我们在这部著作中试图写出这个历史过程,可是由于水平的限制,一时难以完全做到,缺点和错误在所难免。

我认为,要符合历史实际地将理学产生和演变的历史写出来,研究者如果以理学思想作为指导,以理学写理学,那是不能揭示历史发展的真实面貌的,而且还会扭曲这个历史过程。如果只是停留在封建社会里进步学者的水平,像黄宗羲、全祖望那样,充其量只能编纂出像《宋元学案》这样的思想史著作,这在清代是了不起的事,但在今天来看,它只是历史编纂学,还不是科学的思想史,不是科学的理学史。古人有他们自己的历史局限。我们既要继承前人的优秀遗产,又必须有所创新和发展。

参加编著这部著作的有老年,有中年,也有青年科学工作者。大家相互学习,进行讨论;编书过程也是共同提高的过程。这就保证了这部著作的顺利进行。同时我们采取主编负责制,这样才能保证基本观点的首尾一贯,以及工作的有节奏地进行。对于本书的错误和缺点,我个人首先要负主要责任。我衷心希望读者和专家多多提出批评意见,只有借助于这些宝贵批评,我们才能得到充实和提高。

侯外庐

1983 年 3 月

序 二

《宋明理学史》论述重要的或比较重要的理学家的思想,辨章学术,考镜源流,重在说明学派的传衍、学者的师承关系。这是一部学术史,而不是讲学术本身,不过因为讲的是学术的历史,自然也要讲到学术本身。这部书不像《宋元学案》《明儒学案》那样细大不捐,例如,北宋只论述了宋初三先生、周惇颐、张载、二程、邵雍等重要的理学家,而像戚同文、范仲淹等都不论述。在次序的排列上,着重说明历史的发展,例如,先讲张载,后讲二程,不同于一般把二程放在张载之前的做法。我们没有把司马光算作理学家,不把他列入理学史,虽然朱熹曾经写过《六先生像赞》,把他同周惇颐、张载、二程、邵雍并列,但是他没有多少理学思想,他的关于象数学方面的著作《潜虚》,也被人提出怀疑,最后也是完成于张商英之手。

《宋明理学史》的撰著,新中国成立以来这是第一次。好像从没有路的地方走出路来,用了很多精力。参加撰著的同志,都有这同样的体会。许多同志都很努力,搜集了大量资料,深入细致地分析研究,得出了实事求是的论断。我们觉得在论述的广度和深度上,都比较可观,也感到在创新的工作中免不了错误、缺点和不足之处,希望得到学术界的批评指正。

学术界对我们撰著理学史的工作,给予了关心、勉励和期望,我们表示感谢。例如林英同志在酝酿要否撰著这样一种理学史的时候,就认真地提出,这是一件很有意义的工作,应该积极进行。在撰著的过程中,有关的同志给予了热诚的支持和帮助,例如提供图书资料的方便,或者为我们打印抄写稿件。包遵信、孙开太、柯兆利等同志参加了本卷章节提纲的讨论。对此,我们也表示感谢。海外学者也给予支持,例如由美国学者田浩的介绍,哈佛燕京大学的吴文津博士,给我们寄来了宋宁宗嘉定五年(公元1212年)刊刻的陈亮著作的微型胶卷,这种国际的学术交谊,是十分珍贵的。

《宋明理学史》上卷的撰著,得到西北大学历史系中国思想史教研室同志的协作。这种协作关系今后还要继续。

《宋明理学史》上卷的定稿工作,张岂之同志付出了艰巨的劳动,卢钟锋同志在统一全稿方面做了大量的工作。这些都使书稿的质量提高了一步。

邱汉生
1983年3月

序 三[①]

《宋明理学史》撰著完成了。全书两卷,上卷二十八章,下卷三十六章,共一百三十万余言。经始于1980年,至1985年年终写竣,历时六载。同志们十分辛瘁,晨窗握笔,午夜摊书,六年岁月是在勤奋中度过的。今日回顾,倍感欢愉。

《宋明理学史》上卷于1984年4月出版,得到学术界的热情关注。胡绳、蔡尚思、张岱年、任继愈、石峻、张恒寿、王明诸先生,或驰书勖勉,或相见问讯,均殷殷以下卷早日出版为望。日本学者冈田武彦,美国学者田浩,亦深表关切,给我们以精神鼓舞。对此,谨致谢忱。

《宋明理学史》下卷的撰著工作,实始于一九八三年夏季。是年六月,撰著诸君,包括中国社会科学院历史研究所中国思想史研究室诸同志,西北大学思想文化研究所有关同志,集会于北京,商讨下卷的编撰工作。与会诸君得悉《宋明理学史》列为国家"六五"计划期间历史学科重点项目,极其振奋,同时感到责任重大。会议根据前三年所拟的编撰提纲,讨论通过了《宋明理学史》下卷的章节目录。此后,下卷的撰著工作就全面开展了。

1983年11月,中国思想史全国学术讨论会在西安举行。会议期间讨论了《宋明理学史》下卷的编撰工作,修订了章节目录,调整了编撰力量,推动了编撰工作的进一步开展。

---

① 本序原为邱汉生先生为该书第一版写的后记,收录于此谨为读者提供当时编撰时的真实情况,亦有存史纪念之意。

1985年冬季,《宋明理学史》下卷撰著基本完成。在将近三年的时间里,诸同志阅读史料,研究问题,操觚染翰,昼夜焦劳。有些章节,三易其稿。其间,步近智同志受主编委托,陆续编印了《编撰通讯》,交流情况,互相启发,促进了工作的进展。侯外庐先生经常听取编撰工作的汇报,给予亲切的指导。

《宋明理学史》的编撰原则是:根据马克思主义观点,对历史事实和思想资料进行辨析、研讨,以期得出科学的结论。在这一编撰原则指导下,我们先后完成了《中国思想通史》五卷六册的撰著任务以及《中国思想史纲要》《中国近代哲学史》《中国封建社会史论》的撰著任务。根据这个原则,发扬实事求是的笃实的学风,是我们所应当遵循的。例如,就掌握史料而论,同志们都重视第一手资料,而不愿转引他人著作所用的现成资料。诚然深信,亲身发掘的实际资料比较可靠,令人放心。在引用材料方面,注意其完整性,力戒断章取义,取其所需。如果有所未尽或未尽惬心,必认真求索,以图稳洽。

这里举一个事例。南宋理学家陈淳的生卒年,《宋元学案》卷六十八《北溪学案》说:嘉定九年,陈淳待试中都。"明年,以特奏恩授迪功郎泉州安溪主簿,未上而卒,年六十五。"据此,则陈淳卒于宋宁宗嘉定九年的第二年丁丑(公元1217年)。上推六十五年,则生于宋高宗绍兴二十二年壬申(公元1152年)。经过考证,得知《宋元学案》的这个记载是错误的。

陈宓所作《有宋北溪先生主簿陈公墓志铭》云:"嘉定十六年四月一日,北溪陈先生卒。"又云:"先生讳淳,字安卿,漳之龙溪北溪人。淳熙己酉,与计偕。嘉定丁丑,该特奏恩,越明年,授迪功郎。主泉州安溪簿。壬午,以恩循修职郎。享年六十有五。"

陈淳的门人陈沂作《叙述》,记载陈淳的生平很详细,云:"岁在丁丑,待试中都。"

《福建通志·陈淳传》云:"嘉定十六年,以特奏恩,授安溪县簿,未任而卒。"

《漳州府志·陈淳传》云："嘉定九年,待试中都。…十六年癸未,以特奏恩授泉州安溪簿,未任而卒,年六十五。"

以上材料,均见《北溪全集·外集·传》,比较详确。陈宓《墓志铭》,陈沂《叙述》为当时第一手材料,尤为可贵。所记陈淳生卒生平,最可信据。根据这些材料,理出年表如下：

孝宗淳熙十六年己酉(公元1189年),与计偕。

宁宗嘉定十年丁丑(公元1217年),待试中都(《漳州府志》作"嘉定九年",误)。又该特奏恩,明年戊寅(公元1218年),授迪功郎。

宁宗嘉定十五年壬午(公元1222年),以恩循修职郎。

宁宗嘉定十六年癸未(公元1223年),授泉州安溪县主簿。未任而卒,时为四月一日。年六十五。

陈淳卒于嘉定十六年(公元1223年),年六十五,三份材料记载相同。上推六十五年,则生年应为高宗绍兴二十八年戊寅(公元1158年)。

又陈淳《初见晦庵先生书》云：淳愿见先生,"奈何事与心违。……今三十有二年矣。"按：朱熹守漳州,为光宗绍熙元年庚戌(公元1190年),时陈淳三十二岁。由此上推三十二年为高宗绍兴二十八年戊寅(公元1158年),这与据陈宓等三份材料所考得的陈淳生年,完全相符。

又陈淳《敬恕斋铭》附《后记》云："嘉定戊寅春,临漳北溪陈某书。"嘉定戊寅为宁宗嘉定十一年(公元1218年),上距高宗绍兴二十八年戊寅(公元1158年),为六十年。再过五年,陈淳才死。这也足以证明《宋元学案》谓陈淳卒于嘉定十年是错误的。

作此类烦琐考证,似乎无关大要,但是足以表明我们在研究工作中经历着认真严肃的摸索,即使一个细节也不敢忽略。而以上所举陈淳生卒年的考证,正是由我们自己的同志在审稿时据《宋元学案》提出疑问,然后据考实的结论,胪陈史料,以资取信的。类似情况,时有所遇,随时解决,此不琐陈。

我们有幸在首都工作。这里有藏书十分丰富的全国最大的图书馆。

例如,北京图书馆的明永乐年间内府初刊本《四书大全》《五经大全》《性理大全》,是很珍贵的。六百年前的这部白棉纸初刊本,纸张厚实洁白,大字,大开本,非国力富盛的封建国家的中央政府没有力量办此。这部书的学术价值不高,但印制规格却是头等的,很少有书能同它比拟。我们得以坐在该馆的善本书室里静心地阅读,这事实本身说明我们的幸运。这部书,国内该是很稀罕的了。另有一部桑皮纸本,是明初南京印制的,收藏在中国科学院图书馆,版式字体开本与内府刊本相同,只是纸张不同,也是国内稀有的善本了。我们有幸得借阅以与内府刊本相校。这真是我们撰著工作中的喜事。何心隐的集子现在有了刊本,而当初只有容肇祖先生收藏的抄本。过去写《中国思想通史》第四卷下册,蒙容先生慷慨借予。这也只有在北京有此方便。学术是天下的公器,然而没有兰台石室之藏,没有天禄琳琅之富,则巧妇也难于做无米之炊,任是曾窥二酉,也就失去了做学问的根本凭藉。新中国成立以前,书籍的匮乏,曾使学人搁笔。兴言及此,不胜慨叹,读者当与我们抱同感的吧。

还要说一说学术研究方面的互相帮助。五十年前的老同学王作寿君,从浙江省江山县的图书馆,为我们抄辑了宋、明时期江山县的三位理学家的生平资料,为我们论述当时理学传播的广泛找到了证明。王君谦逊,说江山是"山僻小县",人物有限。然而我们感到,就在这里竟然出了三位理学家。他们虽非大家,而弟子数传,著籍亦有千百人之众。现在摘引这份资料如下:

> 徐存,"字诚叟,从龟山杨时学。既有得,讲道于家,执经者前后千余人。时相秦桧欲识之,不能得。朱晦庵夫子屡过访,甚敬服。所著有《六经讲义》《中庸论孟解》《潜心室铭》。门人有周贲、周孚、柴卫、柴瑾、郑升之、西安郑雍、陆律、常山江泳,皆卓然名世。卒后,朱子有诗吊之。"朱熹少时,见存于清湖,存告以克己归仁、知言养气之说。朱熹又谓,放心之解得力于先生为多

（据汪浩《江山县志》）。可知徐存为二程再传弟子，与朱熹有交往。其著作，仅传《潜心室铭》，余皆佚。

周积"字以善，号二峰，居镇安，天性诚笃，潜心理学，专务实践，动准古人。师事章枫山，受《易》蔡虚斋。举乡荐，复师王阳明。其友王龙溪曰：君于枫山得其旷，于虚斋得其博，于先师得其立诚之旨，可谓信道有闻者也"（据汪浩《江山县志》）。"性喜讲学，晚年矫其弊曰：为学如治病。学不身体力行，是徒讲药方类也。人以为知言"（宋成绥《江山县志》）。

徐儒"字孔霖，号东溪，居市后，师事阳明，独契良知之旨。任谏议大夫，疏救夏相国言，受廷杖。……（归）筑东溪讲舍，集同志讲学，多发宋儒所未发。年九十，好学不倦。士林翕然宗之。著有《东溪文集》"（据汪浩《江山县志》）。

宋、明时期江山县的三位理学家，徐存为程门再传，与朱熹有学术联系；周积初为朱学，后转师王守仁，"得其立诚之旨"，立诚之旨即是"致良知"之旨；徐儒师事王守仁，"独契良知之旨"。他们都讲学，门徒众多，影响不小。在一个县里，先后出三位理学家，表明理学传播的确广泛。

学术研究上互相帮助，诚然是学术得以更好地发展的一个条件。

要说明宋明理学对后世的影响颇非容易。而影响是确实存在的。赅括说来，有三个方面：一是社会的，一是政治的，一是学术思想的。所谓社会的，就是风俗习惯的。纲常名教，居家处世，交际往还，婚丧仪节，都属社会影响的范围。

宋明理学的学术思想影响，如水银泻地，渗透无遗。哲学、历史、文学、艺术，都深受影响。哲学谈天理、良知。历史传孝义、忠烈。文学歌颂高人雅士、才子名媛。艺术塑造飞天药叉，绘制胜水佳山。偶或离异，则斥为叛逆，不齿于衣冠。何心隐、李卓吾不获善终。曾静、庄廷鑨斫棺戮尸。关汉卿一生坎坷。徐青藤发狂以终。这些人的遭际，正是理学思想笼盖下不可避免的悲剧,也是学术思想史上值得记取的教训。

宋明理学,是我国学术思想的重要内容之一。它与先秦诸子,两汉经学,魏晋玄学,隋唐佛学,清代考据,方驾而无愧色。在《宋明理学史》两卷之中,我们已论述了主要的理学思潮,许多重要的理学派别、理学家及其理学思想,肯定了其中的积极成果。理学所讨论的心性问题,本体、功夫问题,道德规范问题,人生究竟与要求问题,社会政治理想问题,思维内容与形式问题,"牛毛茧丝,辨析毫芒,"达到了理论思维的很高水平。这些都是客观存在,我们在有关章节做了充分肯定。然而,宋明理学与其他学术思想相似,也是瑕瑜参半。所谓参半,不是刻板的一半对一半,而是瑕瑜并呈,妍媸互见,孰轻孰重,要根据实际,具体分析。

宋明理学发展的全过程,经过我们的共同努力,从头至尾探索了一遍。不敢说,这全过程已经探索得很清楚了。但是,我们对宋明理学的认识比过去确实进了一步。它的性质、作用,它的发展过程,它的内部分歧,它的回旋起伏,它的衰颓终结,我们的认识比过去具体得多。特别对重要的理学派别,理学思潮,对著名理学家的思想与活动,对主要理学著作的内容,等等,有了较清晰的了解。所有这些,表明我们的认识比过去提高了;也使我们相信,通过这部《宋明理学史》将有助于读者加深对中国思想史宋、元、明至清初这一历史时期的理解。这就是我们的收获吧。譬如看山。看到前面有一座山,它际天蟠地,它高耸入云,它林木苍翠,它溪涧琤琮。我们大体对它有些了解。于是我们攀登,拾级而上,攀悬崖,登高峰,升降流连,渡溪涉涧,越过峻坂,徜徉平冈,然后浩歌而归。这个时候,我们是确实看过这座山了。对这座山的险夷幽邃,千岩万壑,获得了具体的认识。写下来,乃成为一部《山志》。这部《山志》,还是粗略的,不免有遗漏,也有失误,但总堪作揽胜之一助。更有进者,我们的主观愿望是,想通过这部《宋明理学史》,对清理中华传统文化,建设精神文明,有所裨补。青蓝冰水,则寄厚望于将来的作者。

《宋明理学史》上、下两卷的撰著,前后经过六年。同志们十分辛瘁。

然而终于完成了,大家也感到欢快。外庐先生久淹病榻,仍经常问起撰著的进度,了解书中的重大问题,指导我们解决。这使我们的工作能够顺利完成。全书的学术组织工作,由中国社会科学院历史研究所中国思想史研究室承担。黄宣民同志安排人力,完成书稿,贡献了力量。

《宋明理学史》下卷的定稿工作,张岂之同志付出了艰巨的劳动。卢钟锋同志在统一全稿方面做了大量的工作。这些都使书稿的质量提高了一步。

邱汉生

1986 年 1 月

《宋明理学史》总目录

《宋明理学史》（修订本）序 ································· 张岂之/1
序一 ··· 侯外庐/3
序二 ··· 邱汉生/6
序三 ··· 邱汉生/8

绪 论 ··· /1
 第一节 宋明理学产生的历史条件 ····················· /1
 第二节 宋明理学是封建社会后期的主导思想 ············ /4
 第三节 宋明理学发展的诸阶段及其特点 ················ /10
 第四节 宋明理学是宋明时期的统治思想 ················ /13
 第五节 宋明理学史的研究 ··························· /15

第一编 北宋时期的理学

概 说 ··· /21
第一章 理学先驱"宋初三先生"及其思想 ···················· /24
 第一节 胡瑗的教育论 ······························· /24

第二节　孙复思想 …………………………………………… /29
　　第三节　石介思想 …………………………………………… /32

第二章　理学开山周惇颐 ……………………………………… /39
　　第一节　周惇颐生平及其著作 ……………………………… /39
　　第二节　《太极图》的渊源及《太极图·易说》的唯心主义
　　　　　　本质 ………………………………………………… /44
　　第三节　《易通》以"诚"为中心的理学思想体系 ………… /56
　　第四节　《爱莲说》的佛说因缘 …………………………… /70

第三章　张载的理学思想 ……………………………………… /75
　　第一节　张载生平及关学的兴衰 …………………………… /75
　　第二节　张载的本体论 ……………………………………… /84
　　第三节　张载的道德论和认识论 …………………………… /94
　　第四节　张载与二程的关系 ………………………………… /108

第四章　程颢程颐的理学思想 ………………………………… /113
　　第一节　二程生平及其与王安石新学的对峙 ……………… /113
　　第二节　二程的《易》学及其思想渊源 …………………… /118
　　第三节　二程的"天理"论 ………………………………… /128
　　第四节　"格物致知"论及其实质 ………………………… /139
　　第五节　二程的人生哲学和人性论 ………………………… /146
　　第六节　二程的后学及其思想 ……………………………… /156

第五章　邵雍的象数学思想体系 ……………………………… /164
　　第一节　邵雍的生平及《皇极经世书》中的宇宙图式 …… /164
　　第二节　《皇极经世书》中的基本概念及"观物"思想 … /180
　　第三节　《皇极经世书》的流传与影响 …………………… /187
　　第四节　《伊川击壤集》中的人生哲学 …………………… /189

第五节　邵雍的历史哲学和社会政治思想 ………………………… /194

第二编　南宋时期的理学

概　说 ……………………………………………………………………… /205

第六章　胡安国《春秋传》的理学特色 …………………………… /207
  第一节　胡安国的生平事迹和学统师承 ………………………… /207
  第二节　胡安国的治学路径与《春秋传》的成书 ………………… /211
  第三节　《胡传》的《春秋》"大义"及其特点 …………………… /214
  第四节　《胡传》的《春秋》"笔法" ……………………………… /223
  第五节　《胡传》在学术史上的地位 ……………………………… /227

第七章　朱震的生平及其《汉上易传》中的象数学 …………… /229
  第一节　朱震的生平及著作 ………………………………………… /229
  第二节　朱震的社会政治思想与修养论 …………………………… /239
  第三节　朱震的象数学及其在学术史上的地位 ………………… /243

第八章　胡宏的理学思想 ……………………………………………… /267
  第一节　胡宏的家学渊源 …………………………………………… /267
  第二节　胡宏理学思想的主要内容和特点 ……………………… /270

第九章　张九成的理学思想及其影响 ……………………………… /282
  第一节　张九成的生平及其理学思想 …………………………… /282
  第二节　张九成与佛家的关系 ……………………………………… /288
  第三节　张九成的时代影响 ………………………………………… /293

第十章　张栻的理学思想 ……………………………………………… /296
  第一节　张栻的生平和学术师承与著述 ………………………… /296

第二节　张栻的宇宙论 …………………………………………… /301
　　第三节　张栻"明义利之辨"的理学特色 ……………………… /302
　　第四节　张栻的仁说和人性论 …………………………………… /306
　　第五节　张栻的"格物致知"说和"居敬主一"的修养方法 …… /312
　　第六节　张栻在理学史上的地位 ………………………………… /315

第十一章　吕祖谦的理学思想及其后学 ……………………………… /317
　　第一节　吕祖谦的理学派别和思想渊源 ………………………… /317
　　第二节　吕祖谦的天理论和心说 ………………………………… /321
　　第三节　吕祖谦关于存"本心"和"反求诸己"的认识论 ……… /326
　　第四节　吕祖谦的致用学说 ……………………………………… /332
　　第五节　吕祖谦的史学思想 ……………………………………… /336
　　第六节　吕祖谦的后学王应麟 …………………………………… /338

第十二章　朱熹的理学思想（上） …………………………………… /343
　　第一节　朱熹的生平及其著作 …………………………………… /343
　　第二节　朱熹的天理论 …………………………………………… /355
　　第三节　朱熹的人性论 …………………………………………… /365

第十三章　朱熹的理学思想（下） …………………………………… /371
　　第四节　朱熹的"格物致知"论和"持敬"说 ………………… /371
　　第五节　朱熹"会归一理"的历史哲学 ………………………… /380
　　第六节　朱熹的历史地位及其对后世的影响 …………………… /392

第十四章　浙东事功派与理学的关系 ………………………………… /397
　　第一节　陈亮同朱熹的论辩 ……………………………………… /397
　　第二节　叶适思想同理学的分歧 ………………………………… /418

第十五章　杨万里的思想 ……………………………………………… /438

· 4 ·

第一节　杨万里的生平 …………………………………………… /438
　　第二节　杨万里的宇宙论和认识论 ……………………………… /443
　　第三节　杨万里的道德论 ………………………………………… /456

第十六章　陈淳的理学思想 ……………………………………………… /459
　　第一节　根源论实质就是"天命论" ……………………………… /459
　　第二节　卫护师门排击陆学的《严陵讲义》与《二辩》………… /464
　　第三节　羽翼《四书集注》的《四书性理字义》………………… /467

第十七章　闽学干城——蔡元定与蔡沈 ………………………………… /484
　　第一节　蔡元定的《皇极经世指要》和《律吕新书》…………… /484
　　第二节　蔡沈的《书集传》………………………………………… /490
　　第三节　蔡沈的《洪范皇极》……………………………………… /496

第十八章　程端蒙、董铢、程端礼的教育理论………………………… /505
　　第一节　程端蒙《性理字训》——理学教育的启蒙教材 ………… /505
　　第二节　《程董二先生学则》——理学教育小学阶段的培养
　　　　　　目标 ……………………………………………………… /509
　　第三节　程端礼《读书分年日程》——理学教育的教学方法
　　　　　　和计划 …………………………………………………… /512

第十九章　陆九渊的思想 ………………………………………………… /521
　　第一节　陆九渊的生平 …………………………………………… /521
　　第二节　陆九渊的思想 …………………………………………… /523
　　第三节　陆九渊思想的渊源、与禅学的关系及其与朱熹的
　　　　　　争论 ……………………………………………………… /537

第二十章　陆九渊弟子的思想 …………………………………………… /545
　　第一节　槐堂诸儒——陆九渊门庭的确立 ……………………… /545

第二节　甬上四学者——陆九渊思想的发展 …………………… /552

第二十一章　真德秀、魏了翁在理学史上的地位 ………………… /571
　　第一节　真德秀的理学思想 ………………………………………… /572
　　第二节　魏了翁的"正心""养心"思想 …………………………… /579

第二十二章　程朱理学的修正者——黄震及其思想 ……………… /586
　　第一节　黄震的生平与著作 ………………………………………… /586
　　第二节　黄震的宇宙论 ……………………………………………… /590
　　第三节　黄震的性论 ………………………………………………… /594
　　第四节　黄震的认识论 ……………………………………………… /597
　　第五节　黄震的道统论 ……………………………………………… /603

第二十三章　金华朱学的主要特点和历史影响 …………………… /608
　　第一节　金华朱学的主要传人及其著述 …………………………… /608
　　第二节　金华朱学的思想特色及其历史影响 ……………………… /617

第三编　元代理学

概　说 ………………………………………………………………………… /641

第二十四章　赵复、许衡的理学思想 ………………………………… /644
　　第一节　北方理学的传授者——赵复及其思想 …………………… /644
　　第二节　许衡思想及其在元代理学史上的地位 …………………… /653

第二十五章　刘因的理学思想 ………………………………………… /664
　　第一节　刘因的身世和学行 ………………………………………… /664
　　第二节　刘因的天道论和心性说 …………………………………… /666
　　第三节　刘因关于齐物、观物的思想 ……………………………… /671

第四节　返求六经与"古无经史之分"的经学思想 …………………… /676

第二十六章　饶鲁与吴澄的理学及其历史地位 ……………………… /680
　　第一节　饶鲁的理学思想 …………………………………………… /680
　　第二节　吴澄的道统论与经学 ……………………………………… /691
　　第三节　吴澄的天道思想 …………………………………………… /695
　　第四节　吴澄的心性说 ……………………………………………… /701

第二十七章　元代的朱陆合流与陆学 …………………………………… /707
　　第一节　朱熹陆九渊去世之后的理学概况 ………………………… /707
　　第二节　朱陆合流的几种情况 ……………………………………… /713
　　第三节　对元代朱陆合流的分析及其与明代王学的关系 ………… /719

第四编　明初的理学

概　说 ……………………………………………………………………… /727

第二十八章　明初朱学统治的确立
　　　　　　　——论三部《大全》（上） ……………………………… /731
　　第一节　三部《大全》的纂修 ……………………………………… /731
　　第二节　《性理大全》的朱学印迹 ………………………………… /738
　　第三节　《四书大全》是《四书集注》的放大 …………………… /744

第二十九章　明初朱学统治的确立
　　　　　　　——论三部《大全》（下） ……………………………… /755
　　第四节　《五经大全》的朱学传注 ………………………………… /755
　　第五节　明初朱学统治的历史意义及其对后世的影响 …………… /763

第三十章　明朝开国时期宋濂、刘基的理学思想 ……………………… /775

  第一节 宋濂调和朱陆、折中儒佛的理学 …………………… /775
  第二节 刘基的理学思想 ……………………………………… /795

第三十一章 方孝孺、曹端的理学思想 …………………………… /810
  第一节 方孝孺的理学和行《周礼》、辟"异端" …………… /810
  第二节 曹端的理学 …………………………………………… /821

第三十二章 薛瑄、吴与弼的理学思想 …………………………… /832
  第一节 谨守"朱学矩矱"的薛瑄理学及其学传"关中之学" ………… /832
  第二节 刻苦奋励的吴与弼理学 ……………………………… /846

第五编 明中期心学的崛起及王守仁心学的传播

概 说 ……………………………………………………………… /861

第三十三章 陈献章的江门心学 …………………………………… /864
  第一节 陈献章的生平及其心学产生的学术背景 …………… /864
  第二节 "天地我立,万化我出"的心学世界观 ……………… /868
  第三节 "以自然为宗"的心学宗旨 …………………………… /874
  第四节 "静坐中养出端倪"的心学方法 ……………………… /876

第三十四章 湛若水对江门心学的发展与江门心学的学术归向 …… /879
  第一节 湛若水的生平及著述 ………………………………… /879
  第二节 "万事万物莫非心"的心学世界观 …………………… /881
  第三节 "随处体认天理"的心学方法 ………………………… /887
  第四节 湛若水心学思想的独特面貌 ………………………… /893
  第五节 江门心学的学术归向 ………………………………… /902

第三十五章　王守仁的心学（上） /908
第一节　王守仁生平活动及"学凡三变" /908
第二节　王守仁心学的主要论题："心即理""知行合一""致良知" /912

第三十六章　王守仁的心学（下） /935
第三节　"天泉证道"与教育论 /935
第四节　王学渊源 /947

第三十七章　钱德洪、王畿与浙中王学 /968
第一节　钱德洪的理学思想 /968
第二节　王畿的理学 /973

第三十八章　江右王学正传邹守益的理学思想（附：欧阳德） /985
第一节　邹守益的生平与学行 /985
第二节　信守师说的理学特色 /989
第三节　王学正传的历史地位 /1001

第三十九章　江右王门聂豹、罗洪先的理学思想特色 /1004
第一节　聂豹的生平与学说 /1004
第二节　罗洪先的生平学行与理学思想 /1011
第三节　聂豹、罗洪先理学思想评价 /1026

第四十章　江右王门刘邦采、王时槐、胡直的理学思想 /1029
第一节　刘邦采的"性命兼修"说 /1029
第二节　王时槐的"透性""研几"说 /1036
第三节　胡直的"心造天地万物"说 /1045

第四十一章　南中王门薛应旂与唐鹤征的思想特色 /1053

  第一节 薛应旂的心学思想 …………………………………………… /1053
  第二节 唐鹤征《桃溪札记》及《易》学著作的思想特色 ………… /1066

第四十二章 黄绾、张元忭对王学流弊的批评 ……………………… /1078
  第一节 黄绾的学行与"艮止"说………………………………………… /1078
  第二节 张元忭的理学思想 …………………………………………… /1096

第四十三章 王艮与泰州学派及其与王学的关系 ……………………… /1108
  第一节 王艮生平及其思想性格 ……………………………………… /1108
  第二节 泰州学派的学术特色及其与王学的联系 ……………… /1122
  第三节 泰州学派的历史影响 ………………………………………… /1133

第四十四章 泰州后学何心隐、罗汝芳、李贽的"异端"思想 ……… /1139
  第一节 何心隐的乌托邦社会思想 ………………………………… /1140
  第二节 罗汝芳的"赤子之心"说及其刑狱观点…………………… /1143
  第三节 李贽的反道学 ………………………………………………… /1150

第四十五章 罗钦顺的思想及其与理学的关系 ……………………… /1155
  第一节 罗钦顺生平和著作 …………………………………………… /1155
  第二节 罗钦顺的理气观和人性论 ………………………………… /1158
  第三节 罗钦顺对杨简、王守仁、湛甘泉的思想观点及
      禅学之评论 …………………………………………………… /1167

第四十六章 王廷相、吕坤的反理学思想 ……………………………… /1175
  第一节 王廷相的反理学思想 ………………………………………… /1175
  第二节 吕坤的反理学思想 …………………………………………… /1196

第四十七章 陈建和《学蔀通辨》 ……………………………………… /1211
  第一节 陈建生平和《学蔀通辨》的问世 ………………………… /1211

第二节　对朱、陆之学"早异晚同"说的诘辩 …………………… /1214
第三节　对陆、王心学"阳儒阴释"的批评 …………………… /1221

第四十八章　顾宪成的理学思想 …………………………………… /1227
第一节　顾宪成的学术渊源和理学派别 ………………………… /1227
第二节　"理是主宰"的本体论和对《太极图说》的解说 ……… /1232
第三节　"道性善是说本体"的人性论 ………………………… /1235
第四节　"道性善"与对"无善无恶心之体"的论辩 …………… /1237
第五节　辟佛论 ………………………………………………… /1245
第六节　知行观与修养论 ……………………………………… /1247

第四十九章　高攀龙的理学思想和"致用"学说 ……………………… /1257
第一节　学术渊源与理学派别 ………………………………… /1257
第二节　理气观 ………………………………………………… /1261
第三节　"复性"说和对"无善无恶"说的论辩 ………………… /1263
第四节　对管志道的"三教统一"说的论驳 …………………… /1267
第五节　"格物穷理"和修悟并重 ……………………………… /1270
第六节　提倡"治国平天下"的"有用之学" …………………… /1280

第五十章　刘宗周的思想特征及其"慎独""敬诚"理论 …………… /1283
第一节　刘宗周的生平和思想演变 …………………………… /1283
第二节　"离气无理"的理气论和"道不离器"的道器论 ……… /1286
第三节　以"形气为本"的人性论及其心学观点 ……………… /1293
第四节　"良知不离闻见"与"求道之要莫先于求心" ………… /1299
第五节　辟佛论 ………………………………………………… /1306
第六节　提倡"慎独""敬诚"之说 ……………………………… /1310

第五十一章　黄道周的理学思想 …………………………………… /1317
第一节　黄道周的生平和理学倾向 …………………………… /1317

第二节　黄道周的自然观 …………………………………… /1321
第三节　黄道周的《易》学思想 ……………………………… /1324
第四节　黄道周的"格物致知"论 ……………………………… /1328
第五节　"修己以敬"的道德修养论 …………………………… /1332
第六节　黄道周的人性论 ……………………………………… /1335

第五十二章　方以智、"易堂九子"与理学 …………………… /1340
第一节　方以智的思想特色 …………………………………… /1340
第二节　"易堂九子"及其思想 ………………………………… /1349

第六编　明末清初对理学的总结及理学的衰颓

概　说 ……………………………………………………………… /1369

第五十三章　孙奇逢的理学著作与理学思想 ………………… /1371
第一节　孙奇逢的生平及著作 ………………………………… /1371
第二节　孙奇逢的《理学宗传》 ………………………………… /1376
第三节　孙奇逢的《四书近指》《书经近指》和《读易大旨》 … /1383
第四节　孙奇逢在理学史上的地位 …………………………… /1391

第五十四章　《宋元学案》及其对宋元时期理学的总结 ……… /1397
第一节　《宋元学案》的编纂成书 ……………………………… /1397
第二节　《宋元学案》的学术倾向与黄宗羲、全祖望的治学路径 …… /1404
第三节　《宋元学案》对于理学源流和学统师承的辨析 ……… /1411
第四节　《宋元学案》关于理学史上诸论争的观点 …………… /1423
第五节　《宋元学案》的体例特点和它在学术史上的地位 …… /1437

第五十五章　《明儒学案》及其对明代理学的总结 …………… /1443

第一节　《明儒学案》的学术渊源与学术倾向 …………………… /1443
　　第二节　《明儒学案》论明初理学 ……………………………… /1449
　　第三节　《明儒学案》论明代中后期理学（上） ………………… /1452
　　第四节　《明儒学案》论明代中后期理学（下） ………………… /1465
　　第五节　《明儒学案》的理学观点及其在学术史上的地位 …… /1470

第五十六章　李颙的反身悔过之学 ……………………………… /1481
　　第一节　李颙的生平及著作 …………………………………… /1481
　　第二节　李颙的理学思想 ……………………………………… /1485
　　第三节　李颙在理学史上的地位 ……………………………… /1505

第五十七章　陈确与理学 ………………………………………… /1508
　　第一节　陈确的生平与著作 …………………………………… /1508
　　第二节　事事求实的学风 ……………………………………… /1511
　　第三节　在知行论上与理学的论辩 …………………………… /1514
　　第四节　在人性论上对理学的驳难 …………………………… /1520

第五十八章　顾炎武、傅山对理学的批评 ……………………… /1527
　　第一节　顾炎武的学术思想 …………………………………… /1527
　　第二节　傅山的学术思想 ……………………………………… /1540

第五十九章　王夫之与理学 ……………………………………… /1558
　　第一节　王夫之对张载气本论的继承和发展 ………………… /1559
　　第二节　王夫之对理学的批评 ………………………………… /1564
　　第三节　王夫之对理学一些基本观念的固守 ………………… /1578

第六十章　颜李学派的反理学思想 ……………………………… /1581
　　第一节　颜元的生平 …………………………………………… /1581
　　第二节　颜学的理论倾向 ……………………………………… /1582

第三节　颜李学派在理论思维上的经验教训 …………………… /1586
　　第四节　颜李学说的历史地位及其命运 …………………………… /1589

第六十一章　陆世仪的理学思想 …………………………………… /1596
　　第一节　陆世仪的生平与著作 ………………………………………… /1596
　　第二节　陆世仪的理气论 ……………………………………………… /1597
　　第三节　陆世仪的"格物致知"论与"居敬"说 ………………… /1600
　　第四节　陆世仪晚年对程朱理学人性论的异议 …………………… /1606
　　第五节　陆世仪思想评价 ……………………………………………… /1611

第六十二章　陆陇其的理学思想 …………………………………… /1614
　　第一节　陆陇其论"理""道"与"太极" ……………………… /1614
　　第二节　陆陇其的"中庸"论 ………………………………………… /1618
　　第三节　陆陇其的"居敬穷理"论 …………………………………… /1620
　　第四节　陆陇其的尊朱黜王论 ………………………………………… /1623

第六十三章　李光地的理学思想 …………………………………… /1628
　　第一节　李光地的生平和著作 ………………………………………… /1628
　　第二节　李光地的理学派别 …………………………………………… /1632
　　第三节　李光地的理学诸观点 ………………………………………… /1642
　　第四节　李光地编纂的性理诸书 ……………………………………… /1659

附录一：理学家生卒年表 …………………………………………… /1662

附录二：宋明时期主要理学著作目录 …………………………… /1672

目 录（上）

《宋明理学史》（修订本）序 ……………………………………… 张岂之/1
序一 ……………………………………………………………… 侯外庐/3
序二 ……………………………………………………………… 邱汉生/6
序三 ……………………………………………………………… 邱汉生/8

绪 论 ………………………………………………………………… /1
  第一节 宋明理学产生的历史条件 …………………………… /1
  第二节 宋明理学是封建社会后期的主导思想 ……………… /4
  第三节 宋明理学发展的诸阶段及其特点 ………………… /10
  第四节 宋明理学是宋明时期的统治思想 ………………… /13
  第五节 宋明理学史的研究 ………………………………… /15

第一编　北宋时期的理学

概 说 ………………………………………………………………… /21
第一章　理学先驱"宋初三先生"及其思想 …………………… /24
  第一节 胡瑗的教育论 ………………………………………… /24
  第二节 孙复思想 ……………………………………………… /29

· 1 ·

  第三节　石介思想 …………………………………………… /32

第二章　理学开山周惇颐 …………………………………………… /39
  第一节　周惇颐生平及其著作 …………………………………… /39
  第二节　《太极图》的渊源及《太极图·易说》的唯心主义
     本质 ………………………………………………………… /44
  第三节　《易通》以"诚"为中心的理学思想体系 …………… /56
  第四节　《爱莲说》的佛说因缘 ………………………………… /70

第三章　张载的理学思想 …………………………………………… /75
  第一节　张载生平及关学的兴衰 ………………………………… /75
  第二节　张载的本体论 …………………………………………… /84
  第三节　张载的道德论和认识论 ………………………………… /94
  第四节　张载与二程的关系 …………………………………… /108

第四章　程颢程颐的理学思想 ……………………………………… /113
  第一节　二程生平及其与王安石新学的对峙 ………………… /113
  第二节　二程的《易》学及其思想渊源 ……………………… /118
  第三节　二程的"天理"论 …………………………………… /128
  第四节　"格物致知"论及其实质 …………………………… /139
  第五节　二程的人生哲学和人性论 …………………………… /146
  第六节　二程的后学及其思想 ………………………………… /156

第五章　邵雍的象数学思想体系 …………………………………… /164
  第一节　邵雍的生平及《皇极经世书》中的宇宙图式 ……… /164
  第二节　《皇极经世书》中的基本概念及"观物"思想 …… /180
  第三节　《皇极经世书》的流传与影响 ……………………… /187
  第四节　《伊川击壤集》中的人生哲学 ……………………… /189
  第五节　邵雍的历史哲学和社会政治思想 …………………… /194

第二编　南宋时期的理学

概　说 ·· /205

第六章　胡安国《春秋传》的理学特色 ·· /207
  第一节　胡安国的生平事迹和学统师承 ··· /207
  第二节　胡安国的治学路径与《春秋传》的成书 ···························· /211
  第三节　《胡传》的《春秋》"大义"及其特点 ································· /214
  第四节　《胡传》的《春秋》"笔法" ··· /223
  第五节　《胡传》在学术史上的地位 ··· /227

第七章　朱震的生平及其《汉上易传》中的象数学 ···························· /229
  第一节　朱震的生平及著作 ·· /229
  第二节　朱震的社会政治思想与修养论 ··· /239
  第三节　朱震的象数学及其在学术史上的地位 ······························ /243

第八章　胡宏的理学思想 ··· /267
  第一节　胡宏的家学渊源 ··· /267
  第二节　胡宏理学思想的主要内容和特点 ···································· /270

第九章　张九成的理学思想及其影响 ··· /282
  第一节　张九成的生平及其理学思想 ·· /282
  第二节　张九成与佛家的关系 ·· /288
  第三节　张九成的时代影响 ·· /293

第十章　张栻的理学思想 ··· /296
  第一节　张栻的生平和学术师承与著述 ··· /296
  第二节　张栻的宇宙论 ·· /301

第三节　张栻"明义利之辨"的理学特色 …………………………… /302
第四节　张栻的仁说和人性论 …………………………………………… /306
第五节　张栻的"格物致知"说和"居敬主一"的修养方法 ………… /312
第六节　张栻在理学史上的地位 ………………………………………… /315

第十一章　吕祖谦的理学思想及其后学 …………………………………… /317
第一节　吕祖谦的理学派别和思想渊源 ………………………………… /317
第二节　吕祖谦的天理论和心说 ………………………………………… /321
第三节　吕祖谦关于存"本心"和"反求诸己"的认识论 …………… /326
第四节　吕祖谦的致用学说 ……………………………………………… /332
第五节　吕祖谦的史学思想 ……………………………………………… /336
第六节　吕祖谦的后学王应麟 …………………………………………… /338

第十二章　朱熹的理学思想（上） ………………………………………… /343
第一节　朱熹的生平及其著作 …………………………………………… /343
第二节　朱熹的天理论 …………………………………………………… /355
第三节　朱熹的人性论 …………………………………………………… /365

第十三章　朱熹的理学思想（下） ………………………………………… /371
第四节　朱熹的"格物致知"论和"持敬"说 ………………………… /371
第五节　朱熹"会归一理"的历史哲学 ………………………………… /380
第六节　朱熹的历史地位及其对后世的影响 …………………………… /392

第十四章　浙东事功派与理学的关系 ……………………………………… /397
第一节　陈亮同朱熹的论辩 ……………………………………………… /397
第二节　叶适思想同理学的分歧 ………………………………………… /418

第十五章　杨万里的思想 …………………………………………………… /438
第一节　杨万里的生平 …………………………………………………… /438

第二节 杨万里的宇宙论和认识论 …………………………………… /443
第三节 杨万里的道德论 …………………………………………… /456

第十六章 陈淳的理学思想 …………………………………………… /459
第一节 根源论实质就是"天命论" ………………………………… /459
第二节 卫护师门排击陆学的《严陵讲义》与《二辩》 …………… /464
第三节 羽翼《四书集注》的《四书性理字义》 …………………… /467

第十七章 闽学干城——蔡元定与蔡沈 …………………………… /484
第一节 蔡元定的《皇极经世指要》和《律吕新书》 ……………… /484
第二节 蔡沈的《书集传》 ………………………………………… /490
第三节 蔡沈的《洪范皇极》 ……………………………………… /496

第十八章 程端蒙、董铢、程端礼的教育理论 ……………………… /505
第一节 程端蒙《性理字训》——理学教育的启蒙教材 ………… /505
第二节 《程董二先生学则》——理学教育小学阶段的培养
目标 ………………………………………………………… /509
第三节 程端礼《读书分年日程》——理学教育的教学方法
和计划 ……………………………………………………… /512

第十九章 陆九渊的思想 …………………………………………… /521
第一节 陆九渊的生平 ……………………………………………… /521
第二节 陆九渊的思想 ……………………………………………… /523
第三节 陆九渊思想的渊源、与禅学的关系及其与朱熹的
争论 ………………………………………………………… /537

第二十章 陆九渊弟子的思想 ……………………………………… /545
第一节 槐堂诸儒——陆九渊门庭的确立 ………………………… /545
第二节 甬上四学者——陆九渊思想的发展 ……………………… /552

第二十一章　真德秀、魏了翁在理学史上的地位 ……………………… /571
  第一节　真德秀的理学思想 ……………………………………… /572
  第二节　魏了翁的"正心""养心"思想 ………………………… /579

第二十二章　程朱理学的修正者——黄震及其思想 ……………………… /586
  第一节　黄震的生平与著作 ……………………………………… /586
  第二节　黄震的宇宙论 …………………………………………… /590
  第三节　黄震的性论 ……………………………………………… /594
  第四节　黄震的认识论 …………………………………………… /597
  第五节　黄震的道统论 …………………………………………… /603

第二十三章　金华朱学的主要特点和历史影响 ……………………………… /608
  第一节　金华朱学的主要传人及其著述 ………………………… /608
  第二节　金华朱学的思想特色及其历史影响 …………………… /617

绪　论

第一节　宋明理学产生的历史条件

唐朝晚期,中国封建社会逐步向后期转化。德宗建中元年(公元780年),唐政府颁布新法令两税法,规定国家按照支出的需要定出征税的数额,按照居民的资产、田亩的多少定出应纳国税的数额。这个法令表明封建国家对均田令的废止,对私人占有土地的广泛承认。这是封建社会在经济方面的巨大变化。唐懿宗时,浙东裘甫起义,年号罗平,铸印曰天平。咸通十五年(公元874年),王仙芝起义,自称"天补均平大将军"。不久,黄巢聚众响应,建国号大齐。"罗平"、"天平"、"均平"、"大齐",表明农民战争提出了新的要求。以后,又明确地提出了"等贵贱、均贫富",以至"贫富均田"的口号。封建社会的农民战争从要求人身保障转向要求财富平均,这又是一大变化。这前后百年间的两个历史事件,是中国封建社会向后期转化的重要标志。

在封建社会后期,地主阶级内部有明显的势力递嬗。隋末农民战争打击了士族高门。唐末农民战争进一步打击士族高门,包括唐朝新起的勋贵和大臣。"扶犁黑手翻持笏,食肉朱唇却吃齑"。韦庄在《秦妇吟》中哀叹"天街踏尽公卿骨",说明打击的沉重。经过这两次农民战争,身份性地主退出了历史舞台。而庶族地主则因土地兼并的加剧与普遍存在而大量涌现,又通过科举制而参加国家政权。历史上也还存在勋贵,也还有贵族的世袭,但是已不复作为一个阶层而存在了。中世纪的等级关系发生了很大的变化。这种变化就是地主阶级内部身份性地主与庶族地主的势力递嬗。魏晋以来的《士族谱》遂为赵宋而后的《百家姓》所代替。

与此相应,农民阶级的地位有了一些变化。过去人身依附关系比较强的部曲、佃客制,在武则天统治时期基本消灭。代之而兴的,则为人身依附关系比较松弛的田主与佃户(宋代客户中的一部分是佃户)的租佃制;地主阶级通过契约关系和高利贷以剥削佃农,农民人身依附关系相对减轻。这是宋代社会经济发展的主要原因。当时农业在生产工具、耕作技术等方面都有所改善。手工业在陶瓷、造纸、印刷、矿冶等方面都有很大提高。特别是江南地区的经济,发展更为迅速。

中国封建社会由前期向后期转化的重大标志之一,如上文所说,是农民战争口号所反映的斗争要求的不同。在前期偏重人身安全的保障,如赤眉提出的"杀人者死,伤人者偿创"。即使如刘邦的约法三章,"杀人者死,伤人及盗抵罪",也还偏重人身安全的保障。而封建社会后期,则明显地转而为财产平均的要求。裴甫、王仙芝、黄巢的"罗平"、"天平"、"均平"、"大齐",王小波、李顺的"均贫富",钟相、杨么的"等贵贱、均贫富",李自成的"均田免赋"。斗争的要求,一次比一次明确,一次比一次提高,最后指向了封建土地制度。可以看出,这些农民战争的新要求,与封建社会前期保障人身安全的要求是不相同的。

从北宋时期起,三百年间,中国境内,存在着几个民族政权并立的局面。北宋的北边和西边,有辽、夏、吐蕃等政权。以后又有从东北崛起的金政权。宋、金对峙,亘北宋至南宋。南宋末年,漠北又兴起蒙古政权,后来建立了元朝。明朝时期,北方的蒙古、东北的满族,先后与明朝发生战争,最后,满族建立了清朝。可以说,宋明时期,中国境内的民族矛盾是复杂的、尖锐的。生活在民族矛盾尖锐的宋明时期的读书人,十分关心家国存亡的命运。南宋的修攘之计,明季的抗清问题,就曾引起读书人的热烈议论。

北宋时期州县学校兴起,书院林立,促进了学术思想的发展。学术思想领域出现了新情况。

首先是经学笺注的没落。唐朝钦定的《五经正义》已经统治了三百年。到北宋时期,它的统治地位发生动摇。在经学笺注方面,学者提出了疑问。刘敞著《七经小传》,废弃汉儒专事训诂名物的传统,开启了以己意解经的新学风。欧阳修请求删修经疏,认为《十翼》并非皆孔子之作。尔后,许多学者怀疑传统经说。如朱熹怀疑《诗序》,在《诗集传》中尽删《小序》。王柏则作《诗疑》《书疑》。陆游谓仁宗庆历间,诸儒发明经旨,排《系辞》,毁《周礼》,疑《孟子》,讥《书经》,黜《诗序》,敢于疑经,更无论经注了。对传统经说的怀疑,表明以《五经正义》为代表的经学笺注的没落。王安石的《诗义》《书义》《周官义》的撰著,固出于为熙宁新法寻找理论根据的要求,同时也表明传统经注已不足以"一道德而同风俗",走向没落。尽管统治阶级扩大经书范围,从五经、七经而九经、十三经,但是也无法挽救经学笺注的没落,需要有新的学术思想以替换旧的学术思想。

其次是佛学与道教思想的渗透。经过唐朝佛教诸大宗派的创立与发展,封建社会后期的学术思想领域,渗透了佛学思想。宋太祖开宝四年(公元971年)始刻宋版《佛藏》,太宗太平兴国八年(公元983年)《佛藏》刻成,共1078部、5480卷。唐、宋时期华严宗和禅宗的影响最为显著。朱熹的理学思想,反映了华严宗的印迹。陆九渊的心学思想,接受了禅宗的影响。周惇颐的《爱莲说》显然与佛教莲花自性清净的说教有关。朱熹的《中庸章句》的《序说》,脱胎于华严宗的理事说,而又自云出于程颐。这些情况是佛学渗透的一个方面。另一个方面则为佛学与儒经的比附。例如释契嵩的《镡津文集》,竟以佛子而作《中庸解》《皇极论》,又作《原教》《孝论》,以明儒释之道一贯。道教思想的渗透也很清楚,但其影响不如佛学渗透的深刻。先天图、河图洛书、太极图的传授,均出自道教。在不同的理学家那里,情况并不相同。周惇颐的《太极图·易说》,受道教影响较多。邵雍的天根、月窟之说,当也受道数的影响。朱熹著《参同契考异》,是明显地在关心道教的经典。佛学与道教思想的渗透,是封建社会后期学术思想领域的大问题。

第三是科学技术的发展。例如印刷术的广泛应用,对书籍的传布和保存十分有利。数学、天文、历法、地理、地质、医药、生理学、农学等方面的新成就与探索,达到了可喜的水平。封建社会后期的科学技术著作如《梦溪笔谈》《营造法式》《洗冤录》《本草纲目》《天工开物》《农政全书》等,都无愧于当时世界的先进的科学技术著作之林。

以上说的,是宋明理学所由产生的历史条件。在封建社会后期,地主阶级势力的递嬗,庶族地主取代身份性地主的统治地位;农民战争对财富平均的新要求;民族矛盾的尖锐,这些构成了宋明理学所由产生的政治条件。经学笺注的没落;佛学与道教思想的渗透;科学技术的发展,这些构成了宋明理学所由产生的学术思想条件。宋明理学就是在中国封建社会后期的这些历史条件下孕育、产生和发展起来的统治思想。

第二节 宋明理学是封建社会后期的主导思想

近代新文化运动批判封建文化,理学也是被批判的对象。鲁迅的小说《肥皂》和《祝福》,以深刻的思想,辛辣的笔调,鞭挞理学家肮脏的灵魂,就是突出的例子。为了反封建,当时新文化运动的新潮流冲荡理学,指出理学的消极面,这是必要的。但是全面总结我国的学术思想,不论对两汉经学、魏晋玄学、隋唐佛学,都要有持平的论断,既不能崇为"国粹",又不能一棍子打死。对待宋明理学也应当这样。

一、宋明理学与宋明理学的诸范畴

宋明理学是封建社会后期的主导思想。从十一世纪到十七世纪,历时七百年之久。比历史上的经学、玄学、佛学统治时期都长。宋明理学讨论的,主要是以"性与天道"为中心的哲学问题,也涉及政治、教育、道德、史学、宗教等方面的问题。性,指人性,但是理学家也讲物性。天道即理或天理。性与天道,是孔门大弟子子贡所不可得而闻的高深的哲理,但是在理学家那里却成为经常探讨的问题。《中庸》一开头就说,"天命之谓性,率性之谓道,修道之谓教",提出了性、道、教三个问题,理学家尊《中庸》,就沿着《中庸》的这三个问题进行探讨。理学家所尊信的经典,不只是《中庸》,然而《中庸》的内容却可以牵合释、道,特别是释,与封建社会后期的时代思潮,暗相吻合。北宋的皇帝又以《大学》与《中庸》赐臣下。《中庸》之被重视可以想见,则宋明理学以"性与天道"为中心问题,进行探讨,是很自然的。又,《易》乾卦彖辞:"大哉乾元,万物资始,乃统天","乾道变化,各正性命,保合太和,乃利贞"。说的也是"性与天道"。理学家重视《易》,据《易》以探讨"性与天道",且以之作为理学的中心问题,也是很自然的。宋明理学是在经学、佛学、道教结合的基础上孕育发展起来的。以儒家思想的内容为主,同时也吸收了佛学和道教思想,这是它的特点。理学实起于北宋,经南宋而进一步发展,至元代而朱、陆合流,到明朝更有新的发挥,沿及清代前期渐趋衰落。但是其影响至今仍然存在。近现代各色反动派曾先后予以利用。

宋明理学的重要范畴,从"道学宗主"周惇颐的著作《太极图·易说》《易通》来分析,有如下这些:

  道、无极、太极、阴阳、五行、动静、性命、善恶、诚、德、仁义礼智信、主静、鬼神、死生、礼乐、无思、无为、无欲、几、中、和、公、明、顺化,等等。

这些范畴大部分源于《易传》,源于思孟学派的《中庸》,源于道教。可以想见,这些范畴的提出,是与对《易传》、对《中庸》、对道教的研习相联系的。

朱熹的学生陈淳,在其所著的《北溪性理字义》中所列,则有二十五个条目,即:

  命、性、心、情、才、志、意、仁义礼智信、忠信、忠恕、诚、敬、恭

敬。(卷上,十三条目)

道、理、德、太极、皇极、中和、中庸、礼乐、经权、义利、鬼神、佛老。(卷下,十二条目)

这二十五个条目,是《北溪性理字义》初刻本的内容,清康熙年间,戴嘉禧四刻是书,于卷上"忠恕"条目下,增入"一贯"一目,云"从清漳家藏本增入",乃有二十六个条目。这二十六个条目,"太极"源于《易》,"皇极"源于《书》,"佛老"为理学家喜谈而又辟之者,其他二十三个条目均见《四书》。"一贯"源于《论语》"一以贯之",本非连用,宋儒把"一贯"连起来,作为一个范畴来用。可以想见,这些范畴的提出,是与对《四书》、对朱熹《四书集注》的研习相联系的。

这二十六个条目,是二十六个范畴,但是又不仅是二十六个范畴,例如"理",可以衍为"理气"。"道",可以衍为"道器"。"太极",可以衍为"阴阳","动静","无极"。"诚",可以衍为"诚明","明诚","诚心","诚意"。"性",可以衍为"天地之性","气质之性"。"德",可以衍为"大德","小德"。"心",可以衍为"人心","道心"。如此等等。

以后陆学又有"大本","尊德性","易简","顿悟"等范畴。王学又有"致良知","知行合一"等范畴。

这些范畴,都是围绕着"性与天道"而提出的。上文已经说过,"性与天道",本是孔门高弟子贡所"不可得而闻"的道理,而在宋明理学家那里却成了所要讨论的中心问题。思想史、哲学史上的这种发展不是偶然的。如果没有隋唐佛学的发展,如果没有佛学对哲学问题的探讨,是不会出现宋明理学言心言性的情况的。如果没有道教的长期发展,没有道教思想的影响,是不会出现宋明理学论究如"太极""先天"等《易》学问题的情况的,这是大家所知道的。

二、理学家主要通过注释儒家经典,阐述理学思想

宋明理学家着重研究的儒家经典,首先是《易》,主要是《易传》。周

惇颐、张载、程颐、朱熹都研究《易》。周著《太极图·易说》《易通》。张著《横渠易说》。程著《伊川易传》。朱著《易本义》《易学启蒙》。其次是《春秋》。程颐著《春秋传》。胡安国著《春秋胡传》。朱熹则根据《春秋》义法，著《通鉴纲目》。再次是《诗》。程颐著《诗解》。朱熹著《诗集传》。杨简著《慈湖诗传》。《书》则蔡元定、蔡沈父子作有《书传》等书。《礼》则有朱熹的《仪礼经传通解》。儒家经典中，阐释最多的，则为《四书》。自二程提倡《四书》，朱熹作《四书章句集注》《四书或问》之后，《四书》的地位高过《五经》，《四书》类的著作，汗牛充栋。明初，且敕撰《四书大全》，与《五经大全》相并立。

理学家注释儒家经典，把它纳入理学轨辙。他们的办法是用理学观点进行注释，用理学家的言论思想进行注释。朱熹的《四书集注》，就是这样做的。例如《论语集注》，除朱熹自己的注解之外，所引别人的注解基本上是二程及其弟子的言论。开卷第一篇《学而》，共十六章，引二程十三处，引尹氏六处，谢氏三处，游氏三处，杨氏一处，胡氏、洪氏、吴氏、范氏各一处，张敬夫一处。第二篇《为政》，共二十四章，引二程十处，范氏五处，胡氏四处，其他周氏、吕氏、谢氏、陆氏、马氏各一处，张敬夫一处。第三篇《八佾》，共二十六章，引二程七处，引谢氏六处，杨氏、尹氏各五处，范氏四处，游氏、李氏、吴氏、黄氏、吕氏各一处，赵伯循一处。根据前三篇六十六章的统计，可以得出如下认识：

甲、引二程最多，引程门大弟子尹焞、谢良佐、游酢、杨时也较多。也有不少朱熹自己的注解。

乙、主要引理学家对《论语》的解释和发挥，极少引宋以前的注家。

丙、主要是发挥义理，不多在名物训诂上用工夫。

这就清楚地表明，朱熹注《论语》，乃是以理学家的言论思想，特别是二程及程门弟子的言论思想来解释《论语》。这样做的结果，就把《论语》纳入了程、朱理学的轨辙，完全代替了汉、魏以来对《论语》的解释。这是极可注意的一个特点。朱熹注《论语》，重在义理，不重训诂，抛开了汉儒注经的传统，这虽是宋儒解经的一般学风，但是朱熹走得更远。这是值得再如陆九渊弟子杨简的《慈湖诗传》，解释诗篇，每每大段发挥他自己的义理，即发挥陆九渊心学的义理。这种做法，完全不像汉儒经注，倒成了他自己的心学讲义。例如《兔罝》，诗云："肃肃兔罝，椓之丁丁，赳赳武夫，公侯干城。"又云："赳赳武夫，公侯腹心。"诗意无非是说：壮勇的武夫，是公侯的保卫者，公侯的腹心。但是杨简却写道："简诵咏兔罝之诗，亦觉起敬起慕，庄肃孑谅之心，油然而生，不知所以始，亦不知所以终。道心融融，此人心所同，千古所同，天地四时之所同，鬼神之所同。"杨简的这种发挥，与《兔罝》诗意了不相涉，完全是他自己的心学义理。诗《南有樛木》，无非是说对一个女子的不敢胡思乱想，杨简却写道："此不敢犯礼之心，即正心，亦道心，亦天地鬼神之心。不知道者必以为粗近之心，非精微之心。吾则曰，此即不勉而中、不思而得之心。……"杨简的这种阐述心学义理的议论与《南有樛木》诗本意很少关联，只是理学家自己的凭空发挥。

理学家的理学思想，除了用经注形式进行阐述而外，还大量用语录来阐述，例如《东见录》《上蔡语录》《朱子语类》《传习录》等等。还写成讲义，如《玉山讲义》《严陵讲义》等等。还著作专书，如《易通》《皇极经世书》《阴阳管见》等等。或把文章书信诗歌等编成文集，如《朱文公文集》《白沙子全集》等等。

由于雕版印刷的广泛应用，理学家的著作大量印行。这些著作、经注、语录、讲义、文集等，是研究宋明理学的直接资料。

三、宋明理学的主要流派及其相互关系：理学与反理学的论争

宋明理学的主要流派是程朱理学与陆王心学，这是大家熟知的。鹅湖之会，陆象山、陆复斋的两首诗及稍后朱熹的和诗，各自标明了宗旨，也寓批评对方之意。"墟墓兴哀宗庙钦，斯人千古不磨心。"是说临墟墓而生哀痛之心，入宗庙而起肃敬之念，这是人的本心。本心的理是千古不变的。"易简功夫终久大，支离事业竟浮沉。"是说顿悟功夫是久大的，而渐

修功夫是支离的,不免要沉沦。既说了宇宙论,又说了方法论。这是陆象山的诗句。"旧学商量加邃密,新知培养转深沉。"是说学问要靠逐渐积累,逐步走向绵密深沉,主要讲了方法论,也涉及旧学新知等学问根柢问题。这是朱熹的诗句。这些诗句表明了朱、陆之间的分歧。朱、陆分歧特别表现在无极、太极的辩论上,连篇累牍,喋喋不休。据洪迈提供的南宋国史周惇颐传,其《太极图·易说》的第一句是:"自无极而为太极",不是"无极而太极"。洪迈把国史周惇颐传拿给朱熹看了,朱熹却认为"自""为"二字是史官所增,坚持第一句是"无极而太极"。还是要进行烦琐的辩论,他还要求史官洪迈去涂改国史原文,抹去"自""为"二字,这种要求遭到洪迈的拒绝。(《晦庵先生文集》卷七十一《记濂溪传》)

沿着这种事实去探索朱陆的异同,是否可以搞得更清楚一些,是否可以廓清研究工作中的一些迷雾。这是可以考虑的。

朱陆异同,以及其后学的互相水火,朱学与王学的异同,王学各派的异同,是理学史的主要内容。

有的学者认为,宋明理学的流派之中,象数也是一派。在宋明时期,从北宋到明末,象数学是绵延不绝的。但是,搞象数的理学家,各有自己的思想路数和理论形式,不是前后相承构成一个学派的。而且程朱理学也与象数有联系。朱熹的《易》学著作,首载易图。朱门弟子,蔡元定、蔡沈父子都搞象数。如果象数成为一派,则蔡氏父子的学派归属就发生了问题。算他们是程朱学派呢?还是算他们是象数派呢?我们认为,搞象数的理学家,应从他们的思想体系与师承关系来判断他们的学派归属,不勉强纳入一个框子。这样,可能更符合实事求是的精神。

理学与反理学的论争,不是理学这一派与那一派的分歧。朱陆异同是理学内部的分歧。朱学与王学的异同是理学内部的分歧,王学各派的异同也是理学内部的分歧。即使如朱熹斥责张九成为洪水猛兽,也还是理学内部的分歧。反理学则是另外一种情况。不过,要指出,"反理学"有个发展过程,开始只是在某几个问题上,有些思想家对理学观点提出异议,如陈亮、叶适与朱熹关于"王霸义利之辩",或在道统论上的诘辩等等。

到明代,有些思想家才对理学进行了全面出击;特别是从本体论方面对理学进行了有力批判。例如王廷相批判理学则是理学与反理学的论争。明末泰州学派批判理学也是理学与反理学的论争。清初颜元批判理学也是理学与反理学的论争。理学内部的分歧,性质不同于理学与反理学的论争,前者是在承认理学前提下的内部辩论,后者是批判理学与维护理学之间的论争。宋明理学发展的七百年间,理学内部的辩论,以及理学与反理学的论争,是始终存在的。我们研究"反理学"的发展过程,是为了从对立的方面更加深刻地阐明理学本身的思想特点及其演变的过程。

第三节　宋明理学发展的诸阶段及其特点

宋明理学的发展分两个时期,宋元时期,明及清初时期。

一、宋元时期(十世纪中期至十四世纪中期)

这一时期,约四百年,可分三个阶段。

第一阶段:北宋,是理学的形成及初步发展阶段。著名理学家周惇颐、张载、程颢、程颐,都生活在这个时期。讲象数之学的邵雍也生活在这个时期。二程的大弟子谢良佐、尹焞、杨时、游酢,也是这个时期的人。杨时寿命长,活到南宋初年。理学的重要著作如周惇颐的《太极图·易说》《易通》,程颐的《伊川易传》,张载的《正蒙》《经学理窟》,邵雍的《皇极经世书》都完成于这个时期。胡安国的《春秋传》略后。朱熹写理学六先生像赞,周、司马、邵、张、二程六先生都是这个时期的人。重要的理学范畴、命题,都已经提出。所以说,这是理学形成和初步发展的阶段。在这个阶段之前,胡瑗、孙复、石介是前驱人物,讲学的风气已经开始。

第二阶段:南宋,是理学的进一步发展以及朱学统治地位逐步确立阶段。著名的理学家有胡宏、吕祖谦、朱熹、张栻、陆九渊等。南宋初年,杨时传二程理学,经罗从彦、李侗而至朱熹,朱熹是程朱理学的集大成者,建立了完整的理学思想体系。主要著作为《四书集注》《易本义》及后人编集的《语类》。张栻与朱熹同时,观点与朱熹最为接近。岳麓书院诸生,南宋末荷戈登陴,抗击元兵,民族气节,固是卓卓。朱熹与张栻竭力推崇周惇颐,把周惇颐在理学中的地位抬高了。张栻之门人称周惇颐为"理学宗主"。心学自谢良佐、王蘋、张九成而至陆九渊。陆氏自成一大家,鹅湖辩论及以后太极无极辩论,表明理学与心学在本体论以及方法论上的分歧。同时吕祖谦的中原文献之学,则独树一帜。与理学相颉颃,则有陈亮的永康之学,叶适的永嘉之学,一时并兴,各有较大成就。经过庆元学禁,朱学遭到打击,门人蔡元定编管道州。但是到了宁宗之世,朱学的统治地位渐形确立。重要的儒家经典,《易》(《伊川易传》),《书》(蔡沈《书传》),《诗》(朱熹《诗集传》),《春秋》(胡安国《春秋传》),《四书》(朱熹《四书集注》),就是说,在四书五经中,都有了程朱理学的代表性著作,唯《礼》未有成书。朱熹的门人,黄榦、陈安卿、廖子晦等张大其学。黄榦论述了朱熹在理学中的确然不拔的领导地位。心学则陆九渊之后有"甬上四先生"杨简、袁燮、舒璘、沈焕。文天祥评论这四位先生说:"广平之学,春风和平(舒)。定川之学,秋霜肃凝(沈)。瞻彼慈湖,云间月澄(杨)。瞻彼絜斋,玉泽冰莹(袁)"(《郡学祠四先生文》)。说明了他们独特的学风。朱陆两家门弟子互相水火,朱诋陆为告子,为禅学,陆诋朱为支离。在象数方面,朱震的《汉上易传》调和张载、邵雍两家之说,《易图》三卷汇集了这一时期重要易图,其经筵表论述了北宋图书的传授,有史料价值。南宋末叶,真德秀、魏了翁被称为大儒,进一步巩固了朱学的统治地位。魏了翁表彰周惇颐,意在肯定以《易》学与道教太极图相牵合的周惇颐的理学地位。

第三阶段:元朝,是朱学北传阶段。元朝建立了南北统一的国家。南宋时期在东南半壁发展的理学,特别是朱学,得到了北传的机会。其间,赵复(江汉)、刘因(静修)、许衡(鲁斋)等起了很大作用。当初北方的学者,不知《四书集注》为何书。但是元仁宗延祐年间,复科举,乃以《四书集注》试士,悬为令甲,朱学的统治地位,遂屹然不可动摇。其中以饶鲁、吴澄比较著名,饶鲁的《语孟记闻》《学庸纂述》,申述《四书集注》的观点;《太极图》《西铭图》《庸学图》,则发挥程朱理学的大义。吴澄的道统论,言上古、中古、近古、今日，旨在阐述理学的传统。

二、明朝及清初时期（十四世纪中期至十七世纪）

这一时期约三百年，可分三个阶段。

第一阶段：明初，是朱学统治阶段。科场，四书主朱熹集注。《易》《书》《诗》《春秋》，均主朱学传注。如《易》主程氏易传，《书》主蔡沈书传，《诗》主朱熹集传，《春秋》主胡安国传。科场律令，影响学风，自不待言。明成祖时，敕撰《四书大全》《五经大全》《性理大全》，均主朱学，虽其书芜杂，然官学所向，必然要左右学风。冯从吾谓"国朝以理学开国"，正说明明初朱学的统治地位。明初朱学学者，有宋濂、方孝孺、曹端。尤其曹端，比较重要，彭泽谓"道统之传，则断自渑池曹先生"。这是说得很确切的。薛瑄谨守朱学矩矱；吴与弼刻苦奋励，学徒寖盛；胡居仁也是朱学学者。明初朱学虽居统治地位，但论其学术成就并不突出。

第二阶段：明中期，是王学崛起及传播阶段。陈白沙（献章）受业吴与弼之门，但是他的江门自然之学，实传心学之绪，下开王阳明之学。白沙的弟子湛甘泉与王阳明有学术往还。应该说，白沙之学是王学的先驱，尽管王阳明从不言及他自己与白沙学术的关系。但是这一点，已引起黄宗羲的怀疑。黄宗羲谓"有明之学，至白沙始入精微，至阳明而始大。两先生之学，最为相近。"此言十分确切。"王湛两家，各立宗旨，王标致良知，湛标随处体认天理。"湛甘泉足迹所至，必建书院以祀陈白沙，从游者殆遍天下。但是王阳明乃能独大，其心学是主观唯心主义的高峰。"良知"人人固有，反观自得，使人人有个作圣之路。"知行合一"学说，达到了历史上知行观发展的新水平。其主观唯心主义的特征，以观岩花为例，足以说明。他以为看到时心与花一时俱明，未看到时心与花一时俱寂。客观世界是否存在，以主观感知为条件。王阳明挟其特殊的政治社会地位，倡良知之说，心学乃风靡海内。浙中王门（钱德洪、王畿），江右王门（邹守益、聂豹、罗洪先等），南中王门，楚中王门，闽粤王门，北方王门，一时俱起。这些王门学者，皆以讲学为平生志业。但是反对者亦时有。罗钦顺（整庵)批判王湛心学,提出唯物主义的理气说,但是他又主张与朱学相联系的心性说。王廷相的唯物主义思想,论气外无理,与何塘辨阴阳(何塘作《阴阳管见》),论性生于气。他对理学做了系统的批判。吕坤主气的一元论,以自得为宗。陈建有广博的切实的学术造诣,斥骛虚好高之弊,务有形易见之实。其《学蔀通辨》乃批判王学者。泰州学派,出于王学,而乃掀翻天地,非名教之所能羁络。其学者批判道学,反对封建思想,不复能为封建统治者所容。颜钧(山农)八十高龄而被杖,梁汝元、李贽幽囚而被杀,是最突出的例子。黄道周与刘宗周为明末的两大师。

第三阶段:明后期及清前期,是对理学的总结批判阶段。明末清初出现总结理学的著作。先有周汝登的《圣学宗传》,后有孙奇逢的《理学宗传》,这些书都上承朱熹的《伊洛渊源录》。黄宗羲、全祖望的《宋元学案》《明儒学案》是这方面的巨著。与此同时,也开始了对理学的批判。陈确在天理人欲问题上,在知行问题上提出了反理学的观点。以后王夫之、顾炎武、颜元、戴震都对理学进行了批判。早期启蒙思想的出现,表明理学已走向穷途末路。像王夫之、颜元等思想家才开创了中国思想史的新局面,他们的著作宣传了与理学相反的唯物论、朴素辩证法和人文主义的某些因素。尽管清初统治者大力提倡理学,康熙御纂《性理精义》,重用理学大臣如李光地、熊赐履、汤斌、张伯行等,其时亦出现李颙、孙奇逢、陆世仪、陆陇其等理学家,但理学颓势已不可挽回,一世学风逐渐转入乾嘉汉学。

上文论述了宋明理学发展的两个时期六个阶段,初步分析了各阶段的特点。这些论述只是勾画了一个粗线条的轮廓。更精细、更确实的论证有待于深入的、具体的研究,在这样的基础上进行概括。

第四节　宋明理学是宋明时期的统治思想

宋明理学在中国思想史的发展长河中,占有特殊的地位。先秦诸子、两汉经学、魏晋玄学、隋唐佛学、宋明理学,是中国思想学术史上开出的不同花朵。这样说，并不是要颂扬它，并不是说它没有糟粕。在漫长的七百年间，理学家辈出，"穷理尽性，以至于命"，其间不能没有值得后人汲取的有价值的思想成果。用历史唯物主义的立场、观点、方法，批判地总结前人的思想学术业绩，必然要排除主观的随意的论断，不宜菲薄，也毋庸偏爱。

宋明理学是宋明时期的统治思想，是当时思想的主流。宋明理学有其独特的范畴、命题，有其所论究的独特的问题。所谓"独特"，就是不同于其他时代。例如：论性就提到天地之性，气质之性，刚柔善恶中。论心就讲心量广大，藏往知来，人心，道心。论气就讲天气地质，气以成形。论理就讲事外无理，事理交融，一本万殊，显微无间，体用一源。论功夫就讲下学上达，格物致知，渐修顿悟，主一无适。论践履就讲修己治人，事亲从兄。论诚就讲自诚明，自明诚。论宇宙就讲无极太极，阴阳动静，天地氤氲，万物化生。论鬼神就讲精气为物，游魂为变，讲二气之良能。如此等等。所有这些范畴、命题、问题，虽是从古老的经典中抽出来的，但是赋予了那个时代的内容与涵义。它们是进一步发展了的唯心主义思想体系，不同于往昔。像盖房屋那样，它们搭起来的是更细密的间架，更深邃的殿堂。

宋明时期的理学家把这些范畴、命题和问题，分析论究到精深微密，辨析毫芒。黄宗羲谓明代理学，"牛毛茧丝，无不辨析，真能发先儒之所未发"（《明儒学案·凡例》）。其实整个宋明理学，都是如此，不独明代理学为然。正是这一点，标志着宋明理学达到了思想发展史上的新的水平。它提出的范畴、命题，所讨论的问题，是新的，它探究的学术理论的广度和深度，是前所未有的。这种成就，应该得到思想史、哲学史研究工作者的重视。

宋明理学所分析论究的范畴、命题、问题，在当时是学术界也就是儒林普遍关心的。学派有不同，所得有深浅，但是都对同一范畴、命题、问题做出自己的解释、回答。例如理气关系问题，有张载的理气观，有朱熹的理气观。理学家大都要讨论这个问题。这种对同类问题的普遍关心，固然会形成学风的烦琐，但是也导向研究的深入。正是在这种情况下，出现了大量著作,语录之类的委积且不去说它,儒经的注释或发挥,就层出不穷。例如《易》学的著作就非常繁富,四书类的著作,也数不胜数。专门的理学著作如讲阴阳的,有何塘的《阴阳管见》,讲图书的有朱震的《易图》三卷,讲中的有《中诠》等等。别去芜杂,其中也尽有有意义的著作。

第五节　宋明理学史的研究

宋明理学统治封建社会后期达七百年之久,比诸两汉经学、魏晋玄学、隋唐佛学的时间都要长。宋明理学对社会的影响很大。应该对它的发展进行很好的研究。新中国成立以来,我们还没有来得及总结它的得失,探讨它的社会影响,写出马克思主义的宋明理学史专著。现行的哲学史、思想史著作,诚然也论述了宋明时期哲学、思想发展的历史,但是没有从理学发展的角度来进行分析研究。

据不完全统计,自1950—1979年港台地区研究宋明理学的论文约八百多篇。至于国外对宋明理学史的研究也相当重视。讨论宋明理学的国际会议,已开过多次。而孕育、产生、发展宋明理学的中国大陆却在这一研究领域显得沉寂。这不是应该引起我们注意的吗？

应该说,我们对于宋明理学史的研究,还是一个薄弱环节,需要加强。作为哲学史和思想史工作者,必须用适当的注意力从理学发展的角度对宋明时期的哲学和思想史进行总结。

进行宋明理学史的研究要考虑三个问题。

第一,是书籍和资料的搜集整理。宋明理学家的著作,数量大,但是未经有计划的搜集整理。即使搜集整理,一般也只注意重要的哲学家、思想家的著作和资料,较少注意不常见的著作和资料。我们今天比周汝登、孙奇逢、黄宗羲、全祖望所处的时代条件好,可以有计划地在全国范围内搜集书籍资料。但是也有不如他们的地方,毕竟我们的时代后于他们三百多年,有些他们见到的书籍资料今天已经散佚了。为了给研究工作创造条件,我们应该着手搜集宋明理学家及其同时代人的著作,进行整理,择要出版，其不能出版的，也要编集，抄录副本，以利保存和使用。

第二，是做必要的考证，把一些问题弄清楚。例如周惇颐的著作，据潘兴嗣所作周惇颐墓志所云，周惇颐"善谈名理，深于《易》学，作《太极图易说》《易通》数十篇，诗十卷，今藏于家"。今本《周子全书》有《太极图》《太极图说》《通书》，诗及文。问题在：一、潘志所云《太极图易说》，是否即《太极图说》？二、是否如朱熹所说，《易说》是一部单行的书？朱熹说，"周惇颐《易说》久矣不传于世。向见两本皆非是。其一《卦说》，乃陈忠肃公所著。其一《系辞说》，又皆佛老陈腐之谈，其甚陋而可笑者，若曰易之冒天下之道也，犹狙公之罔众狙也。观此，则非先生（指周惇颐）所为可知矣。"照朱熹的说法，《易说》是一部单行的书，如果是这样，则潘志所云太极图，就已包括图和说两部分，如今通行本那样，它与《易说》无关。三、《易通》为什么后来改名为《通书》？《易通》长沙初刻本乃胡宏所定，刊去章目，而别以"周子曰"加之，章次有所移易。朱熹刻本则加了章名，又重定章次，究竟哪一个刻本符合《易通》原书？这些问题涉及周惇颐著作的名称及其内容，如果不考证明白，就会影响研究所能达到的深度。我们经过初步探索，发现《太极图·易说》即后世所传的《太极图》及《太极图说》。《太极图说》共二百四十八字，加自注"无欲故静"四字为二百五十二字。其中引用《周易》文句共六十四字，占全文的四分之一强。所提出的范畴，多本《周易》，文中所讲的道理多本《周易》及《道藏》上方大洞真元妙经图中的《太极先天之图》的说明。因此《太极图·易说》是"深于易学"的周惇颐以《易》理来说《太极图》的一篇文献，它就是后世所传的《太极图说》。不是《太极图》之外，别有单独成书的所谓《易说》。朱熹的学生度正按朱熹的嘱咐访求周惇颐的著作，只知道周惇颐曾以《姤说》和《同人说》寄傅耆，度正只见目录，未得原文。所谓卦说，如此而已。六十四卦而只说两卦，当未必成书。至于周惇颐与王君贶相见，天起大风，因说大畜卦，那只是谈话时的即景之言，与《易》著无关。

又例如朱熹的《大学章句》，颇改定《大学》章次，还写了《格物致知章》一百三十四字，加在《大学》原文之中。《大学》章次，程颢定之于先，程颐再加编定。二程兄弟,各有各的本子,彼此不同。而朱熹的章句,既不同于程颢,又不同于程颐。尔后王阳明又有《古本大学》。后人又屡加改定。这些不同的《大学》本子,到底不同何在?何以有这些不同?是应该考证并加说明的。在宋明理学史的研究工作中,有关这一类问题,都应该考证清楚。考证是对资料的审查鉴定,以及对史事的考核,是研究工作的第一步。

第三,要在掌握和考订资料的基础上,用马克思主义的观点,分析这些资料,绅绎其思想,研究其体系,做出科学的论断。例如张载的《正蒙》与《经学理窟》,发展了《易传》《孟子》《中庸》等书中的唯心主义观点。这是明显的事实,应该实事求是地分析。又如朱熹写了大量著作,门人为他辑录了内容丰富的语录。对这些资料,都要认真分析,做出论断。又如王阳明天泉证道四句话:"无善无恶心之体,有善有恶意之动,知善知恶是良知,为善去恶是格物。"钱德洪以为定本,不可移易,而王畿谓之权法,以问王阳明。王阳明却说,吾教法原有此两种:"四无"之说为上根人立教,本体便是工夫;"四有"之说为中根以下人立教,须用为善去恶功夫,以渐复其本体。对这个问题要很好分析,才能理解王门以后的分派。又,理学家还讲什么"天根""月窟","人根""鬼窟",还讲"守中""还丹"以及静坐调息法,把呼吸分成"风相""喘相""气相""息相"四类,这些不就是与练气功有关系吗?不就是道士的修练吗?这到底是怎么一回事?这些问题,在宋明理学史的研究中都会涉及,都要深入地进行实事求是的分析。

通过对各个理学家及各个理学流派的研究,阐明宋明理学史的独立发展过程及其规律性,总结理论思维的经验教训,揭示思想史与社会史之间相互影响的辩证关系,对我们是有重要意义的。

以上所讲的是发凡起例,钩元提要,作为本书的引子。

第一编

北宋时期的理学

概　说

　　理学起于北宋，南宋时期进一步发展，元代理学中两大派别相互吸收、相互渗透，到明代更有新的发挥。理学是历史范畴，它是在儒家经学、道教与佛教相结合的基础上孕育发展起来的。理学是哲学化的儒学，其中渗透了佛教和道教的思辨方法和认识方法。

　　北宋是理学的初建时期。理学的产生与北宋时期的党争相互表里，并与当时书院的发达密切相关。作为理学先驱"宋初三先生"之一的胡瑗在书院讲学，总结出"苏湖教法"，主张分科教学法，立"经义"和"治事"两斋。前者讲述儒家的经书，后者研究如何用经书的道理治家治国。在经书中，北宋初期最重视《春秋》和《周易》。"宋初三先生"的另一位孙复作《春秋尊王发微》，强调尊王攘夷，维护封建中央政府的绝对统治。这和北宋初期的政治要求相吻合。"宋初三先生"之一的石介很重视《周易》的研究，作《易解》和《易口义》，借《周易》以排佛、道，并且虚构儒家的道统，说儒家自尧、舜、禹、汤、文、武、周公、孔子等等自有一套前后相续的治邦安民之道和人生哲学，这些才是最深刻的哲理。总之，孙复解《春秋》和石介解《周易》，不重训诂，而重义理，这就揭开了后来理学借用儒家经典以创立自己理论体系的序幕。

　　理学的真正奠基人，是周惇颐和张载。

　　周惇颐的《太极图·易说》明显地带有儒、道相糅合的特色，它是道教《太极图》与儒家《周易》之学相结合的产物。周惇颐还著有《易通》。他的思想已具有理学的雏形：一、宣传儒家的道统论；二、讲宇宙生成论和万物化生论，一切皆本之于"无极"，以"自无极而为太极"作为其思想体系的核心；三、开始使用理学的基本范畴"理"，并从本体论的意义上加以解释，如《易通》二十二章即题名为《性、理与命》，认为性与命依理而行，太极即理。另外，从周惇颐的人性论、道德论等方面也都可以看出他作为理学的奠基人，是当之无愧的。

北宋时期关学的代表张载也是理学的主要奠基者,在理学史上占有重要的地位。他建立理学思想体系的方式,不同于同时代及后世的理学家,而是走了一条独特的路径。他很重视本体论,在《易说》中提出"气"为世界本原的思想,后来在《正蒙》中又有所发展。他虽然以物质状态的"气"作为宇宙本体和世界各种物质形式的最基本的状态,但是根据他的解释,气所具有的运动变化功能,即"神"却带有神秘主义色彩。因此在他的思想体系中,渊源于"神"的"天道""天性""天理"诸范畴,就带有物质性和精神性的双重性质,从而为唯心主义提供了一个突破口。他为理学奠定基础,这主要表现在:一、区别所谓"天地之性"与"气质之性",并提出"立天理""灭人欲"的命题。二、提出"理一分殊"思想,认为事物各有区别,然而这些区别("性")并不是由每一物体本身所有,而是由存在于天地间的唯一的"天性"(理)所决定。天地间不存在特殊的、具体的性,只有一个抽象的、普遍的、永恒的性。关于此他做了许多论证,成为程、朱以"理"为宇宙本体的张本。三、提出"穷神知化"与"穷理尽性"的认识论,程、朱的"格物致知"论即由此发展而来。总之,张载思想中,从天理论、道德论到认识论,理学的基本框架已经形成,理学的许多命题也有了。可以说他完成了理学天理论的第一步。但是他没有解决理学的最根本的问题,即没有建立一个作为世界唯一本原和主宰的绝对精神。他的理学思想与其唯物论思想并存在一起,这反映出理学开创阶段的不成熟性。

理学体系形成于程颢和程颐。他们吸取了张载关于"天性"(理)的理论,把具有自然性与精神性双重意义的"天性"(理)改造成为一个高度抽象的、精神性的结晶体,以"理"(或"天理")作为世界的本原。这样,儒学向哲学化、抽象化的理学过渡,终于完成。二程理学的主要思想资料是《周易》。程颐孜孜不倦研究《易》学几达五六十年之久。他的《伊川易传》构成了理学的完整体系,可视为理学形成的代表作。此书以天理论为基础,论证天地万物得天理而"常久不已""生生无穷";论证"顺理而行"(按照天理办事)的政治哲学;论证"安于义命"的人生哲学。总之此书从不同的角度阐述天理生成一切、支配一切的思想。天理超然地独立于自然界与社会界,而又无所不照。由此可见,《伊川易传》奠定了程朱学派的理论基础。

还要提到,二程把《大学》《中庸》《论语》《孟子》抬高到和六经相同的地位。四书并行,最初是出于二程的提倡。从二程将四书并行起,至朱熹作《四书集注》,这标志着理学由形成到成熟阶段的发展过程。此外,从二程起建立了理学"格物致知"论的认识论。他们所讲的"物"并不是真实的客观存在;所谓"穷理"并非穷一件事物、一件事物的理,而是要"闻一知十",体会到"万理皆是一理"。所以"格物"的目的并不是认识客观事物的法则,而是要在人的内心恢复"天理"。这一"格物致知"的认识论后来朱熹又做了系统的总结和发挥。在人性论上,二程使"灭私欲、存天理"的观点更加系统化,更加具有抽象的思辨性,成为其理学思想体系中重要的一环。

在理学形成过程中,有人从道教方面,有人从《周易》方面为儒家学说提供本体论的基础,也有人用象数学来概括宇宙间的一切。如邵雍的《皇极经世书》就带有这种特色。他认为宇宙间的一切都有"数",而这"数"就是由他所编造的象数的形式。他把象数系统说成是最高法则,一切事物都是按照他所推衍的象数所构成并发生变化。后来这种象数理论与理学的发展并行不悖。但是,由于这种象数学过于烦琐,不像二程学派那样简洁明白、容易了解、也容易实行,所以在理学的形成过程中,它始终没有占据主导地位。不过,邵雍对太极与道的解释,与张载、二程的某些思想也有相通之处。

总之,从北宋理学产生的时期来看,它经历了相当长的历史过程。许多思想家之间经过诘辩和相互吸收,终于形成了以二程为代表的理学思想体系。

二程弟子在东南讲学,影响很大。杨时传张九成。张九成的思想成为从二程的客观唯心论转向陆九渊主观唯心论的过渡环节。这一情形,我们将在第二编"南宋时期的理学"中进行分析。

第一章 理学先驱"宋初三先生"及其思想

第一节 胡瑗的教育论

道学,确切地说,包括理学和心学两个流派,但后世却往往把道学称为理学或性理之学,明成祖时编成《性理大全》七十卷,清李光地修《性理精义》。理学或性理之学都以道统相标榜。唐代韩愈在《原道》中首先虚构了一个道统论,认为自古以来就有一个尧、舜、禹、汤、文、武、周、孔历代相传的道,但这个道自孔子传之孟子而后就"不得其传"了。因此之故,韩愈本人也就被宋代道学家捧为是复兴道统的代表。韩愈本人并没有来得及完成一个理论体系,道学的正式奠定,通常归之于北宋的周惇颐。此前的正史,学者和思想家都是被归入"儒林传"的,在《宋史》中才别立"道学传",置于"儒林传"之前,藉以表示道学的重要地位。

被称为"宋初三先生"的胡瑗、孙复和石介三人是宋代理学的先行者,开创了理学风气之先。他们的活动被认为是"开伊洛之先",但三个人还处在理学的开创时代,还没有建立起一套完备的理论,所以《宋史》把他们列入"儒林传"而不入"道学传"。

要理解宋代的理学,必须从理学与新学的对立这一线索着眼。理学与新学的对立在政治上即是旧党与新党的对峙,双方分别以司马光和王安石为首。王安石比司马光小两岁,两人同死于哲宗元祐元年(公元1086

年)。他们的活动时期约晚于"宋初三先生"二十年左右,但是三先生已经揭开双方对峙的序幕。新、旧党争的正式开场是在神宗熙宁年间,但其整个酝酿和发展过程却是源远流长,可以追溯到仁宗庆历年间。

胡瑗(公元993—1059年),字翼之,泰州如皋人。父讷,为宁海节度推官。胡瑗青年时往泰山与孙复、石介同学,苦读十年。他当年读书的地方,即今泰山南麓栖真观。后来他以经术教授吴中,宋初改革家范仲淹聘他为苏州府学教授,后又作湖州教授;弟子数千人,成为当时最有影响的经师、教育家,学者称安定先生。他曾由范仲淹推荐至朝廷定乐,官至太子中允,天章阁侍讲,主持太学。欧阳修描述胡瑗与当时学风的关系说:

> 自(仁宗)明道、景祐以来,学者有师惟先生暨泰山孙明复、石守道三人,而先生之徒最盛。其在湖州之学,弟子去来常数百人,各以其经转相传授,其教学之法最备,行之数年,东南之士莫不以仁义礼乐为学。庆历四年天子开天章阁,与大臣讲天下事,始慨然诏州县皆立学。于是建太学于京师,而有司请下湖州取先生之法以为太学法,至今为著令(《欧阳文忠集》卷二十五《胡先生墓表》)

这里所谓"先生之法"即苏湖教法,它是胡瑗在苏州、湖州长期教学实践经验的总结。他主张实行分科教学法,立"经义"和"治事"两斋。"经义"斋学习六经,"治事"斋研究致用之学。前者重理论,后者重实行。当时著名的钱藻、孙觉、范纯仁、徐积等人都是他的学生。《宋史》本传说当时"礼部所得士,瑗弟子十常居四五,随材高下,喜自修饬,衣服容止,往往相类,人遇之虽不识,皆知其瑗弟子也"。关于他的生平,蔡襄撰有墓志,欧阳修撰有墓表,程颐写过传记。《宋史》本传基本上沿袭欧《表》。《宋元学案》把安定和泰山两学案列于卷首,说明两人"开伊洛之先",地位十分重要。程颐还曾创议建尊贤堂,延天下道德之士,其中就有胡瑗在内。南宋理宗端平二年(公元1235年)曾有过增小贤从祀的拟议,而以胡瑗为首。明孝宗弘治元年（公元1488年）程敏政上疏说："自秦汉以来，师道之立未有过瑗者"（《月河精舍丛钞·安定言行录上》）。请以胡瑗和周惇颐等一样从祀孔庙。到了明世宗嘉靖九年（公元1530年）正式以胡瑗从祀，称先儒胡子。从这里可以看出他在正统理学中所占的地位。

隋唐以来，封建士大夫的晋升大多要靠文词，因而形成重辞赋的学风。胡瑗一反此风，以经义和时务为重点。蔡襄说胡瑗"解经至有要意，恳恳为诸生言其所以治己而后治乎人者。学徒千数，日月刮劘为文章，皆传经义，必以理胜；信其师说，敦尚行实，后为大学，四方归之"（《蔡忠惠公集》卷三十三《太常博士致仕胡君墓之志》）。这一学风的转变，意味着理学的开端。他的著作，据各种不同的记载，包括弟子所记录的《胡氏口义》在内，有以下各种：《春秋要义》三十卷、《春秋口义》五卷、《周易口义》十二卷、《中庸议》一卷、《洪范口义》二卷（有《墨海金壶本》）、《景祐乐府奏议》一卷、《皇祐新乐图记》三卷、《尚书全解》二十八卷（朱熹谓是伪作）、《吉凶书议》二卷、《学政条约》一卷、《武学规矩》一卷、《资圣集》十五卷。以上各书，大多已佚。现存的有关资料，主要地见于《月河精舍丛钞》中的《安定言行录》和《宋元学案》卷首的《安定学案》，《周易口义》今尚存《四库全书》中。

现存的胡瑗思想资料，主要是论性与情的部分。他推崇孟子而反对荀子。孟子强调性善，理学家宗孟，也强调人性善；那么，恶又从何而来？据说，恶出于欲。然则，欲又从何而来？理学家就归之于情。胡瑗的学生徐积这样发挥他老师的见解：

> 安定说《中庸》，始于情性。盖情有正与不正，若欲亦有正与不正，德有凶有吉，道有君子有小人也。若天地之情可见，圣人之情见乎辞，岂得为情之不正乎？若我欲仁，斯仁至矣，岂为不正之欲乎？故以凡言情为不正者非也，言圣人无情者亦非也。圣人岂若土木哉？（《宋元学案》卷一，《安定学案》）

这是说,情和欲本身并不就是坏的,圣人不是泥土木石,也有情。可见情和欲在理学先驱者那里,还没有被认为是与性完全不相协调的罪恶渊薮。但是胡瑗并未能解释清楚何以性和欲会引向恶。然而胡瑗讲"体用",六经为体,人性善为体。所谓"用"则指依据六经以治事,或依据人性善诸道德原则去齐家治国。所以胡瑗的学生刘彝说,胡瑗所讲是"明体达用之学",不同于王安石只讲"用"而不讲"体"。这样说王安石是不公允的。不过,在胡瑗的学生大多数中,其倾向性是很清楚的,他们不赞成王安石变法,反对王安石新学。例如:

钱公辅,字君倚,武进人;中进士甲科,历知制诰、知广德军、知谏院。后拂王安石意,罢谏职,出知江宁府,徙扬州。

孙觉,字莘老,高邮人;登进士第,官合肥主簿,嘉祐中进馆阁校勘,神宗擢至右正言。王安石早与先生善,骤引用之,将援以为新法助,而先生与异议。哲宗立,累迁御史中丞,龙图阁学士。弟览,字传师,忤时相,遭贬。

滕元发,字达道,东阳人;以进士第三累迁户部判官、右正言、知制诰、御史中丞翰林学士。时执政方行新法,恐先生挠之,乃造谤。诏求直言,先生疏曰:但取熙宁二年以来新法悉罢,民气和,天意解矣。

祝常,字履中,常山人,登进士第;王安石深器之,时有诏解三经义,先生屡出正义反复辩难之,遂忤安石。

周颖,字伯坚,江山人;熙宁初,赐进士第,授校书郎。王安石问新法如何?对曰:歌谣甚盛。安石喜叩其辞,先生高诵曰:市易青苗,一路萧条。安石不乐。出宰乐清。

刘彝,字执中,福州人,第进士,移朐山令。熙宁初,为制置三司条例官属,以言新法非便,罢。神宗问刘彝,胡瑗与王安石孰优?对曰:臣师胡瑗二十余年专切学校,始于苏州,终于大学;出其门者无虑数千余人,故今学者明夫圣人体用以为政教之本,皆臣师之功,非安石比也。

以上引文俱见《宋史》本传、《安定言行录》和《宋元学案》。类似材料颇不少见。从这里可以看出,胡瑗的弟子们反对王安石和新党,因为安石讲富国强兵的功利,而胡瑗的弟子们则非功利而强调"六经"的所谓义理。胡瑗和程颐之间的一段渊源,颇可以说明这批理学先驱者的倾向性。据《宋史·道学传》:

> 程颐,字正叔,年十八,上书阙下,欲天子黜世俗之论以王道为心。游太学,见胡瑗问诸生以颜子所好何学?颐因答曰:"学以至圣人之道也。圣人可学而至欤?"曰:"然。学之道如何?"曰:"……不求诸己而求诸外,以博闻强记巧文丽辞为工,荣华其言,鲜有至于道者;则今之后学与颜子所好异矣"。瑗得其文大惊异之,即延见,处以学职。

黄百家在《宋元学案·安定学案》中还特别提到胡瑗和程颐两人的关系:"知契独深,伊川之敬礼先生亦至;于濂溪虽尝从学,往往字之曰茂叔,于先生非安定先生不称也。"程颐之独敬胡瑗,并非出于偶然,而由他们的思想倾向性是一致的缘故。胡门弟子大多与洛党关系极为密切。例如,胡瑗弟子田述古(字明之,安丘人),就在洛阳从司马光、邵雍和二程游,司马光经常召他去"讲明大义"。王安石赠胡瑗的诗里有"独鸣道德惊此民,民之闻者源源来,高冠大带满门下,奋如百蛰乘春雷"(《临川先生文集》卷十三《寄赠胡先生》)的句子,足见其影响之大。胡瑗的《周易口义》也很有影响。程颐曾说,研究《易经》须读胡瑗的《口义》。总之,胡瑗是北宋初期的大教育家,他在理论上的建树不大,但他的教育思想,以及他所培养的学生,对于理学的产生是有影响的。

第二节 孙复思想

孙复(公元992—1057年)字明复,号富春,晋州平阳人;举进士不第,居泰山,聚徒讲学,学者称泰山先生。欧阳修撰《孙明复先生墓志铭》说:"先生退居泰山之阳;鲁多学者,其尤贤而有道者石介,自介以下,皆以弟子事之"(《欧阳文忠集》卷二十五)。石介则推崇他说:"孙明复先生学周公、孔子之道,而周公孔子之道非独善一身而兼利天下者也"(《徂徕先生集》卷九《明隐》)。又把他比作孔子说:"自周以上观之,圣人之穷者唯孔子;自周以下观之,贤人之穷者唯泰山明复先生"(同上卷十五《与祖择之书》)。黄宗羲评价"宋初三先生"曾说:

> 宋兴八十年,安定胡先生、泰山孙先生、徂徕石先生始以师道明正学,继而濂洛兴矣。故本朝理学虽至伊洛而精,实自三先生而始,故晦庵有伊川不敢忘三先生之语。(《宋元学案》卷二《泰山学案》)

这段话代表前人对胡、孙、石三人在理学史上的地位的定评。《宋元学案》把范纯仁、文彦博均归入泰山学派,可以看出孙复学派及其思想的倾向性。孙复后来曾被召为国子监直讲、迩英殿祗候、迁殿中丞。他的著作有《春秋尊王发微》十二卷、《春秋总论》三卷、《睢阳子集》十卷、《易说》六十四篇。

在学术思想方面,孙复并没有什么创见。但是他开始接触到理学的某些重要原则和概念。首先,他着重宣传道统论。他说:

> 文者,道之用也;道者,教之本也。……自汉至唐以文垂世者众矣,然多杨墨佛老虚无报应之事,沈谢徐庾妖艳邪侈之辞。始终仁义不叛不杂者,唯董仲舒、扬雄、王通、韩愈。(《睢阳子集补》)

他特别推崇董仲舒说：

> 推明孔子，抑黜百家……斯可谓尽心圣人之道者也。暴秦之后，圣道晦而复明者，仲舒之力也。（同上）

要树立道统，就必须辟佛老二氏，辟异端邪说，所以他宣称：

> 夫仁义礼乐，治世之本也，王道所由兴，人伦所由正。……儒者之辱，始于战国；杨墨乱之于前，申韩杂之于后，汉魏而下则又甚焉。佛老之徒滥于中国，彼以死生祸福虚无报应为事……去君臣之礼，绝父子之戚，灭夫妇之义。（同上）

孙复推崇儒术而非议其他各家，因为他重视儒家所强调的"三纲五常"之类的道德规范，认为天道也盖有道德伦理的烙印，并使人伦上通于天道。这样，人间的封建道德规范和天的道德规范是一致的。这里就有了理学体系的萌芽。后来理学家以"理"（封建道德规范）作为贯穿自然与社会的基本范畴。不过，在孙复这里，"天"还带有人格神的色彩。例如他说："昔者圣王在上，王事修而彝伦叙，则休验应之"，"若春秋之世多灾异者，圣王不作故也。"据说"凡日食，人君皆当戒惧修德以消其咎"（《宋元学案》卷二《泰山学案》）。这样，封建道德伦理就有了永恒而不可抗拒的天意作为它的依据。天意或天命从来就是统治阶级意志的反映，到了后来理学家的手里，人格神的色彩就越来越被冲淡，而道统的威严却更加被神圣化起来。

孙复强调封建社会的等级制是神圣不可侵犯的。他解说《春秋》大义，着重指出：

> 孔子曰天下有道，则礼乐征伐自天子出，非诸侯可得而专

也。诸侯专之犹曰不可,况大夫乎?

诸侯受国于天子,非国人所得立也。

诸侯土地受之天子,不可取也。

城邑宫室高下大小,皆有王制,不可妄作。

观鱼,非诸侯之事也。

大国三军,次国二军,鲁以次国而作三军,乱圣王之制也。

(同上)

这里虽然谈的是春秋时期的事,但孙复以此引申开来,在于说明这种等级是神圣不可侵犯的。每个人都注定只能按照其社会地位来确定自己的行动,"不可妄作",不可违犯封建等级制的规定而"乱圣王之制"。

为此就需要建立一种以大义名分进行善恶褒贬的理论体系。凡是违反了封建社会等级名分和道德伦理规范的,都要按照一定的褒贬书法,一一宣布其罪状。孙复说:"《春秋》之义,非天子不得专杀","专杀之柄,天子所持也"。但是"弑逆之人,诸侯皆得杀之",因为"称人以杀,讨乱贼也"(同上)。孙复在当时以讲《春秋》著称,他认为孔子著此书的中心思想,就是要正大义名分,"专其笔削,损之益之,以成其大中之法"(同上)。他在《春秋尊王发微》第一卷开宗明义解"元年春王正月",明确地说:"孔子之作《春秋》也,以天下无王而作也,非为隐公而作也。"他认为,"无王"的表现是:周室东迁以后,诸侯强大,大夫专权,周天子号令成为一纸空文;西周传统的礼乐被破坏。针对此,孙复又说:"《春秋》自隐公而始者,天下无复有王也。夫欲治其末者,必先端其本;严其终者必先正其始。元年书王所以端本也,正月所以正始也"(同上卷一)。这就是孙复所谓"尊王"的意义。在书中,他列举许多事例说明怎样才能做到"尊王",使诸侯和大夫不致无大小尊卑之分而任意破坏礼乐的传统制度。正因为如此,欧阳修说孙复的这部书对于"治道"多所发挥,针对性强,这大约就是宋代重视《春秋》学的一个主要原因吧!

第三节 石介思想

石介（公元 1005—1045 年）字守道，号徂徕，兖州奉符人；进士及第，以丁忧归耕徂徕山下，在家授《周易》，学者称徂徕先生。孙复在泰山，石介师事之，孙复称赞他"能知尧舜文武周公孔子之道者也，非止知之，而又能揭而行之者也"（《徂徕先生集》卷末《孙复寄范天章书》）。后来他得到当时名相富弼、范仲淹、韩琦等人的荐引，入为国子监直讲，太子中允，对北宋太学的发展颇有影响。《宋史》本传说他当时还"出入大臣之门，颇招宾客，预政事，人多指目；求出通判濮州，未赴卒"。可见石介的活动并不限于讲学，而且还积极参与政治。他写过一篇颂圣诗《庆历圣德诗》，当时正是他的老师孙复为国子监直讲（庆历二年）和仁宗诏天下州县立学校（庆历四年）的时期。诗中讴歌了当时的圣君贤相，也攻击了和王钦若、丁谓一党的夏竦；"由是谤议喧然，而小人尤嫉恶之，相与出力，必跻之死"（《欧阳文忠集》卷三十四《徂徕石先生墓志铭》）。甚至在他死后，夏竦还说他是诈死，要求发棺验尸。派系间政治倾轧的激烈，由此可以想见。石介的著作有《易解》五卷、《易口义》十卷、《唐鉴》六卷、《政范》一卷、《三朝圣政录》四卷、《徂徕先生集》二十卷。

像胡瑗、孙复一样，石介也以辟二氏为己任；但是他又把文章之弊和佛、老同列，宣称必须"去此三者，乃可以有为"（《徂徕先生集》卷五《怪说上》）。北宋初，杨亿、钱惟演等人为文模仿唐代李义山，号西昆体，辞多浮艳，风行一时。石介崇尚古文，主张文以载道，反对西昆体，指斥它是"破碎大道，雕刻元质，非化成之文"（同上卷十九《祥符诏书记》）。他的"文以载道"论包含两层意思，即文的任务应该是载道和唯有古文才是载道的工具。而这也是韩愈复兴古文运动的功绩所在，即所谓"文起八代之衰，道济天下之溺"。石介对王安石新党与新学颇多不满，他的许多弟子也是如此。例如：

范纯仁,拜兵部员外郎兼起居舍人同知谏院,奏言王安石变祖宗法度,掊克财利,民心不宁。

祖无择,字择之,上蔡人,进士高第;历龙图阁学士,知郑、杭二州。(王)安石恶之,讽有司,求先生罪。

梁焘,字况之,须城人,举进士中第。朋党论起,以司马温公(光)党,黜知鄂州。

刘挚,字莘老,东光人,擢嘉祐甲科。神宗问:"卿从王安石邪?安石极称卿器识"。对曰:"臣少孤独学,不识安石"。退,上书言君子小人之分在义利,语侵荆公,荆公窜之岭外。哲宗立,擢侍御史,疏蔡确、章惇过恶。

文彦博历事四朝,任将相五十年,洛人邵康节及程明道兄弟皆以道自重,宾接之如布衣交。崇宁中预元祐党籍。

从以上一些人物情况来看,石介弟子们反对新学是很明显的。石介本人写的《庆历圣德诗》和《宋颂》九首,乃至编《三朝圣政录》等,虽属歌功颂德,但其政治意义则在于维护现状、反对改革,是旧党舆论准备工作的先驱。

石介几乎是言必称道统。据说这个道乃是"尧舜禹汤文武之道","周公孔子孟轲扬雄文中子(王通)吏部(韩愈)之道",亦即"三才九畴五常之道"(《徂徕先生集》卷五《怪说中》)。孙复推崇董仲舒,而石介则推崇韩愈,写《尊韩》篇,说"孔子之《易》《春秋》,自圣人以来未有也。吏部《原仁》《原道》《原毁》《行难》《对禹问》《佛骨表》《诤臣论》,自诸子以来未有也"(同上卷七)。据说这个道统继韩愈而后的,便是他的老师孙复,谓"吏部后三百年,贤人之穷者又有泰山先生",泰山先生"上学周孔,下拟韩孟"(同上卷十九《泰山书院记》)。接着就有人吹捧石介本人,说"徂徕先生学正识卓,辟邪说,卫正道,上继韩子以达于孟子,真百世之师也"(《宋元学案》卷二《泰山学案》)。这类互相标榜道统,无非是在抬高自己的地位。欧阳修描写石介其人的作风是:"所谓尧舜禹汤文武周公孔子孟轲扬雄韩愈氏,未尝一日不诵于口；思与天下之士皆为周孔之徒，以致其君为尧舜之君、民为尧舜之民，亦未尝一日少忘于心"（《欧阳文忠集》卷三十四《徂徕石先生墓志铭》）。从这里也反映出石介重视道统的程度。

从维护儒家的道统出发，石介著《辨惑篇》，反对佛教与道教，说天地间没有佛，也没有神仙，声称"尧舜禹汤文王武王周孔之道，万世常行不可易之道也"（《徂徕先生集》卷五《怪说下》），"君臣父子皆出于儒也，礼乐刑政皆出于儒也，仁义忠信皆出于儒也"（同上卷七《宗儒名孟生》），像佛、道那样"非君臣、父子、夫妇、兄弟、宾客、朋友之位，是悖人道也"（同上卷十《中国论》）。他又自命"吾学圣人之道，有攻我圣人之道者，吾不可不反攻彼也"（同上卷五《怪说下》），对佛、道采取了毫不妥协的姿态。欧阳修读石介的书，指出他是"尤勇攻佛老，奋笔如挥戈"（《欧阳文忠集》卷三《读徂徕集》）。这和后来的理学家既排佛又援佛的情况并不相同。

与此相关，为了强化封建体制，还需要强化封建政权，故石介的思想还表现出力图将君统与道统结合起来的特点。他说："自（夫）伏羲、神农、黄帝、尧、舜、禹、汤、文、武、周公、孔子以至于今，天下一君也，中国一教，无他道也"（《徂徕先生集》卷十三《上刘工部书》）。在这里"一教"（指儒家学说）与"一君"相辅相成。由此可见，石介着重论述儒家的道统，在于说明"君统"是神圣的。在这个道统和君统相统一的基础上，石介试图证明"道"即天地万物的根本。他说："道者何谓也？道乎所道也。"又说："道于仁义而仁义隆，道于礼乐而礼乐备，道之谓也"（同上卷二十《移府学诸生》）。可见，"道"就是封建纲常伦理教条的抽象化，而纲常伦理教条就是"道"的具体化。所以他又说："立其法万世不改者，道之本也；通其变使民不倦者，道之中也。本，故万世不改也；中，故万世可行也"（同上卷十九《青州州学公用记》）。又说："夫父道也者，君道也；君道也者，乾道也。首万物者乾则以君况焉；尊万邦者君，则以父拟焉"（同上卷十七《上徐州扈谏议书》）。经过这样的推演，天上和人间、自然和社会都被说成是受一个原则的支配，"道"贯穿于一切之中。尽管这一思想在石介那里还是粗糙的，但是比之胡瑗和孙复则更加明显地具有了理学思想体系的端倪。

石介还采用"道"和"气"的概念来解释世界。他认为：

> 夫天地日月山岳河洛皆气也。气浮且动，所以有裂、有缺、有崩、有竭。吾圣人之道，大中至正万世常行不可易之道也，故无有亏焉。（同上卷十九《宋城县夫子庙记》）

石介初步为"道"和"气"勾勒出一个轮廓："道"是至高无上而又完美的；"气"则是具体而又不完备的。但是，这样的观点在石介那里并未充分展开。有一点值得提出的，是他有关性和理的学说。石介说：

> 夫物生而性不齐，裁正物性者天吏也。人生而材不备，长育人材者君宰也。裁正而后物性遂……《易》曰：乾道变化各正性命是也。长育而后人材美……《洪范》曰：会其有极归于有极是也。（同上卷十七《上颍州蔡侍郎书》）

"道"的极致是"中和"，即所谓"和理之至道，中谓之大德，中和而天下之理得矣。"然则什么是"中和"？

> 喜怒哀乐未发，谓之中。喜怒哀乐之将生，必先几动焉。几者，动之微也，事之未兆也。当其几动之时，喜也、怒也、哀也、乐也，皆可观焉。是喜怒哀乐合于中也，则就之；是喜怒哀乐不合于中也，则去之；有不善，知之于未兆之前而绝之。故发而皆中节也。（同上）

这是说，喜、怒、哀、乐等等的"情"，是人所具有的。人们应当用"道"来控制"情"，使"情"皆合乎"道"的要求，不至于和封建纲常伦理相抵触；凡是"不善"的"情"，也要用"道"加以调节，使它不至于泛滥。这些观点在后来理学家的思想体系里得到了充分的发挥。

石介对历史观也有许多论述。他认为,人类原来是处于一种野蛮的自然状态,后来由于有了圣人的制作,人类才有了文明。这一有关人类文明起源的圣人制作说,其基本理论模式仍然是先把封建纲常伦理扩大为宇宙的法则,再以宇宙的法则反过来论证纲常伦理的神圣性,而圣人制作说则是其间关键性的一环。他说:

> 厥初生人,无君臣、无父子、无夫妇、无男女、无衣服、无饮食、无田土、无宫室、无师友、无尊卑、无昏冠、无丧祭,同于禽兽之道也。伏羲氏、神农氏、黄帝氏、陶唐氏、有虞氏、夏后氏、商人、周人作,然后有君臣、有父子、有夫妇、有男女、有衣服、有饮食、有田土、有宫室、有师友、有尊卑、有昏冠、有丧祭。噫,圣人之作皆有制也,非特救一时之乱,必将垂万世之法。故君臣之有礼而不可黩也,父子之有序而不可乱也,夫妇之有伦而不可废也,男女之有别而不可杂也,衣服之有上下而不可僭也,饮食之有贵贱而不可过也,土地之有多少而不可夺也,宫室之有高卑而不可逾也,师友之有位而不可迁也,尊卑之有定而不可改也,昏冠之有时而不可失也,丧祭之有经而不可忘也;皆为万世常行而不可易之道也,易则乱之矣。(同上卷六《复古制》)

这里认为人类的历史从野蛮到文明,其标志在于有各种制度、宫室服饰以及诸种礼制的发明和建立。这一点前人早已指出过,并非石介的创见。石介要加以强调的是,古代的制度和礼制是不可改变的。人们的思想和行动必须以古制为准,不能变革或改进。据他说,后代之所以出现乱世,都是由于破坏了古制的缘故:

> 古者圣人之立制也,爵禄有差,衣服有章,车旗有数,宫室有度,上不可以偪下,下不可以拟上,所以防夫僭夺而塞贪乱也。(同上卷十一《王爵论》)

> 周秦之下,乱世纷纷,何为而则然也?原其来有由矣,由乱古之制也。(同上卷五《原乱》)
>
> 夫古圣人为之制,所以制天下也,垂万世而不可易,易则乱矣。后世不能由之,而又易之以非制,有不乱乎?夫乱如是,何为则乱可止也?曰:不反其始,其乱不止。(同上)

所有这些材料说明"乱世"是由于背离了古制;要求治,只有复古。因此,人类社会就应该局限在古代的框架之内。这一复古主义的历史退化论,本质上是神本主义。既然一切社会动乱,都被归咎于古制之被破坏,所以只有一成不变地尊古、崇古。这种敬天崇古的历史观,和尔后王安石的新学派公开提出不敬天、不崇古的口号:"天变不足畏、祖宗不足法",大声疾呼地宣扬变法,形成了鲜明的对比。石介的这种崇古的历史观是和道统论紧密相连的。因为道统所要强调的,是以尧舜禹汤文武周公之"道"为准则,后代人不能离此而进行任何其他方面的创造,所以古代圣人便成为真理的化身。这正如石介所说:"道大坏,由一人存之;天下国家大乱,由一人扶之。周室衰,诸侯竞,道大坏也,孔子存之。孔子殁,杨墨作,道大坏也,孟子存之"(同上卷八《救说》)。圣人是天生的,天生圣人就是来救世的。可是事实上,石介又不可能完全否认历史是变动的。既承认历史有变化,又强调驾驭历史的"道"是永恒不变的。这二者的关系又是怎样的呢?石介解释说:

> 或曰:时有浇淳,道有升降;当汉之时固不同三代之时也,尽行三王之道,可乎?曰:时有浇淳,非谓后之时不淳于昔之时也。道有升降,非谓今之道皆降乎古之道也。夫时在治乱,道在圣人,非在先后耳。桀纣兴,则民性暴,汤武兴,则民性善。(同上卷十《汉论下》)
>
> 时治则淳,时乱则浇,则时有浇(淳)也。圣人存则道从而隆,圣人亡则道从而降,非道有升降也。(同上)

这里提出"时"与"道"两个概念,时势有变化,因此汉代也不能完全搬用三王之道。这种说法是有合理因素的。但是,石介并没有讲清楚"时"与"道"的关系。在他看来,历史的升降治乱归根到底是取决于是否行圣人之"道"。

宋代的理学由胡瑗、孙复、石介而始倡,至周惇颐、张载、二程而发展,至朱熹、张栻而完成。因此"宋初三先生"胡、孙、石之功就被说成是"上承洙泗、下启闽洛",这是符合历史实际的。

第二章　理学开山周惇颐

第一节　周惇颐生平及其著作

周惇颐是理学的开山祖师。《宋元学案》卷十一《濂溪学案上》载黄百家案语云：

> 孔孟而后，汉儒止有传经之学。性道微言之绝久矣。元公崛起，二程嗣之，又复横渠诸大儒辈出，圣学大昌。故安定、徂徕卓乎有儒者之矩范，然仅可谓有开之必先。若论阐发心性义理之精微，端数元公之破暗也。

这段案语，指出宋儒的"心性义理"之学，由周惇颐首先阐发，打破了理学家所谓孔孟而后道统中绝的千年幽暗。由于"元公崛起"，张载、二程嗣而辈出，方出现所谓"圣学大昌"的局面。这种论述基本符合理学初期历史发展的实际。

周惇颐(公元1017—1073年)字茂叔，原名惇实，避宋英宗旧讳改，道州营道人，谥元，称元公。曾历任县主簿、县令、州判官、州通判、知州军，最高作到知州军，但为时不到半年。主要著作有《太极图·易说》和《易通》，学者称濂溪先生。

仁宗天圣九年辛未（公元1031年），年十五，偕母入京师，依舅氏龙图阁直学士郑向。郑向以"惇"名子，因以"惇"名之。

仁宗景祐三年丙子（公元1036年），年二十，郑向叙例应荫子，乃奏补惇颐，试将作监主簿。

仁宗康定元年庚辰（公元1040年），年二十四，从吏部调洪州分宁县主簿。到官当为庆历元年（公元1041年）。《彭推官诗序》云："惇实庆历初为洪州分宁县主簿。"时分宁县有狱久不决，惇颐至，一讯立辨。邑人惊诧曰："老吏不如也。"

仁宗庆历四年甲申（公元1044年），年二十八，部使者以为才，奏举南安军司理参军。次年乙酉，南安狱有囚，法不当死。转运使王逵欲深治之。惇颐力争，不听，取告身委之将去，曰：如此尚可仕乎？杀人以媚人，吾不为也。逵感悟，囚得不死。（此事，朱熹的学生度正所作周惇颐年谱艳称之。但按蒲宗孟作墓碣，称惇颐"屠奸剪弊，如快刀健斧。"实与年谱所云不类。）

仁宗庆历六年丙戌（公元1046年），年三十。程珦假倅南安，令二子师事之。二子即明道、伊川。时明道年十五，伊川年十四。是年冬，以王逵荐，移郴州郴县令。则二程师事惇颐，为时不足一年。

仁宗皇祐二年庚寅（公元1050年），年三十四，改桂州桂阳令。

在郴、桂皆有治绩，诸公交荐之。所谓"治绩"，当指为封建统治尽了力。

仁宗至和元年甲午（公元1054年），年三十八，用荐者言，改大理寺丞，知洪州南昌县。南昌人喜曰："是初仕分宁，始至能辨其疑狱者，吾属得所诉矣。"

仁宗嘉祐元年丙申（公元1056年），年四十，改太子中舍，签书署合州判官事。溯峡入蜀。十一月，至合州视事。五年庚子六月，解职事还京师。在蜀凡五年。

仁宗嘉祐六年辛丑（公元1061年），年四十五，迁国子博士，通判虔州（按前此当为殿中丞，观其京师投刺贺傅耆登第，署"从表殿中丞前合州从事周某"可知)。道出江州,爱庐山之胜,有卜居之志,因筑书堂于其麓。堂前有溪,发源莲华峰下,洁清绀寒,下合于湓江。先生濯缨而乐之,遂寓名以濂溪。筑室溪上,名之曰濂溪书堂。

仁宗嘉祐八年癸卯(公元1063年),年四十七,作《爱莲说》。五月十五日江东钱拓上石(按淳熙年间,朱熹守南康郡,作《爱莲说书后》云:"右《爱莲说》一篇,濂溪先生之所作也。先生尝以爱莲名其居之堂,而为是说以刻焉。……会先生曾孙直卿来自九江,以此说之墨本为赠。乃复寓其名于后囿临池之馆,而刻其说置壁间。"据此,则濂溪书堂又名爱莲书堂。书堂之名,后人有聚讼,说见下)。

四月,英宗登极,迁虞部员外郎,仍通判虔州。

英宗治平元年甲辰(公元1064年),年四十八。冬虔州民间失火,焚千余家。朝廷行遣差替,对移通判永州。次年二月,自虔赴永。十一月,迁比部员外郎。

英宗治平四年丁未(公元1067年),年五十一。在永州三年,作《拙赋》。神宗登极,迁朝奉郎,尚书驾部员外郎。是秋,摄邵州事。

神宗熙宁元年戊申(公元1068年),年五十二。吕公著力荐之,时赵抃在中书,擢授惇颐广南东路转运判官。

神宗熙宁三年庚戌(公元1070年),年五十四,转虞部郎中,擢提点广南东路刑狱。四年辛亥(公元1071年),年五十五。提领刑狱职事。尽心职事,务在矜恕,得罪者自以不冤。八月,移知南康军。十二月,上南康印,分司南京而归。五年壬子,定居庐山所筑书堂。

神宗熙宁六年癸丑(公元1073年),年五十七。六月,惇颐病逝。

考周惇颐的仕历,做的都是地方官吏,如县主簿、县令、州判官、州通判、知州军。最高的是知州军,但为时不到半年。他二十岁入仕,五十五岁告归,三十多年间,并未显达。

在周惇颐的仕历中,较长时期从事刑狱工作。为分宁县主簿时,就"一讯立辨"久不决的疑狱,以致震惊其邑人。以后又任南安军司理参军,专管司法,程颐称之为"狱掾"。知南昌时,邑人知其能辨分宁狱,惴惴忧恐(《宋史》本传)。签判合州时,事不经手,吏不敢决。通判虔州时,州守赵抃孰视其所为,大加称叹。提点广南东路刑狱时,尽心职事,以洗冤泽物为己任,行部不惮劳苦,虽瘴疠险远,亦缓视徐按。可知周惇颐是一个长期从事司法工作的官吏。潘兴嗣所作墓志,称其"为治精密严恕,务尽道理"。又称其提点刑狱,"务在矜恕"。而蒲宗孟所作墓碣,则云周惇颐"屠奸剪弊,如快刀健斧,落手无留。"极言其办刑狱的泼辣作风。蒲宗孟是周惇颐的妻兄,为妹夫作墓碣,宜可信。潘志所云"精密严恕""矜恕"等语,当取其"精密""严"等评语,以合于蒲碣的精神。这样,可以看出这个"胸中洒落,如光风霁月"的周茂叔是治刑狱杀人如"快刀健斧"的辣手。所谓吾不为"杀人以媚人"者,恐系饰辞。观其所著《易通》四十章乃有三章论及"以义正万民"(十一章),论及公明无疑(二十一章),论及"得刑以治"(三十六章)。还有一章论及"刚善为义、为直、为断、为严毅、为干固"(七章)。这些,都通于治狱。则其主张刑治,主张严毅,是十分清楚的。因此,蒲碣所谓"屠奸剪弊,如快刀健斧"云云,是符合事实的,是与周惇颐的"得刑以治"思想一致的,也与潘志所云"遇事刚果"的作风是一致的。

关于周惇颐的著作,潘志云:"尤善谈名理,深于《易》学,作《太极图·易说》《易通》数十篇,诗十卷,今藏于家。"傅耆与周惇颐书,谓"蒙示《姤说》,意远而不迂,词简而有法,杂之元结集中,不知孰为元、孰为周也。"这是周惇颐判合州时傅耆写的信。以后周惇颐摄邵州事,自邵阳以改定《同人说》寄傅耆。傅复书云:"蒙寄贶《同人说》,徐展熟读,较以旧本,改易数字,皆人意所不到处。"据此,则周惇颐的著作有:《太极图·易说》《易通》《姤说》《同人说》、诗等。

朱熹于周惇颐的著作,有过一番议论,云:

> 周子《太极图》并说一篇,《通书》四十章,世传旧本。遗文九篇,遗事十五条,事状一篇,熹所集次。皆已校定,可缮写。盖先生之学之奥,其可以象告者,莫备于太极之一图。若《通书》之言,盖皆所以发明其蕴。故清逸潘公志先生之墓而叙其所著之

书,特以作《太极图》为首称,而后乃以《易说》《易通》系之,其知此矣(其下,朱熹自注云:"先生《易说》,久矣不传于世。向见两本,皆非是:其一《卦说》,乃陈忠肃公所著;其一《系辞说》,又皆佛老陈腐之谈,其甚陋而可笑者,若曰易之冒天下之道也,犹狙公之周众狙也。观此,则其决非先生所为可知矣。《易通》,疑即《通书》,盖《易说》既依经以解义,此则通论其大旨,而不系于经者也。特不知其去易而为今名,始于何时耳")。然诸本皆(以《太极图说》)附于《通书》之后,读者遂误以为书之卒章,使先生立象之微旨,暗而不明。骤而语夫《通书》者,亦不知其纲领之在是也。(《太极图说通书书后》)

朱熹的这番话,亦有见地,但是并不完全符合实际。周惇颐的著作,应依潘志,首《太极图·易说》。所谓《太极图》并说一篇,即是《太极图·易说》,说即《易说》。非《太极图》并说之外,别有所谓《易说》。既无《易说》,则朱熹所谓"《易说》久矣不传于世"者,非真是"久矣不传于世",而是实未尝有此《易说》,故无怪其于世无传。《太极图说》盖即以《易》说图,文中"太极""阴阳""动静"云云,都根据《易传》。文末又引《易》以作结曰:"故曰,立天之道,曰阴与阳,立地之道,曰柔与刚,立人之道,曰仁与义。又曰,原始反终,故知死生之说。大哉易也,斯其至矣!"证据昭著,不可移易。这是一。其次,《易通》即是世所传《通书》,朱熹谓"《易通》疑即《通书》",疑得是。潘志明说《易通》,未说《通书》,《通书》乃后人去易字书字后的名称,朱熹谓不知始于何时,则在南宋时已无从考定。(据祁宽跋文,出于程门,说见下。)今应恢复原名,称为《易通》。至于傅耆所见的《姤说》《同人说》,是周惇颐所做的个别的卦说,并非系统《易说》中的两卦之说。第三,《太极图·易说》与《易通》是互有联系的。朱熹谓"《通书》之言,盖皆所以发明其(指《太极图》)蕴",认为《通书》的纲领就在《太极图》。这话有些道理。

这样,我们可以得出结论,周惇颐的著作是:一、《太极图·易说》,二、

《易通》，三、诗。潘志所说"今藏于家"的著作就是这些。此外，复有《爱莲说》《拙赋》等文章。至于《姤说》《同人说》等卦说，今则不传。朱熹的学生度正，跋周惇颐《贺傅伯成手谒》有云："按傅氏家集，濂溪在吾州，尝以《姤说》示之，其后在零陵又寄所改《同人说》。二说当即所谓《易通》者。"度正以姤、同人二卦说为《易通》，与朱熹《易通》疑即《通书》之说相违戾。盖度正也没有见到二卦说原文，徒据傅氏家集傅耆与周惇颐书信内容悬揣，以为"二说当即所谓《易通》者"，实不足信。否则，岂不能凭二说与《易通》做比较，以定其是否即《易通》耶？度正跋文又云："往时晦庵先生书正所藏伊川手状，有曰，濂溪遗迹，计其族姻闾里间必有存者。后书又曰，濂溪文字更曾访问得否。先生拳拳之意，冀欲得《易说》以补《通书》之遗，传之后世。而岁月深远，不可复得。"又云："顷自嘉定还成都，寓于二程祠堂之右塾，偶得此纸，及明道、伊川书各一。"可知度正所得只是周惇颐的《手谒》及二程书各一，至于《易说》，则已"不可复得"（《周子全书》卷十七）。度正序周惇颐年谱云："傅耆曾从先生游，先生尝以《姤说》及《同人说》寄之，遂访求之，仅得其目录。"可见二卦说未能访得，只得目录（《周子全书》卷二十）。

第二节 《太极图》的渊源及《太极图·易说》的唯心主义本质

一、《太极图》的渊源

周惇颐的《太极图·易说》，南宋初刊的时候，附在《易通》后面，"读者遂误以为书之卒章"。按潘兴嗣所撰墓志，《太极图·易说》叙在《易通》与诗十卷之前，这不仅表明《太极图·易说》是一篇独立的著作，并非《易通》的卒章，而且表明这篇著作在周惇颐的著作中居首要的地位。这一点应该首先理解。

朱熹认为，《太极图》出于周惇颐的创造。朱熹说，周惇颐"不由师傅，默契道体,建图属书,根极领要。"这种说法,不符合事实。比朱熹早一些的朱震,就已指出,《太极图》是由陈抟、种放、穆修而来,胡宏也指出,周惇颐的学术来源之一是"种、穆"。清朝毛奇龄著《太极图说遗议》,胡渭著《易图明辨》,对这一问题作了探讨,真相大白。明末黄宗炎著《太极图辨》,做了系统的分析,指出"周子太极图,创自河上公"(意即创自道家)。他把《太极图》逐段分解,以与道教之说相对比,明证卓识,足以取信。现在有必要对周惇颐《太极图》的渊源做进一步的论证。

《道藏》第百九六册《上方大洞真元妙经图》,有《太极先天之图》。其图如下:

(图注从右至左,下各图仿此)

据说,"其图在隋唐之间,有道士作《真元品》者,先窃其图入品中,为《太极先天之图》。"不过《道藏》此图,似与黄宗炎所见的图不同。黄氏所见图各部分的名称,不见于《道藏》此图。而《道藏》此图各部分的注语,又不见于黄氏图的说明。这是一个问题。黄氏说:

其图自下而上，以明逆则成丹之法。……其最下圈名为元牝之门。元牝即谷神。牝者窍也，谷者虚也，指人身命门两肾空隙之处，气之所由以生，是为祖气。……提其祖气上升为稍上一圈，名为炼精化气，炼气化神。……中层之左木火、右金水、中土相联络之一圈，名为五气朝元。……又其上之中分白黑而相间杂之一圈，名为取坎填离。……又使复还于无始而为最上一圈，名为炼神还虚，复归无极。……盖始于得窍，次于炼己，次于和合，次于得药，终于脱胎求仙。真长生之秘诀也。

按照黄氏这段说明以标注这个图，应如下图所示：细审黄氏说明的这个图，与《道藏》的《上方大洞真元妙经图》中的《太极先天之图》并不完全一致。原因何在，应进一步研究。可能是《道藏》的《太极先天之图》，经过流传有了改动。黄宗炎所见是改动之后的图，也未可知。

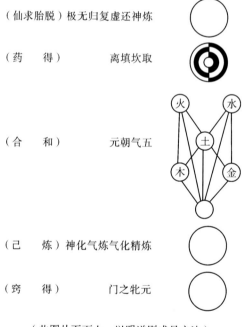

（此图从下而上，以明逆则成丹之法）

黄氏又说：

周子得此图而颠倒其序,更易其名,附于《大易》,以为儒者之秘传。盖方士之诀,在逆而成丹,故从下而上。周子之意,在顺而生人,故从上而下。……更最上圈炼神还虚、复归无极之名曰无极而太极。……更其次圈取坎填离之名曰阳动阴静。……更第三圈五气朝元之名曰五行各一性。……更第四圈炼精化气、炼气化神之名曰乾道成男,坤道成女。……更最下圈玄牝之门之名曰万物化生。

黄氏的这一段说明,极有见地,揭开了一个秘密,即周惇颐如何把方士修炼的《太极先天图》改变成论述天地人物生成的自己的《太极图》。照黄氏的这段说明,则周惇颐的《太极图》应如下:

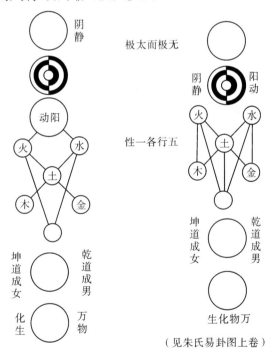

(见朱氏易卦图上卷)

朱震于南宋绍兴年间所进周惇颐《太极图》如上:毛奇龄断然肯定,《道藏》的《太极先天之图》与周惇颐的《太极图》,"两图踪迹,合若一辙",周惇颐的《太极图》就是从《道藏》的《太极先天之图》来的。毛奇龄说:

"夫隋唐(指《太极先天之图》起于隋唐)、赵宋(指周惇颐《太极图》传自赵宋)不相接也,方士画于前(指道士画图于隋唐之时),儒臣进于后(指朱震进图于南宋绍兴年间),不相谋也,一入《道藏》(指《太极先天之图》入《道藏》),一入纶馆(指朱震所进之图藏于史馆),又未尝相通也,而两图踪迹,若合一辙,谁为之者!"(《西河合集·太极图说遗议》)毛奇龄认为,朱震所进之图就是周惇颐《太极图》的"最真而最先"的图本。毛奇龄说:"闻之汉上(朱震)所进图在高宗绍兴甲寅(公元1134年);而亲见其图而摩画之,则在徽宗政和之丙申(公元1116年)。其间游仕西洛,搜讨遗文,质疑请益,寝食不舍者一十八年。然后著成《易传》九卷,《易图》五卷(指《汉上易传》及《易图》,按《易图》分为上、中、下三卷。)岂复有一切于其间者。况其图后注云:右《太极图》,周惇实茂叔传二程先生。其称惇实,则犹在英宗以前未经避讳改名之际,其图之最真而最先已了然矣"(同上)。朱震于宋徽宗时游仕西洛,得见周惇颐的《太极图》而摹写之,隔了十八年于宋高宗时进《太极图》。其间朱震在西洛一带"搜讨遗文,质疑请益",又自己著了《易传》及《易图》。应该说,朱震对周惇颐的《太极图》的图本是掌握了最可靠的第一手材料的。毛奇龄这个论断,无可怀疑。

《太极先天之图》,其中的◉,名《水火匡廓图》;其中的(见下图),名《三五至精图》,都出于《参同契》。

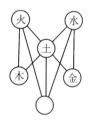

《水火匡廓图》,照《参同契》的说法是,"坎离匡廓,运毂正轴"。《水火匡廓图》,图中的⚊为阳爻—,⚋为阴爻— —。图的右半为坎(☵),即水,左半为离(☲),即火。外面一圈为匡廓。故《水火匡廓图》原名应该是《坎离匡廓图》,也就是《取坎填离图》。彭晓注云:"先天之位,乾南坤北,离东坎西是也。故其象如垣廓之形,其升降则如车轴之贯毂以运轮,一下而一上也。"注文通过说明图形结构,以注解《参同契》的两句原文,又说明加上表明乾南坤北的上下两大圈,就形成"先天之位"。

《三五至精图》照《参同契》的说法是,"三五与一,天地至精"。所谓"三五",指五行之合。中央土是一五,盖天五生土;左火与木,共为一五,盖地二生火,天三生木;右水与金,共为一五,盖天一生水,地四生金。这样就共有三个五,即所谓三五。三五之合,归于一元,最后的一小圈表示一元。三五与一元,是天地的至精,意思是五行之合,形成天地间的至精。所以这个图又名《五气朝元》,五气即五行,元即一元。

从上面的论述,可见《太极先天之图》与周惇颐的《太极图》,又是同道书《参同契》有密切关系的。

周惇颐的《太极图》既非创造,则又传自何人?朱震说,"陈抟以《先天图》传种放,种放传穆脩,穆脩传李之才,之才传邵雍。放以《河图》《洛书》传李溉,李溉传许坚,许坚传范谔昌,谔昌传刘牧。穆脩以《太极图》传惇颐,惇颐传程颢、程颐。是时张载讲学于二程、邵雍之间。故雍著《皇极经世书》,牧陈天地五十有五之数,惇颐作《通书》,程颐著《易传》,载造《太和》《参两》篇。"这段论述,见《宋史》卷四百三十五《朱震传》,《宋史》说,"其论图书授受源委如此,盖莫知其所自云"(又见《宋元学案》卷三十七《汉上学案》,文字大同)。胡宏《通书序》,谓周惇颐"推其道学所自,或曰,传《太极图》于穆脩也。传《先天图》于种放,种放传于陈抟。此殆其学之一师欤,非其至者也。"胡宏的这段论述与朱震所言大体相似,而微有不同,其根据或即在朱震。"或曰"云云,当即指朱震之言。据朱震的论述,《先天图》与《太极图》是分传的。《先天图》传自陈抟,经种放、穆脩、李之才而至邵雍。其间未提周惇颐。《太极图》则由穆脩而传周惇颐,未提是否传自陈抟。据胡宏的论述,《先天图》与《太极图》也是分传的,但都传给了周惇颐。《先天图》由陈抟传种放,种放传周惇颐,其间未提穆脩、李之才,也未提邵雍。《太极图》由穆脩传周惇颐,也未提是否传自陈抟。尽管朱震、胡宏的论述,有些不同,但是都把《先天图》与《太极图》分述,表明当时是两个图,而《太极图》则两人都说是由穆脩传周惇颐。至于《先天图》,则胡宏认为由陈抟而种放,而周惇颐。由此可见,周惇颐的《太极图》,其中《先天图》部分,始传自陈抟。

祁宽于绍兴甲子(公元1144年)作《通书后跋》,谓《通书》"始出于程门侯师圣,传之荆门高元举、朱子发(即朱震)。宽初得于高,后得于朱。又后得尹和靖先生所藏,亦云得之程氏,今之传者是也。逮卜居九江,得旧本于其家,比前所见,无《太极图》。或云,图乃手授二程,故程本附之卷末也。"据祁宽所言,《通书》有三个本子。第一个本子传于程门侯师圣,侯传高元举、朱子发。祁初得于高,后得于朱。第二个本子传于程门尹和靖(尹焞),以后亦为祁所得。这两个本子,都出自程门,有《太极图》附于卷末。第三个本子是旧本,祁宽得于九江周惇颐家中,无《太极图》。由此可见,周惇颐家中的《通书》旧本无《太极图》,表明《太极图》与《通书》原是分开的,与潘兴嗣所撰墓志符合。程门所传侯师圣的本子与尹和靖的本子,则把《太极图》附于《通书》卷末。祁宽亲得周惇颐家《通书》旧本,又得程门所传侯师圣本与尹和靖本,言之凿凿,宜可据信。朱震经筵表进于绍兴四年甲寅(公元1134年),祁宽跋文作于绍兴十四年甲子(公元1144年),晚于朱震经筵表仅十年。祁宽得程门侯师圣所传《通书》及其所附《太极图》于高元举、朱子发(朱震),又得程门尹和靖所藏《通书》及其所附《太极图》。则其所见的《通书》卷末的《太极图》,虽非周惇颐家的旧本,亦是较早的本子。而这个《太极图》本子,未提及《先天图》,当为合《先天图》与《太极图》为一图的本子。《先天图》既由陈抟而数传至周惇颐,则合《先天图》与《太极图》为一图的《太极图》当也可以说传自陈抟。按朱熹在其所作《太极图说通书书后》中,自注云:"汉上朱震子发,言陈抟以《太极图》传种放,放传穆脩,脩传先生。"此则又是明言,朱震认为周惇颐的《太极图》传自陈抟。

上列几种说法,有些错杂纷纭,但是经过分析,大体可以肯定,周惇颐的《太极图》不是他的创造,而是传自陈抟。在传授链环中的一些次要环节,互不一致,可以存而不论。

朱熹的下列三段语录及一段文章夹注,说明周惇颐的学术传自陈抟:

> 尝读张忠定公语录,公询李畋云,汝还知公事有阴阳否(云云)。此说全与濂溪同。忠定见希夷,盖亦有些来历。(《语类》卷九十三)
>
> 周子太极之书,如《易》六十四卦,一一有定理,毫发不差,自首至尾,只不出阴阳二端而已。……因举张乖崖说断公事,以为未判底事皆属阳,已判之事皆属阴。……《通书》无非发明此二端之理。……尝见张乖崖云,未押字时属阳,已押字属阴。此语疑有得于希夷。未可知。(同上卷九十四)
>
> 按张忠定公尝从希夷学,而其论公事之有阴阳,颇与图说(指太极图说)意合。窃疑是说之传,固有端绪。至于先生(指周惇颐)而后得之于心……于是始为此图以发其秘耳。(《太极图说通书书后》夹注)

朱熹的这些说法,肯定张忠定(张乖崖)从陈抟学,阴阳之说得于陈抟,其说与《太极图说》意合。这也就是说,周惇颐的《太极图·易说》传自陈抟。

二、《太极图·易说》的哲学本质

《太极图·易说》全文如下:

> 自无极而为太极。太极动而生阳,动极而静;静而生阴,静极复动。一动一静,互为其根。分阴分阳,两仪立焉。阳变阴合,而生水、火、木、金、土。五气顺布,四时行焉。五行,一阴阳也;阴阳,一太极也;太极,本无极也。五行之生也,各一其性。无极之真,二五之精,妙合而凝,乾道成男,坤道成女。二气交感,化生万物,万物生生而变化无穷焉。惟人也,得其秀而最灵。形既生矣,神发知矣,五性感动而善恶分,万事出矣。圣人定之以中正仁义而主静,(自注云,无欲故静)立人极焉。故圣人与天

地合其德,日月合其明,四时合其序,鬼神合其吉凶。君子修之吉,小人悖之凶。故曰,立天之道,曰阴与阳;立地之道,曰柔与刚;立人之道,曰仁与义。又曰,原始反终,故知死生之说。大哉易也,斯其至矣!

《太极图·易说》的第一句"自无极而为太极",是国史周惇颐传的原文,而朱熹认为原文本作"无极而太极",自为二字,乃修国史者所增。请求删改,未得。此事原委见朱熹所作《读濂溪传》。朱熹说:

> 戊申(孝宗淳熙十五年)六月,在玉山邂逅洪景卢(洪迈)内翰,借得所修国史。中有濂溪、程(二程)、张(张载)等传,尽载《太极图说》,盖濂溪于是始得立传。作史者于此为有功矣。然此说本语首句但云,"无极而太极",今传所载乃云,"自无极而为太极"。不知其何所据而增此"自""为"二字也。夫以本文之意,亲切浑全,明白如此,而浅见之士犹或妄有讥议。若增此字,其为前贤之累,启后学之疑,益以甚矣。谓当请而改之,而或者以为不可。昔苏子容特以为父辨谤之故,请删国史所记草头木脚之语,而神祖犹俯从之。况此乃百世道术渊源之所系耶?正当援此为例,则无不可改之理矣。

朱熹又在所作《邵州特祀濂溪先生祠记》中说了这个原委。可知今本《太极图·易说》首句"无极而太极",应照国史所载更正。

《太极图·易说》中的重要范畴,来自《周易》,有些范畴来自《周易参同契》。有不少句子引自《周易》,如"乾道成男,坤道成女",见《系辞上》。"立天之道,曰阴与阳;立地之道,曰柔与刚;立人之道,曰仁与义,"见《说卦》。其他,在立论方面承袭《周易》的地方,更是不一而足。

从上面的分析,可知《太极图·易说》是道教《太极图》与儒家《易》说的结合,是以《易》说来说明《太极图》义蕴的一篇文献。我们知道,魏晋以后《周易》本身已经被道教当作经典,为道教所利用。《太极图·易说》,其道教色彩远比儒家色彩为鲜明,其内容所反映的是道教的学说。这在下文,还要论述。

《太极图·易说》中的二氏影响,十分清楚。如"无极"一词,不见于儒家典籍,而见于《参同契》,见于《老子·知其雄章》,曰"知白守黑,复归于无极。"见于后秦僧肇《肇论·通古十七篇》,曰"妙契之致,本乎冥一;物我元会,归于无极。"见于唐僧杜顺《华严经·法界观》,曰"无极之真"。文中"无极之真,二五之精,妙合而凝,乾道成男,坤道成女"这一说法,大体与唐僧宗密《原人论》论人物生成的理论相似。

《太极图·易说》文字简约,意思含混,对它做分析,只能掌握大端,不宜流于细碎。《太极图·易说》概括了周惇颐的宇宙生成论、万物化生论、人性论。全文分四个部分。自"自无极而为太极"至"太极本无极也"是第一部分,为宇宙生成论。自"五行之生也"至"化生万物,万物生生而变化无穷焉"是第二部分,为万物化生论。自"惟人也得其秀而最灵"至"小人悖之凶"是第三部分,为人性论。自"故曰,立天之道"至"斯其至矣"是第四部分,为全文总结。

《太极图·易说》的宇宙生成论,是宇宙从无而为有的唯心论。"自无极而为太极",意思是从无而为有,有生于无。无极是无,太极是有。太极能动能静,动生阳,静生阴。阴阳是从太极的动静中产生的。动之极走向静,静之极又回复到动。动是本原的,静从动而来,静又归宿于动。所以动静不是循环,而是以动为主(但这与下文"主静"说又不合。这是周惇颐自己漏出来的一个矛盾)。但是从长远的过程看,似乎"一动一静,互为其根",动根于静,静根于动似的。从太极的动与静分出了阴与阳,于是形成两仪,两仪指天地。天地就是这样形成的。再从阳变阴合,产生水、火、木、金、土五行。五行之气的流布,就推动着春、夏、秋、冬四季的运行。周惇颐认为,五行等于阴阳(五行一阴阳也),阴阳等于太极(阴阳一太极也),而太极则本源于无极(太极本无极也)。可见无极是最原始的、根本的,而太极、阴阳、天地、五行等,则是派生的。宇宙的生成,就是由最根本的无极（无）而为太极，由太极的动静而分阴阳，由阴阳而立天地；由阳变阴合而产生五行，由五行之气的流布而推动四季的运行。这种以无极（一无所有）为根源的宇宙生成论是唯心主义的宇宙生成论（按《易通》不言无极，与此异）。

《太极图·易说》的万物化生论，根据《周易·系辞下》"天地纲缊，万物化醇；男女构精，万物化生"这套理论，但是又加上《道藏·上方大洞真元妙经图》"天地分太极，万物分天地，人资天地真元一气之中以生成长养"的理论。所谓"天地分太极，万物分天地"，即是"天地分之于太极，万物分之于天地"的意思。天地从太极中分出，万物从天地中分出，人依靠"天地真元一气""以生成长养"。周惇颐把"天地真元一气"换成"无极之真"与"二气"，换成"二五之精"，把"天地纲缊"换成"二气交感"，于是制造出"无极之真，二五之精，妙合而凝，乾道成男，坤道成女，二气交感，化生万物"这套万物化生论。《太极图·易说》的万物化生论认为，水、火、木、金、土五行，各有自己的素质或特性。"无极之真"，仿佛是动力，促使阴阳二气与五行的"精"发生巧妙的凝合，于是形成天地间的男女、牝牡、雌雄。由于阴阳二气的"交感"，化生了天地间的万物。为什么要说"五行各一性"呢？因为水、火、木、金、土的各自的素质或特性，是规定着万物的性质的。对这个问题，周惇颐说的比较简约，后来朱熹有许多发挥。周惇颐的这套万物化生论，好像有点唯物主义的味道，实质却是唯心主义的杂凑。周惇颐的万物化生论，朱熹解释为无种而气蒸，出于自然变化。朱熹说："天地之初，如何讨个种？自是气蒸结成两个人，后方生许多物事。所以先说'乾道成男，坤道成女'，后方说'化生万物'。若当初无那个两个人，如今如何有许多人。那两个人，便似而今人身上虱，自然变化出来"（《周子全书》卷一）。那最初的两个人，不是女娲氏抟土做成的，而是虱子那样从气蒸出来的。理学家的万物化生论，如是而已。

《太极图·易说》的人性论是圣人主静论。在变化无穷的万物之中，人得天地之"秀"而为万物之灵。有了形，就有神，五行之性感于外物而动，呈现出善与恶，遂形成错综纷杂的万事。这是理学家道德论的最早表述。在错综纷杂的万事之中,有善又有恶,圣人定出中正仁义的规范,归宿于"静"(主静)。这样,树立了人的最高标准——圣人。这样的圣人符合《易》道,即"与天地合其德,日月合其明,四时合其序,鬼神合其吉凶,"即与天地的大德、日月的光明、四时的运行之序、鬼神的作吉作凶等最高法则相符合。把道德律与自然律相结合,本来是可贵的思想,但是周惇颐却归宿于不合自然律的形而上的"静",提出了修养工夫的"主静"说,而且明白主张"无欲故静",为理学家的禁欲一类教条的流行开辟了蹊径。

《太极图·易说》用《说卦》的一段话和《系辞上》的一段话作结,提到天道、地道、人道,提到死生,概括了上文宇宙生成论、万物化生论、人性论三个方面,但是其真实的命意十分模糊。

周惇颐的《太极图·易说》建立了一个体系。这个体系,来自道教。请看《上方大洞真元妙经图》里的《太极先天之图》的说明:

> 粤有太易之神,太始之气,太初之精,太素之形,太极之道,无古无今,无始无终也。(请注意神、气、精、形,都被《太极图·易说》袭用了,转而为神发知矣的神,二气交感的气,二五之精的精,形既生矣的形。)"故易有太极,是生两仪,两仪生四象,四象生八卦,八卦定吉凶,吉凶生大业"(按这几句是引的《系辞上》的原文)。言万物皆有太极、两仪、四象之象。四象、八卦具而未动,谓之太极(请注意太极未动的提法)。太极也者,天地之大本耶?天地分太极,万物分天地,人资天地真元一气之中以生成长养。观乎人,则天地之体见矣。是故师言:气极则变,既变则通。通犹道邪?况"反者道之动"(请注意变、动等范畴)?盖"有物混成,先天地生,寂兮寥兮,独立而不改,周行而不殆,可以为天下母"(按这几句是引的《老子》原文)。母者道耶?至矣哉,道之大也,无以尚矣!……

周惇颐的《太极图·易说》就是从这段文字脱化来的。两者都论述了宇宙、万物和人类的来源,归结为太极乃"天地之大本"。所不同的是周惇颐在"太极"之上又加了"无极",一开头就说"自无极而为太极"而已。

第三节 《易通》以"诚"为中心的理学思想体系

一、《易通》考辨

周惇颐的《易通》,祁宽云:得之于高元举,后得之于朱子发。高与朱则由程门侯师圣所传。以后,祁宽又得尹和靖所藏本,亦云出于程门。祁宽是和靖的弟子,其言可信。以后祁宽卜居九江,又得旧本于周惇颐家,比前所见,无《太极图》。或云,图乃手授二程,故程本附之卷末。照祁宽的以上叙述,《易通》有两个来源:一是周惇颐家旧藏本,无《太极图》;一是程门所传本,卷末附《太极图》。这两个来源,内容相同,祁宽"校正舛错三十六字,疑则阙之"。其不同处只在附不附《太极图》而已。南宋高宗绍兴十四年(公元1144年)春,祁宽在《易通》后面写了跋文。这当是《易通》最早的传本。绍兴十四年上距朱震进《太极图》晚十年。周惇颐的主要著作《太极图·易说》与《易通》先后行世了。九江周惇颐家旧本,按潘兴嗣所作墓志铭,应名《易通》。而祁宽所跋,则称为《通书》,可见《通书》是程门传本所用的名称。这个传本,卷末有《太极图》,故朱熹说,传世诸本,《太极图》"皆附于《通书》之后,读者遂误以为书之卒章"(《晦庵先生文集》卷七十五《周子太极通书后序》)。

南宋时,《易通》有好多种刻本。朱熹于孝宗乾道己丑(公元1169年),编定《易通》云:"右周子之书一编,今舂陵、零陵、九江皆有本,而互有同异。长沙本最后出,乃熹所编定,视他本最详密矣"(同上)。观此,可知《易通》有舂陵本、零陵本、九江本,又有长沙本。以后有建安本。朱熹后假守南康,于孝宗淳熙己亥(公元1179年)再加编定,得临汀杨方本以校,写了校记,作了《再定太极通书后序》,刻于南康学宫。这是南康本。朱熹在《后序》里说:《易通》刊本,"乃因胡氏所定,章次先后,辄颇有所移易,又刊去章目,而别以'周子曰'加之。皆非先生之旧。"胡氏是胡宏。据此,胡宏所定的本子,没有章名,每章另加"周子曰"三字;同时,章次先后也做了移易,与周惇颐的旧本不同。以后建安刊本,"特据潘志,置图篇端,而《书》(通书)之次序名章亦复其旧"(《晦庵先生文集》卷七十六《再定太极通书后序》)。这个南康再定本,就是周惇颐《太极图》《通书》的后世传本,篇首是《太极图并说》,然后是《通书》,再后是遗文、遗事、事状,但没有诗。当尚非全本。

潘兴嗣所作墓志铭,称周惇颐"善谈名理,尤深于易学,作《太极图·易说》《易通》数十篇"。把《太极图·易说》《易通》,与《易》学紧紧地联系起来,意味着这两部著作,正是周惇颐的易学著作。从易学著作的意义上来理解《易通》,才能对它做出确切的分析。这也就可知,程门把它称作《通书》,是与这部书的性质不贴切的,显然不符合于潘志。后世沿程朱之旧,称之为《通书》,是不妥当的,应该恢复《易通》的原名。

查考《易通》全书四十章,提到的《易》卦名有乾、损、益、家人、睽、复、无妄、讼、噬嗑、蒙、艮等,引用《易》义涉及的有豫、旅。引用《易》文有:"大哉乾元,万物资始";"乾道变化,各正性命";"一阴一阳之谓道,继之者善也,成之者性也";"元亨、利贞";"动静";"无为","无思"(《系辞上》:"易,无思也,无为也");"几";"神";"精";"寂然不动","感而遂通";"刚柔";"君子见几而作,不俟终日";"知几其神乎";"贤才辅"(本于《乾》上九:"贤人在下位而无辅"而变其说);"君子进德修业";"厥彰厥微"(本于《系辞下》:"君子知微知彰");"化生万物";"父兄临之,师保勉之"(本于"无有师保,如临父母");"君子乾乾不息"(本于"君子终日乾乾,夕惕若厉");"惩忿窒欲,迁善改过";"吉凶悔吝生乎动";"二女同居而志不行";"先王以茂对时,育万物";"拟之而后言,议之而后动,拟议以成其变化";"利见大人,以刚得中";"利用狱,以动而明";"主刑者……任用可不慎乎"(本于"君子以明慎用刑");"童蒙求我";"再三则渎,渎则不告";"山下出泉";"时中";"艮其背";等。至于整篇之中,贯串《易》义,更是十分明显。第一章结尾说道:"大哉《易》也,性命之源乎!"第三十章

《精蕴》，用整章的篇幅专门谈论《易》，说道："圣人之精，画卦以示。圣人之蕴，因卦以发。卦不画，圣人之精不可得而见。微卦，圣人之蕴殆不可悉得而闻。《易》，何止五经之原，其天地鬼神之奥乎！"所以书名《易通》，是十分恰当的，正是表现了周惇颐"深于易学"的学术素养。

但是，也还应该看到，《易通》不是一部单纯的易学著作，它渗透了思孟学派关于"诚"的说教。它开宗明义第一章，讲的是"诚"，第二章讲的也还是"诚"，第三章讲的是"诚、几、德"，第四章讲到"诚、神、几曰圣人"。此外，第九章、第三十一章、第三十二章、第三十五章，分别讲到"几动于此，诚动于彼"，"君子乾乾不息于诚"，"心诚"，"诚心"，"无妄则诚"，"至诚则动"等。可见，"诚"是《易通》的主要思想。"诚"，源于《孟子》，特别是源于《中庸》。因此，《易通》又是易学与思孟学派唯心主义的结合。

《易通》还涉及《论语》《春秋》《大学》《乐记》的一些说教，推尊孔子与颜渊。这些，都是值得注意的，因为与以后理学家经常讨论的问题相关联。例如《易通》提到的"志伊尹之所志，学颜子之所学"，就是理学家所反复讨论的一个问题。

《易通》四十章，共二千六百〇一字，平均每章六十五字。最短的有两章，各为二十二字。还有一章二十三字，一章二十四字。最长的一章一百八十九字。可见《易通》四十章，各章都是写得十分简约的。文字风格，摹拟《论语》。

《易通》不是一部结构严整的著作。朱熹认为，胡宏定《易通》，"章次先后，辄颇有所移易"，非周惇颐原本之旧。他因而恢复了原本章次之旧。但是，今日考察通行的《易通》，其章次也颇有不可理解的，例如第十三章《礼乐》，第十七章、第十八章、第十九章《乐上》《乐中》《乐下》，这四章应该紧相衔接。但是《礼乐》章后，却插入不相干的《务实》《爱敬》《动静》等章，把《礼乐》与《乐》隔断了。又如第三十章《精蕴》，褒赞大《易》，应该是全书的总结，却没有排列在书的最后。这些，反映了《易通》结构并不谨严。

尽管如此，《易通》全书，还是展示了周惇颐理学思想的体系。朱熹在

《周子通书后记》里说:

> (《易通》)大抵推一理、二气、五行之分合,以纪纲道体之精微;决道义、文辞、利禄之取舍,以振起俗学之卑陋。至论所以入德之方,经世之具,又皆亲切简要,不为空言。顾其宏纲大用,既非秦汉以来诸儒所及;而其条理之密,意味之深,又非今世学者所能骤而窥也。(《晦庵先生文集》卷八十一)

朱熹的这篇《后记》作于孝宗淳熙十四年丁未(公元1187年),完成了《易通》的注释之际,上距始读《易通》三十六年。朱熹于此,发了甚深的感慨。他说:"比年以来,潜玩既久,乃若粗有得焉。""顾自始读以至于今,岁月几何,倏焉三纪。慨前哲之益远,惧妙旨之无传,窃不自量,辄为注释。虽知凡近,不足以发夫子之精蕴,然创通大义,以俟后之君子,则万一其庶几焉。"朱熹对《易通》的褒赞,未免溢美。但是他认为《易通》从理、气、五行的分合上,论述了道体的精蕴;从道义、文辞、利禄的取舍上,激励了俗学的卑陋;又论述了入德之方、经世之具。就是说,《易通》论述了宇宙论、道德论、学术论、政治论等几个方面,具有比较完整的体系。这样的分析是在深入"潜玩"多年之后得出的,不是泛泛之言,值得重视。

二、《易通》的宇宙论、性论、道德论和政治论

下文具体分析《易通》所反映的周惇颐的理学思想体系。

首先,是周惇颐的宇宙论。《易通》第一章、第十一章、第十六章、第二十二章、第三十五章,都论述了有关宇宙论的问题。

> 诚者,圣人之本。大哉乾元,万物资始,诚之源也。乾道变化,各正性命,诚斯立焉,纯粹至善者也。故曰:一阴一阳之谓道,继之者善也,成之者性也。元亨,诚之通,利贞,诚之复。大哉易也,性命之源乎!(《诚上》第一)

> 天以阳生万物,以阴成万物。生,仁也;成,义也。故圣人在上,以仁育万物,以义正万民。天道行而万物顺,圣德修而万民化。大顺大化,不见其迹,莫知其然之谓神。(《顺化》第十一)
>
> 动而无静,静而无动,物也。动而无动,静而无静,神也。动而无动,静而无静,非不动不静也,物则不通,神妙万物。水阴,根阳;火阳,根阴。五行,阴阳;阴阳,太极。四时运行,万物终始,混兮辟兮,其无穷兮。(《动静》第十六)
>
> ……二气五行,化生万物。五殊二实,二本则一。是万为一,一实万分。万一各正,小大有定。(《理性命》第二十二)
>
> 至诚则动,动则变,变则化。故曰:拟之而后言,议之而后动,拟议以成其变化。(《拟议》第三十五)

《易通》的这些论述,结合《易通》其他有关章的论述,周惇颐的宇宙论有如下几个特点:

(一)万物的根源是阴阳二气与水火木金土五行。万物是从二气五行化生出来的。所以说,"二气五行,化生万物。"这个说法与《太极图·易说》一致。

(二)五行等于阴阳,阴阳等于太极。这就是所谓"五行,阴阳;阴阳,太极",也就是《太极图·易说》所谓"五行,一阴阳也;阴阳,一太极也"。四时的运行,万物的终始变化,无穷无尽的混(收敛)辟(发舒)运动,都从阴阳太极产生。

(三)阳的作用是生万物,阴的作用是成万物。天道运行,万物生成,这叫作"大顺"。大顺,无形迹可见(无迹可见),无原因可寻(莫知其然),所以叫作"神"。这个"神",也叫作"道",所以说,"一阴一阳之谓'道'"。这个"神",这个"道",到程、朱就发展为"理"或"天理"。

(四)"阳生万物",就是乾生万物,就是"大哉乾元,万物资始"。问题还不止此,不止乾生万物的一面,还有"乾道变化,各正性命"的一面,就是万物各自的性命,是从乾道的变化中形成的。所以说:"是万为一,一实万分。万一各正,小大有定。"万物之所资以为始,性命之各具以为正,一与万的关系,这些,到程、朱就发展而为"万物统体一乾元,物物各具一太极",发展而为"一本万殊,万殊一本"。

(五)诚,是圣人之本。万物的性命蕴藏着诚。《圣》第四章云:"寂然不动者,诚也;感而遂通者,神也。"可见诚是寂然不动的大本,神是感而遂通的作用。诚不光是圣人之本,性命之蕴,而且具有更高的根本的意义。

(六)物,动而无静,静而无动,动则不能有静,静则不能有动,动和静都是绝对的。神,动而无动,静而无静,这不是不动不静,而是有动而又无动,在静而又非静,动和静都是相对的。因为动、静都绝对,所以物不能通。因为动、静都相对,所以神能妙极于万物。绝对的动和静,那是不通的物,相对的动和静,那是妙万物的神。

(七)《易通》,诚字凡二十见,计一章五见,二章四见,三章一见,四章三见,九章一见,三十一章一见,三十二章四见(其中诚心二见,心诚一见,诚一见),三十五章一见。这二十个诚字,大部分是道德论的范畴,小部分是宇宙论的范畴。凡涉及宇宙论的诚字,都指的绝对精神,如"大哉乾元,万物资始,'诚'之源也。乾道变化,各正性命,'诚'斯立焉。""元亨,'诚'之通;利贞,'诚'之复。""'诚',无为。""寂然不动者,'诚'也。""至'诚'则动。"这个涉及宇宙论的"诚",也叫作"道",也叫作"神",相当于程朱的"理"或"天理"。关于道德论的"诚",另作论述。

(八)《易通》,"神"字九见,计三章一见,四章二见,九章一见,十一章一见,十六章二见,三十章一见(鬼神),四十章一见。其中,七处做作用解,如"发微不可见,充周不可穷之谓'神'";"感而遂通者,'神'也";"'神',应故妙";"知几其'神'乎";"不见其迹,莫知其然之谓'神'";"动而无动,静而无静,'神'也";"'神',妙万物"。所谓作用,就是动力,是运动的本原,相当于程、朱的"理"或"天理"。这是《易通》哲学范畴"神"的本义。二处作神道解,如"天地鬼神之奥","筮,叩神也",这不是《易通》哲学范畴"神"的本义。

(九)《易通》"理"字四见,三章一见,十三章三见。其中三处作条理解,有"理曰礼","礼,理也;乐,和也","阴阳理而后和"。一处作道理解,"万物各得其理然后和"。这仿佛像是程、朱"理"或"天理"的意思,但是周惇颐对此没有说明,不知其究竟的涵义。因此,可以断言,周惇颐并没有"理"或"天理"的概念。"理"字,在周惇颐的理学思想体系里,并不含有宇宙论的根本意义。程颢说:"吾学虽有所受,'天理'二字却是自家体贴出来。"这话是符合事实的,就是说,程颢虽受学于周惇颐,但是天理论却是程颢自己体悟出来的,并非出于周惇颐的传授,虽然我们知道,张载也提出了"理"或"天理"。这个问题,留待论述张载、程颢的理学思想时再说。朱熹认为,《易通》"推一理、二气、五行之分合,以纪纲道体之精微"云云,其实,周惇颐并没有明显标出如程朱理学"理"或"天理"的范畴,他所提出的太极、乾元、神、道、诚等范畴,并不等同于"理"或"天理",这是应该指出的。但是太极、乾元、神、道、诚等范畴,在理学发展的过程中,后来发展而为程、朱的"理"或"天理"。这也是应该看到的。

周惇颐在《易通》里论述的宇宙论,与其在《太极图·易说》里论述的宇宙生成论基本一致,不过更加详细。(《太极图·易说》论及"自无极而为太极",而《易通》不言无极。这是两书的不同处。)宇宙的本原是太极,或者叫作乾元,它是万物和性命之所由产生。诚是太极所派生的德性,通乎万物和性命之中,所以朱熹解释为"诚即所谓太极"。"诚"在《易通》里具有最高的德性的涵义,是寂然不动的大本。可以说,在周惇颐的宇宙论中,诚是宇宙的中心。(同时,诚又是圣人之本,这在道德论里再说。)神,是诚的作用,也叫作大顺。

周惇颐宇宙论中的动静问题,在《太极图·易说》和《易通》中都放在重要的地位来论述。阳动阴静也好,动而无动静而无静也好,其归宿是"主静",是"静则止",要"慎动"。虽然提到"四时运行,万物终始,混兮辟兮,其无穷兮",看到了宇宙的永恒运动,但是主观上却归结为静。《太极图·易说》和《易通》都谈到变化,这个变化是从太极产生的,但是《易通》却认为其归宿是"寂然不动"的诚。这是周惇颐动静观中的矛盾。

第二,是周惇颐的性论、道德论和教育论。周惇颐的性论、道德论和教育论,是互相联系着的。性论是基础,道德论和教育论围绕性论而建立。

《易通》性字五见,其中性字单见的三处:"一阴一阳之谓道,继之者善也,成之者性也",这是引的《易传》。在论仁、义、礼、智、信五常的地方说,"性焉安焉之谓圣,复焉执焉之谓贤,发微不可见,充周不可穷之谓神"。在论师道的地方说,"性者,刚、柔、善、恶、中而已矣"。性命二字连见的二处:"乾道变化,各正性命",这是引的《易·乾卦象辞》:"大哉易也,性命之源乎!"考察这五处,性与性命意义相通,只是性命二字把性与命连在一起,更强调天赋。《易通》全书,有不少章未出现性字,实质却是在论性。第二十二章,标《理性命》,章中却未出现理性命字样。

周惇颐论性,认为人性有刚、柔、善、恶、中五品,这是性三品说的发展。所谓刚、柔、善、恶、中,不是平列的,而是刚、柔与善、恶相结合,成为刚善、刚恶、柔善、柔恶,再加上中,形成五品。五品实际还是善、恶、中三品。

刚与善相结合为刚善。刚善的性,"为义、为直、为断、为严毅、为干固。"刚与恶相结合为刚恶。刚恶的性,"为猛、为隘、为强梁。"柔与善相结合为柔善。柔善的性,"为慈、为顺、为巽。"柔与恶相结合为柔恶。柔恶的性,"为懦弱、为无断、为邪佞。"周惇颐认为,刚善、柔善也还不是最高的,最高的是中,"惟中也者,和也,中节也,天下之达道也,圣人之事也。"宋明理学,喋喋不休地谈论"中"这个问题,未发之中,已发之中,如此等等,都是从周惇颐的性论来的。周惇颐的性论,在第七章《师》里讲的最明白。在第二十二章《理性命》里也简单讲过同样意思的话:"刚善刚恶,柔亦如之(意即柔也同样有柔善、柔恶),中焉止矣。"可见周惇颐性论的这个论点是他所反复论述的。

周惇颐认为,"易"是性命之源。什么是易?朱熹说,易者,交错代换之名。天地之间,阴阳交错,为性命所出之源。周惇颐又认为,"二气五行,化生万物。五殊二实,二本则一。是万为一,一实万分。万一各正,小大有定。"就是说,阴阳二气与水火木金土五行,化生出万物。五行各有特殊的质(五殊),二气也是各有内容(二实),二气的根本是"一"(二本则一)。"一"指"太极",指"道",道是抽象的。这就是所谓"一阴一阳之谓道"。所以万物出于一道(是万为一),一道乃分为万物(一实万分)。万物与一道各有自己的标准(万一各正),天地间的一切不论小的或大的,各有自己的命定(小大有定)。周惇颐《易通》的这两段话是分在第一《诚上》章及第二十二《理性命》章论述的,彼此连贯。性命是由阴阳二气的交错产生的。而阴阳交错则是由抽象的"一"产生的。万物出于一,一分而为万物。所有小的大的万物各有自己的命定。这种命定就是所谓性命。《易通》的这种理论,脱胎于《老子》的"道生一,一生二,二生三,三生万物。"其本质是客观唯心主义。周惇颐借《易》理"一阴一阳之谓道",论证性命出于"道",论证天地间或小或大的万物,其性命是由"道"决定的。这个"道"或者叫作"一",或者叫作"太极",是抽象的绝对存在,超脱任何规定。

周惇颐道德论的中心是"诚"。诚是"圣人之本",是"五常(仁、义、礼、智、信)之本,百行之原"。诚,资始于乾元,即源于乾元,产生于性命,是"纯粹至善"的。可见诚既关涉宇宙论,又关涉道德论。明末刘宗周说,"《通书》一编,抒《中庸》道理,又翻新谱,直是勺水不漏。第一篇言诚,言圣人分上事,句句言天之道也,却句句指圣人身上家当。'继善成性',即是'元亨利贞',本非天人之别。"圣人之道就是天之道,天人不别。这就是说,诚,体现了道德论与宇宙论的一致。

什么是诚?《易通》说,"无妄则诚。"又说,"诚,无为。"按照宇宙和人心的本然,不加矫饰,杜绝人为,就是诚。又说,"寂然不动者,诚也。"诚既是无妄、无为、寂然不动的,则在道德领域内就排除了修养。所以又说:"诚则无事"。朱熹说,"事"与"事斯语"之"事"同,谓用功也。诚无事,就是不须用功。排除修养,不须用功,按照心的本体自然,这就是诚。它,"静无而动有",心静之时,好像没有这个诚;心动之时,又好像有了这个诚。它,"至正而明达",静无的时候,是至正不偏的,动有的时候,是明照一切的。这个诚,是道德的极致,所以说,"圣,诚而已矣。"君子就是要"乾乾不息于诚"。怎么才是"乾乾不息于诚"？周惇颐说，"必惩忿窒欲，迁善改过而后至"。既然排除修养，不须用功，却又要惩忿窒欲，迁善改过，这不是明显的矛盾么？朱熹的门人蔡元定就产生了疑问："周子亦有照管不到处。"这虽是对《诚几德》章而发，但也确实反映《易通》本身是存在着"照管不到处"的。

《易通》论述了诚、几、德。"诚，无为；几，善恶；德，爱曰仁、宜曰义、理曰礼、通曰智、守曰信。"诚是无为的，而几则有善有恶，德则包括仁义礼智信五常，仁义礼智信是德之体，爱宜理通守是德之用。周惇颐的这段论述，理学家对此有争论的是"几善恶"一语。"几"是人心萌发之微，其中"天理固当发现，而人欲亦已萌乎其间。""诚无为，则善而已；（几）动而有为，则有善有恶。"诚既是全善的，那么从诚萌发的几为什么有善又有恶，有天理又有人欲呢？胡宏认为，这是因为"同体异用"。朱熹的学生赵致道说："善恶虽相对，当分宾主；天理人欲虽分派，必省宗蘖。"善是主，恶是宾；天理是宗（根本），人欲是蘖（旁枝）。如果画成图，则为：

诚──几──善（主，根本）
　　　　＼恶（宾，旁枝）

而胡宏的图则是：

诚──几──{善
　　　　　恶

清初理学家孙奇逢说："周子几图，善出于正，恶出于偏。胡则善恶并出。所以是周非胡，已有定论。"理学家的这种争论，辨析毫芒，从北宋理学的发生到明末清初理学的终结，经历好几百年。《易通》文句简约，意思含混，在理解上出现分歧，因而引起争论，是必然的。

《诚几德》章，又说："性焉安焉之谓圣，复焉执焉之谓贤，发微不可见，充周不可穷之谓神。"提出了人格上的圣、贤、神三等。这与《中庸》对勘，性焉、安焉，相当于生知、安行，执焉、复焉，相当于学知、利行。这就是圣与贤两等。至于最上等的神，则如《中庸》所说，能够"至诚""尽性"，"可以赞天地之化育"，"可以与天地参矣"的一种"可以前知"的"神"。《易通》《志学》章提出，"圣希天，贤希圣，士希贤"，举伊尹、颜渊为例，说：伊尹、颜渊是大贤。"伊尹耻其君不为尧舜，一夫不得其所，若挞于市。颜渊不迁怒，不贰过，三月不违仁。"所以要求学者"志伊尹之所志，学颜子之所学"。能够做到，就是大贤；超过这个要求，就是圣人；达不到这个要求，也不失为有"令名"的士。以后宋明理学家就把"志伊尹之所志，学颜子之所学"作为对自己的德性要求。

《易通》第二十八《文辞》章，提出"文辞，艺也。道德，实也。""不知务道德，而第以文辞为能者，艺焉而已。"周惇颐是"文以载道"论者，鄙薄不载道的文为"艺"，为"虚车"，指斥说，这是一种久已存在的"弊"，"弊也久矣！"他又说："圣人之道，入乎耳，存乎心，蕴之为德行，行之为事业。彼以文辞而已者，陋矣"（第三十四《陋》章）！周惇颐的这种思想，对后世有很大影响。

《易通》用四章论述礼乐问题，占全书分量的十分之一，可见十分重视。周惇颐认为，礼就是理。所谓"理"，指"阴阳理"，指"君君臣臣，父父子子，兄兄弟弟，夫夫妇妇，万物各得其理"。这就是说，理就是条理，理有似于治。它的涵义，并不完全等同于程、朱所说的"理"或"天理"。乐就是和。"阴阳理而后和"，"万物各得其理然后和"，所以先要求讲礼，然后讲乐，有礼才有乐，"礼先而乐后"，就是说要先有封建秩序（理）才能达到封建社会内部的一致（和）。这个和，自然是指封建统治阶级内部的一致。

论礼乐的四章之中，有三章专门论乐。周惇颐认为，"礼先而乐后"，要在"圣王制礼法，修教化，三纲正，九畴叙，百姓大和，万物咸若"的条件下，"乃作乐"。乐的作用是"宣八风之气"，"平天下之情"，就是要使天下的人心得到宣达。乐声的要求是"淡而和"，"淡则欲心平，和则躁心释"，使人不起欲念，放弃躁竞，做到心如"一潭死水"。这种淡而和的乐是古圣王制作的古乐。但是"后世礼法不修，政刑苛紊，纵欲败度，下民困苦"，统治者以为"古乐不足听"，就创作"妖淫愁怨"的"新声"。这种"新声"，"导欲增悲"，助长了社会上"贼君弃父，轻生败伦"的风气。周惇颐反对这种"新声"，主张"复古礼，变今乐"。这种复古主义的礼乐观，是与其复古主义的政治观相对应的。

周惇颐论述音乐和政治的关系，认为，乐本乎政，政善民安，天下心和，故"圣人作乐"，以宣畅和心，达于天地。"天地和，则万物顺，故神祇格，鸟兽驯。"这就是说，圣人的乐不光是宣畅天下人的和心，而且能使"天地和，万物顺"，以至感动了神祇、鸟兽。这就走到了神秘主义。它，来源于《书·舜典》。

周惇颐认为，乐声淡，乐辞善，能够移风易俗。而"妖声艳辞"，则会败坏风俗。这种音乐的理论，具有相对的真理性。

周惇颐的礼乐论，是其道德论的组成部分。

《易通》用三章论述师友问题。周惇颐认为，人幼小时候是"蒙"然无知的，没有师友的教育辅导，长大了还是不免于"愚"。有了师友的教育辅导，就能够身有"道义"，身有"道义"，则"贵且尊"。"先觉觉后觉，暗者求于明"，这就是"师道"树立的标志。"师道立则善人多。善人多则朝廷正而天下治矣。"把政治的隆污系于人才的多少，把人才的多少系于师道的是否树立，这是对教育的高度重视。

周惇颐的性论、道德论、教育论都贯串着"诚"这个中心思想。这是应该很好理解的。

第三，周惇颐的政治论。周惇颐政治哲学的中心思想是"顺化"。周惇颐认为，"天以阳生万物，以阴成万物"，万物的生成是阴阳二气的本然作用。因而"天道行而万物顺"，阴阳之道自然流行，万物就能够顺利生成。又认为，"生，仁也。成，义也。圣人在上，以仁育万物，以义正万民。"因而，"圣德修而万民化"，圣人修仁义之德，万民就能够接受教化，就能够化而为善。"万物顺"，"万民化"，就是顺化。"大顺大化，不见其迹，莫知其然"，这就叫作"神"。顺化，是"不见其迹，莫知其然"的，是不可穷究的"神"。这就通向神秘主义。

周惇颐的"顺化"，是《易·豫卦》"顺动"思想的发挥。《豫卦象》曰："天地以顺动，故日月不过而四时不忒。圣人以顺动，则刑罚清而民服。豫之时义大矣哉！"这里以天地与圣人对举，与《顺化》章的以天与圣人对举是一致的。天地顺动,则日月不过而四时不忒,即免于日月的陵食,四时的错乱,万物可以很好地生成。圣人顺动,则刑罚清明而万民从化。这与《顺化》章的以"天道行而万物顺",与"圣德修而万民化"相对举也是一致的。可以看出,《顺化》章是从《豫卦》脱化出来的,同时,又做了发挥,引向"大顺大化,不见其迹,莫知其然之谓神"的神秘主义。

顺化思想在第三十六《刑》章中,还有论述。"天以春生万物,止之以秋。物之生也,既成矣,不止则过焉,故得秋以成。圣人之法天,以政养万民,肃之以刑。民之盛也,欲动情胜,利害相攻不止,则贼灭无伦焉,故得刑以治。"也还是以天与圣人对举,以春生秋成与政养万民刑肃万民对举。万物的春生秋成,意味着万物的阳生阴成,万民的政养刑肃,意味着万民的仁育义正。从自然哲学引申到政治哲学,其关键是要说明"圣人法天"。这是《顺化》章与《刑》章相同的。董仲舒贤良对策里的天人思想,在这里留下了明显的印迹。

周惇颐是十分重视刑狱的,强调"得刑以治",要对万民"肃之以刑"。他反复称引《易卦》,说道:"讼卦曰,'利见大人',以刚得中也。噬嗑曰,'利用狱',以动而明也。呜呼,天下之广,主刑者,民之司命也,任用可不慎乎。"考《易》有五卦论刑狱,讼、豫、噬嗑、旅、中孚。《讼卦》:"刚来得中","利见大人"。《豫卦》:"圣人以顺动,则刑罚清而民服。"《噬嗑》:"利用狱","刚柔分,动而明","雷电噬嗑,先王以明罚敕法"。《旅》:"山上有火,旅,君子以明慎用刑,而不留狱"。《中孚》:"泽上有风,中孚,君子以议狱缓死"。包括上述《顺化》是从《豫卦》脱化出来在内,周惇颐引用了其中的四卦。可见周惇颐论刑狱,根据《易》义。刚得中,利用狱,动而明,明慎用刑,明罚敕法,都是《易》卦辞,周惇颐直接地或稍变其辞地引用了。只有《中孚》的"议狱缓死"一条未引用。引用的,都是说的要用刑,要明罚,而未引用的,说的却是"缓死"。这就是周惇颐"得刑以治","肃之以刑"的思想的根据吧,也就是周惇颐"屠奸剪弊,如快刀健斧"的刽子手作风的根据吧。

《易通》从"明慎用刑"的《易》义,论述了"公与明",论述了"明通公溥。"第二十一《公明》章说:"公于己者公于人。未有不公于己而能公于人也。明不至则疑生,明无疑也。谓能疑为明,何啻千里。"这里谈公与明两个问题,似乎都是指治狱的原则。朱熹注:"此篇言贵去私以明理,不在用察以滋疑"(《周子全书》卷九)。又说,"此为不胜己私,而欲任法以裁物者发","此为不能先觉,而欲以逆诈亿不信者发"(同上)。对己公才能对人公。不能公于己,而要任法以裁物,势必枉法而枉人。明于事实,就不至怀疑;明有所不至,就产生怀疑。以疑为明,即以怀疑为明察,势必导致以事实为虚假,致疑于本来明白的事实。周惇颐的这种思想,从认识论上说,含有唯物主义因素,有一定价值。但是完全看不到怀疑在考察事物中的作用,也有片面性。

《易通》第二十《圣学》章提出"明通公溥",说:"圣可学乎?曰可。有要乎?曰有。请问焉。曰一为要。一则无欲。无欲则静虚动直。静虚则明,明则通。动直则公,公则溥。明、通,公、溥,庶矣乎。"周惇颐提出了"一",提出了"无欲"。这是从道教来的。心中无欲,就能够做到静虚,动直。静虚指心境的宁静而虚灵,做到了静虚,就能够如镜之明,无所不照。心明则能通照一切(明则通)。动直源于《易·系辞上》的乾"其动也直",这里指行动正直,做到了动直,就能够如衡之公平无所偏倚地对待人和己(公则溥)。明通公溥,与第二十章的公明是联系着的。"明则通"的明,就是二十章"明无疑"的明;"公则溥"的公,就是二十章"公于己则公于人"的公。二十章从"一则无欲"以学圣,二十一章从公而且明以治狱,二者是相通的。"明罚敕法"的先王就是"一则无欲"的圣人。

《易通》第二十七《势》章,论形势问题,说:"天下,势而已矣。势,轻、重也。极重不可反。识其重而亟反之,可也。反之,力也。识不早,力不易也。力而不竞,天也。不识不力,人也。天乎?人也。何尤!"意思是说,天下,要讲一个"势"字,要讲形势。形势有两种:严重的与不严重的。形势到了极严重,就不可挽回了。认识到形势的严重而及早挽回,就好了。挽回形势靠力量。认识不早,力量就不易积蓄。力量不能与别人相竞,那是天意。不能及早认识,不能用力挽回,那是人事问题。天意吗?

不,是人事问题。哪能怪天意呢!这里说的都是关于形势问题的原则意见。朱熹用历史事实,做了比较中肯的解释。"问:极重不可反。识其重而亟反,可也。曰:是说天下之势。如秦至始皇强大,六国便不可敌。东汉之末,宦官权重,便不可除。绍兴初,只斩陈少阳,便成江左之势。重极,则反之也难;识其重之机而反之,则易"(《语类》卷九十四)。应该把周惇颐论势同北宋形势联系起来。周惇颐当时,北宋积弱,以后王安石变法,力图富国强兵。据蒲宗孟所作墓碣,周惇颐称颂新政,以为"上方兴起数百年无有难能之事,将图太平"。可知周惇颐对北宋形势的认识,是积极的。这一点要肯定。

《易通》根据《大学》的教义,论述了专制君主的地位。他说:"天下之众,本在一人"(《顺化》)。又说:"治天下有本,身之谓也。治天下有则,家之谓也。本必端,端本,诚心而已矣。则必善,善则,和亲而已矣"。又说:"治天下观于家,治家观于身而已矣。身端,心诚之谓也。诚心,复其本善之动而已矣"(《家人睽复无妄》)。这些说教,是《大学》诚意、正心、修身、齐家、治国、平天下的翻版,以后为朱熹的《大学章句》所继承和发挥,为宋以后封建专制主义的强化制造理论根据。

综观周惇颐的政治论,着重从顺化的自然法则角度论述封建统治的合法性,其引据《易》义以论刑狱,引据《大学》以论封建专制主义,都具有强化封建社会后期地主阶级统治的意义。

第四节 《爱莲说》的佛说因缘

周惇颐的《爱莲说》很有名,长时期被选文家所看重,甚至被选入青少年的语文课本。文章篇幅短,文字干净,意境似乎也不错,够作一篇范文来学习的吧。但是这篇文章含蕴的真实思想内容到底是什么,注意的人可能不多。为了解剖周惇颐的思想,我们也要解剖这篇文章。篇幅不长,全录如下:

> 水陆草木之花，可爱者甚蕃。晋陶渊明独爱菊。自李唐来，世人盛爱牡丹。予独爱莲之出淤泥而不染，濯清涟而不妖，中通外直，不蔓不枝。香远益清，亭亭净植，可远观而不可亵玩焉。予谓：菊，花之隐逸者也；牡丹，花之富贵者也；莲，花之君子者也。噫！菊之爱，陶后鲜有闻。莲之爱，同予者何人？牡丹之爱，宜乎众矣。

上文已经说过，《爱莲说》是在周惇颐卜居庐山、在"濂溪"筑了书堂之后写的。这座书堂就名"爱莲书堂"，又名"濂溪书堂"。"濂溪"发源于莲花峰下，水中有莲。庐山曾是晋僧慧远与陶渊明等结莲社的所在，是佛教的胜地。在这样的地方写《爱莲说》当不是偶然的了。当时周惇颐在虔州任通判，但是已有"退居"的思绪。孔平仲《题濂溪书堂》所谓"犹曳绯衣佐方牧"，希望他"脱去簪绅卧林麓"者，写的正是这种情况。二年后蒲宗孟寄诗谓"溢浦方营业，濂溪旋结庐""山水平生好，尝来说退居"者，是追述当时的情况。

分析《爱莲说》的思想，不能不从莲花象征着什么入手。慧远的莲社，以莲为名。莲是佛教的花朵。把《爱莲说》与《华严经探玄记》卷三的一段文字对勘是十分有意义的。《华严经探玄记》以莲花为喻，对于自性清净作了形象的表述：

> 大莲华者，梁摄论中有四义。一、如世莲华，在泥不染，譬法界真如，在世不为世法所污。二、如莲华自性开发，譬真如自性开悟，众生若证，则自性开发。三、如莲华为群蜂所采，譬真如为众圣所用。四、如莲华有四德：一香、二净、三柔软、四可爱，譬真如四德，谓常乐我净。

《爱莲说》里的"莲之出淤泥而不染，濯清涟而不妖。中通外直，不蔓不枝。香远益清，亭亭净植。"这几句话，是《华严经探玄记》这段话的翻版。周惇颐这样爱莲花是有原因的。正因为莲花自性清净,自性开发,一香、二净、三柔软、四可爱,香远益清,这些佛性的特征,与人的本性特征相契合,就不知不觉把佛性移植于人性,或把佛性与人性相比附。周惇颐作《爱莲说》,又"以爱莲名其居之堂",其对佛性的欣赏可以概见。莲花是清净的、香洁的、可爱的、不可污的,人性是至善的、清净的、香洁的、不可染的。理学家与华严宗的观点在这里完全合拍。

莲花四德,香、净、柔软、可爱,以及莲花的在泥不染,触及净染问题。净染问题是理学家性论中的一个重要问题,是从佛教来的。人性本自清净,但会染污;虽会染污,却又并不损害自性清净。染污有两种,一为欲染,二为惑染。欲是生理要求,惑是邪见障蔽。二者都是垢,是不好的。所以要"灭染成净"。只有无欲、治惑,才能现净理,才能呈露自性清净。作为理学家的开山,周惇颐是最早主张无欲的。在《养心亭说》中提出,"孟子曰,养心莫善于寡欲。……予谓养心不止于寡而存耳,盖寡焉以至于无。无则诚立明通。诚立,贤也;明通,圣也。"《易通·圣学章》提到学圣人有要,要在一,"一则无欲"。无欲则为贤为圣,就呈露人性的清净。这就是"莲之出污泥而不染",就是莲花的"在泥不染"。

《爱莲说》与佛说的因缘,证明周惇颐理学思想所受的佛教影响。对此,朱熹曾写了一首《爱莲诗》加以歌颂。诗云:

> 闻道移根玉井旁,开花十丈是寻常。月明露冷无人见,独为先生引兴长。

诗里说出,是周惇颐独对这佛教的莲花发生了浓厚的兴趣。"莲之爱,同予者何人?"是朱熹看清了个中消息。由此可知,"周茂叔,穷禅客"这句话,绝非虚语。

蒲宗孟撰周惇颐墓碣,称其"孤风远操,寓怀于尘埃之外,常有高栖遐遁之意。"朱熹称周惇颐有仙风道骨。就周惇颐的思想体系来说,得于道教者为独多。这在他的诗里也得到佐证。《题酆都观三首》云:

山盘江上虬龙活,殿倚云中洞府深。钦想真风杳何在,偃松乔柏共萧森。

右仙都观(上作酆都观,未知孰是)

　　始观丹诀信希夷,盖得阴阳造化机。子自母生能致主,精神合后更知微。

右读英真君丹诀

　　久厌尘坌乐静元,俸微犹乏买山钱。徘徊真境不能去,且寄云房一榻眠。

右宿山房

这个具有仙风道骨的理学开山,想真风,读丹诀,寄云房,乐静元,真是要飘飘仙去了。蒲宗孟称其"以仙翁隐者自许","与高僧、道人跨松萝,蹑雪岭……弹琴吟诗,经月不返"。这是可信的。然而不要忘记,这位具有"仙风道骨"的人物,是"屠奸剪弊"的"快刀健斧"。

探索宋儒的二氏根柢,以上所举的材料,虽非大量的,却是有力的,足以说明问题。

周惇颐的理学思想,对尔后七百年的学术发生了广泛而深刻的影响。《太极图·易说》《易通》成为理学的不刊经典,甚至被比作《论语》《孟子》。周惇颐的宇宙论、性论、道德论、教育论、政治论,其中所提出的问题和哲学范畴,如无极、太极、阴阳、五行、动静、性命、善恶、主静、鬼神、死生、礼乐、诚、无思、无为、无欲、几、中、和、公、明、顺化等等,为尔后的理学家所反复讨论和发挥。

周惇颐生前,学术地位并不高。南宋初年,胡宏加以尊信,誉为"启程氏兄弟以不传之妙。一回万古之光明,如日丽天;将为百世之利泽,如水行地。其功盖在孔孟之间。"以后朱熹称之为"先觉",为《太极图·易说》《易通》做注解,张栻称之为"道学宗主",到处鼓吹。于是许多地方建立周惇颐祠,或建立周惇颐、二程三先生祠。地位逐渐抬高。南宋宁宗时,赐谥元,理宗时从祀孔子庙庭,确立了周惇颐理学开山的地位。

周惇颐的理学思想,是道教思想与传统儒家思想的混血儿,也间杂一些佛教思想。《太极图》来自道教,《易通》发挥了《中庸》的思想,二者又都用《易》义装饰起来,构筑了周惇颐自己的唯心主义的理学思想体系。这个思想体系是具有开创性的。

周惇颐的唯心主义理学思想体系,在中国思想史的发展过程中,曾起过重大的作用。从周惇颐开创的理学是中国思想史整个链条中的重要环节。它提出了前人在认识上的许多新的问题,做了新的探讨,把唯心主义向前推进了一大步。

第三章　张载的理学思想

张载是理学的主要奠基者之一，在理学史中占有重要地位，他的学说对理学思想体系的建立有重大影响。

张载以后的理学家和历代统治者，都对他十分推崇。程颢和程颐把他与孟子、韩愈相比，朱熹对他作了相当高的评价。朱熹的《伊洛渊源录》是一部早期的理学史，其中便把张载与周（惇颐）、邵（雍）、二程并列；《近思录》亦选入了张载的许多言论。历代统治者给张载很高的荣誉，宋理宗封他为眉伯，"从祀孔子庙庭"。元代赵复立周惇颐祠，便以张载与程、朱等配食。《宋史·道学传》亦收入张载传。明清二代，张载的著作，一直被统治者视为理学的代表著作，作为开科取士的必读书目，并先后编入御纂的《性理大全》和《性理精义》。说明张载是著名的理学家。

第一节　张载生平及关学的兴衰

张载（公元1020—1077年）字子厚，祖上为大梁（今河南开封）人，出生于仕宦之家。祖父复，仕真宗朝，任给事中、集贤院学士等职，后赠司空。父迪，仕仁宗朝，官至殿中丞、知涪州事，赠尚书都官郎中。张迪卒于涪州任上，时诸子皆幼，不能归里，遂侨居凤翔眉县横渠镇（今陕西眉县横渠镇）南大振谷口。故人称张横渠。

张载成熟较早，少时无所不学，尤喜谈兵，常与邻人焦寅游，议论用兵之道。当时,西北部的西夏国势逐渐强盛,常常骚扰北宋的边界地区。朝廷为了抵御和防范西夏的侵扰,康定元年(公元1040年),遣范仲淹任陕西经略安抚副使,兼知延州,主持西北地区军务。时张载二十一岁,准备联络一些人攻取被西夏占领的洮西之地,以博取功名,遂上书范仲淹。范仲淹认为此人可成大器,便引导说:"儒者自有名教可乐,何事于兵?"勉励他读《中庸》,学儒家之学。张载读完《中庸》,仍未感到满足,于是读释、老之书,研究几年后,自认为无甚收获,便又回到儒家经典上来,开始研读六经。嘉祐初年,在京师讲《易》。《宋史》本传说他讲《易》时尝坐虎皮,适值二程至京,与论《易》。载自叹不如,遂撤虎皮坐辍讲,对听者云:"比见二程深明《易》道,吾所弗及,汝辈可师之"。此事恐有后人添枝加叶的成分,但张载与二程过从甚密,由此可见。张载这次又与二程讨论了"道学"的宗旨,他非常自信地认为,"吾道自足,何事旁求!"于是尽弃异学,专心致志地研究儒家学说。

张载以其才学出众,在关中颇有名声。文彦博任长安通判时,听说他"名行之美",便"聘以束帛,延之学宫,异其礼际,士子矜式焉"(吕大临《横渠先生行状》,以下简称《行状》)。

嘉祐二年(公元1057年),登进士第,始授祁州司法参军,后又迁丹州云岩县令。政事以"敦本善俗"为先,积极用儒家学说施行教化。每到月吉之时,常常设酒食召集乡人高年者会于县庭,亲为劝酬,问民之疾苦,并告以如何训诫子弟等等,使人知养老事长之义。此后又迁著作佐郎,签书渭州军事判官公事。在渭州深得渭帅蔡子正礼遇,军府之政,无论大小,都要向他请教。他曾说服蔡子正在霜旱之年取军储数十万救济灾民,还建议罢除戍兵换防,招募士人代之。熙宁二年(公元1069年),御史中丞吕公著向宋神宗推荐张载,说他"学有本原,四方学者皆宗之"。神宗召见张载,问治世之道,张载对曰:"为政不法三代者,终苟道也"。神宗准备重用他,张载却说自己自外官赴召入朝,不知朝廷新政怎样,愿等待一段时间,神宗表示同意,授崇文院校书。不久,见当时辅佐天子推行新法的执政王安石,王安石向他询问对新政的看法,张载委婉含蓄地说:"朝廷将大有为,天下之士愿与下风。若与人为善,则孰敢不尽?如教玉人追琢,则人亦故有不能。"表示自有主张,不愿苟同。与王安石语多不合,逐渐引起王安石的反感。王安石便借处治明州苗振一案,将张载调出朝廷。熙宁三年(公元1070年),狱成,还朝。这时张载弟张戬(时为监察御史里行)亦因对变法持反对态度,屡次上书论王安石乱法,得罪执政,被贬为司竹(今周至司竹镇)监。张载深感不安,遂辞职回乡。

在隐居横渠期间,张载仔细研读六经,写下大量著作,逐渐形成自己完整的思想体系。他还广招门徒,传授自己的学说。横渠镇地处关中,张载家境亦不富裕,仅有薄田数百亩以供生计,但张载却乐得其所。《行状》说他"终日危坐一室,左右简编,俯而读,仰而思,有得则识之,或中夜起坐,取烛以书。其志道精思,未始须臾息,亦未尝须臾忘也。学者有问,多告以知礼成性变化气质之道,学必如圣人而后已,闻者莫不动心有进"。大有颜回身居陋巷,一箪食,一瓢饮,苦学不倦,乐而忘忧的精神。熙宁九年秋,张载收集自己一生言论,选其精华,著成《正蒙》一书,传给门人苏昞,说:"此书予历年致思之所得,其言殆于前圣合与!大要发端示人而已,其触类广之,则吾将有待于学者。正如老木之株,枝别固多,所少者润泽华叶尔"(《行状》)。苏昞依《论语》《孟子》体例,为之编定章次,共为十七篇。

张载非常注重恢复和倡导古代儒家的礼仪制度。他首先力图使自己的言行举止符合礼仪规范,对弟子,教之以洒扫应对,携老抚幼之礼;对未嫁之女,也让她亲自参加祭祀,熟悉一些日常的礼仪规则。最突出的是在丧葬家祭方面恢复古礼。据《行状》记载:

> 近世丧祭无法,丧惟致隆三年,自期以下,未始有衰麻之变;祭先之礼,一用流俗节序,燕亵不严。先生继遭期功之丧,始治丧服,轻重如礼。家祭始行四时之荐,曲尽诚洁。闻者始或疑笑,终乃信而从之,一变从古者甚众,皆先生倡之。

据说由于张载的提倡,关中风俗为之一变。张载亦谓:"关中学者用礼渐成俗"(《张子语录·后录上》)。

熙宁九年,吕大防向朝廷推荐张载,乃诏之入朝。张载有病在身,但他说:"吾是行也,不敢以疾辞,庶几有遇焉"。遂带病入京,授知太常礼院。在礼院任职时,有人向朝廷建议实行婚冠丧祭之礼,诏下礼官,礼官以古今异俗为由,拒不实行,独张载坚持可行,斥责反对者的作为"非儒生博士所宜"。张载发现郊庙之礼不严,亟欲正之,但无人附和。不久,身患疾病,乃辞官告归。路过洛阳时,会见了二程兄弟。行至临潼病逝,终年五十八岁。

张载政治上是保守的,在当时的党争中,他虽未旗帜鲜明地站在旧党一边,但对新党和变法革新持反对态度,常常"慨然有意三代之治,望道而欲见"。声称"如有用我者,举而措之尔"。张载致力于三代之治,在当时是有影响的。吕大防说:"张载之学,善法圣人之遗意,其术略可措之以复古"(《行状》)。司马光说:"窃惟子厚平生用心,欲率今世之人,复三代之礼者也,汉魏以下盖不足法"(《司马光论谥书》,见《张载集·附录》)。张载对于北宋时期的社会矛盾和民族危机也很关注。他主张"学贵以有用",重在解决现实社会问题。但他并不能从社会实际问题出发,寻求解决矛盾的切实可行的政治方案,而是习惯于从古代儒家的典籍中寻找现成的答案。其政治观点,大多是从《周礼》中拾取的。他对秦以后的中央集权制很不满意,主张恢复西周的分封制。他说:

> 所以必要封建者,天下之事,分得简则治之精,不简则不精,故圣人必以天下分之于人,则事无不治者。圣人立法,必计后世子孙,使周公当轴,虽揽天下之政,治之必精,后世安得如此!且为天下者,奚为纷纷必亲天下之事?今便封建,不肖者复逐之,有何害?岂有以天下之势不能正一百里之国,使诸侯得以交结以乱天下!自非朝廷大不能治,安得如此?而后世乃谓秦不封建为得策,此不知圣人之意也。(《经学理窟·周礼》)

与此相应,他提出恢复以宗子为轴心的古代宗法制度,强调宗法制对于稳定封建政治制度的重要性和必要性。在中国封建社会,商、周时期用以区别等级贵贱秩序,维系天子、诸侯、卿大夫世代相传的政治特权的宗法制,作为一种政治制度,已经为封建官僚制所取代。但宗法制仍有所保留,如帝王的宗子继承制等等。魏晋时期,世族门阀地主的势力比较强大,豪门之家往往设立谱牒,标明自己的世系,以与庶族寒门地主相区别,借以保持自己高贵的门第。唐代以后,随着土地占有形式和赋税制的变化,一大批拥有众多土地的庶族地主提高了社会地位,跻身于上层社会,并且活跃于政治舞台,而世族豪门随着经济上的衰落,在政治上也衰落下去。政治势力出现了新的分化,统治阶级进行了等级制度的再编制,于是维系世族豪门社会地位的宗法制也渐渐地废除了。张载敏锐地看出宗法制度的废除对于封建政治制度的危害。他说:

> 管摄天下人心,收宗族,厚风俗,使人不忘本,须是明谱系世族与立宗子法。宗法不立,则人不知统系来处。古人亦鲜有不知来处者。宗子法废,后世尚谱牒,犹有遗风。谱牒又废,人家不知来处,无百年之家,骨肉无统,虽至亲,恩亦薄。宗子之法不立,则朝廷无世臣。且如公卿一日崛起于贫贱之中以至公相,宗法不立,既死遂族散,其家不传。宗法若立,则人人各知来处,朝廷大有所益。或问:"朝廷何所益"?公卿各保其家,忠义岂有不立?忠义既立,朝廷之本岂有不固?今骤得富贵者,止能为三四十年之计,造宅一区及其所有,既死则众子分裂,未几荡尽,则家遂不存,如此则家且不能保,又安能保国家!(《经学理窟·宗法》)

张载的目的是想重新使宗法制度成为封建社会维护封建官僚特权统治和封建等级制度的工具,通过保全封建官僚家族的社会地位,以巩固封建统治。

在经济方面,他针对当时土地兼并问题,提出"均平"的主张,但实现"均平"的具体途径,却是按照《周礼》的规定,实行井田制度:"论治人先务,未始不以经界为急"(《行状》),"治天下不由井地,终无由得平"(《经学理窟·周礼》)。这种途径是想通过"夺富人之田",即夺取一部分占地过多的地主的田地,匀给地少的农民。他说:

> 仁政必自经界始,贫富不均,教养无法,虽欲言治,皆苟而已。世之病难行者,未始不以亟夺富人之田为辞,然兹法之行,悦之者众,苟处之有术,期以数年,不刑一人而可复,所病者特上未之行尔。(《行状》)

他认为,井田制必须与分封制联系起来,即使当时不能恢复分封制,也必须使知州、知县等地方官任职终身,井田制才能推行。井田制在当时纵然不能行之天下,亦可一乡一村地试行。他果然买田一方,划为数井,分给宅里,对国家照常交纳赋税,对农民则规定了新的租税制度,想通过这种办法增加储蓄,兴办学校,救灾恤患,敦本抑末,进行他所理想的社会图景的试验。

对军事问题,张载一直很关注。北宋王朝面对辽和西夏的侵扰,一味地妥协投降。宋朝的军队虽然人数众多,却十分涣散,缺乏战斗力,将帅也没有多少权力,常常兵不知将,将不知兵,因而无法抵御外侮。张载对此十分忧虑。他写了《边议》一文,讨论守城、积蓄、择帅、用将、养兵等问题,并提出在边地城池实行族闾邻里之法,使百姓"乐群以相聚,协力以相资,听其依山林,据险阻,自为免患之计。"在渭南时,与渭帅蔡子正谋划边事。《文集》中有《与蔡帅边事画一》一篇,记有张载提出的对付西夏的诸种方案。

张载的言行举止,处处都表现出古代儒者的风度。他时刻以儒家的行为规范要求自己,举止言谈,给人以"气质刚毅,德盛貌严"之感;生活上粗食陋居,乐且不忧;为政注重尊老抚幼,救灾济贫。他投身仕途仅仅是为了推行自己的政治主张，一旦不能如愿，便知难而退，并不想在仕途上步步高升。他曾说："孰能少置意于科举，相从于尧舜之域否？"从这里不难看出孔、颜、思、孟的遗风。可以说，他是一个产生于中国封建社会的地地道道的正统儒生。

张载一生著述很多，据朱熹《近思录》、晁公武《郡斋读书志》、赵希弁《郡斋读书志附志》及《后志》、陈振孙《直斋书录解题》等记载，有《西铭》《东铭》《正蒙》《易说》《理窟》《礼乐说》《论语说》《孟子说》《信闻记》《横渠孟子解》《崇文集》《语录》《祭礼》《文集》等等。这些著作，有的在宋代以后就亡佚了。明万历年间，沈自彰遍搜张载著作，合为《张子全书》付梓，其中仅收有《西铭》《东铭》《正蒙》《理窟》《易说》和明吕柟在嘉靖五年（公元1526年）编著的《张子抄释》中的《语录抄》《文集抄》。中华书局1978年出版的《张载集》，收集了迄今所有保存下来的张载著述，并根据各种版本作了校订、补遗。这部集子收有《正蒙》（《西铭》《东铭》并入《正蒙·乾称篇》）、《横渠易说》《经学理窟》《张子语录》《后录》《文集佚存》《拾遗》等，是目前张载著作最好的版本。张载的代表作《正蒙》有许多注本，主要有朱熹注的《西铭》《正蒙》，王夫之《张子正蒙注》，王植《正蒙初义》（乾隆刊本），明刘玑《正蒙会稿》（明刊本），高攀龙、徐必达《正蒙释》（明刊本），清李光地《正蒙注》（康熙刊本），杨方达《正蒙集说》（雍正刊本），李元春《张子释要》（清道光刻本）等。

张载的思想，在关中地区影响很大，从学者甚众，一时门生云集，颇有声势，以他为中心，形成了理学史上最大的四个学派之一——关学学派。关学的阵容很大，据《宋元学案》的《横渠学案》《吕范诸儒学案》和冯从吾《关学编》、张骥《关学宗传》的记载，张载的主要门生有吕大忠、吕大钧、吕大临三兄弟，以及苏昞、范育、薛昌朝等，受学于张载的还有种师道、游师雄、潘拯、李复、田腴、邵彦明、张舜民等。曾经学习张载学说的有晁说之（《宋元学案·景迂学案》：晁说之"其在关中，留心横渠之学"。）和蔡发。

关学是否有所宗传，历来便存在几种说法。二程门人杨时在《跋横渠

先生及康节先生人贵有精神诗》中云:

> 横渠之学,其源出于程氏,而关中诸生尊其书,欲自为一家。故余录此简以示学者,使知横渠虽细务必资于二程,则其他故可知已。(《杨龟山集》卷五)

这种说法并不符合事实,二程也不这样认为。吕大临作《行状》时,曾写上张载于京师见二程后,"尽弃其学而学焉"。程颐指出:"表叔平生议论,谓颐兄弟有同处则可;若谓学于颐兄弟,则无是事"。嘱咐吕大临删去(见《程氏外书》卷十一)。这种说法在程氏其他弟子的言论中也屡见,显然是程门弟子为了抬高其老师的地位才这样讲的。综观张、程的思想,也很难看出张载对于前者的因袭之处。

另一种说张载出自高平之门,此说见黄宗羲、全祖望《宋元学案》。该书《序录》说:"高平一生粹然无疵,而导横渠以入圣人之室,尤为有功"。在《高平学案》里,他把张载列入"高平门人"。细察此说由来,原是根据《行状》和《宋史》本传记载范仲淹劝张载读《中庸》一事。据《宋史·范仲淹传》说,范仲淹"少有志操,既长,知其世家,乃感泣辞母,去之应天府,依戚同文学,昼夜不息"。范仲淹举进士前,一直从戚同文学,应该是戚的弟子,而张载又经范仲淹指点,所以说张载之学出于高平之门。不过,此说颇为牵强。范仲淹之所以劝张载读《中庸》,是因为他看到张载能够在学术上有所发展,不愿让他投身军事。范仲淹的指点,对张载在学术上的发展,无疑有很大作用,但这并不能说明张载便是范门弟子,因为范仲淹未收其为门徒,张载也未从其学。

北宋时期,在张载之先,还有侯可、申颜两位学者,被认为"实开横渠之先"(《宋元学案·序录》)。但侯、申二人在学术上无甚建树,张载也与二人无师承关系,所以严格地说,此二人亦不应作为关学之先。

关学没有渊源,张载也无师承。张载的学说,是他经过几十年的探索,自己体会出来的。正如朱熹所说:"横渠之学,是苦心得之","学者少有能如横渠辈用功者。近看得横渠用功最亲切,直是可畏"(《宋元学案·横渠学案下》)。张载自己也强调"学贵心悟,守旧无功"(《经学理窟·义理》),认为自己的学说是得之于"心"。

关学与理学其他学派相比,有鲜明的特点。

关学的第一个特点,是"学贵致用"。这种精神主要表现在对封建、宗法、军事、井田等问题的研究上,已如前述。然而关学的政治、经济主张,均来自儒家经典,不能实用,所以未免显得迂阔。

关学的第二个特点,是株守儒学,躬行礼教。关学的学说是从儒家经典出发的,对于佛、道二教,则站在儒家的立场上,采取排斥态度,关学学者也以捍卫儒术,反对释、老自任。范育《正蒙序》说:

> 自孔孟没,学绝道丧千有余年,处士横议,异端间作,若浮屠老子之书,天下共传,与六经并行。而其徒侈其说,以为大道精微之理,儒家之所不能谈,必取吾书为正。世之儒者亦自许曰:"吾之六经未尝语也,孔孟未尝及也",从而信其书,宗其道,天下靡然同风,无敢置疑于其间,况能奋一朝之辩,而与之较是非曲直乎!子张子独以命世之宏才,旷古之绝识,参之以博闻强记之学,质之以稽天穷地之思,与尧、舜、孔、孟合德乎数千载之间。闵乎道之不明,斯人之迷且病,天下之理泯然其将灭也,故为此言与浮屠老子辩,夫岂好异乎哉?盖不得已也。

关学不仅公开声明与佛、道对立,而且在理论上也批判了佛、道二氏的许多观点,不像二程那样,仅仅从伦理观念上反佛反道,却在理论上吸取了许多佛、道的东西。当然,由于时代的影响,关学也不可避免地受到佛、道思想的影响,但比起二程来,就相差甚远了。

张载死后,关学出现了分化,一部分人依傍二程,归依洛学。三吕、苏昞、潘拯等张载的主要弟子,都成了二程的得意门生,吕大临作了程氏门下的"四先生"之一,关学从此衰落。虽然李复、游师雄等仍继续其传,但此后关学再没有出现较有影响的思想家,加之政治上缺少靠山,便逐渐地消亡了。到了南宋,关学作为一个学派,已不复存在。

第二节 张载的本体论

理学最根本的问题,就是本体论问题,理学家们都是从这里入手,建立自己理学思想体系的。

张载十分重视探讨世界本源问题,在这方面做了大量的论述。他熟读六经,谙熟古代儒家学说。他认识到,古代儒学以人格神为最高范畴的本体论,已经远远不能满足统治者理论上的需要,因而企图建立一个博大精深的本体论以补充儒学在这方面的不足。同中国古代许多学者一样,张载也是通过注疏经典阐发自己观点的。在六经中,他着重研习《周易》一书。《周易》经文古奥玄妙、晦涩难懂,正适合借题发挥。张载写出了解释《周易》经传的《易说》。他的本体论、认识论和道德论的基本轮廓,在《易说》中得到阐发。本体论中许多概念、范畴,都来自《周易》,可以说,《周易》是张载思想的起脚点。张载在几十年的治学过程中,又对《易说》的观点做了补充、发展。《正蒙》一书,集一生言论精华,代表着张载最后定型的思想,其中主要观点,许多便来自《易说》。研究张载的本体论,应注意其每一观点从《易说》到《正蒙》的发展过程。

张载本体论的基本观点是把"气"作为宇宙的本体。他最早在《易说》中提出这一范畴,似乎这个"气"是他从《周易》经义中体会出来的。《易·系辞上》:"仰以观于天文,俯以察于地理,是故知幽明之故;原始反终,故知死生之说"。这段话本是讲"幽明""死生"问题,并没有提到"气",张载解释道:

> 天文地理,皆因明而知之,非明则皆幽也,此所以知幽明之故。万物相见乎离,非离不相见也。见者由明,而不见者非无物也,乃是天之至处。(《易说》)

所谓"离",也是《周易》的术语。《易·说卦》:"离也者,明也,万物皆相见,南方之卦也。"张载的意思是,看得见之物为"明",看不见之物为"幽",但"幽"并不是虚无,而是天的至深之处。于是,世界被分为两个部分:一部分是看得见的万物,一部分是看不见的"天之至处"。这两部分是怎样造成的呢?为了回答这个问题,他引入了"气"的概念:

> 气聚则离明得施而有形,气不聚则离明不得施而无形。方其聚也,安得不谓之客?方其散也,安得遽谓之无?故圣人仰观俯察,但云"知幽明之故",不云"知有无之故"。(同上)

他认为,世界是由一种物质形态的"气"构成的,"气"有两种存在形式:一种是凝聚的状态,一种是消散的状态。聚则为万物,通过光色显现出物的形体,使人能够看得见;散则为虚空,无光无色,人不得而见。所以世界只存在"幽明"之分,不存在有无之别。

为了表明"气"消散的状态,张载又引入另一个概念——太虚。"太虚"一词见于《内经·天元纪大论》:"太虚寥廓,肇基化元"。张载在《易说》和《正蒙》中,详细地讨论了"太虚"与"气"的关系:

> 太虚者,气之体。(《易说·系辞上》)
> 太虚无形,气之本体,其聚其散,变化之客形尔。(《正蒙·太和篇》)
> 气之为物,散入无形,适得吾体,聚为有象,不失吾常。(同上)
> 太虚不能无气,气不能不聚而为万物,万物不能不散而为太虚。(同上)
> 知虚空即气,则有无、隐显、神化、性命,通一无二,顾聚散、出入、形不形,能推本所从来,则深于《易》者也。(同上)
> 散则万殊,人莫知其一也;合则混然,人不见其殊也。形聚

为物,形溃反原。(《易说·系辞下》)

世界上一切有形的物体和无形的虚空,均属于"气"的范畴,均为"气"的不同表现,常以聚散、出入(产生与消亡)、形不形(有形与无形)的形式存在。"太虚"是"气"散的状态,也是"气"的"本体",即本来的、原始的存在状态。万物散入"太虚",便恢复了它们本来的状态;"太虚"聚为万物,仍不改变"气"的本质。"气"则是"太虚"与万物的总和,是客观世界的总称。这一思想也见于张载其他著作。《张子语录中》:"万物取足于太虚","天地之道无非以至虚为实,人于虚中出其实"。宇宙间只有虚实之分,太虚为虚,万物则是由虚空中产生出来的实体。

张载还说:"气之聚散于太虚,如冰凝释于水,知虚空即气,则无无"(《正蒙·太和篇》)。"气"的任何一种形态,都包含在"太虚"之中,聚散的变化,均不能超脱"太虚","气"在"太虚"中的聚散,就像冰在水中凝结、融化一样。这样就夸大了"太虚"的空间范围,使之与宇宙基本相同。他这样做,是为了强调"太虚"这个"气"之"本体"的作用。他把一切有形的物体,都看作从这一"本体"中派生出来的暂时的、易变的形态,就像冰产生于水一样,冰随时消融,而水则常在。因而他称"气"聚为万物的现象为"变化之客形";所谓"客",就是指派生的、暂时的东西。在宇宙的统一体中,"太虚"占有主导地位,万物只是"太虚"的附属物,两者有尊卑、主客之分:

> 太虚为清,清则无碍,无碍故神;反清为浊,浊则碍,碍则形。(同上)
> 浮而上者阳之清,降而下者阴之浊,其感通聚结,为风雨,为雪霜。万品之流形,山川之融结,糟粕煨烬,无非教也。(同上)
> 天地法象,皆神化之糟粕尔。(同上)
> 万物形色,神之糟粕。(同上)

"太虚"俨然是一个至高无上、清明无杂的绝对境界,万物法象皆是气凝聚下落的糟粕,污浊不堪,地位低下。张载之所以对宇宙有这样的认识,与其天体观是分不开的。

张载对当时的自然科学知识十分重视。他研究了天文、地理、历算、生物等多方面的成果,并运用这些知识认识宇宙现象。他吸取了中国古代天体论中浑天说与宣夜说两种学说,创立了自己独特的天体观。他说:

> 天包载万物于内。(《正蒙·乾称篇》)
>
> 地纯阴凝聚于中,天浮阳运旋于外,此天地之常体也。恒星不动,纯系乎天,与浮阳运旋而不穷者也。日月五星逆天而行,并包乎地者也。地在气中,虽顺天左旋,其所系辰象随之,稍迟则反移徙而右尔;间有缓速不齐者,七政之性殊也。月阴精,反乎阳者也,故其右行最速;日为阳精,然其质本阴,故其右行虽缓,亦不纯系乎天如恒星不动。……恒星所以为昼夜者,直以地气乘机左旋于中,故使恒星河汉因北为南,日月因天隐见。太虚无体,则无以验其迁动于外也。(《正蒙·参两篇》)

凝聚的大地处在天的中央,飘浮着的天挟着日月星辰运转于地的周围,把地紧紧地裹在中间。天与太虚有同样的性质和状态,所以"由太虚有天之名"(《正蒙·太和篇》),太虚实际上就是广袤无际、晶莹剔透的天空。地乃"凝聚不散之物"(《正蒙·参两篇》),万物在大地中生长繁殖,正是所谓"气之糟粕"。太虚清通,万物浑浊,无形有形截然分明,恰与天地对立吻合。显而易见,天地之分就是气之聚散的区别。《周易·系辞上》:"天尊地卑,乾坤定矣。"天尊地卑,是宇宙间的绝对法则,太虚尊贵,万物卑下之论,即由此而来。

太虚(天)不但处于至高无上的地位,而且还不停地运动变化着,"气块然太虚,升降飞扬,未尝止息。《易》所谓'絪缊',庄生所谓'生物以息相吹','野马'者与"(《易说·系辞下》)!"游气纷扰,合而成质者,生人物之万殊"(《正蒙·太和篇》)。由于这种变化,万物才产生出来。这种微妙的变化,不以人的意志为转移,看起来是神秘的、不可思议的,所以谓之"神":

> 物虽是实,本自虚来,故谓之神。(《易说·系辞上》)
> 凡可状,皆有也;凡有,皆象也;凡象,皆气也。气之性本虚而神,则神与性乃气所固有。(《正蒙·乾称篇》)
> 神者,太虚妙应之目。凡天地法象,皆神化之糟粕尔。(《正蒙·太和篇》)
> 天之不测谓神。(《正蒙·天道篇》)
> 《易》言"感而遂通"者,盖语神也。虽指暴者谓之神,然暴亦有渐,是亦化也。(《易说·系辞上》)
> 大率天之为德,虚而善应,其应非思虑聪明可求,故谓之神。(同上)

"神"即指太虚(天)产生万物的功能。"气……屈伸相感之无穷,故神之应也无穷;其散无数,故神之应也无数"(《正蒙·乾称篇》)。只要有"气"的存在和变化,"神"的功能就会显现出来。"神"是宇宙运行推移,万物发展变化的根本动力:

> 惟神为能变化,以其一天下之动也。(《易说·系辞上》)
> 神则主乎动,故天下之动,皆神为之也。(同上)
> 神不怒而威。(《正蒙·天道篇》)
> 成吾身者,天之神也。(《正蒙·大心篇》)
> 虚明照鉴,神之明也。(《正蒙·神化篇》)

"神"不但具有产生万物的作用,而且还能支配人的命运,并有洞察一切的能力。张载还进一步把"神"神秘化:"神不可致思,圣位天德不可知谓神,故神也者,圣而不可知"(同上),使之成为不可认识、捉摸不定的神秘力量。

有时他也说:"天,神也","清通不可象为神","清极则神",但这也只是在强调天的神幻莫测的性能时所讲的,并非把天与"神"完全等同。值得注意的是,"神"虽然具有精神性的因素,但仍然是"太虚"的属性,而不是脱离"太虚"独立存在的高度抽象的精神本体。

"太虚"怎样在"神"的作用下变化运行,化生万物呢?张载说:"气之本虚则湛一无形,感而生则聚而有象"(《正蒙·太和篇》)。"气"从无形的本体状态聚为有形的万物,要经过"感"的环节。"感"一词出于《周易》。《易·咸卦》:"天地感而万物化生"。张载认为:

> 二端故有感,本一故能合。(《正蒙·乾称篇》)
>
> 有两则有感,然天之感有何思虑?莫非自然。(《易说·上经·观》)
>
> 感之道不一:或以同而感……或以异而应……或以相悦而感,或以相畏而感。……感如影响,无复先后,有动必感。(《易说·下经·咸》)
>
> 无所不感者,虚也;感即合也,咸也。以万物本一,故一能合异;以其能合异,故谓之感;若非有异则无合。(《正蒙·乾称篇》)
>
> 天大无外,其为感者,絪缊二端而已。物物所以相感者,利用出入,莫知其乡,一万物之妙者欤。(《易说·系辞下》)

"感"即感应,指对立双方在运动变化时的相互吸引与排斥。因为有"感",万物才能产生,各种不同的物质形态才能相互作用,共同存在。"感"使天地万物和谐地统一起来。天地万物之间之所以存在着相互感应的现象,是因为宇宙本身,即由两个相互对立又相互统一的方面——太虚与万物组成,世间万物,也无一不存在对立的双方,这叫作"一物两体"。他说:

> 一物而两体者,其太极之谓欤。(《易说·说卦》)

> 地所以两,分刚柔男女而效之,法也;天所以参,一太极两仪而象之,性也。(同上)
>
> 一物两体者,气也。一故神(两在故不测——张载自注),两故化(推行于一——自注),此天之所以参也。(同上)
>
> 参天两地,此但天地之质也。(《易说·系辞上》)

张载关于"一物两体"的学说,阐明了宇宙万物的矛盾现象,也说明了事物包含着对立的方面,它们是相互依赖的。他讲的"参天",并非指天由三个部分组成,而是借此表明天包含着矛盾双方这一基本特性。他对于"一"和"两"的关系,做了很好的概括:

> 两不立则一不可见,一不可见则两之用息。两体者,虚实也,动静也,聚散也,清浊也,其究一而已。有两则有一,是太极也。若一则有两,有两亦一在,无两亦一在。然无两安用一? 不以太极,空虚而已,非天参也。(《易说·说卦》)

一物内部如果没有对立的双方共存,就没有此物本身。矛盾双方必须存在于一个统一物中。"一"与"两"的关系,即一般与个别的关系,普遍与具体的关系。这种思想,是从《周易》所谓"易有太极,是生两仪"的学说中引申、发展而来的朴素辩证观。

天地之间,以及一切对立物之间的相互感应,是通过阴阳二气的作用而进行的,"游气纷扰,合而成质者,生人物之万殊;其阴阳两端,循环不已者,立天地之大义"(《正蒙·太和篇》)。阴阳二气,是天地变化性能的抽象,没有具体的质态,"神易无方体,一阴一阳"(同上),"气有阴阳,推行有渐为化,合一不测为神"(《易说·系辞下》)。一旦太虚聚为万物,有形无形相对时,阴阳之气便以对立的形式出现,"循环迭至,聚散相荡,升降相求,絪缊相揉,盖相兼相制,欲一而不能"(《正蒙·参两篇》)。阳气代表天的上升浮散的特性,阴气代表地的下降沉聚的特性,"浮而上者阳之清,降而下者阴之浊"(《正蒙·太和篇》),"阴性凝聚,阳性发散;阴聚之,阳必散之"(《正蒙·参两篇》),"阴虚而阳实,故阳施而阴受;受则益,施则损,盖天地之义也"(《易说·系辞下》)。这些特性表现为"健顺"。他说:

> 太虚之气,阴阳一物也,然而有两体,健顺而已。亦不可谓天无意,阳之意健,不尔何以发散和一? 阴之性常顺,然而地体重浊,不能随则不能顺,少不顺即有变矣。有变则有象,如乾健坤顺,有此气则有此象可得而言。(《易说·系辞下》)

由于天尊地卑,阳气处于主动的一方,因而叫作"健";阴气处于被动的一方,所以叫作"顺"。这是阴阳二气天经地义的秩序,但由于"气"的无穷变化,这个秩序不断被打乱。阳胜阴则"气"飘散轻扬升而为天空太虚,阴胜阳则"气"凝聚沉落降而为大地万物。万物生灭变化,也无一不体现这一原则,"无无阴阳者,以是知天地变化,二端而已"(《正蒙·太和篇》)。阴阳二气运行流转,生生不息,因此万物的生长消亡也永不间断。

阴阳交感,万物化生,这一运动变化的过程和规则,以及万物产生后自身的发展变化程序,就称为"道"。故曰:"由气化有道之名"(同上)。"道"从属于"气",没有"气",也就无所谓"道"。张载说:"太和所谓道,中涵浮沉、升降、动静相感之性,是生绸缊、相荡、胜负、屈伸之始"(同上)。"道"使"气"所内含的矛盾及其运动变化的潜在能动性一一展开。张载对"神""道""气"的关系做了这样的概括:"神,天德;化,天道。德其体,道其用,一于气而已"(《正蒙·神化篇》)。"道"是"神"的外化,二者为体用关系。"道"的含义,基本上等同于事物的客观规律,他说:"天道,四时行,百物生"(《正蒙·天道篇》)、"天不言而四时行……神之道与……鼓万物而不与圣人同忧,天道也"(同上)。四时的运转流徙,百物的生息繁衍,都遵循着"天道"的规则。

与此同时,张载又提出一个与"天道"同等意义的范畴——"天性"。关于"天性",张载做了许多论述:

> 天所性者通极于道,气之昏明不足以蔽之;天所命者通极于性,遇之凶吉不足以戕之;不免乎蔽之戕之者,未之学也。性通乎气之外,命行乎气之内。气无内外,假有形而言尔。(《正蒙·诚明篇》)
>
> 天所自不能已者谓命,不能无感者谓性……莫不性诸道,命诸天。我体物未尝遗,物体我知其不遗也。至于命,然后能成己成物,不失其道。(同上)

又说:

> 天能为性,人谋为能。(同上)
>
> 天包载万物于内,所感所性,乾坤、阴阳二端而已。(《正蒙·乾称篇》)
>
> 天性,乾坤,阴阳也。(同上)
>
> 感者性之神,性者感之体。(同上)

又说:

> 性者,万物之一源,非有我得之私也。(《正蒙·诚明篇》)
>
> 性通极于无,气其一物尔。(同上)

"天性"来源于"天道",同时又是"天命"的源泉,它决定着万物的发展方向和人的命运。"天命"是指事物由"天性"所决定的变化趋势。"天性"与"气"是不可分离的,无论"气"以何种形式出现,"天性"都体现于其中。"天性"实际上就是天地阴阳运行推移,化生万物的本性和万物存在及变化的规则、特征。"天性"与"天道"只是因角度不同而使用不同的两个词,实质是一样的:"惟屈伸动静终始之能一也,故所以妙万物而谓之神,通万物而谓之道,体万物而谓之性"(《正蒙·乾称篇》)。所以,他有时把"天道"与"天性"看作是一致的:"二端,故有感,本一,故能合。天地生万物,所受虽不同,皆无须臾之不感,所谓性即天道也"(同上)。

张载还提出"理"的范畴。他说:"天地之气,虽聚散、攻取百涂,然其为理也顺而不妄"(《正蒙·太和篇》),"若阴阳之气,则循环迭至,聚散相荡……此其所以屈伸无方,运行不息,莫或使之,不曰性命之理,谓之何哉"(《正蒙·参两篇》)、"天理者,时义而已"(《正蒙·诚明篇》)。"理"或"天理"与"天道""天性"的意义是相近的,代表万物发展变化的趋向和特性。在本体论中,张载很少谈到"理",而多用"天道""天性"等,尤其是后者。"理"还没有作为其思想体系的主要范畴。

总而言之,张载的宇宙观,从"气"到太虚、万物、阴阳二气,从"神"到"天道""天性"及"天理",展现出一个完整的、有机的宇宙整体。对于这个纷纭复杂、气象万千的世界,张载称之为"太和"。"太和"一词,来源于《易·乾》"保合太和",原指阴阳糅合、冲和的元气。张载对"太和"做了新的解释。他说:"散殊而可象为气,清通而不可象为神。不如野马、絪缊,不足谓之太和"(《正蒙·太和篇》)。"野马"见于《庄子·逍遥游》:"野马也,尘埃也。"成玄英释曰:"青春之时,阳气发动,遥望薮泽,犹如奔马,故谓之野马。"沈括云:"野马乃田间浮气,远望如群羊,又如水波"(见《庄子集释》)。由此可知,"野马"指滚动翻腾,变化万千的气团。"絪缊"同"氤氲",见于《周易》,指气或光色混合鼓荡的样子。"野马""絪缊"都是张载用来形容想象中的阴阳二气交感时的情景。"太和"就是太虚与万物共存,并通过阴阳二气的感应相互联系、相互作用的有机的统一体,是"气"的存在及运动形态的总称,也是宇宙时间与空间的总称。

在中国思想史上,把"气"引入本体论,古已有之,但建立一个以"气"为宇宙本体的宇宙观,张载却是首功。"气"不是一个神秘、微妙的精神本体,而是现实存在的、物质状态的东西。张载的本体论,无疑具有唯物主义性质。那么,象张载这样一个具有唯物主义宇宙观的思想家,是怎样建立其唯心主义的理学思想体系呢?这是一个值得深入探讨的重要问题。

理学的实质,是把封建社会的等级秩序、道德规范归源于某种神秘的精神力量的安排和创造,用一个非人格化的、精神性的"天理"来论证封建等级秩序和道德规范的合理性与永恒性。张载没有使其思想中的"天理"或"天道""天性"等范畴具备宇宙本体的意义,这些范畴是从属于"气"的。由此看来,他建立理学思想体系的方式,不同于同时代及后世的理学家,而是走了一条独特的路径。张载虽然吸取了不少自然科学的成果,但他的本体论,不是建筑在对于自然科学成果进行归纳的基础上,而是用儒家经典,特别是用《周易》中的范畴、概念加以推演,这就不可避免地使其本体论的学说具有某些猜测、臆想的成分,本体论的概念、范畴,也就不可避免地带有唯心的内容。所以张载在本体论中的唯物主义是很不彻底的,他虽然以物质状态的"气"作为宇宙本体和世界各种物质形式的最基本的状态,但"气"所具有的运动变化功能"神",却明显地带有神秘主义的色彩,于是渊源于"神"的"天道""天性""天理"诸范畴,也就自然而然地具有物质性与精神性、自然性与社会性的双重性质。张载没有用不同的概念分别表示这两种截然对立、互不相容的内容,在他看来,这些不同的内容都是一回事,完全可以共存于一个概念之中,相互之间没有根本的矛盾。"天性""天理"的双重性质,张载的理学思想,就是从这里开始建立的。

第三节 张载的道德论和认识论

张载以后的理学家无一不大谈"天道性命""阴阳气化"等问题,把很大的精力用来虚构唯心主义本体论,但归根到底,落脚点却回到人们日常的伦理规范上面。理学的最终目的,无非是教人如何在封建社会中安身立命,加强封建道德修养,安于现状,恪守封建义务,借此稳定社会等级秩序,强化封建统治。所以,他们在理论上都面临一个重要问题:怎样沟通天与人的联系,也就是怎样用本体论论证封建等级秩序和道德规范的妥当性。

张载的理学思想,集中反映在道德论和认识论上。他也同其他理学家一样,力图贯通天人,从本体论中寻找封建道德合理性的理论依据。他采取的方法,是把"天性""天理"的唯心主义因素加以夸大,使之完全成为封建道德观念,这样就使封建社会的道德观念与宇宙本体"气"联系起来。张载有关这方面的理论,集中表现为"理一分殊"的思想。"理一分殊"是二程对张载这一思想的概括,张载没有直接用此命题,但这种思想却是他最早提出的。"理一分殊"是张载理学思想最重要的内容。

张载认为,宇宙万物都是"气"聚合而成的不同形态,人也是万物中的一物。万物都禀承着"天性",人也不能例外。虽然如此,万物之间,人、物之间仍然存在着差别。他说:

> 天下凡谓之性者,如言金性刚、火性热、牛之性、马之性也,莫非固有。凡物莫不有是性,由通蔽开塞,所以有人物之别。由蔽有厚薄,故有智愚之别。塞者牢不可开,厚者可以开而开之也难,薄者开之也易,开则达于天道,与圣人一。(《张载集·性理拾遗》)

"性"即性质,不同的事物有不同的性质,所以物物有别,人、物有别。但这些"性",并不是由每一物体本身所决定的,而是存在于天地之间的唯一的"天性",决定了万物及人之"性"的不同内容。世界上不存在特殊的、具体的"性",只有一个抽象的、普遍的、永恒的"性",人之"性"也不过是"天性"在人身的反映而已,"天性在人,正犹水性之在冰,凝释虽异,为物一也"(《正蒙·诚明篇》)。但是宇宙万物之所以有别,人之所以不同于物,人们之间之所以有智愚的差异,是因为万物与人对"天性"禀受的程度不一,"性"蔽而塞者,只能为物;通而开者,可以成人。人性也有其蔽,并有厚薄之分,厚者为愚,薄者为智,无蔽无塞者,是为圣人。

张载根据《易传》,把世界划分为天、地、人三大块,《易·说卦》:"昔者圣人之作《易》也,将以顺性命之理。是以立天之道,曰阴与阳;立地之道,曰柔与刚;立人之道,曰仁与义。"张载把"阴阳""刚柔"与"仁义"作为

"天性"在天、地、人三者之中所反映出来的不同内容。他说：

> 《易》一物而三才备。阴阳,气也,而谓之天;刚柔,质也,而谓之地;仁义,德也,而谓之人。(《易说·说卦》)
>
> 盖尽人道,并立乎天地以成三才,则是与天地参矣。(《易说·系辞上》)
>
> 乾于天为阳,于地为刚,于人为仁;坤于天则阴,于地则柔,于人则义。(《易说·系辞下》)
>
> 阴阳天道,象之成也;刚柔地道,法之效也;仁义人道,性之立也。(《易说·说卦》)

"阴阳",是"气"在两端相感,化生万物时表现出来的特征;"刚柔",是大地万物所具有的坚硬和柔软的性质;"仁义",是人的道德品行。三者都是一个"天性";这三者合一,也就是"理":"阴阳、刚柔、仁义,所谓性命之理"(《易说·说卦》)。把"仁义"作为"天性"在人身的反映,说明"天性"正是封建伦理观念的抽象化。这样,封建道德规范的合理性与绝对性便得到了论证。

"天性"的道德内容,来源于它固有的本质——"诚"。张载说,"性与天道合一存乎诚。天所以长久不已之道,乃所谓诚,仁人孝子所以事天诚身,不过不已于仁孝而已。故君子诚之为贵"(《正蒙·诚明篇》)。"诚"是古代儒学的一个重要范畴,《孟子》和《中庸》都多次谈到,指一种崇高的精神境界。张载把"诚"作为"天性"的本质,是为了突出"天性"的道德内容。他认为,"天人异用,不足以言诚"(同上),如果把天和人分割开来,"诚"就失去其意义了。

通过天、地、人三位一体的结构,张载沟通了本体论与道德论、认识论的联系,从而奠定了理学理论的基础。他与其他理学家的不同之处,是没有把"理"(或"天性")作为宇宙唯一的精神本体和主宰,也没有把"天理""天道""天性"作为与"气"并存的精神本体,而是使"气"的属性——"天性"带有伦理性质,具备了理学思想中"理"的某些特征,起到了与其他理学家思想中"理"同样的作用。在张载的学说中,虽然"气"是第一位的,"理"是第二位的,但"理"却是封建伦理纲常的总根源和决定人之圣凡智愚的根本原因。他以这种方式,回答了理学的中心问题——"性与天道"问题。

"理一分殊"的理论,不仅仅在于说明道德的渊源问题。张载更进一步,以此论证了人为什么要遵守道德的问题。这一思想,反映在《西铭》一文中。《西铭》说:

> 乾称父,坤称母;予兹藐焉,乃混然中处。故天地之塞吾其体;天地之帅吾其性。民,吾同胞;物,吾与也。

乾坤是天地的代称。天地是万物和人的父母,人是天地间藐小的一物,天、地、人三者混然共处于宇宙之中。由于三者都是"气"聚之物,天地之性,就是人之性,所以人类是我的同胞,万物是我的朋友,因为归根结蒂,万物与人类的本性都是一致的。但这并不意味着天下万物都是平等的:

> 大君者,吾父母宗子;其大臣,宗子之家相也。(同上)

帝王君主,是天的嫡长子,百官臣僚,是帝王的臣仆,天地万物和人类社会都有着严格的等级界限,这种界限是先天产生的,而不是后天决定的。《正蒙·动物篇》:"生有先后,所以为天序;小大高下相并而相形焉,是谓天秩。天之生物也有序,物之既形也有秩。知序然后经正,知秩然后礼行。"既然天地万物和人类都有天然的等级秩序,人们就应该承认这种等级的合理性,处于较低地位的人,当为地位较高的人尽到理所当然的义务,反映在道德上,即所谓恪守"孝"道:

> 尊高年,所以长其长;慈孤弱,所以幼吾幼。圣,其合德;贤,

其秀也。凡天下疲癃残疾、惸独鳏寡,皆吾兄弟之颠连而无告者也。于时保之,子之翼也;乐且不忧,纯乎孝者也。违曰悖德,害仁曰贼;济恶者不才,其践形,惟肖者也。知化则善述其事,穷神则善继其志。不愧屋漏为无忝,存心养性为匪懈。恶旨酒,崇伯子之顾养;育英才,颖封人之锡类。不弛劳而厎豫,舜其功也;无所逃而待烹,申生其恭也。体其受而归全者,参乎!勇于从而顺令者,伯奇也。富贵福泽,将厚吾之生也;贫贱忧戚,庸玉女于成也。存,吾顺事;没,吾宁也。(《西铭》)

"孝"是张载道德论的最重要的规范,内容丰富,其含义远远不止孝敬父母。从人人同等、万物共性的角度讲,人们应该尊老抚幼,照顾疲癃残疾、惸独鳏寡者,应该普爱众生,泛爱万物。这一点与墨子"兼爱"学说相近。《正蒙·诚明篇》直接提到"兼爱":"性者,万物之一源,非我有之得私也。惟大人为能尽其道,是故立必俱立,知必周知,爱必兼爱,成不独成"。他认为在封建等级制度下,人们必须忠君事长,恪守义务,此乃天经地义,命运使然,任何人都无所逃乎这种道德义务的束缚。这才是"孝"的实质。《西铭》所举几例,都是古代忠孝的典范,也是张载为人们树立的榜样。他要求人们"穷神知化","存心养性",致力于道德修养,不论富贵贫贱,都应乐天安命,活着一天,尽一天的孝道,直到问心无愧地死去。

《西铭》巧妙地论证了人间等级制度的合理性,使帝王对于天下百姓的统治,臣民对于君主的恭顺效力,都成为理所当然的事情。

一、"天地之性"与"气质之性"

张载对理学的另一贡献是区分了"天地之性"与"气质之性",并提出"立天理","灭人欲"的命题。

张载继承了孟子的性善论,认为:"性于人无不善,系其善反不善反而已"(《正蒙·诚明篇》)。"天性"从根本上讲都是至善至美的,是否能使人性复归于至善的境地,在于人能否经过自我努力使其本性还原到最初状态。

这点与孟子性善论是一致的。但他认为人性在未形成之时,还包含着某种潜在的恶的因素。他说:"性未成则善恶混","纤恶必除,善斯成性矣;察恶未尽,虽善必粗矣"(同上)。由于"性"中存在着恶的成分,他把"性"分为"天地之性"和"气质之性",说:"形而后有气质之性,善反之,则天地之性存焉,故气质之性,君子有弗性者焉"(同上)。

"天地之性"至高无上,实际上就是"天理""天性","天地之性久大而已矣,莫非天也"(同上)。所谓"气质之性",他是这样解释的:

> 气质犹人言性气,气有刚柔、缓速、清浊之气也。质,才也。气质是一物,若草木之生亦可言气质,惟其能克己则为能变,化却习俗气性,制得习俗之气。(《经学理窟·学大原上》)

才,同材,指物质实体。"气质之性"犹言生物由物质本性所决定的生理本能、生存本能,是"气"的阴暗面("柔""缓""浊")的特性所决定的,亦即所谓"习俗之气性",在人身上就表现为人对物质生活的欲望:"湛一,气之本;攻取,气之欲。口腹于饮食,鼻舌于臭味,皆攻取之性也"(《正蒙·诚明篇》),"饮食男女皆性也;是乌可灭"(《正蒙·乾称篇》)?

"气质之性"是怎样形成的呢?他说:

> 大凡宽褊者是所禀之气也,气者自万物散殊时各有所得之气,习者自胎胞中以至于婴孩时皆是习也。及其长而有所立,自所学者方谓之学,性则分明在外,故曰气其一物尔。气者在性学之间,性犹有气之恶者为病,气又有习以害之,此所以要鞭辟至于齐,强学以胜其气习。其间则更有缓急精粗,则是人之性虽同,气则有异。天下无两物一般,是以不同。孔子曰:"性相近也,习相远也",性则宽褊昏明名不得,是性莫不同也,至于习之异斯远矣。虽则气禀之褊者,未至于成性时则暂或有暴发,然而所学则却是正,当其如此,则渐宽容,苟志于学则可以胜其气与

习,此所以褊不害于明也。(《语录下》)

在这里,他提出了"气禀"的说法,来解释"气质之性"的产生和人与人之间、人与物之间"性"的差别。世界万物和人都是出一团形气组合而成,有清浊昏明的区分。尽管"性"清洁无瑕,但它的受体人身之气,由于清浊昏明的程度不一,不免使"性"受到熏染,产生恶的因素。于是"气禀"便出现了两种情况:禀之正和禀之褊。禀之正,既得"性"的全体;禀之褊,则得"性"之一部分,人性便善恶相混,"气质之性"由此而生。人平日积习直接影响到"性"的善恶的发展:禀之褊者,只要勤奋学习,克服积恶,就能消除"性"中恶的成分,克服"气质之性"对"天地之性"的影响;荒于学业,贪图享乐,就会积恶难返。但他却不同意告子的人性论。告子认为人性生来不分善恶,把善恶之性的产生完全归结为人后天的习染。他觉得如果这样解释人性,那就等于抹煞了"天性"对于人性的决定作用,把人性与物性完全等同起来。他说:"以生为性,既不通昼夜之道,且人与物等,故告子之妄不可不抵"(《正蒙·诚明篇》)。

张载认为,人之欲望在一定限度内存在是合理的:"上达反天理,下达徇人欲者与!性其总合两也"(同上)。他提出"心统性情"的命题,说:"心统性情者也。有形则有体,有性则有情。发于性则见于情,发于情则见于色,以类而应也"(《张载集·性理拾遗》)。"情"根据儒家传统的说法,即"喜怒哀惧爱恶欲"七情,也就是张载所说的"气质之性"。心统性情,即指"性"与"情"都在人心之内,这样就把人的善恶之性,都囊括于人心之中了。朱熹对此极为称赞:"伊川'性即理也',横渠'心统性情',二句颠扑不破。惟心无对,'心统性情',二程却无一句似此切","性对情言,心对性情言。今如此是性,动处是情,主宰是心。横渠云'心统性情者也',此语极佳"(《张子语录·后录下》)。

但是,张载认为过分地追求欲望的满足,就会伤害"天理","徇物丧心,人化物而灭天理者乎"?"化而自失焉,徇物而丧己也"(《正蒙·神化篇》)。为了保持"天理"的纯洁,人们必须寡欲,"不以嗜欲累其心,不以小害大,未丧本焉尔"(《正蒙·诚明篇》),"中心安仁,无欲而好仁,无畏而恶不仁"(《正蒙·中正篇》)。寡欲就必须在饮食男女方面克制自己,"克己要当以理义战退私己,盖理乃天德,克己者必须有刚强壮健之德乃胜己"(《易说·下经·大壮》)。因此,他提倡"立天理","灭人欲",反对"灭天理","穷人欲","今之人灭天理而穷人欲,今复反归其天理。古之学者便立天理,孔孟而后,其心不传,如荀杨皆不能知"(《经学理窟·义理》)。"烛天理如向明,万象无所隐;穷人欲如专顾影间,区区于一物之中尔"(《正蒙·大心篇》)。

张载关于"天地之性"与"气质之性"的划分,是否为他的独创,很难做出确切的判断。与张载同时的道教金丹派南宗的创始人张伯端(公元984—1082年)也有同样的说法:

> 形而后有气质之性,善反之,则天地之性存焉。自为气质之性所蔽之后,如云掩月,气质之性虽定,先天之性则无有。然元性微而质性彰,如君臣之不明而小人用事以蠹国也。且父母构形而气质具于我矣,将生之际而元性始入。父母以情而育我体,故气质之性每寓物而生情焉。今则徐徐铲除,至于气质尽而本元始见,本元见后可以用事无他。(《道藏洞真部·方法类·玉清金笥青华秘文金室内炼丹诀》卷上,第八)

这段话的首句,与张载所言几乎相同,但他关于"天地之性"(或称"本元之性")与"气质之性"相互关系的论述,却不如张载讲得那么深入,很可能张载受了他的影响。

禁欲主义思想,在儒学和道家思想中都是有传统的。孔子主张"君子谋道不谋食"(《论语·卫灵公》),"君子喻于义,小人喻于利"(《论语·里仁》)。孟子更进一步指出"养心莫善于寡欲"(《孟子·尽心下》),要求人们"舍生取义"(《孟子·告子上》)。《礼记·乐记》首先把"人欲"与"天理"对立起来,说:"人化物也者,灭天理而穷人欲者也,于是有悖逆诈伪之心,有淫佚作乱之事。是故强者胁弱,众者暴寡……此大乱之道也。"老子也说:"无欲以静,天下将自定"(《老子》第三十七章),主张"绝巧弃利","少私寡欲"(《老子》第十九章)。最早在理论上阐述理欲之辨的,还是佛教。佛教华严宗认为"一切众生,有佛种性"(《华严经疏》卷七),佛性是天地的本性,人人都禀受着这种性,但由于禀受程度不同,佛性的明净程度也不一。受世俗欲望影响的人,其佛性便遭污染,即所谓"净染"。佛教极力主张禁断爱欲之情,去染成净,反染归真。张载的理欲之辨,显然是继承了儒学寡欲思想的传统,并在理论上直接接受了佛、道的观点。在理学家中,他是首先提出这一理论的。

"天理人欲"之辨,是理学家们所津津乐道的问题。在当时的社会条件下,张载开始探索这一问题,并不是偶然的,不但有思想渊源,而且有社会背景。北宋时期,由于土地占有形态的变化,土地兼并空前剧烈,贫富悬殊日益增大,农民阶级最感到痛苦的事情,是对生产资料和生活资料占有的不均,这是地主阶级与农民阶级最主要的矛盾冲突,北宋时期的农民起义,便直接把"均贫富"作为斗争的主要纲领。因此,从统治阶级的立场来看,要缓和阶级矛盾,维持封建剥削制度,必须从解决"贫富"问题着手。张载一方面主张"均平","夺富人之田",用一种乌托邦的土地制度解决贫富悬殊问题,企图进行政治上的改良;另一方面,提出"立天理","灭人欲"说教,进行思想上的论说。

二、"穷神知化"与"穷理尽性"

按照张载的人性论,每个人都禀受着"天地之性",具备天所赋予的道德品性,由于气禀的偏差,一部分人的性中存在着邪恶、淫欲的杂质。那些全备"天理"的人,其性清净明洁,无丝毫杂质;这样的人,就是"圣人","君子"。有些人虽然有气禀之褊,但经过后天的努力,仍然可以成为圣人君子。他认为,要想做圣人君子,必须首先成身成性。他说:"进德修业,欲成性也,成性则从心皆天也。所以成性则谓之圣者……若圣人则于大以成性","君子之道,成身成性以为功者也,未至于圣,皆行未成之地耳"(《易说·乾》)。成身成性之后,就可以使自己的精神境界达到"天德"的地位:"成性则跻圣而位天德","位天德,大人成性也……大人成性则圣也化,化则纯是天德也。圣犹天也,故不可阶而升。圣人之教,未尝以性化责人,若大人则学可至。位天德则神,神则天也,故不可以神属人而言"(同上)。达到圣人君子的地位,必须穷尽"天神""天理",因而他提出"穷神知化"与"穷理尽性"两个命题,奠定了理学认识论的基础。

"穷神知化"是《易·系辞》中的术语,张载就此问题有许多论述。他在《西铭》中便说:"知化则善述其事,穷神则善继其志"。《正蒙》中还有《神化》一篇,专论"穷神知化"问题。

张载在解释《易传·系辞下》"穷神知化,德之盛也"时说:

> 德盛者,神化可以穷尽,故君子崇之。
> 《易》谓穷神知化,乃德盛仁熟之致,非智力能强也。
> 穷神知化是穷尽其神也。
> 穷神知化,与天为一(《易说·系辞下》)。

"神"是太虚变化莫测的功能,"化"是太虚在"神"的作用下产生的变化,"穷神知化"就是努力探赜索隐,穷尽"天神"的奥秘,达到天人合一的境地。能够"穷神知化",与"天德"合一的人,就是"圣人"。但"神"是不可知的,人无法通过对宇宙万物的观察了解认识它,所以"穷神"的办法只有一个,叫作"大"或"崇德"。他说:

> 神化者,天之良能,非人能;故大而位天德,然后能穷神知化。大而可为也,大而化不可为也,在熟而已。(《正蒙·神化篇》)
> 先后天而不违,顺至理以推行,知无不合也。虽然,得圣人之任者,皆可勉而至,犹不害于未化尔。大几圣矣,化则位乎天德矣。大则不骄,化则不吝。无我而后大,大成性而后圣,圣谓天德不可致谓神。(同上)
> 穷神知化,乃养盛自致,非思勉之能强,故崇德而外,君子未

或致知也。神不可致思,存焉可也;化不可助长,顺焉可也。存虚明,久至德,顺变化,达时中,仁之至,义之尽也。知微知彰,不舍而继其善,然后可以成人成性矣。圣不可知者,乃天德良能;立心求之,则不可得而知之(同上)。

"大"或"崇德"即扩充本心原有的至善之德,忘却自我,达到与"天德"相合的地步,彻底泯灭天人界限,使自身的行为意志,完全符合天理的要求,与天理融为一体。

"穷神知化"的理论,作为认识论是不成熟、不完善的,它没有阐明主体与客体的关系,也没有谈到认识过程,这是一种十分简单的主观唯心主义认识论,也是一种道德修养论。

"穷理尽性"亦见于《周易》。《易传·说卦》:"穷理尽性以至于命"。理学家们对这句话十分感兴趣,张载借此发挥了自己的认识论。他认为,"穷理尽性以至于命"是三个不同等级但又互相连接的认识阶段。"穷理"为第一阶段,指穷尽体现在万事万物中的"天理"。万物是"天理"的承受者,每一事物都蕴含着"天理",所以"穷理"必须接触事物,以万事万物为媒介逐渐达到对"天理"的体验。他说:"穷理亦当有渐,见物多,穷理多,如此可尽物之性","人有见一物而悟者,有终身而悟之者"(《语录上》)。他认为,"穷理"的主要方式就是读书、学习:"穷理即是学也,所观所求皆学也。长而学固谓之学,其幼时岂可不谓之学?直自在胞胎保母之教,己虽不知谓之学,然人作之而已变以化于其教,则岂可不谓之学"(《语录下》)。"尽性"是第二阶段,即尽人性,穷尽人所禀赋的道德品性,以达到与"天性"的合一。他说:"有无虚实通为一物者,性也;不能为一,非尽性也"(《正蒙·乾称篇》)。又说:"尽性,然后知生无所得,则死无所丧"(《正蒙·诚明篇》)。尽得自身之性后,便尽了他人之性及万物之性,"尽其性,则能尽人物之性"(同上),因为这些"性"都归源于"天性"。穷尽人性、"天性",便进入了"诚"的境界,"至诚,天性也……人能至诚,则性尽而神可穷矣"(《正蒙·乾称篇》)。

张载还指出,"穷理尽性"和"尽性穷理"是两种不同的认识途径:"自明诚,由穷理而尽性也;自诚明,由尽性而穷理也"(《正蒙·诚明篇》)。"穷理"的结果使人"明","尽性"的结果使人"诚";由明至诚,是先穷理而后尽性;由诚至明,是先尽性而后穷理。就是说,一方面是通过对于事物的研究以达到与天合一的道德境界;另一方面是从"天性"出发,体会万物之性皆由于"天性"而成。他说:

> 须知自诚明与自明诚者有异。自诚明者,先尽性以至于穷理也,谓先自其性理会来,以至穷理;自明诚者,先穷理以至于尽性也,谓先从学问理会,以推达于天性也。某自是以仲尼为学而知者,某今亦窃希于明诚,所以勉勉安于不退。(《语录下》)

他对"自明诚"和"自诚明"的态度,就像孔子对"生而知之"与"学而知之"的态度一样。他认为,儒者应该兼备二者,重点在学习上下功夫:"儒者则因明至诚,因诚至明,故天人合一,致学而可以成圣"(《易说·系辞上》)。自明诚,自诚明,源于《中庸》。这里,张载将《中庸》之义与《易》说结合了起来。

"至于命"是最后一个阶段,意即通过穷尽"天理""天性",而达到对"天命"的最终体悟。"既穷物理,又尽人性,然后能至于命,命则又就己而言之也"(《易说·说卦》)。为何不言"知命"而言"至于命"呢?他说:"知与至为道殊远,尽性然后至于命,不可谓一;不穷理尽性即是戕贼,不可至于命。然至于命者止能保全天之所禀赋。本分者,且不可以有加也。即言穷理尽性以至于命,则不容有不知"(同上)。"至"比"知"要更进一步。

完成了"穷理""尽性""至于命"的整个过程后,人的精神世界便产生了根本变化,进入一个所谓至诚至善、无思无虑、无私无欲,排除了"意、必、固、我"的主观习俗,上与"天性"同一,下与万物通贯的最高境界,叫作"中正"。他说:"中正然后贯天下之道,此君子之所以大居正也。盖得正则得所止,得所止则可以弘而至于大"(《正蒙·中正篇》)。他根据孔子"三十而立,四十而不惑,五十而知天命,六十而耳顺,七十而从心所欲,不逾矩"的一套心性修养过程,在道德践履和修养上安排了一个程序:"三十器于礼,非强立之谓也;四十精义致用,时措而不疑;五十穷理尽性,至于天命,然不可自谓之至,故曰知;六十尽人物之性,声入心通。七十与天同德,不思不勉,从容中道"(《正蒙·三十篇》)。

"穷理尽性"是比"穷神知化"更完备一些的认识论,它涉及主、客体关系和认识过程等认识论的基本问题。"穷理"必须"尽物",即接触事物,研究事物,而且主要通过学习的途径获得知识。这种认识方法,有合理的因素,但仍然是一种狭隘的认识论。在张载看来,人们所要认识的,不完全是事物的客观规律和性质,而主要是所谓"天性"的道德虚构。读书学习主要是要认识"天性",因此人们的社会实践便被排斥在认识过程之外。这种认识论,说到底,也是一种道德修养论。认识论与道德论分不开,这是张载和其他理学家的思想特点。二程、朱熹不多谈"穷理尽性"而是大谈"格物致知"。张载关于"穷理尽性"的学说,与程、朱"格物致知"论是很接近的,只是没有后者精深、细密,且缺乏所谓"豁然贯通"的环节。后来朱熹在这方面有所发展。

三、大 心

张载认为,"穷理"必须"尽物",但仅仅通过耳目感官接触事物,不可能穷尽天下之物,所以很难穷尽"天理"。他说:

> 尽天下之物,且未须道穷理,只是人寻常据所闻,有拘管局杀心,便以此为心,如此则耳目安能尽天下之物?尽耳目之才,如是而已。(《语录上》)
>
> 言尽物者,据其大总也。今言尽物且未说到穷理,但恐以闻见为心则不足以尽心。人本无心,因物为心,若只以闻见为心,但恐小却心。今盈天地之间者皆物也,如只据己之闻见,所接几何,安能尽天下之物?(《语录下》)

以耳目感官接触事物,只是最简单、最一般的认识手段,通过这种手段获得的知识,叫"见闻之知"。"见闻之知"范围狭小,所见所识十分有限,因而不能穷尽"天理",即使耳目接触了天下所有事物,也未必就能穷尽"天理"。这种看法有合理一面,如果把"见闻之知"作为人们直接的感性认识,这样讲是对的。人们认识世界,不但应具备直接的感性认识,还要接受间接经验,并通过主观思维进行分析、判断和归纳,如此方能认识事物本质。他提出"大心"的命题,即主张扩充自己主观思维的能力,把认识对象转向自我之心,使自我之心与"天理"达到不可分离的同一,这种方法所得,称为"德性之知":

> 大其心,则能体天下之物,物有未体,则心为有外。世人之心,止于闻见之狭;圣人尽性,不以见闻梏其心,其视天下,无一物非我,孟子谓尽心则知性知天以此。天大无外,故有外之心,不足以合天心。见闻之知,乃物交而知,非德性所知;德性所知,不萌于见闻。(《正蒙·大心篇》)

"德性之知"不是在"见闻之知"的基础上经过思维而获得的理性知识,而完全是靠脱离外界的主观自悟达到对"天理"的神秘的贯通。在张载看来,"见闻之知"只能得到对"天理"片面的、局部的认识,过分地依靠它,不但无助于"穷理尽性",还会妨碍内心的自悟。"大心"也就是孟子的"尽心",即以自我之心作为认识的唯一对象。"大心""尽心"是张载认识论的主要命题。他特别强调说:

> 天之明莫大于日,故有目接之,不知其几万里之高也;天之声莫大于雷霆,故有耳属之,莫知其几万里之远也;天之不御莫大于太虚,故心知廓之,莫究其极也。人病其以耳目见闻累其心,而不务尽其心,故思尽其心者,必知心所从来而后能。(《正蒙

·大心篇》)

这种"大心"的理论,与后来王学的"知行合一"的认识论是一致的。

当然,张载并没有完全否定"见闻之知"的作用。他说:"人谓己有知,由耳目有受也;人之有受,由内外之合也。知合内外于耳目之外,则其知也过人远矣。……耳目虽为性累,然合内外之德,知其为启之要也"(同上)。但这里讲的"内外之合",并非指主体与客体的联系、理性认识与感性认识的联系,而仅仅是说"见闻之知"对于人们"尽心""尽性"有一种神秘的启示作用。

张载的理学思想,从天理论、道德论到认识论,基本框架已经形成。理学的许多命题,在张载学说中已经有了,不少是由张载先发其端的,所以,作为理学的奠基者,张载当之无愧。

第四节 张载与二程的关系

张载与二程生活在同一时代,比程颢长十二岁,比程颐长十三岁。他们又是亲戚关系,张载是二程之父程珦的表弟,二程称张载为表叔。张载同二程的关系是很密切的。他们之间的来往也比较多。这不仅仅是因为张、程之间的亲戚关系,而且也因为在当时学术界的四大主要派别(新学、洛学、关学、蜀学)中,洛学与关学的观点比较接近。

据《宋史·张载传》和吕大临《行状》,张载与二程会面,直接讨论学术问题有两次,一次是嘉祐初在京师讲《易》,适值二程至京,"与论易","共语道学之要"。一次是熙宁十年(公元 1077 年),辞官告归,路过洛阳,与二程会面,讨论了许多问题。不久,张载就病逝途中。这两次讨论,第一次史传只存其事,内容却未著录,无从考查。第二次讨论的内容,由门人苏昞记录下来,载于《二程遗书》中,题为《洛阳议论》。

二程对张载是很敬重的,尤其称赞他学而不杂,重视礼教。程颢说:"某接人多矣,不杂者三人:张子厚、邵尧夫、司马君实"(《河南程氏遗书》卷第二上。以下简称《遗书》),把张载与邵雍、司马光相提并论。又说:"子厚以礼教学者,最善,使学者先有所据守"(同上),"张子厚、邵尧夫,善自开大者也"(同上卷第三)。他们对于张载专心致志于儒学尤为推崇,说"世之信道笃而不惑异端者,洛之尧夫,秦之子厚而已"(同上卷第四),"横渠道尽高,言尽醇。自孟子后,儒者都无他见识"(《张子语录·后录上》)。比较起来,程颢与张载比较亲近,程颐较疏远。程颐说:"子厚之为人,谨且严,是以其言似之,方之孟子,则宽宏舒泰有不及也"(《河南程氏粹言》卷一)。

张载与二程在本体论上是不同的,一方是不彻底的唯物主义的本体论,一方是彻底的唯心主义的本体论。他们的主要分歧表现在"理"和"气"孰先孰后的问题上,至于宇宙结构,二程在很大程度上同意张载的观点(详见第四章)。

二程最赞赏张载的《西铭》,认为《西铭》是秦汉以来儒家的最优秀之作:"《订顽》之言极纯无杂,秦汉以来学者所未到",也是继孟子之后绝无仅有的名作:"孟子之后只有《原道》一篇,其间言语固多病,然大要尽近理。若《西铭》则是《原道》之宗祖也","《西铭》,颢得此意,只是须得他子厚有如此笔力,他人无缘做得。孟子已后未有人及此文字,省多少言语。且教他人读书,要之仁孝之理备于此,须臾而不于此,则便不仁不孝也"(《张子语录·后录上》)。

但二程对《西铭》的评价也是有分寸的。他们没有过分地赞扬《西铭》。

问:"《西铭》如何?"
伊川先生曰:"此横渠文之粹者也。"
曰:"充得尽时如何?"
曰:"圣人也。"
"横渠能充尽否?"
曰:"言有多端,有有德之言,有造道之言。有德之言说自己事,如圣人言圣人事也。造道之言则智足以知此,如贤人说圣

事也。"（同上）

《西铭》只是"造道之言"，还不是"有德之言"，所以张载不能算作"圣人"，只是"贤人"而已。《西铭》乃"贤人说圣人事也"。

二程对《西铭》的内容加以肯定。他们把《西铭》的思想概括为"理一分殊"四字。程门弟子杨时，看到《西铭》讲了许多尊老抚幼，博爱万物的道理，便以为张载《西铭》之论，与墨子"兼爱"之说无异。程颐纠正他说：

> 《西铭》之论，则未然。……《西铭》之为书，推理以存义，扩前圣所未发，与孟子性善养气之论同功，岂墨氏之比哉？《西铭》明理一而分殊，墨氏则二本而无分。分殊之蔽，私胜而失仁；无分之罪，兼爱而无义。分立而推理一，以止私胜之流，仁之方也。无别而迷兼爱，至于无父之极，义之贼也。子比而同之，过矣。且谓言体而不及用。彼欲使人推而行之，本为用也，反谓不及，不亦异乎？（《河南程氏文集》卷九）

《西铭》之论与墨子"兼爱"之说的最大区别，在于它明确了人类及万物的等级秩序，因而也标明了爱的差等。理学"理一分殊"的提法，最早见于此。

虽然张、程思想有共同之处，但在许多问题上，分歧很大。他们之间有过不少争论。争论最多的，一是关于"清虚一大"问题，一是关于"穷理尽性以至于命"的问题。

所谓"清虚一大"，就是指以清通不可象的太虚作为宇宙万物唯一的本源。如前所述，张载以"气"的原始状态作为宇宙基本的、永恒的存在形态，而把万物作为太虚的派生物，所以，太虚便是万物的本源。二程认为万物的本源是精神性的"道"或"理"，"道"生"气"，进而生万物（详见第四章）。

由于对哲学根本问题的解释不同，张、程在理解《易·系辞上》的"形而上者谓之道,形而下者谓之器"时也有分歧。二程认为,"形而上"是指抽象的、精神性的东西,"形而下"则是指现实存在的物质实体,"道"与"器"的关系,就是精神与物质的关系。张载认为,"形而上"是指清通无形的太虚,"形而下"则是指有形的万物。他以"气化"为"道",所以"道"归根结蒂源于太虚。张载在解释此句时,受字义限制,概念上有些含混不清。他说:"凡不形以上者,皆谓之道,惟是有无相接与形不形处知之为难","形而上者是无形体者,故形而上者谓之道也;形而下者是有形体者,故形而下者谓之器"(《易说·系辞上》)。似乎"道"与"太虚"是一回事,但在另外几处,他还是区分了"道"与"太虚"的不同:

> 一阴一阳不可以形器拘,故谓之道。乾坤成列而下,皆《易》之器。
> 运于无形之谓道,形而下者不足以言之。鼓万物而不与圣人同忧,天道也。
> 无形迹者即道也,如大德敦化是也;有形迹者即器也,见于事实即礼义是也。(《易说·系辞上》)

"道"是"气化"的过程,也是"无形迹"的,所以张载把它归入"形而上"的范畴,但"道"毕竟不是"太虚",只是"运于无形"的东西。这说明张载概念上是不严密的。

张载与程氏兄弟争论最激烈的,是对"穷理尽性以至于命"的理解。张载把三者作为互不相同又相互衔接的三个阶段,作为认识过程与道德修养过程合而为一的人生哲学。二程不赞同这样的解释:

> 理则须穷,性则须尽,命则不可言穷与尽,只是至于命也。横渠昔尝譬命是源,穷理与尽性如穿渠引源。然则渠与源是两物,后来此议必改来。(《遗书》卷第二上)

他们认为,张载是把"穷理""尽性"作为"渠",把"命"作为"源","穷理尽性"是通向"命"的渠道,这种看法必须改变。二程的观点是:

> 穷理尽性以至于命,三事一时并了,元无次序,不可将穷理作知之事。若实穷得理,即性命亦可了。(同上)
> 穷理尽性至命,只是一事,才穷理便尽性。才尽性便至命。(同上卷第十八)

把"穷理尽性至于命"三者等同,便自然地改变了"穷理"作为认识过程的意义,使三者完全成为道德修养过程。在洛阳议论时,张载就此问题与二程辩论,指出二程的观点"亦是失于太快",认为"此义尽有次序。须是穷理,使能尽得己之性,则推类又尽人之性;即尽得人之性,须是并万物之性一齐尽得,如此然后至于天道也。其间煞有事,岂有当下理会了?学者须是穷理为先,如此则方有学。今言知命与至于命,尽有近远,岂可以知便谓之至也"(引自《遗书》卷第十)?

总之,张载的思想对二程深有影响。二程从张载那里吸取了不少东西,如"理一分殊""天地之性"与"气质之性"的理论,等等。张载提出的一些命题,经二程的扩充、发展,成为理学思想体系的最基本的、最重要的命题。对于张载思想中的唯物主义因素,二程则毫不留情地加以指责。从张载到二程,不难看出理学建立初期的发展过程:由不完善的理学理论向逐步完善的理学思想演进。

第四章 程颢程颐的理学思想

第一节 二程生平及其与王安石新学的对峙

程颢和程颐开创的"洛学"奠定了理学的基础。从一个历史时代的主要思潮的特征来看,"洛学"才是理学的典型形态。

程颢(公元1032—1085年)字伯淳,河南(今洛阳)人,世称明道先生。弟程颐(公元1033—1107年)字正叔,世称伊川先生,他们的著作经后人辑录为《河南二程全书》,其中包括杨时编辑的《粹言》二卷,朱熹编辑的《遗书》(即《二程语录》原本)二十五卷和《外书》十二卷,程颢的《文集》五卷,程颐的《文集》八卷和《易传》四卷、《经说》八卷。

二程的家世历代仕宦,其曾祖程希振任尚书虞部员外郎,祖程遹赠开府仪同三司吏部尚书,父程珦以太中大夫致仕。程珦以反对王安石新法著名,程颐所写《先公太中家传》说:"熙宁中,议行新法,州县嚣然,皆以为不可。公未尝深论也。及法出,为守令者奉行惟恐后。成都一道,抗议指其有未便者,独公一人。"

程颢举进士后,历官京兆府鄠县主簿,江宁府上元县主簿,泽州晋城令。神宗初,任御史。神宗鉴于内外交困,很想有一番作为,有时召见程颢,想听听他的高见。程颢"每进见,必为神宗陈君道以至诚仁爱为本,未尝及功利。神宗始疑其迂,而礼貌不衰。尝极陈治道。神宗曰:'此尧舜之事,朕何敢当?'先生愀然曰:'陛下此言,非天下之福也'"(《二程文集》卷十一《明道先生行状》)。程颐言其兄"未尝及功利"和王安石变法言必及功利恰好相反。程颐在《明道先生行状》中着重记述其兄程颢激烈地抨击新法而不遗余力,如说"荆公浸行其说,先生(指程颢)意多不合,事出必论列,数月之间,章数十上。……先生言既不行,恳求外补。……神宗将黜诸言者,命执政者除先生监司差权发遣京西路提点刑狱。……"此处所记程颢对新法之嫉恨可谓跃然纸上。

程颢反对新法,"数月之间,章数十上",这里不妨摘一些来看。熙宁二年(公元1069年),程颢时为监察御史里行,上《论王霸札子》,将新法喻为"霸道",以所谓"王道"与之抗衡,谓"治天下者,必先立其志。正志先立,则邪说不能移,异端不能惑,故力进于道而莫之御也。苟以霸者之心而求王道之成,是衒石以为玉也",攻击新法为"异端""邪说"。

熙宁三年(公元1070年)程颢又上《谏新法疏》,说新法之实行徒使朝廷纷扰,反对者很多,如果坚持不改,将会弄出乱子来。其中有这样的话:"盖安危之本在乎人情,治乱之机系乎事始;众心睽乖则有言不信,万邦协和则所为必成;固不可以威力取强,言语必胜。而近日所闻,尤为未便。伏见制置条例司疏驳大臣之奏,举劾不奉行之官,徒使中外物情,愈致惊骇……"就在这一年二月,韩琦请罢青苗法,王安石求去。神宗慰留。安石谢表云:"论善俗之方,始欲徐徐而变革;思爱日之义,又将汲汲于施为"。自是,实行新法的决心更大。

后程颢被贬回到洛阳。时旧党人物司马光、文彦博、富弼、吕公著等人也都退居洛阳。程颢与他们过从甚密,相互标榜,形成了在野的政治舆论力量。据朱熹《伊洛渊源录》卷二载,程颢"既不用于朝廷……居洛几十年……在仕者皆慕化之,从之质疑解惑;闾里大夫皆高仰之,乐从之游;学士皆宗师之,讲道劝义。……于是先生身益退,位益卑,而名益高于天下。"可见程颢个人在政治上的沉浮与神宗时王安石变法事紧密相连,他对新法自始至终都采取不调和的态度而猛烈加以抨击。

宋哲宗元祐初,高太皇太后听政时,旧党司马光、吕公著起复,贬逐新党,又撤除王安石苦心经营的学制。司马光、吕公著荐举程颐,授汝州团练推官,充西京国子监教授。元祐元年(公元1086年)闰二月,程颐至京师,除秘书省校书郎,随时召对,授崇政殿说书,程颐认为此事至关重要。八月又差兼判登闻鼓院。像程颐这样的直上青云,在宋代并不多见,也正说明旧党对他的殷切期望,故起用诰词说:"孔子曰:'举逸民,天下之民归心焉',吾思起草茅岩穴,以粉泽太平……故加以爵命,起尔为洛人矜式"(叶绍翁《四朝闻见录》丙集《褒赠伊川》)。

北宋时期给皇帝讲述经书,是有传统的。如宋太祖召王昭素讲《周易》,真宗令崔颐正讲《尚书》,邢昺讲《春秋》。不过,程颐重视进讲,也有从思想上和理论上否定王安石新学的意义。如元祐元年他在《上太皇太后书》中说:

> 臣以为今日至大至急,为宗社生灵久长之计,惟是辅养上德而已。历观前古,辅养幼主之道,莫备于周公。周公之为,万世之法也。臣愿陛下扩高世之见,以圣人之言为可必信,先王之道为可必行,勿狃滞于近规,勿迁惑于众口。(《二程文集》卷六)

程颐借周公之名,要皇帝实行古法,不要受近亲众口的影响,这其实是针对王安石新学而说的。

元祐二年(公元1087年)程颐又给太皇太后上疏,其中说:

> ……虽朝廷宽大,不欲以言罪人,然主上春秋方富,宜亲道德之士,岂可以狂妄之人,置之左右?臣彷徨疑虑,不能自已。况臣所言,非出己意,皆先王之法,祖宗之旧,不应无一事合圣心者。(同上)

元祐二年旧党虽已起复,程颐仍然提醒统治者注意不可将"狂妄之人,置之左右",仍然含有抨击新学之意。

二程兄弟自有一套他们自己的政治见解。程颢的《论十事札子》(《见《二程文集》卷一)最为有名。所谓十事即师傅、六官、经界、乡党、贡士、兵役、民食、四民、山泽、名数，此十事中以"经界"(土地)、民食和兵役最为重要。宋代租佃制成为普遍的剥削形态，佃农租种地主占有的土地，按时交租。这表明农民对地主的人身依附关系相对削弱，封建经济有所发展。同时大量土地被官僚地主即所谓"官户"所垄断，致使国家财政收入减少，而农村佃户即所谓"客户"的人数急剧增加。他们中间不少人难以为生，或流亡，或进行反抗。所以北宋时期的政治家和思想家没有不谈土地问题的。

程颢对于当时的土地问题做了这样的描述：

> 天生蒸民，立之君使司牧之，必制其恒产，使之厚生，则经界不可不正，井地不可不均，此为治之大本也。唐尚能有口分授田之制，今则荡然无法，富者跨州县而莫之止，贫者流离饿殍而莫之恤。幸民虽多，而衣食不足者，盖无纪极。生齿日益繁，而不为之制，则衣食日蹙，转死日多，此乃治乱之机也，岂可不渐图其制之之道哉？(《论十事札子》)

这无疑是当时社会矛盾的真实写照。程颢已感到富者占有大量土地，而贫者一无所有，这才是国家治乱的关键所在。他谈到京师(今开封)的情况，又发出这样的感慨：

> 今京师浮民，数逾百万，游手游食，不可赀度。观其穷戚辛苦，孤贫疾病，变诈巧伪，以自求生，而常不足以生。日益岁滋，久将若何？事已穷极，非圣人能变而通之，则无以免患，岂可谓无可奈何而已哉？此在酌古变今，均多恤寡，渐为之业，以救之耳。(同上)

那么究竟应当如何"酌古变今，均多恤寡"，程颢提不出切实可行的具体方案,只是抽象地说"固宜渐从古制,均田务农,公私交为储粟之法,以为之备。"神宗召见,程颢只是说古制是如何好,说不出当前应当怎样办,所以神宗说"此尧舜之事,朕何敢当?"

程颐于仁宗皇祐二年(公元 1050 年)写《上仁宗皇帝书》,也曾忧心忡忡地问道:京师内浮民甚多,没有粮食储备,如有凶岁,朝廷将如何应付?还有"强敌(按:指西夏)乘隙于外,奸雄生心于内,则土崩瓦解之势,深可虞也。"加上百姓劳弊,而"陕西之民,苦毒尤甚。及多逃散,重以军法禁之,以至人心大怨,皆有思寇之言。悖逆之深,不敢以闻圣听……非民无良,政使然也。"至于如何革除弊政,程颐同样提不出切实可行的方案,还是强调给皇帝进讲经书史籍,效法古制。他每次给皇帝进讲,神色庄重,继以讽谏。他听说皇帝在宫中洗盥而避免伤害蚂蚁,便问道:"有是乎?"回答是:"然,诚恐伤之尔。"于是他便接着说:"推此心以及四海,帝王之要道也"(《宋史·程颐传》)。这就切近于迂腐了。

从总的方面看,二程的政治思想倾向于唐代中叶以前中国封建社会前期的某些制度,他们肯定乡里血缘的宗法关系和以家族出身和门第身份来确定其富贵贫贱的关系,以及依据门第资格的荐举制。他们不赞成科举制,更反对王安石所苦心经营的学制。哲宗元祐元年五月,孙觉、顾临、程颐修立国子监太学生条例(《续资治通鉴长编》卷三八)。元祐二年正月,吕公著请求禁止士子引用王氏《字说》。实际上元祐初年王安石新学已成为禁学。程颐主张恢复"宗子法",强调说"今无宗子法,故朝廷无世臣。若立宗子法,则人知尊祖重本。人既重本,则朝廷之势自尊。……且立宗子法,亦是天理"(《遗书》卷第十八)。元祐初,废弃新法,皇权与豪族相结合,一时豪族人物纷纷上台,政治上的洛党和理学中的洛学即完成于这一时期。主张恢复"宗子法",曲折地反映了豪族的利益和要求。

元祐初年,程颐是旧党中首要的活动人物。他在经筵上宣讲理学,同时对朝政"论议褒贬,无所顾避",实际上已成了吕公著的策士,如:"时吕申公(公著)为相,凡事所疑,必质于伊川(程颐)"(《伊洛渊源录》卷四)。而吕公著和韩维是北宋最大的豪族,如邵伯温所说:"韩、吕,朝廷之巨室也。

天下之士,不出于韩,即出于吕"(《闻见前录》卷三)。程颐不但攀附吕公著,而且竭力推崇韩维,曾向他求撰程颢墓志,说:"智足以知其道学,文足以彰其才德,言足以取信后世,莫如阁下"(《伊川文集》卷五)。我们认为,北宋理学是代表豪族地主的正宗思想。

第二节　二程的《易》学及其思想渊源

从思想发展的历史特点来看,北宋可称之为儒家经学的复兴时期,但它不同于汉代的经学。我们知道,佛教自西汉末传入中国以后,逐渐对于中国的文化思想发生了重大影响。经学遇到了劲敌。唐代佛教大盛。太宗时儒者孔颖达撰《五经义疏》,高宗永徽二年(公元651年)颁行全国,名《五经正义》,这是朝廷颁发的经学教科书。至武后时期,《五经正义》已不占主要地位,而华严宗等佛教宗派则受到当时统治者的大力扶持。故《五经正义》的官学地位只有四五十年的光景。这说明经学如果仍像汉代那样"恪守师法",背诵前人的经注,而在注疏上提不出新义来,那是很难站得住脚的。由于佛教传入,提出了许多关于世界和人生的新问题,如:现实世界是真是妄?如何认识现实世界的变动不居?人生的意义是什么?如何看待生死苦乐?如何摆脱生死苦乐而追求永生?佛教某些宗派的宗教哲学如何与儒家的伦理道德观念统一?不管统治者和思想家们是否喜欢这些问题,但有一点是可以肯定的,他们不能回避这些问题。这就是说,他们一面反对佛教,一面又不能不从中吸取一些东西。如果说中国经学在秦汉时期经历了一次大的改造,主要表现为阴阳学与儒学的结合,那么到了北宋时期便进行第二次改造,主要表现为佛教与儒学的结合。

北宋时期的思想家们最重视《周易》《春秋》和《周礼》三经的研究。他们借《周易》论述世界和人生的哲理,以维护中国封建社会后期现实社会的统治秩序;借《春秋》倡导尊王攘夷,以巩固封建主义中央集权统治;借《周礼》以发挥改革积弊的主张。《宋元学案·安定学案》载,胡瑗著《易书》《中庸义》,今存《周易口义》十二卷。胡瑗在东南一带授徒讲学,影响很大。程颐曾在胡瑗处接受启蒙教育。孙复著《春秋尊王发微》十二卷,弟子石介则以《周易》教授其徒。刘牧著《新注周易》十一卷。范仲淹"泛通六经,尤长于《易》。"欧阳修对《易》学颇有研究。陈襄著《易义》《中庸义》。潘鲠著《易要义》三卷。二程的外祖父侯可对《易》学钻研颇深。司马光著《易说》三卷,注《易·系辞》二卷。可见北宋时期思想家借《易》以立言,蔚然成风。虽都是讲《易》,实质上也有思想倾向的不同。

北宋以当时流行的象数学解《易》的情况,颇不少见。象数学代表人物刘牧是范仲淹、孙复的弟子。在刘牧的象数学系统中,"太极"在象数之先,象数又在形器之先。刘牧特别表明,"太极"与"象""数"都属于形而上的"道",此外则是形而下的"器";"象"是无而"形"(五行)是有,"形"生于"象",从而为物质世界臆造了一个神秘的本原。这些对于程颐是有影响的。

二程很重视《周易》,《二程全书》中有《经说》,首篇即《易说·系辞》,还有《伊川易传》。《二程全书》中关于《经说》目录是:第一《易说·系辞》,第二《书解》,第三《诗解》,第四《春秋解》,第五《礼记》(明道先生改正《大学》,伊川先生改正《大学》),第六《论语解》,第七《孟子解》,第八《中庸解》。这样的排列足以显示二程经学思想的概况,而《伊川易传》又是二程理学思想的主干。这里不能不对《伊川易传》做些说明。

《伊川易传》是封建社会后期的官书,科举用以取士,对社会影响十分巨大。

这部书著成于程颐编管涪州的时候。建中靖国元年(公元1101年),程颐遇赦复官。后又被论奏,屏居龙门,遣散学徒。嗣复复官致仕。迨寝疾,始以授门人尹焞、张绎。从遇赦复官,在寝疾以书授门人,其间凡七年,《易传》尚冀修改。在这期间,北宋政府内部充满了政治风波,程颐在风波里不安宁地颠簸着。《伊川易传》的著成与传授,同这些政治风波密切关联。朱熹在所著《伊川先生年谱》中记其梗概说:

> 绍圣间,以党论放归田里。四年十一月,送涪州编管。……

元符二年正月,《易传》成而序之。三年正月,徽宗即位,移峡州。四月,以赦复宣德郎,任便居住。十月,复通直郎,权西京国子监。……建中靖国二年(按建中靖国无二年,此误。)五月,追所复官。……

崇宁二年四月,言者论其本因奸党论荐得官,虽尝明正罪罚,而叙复过优。今复著书,非毁朝政。于是有旨,追毁出身以来文字。其所著书,令监司觉察。先生于是迁居龙门之南,止四方学者,曰:"尊所闻、行所知可矣,不必及吾门也。"

五年,复宣义郎,致仕。时《易传》成书已久,学者莫得传授,或以为请。先生曰:"自量精力未衰,尚觊有少进耳。"其后寝疾,始以授尹焞、张绎。

按程颐早年就受《易》学于周惇颐。《二程粹言》卷一云:"子谓门弟子曰,昔吾受《易》于周子,使吾求仲尼、颜子之所乐。要哉此言!二三子志之。"《二程粹言》由二程的高弟杨时订定,南宋张栻编次。张栻以为杨时得"河南夫子""心传之妙","苟非其人,差毫厘而千里谬矣。"肯定了《粹言》的可靠性。这段语录当可信。

其后,程颐以"深明《易》道,吾所弗及"见称于张载。《二程外书》卷十二引祁宽所记尹和靖语,谓"横渠昔在京师,坐虎皮说《周易》,听从甚众。一夕,二程先生至,论《易》。次日,横渠撤去虎皮,曰:'吾平日为诸公说者皆乱道。有二程近到,深明《易》道,吾所弗及。汝辈可师之。'横渠乃归陕西。"这段记录,或有溢美。但二程"深明《易》道"这点,当为事实。

程颐平日,经常同弟子论《易》。晚年成《易传》,弟子又以为请。这,观《答张闳中书》可知。书云:"《易传》未传。自量精力未衰,尚觊有少进尔。然亦不必直待身后,觉耄则传矣。书虽未出,学未尝不传也。第患无受之者尔。"

从上面的记述,可知程颐从少年时受《易》,到晚年成《易传》,五六十年之中,始终研究《易》学。胡安国论述程颐的学术,首先提到的就是他的

《易》学，这原因也就可以理解了。程颐一生研究《易》学，晚年放归田里，又编管涪州，在忧患之中著《易传》。成书之后，迟迟不愿流布，虽经门人请求，还是不肯拿出来。直到寝疾临终，才出以授尹焞、张绎。这种慎之又慎的态度，是由当时的政治风波决定的。

《伊川易传》系统地论述了程颐的理学思想，是程朱学派的理学经典著作之一，其地位与朱熹的《四书集注》同样重要。程门大弟子尹焞说："先生平生用意，惟在《易传》。求先生之学，观此足矣。《语录》之类，出于学者所记。所见有浅深，故所记有工拙，盖未能无失也。"又说："先生践履尽《易》。其作《传》只是因而写成。熟读详味，即可见矣。"尹焞的意思是说，《伊川易传》是程颐平生用力最多的著作，它是程颐学术思想的代表作，任何记述程颐言论的《语录》都不能同《易传》相比。程颐的一生践履，完全体现了《易》的思想。他写《易传》只是根据自己的践履而写成，是践履的自然结果。尹焞的话是对理学家的一种褒赞，我们应该从这一角度来理解。然而也的确表明了程颐对《易》学的研究是他的一生精力所注，《易传》是他的研究成果；同时又表明，理学家程颐的践履是与《易》理相一致，以《易》理为依归的。程颐的这种理学践履，是宋明理学家的典型。

《周易》文字简略，涵义隐晦。程颐以自己的理学观点进行训释，使之疏通明畅。但是，这样做的结果，《伊川易传》非复《周易》之旧，而成为理学家程颐个人的哲学著作了。洋洋洒洒，十五万言，在同类《易》学著作中成为巨著。

《伊川易传》论述的自然哲学、政治哲学、人生哲学，构成一个理学思想体系。这个体系，以天理论为基础，论证天地万物得天理而"常久不已"、"生生无穷"。论证"顺理而行"（按照天理办事）的政治哲学，即"圣人以常久之道，行之有常，而天下化之以成美俗"这样的政治哲学（《伊川易传》卷三《恒》卦《象》）。论证"安于义命"的人生哲学，即进德修业，居易俟命，卑巽自处，随时之宜的人生哲学。这个体系的各个组成部分，阐述了天理生成一切、支配一切的思想。天理超然地独立于自然与人类社会，而又无所不照。这个理学思想体系,奠定了程朱学派的理论基础,对后世理学的发展具有重要意义。

《伊川易传》对封建社会后期的思想影响很大。这里只举一些例子来说明。例如"吐故纳新",见于《易传》卷四《鼎》卦,初六《象》,原文为"去故而纳新,泻恶而受美","出否以从贵也"。意思是从鼎里泻去旧的糟粕,纳受新的美的东西,引申为在一个机体里清除废料,吸收新鲜养分。(按《庄子·刻意》,有"吹呴呼吸,吐故纳新"之句,讲的是导引养生的方法,后世衍为气功与太极拳,与鼎之倾出否恶而从贵受美之意大体相似)又如"有则改之,无则加勉",见于《易传》卷三《蹇》卦《象》,原文为"有所未善则改之,无歉于心则加勉。"这些思想经过长期流传,已经成为格言或谚语,深印在人们的头脑里,甚至在现代政治生活里还发生重大的作用。至如"天理良心""诚心诚意""修养到家""修心养性""真实无妄""安分守己""心安理得""见几而作""损己从人"等等世俗语言,还往往为人们所引用,作为论证事物的立论依据和佐证。这些格言、谚语,或者来自很远的古代,或者形成于中世纪,往往通过《伊川易传》的传布而益见有力。它们在现代生活里的影响,有些是积极的,有些是消极的。某些语言则严重束缚人们的思想,与社会的进步方向相抵触,这是由理学的本质所决定的。

程颐在《易说·系辞》中写道:

> 圣人作《易》,以准则天地之道。《易》之义,天地之道也,"故能弥纶天地之道。"弥,遍也。纶,理也。在事为伦,治丝为纶。弥纶,遍理也。遍理天地之道,而复仰观天文,俯察地理,验之著见之迹,故能"知幽明之故"。在理为幽,成象为明。"知幽明之故",知理与物之所以然也。原究其始,要考其终,则可以见死生之理。

可见在程颐看来,研究《易》是为了"知幽明之故",知天地、人事之

理。用他的另一种表述,就是"至微者理也,至著者象也,体用一源,显微无间",材料的全貌是这样的:

> 伊川自涪陵归,《易传》已成,未尝示人。门弟子请益,有及《易》书者。方命小奴取书箧以出,身自发之,以示。门弟子非所请,不敢多阅。一日,出《易传·序》示门弟子。先生(按指尹焞)受之归,伏读数日后,见伊川。伊川问所见。先生曰:"某固欲有所问,然不敢发。"伊川曰:"何事也?"先生曰:"至微者理也,至著者象也。'体用一源,显微无间',似太露天机也。"伊川叹美曰:"近日学者何尝及此?某亦不得已而言焉耳。"(《二程外书》卷十二引吕坚中所记尹和靖语)

这里具体而生动地揭示了程颐作《易传·序》的真实思想。他以"理"解释《易传》,认为观卦爻象即可见"理";理为体,象为用。应当指出,"体用一源,显微无间"与佛教华严宗玄奘、素范的"体用无方,圆融叵测",法界的"往复无际,动静一源",大体是相同的。程颐与尹焞师弟间的问答,高弟唯恐泄漏了天机,而老师则还嫌不够说破。天机何在?就在华严宗。所以要这样泄漏天机,在明师是"某亦不得已而言焉耳。"

程颐解《易》,深受华严宗影响,这是客观事实。二程虽然从儒家的道德伦理观念出发,排诋佛说,但又公开承认,"佛说直有高妙处""未得道他不是。"

> 问:某尝读《华严经》,第一真空绝相观,第二事理无碍观,第三事事无碍观,譬如镜灯之类,包含万象,无有穷尽。此理如何?曰:只为释氏要周遮。一言以蔽之,不过曰万理归于一理也。又问:未知所以破佗处。曰:亦未得道他不是。(《遗书》卷第十八)

程颐将华严宗的"事理"说概括为"不过曰万理归于一理",可谓抓住了要害。他认为华严宗所说凡事皆有理,万理皆出于一理,这是无可非议的。不过华严宗以理为障,这是不对的;这样就把人的主观认识和"理"割裂为二了。所以程颐强调说:"天下只有一个理,既明此理,夫复何障"(同上)?可见他对华严宗的"事理"说有所取舍。他依据"凡事皆有理""万理出于一理"的双重逻辑去解说《周易》,这是以前从未有过的。在所谓"凡事皆有理"的范围内,他的论述有合理因素。然而在"万理出于一理"的范围内,认为事物之众理其实只不过是"一理"的反映罢了。这里清楚地表明二程"洛学"(或理学)的唯心主义实质,而且这里又明显地带有华严宗影响的印迹。

二程的"万理出于一理"的"理"在华严宗是这样表述的:

> 夫以法性虚空,廓无涯而超视听。智慧大海,深无极而抗思议。眇眇玄猷,名言罕寻其际;茫茫素范,相见靡究其源。但以机感万差,奋形言而充法界;心境一味,泯能所而归寂寥。体用无方,圆融叵测。(法藏《华严经探玄记》卷第一)

这个无涯寥廓的法性虚空,无极深沉的智慧大海,超乎视听,抗乎思议,即超然于感觉思维之外,不可感知,不可思议。这个渺渺茫茫,无际无源的玄猷、素范,体用无方,圆融叵测,以千差万别的机感充满于法界。它泯绝了认识(心)与对象(境)、主观(能)与客观(所)的界限,是不能用言语文字加以论述的,无从寻究其根源涯际的。这就相当于二程所谓"万理归于一理"的"一理"。

华严宗又认为:

> 往复无际,动静一源。含众妙而有余,超言思而迥出者,其唯法界欤?(澄观《大方广佛华严经疏》卷第一)

"法界"也就是"理"。无穷的"往复",一源的"动静",是指它的体与用。这个"法界",含蕴众妙,超出言语与思维,是不可思议的。所谓"含众妙",意即一理摄万理。众妙包于法界,意即"万理归于一理"。

从以上可以看出,二程理学受华严宗影响甚深,他们实际上是采取了华严宗的某些思维方法用以解释《周易》。

值得注意的是,二程不仅重视《周易》,还把《大学》《中庸》《论语》《孟子》抬高到和六经相同的地位。《宋史·程颐传》说,颐之为学"以《大学》《语》《孟》《中庸》为标指,而达于六经。"这和后来朱熹所说"四子,六经之阶梯"（《语类》卷一〇五）是相同的意思。以"四子"为求学的方法,通过它们,才能了解六经的内容。可见《四书》并行,最初是出于二程的提倡。《四书》并行,是继董仲舒建议汉武帝罢黜百家,表章六艺之后,学术思想史上的又一重大事件。我们知道,董仲舒提出建议之后,五经立于学官,成为封建社会的圣典,取得了统治思想的最高地位。由二程始以《四书》并行起,至朱熹作《四书集注》,《四书》风行天下后世,在"经书"中夺取了"五经"在思想界的地位,它们便成为维护封建统治的经典。

《二程全书·程氏经说》卷八,有一篇《中庸解》,晁公武《郡斋读书志》有明道《中庸解》一卷,《伊川大全集》亦载此卷。朱熹在《中庸集解序》里曾说明,"本朝濂溪周夫子始得其所传之要以著于篇（按指周惇颐的《易通》）,河南二程夫子又得其遗旨而发挥之,然后其学布于天下"。朱熹的这个说法是符合实际的。二程年少时从周惇颐学,受影响最大的就是周惇颐关于《中庸》的见解。明朝刘蕺山说:"濂溪为后世儒者鼻祖,《通书》一篇,将《中庸》道理,又翻新谱,直是勺水不漏。第一篇言诚,言圣人分上事,句句言天之道也,却句句指圣人身上皆当继善成性,即是元亨利贞,本非天人之别"（《宋元学案·濂溪学案上》）。这一点讲得颇深刻,周惇颐首先依据《易传·系辞》,说只要人们诚心诚意,心存至善,即可成为圣人。又依据《中庸》"诚者,天之道;诚之者,人之道",说明人们只要达到"诚"的境界,即可成为无所不通的先知者,或谓之神。这些思想为二程接受,周惇颐的"至善"到了二程手里就成为"天理"或"仁",这在程颢的《识仁篇》《定性书》里是表现得很清楚的。他们同样借用《中庸》,说"诚"即"天理"；"天理"即"诚"，用它来沟通古今、上下、左右、主观与客观等等，使它成为超时间与空间的绝对（下面专节详论）。总之，二程经过周惇颐的影响，吸取并改造了《中庸》中的某些思想观点，这应当说也是二程思想的渊源之一。

不过，这里要说明，今本《二程全书·程氏经说》卷八的《中庸解》，是关中蓝田吕大临的手笔，不是二程的著作。谈及《中庸解》一书时，朱熹说："明道不及为书，今世所传陈忠肃公（瓘）之所序者，乃蓝田吕氏所著之别本也。伊川尝自言，《中庸》今已成书，然亦不传于学者，或以问于和靖尹氏，则曰先生自以不满其意而火之矣。二夫子于此，既皆无书，故今所传，特出于门人记平居问答之辞。而门人之说行于世者，唯吕氏（大临）、游氏（酢）、杨氏（时）、侯氏（师圣）为有成书。若横渠先生（张载），若谢氏（良佐）、尹氏（焞），则亦或记其语之及此者耳"（《二程全书·程氏经说八》）。又《朱子语类》卷六十二："向见刘致中说，今世传明道《中庸解》，是与叔初本，后为博士演为讲义。先生又云：尚恐今解是初著，后撮其要为解也。"与叔，是二程门人吕大临。由此足见《中庸解》非二程所著。

还要提到《大学》。《大学》《中庸》本是《小戴礼记》中的两篇文章，韩愈、李翱等把它看作与《孟子》《周易》同样重要的"经书"。二程接受这种观点，竭力推崇其在"经书"中的地位。二程说："《大学》，孔子之遗言也。学者由是而学，则不迷于入德之门也"（《粹言》卷第一）。从此理学便把《大学》视为人们入学的启蒙教科书。因为这里面所谈的格物致知、正心诚意、修身、齐家、治国平天下的纲目，经过二程和后来朱熹的解释，便构成完整的、循序渐进的为封建统治服务的阶梯和项目。二程重新编定了《大学》的章次。朱熹在《记〈大学〉后》一文中说，《大学》"简编散脱，传文颇失其次，子程子盖尝正之。"二程定章句于前，后来朱熹又作了整理。不过其中格物致知章既不是《大学》原文，也不是二程改定的，而是由朱熹补写的。

再提到《孟子》。唐韩愈倡道统说，认为"道"就是仁义道德等"先王之教"，从尧、舜以来一直传至孔、孟。孟子是道统的最后一人。至宋，《孟子》列入"九经"。就在《孟子》超"子"入"经"的时候,思想学术领域发生了贬孟与尊孟的论争。北宋进步思想家李觏著《常语》,首先否定孟子。李觏指斥孟子以仁义"乱天下",其仁义之说,与纵横家的欺骗,兵家的诡诈,来源虽然不一样,而"乱天下"的结果是相同的。又说孟子所说关于舜与瞽叟、象的传说,是无稽之谈;韩愈道统论所谓圣人之道由"孔子传之孟轲"也不符合事实。

有贬孟也就有尊孟,论争很激烈。二程继韩愈之后,竭力尊孟。二程说:"孟子有功于圣门,不可胜言。"又说:"孟子有大功于世","仲尼只说一个'仁'字,孟子开口便说'仁义';仲尼只说一个'志',孟子便说许多养气出来。只此二字,其功甚多。"二程沿袭孟子,只言仁义,不言功利,又以"天理"喻"不忍人之心"。二程以后,余允文(余隐之)写了《尊孟辩》,驳贬孟之说。直至南宋朱熹著《读余隐之尊孟辩》,为孟子辩护,贬孟与尊孟的论争始告结束。

综上所述,可以看出,从二程的思想渊源看,他们不但援佛入儒,以佛教华严宗的某些观点来解《易》,而且首先将《论》《孟》《大学》《中庸》并行,使之成为他们思想体系的经典。所有这些他们都称之为"经"。这也反映出他们对经学的一种改造。汉代今文经学大师董仲舒说"道之大原出于天,天不变,道亦不变",而二程则说"道之大原在于经"(《二程文集》卷二《南庙试九叙惟歌论》),主张以经书加强封建主义中央集权制,以经书教百官,以经书治天下,以达到稳定封建统治的目的,这就是二程所说"穷经以致用"(《遗书》卷第四)。

他们改造经学,将经学的地位抬高,这和佛学的影响分不开。佛教的各个宗派都有自己的祖师,二程也必须有自己的历史权威。这就是所谓"道统"。文彦博为程颢题墓志,即标"明道先生",提示继统有人。程颐赞程颢说:

> 孟轲死,圣人之学不传。道不行,百世无善治;学不传,千载无真儒。……先生生于千四百年之后,得不传之学于遗经……

使圣人之道焕然复明于世。(《宋史·程颢传》)

程颐的《易传序》也说:

> 《易》,变易也,随时变易,以从道也。……自秦而下,盖无传矣。予生千载之后,悼斯文之淹晦,将俾后人沿流而求源,此传所以作也。(《春秋传序》有同样的话,可参看)

我们知道,中国古代有"皇建其有极"(《洪范》)的神权说,后来在这个皇极之上便涂抹了精神的"太极",说什么"极高明而道中庸",这些都是封建主义的"例外权"在意识形态上的虚构。从邵雍的《皇极经世书》和周惇颐的《太极图·易说》出世以来,"皇极"和"太极"、神界和俗界总是得不到神秘的结合,而自二程开创的洛学,据说便从"心传之奥"奠定下道学的基础。理学神秘主义的"道统"便被虚构得有声有色。

第三节 二程的"天理"论

一、"凡事皆有理"

前节已说明,二程依据"凡事皆有理""万理出于一理"去论证其"天理"思想。在他们所谓"凡事皆有理"的论证范围,"理"泛指客观事物及其法则;其中是有合理因素的。这在《伊川易传》中有不少的材料可资说明。

《周易·否》第十二,上九:"倾否,先否后喜。"言否运即将过去。《伊川易传》这样解释说:"上九,否之终也。物理极而必反,故泰极则否,否极则泰。上九否既极矣,故否道倾覆而变也。先极,否也;后倾,喜也。否倾则泰矣,后喜也。"这里从"物理极而必反"说明先否后泰,先危后安。

《周易·泰》第十一:"《象》曰:'无往不复,天地际也。'"《释文》:"无往不复"作"无平不陂",指有往必有复,有平必有陂。"际",当读为蔡,法则之意。①《伊川易传》的解释是:"无往不复,言天地之交际也。阳降于下,必复于上;阴升于上,必复于下;屈伸往来之常理也。因天地交际之道,明否泰不常之理,以为戒也。"这里区别开"常理"与"不常之理"。阴阳的运动形态为往和复,有上就有下,有屈就有伸,这些都是事物之法则,故曰"常理"。然而人生祸福与否泰都很难预测,故曰"不常之理"。

再如《周易·恒》第三十二:"《恒》'亨无咎利贞',久于其道也。天地之道恒久而不已也。'利有攸往',终则有始也。……"高亨注:"云'利有攸往者,言人之出行终则又始,至而又返,胜利而归也"(《周易大传今注》)。程颐说:"天地之所以不已,盖有恒久之道。人能恒于可恒之道,则合天地之理也。"

所谓"可恒之道"即天地之常理。他认为动中才有恒,"天下之理,未有不动而能恒者也。动则终而复始,所以恒而不穷",有了行动,才能行走至目的地,又由此返回出发点。推而广之,"凡天地所生之物,虽山岳之坚厚,未有能不变者也。故恒非一定之谓也,一定则不能恒矣。唯随时变易,乃常道也"。这里说明"一定"(静止不动)与变易的关系,前者无恒道,唯变动中才能有恒道,所以变易乃是常道。日月星辰有"往来盈缩",故能久照。四时阴阳之气往来变化,方始万物生成。

再如《周易·归妹》第五十四:《彖》曰:"《归妹》,天地之大义也。天地不交,而万物不兴。……"以此说明男女相配乃是天地之大义。《伊川易传》将此引申开来,说"一阴一阳之谓道。阴阳交感,男女配合,天地之常理也。"此处"天地之常理",指阴阳相交而万物化生。

上述一些观点在《伊川易传》中不乏其例,这里不再摘引。由此可见程颐在一定范围内肯定天地万物皆有理,多少阐述了一些关于事物变易的观点。

前节已指出,二程对佛教华严宗有所吸取。同时我们也会看到,他们

---

① 据高亨《周易大传今注》。

在一定范围内对佛教也有所批判,其中不完全是从国家的财政收入以及封建道德伦理观念出发,且还含有理论思维的若干有价值的粒子。例如,他们批评佛教有片面性:"释氏说道,譬之以管窥天,只务直上去,惟见一偏,不见四旁,故皆不能处事"(《遗书》卷第十三)。何以见得佛教只有一偏之见?二程说,由于佛教自私自利,"天地之间,有生便有死,有乐便有哀。释氏所在便须觅一个纤(缀),奸打讹处,言免生死,齐烦恼,卒归乎自私"。(同上卷第十五)人生不能超脱,人生自有生死,自有喜怒哀乐,岂能免生死、齐烦恼?想超绝人生,无非是私心自用,卒归乎虚元。其次,佛教忘是非。二程说:"学佛者,多要忘是非。是非安可忘得?自有许多道理。何事忘为"(同上卷第十九)?二程主张人不为物所役,人应当役物,不可以忘物。第三,佛教言空、言住,这与事物的真象不合。二程说:"释氏言成、住、坏、空,便是不知'道'。只有成、坏,无住、空。且如草木初生既成,生尽便枯坏也。他以谓如木之生,生长既足却自住,然后却渐渐毁坏。天下之物,无有住者。婴儿一生,长一日便是减一日,何尝得住?然而气体日渐长大,长的自长,减的自减,自不相干也"(同上卷第十八)。认为事物不是虚幻的,无住、空,只有生成与毁坏,成与坏相互联系而存在,生中有死,长中有减,如此而已。可见二程关于佛教的评论是有一些合理因素的。

二、"气化流行"说

以上的一些合理因素在二程的思想体系中并不占主导地位,而且是极其有限的,当他们进一步论述宇宙万物的生成时,便从改造唯物论的"气化流行"说开始,走向唯心主义的"天理"论。他们为了建立唯心主义的理学思想体系,首先便反对张载的唯物主义的"气化"说。

张载在《正蒙》中形容"气"为"清虚一大",说"一于气而已……大且一而已尔",并说"清极则神",程颢批评说:

> "形而上者谓之道,形而下者谓之器。"若如或者以"清虚一大"为天道,则乃以器言,而非道也。(同上卷第十一)

> 气外无神,神外无气。或者谓清者神,则浊者非神乎?(同上)

文中"或者"(某人)即指张载。我们在张载章已指出,张载以"气"为万物之原。张载说:"太虚者,气之体"(《正蒙·乾称篇》),"太虚为清,清则无碍,无碍故神,反清为浊,浊则碍,碍则形"。(《正蒙·太和》)可见张载所谓太虚指未聚之气,即散在之气,它清晰透明,无形无象。它是气的本然状态。另外,太虚又是"气"存在的空间概念,"气"的聚散都是在太虚的空间中进行的。张载把散而无形的"气"作为宇宙的本原,而把一切有形的物体都当作从这一本原中产生出来的暂时形态。二程反对张载的这个观点,认为"气"只是物质性的"器",还不是形而上的"理"。因此张载将"太虚"解释为"气"的空间概念,就遭到二程的猛烈抨击。二程说:

> 凡物之散,其气遂尽,无复归本原之理。天地间如洪炉,虽生物销铄亦尽,况既散之气,岂有复在?天地造化又焉用此既散之气?其造化者,自是生气。
>
> 若谓既返之气复将为方伸之气,必资于此,则殊与天地之化不相似。天地之化,自然生生不穷,更何复资于既毙之形,既返之气,以为造化?……往来屈伸只是理也。盛则便有衰,昼则便有夜,往则便有来。天地中如洪炉,何物不销铄了?(同上卷第十五)

在二程看来,"气"不断地从神秘的泉源中产生,又不断地归于消灭,所以"气"是一种暂时的派生的东西,它只不过是神妙造化所塑造的产物。

张载认为,阴阳二气相互交感,产生万物,这一运动变化的过程就称之为"道"。他说:"由气化,有道之名"(《正蒙·太和篇》),"道,中涵浮沉、升降、动静相感之性,是生絪缊、相荡、胜负、屈伸之始"(同上)。"道"和"气"不可分,"道"只是"气"的运动的本性表现,有"气"才有"道"。这也是张载的唯物论观点。这一观点也遭到二程的批判。

二程认为,"道"是形而上,"气"是形而下;"道"是第一性,"气"或阴阳二气是第二性。程颐说：

> 离了阴阳更无道，所以阴阳者是道也。阴阳，气也。气是形而下者，道是形而上者。形而上者则是密也。（《遗书》卷第十五）

照这样说来，阴阳二气的运转变化是取决于"道"（或"天理"）的支配。他由此得出"有形总是气，无形只是道"（同上卷第六）的推论。程颐又说：

> 所以阴阳者道，既曰气，则便有二：言开阖，已是感，既二则便有感。所以开阖者道，开阖便是阴阳。（同上卷第十五）

他虽然谈到了阴阳的对立，但把矛盾的原因归结于"道"之发号施令。这就是程颐所说："所以运动变化者，神也"（同上卷第十一）。

"道"与"气"既然是形而上与形而下，为什么又说"道外无物，物外无道"（同上卷第四）或"气外无神，神外无气"（同上卷第十一）呢？因为他们以为，本体"寂然不动"，而"万象森然"即在其中，这就是佛学"寂上起用"老命题的重复。程颐形容说：

> 冲漠无朕，万象森然已具，未应不是先，已应不是后。如百尺之木，自根本至枝叶，皆是一贯，不可道上面一段事，无形无兆……（同上卷第十五）

我们不能只看见唯心主义在某些地方肯定物质或"气"，便说他们的世界观是唯物论，问题在于他们如何解决存在与思维谁是第一性的问题。例如二程的学生谢良佐记述：

> 某欲以金作器比性成形，先生谓："金可以比气，不可以比

性。"(同上卷第三)

金是构成器皿的材料,"气"是构成形体的物质。二程认为这种物质意义的"气"在宇宙中是不断地由一个神秘的来源而产生,又不断地由一个神秘的安排而随时消灭。可见他们实质上认为思维是第一性,而物质是派生之物。他们不要证明物质世界的所以变化的规律,而只要证明万理变化皆具于吾身。他们说:

> 近取诸身,百理皆具。屈伸往来之义,只于鼻息之间见之。屈伸往来只是理,不必将既屈之气,复为方伸之气。生生之理,自然不息。(同上卷第十五)

二程又认为有一种特别的"气",叫作"真元之气",它是一切俗气所由生的真气,于是分别出什么"外气"和类似道家的"精气"来:

> 真元之气,气之所由生,不与外气相杂,但以外气涵养而已。……人居天地气中,与鱼在水无异。至于饮食之养,皆是外气涵养之道。出入之息者,开阖之机而已。所出之息,非所入之气,但真元自能生气,所入之气,止当阖时,随之而入,非假此气以助真元也。(同上)

这不但与道家的说法一致,而且接受了道教胎息说的影响。既然"真元之气"独立存在,那么它就和一般的"气"不同了,一般所谓物质形体的"气"因聚而成,便不可避免地因散而灭,而"真元之气"就与天地同流,而且它还能产生物质性的气。因此他们又说:

> 人之魂气既散,孝子求神而祭……魂气必求其类而依之。(同上卷第一)

于是鬼神的存在也就有了根据。

另外,二程所谓"气",在概念上经常偷换过来,又偷换过去。在有些地方,"气"指物质,而在更多的地方,"气"又指另外的东西,例如上述"真元之气"。他们说:

> 时所以有古今风气人物之异者,何也?气有淳漓,自然之理。有盛则必有衰……气亦盛衰故也。(同上卷第十五)
> 问:"上古人多寿,后世不及古,何也?莫是气否?"曰:"气便是命也。"(同上卷第十八)

这些地方所说的"气"不过相当于"气运"或"气数"的概念,二程又称之为"气艳",这是把"气"作为神安排妥当的一种命运。二程曾在许多地方用这一种"气运"说来解释历史,这里不一一列举材料了。二程把不同意义的概念混同起来,因为在他们的世界观中只有一个自由的"天理"作为神而永存,至于物质世界的样式,从来便是由这个神随心所欲地摆弄,圣人只不过是"循而行之"罢了。

三、"万理出于一理"

"一理"即二程所谓"天理"。在二程看来,万事万物皆有理,然而万理都是来源于"天理"。它是二程理学的最高范畴。二程说:"吾学虽有所授受,'天理'二字,却是自家体贴出来。"故二程的"洛学"又称为理学。

二程的"天理"有下列含义:

(一)"天理"是唯一的绝对。"天下只有一个理"(同上卷第十八),"万物皆只是一个天理"(同上卷第二上)。它是封建主义例外权的反映,超越于万物之上而永存着,同时又产生和支配着万物。程颐解《易》,其主旨就在于说明"天理"产生并且支配一切。如《易·系辞上》第一章原意说明"天"有神性,天地分成贵贱等级,这和人类社会中贵贱的区分一样,都是不可改变的。又说,阴阳二爻代表刚柔的两种性质,八卦则代表天、地、水、风、火、雷、山、泽等八种自然事物,由此形成日月、寒暑、男女及万物。最后说,从卦象(即八卦与六十四卦所象之事物)和爻象(即阴阳二爻所象之事物)中所表明的天尊地卑的道理是简约易知的;能认识这一道理,就能掌握"天下之理"。这些就是《易·系辞上》第一章的要点。程颐《伊川经说》卷第一《易说·系辞》关于上述一章的解释基本符合原意,不过也有出入。他将"理"(即"天理")范畴运用于《系辞》中,说"有理而后有象",认为卦象及爻象都取决于"天理"。

二程认为万物皆一体,这是因为万物都是从"天理"那里产生出来的;一切皆有变化转化,它们都是"天理"的反映,并且受"天理"的支配。这些就是二程所说:"所以谓万物一体者,皆有此理,只为从那里来。'生生之谓易',生则一时生,皆完此理"(《遗书》卷第二上)。由此可以看出,尽管二程说过"有物必有则,一物须有一理"(同上卷第十八),实质上这并不等于说不同的事物有不同的规律,而是说"天理"所产生的每一物都具备了完全的"理",都是一个绝对的"天理"的体现。这样的"天理"又是上帝的同义语,如程颢所说:"天者,理也;神者,妙万物而为言者也;帝者,以主宰事而名"(同上卷第十一)。这即是说"天理""天""帝"都是同一内涵。

(二)"天理"又是封建等级制的总称。二程将封建主义等级制涂上神学的灵光圈,宣称它是不变的,永恒的存在。这些可从《伊川易传》中找到许多例证。如《周易·履》之卦象是"上天下泽",据此,程颐发挥出关于上下尊卑之分的哲理来,说"天在上,泽居下,上(天)下之正理也。"认为上下尊卑有严格区分,这即是"正理",又名"天理"。他接着说:"人之所履当如是,故取其象而为履。君子观履之象以辨别上下之分,以定其民志。夫上下之分明,然后民志有定。民志定,然后可以言治民。民志不定,天下不可得而治也。"在他看来,君子观《履》卦,是为了区分上下富贵贫贱,使之各安其位,不得僭越。有了这一条,始可言治理天下。由此可见,尽管程颐承认有变易和转化,然而那只是属于自然界事物的暂时现象,在"天理"世界内却是永恒不变的。

又如《周易·艮》卦,《序卦》:"《艮》者,止也。"艮为止,引申为静止之意。对此,程颐也有发挥,说"有物必有则";在人类社会生活内,"父止于慈,子止于孝,君止于仁,臣止于敬,万物庶事莫不各有其所,得其所则安,失其所则悖。圣人所以能使天下顺治,非能为物作则也,唯止之各于其所而已。"他认为各色人等皆有其固定的地位("所");圣人治天下,就是为了使各级人等皆安于其所。父慈、子孝、君仁、臣敬都是人们各有其所的表现,是他们各自应当遵守的规则。所以程颐强调说:"上下之分,尊卑之义,理之当也,礼之本也"(《伊川易传》)。礼之根本,故可称之为"天理"。这样,封建社会里的等级名分(即所谓"礼教")就成为天经地义的永恒真理了。

再如《周易·坤》卦:"坤厚载物,德合无疆",意为地德普及万物而无边。程颐解释说:"资生之道,可谓大矣。乾既称大,故坤称至。至义差缓,不若大之盛也。圣人于尊卑之辨,谨严如此。万物资乾以始,资坤以生,父母之道也。"按照这种说法,封建社会的等级名分不但不能变易,而且被渲染成为产生一切的本原,于是万理便归于一理了。

二程的"天理论"时常和神学目的论混合在一起。有时他们便明白地宣扬神学目的论:

> 天地生一世人,自足了一世事。(《遗书》卷第一)
> 天地生物,各无不足之理。常思天下君臣、父子、兄弟、夫妇,有多少不尽分处。(同上)
> 夫天之生物也,有长有短,有大有小。君子得其大矣,安可使小者亦大乎?天理如此,岂可逆哉?(同上卷第十一)

在封建社会里,既然"各无不足之理",那么守分地"知天命"就是"达天理"。在封建主义等级制度之下,既然天地生人已经安排得如此合理,那么,各阶级安命"尽分"也就是"穷理尽性"。后来一切为封建主义等级辩护的"圣谕"以及"劝善书"都自称理学家传,不是没有根据的。

(三)二程的"天理"又是封建道德的总称。在二程思想中,"天理"本身就被赋予了道德律令的意义,企图为封建主义的法律虚构提供更有效的哲学依据。二程说:"父子君臣,天下之定理,无所逃于天地之间"(同上卷第五),"居今之时,不安今之法令,非义也"(同上卷第二上)。程颐甚至说:"蜂蚁知卫其君,豺獭知祭",也是"自得天理"(同上卷第十七)。这种说明实质是在品级结构再编制时期对于特权法律的一种精神上的虚构。

《孟子》书认为仁义礼智为人心所固有,用以区别人与禽兽、君子与小人。依据同样的逻辑,二程也说:"人之所以为人者,以有天理也。天理之不存,则与禽兽何异矣"(《粹言》卷第二)!从这方面说,"天理"相当于封建道德。在二程看来,它是绝对的善;人们通过修养,使自己的思想和行动符合天理之要求,就能克服人性中恶的因素,而使本原的善性得到充分的发挥。

"天理"即封建道德规范的总称,其中的一项重要内容即忠君。中国古代有"皇建其有极"(《洪范》)的神权说,后来在这个皇极之上涂抹了精神的"太极",从邵雍的《皇极经世书》和周惇颐的《太极图·易说》出世以来,"皇极"和"太极"、神界和俗界总是得不到神秘的结合,而自二程开创的洛学,提出"天理",相当于"太极",这实际是至高无上的皇极在思想意识上的折射。从对"天理"的顶礼膜拜也就引申出忠君的观念。

二程强调说,臣下对君主必须竭诚相待,忠心耿耿。即或"君不正",也不能有不满念头,只要做臣的"诚积而动,则虽昏蒙可开也,虽柔弱可辅也,虽不正可正也"(《粹言》卷第二)。所以"君不正",过错不在君而在臣,因为臣没有"诚积而动",没有使君变"不正"为"正"。他们又说:"古之人,事庸君常主而克行其道者,以己诚上达,而其君信之之笃耳"(同上)。如果做臣的不按臣之道来做,必将使"皇天"震怒。"皇天"者何物?皇天即"天理"。

除此,"天理"还有"男尊女卑"一项。二程说:"男女有尊卑之序,夫妇有倡随之礼,此常理也"(《伊川易传》卷第四)。常理即天理,他们又由此推论出所谓"饿死事极小,失节事极大"的道理来。

> 问:孀妇于理似不可取。如何?
>
> 曰:然。凡取,以配身也。若取失节者以配身,是己失节也。

(《遗书》卷第二十二)

"天理"规定男子不可娶孀妇,孀妇不可再嫁。如若娶了孀妇,不但孀妇失节,男子也有失节之罪。

> 又问:或有孤孀贫穷无托者,可再嫁否?
>
> 曰:只是后世怕寒饿死,故有是说。然饿死事极小,失节事极大。(同上)

"怕寒饿死",二程称之为"人欲",孀妇饿死算不了什么,再嫁罪莫大焉,是不能饶恕的。这里所讲的"节"仿佛是一条锁链,紧紧地套在处于封建社会底层的妇女身上。

二程的"天理"是套自佛教的真如佛性,禅宗已有人称佛性为"理"。佛教的某些宗派说,人人皆有佛性,何以有人成佛,有人不能成佛?这有许多不同的解释。二程认为他们的"天理"论也碰到类似的问题。既然说"天理"是绝对的善,而且是人人心中皆有的,那么何以有人为善,又有人为恶?二程的回答是:

> "寂然不动,感而遂通"者,天理具备,元无欠少,不为尧存,不为桀亡,父子君臣,常理不易,何尝动来?因不动,故言寂,然虽不动,感便通,感非自外也。(同上卷第二上)

按"感"出自《易传·系辞上》:"《易》无思也,无为也,寂然不动,感而遂通天下之故。"就是说,《易》本身无思无为,人用《易》以占事,诚心诚意,感而通之,遂能明白天下之至理。这里已经把《易》神化了。二程将此引申开来,说只要人们诚心诚意,心存虔敬,笃信"天理",并且按照"天理"行事,这样"天理"即可响应人的要求,使人成为圣人。这种论证的方法也是脱胎于《易传·系辞上》:"夫《易》,圣人之所以极深而研几也。……唯神也,故不疾而速,不行而至。"

这样讲来,"天理"岂不是成了神吗?它和人的关系如何?二程借用"诚"这一范畴,加以改造,用它来沟通"天理"与人。他们说,天理即诚,又说只要人们心存诚敬就能感知天理。按"诚"原出于《礼记·中庸》。《中庸》云:"诚者,天之道;诚之者,人之道。"这里说"诚"即是"天道",向"诚"的方面努力,即是人之道。真正达到"诚"的境界,即可成为先知者,预见祸福之将至。因而说"至诚如神。"这样,"诚"又被解释成人的神秘主义精神状态。在二程看来,天理即是诚,诚即是天理;它把古今、上下等时间和空间全都沟通起来,而且是人心所同然、前圣和后圣相一致的。所以在二程的理学中,"天理"被渲染为超时间和空间的绝对。可见他们所说的客观存在,并不是客观的物质存在,而是以人制作出来的封建主义"权威"原理去否定物质的第一性。同时他们所要加以证明的东西,其实早已存在于前提之中。他们的推论方法并不是从物到思想,而是颠倒过来,用"天理"去支配客观世界。

在二程看来,天理是永恒的。他们说:"理则天下只是一个理,故推至四海而准,须是质诸天地考诸三王不易之理。故敬则只是敬此者也,仁是仁此者也,信是信此者也。又曰:'颠沛造次必于是。'又言'吾斯之未能信,'只是道得如此,更难为名状"(《遗书》卷第二上)。如此,"天理"就被渲染成具有绝对权威的主宰者。

第四节 "格物致知"论及其实质

《大学》是《礼记》中的一篇,它提出了明明德、亲民、止于至善的三纲领和格物、致知、诚意、正心、修身、齐家、治国、平天下的八条目;从个人修身到治国平天下有一套完整的理论和实行的方法。唐朝韩愈、李翱首先强调《大学》的重要性,把它看作与《孟子》《易经》同样重要的"经书"。二程步韩愈、李翱后尘,竭力尊崇《大学》在"经书"中的地位。二程说:"《大学》,孔氏之遗书,而初学入德之门也。于今可见古人为学次第者,独赖此篇之存,而《论》《孟》次之。学者必由是而学焉,则庶乎其不差矣。"他们把《大学》作为"入德"的启蒙读物。后来朱熹更进一步推尊它的地位。

二程重新编定了《大学》的章次。朱熹在《记〈大学〉后》一文中说,《大学》"简编散脱,传文颇失其次,子程子盖尝正之。"《河南程氏经说》卷第五,有程颢的《改正大学》,又有程颐的《改正大学》。两兄弟各改各的,彼此不同。后来朱熹又有《大学章句》,则既不同于程颢,又不同于程颐。

关于二程兄弟的《大学》改本,这里不议。他们都强调《大学》是"入德之门",认为"治身齐家以至平天下者,治之道也。建立纲纪,分正百职,顺天揆事,创制立度,以尽天下之务,治之法也。法者,道之用也"(《粹言》卷第一)。在他们看来,《大学》提出了治理天下的完整的理论和条目,借用这样的思想资料,是可以发挥出一套与他们的"天理"论完全相符的认识论的,这就是二程的所谓"格物致知"论。

众所皆知,《大学》中的第五章,解释格物致知之义,由朱熹依照自己的见解,补进一百三十四字。朱熹说:"间尝窃取程子之意以补之,曰:所谓致知在格物者,言欲致吾之知,在即物而穷其理也。……"其中所谓"窃取程子之意以补之",这并没有夸大,是符合实际的。关于理学"格物致知"论的基本思想,二程开始提出,后来朱熹又做了系统的总结和发挥。

如果仅从字面上解释"格物致知",认为是指研究物理而获得关于事物的知识,这显然和二程的原意不符。二程关于"格物致知"论有一完整的思想体系。

二程说:

> 学莫大于知本末终始。致知格物,所谓本也,始也;治天下国家,所谓末也,终也。治天下国家,必本诸身。其身不正而能治天下国家者,无之。格犹穷也,物犹理也,若曰穷其理云尔。穷理然后足以致知,不穷则不能致也。(《粹言》卷第一)

又说：

> 《大学》于诚意正心皆言"其道"，至于格物则不言，独曰"物格而后知至"，此盖可以意得，不可以言传也。自格物而充之，然后可以至于圣人；不知格物而欲意诚心正而后身修者，未有能中于理者也。（同上）

在二程看来，致知格物是起点、开端、基础，通过它才能达到治国平天下的目的。那么，何谓致知格物？值得注意的是，格物被解释为"穷理"，并且说"物格而后知至"只可以意得，不可以言传。如果说研究事物本身的道理，那是一目了然的，完全可以言传。可见二程"穷理"另外还有深意在。

朱熹《近思录》卷三《格物穷理》载程颐论"格物穷致事物之理"一段语录，表明了他们所谓"格物穷理"究竟是什么意思。"凡一物上有一理，须是穷致其理。穷其理亦多端，或读书讲明义理；或论古今人物，别其是非；或应接事物，而处其当，皆穷理也。"这三条穷理途径：读书明义理，论古今人物是非邪正，应接事物处其当否，只是考察人们的思想和行动是否符合封建道德规范的要求，只是对这几方面的体验认识，只是探讨了伦理问题。这些都与研究和探讨客观世界的科学真理并不一样。可见二程实际上是以封建主义道德规范代替了客观事物本身。当时就有人问二程：你们谈"格物"，"是外物，是性分中物"，它是真正的客观物质存在，还是人的主观内心产物？二程回答说：

> 不拘。凡眼前无非是物，物物皆有理。如火之所以热，水之所以寒，至于君臣父子间皆是理。又问：只穷一物，见此一物，还便见得诸理否？曰：须是遍求。虽颜子亦只能闻一知十，若到后来达理了，虽亿万亦可通。（《遗书》卷第十九）

又说：

> 致知在格物，非由外铄我也，我固有之也。因物有迁，迷而不知，则天理灭矣，故圣人欲格之。(同上卷第二十五)
>
> 物理须是要穷。若言天地之所以高深，鬼神之所以幽显。若只言天只是高，地只是深，只是已辞，更有甚？(同上卷第十五)

依据上引材料可以看出，二程回避对"物"下定义，划定范围，实际上他所讲的"物"已经不是真实的客观存在，举凡草木水火、父子君臣等等皆是理，意即它们都是天理的反映。所以"穷理"并不是穷一件事物、一件事物的理，而是要"闻一知十"，体会到"万理皆是一理。""格物"的目的并不在于认识客观事物的法则，而是要在人的内心里恢复"天理"。"穷理"并不是只言天之高，地之深，而是要体察出鬼神之所以幽显，天之所以高，地之所以深，乃是由"天理"显示出来的作用。总之，在二程的"格物致知"的体系里，"格物"即"穷理"，是要人们认识到事事物物都是天理权威。火之所以热，水之所以寒，是天理，也是天命；君臣父子间的封建等级关系之所以定，是天理，也是天命；人类禀性之所以有圣凡之分，是天理，也是天命。这就可以达到道不变、理不变、自然以及社会秩序都不变的结论。

二程反复强调说，人们认识事物，主要并不是要去了解一物有一物之理，而是要体察出万理皆出于一理。他们认为，"人要明理，若止一物上明之，亦未济事。须是集众理，然后脱然自有悟处。然于物上理会也得，不理会也得"(同上卷第十七)。因此，在他们看来，是否要研究真正的物，那倒是无关紧要的。即或是就一物一物上进行体察，那也只是把格物当作一种手段，通过它体察出万理皆出于一理。二程说：

> 格物穷理，非是要穷尽天下之物，但于一事上穷尽，其他可以类推。至如言孝，其所以为孝者如何，(穷理)如一事上穷不得，且别穷一事，或先其易者，或先其难者，各随人深浅，如千蹊

万径,皆可适国,但得一道入得便可。所以能穷者,只为万物皆是一理。至如一物一事,虽小,皆有是理。(同上卷第十五)

这种"类推"逻辑并不是依据已知事物去推知未知事物,而是从一件事上便推断出万物皆是一理,即万物皆是天理的反映。由此可以看出,二程的认识论与其本体论相一致,在本体论上他们认为万理出于一理,而在"格物致知"的认识论上便断言对本体之认识即是认识的极致。具体言之,人们的认识目的在于懂得"天理"的至高无上的权威,从而使自己的思想和行动适应于"天理"(封建主义)的要求。所以二程在回答人们如何才能"穷尽其理"时,便说出下面的道理来:

> 或问:学必穷理。物散万殊,何由而尽穷其理?子(二程)曰:诵诗书,考古今,察物情,揆人事,反复研究而思索之,求止于至善,盖非一端而已也。又问:泛然,其何以会而通之?子曰:求一物而通万殊,虽颜子不敢谓能也。夫亦积习既久,则脱然自有该贯。所以然者,万物一理故也。(《粹言》卷第一)

尽管"尽穷其理"的途径很多,或诵诗书,或考古今,或察物情,或揆人事,其目的只有一个,就是"求止于至善"。那么,从认识论方面看,"止于至善"的标准是什么?这里的回答是很明确的,即:积累日久,忽然醒悟到万理归于一理。具体言之,以天下之物所体现的天理,来印证吾心所固有的天理,内外相证,这就达到了认识的高峰。这就是后来朱熹所说由于格物穷理"用力之久",就能做到"一旦豁然贯通",于是"众物之表里精粗无不到,而吾心之全体大用无不明。"这些正是佛学"渐修""顿悟"的变相的说法,集众理的"格物"即渐修,脱然而觉悟的贯通即顿悟。

二程从认识论角度诠释了所谓"心",是认识的主体;这个主体,具有神秘不测的作用,它可以完全脱离开感性的闻见之知。二程说:"闻见之知,非德性之知。物交物则知之,非内也。今之所谓博物多能者,是也。

德性之知,不假闻见"(《遗书》卷第二十五)。这种"不假闻见"的"德性之知"就是"心"的特点。显然,二程是把心看成具有神秘不测的作用。故说:"心所感通者,只是理也。知天下事有即有,无即无,无古今前后。至如梦寐皆无形,只是有此理。若言涉于形声之类,则是气也。物生则气聚,死则散而归尽。有声则须是口,既触则须是身。其质既坏,又安得有此?乃知无此理,便不可信"(同上卷第二下)。这里谈得很清楚,人们的感官与客观世界相接而产生的感性认识,那只是"形声之类",是气在起作用,没有任何价值。至于"心"才能体验到"天理",所以它的神秘不测的作用,能超时间与空间。这样一种与感性认识完全割裂的"德性之知",并不是理性认识,不是头脑的思维作用,而是神秘主义的直观。实际上这是脱胎于禅宗南宗的心即理。神会的弟子大照(李慧光)的著作中有一节问答:"问曰:'云何是道?云何是理?云何是心?'答曰:'心是道,心是理,则是心外无理,理外无心。心能平等,名之为理;理能照明,名之为心'"(《大乘开心显性顿悟真宗论》)。这和二程所讲的心的神秘莫测的作用是相似的。

  在"北宗"和"南宗"的禅学中都谈到心的修炼,如北宗主张磨除妄念而"顺佛性",弘忍说:"既体知众生佛性本来清净,如云底日,但了然守真心,妄念云尽,慧日即现……譬如磨镜,尘尽自然见性"(《修心要论》)。这种磨炼的守真方式就是道学家所谓"主敬":"夫礼者敬也,拜者伏也,所谓恭敬真性,屈伏无明,名为礼拜。以恭敬故,不敢毁伤;以屈伏故,无令纵逸"(《观心论》)。

  这种修炼方法为二程所承袭。怎样才能使"心"体现"天理"?二程提出了"主敬"术。具体言之,就是"坐禅入定"。所谓"程门立雪"的故事就生动地说明了这一点:

> (谢良佐初访程颐)程子以客肃之,辞曰:"为求师而来,愿执弟子礼。"程子馆之门侧,上漏旁穿,天大风雪。宵无烛,昼无炭,市饭不得温。程子弗问谢处安焉。踰月,豁然有省,然后程子与之语。先生习举业,已知名,往扶沟见明道,受学甚笃。明道一

日谓之曰:"尔辈在此相从,只是学某言语,故其学心口不相应,盍若行之。"请问焉,曰:"且静坐。"(《宋元学案》卷二十四《上蔡学案》)

二程以静坐教谢良佐,实际这是佛学坐禅论的翻版。

由此程颐又承袭佛学的"主敬"论,宣扬"唯是心有主"的唯心主义认识论:

> 学者先务,固在心志。有谓欲屏去闻见知思,则是"绝圣弃智"。有欲屏去思虑,患其纷乱,则是须坐禅入定。如明鉴在此,万物毕照,是鉴之常,难为使之不照。人心不能不交感万物,亦难为使之不思虑。若欲免此,唯是心有主。如何为主?敬而已矣。……所谓敬者,主一之谓敬。所谓一者,无适之谓一。……但存此涵养,久之自然天理明。(《遗书》卷第十五)

这里所谓"主敬",其实就是坐禅入定的同义词,为使人心不去思念万物,而与"天理"合一。这是禅宗所谓"在本空寂体上生般若智"的唯心主义认识论的儒家版。这里所谓"主敬"其实是主体的自我意识与绝对的本体(天理)的合一。马克思指出,自我意识"从**人的属性**变成了**独立的主体**。这是一幅讽刺人脱离自然的形而上学的神学漫画"[①]。这对于二程的"格物致知"的认识论也是完全适用的。

---

① 《神圣家族》,《马克思恩格斯全集》第 2 卷第 175-176 页。

第五节 二程的人生哲学和人性论

一、"安于义命"的人生哲学

二程的人生哲学在《伊川易传》中有集中的论述,其中心思想是"安于义命"。"安于义命"的实质是服从天理,服从天命。它同政治哲学的顺理而行相一致,都是把人们的全部生活,包括政治生活和日常生活,置于天理的支配之下。安于义命的结果,使人们的生活笼罩在理学的气氛之中而不能振拔。这种哲学是消极的。

安于义命是作为"人之处患难"的一种生活态度而提出来的。程颐说:"居未济之极,非得济之位,无可济之理,则当乐天顺命而已。……至诚安于义命而自乐,则可无咎。……人之处患难,知其无可奈何,而故意不反者,岂安于义命者哉"(《伊川易传》卷四《未济》卦。以下简称《易传》)!又说:"在困难艰险之中,乐天安义,自得其说(悦)乐也。时虽困也,处不失义,则其道自亨,困而不失其所亨也。能如是者,其唯君子乎"(同上《困》卦《象》)?"君子当困穷之时,既尽其防虑之道而不得免,则命也。当推致其命以遂其志。知命之当然也,则穷塞祸患不以动其心,行吾义而已。苟不知命,则恐惧于险难,陨获于穷厄,所守亡矣,安能遂其为善之志乎"(同上《象》)?又说:"命谓正理,失正理为方命……方,不顺也"(同上卷一,《讼》卦)。在困难艰险之中,要安于义命。义,指所当做的事。命,指天命。知道是天命该当如此,就要"乐天顺命",听任命的摆布,干你当做的事。安义,行义,处不失义,意思都一样,总之是照着天理办。顺命,安命,知命,推致其命,意思都一样,总之是顺着天命办。而义和命又是一致的。因为命就是正理。失去正理,失义,就是不顺命,方命。

处在险难之中,要"固其守"。能固其守,就是知义命。程颐说:"凡处难者,必在乎守贞正。设使难不解,不失正德,是以吉也。若遇难而不能固其守,入于邪滥,虽使苟免,亦恶德也,知义命者不为也"(同上卷三《蹇》

卦)。可知所谓安义,其意包括固其守在内。守什么？守正德。不失正德,就是固守。"在昏暗艰难之时,而能不失其正,所以为明君子也。"古人有两个例子:"内不失其明圣,而外足以远祸患",是周文王;"藏晦其明而自守其正",是箕子(同上《明夷》卦《象》)。程颐以此劝勉。

程颐的上述思想,《易传》反复讲到。如说:"当否而能进者小人也,君子则伸道免祸而已"(卷一《否》卦),"君子固守其节以处下者,非乐于不进,独善也,以其道方否,不可进,故安之耳"(同上《象》),"大人当否,则以道自处。岂肯枉己屈道,承顺于上？唯自守其否而已。……身之否,乃其道之亨也"(同上)。又如说:"君子处险难而能自保者,刚中而已。刚则才足自卫,中则动不失宜"(卷二《习坎》卦)。又如说:"君子所以大过人者,以其能独立不惧,遁世无闷也。天下非之而不顾,独立不惧也。举世不见知而不悔,遁世无闷也"(同上《大过》卦《象》)。在险难之中,当君子之道否塞的时候,当天下非之的时候,当不被举世认识的时候,君子能够伸道免祸,固守其节,刚中自保,独立不惧,遁世无闷,来对付险难的处境。这样的精神,这样的操守,在封建社会是正德,是可贵的。它与小人邪滥不同。小人的邪滥乃是恶德。封建社会后期,出现了不少操守坚贞的人物,如文天祥、方孝孺、朱之瑜、刘宗周、方以智、傅山、王夫之等,他们万难不辞,困而益奋,发扬了中华民族的优良传统。在这方面应该肯定,使之与封建糟粕区别开来。

《伊川易传》论述了谦巽。所谓谦巽,就是谦卑、退让。程颐说:"有其德而不居,谓之谦。人以谦巽自处,何往而不亨乎？""君子志存乎谦巽,达理,故乐天而不竞;内充,故退让而不矜。安履乎谦,终身不易。自卑而人益尊之,自晦而德益光显,此所谓君子有终也。在小人则有欲必竞,有德必伐。虽使勉慕于谦,亦不能安行而固守,不能有终也"(同上《谦》卦)。释"谦谦君子"曰:"初六以柔顺处谦,又居一卦之下,为自处卑下之至,谦而又谦也,故曰谦谦。能如是者,君子也。自处至谦,众所共与也"(同上)。又说:"求安之道,唯顺与巽。若其义顺正,其处卑巽,何处而不安"(同上卷四《渐》卦《象》)？"巽顺之道,无往不能入,故利有攸往"(同上《巽》卦《象》)。程颐认为,谦巽是美德。这种美德,是达理,即义理通达;是内充,即道德学问,充积于内心;其表现是乐天退让,不竞不矜。具有这种美德的君子,可以得到众人的同情、赞助(众所共与)。他们"何往而不亨","何处而不安"。

谦巽,与自卑相似,本质是柔顺,缺乏铮铮的骨气。在社会生活中,要求"进以序,不越次",不"陵节犯义"(同上《渐》卦),谨小慎微,唯恐有失。《渐》卦的上九说:"君子之进,自下而上,由微而著,跬步造次,莫不有序","可用为仪法者,以其有序而不可乱也。"这样的"跬步造次,莫不有序"的君子,其实没有什么"可用为仪法"的。程颐也觉察到这一点了,所以说:"人之过于卑巽,非恐怯,则谄说(悦),皆非正也"(同上卷四《巽》卦)。卑巽太过,或者是卑怯,或者是谄媚,都不是正道。

《伊川易传》关于义命的论述,关于谦巽的论述,充满了谦柔自牧的教训,没有披荆斩棘,奋发前进的勇气。这在《困》卦爻辞"六三,困于石,据于蒺藜,入于其宫,不见其妻,凶"的训释中有充分证明。按《困》卦☳,坎下兑上。三是阴爻,为六三。四五是阳爻,居九二刚中之上。程颐说:

> 六三以阴柔不中正之质,处险极而用刚。居阳,用刚也,不善处困之甚者也。石,坚重难胜之物。蒺藜,刺不可据之物。三以刚险而上进,则二阳在上,力不能胜,坚不可犯,益自困耳,困于石也。以不善之德,居九二刚中之上,其不安犹藉刺,据于蒺藜也。进退既皆益困,欲安其所,益不能矣。宫,其居所安也。妻,所安之主也。知进退之不可,而欲安其居,则失其所安矣。进退与处皆不可,唯死而已,其凶可知。《系辞》曰:"非所困而困焉,名必辱;非所据而据焉,身必危。既辱且危,死期将至,妻其可得见耶?"二阳不可犯也,而犯之以取困,是非所困而困也。名辱,其事恶也。三在二上,固为据之,然苟能谦柔以下之,则无害矣;乃用刚险以乘之,则不安而取困,如据蒺藜也。如是,死其(期)将至,所安之主可得而见乎?(同上《困》卦)

这段话,是用爻象与爻位之数来训释《困》卦六三爻辞的。整个的精神是,在艰难的环境之中,遇到严重的危困,只有谦柔下人。如果刚险而上进,就会遇到更大的危困。如果用刚险而乘九二刚阳之上,则其不安取困,如据蒺藜。进退皆不可,而欲安于其所(入于其宫),也不可能。所以进退与处皆不可,"唯死而已"。妻,何可得见? 那么,出路何在? 曰:"苟能谦柔以下之,则无害"。说来说去,只有谦柔下人,才是处艰难环境的出路,刚强奋发,则"唯死而已"。这种思想,应该是程颐编管涪州遭受危难时精神状态的反映。进一步滑下去,就会走到"见几而作","从宜适变"的随风转道路。

《伊川易传》论述"从宜适变","知几能权"。从宜适变,知几能权,就是权变。程颐说:

> 夫子因二之见几,而极言知几之道,曰:"知几其神乎!……"夫见事之几微者,其神妙矣乎!……所谓几者,始动之微也,吉凶之端可先见而未著者也。……君子明哲,见事之几微。……君子见微则知彰矣,见柔则知刚矣。知几如是,众所仰也。
> (同上卷二《豫》卦)

这里只是说明,几微与显著之间的关系。几微是显著的开端,看到几微就能推知显著,看到开端就能推知结局。这还不失为对预见的合理解释。但是在讲《随》卦的时候,就成为"从宜适变","知几能权"了。程颐说:"君子之道,随时而动,从宜适变,不可为典要。非造道之深,知几能权者,不能与于此也"(同上《随》卦《彖》)。"君子观象,以随时而动。随时之宜,万事皆然"(同上《象》)。这里所谓"不可为典要",指不要有原则。只要从宜适变,知几能权,就可以放弃原则。而且把"随时而动,随时之宜"作为处理一切事情的普遍道理。他训释《恒》卦说:"夫所谓恒,谓可恒久之道,非守一隅而不知变也。……一定则不能常矣"(同上卷三)。不能"守一隅而不知变",不能"一定",这才是可恒之道。他训释《艮》卦说:"止道贵乎得宜",如果"行止不能以时,而定于一",坚强地定于一,"则处世乖戾,与物睽绝,其危甚矣。"他反对"固止一隅",说:"固止一隅,而举世莫与宜者,则艰蹇忿畏,焚挠其中,岂有安裕之理"(同上卷四)?不要定于一,不要固守一隅,不要有原则,要随时之宜,要知几能权,要见几而作。这些,就是程颐的随风转的知几论。后代的随风转人物,应该说是理学家程颐的知几论的忠实信徒。

《伊川易传》论述了进德修业。程颐说:"圣人在下,虽已显而未得位,则进德修业而已"(同上卷一《乾》卦《文言》)。这里所说圣人,《文言》称君子,实指一般所说的士君子。进德修业,贵在积累。程颐说:"君子观《升》之象,以顺修其德,积累微小,以至高大也。……学业之充实,道德之崇高,皆由积累而至"(同上卷三《升》卦《象》)。又说:"学术道德,充积于内,乃所畜之大也","人之蕴畜,宜得正道";"若夫异端偏学,所畜至多,而不正者,固有矣"(同上卷二《大畜》卦)。正道,意味着理学正宗;异端,当指释、老,主要指释;偏学,可能指王安石新学。在学术途径上,程颐辨正道与异端,是孟子拒杨、墨传统的继承。在理学发展的初期,提出这个问题,是值得注意的,表明学术上的分歧与斗争,从理学史的初期就被重视。尔后七百年,这种分歧与斗争一直在继续。

学术道德,如何蕴畜?程颐说:"人之蕴畜,由学而大。在多闻前古圣贤之言与行,考迹以观其用,察言以求其心,识而得之,以畜成其德"(同上《象》)。"多闻前古圣贤之言与行",方法就在读书。从而考迹,察言,体会圣贤的践履(用)与思想(心),这就是理学家的进德修业,就是理学家的修养。程朱理学的修养方法,这里只是作了初步的阐述,以后朱熹有更多发挥。

《伊川易传》训释《蒙》卦《象》辞"蒙以养正,圣功也"说:"未发之谓蒙,以纯一未发之蒙而养其正,乃作圣之功也。发而后禁,则扞格而难胜。养正于蒙,学之至善也"(同上卷一)。教育史上的所谓"发蒙","训蒙","蒙养","蒙学","启蒙教育","蒙学教材"等等,源于程颐的这段训释。对幼童的教育,要养其正道,勿使染上邪僻,这样,才是"作圣之功"。染上了邪僻,再纠正,就费劲了,就扞格而难于做到了。因此"养正于蒙"(在童蒙的时候就养其正道)是教育的最好方法。这段议论,是有价值的,对后世的教育思想发生重大影响。这点应该肯定。

《伊川易传》论述修养要取得实际成果,要能够济物、致用。程颐说:"君子之道,贵乎有成。所以五谷不熟,不如荑稗。掘井九仞,而不及泉,犹为弃井。有济物之用,而未及物,犹无有也"(同上卷四《井》卦)。庄稼光长得好而不结实,还不如稗子。井虽然掘得深,但是没有掘到泉脉,还是一口无用的井。即使有了成果,但是没有用以及物,那还是空的。程颐的这段议论有积极意义,对后世也有较大影响。问题在所修养的内容,所发挥的作用,对人民到底是有益还是有害。如果确如程颐所说:是一口甘洁的井,那当然是好的。"井泉以寒为美。甘洁之寒泉,可为人食也。于井道为至善也"(同上)。朱熹当年聚徒讲学,名其精舍曰"寒泉精舍",义当取此。

道德与才艺,孰轻孰重?程颐的见解显然是师承周惇颐的,以道德经纶为大,以文章才艺为小。他说:"君子所蕴畜者,大则道德经纶之业,小则文章才艺。君子观《小畜》之象,以懿美其文德。文德方之道义为小也"(同上卷一《小畜》卦《象》)。周惇颐、程颐的这种理学观点,对后世产生了很大的影响。社会上一直存在的重德业而轻文艺的思想,来源主要在这里。溯其远源自然出于孔夫子的"吾不试,故艺"(《论语·子罕》)。

上述《伊川易传》进德修业理论,比较系统,在封建社会后期影响较大。这种理论,是程颐的理学思想的一部分。评价这种理论,应该同理学对社会的整个影响联系起来,否则就不确切了。

二、二程的人性论

二程祖述孟子的性善论。问题是:人性既是"至善"的,则封建社会里统治阶级所指称的世间的种种"罪恶",又是怎样发生的呢?人世间何以有所谓"善人"和"恶人"的区别呢?为了解释这些古代命题,张载和程颐提出了关于"气质之性"的理论。

张载在所著《正蒙》里关于"气质之性"是这样说的:"形而后有气质之性。善反之,则天地之性存焉。"他以气质之性与天地之性相对待。这样,人的为善为恶全都取决于是否能发扬气质之性中的善,而克服其中的恶。程颐同意张载的这个观点,他说:"论性不论气,不备;论气不论性,不明。二之则不是。"意思是:在谈到人性问题时,天地之性与气质之性都要提到,而且二者不可分。何以如此?程颐发挥出这样一番道理来:

> 问:人性本明,因何有蔽?曰:此须索理会也。孟子言人性善,是也。虽荀、杨亦不知性。孟子所以独出诸儒者,以能明性也。性无不善,而有不善者,才也。性即是理,理则自尧舜至于涂人,一也。才禀于气,气有清浊。禀其清者为贤,禀其浊者为愚。又问:愚可变否?曰:可。孔子谓"上智与下愚不移",然亦有可移之理。惟自暴自弃者,则不移也。曰:下愚所以自暴自弃者,才乎?曰:固是也。然却道佗不可移不得。性只一般,岂不可移?却被他自暴自弃,不肯去学,故移不得。使肯学时,亦有可移之理。(《遗书》卷第十八)

这段话的文意是清楚的。二程的人性论实际是先验的唯心论。他通过人性是先天的善,去说明封建道德观念和区分贫富贵贱的名分等级也是先天决定的。又进而说明"气质之性"也叫作"才",它由气禀所决定,禀清气则为善,禀浊气便为恶。这样说来,仍然认为人性之善恶是被先天所决定,不过换了一个说法罢了。程颐即依据这种逻辑去说明人的富贵贫贱都是由气先天地决定的。同时程颐又说人性"亦有可移之理",可以由恶变为善,即以封建主义道德和礼教作为规范,使人的思想行动符合于统治阶级的要求。若不如此便是自暴自弃,性便不可移的了。程颐的上述三层推论,其主旨均在于从人性论方面为封建主义道德伦理和名分礼教寻找先天的依据。

人性论是二程理学思想体系中重要的一环,它与天理论和格物致知论相统一。在本体论上,二程认为"万理归于一理";认识论上,主张通过"格物致知"与天理合一。在人性论上,则认为应以性制气,或套用孟子的"养心"或"养气"。所以二程说:"气有善不善,性则无不善也。人之所以不知善者,气昏而塞之耳。孟子所以养气者,养之至则清明纯全,而昏塞之患去矣。或曰养心,或曰养气,何也?曰:养心则勿害而已,养气则在有所帅也"(同上卷第二十一下)。可见二程要人们通过"养心"和"养气",使人性中恶的成分(由浊气所构成)为本然的善所克服,这也就是所谓"穷理则尽性,尽性则知天"。然而这种推论必须有一个前提,就是:天理即人性、即天命。根据这种需要,程颐便又编造出这样的逻辑:

> 穷理尽性至命,只是一事。才穷理,便尽性;才尽性,便至命。(同上卷第十八)
> 理也,性也,命也,三者未尝有异。穷理则尽性,尽性则知天命矣。天命犹天道也,以其用而言之则谓之命,命者造化之谓也。(同上卷第二十一下)

又说:

> 在天为命,在义为理,在人为性,主于身为心,其实一也。(同上卷第十八)

由此可以看出,二程在这里承袭了孟子的"尽性知天"的公式,主旨在于说明人们应当克服由气禀而形成的恶(凡是不合乎封建统治要求的均被认为是恶),而使本然至善的性得以复明,从而使其思想与行动皆能与"天理"(封建等级名分和礼教)相合,不至越雷池半步。这就是理学的社会目的和社会效果。任何一种哲学都有其社会效果,不管它用怎样抽象的概念和范畴来进行推论的。二程的公式:天理、人性、天命三者未尝有异,这从人们的社会实践方面是证明不了的,纯然是一种唯心主义的独断论。只有这样,在二程的理学思想体系里,天理论、格物致知论和人性论才能相通,并构成一个整体。

二程的人性论还有一个要点,就是说明气质之性与人的物欲有关。程颐说:

> 人心私欲故危殆,道心天理故精微,灭私欲,则天理明矣。

(同上卷第二十四)

他认为灭私欲、存天理是人与禽兽的区别,所以又说:

> 问:孟子曰"人之所以异于禽兽者几希。庶民去之,君子存之"。且人与禽兽甚悬绝矣。孟子言此者,莫是只在"去之""存之"上有不同处?曰:固是。人只有个天理,却不能存得,更做甚人也?……然人只要存一个天理。(同上卷第十八)

后来朱熹又依据二程的观点提出"存天理,遏人欲"。总之,二程提出"去人欲,存天理",是针对人民求生存而发,它并不是要求统治者去遏什么人欲。这种说教对后世有严重危害。劳动人民背着"天理不胜人欲"的黑名就死,屠伯们却抹去脸上的血污,逍遥复逍遥。"以理杀人,其谁怜之!"戴震的名言揭露了二程"存天理,去人欲"的本质。

应当指出,二程关于存天理、去人欲的说教是受了华严宗关于"净染"的影响。"净染"问题与佛性联系着。关于佛性的比较完整的表述,应该引宗密的《原人论》。《原人论·直显真源第三》说:

> 一切有情,皆有本觉真心,无始以来,常住清净,昭昭不昧,了了常知,亦名佛性,亦名如来藏。从无始际,妄相(想)翳之,不自觉知,但认凡质故。耽着结业,受生死苦,大觉愍之,说一切皆空,又开示灵觉真心清净,全同诸佛。故《华严经》云:佛子,无一

众生,而不具有如来智慧,但以妄想执着,而不证得。若离妄想,一切智、自然智、无碍智,即得现前。(《大正藏》卷四十五《诸宗部二(三)》)

这个昭昭不昧、了了常知的本觉真心,常住清净,就是佛性。佛性是常住清净的,但是妄想翳之(蒙蔽着它),它就不自觉知,只看到了"凡质"。只要离去了妄想,佛性就显露出来。这里已论及了净染问题,佛性常住清净,是"净",而蒙蔽佛性的妄想,也就是一种"染"。

法藏在《华严一乘教义分齐章》卷四,通过以明镜为喻,反复论述净染问题。法藏说:

虽复随缘成于染净,而恒不失自性清净。祇由不失自性清净,故能随缘成染净也。犹如明镜现于染净,虽现染净,而恒不失镜之明净。祇由不失镜明净故,方能现染净之相。以现染净,知镜明净。以镜明净,知现染净。是故二义,唯是一性。虽现净法,不增镜明。虽现染法,不污镜净。非直不污,亦乃由此反显镜之明净。当知真如,道理亦尔。非直不动性净,成于染净,亦乃由成染净,方显性净。非直不坏染净,明于性净,亦乃由性净故,方成染净。是故二义全体相收,一性无二,岂相速耶?

这段烦琐的论述说明明净是镜的本质,不因染污而失去其明净。反之,正由于镜子的明净,才显出染污之为染污。正由于染污之为染污,才显出镜子本质之为明净。

另外,华严宗关于情、欲、爱等的禁断,也有许多说教,如:

众生爱染,漂泊无依,佛德无碍,应为其主。随修绝染,名净功德。(《华严经疏》卷六)

爱欲漂流,深广如海。智日赫照,则妄竭真明。(同上卷七)

> 众生暗于多欲,故沉沦长夜。以法开晓,喜足为先。喜足智俱,是功德力,能令离苦得安乐故。(同上)

这些禁欲主义的说教,均在于要人民俯首帖耳地忍受苦难而无所反抗,它们与二程的存天理、去人欲的说教完全一致。二程还说:

> 孟子言养心莫善于寡欲,欲寡则心自诚。荀子言养心莫善于诚,既诚矣,又何养?此已不识诚,又不知何以养。(《遗书》卷第二上)
>
> "人心惟危",人欲也。"道心惟微",天理也。"惟精惟一",所以至之。"允执厥中",所以行之。(同上卷第十一)

由此可见,二程的"存天理,去人欲"说是佛学与中国儒家思想的结合,它成为人民的精神镣铐。在这种说教的统治下,人民只能忍受而不能反抗,如果进行求生存的斗争则便被认为是"人欲横流",而加以遏制。而统治阶级的镇压和骄奢淫侈的生活则被认为是符合所谓"天理"的要求。从这里便充分显示出理学的社会作用。

第六节 二程的后学及其思想

二程的后学以谢良佐和杨时最为有名。黄宗羲是在《宋元学案》中说,二程之学由谢良佐和杨时继承和发扬,至朱熹而集大成。这一论断符合理学史发展的实际情况。以下我们将分别叙述杨时和谢良佐的思想,并说明他们在理学史上的地位。

杨时(公元1053—1135年)字中立,号龟山,南剑将乐人。他二十九岁时见程颢于颖昌,据《龟山先生年谱》记载,"时明道之门,皆西北士,最后先生(杨时)与建安游定夫酢,往从学焉,于言无所不说,明道甚喜。每言杨君最会得容易,独以大宾敬先生。后辞归,明道送之出门,谓坐客曰:

'吾道南矣。'时谢显道亦在门,为人诚实,但聪悟不及先生。故明道尝言杨君聪明。元符间,伊川先生归自毗陵,见学人多从佛学,独先生与谢(良佐)不变,因叹曰:'学者多流于夷狄,惟有杨、谢二君长进。'"二程洛学影响江南士人,传至江西、福建,实得力于杨时和游定夫;而杨时又创立闽学。这就是程颢所说"吾道南矣。"另,杨时著作并不多提佛学,他更加注意六经之学的研究。他说:"今人自是不留意六经,故就史求道理,是以学愈博而道愈远"(《龟山集》卷之二《语录》)。他重视《周易》,宣传《伊川易传》不遗余力,同时更加推崇《中庸》。他认为,"《中庸》之书,盖圣学之渊源,入德之大方也"(同上卷之四《中庸义序》)。他更多地借用《中庸》的思想资料,将佛学的某些推论方法融汇于《中庸》,用以发挥二程的基本思想。因此《年谱》说他与佛学绝缘,是与史实不符的。至于谢良佐的思想,那是明显的援禅入儒,更加谈不上与佛学无关了。

杨时著《中庸义》,其《序》说:

> 予昔在元丰中,尝受学明道先生之门,得其绪言一、二,未及卒业而先生没。继又从伊川先生。未几先生复以罪流窜涪陵,其立言垂训为世大禁,学者胶口无敢复道。……追述先生之遗训,著为此书,以其所闻,推其所未闻者,虽未足尽传先生之奥,亦妄意其庶几焉。(《龟山集》卷之四)

可见杨时很重视《中庸义》,认为它是阐述老师二程思想的代表作。他著此书,日积月累,是下了一番苦功的,而且还有一段秘而不宣的故事。据杨时自己说,"熙宁以来,士于经盖无所不究,独于《中庸》阙而不讲。余以为圣学所传,具在此书,学者宜尽心焉,故为之训传。藏于家,初不以示人也"(《龟山先生年谱》)。值得注意的是,这段话所说学者"独于《中庸》阙而不讲"并不是泛泛之论,而是有所指,即指王安石的新学。而杨时的《中庸义》"初不以示人",也有一段苦衷,他觉得与新学相抗衡的时机还不到。什么时候把《中庸义》拿出来,要看时机是否有利。

我们在本书已经不止一次地指出,二程的洛学是新学的对立物,而由杨时开其端的闽学同样反对新学。不揭示这一点就不可能了解洛学的产生及其发展。杨时称新学为"功利之学","败坏心术"。钦宗靖康元年(公元1126年),杨时任著作郎,兼任国子祭酒,俨然是学术界的泰斗。这时他极言"王安石学术不宜配享",还说蔡京用事二十年,祸国殃民,主要是受了王安石的影响:"今日之祸,实安石有以启之"。显然这是污蔑不实之词。杨时还愤愤然地对皇帝说,王安石"其著为邪说,以涂学者耳目,而败坏其心术者,不可缕数,伏望追夺王爵,明诏中外毁去配享之像,使邪说淫词不为学者之惑"(《龟山先生年谱》)。杨时说这些话的时候,王安石变法已经过去了数十年,仍然带着他的老师程颢攻击王学的口吻,要把王安石像赶出孔子庙,这不是偶然的,因为即使到了钦宗初年,新学的影响仍然不小。杨时说:"理财、做人两事,其说非不善。然世儒所谓理财者,务为聚敛。而所谓做人者,起其奔竞好进之心而已"(《宋元学案·龟山学案·语录》)。这也是针对新学而说的。王安石当年的理财被杨时说成是启"聚敛"之端,而"做人"又是什么"奔竞好进之心"。总之,所有的恶果都是来源于王安石的新学。这不能不说是杨时的偏见,然而笃信洛学的君子们大都持这种与新学势不两立的观点。应该指出的是,杨时借用《中庸》的思想资料,阐述洛学的基本思想,显然带有反对王安石新学的性质。

王学反对禁欲主义,反对"废情",主张"欲当为理"。与新学不同,杨时主张"存天理,去胜心。"他说:"《中庸》曰:'喜怒哀乐之未发谓之中,发而皆中节谓之和'。学者当于喜怒哀乐未发之际,以心体之,则'中'之义自见。执而勿失,无人欲之私焉,发必中节矣……"(《龟山文集》卷之四)。此处认为喜怒哀乐未发之际,使人欲勿羼杂其间,就叫作"中节",这显然不是《中庸》的原意,而是理学化了的《中庸》。在杨时看来,能做到这一点就是遵循了"天理"。由此即可达到"人各有胜心,胜心去尽,而惟天理之循,则机巧变诈不作……"(《宋元学案·龟山学案·语录》)。杨时还强调说,人们皆依天理而行,上下大小就能各安其位,体现"天下只是一理";反之,如果人们各用智谋,人人出其私意,那就违背了天理,从而走向歧途。在他看来,重要的是要依据《中庸》的原则,去尽所谓"胜心"(即人欲)。

杨时又借用《中庸》的"诚",去阐述二程的"格物致知"论。我们在前节已指出,二程并不要求人们研究客观事物的规律,只是以"格物"为阶梯,去悟得"万物皆是一理",万物都是天理的体现。杨时详细阐述了二程的这个观点。他说:

> 致知必先于格物,物格而后知至,知至斯知止矣,此其序也。盖格物所以致知,格物而至于物格,则知之者至矣。所谓止者,乃其至处也。自修身推而至于平天下,莫不有道焉,而皆以诚意为主。苟无诚意,虽有其道,不能行。《中庸》论天下国家有九经,而卒曰所以行之者一。一者何?诚而已。盖天下国家之大,未有不诚而能动者也,然而非格物致知,乌足以知其道哉?(同上)

这里,杨时将"格物致知"作为一种方法,由"诚"加以统率。因为当时有人提出,按照二程的"格物致知"论,如何才能悟得"万物皆是一理"。杨时的上述引语就是针对这个问题而发的。同时参考他在其他地方的论述,无非是这样的主旨:对于认识事物的主体个人来说,必须笃信"万物皆是一理"。这是认识的出发点,也是进行推论的前提。这一笃信即是"诚"。由此出发,"格物致知"作为一种方法,只不过是提供资料帮助人们去悟得万物确实是"一理"的体现而已。所以杨时又说:"学始于致知,终于知至而止焉。致知在格物,物固不可穷胜也,反身而诚,则举天下之物在我矣"(同上)。这里的出发点和归结点都是"我"(也叫作"诚")。由此可以看出,经过杨时借用《中庸》的"诚"对"格物致知"论的解释,理学的唯心主义本质暴露无遗。

杨时对二程的"理一分殊"说也有发挥。据《年谱》载,哲宗绍圣三年(公元1096年),杨时给程颐书,探讨张载《西铭》的主旨,"伊川答以理一分殊之说。"杨时又给程颐作书,说:"……孔子曰:'老者安之,少者怀之',则无事乎推矣。无事乎推者,理一故也。理一分殊,故圣人称物而平施之,兹所以为仁之至、义之尽也……"(《龟山先生年谱》)。这里,杨时将"理一分殊"说具体运用于儒家的道德观念和人生哲学。所谓"无事乎推者,理一故也",指儒家的道德准则是绝对的,故谓之"理一";人们依据这样的道德准则以对待事物和人生,就叫作"分殊"。这样经过杨时解释的"理一分殊"说就从人生哲学方面论述了儒家道德准则的神圣性,人们按照这种道德观立言行事,就可以与天理合一了。

杨时在另外的地方又说:"夫精义入神,乃所以致用。利用安身,乃所以崇德,此合内外之道也。天下之物,理一而分殊;知其理一,所以为仁;知其分殊,所以为义;权其分之,轻重无铢分之差,则精矣。"这同样是将"理一分殊"说具体运用于道德伦理和人生。最高的道德观念即所谓"仁",由它派生的其他道德观念即是"义"。所以依据"理一分殊"说,人们恪守封建道德(礼教),实际上就是遵循"天理"。这样说来,"天理"虽然不是有意志的人格神,但它是超越一切的最高的善,人们必须向它膜拜顶礼。由此可以看出,理学是通过对于封建道德的神化而有神学的倾向,虽则它和粗俗的有神论在表现形式上不同。

杨时除推崇《中庸》,还重视《论语》《孟子》和《大学》。由二程首倡,杨时继而发挥,最后由朱熹集大成,编著《四书集注》,才完成了理学的"四书"。关于《孟子》,杨时强调说,它"只是要正人心,教人存心善性,收其放心"(《龟山集》卷之二),从内心上真正地恪守"天理"的训条。至于《大学》,杨时则强调"《大学》之修身、齐家、治国、平天下,其本只是正心诚意而已……"(同上),同样是要人们通过"正心诚意",使一言一行都能符合"天理"的要求。所以他又说:"率性,循天理也。"由此可见,杨时把《四书》的主旨完全纳入"天理"的框架之中。我们可以这样说,当理学发展至二程,其体系日见严密,以"天理"论贯穿于一切方面。从师承关系看,二程传于杨时,杨时传于罗从彦,罗传于李侗,李侗传于朱熹。可见,杨时是从二程发展至朱熹的一个重要的中间环节。与杨时同时的胡安国、陈瓘、邹浩、游复等,有的阐发了二程思想的这一面,或那一面,都不甚完整。

还要提到,杨时做过余杭、萧山知县,"晓习律令",懂得法律,也知晓经济,对于民情也不陌生。在当时最敏锐的社会问题,即抗金问题上,他坚决反对和议,主张抗战。公元1126年钦宗嗣立,杨时奏对,声言"城下之盟,辱亦甚矣"。童贯为三路总帅,兵败丧师,朝廷不闻不问,不加罪责,这将何以激励士气?由宦官执管兵权二十余年,致使国难日深。杨时力主"当立统帅,一号令,示纪律,而后士卒始用命。"并"极言和议之非,请命将出师。"当时主和派主张赂金人以三镇之地,杨时极言不可,"惟河朔为朝廷重地,三镇又为河朔之要藩也……一旦弃之北廷,使敌骑疾驱,贯吾腹心,不数日可至京城"(《宋史》本传)。南宋高宗建炎元年(公元1127年),杨时已是七十五岁的老人,他又给皇帝上书,力陈不可向金人妥协求和。

二程弟子除杨时外,最著名者为谢良佐。良佐(公元1050—1103年)字显道,寿春上蔡人。黄宗羲在《宋元学案》中立《上蔡学案》,评论说:"程门高弟子,窃以上蔡为第一";又说:"上蔡在程门中英果明决,其论仁以'觉',以'生意';论诚以'实理',论敬以'常惺惺',论穷理以求是,皆其所独得,以发明师说者也。"这个评论颇深刻。朱熹早就指出,"上蔡说仁说觉,分明是禅";又说:"如今人说道,爱从高妙处说,便入禅去,自上蔡以来已然。"这个论述也符合谢良佐的思想实际。黄震说,谢良佐"以禅证儒",这实际是发挥了朱熹的见解。

谢良佐作《论语解》,在《序》中有这样一段话:

……余昔者供洒扫于河南夫子(按:指二程)之门,仅得毫厘于句读文义之间,而益信此书(按:指《论语》)之难读也。盖不学操缦,不能安弦;不学博依,不能安诗;不学杂服,不能安礼。唯近似者易入也。彼其道高深溥博,不可涯涘如此,傥以浅智窥之,岂不大有径庭乎?……能反其心者,可以读是书矣。

这里禅学的印迹是非常清楚的。禅学主张"识心见性,自成佛道",即扫除妄念,恢复本真的佛性,即可成佛。为此又规定了一套关于静坐的修炼方法。南宗主张"自度",即"见自性清净,自修自作法身,自行佛行,自行佛道。"而谢良佐实际是以禅学解《论语》。他强调首先要使"本真"的心恢复本来的面目,才能了解《论语》的内容。

什么是谢良佐所说的"本真"的心?他的回答是:扫除"人欲",使"天理"复明,这就恢复了"本真"的心。在他看来,"天理"是"自然底道理",本来就是这样的,不是人为的,是先天早就确定了的。谢良佐又说:

>……所谓"格物穷理",须是认得"天理"始得。所谓天理者,自然底道理,无毫发杜撰。今人乍见孺子将入于井,皆有怵惕恻隐之心。方乍见时,其心怵惕,即所谓天理也。要誉于乡党朋友,内交于孺子父母兄弟,恶其声而然,即人欲耳。天理与人欲相对,有一分人欲,即灭却一分天理。有一分天理,即胜得一分人欲。人欲才肆,天理灭矣。(《宋元学案》卷二十四《上蔡学案·语录》)

这里所谓天理是"自然底道理",脱胎于禅学的"任性合道,逍遥绝恼"。既然天理为人人所有,而且它是自然而然的;要使它恢复,只有把心中的人欲扫除干净,才能做到。"以禅证儒"作为理学的一个特色,是非常明显的。

谢良佐在"格物穷理"论上继承了二程的思想,开朱熹"穷理"说的先河。他说:

>学者且须是穷理。物物皆有理,穷理则能知人之所为,知天之所为。知天之所为,则与天为一。与天为一,无往而非理也。穷理则是寻个是处。有我不能穷理,人谁识真我。何者为我?理便是我。穷理之至,自然不勉而中,不思而得,从容中道。曰:理必物物而穷之乎?曰:必穷其大者,理一而已。一处理穷,触处皆通。(同上)

在谢良佐看来,理是客观的,又是主观的。"天,理也"——这是从客观方面说的。另外,"理便是我"——天理是人心中自然底道理,这是从主观方面说的。既然这样,"格物穷理"并不是要人们一件一件地去探求物理,而是要"穷其大者",抓住最重要的道理。这个道理在谢良佐看来就是:识"真我"。"真我"是扫除了"人欲",使内心"天理"复明,而且是真正地认识到"万物皆是一理",万物都是天理的体现;这时我与天理合一,也就和天合一了。后来朱熹所谓"一旦豁然贯通,众物之表里精粗无不到,而吾心之全体大用无不明"就是来源于此。又开陆九渊所谓"人皆有是心,心皆具是理。心即理也"的先河。

关于谢良佐的讲友如游酢、邹浩等均无多大建树。至于上蔡门人朱震,其思想及其在理学史上的地位当另章叙述。

第五章 邵雍的象数学思想体系

第一节 邵雍的生平及《皇极经世书》中的宇宙图式

邵雍(公元1011—1077年)字尧夫,谥康节,先世河北范阳人。曾祖邵令以军职随从宋太祖部下。后移家衡漳(今河北省南部)。邵雍少时随父邵古(字天叟)迁徙共城(今河南辉县),后移居洛阳。父死葬伊川,称为伊川丈人。邵雍晚年定居洛阳。

邵雍生活于宋仁宗、英宗以及神宗初年。那时北宋王朝统一近百年,生产发展,北方民族矛盾尚未尖锐化,也可说是相对稳定时期。作为一个以隐居不仕著称的理学家,其一生著作流传的有《皇极经世书》和诗集《伊川击壤集》,近百万言。明徐必达编的《邵子全书》中尚有《渔樵问对》(文字与《皇极经世书》有重复处)、《无名公传》(自传)及《洛阳怀古赋》等。

邵雍青年时期刻苦自学,后来在洛阳城中过着隐逸生活。《宋史·道学传》称:"嘉祐诏求遗逸。留守王拱辰以雍应诏,授将作监主簿。复举进士,补颍州团练推官,皆固辞乃受命,竟称疾不之官。"这里指出,他虽然不居官职,其生活仍然是依附于大官僚的。司马光以下二十余人集钱买官地园宅一座给邵雍居住。这园宅是用五代的节度使安审琦宅的故基,当时洛阳留守王拱辰以郭崇韬废宅的余材为邵雍建成,宅近天津桥畔。

这园宅后即成为因邵雍而著名,世称"长生洞"或"安乐窝"。《伊川

第五章 邵雍的象数学思想体系

击壤集》卷二十一,邵雍专有一诗记此事,题为《天津敝居蒙诸公共为成买,作诗以谢》,诗中云:

> 重谢诸公为买园,买园城里占林泉……洞号长生宜有主,窝名安乐岂无权。

当时司马光为首的旧党官僚退居洛阳。邵雍与其中的富弼、吕公著、祖无择(字择之)等都有频繁的诗酒唱和。此外,他和王安石之弟王安国也有往还。

邵雍的主要代表作《皇极经世书》体系庞大,包括宇宙起源论、自然观、历史观以及社会政治理论等。

"皇极经世"四字的涵义,邵伯温认为是:"至大之谓皇,至中之谓极,至正之谓经,至变之谓世。"①关于《皇极经世书》的主要内容,邵伯温又说:"穷日、月、星、辰、飞、走、动、植之数以尽天地万物之理,述皇、帝、王、霸之事以明大中至正之道。阴阳之消长,古今之治乱,较然可见矣。故书谓之《皇极经世》,篇谓之《观物》焉"(引自明徐必达编《邵子全书》卷一)。从这里可以看到理学的端倪,即力求制造一个囊括宇宙、自然、社会、人生的完整体系,还企图找到贯穿于整个体系的最高法则,并声言只要人们掌握了这个体系及其法则,就可以上知宇宙,下应人事而不疲。正如清代王植在所著《皇极经世全书解》卷首《臆言》中所说:

> 皇极经世,邵子以名其书也。观物,以名篇也。著书何意?书之名即书之意也。
>
> 言治道则上推三皇,所谓"惟皇作极",故曰皇极也。经纬组织之谓经。曰元、曰会、曰运,皆世之积,故以元经会,以会经运,

---

① 邵伯温《皇极经世系述》,见蔡元定《皇极经世指要》附录;又见王植《皇极经世全书解》卷六。

皆以经世也。以皇极经世，而曰观物，非以皇作极，则非所以经世也，非以皇极经世，非所以为观物也。非旷观万物，则非所以为皇极之经世也。邵子之言，往往自解之矣。

以上邵、王二说，邵认为"皇"是"大"，"极"是"中"。王认为"皇"是"三皇"，"极"是"极至"，二者有所不同。至于"经世"则二人都以为指治理人世，则是相同的。

不过，值得注意的是，邵雍《皇极经世书》基本上用自己创造的象数学体系来概括宇宙间的一切。程颢称他"汪洋浩大，乃其所自得者多矣"（《明道文集》卷四《邵尧夫先生墓志铭》）。这是邵雍在理学传统上独特的一点。

此外，邵雍把传说中帝尧即位的甲辰年，到五代后周显德六年己未（公元959年）这三千多年的历史归纳在《皇极经世书》元、会、运、世的时间体系中。① 除年代推算与史事罗列外，书中贯穿了邵雍的历史哲学。这是邵雍作为一个理学家的又一特点。

关于邵雍《皇极经世书》的思想资料来源，张崏在邵雍的行状略中有所述及：

> 先生少事北海李之才挺之，挺之闻道于汶阳穆修伯长，伯长以上虽有其传，未之详也。（引自徐必达《邵子全书》附录）

《宋史·邵雍传》及《李之才传》中所述略同而较详。现引《邵雍传》如下：

> 北海李之才摄共城令，闻雍好学，尝造其庐。谓曰："子亦闻物理性命之学乎？"雍对曰："幸受教。"乃事之才，受河图、洛书、宓牺八卦、六十四卦图象。之才之传远有端绪。

---

① 当时有一种编写从古到今的历史编年的学风。除司马光的巨著《资治通鉴》外，其后南宋胡宏著《皇王大纪》、张栻编《经世纪年》。

上引文所称的"之才之传,远有端绪",南宋初的朱震做了详尽阐明,《宋史·朱震传》中说:

> 陈抟以先天图传种放,放传穆脩,脩传李之才,之才传邵雍。

陈抟是宋初著名道士,然其门人张崏在行状中不提,很可能是由于有碍儒家之正统。至于《宋史》中的材料来源,当取自朱震《汉上易传》的《进表》。

朱嘉说:"伯阳《参同契》,恐希夷(按指陈抟)之学,有些是其源流"(守山阁本《周易参同契考异·附录》)。又说:"邵子发明先天图,图传自希夷,希夷又自有所传。盖方士技术,用以修炼,《参同契》所言是也"(同上)。

这些都直接指明邵雍学术与道教的渊源。我们在邵雍书中没有见到炉火、铅汞等内容。而魏伯阳的《参同契》本是依托《易经》来著述的,所以名《周易参同契》。邵雍的《皇极经世书》也是以卦象为基础的。朱熹说:"先天图与纳甲相应,故季通(按指蔡元定)言与《参同契》合"(同上)。朱熹下文并举例说明。于此可见邵雍体系中道教影响的痕迹很深。但这些并不妨碍邵雍本人的许多独自创造。

《皇极经世书》原本已不得见[①]。今日流传的各种版本,卷数各不相同。然而邵雍原书的基本内容,大体保存。所附各图象,有的是邵伯温增补的,有的是蔡元定增补的,也有的是明、清以来各家注释解说者增补的。

原书主要内容,按邵伯温所述如下:

> 《皇极经世书》凡十二卷。
> 其一之二则总元、会、运、世之数,《易》所谓天地之数也。

[①] 清南海何梦瑶《皇极经世易知》自序言:"《皇极经世书》原本不得见。"又言:"然则欲求原本难矣。"

三之四以会经运,列世数与岁甲子,下纪帝尧至于五代历年表,以见天下离合治乱之迹,以天时而验人事者也。

五之六以运经世,列世数与岁甲子,下纪帝尧至于五代,书传所载兴废治乱得失邪正之迹,以人事而验天时者也。

自七之十则以阴、阳、刚、柔之数,穷律、吕、声、音之数,穷动、植、飞、走之数,《易》所谓万物之数也。

其十之十二则论《皇极经世》之所以为书。(引自蔡元定《皇极经世指要》)

从这个结构中可以看出,邵雍认为宇宙间的一切都有"数",而这"数"就是由他所编造的象数的形式。他把象数系统说成是最高法则,一切事物都是按照他所推衍的象数所构成并发生变化的。为论证这个主旨,邵雍做了许多图象,并进行烦琐的推论。为了了解其虚构的实质,我们将对他的图象体系进行解剖。

(一)伏羲始画八卦图与伏羲八卦方位图

《伏羲始画八卦图》,(又称《小横图》)据王植《皇极经世全书解》卷首:

八	七	六	五	四	三	二	一	
坤 ☷	艮 ☶	坎 ☵	巽 ☴	震 ☳	离 ☲	兑 ☱	乾 ☰	八卦
四太阴 ⚏		三少阳 ⚎		二少阴 ⚍		一太阳 ⚌		四象
⚏				⚌				两仪
太极								

伏羲始画八卦图

把《伏羲始画八卦图》最上一层的八卦分成两行,合成一圆,则形成《伏羲八卦方位图》,(又称《小圆图》)据王植《皇极经世全书解》卷首:

第五章 邵雍的象数学思想体系

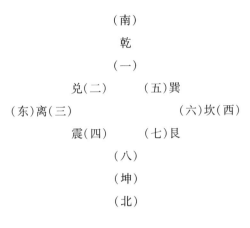

伏羲八卦方位图

图的依据是因《易·系辞上》说:"是故《易》有太极,是生两仪,两仪生四象,四象生八卦。八卦定吉凶,吉凶生大业。"

《易·系辞下》又说:"古者包羲(按即伏羲)氏之王天下也,仰则观象于天,俯则观法于地……于是始作八卦,以通神明之德,以类万物之情。"

朱熹在《答虞士朋书》中对此加以解释,说明这是邵雍所传的"先天之学",并称这就是"伏羲氏之《易》"。原文摘录如下:

> 《易》有太极,是生两仪者,一理之判,始生一奇一偶,而为一画者二也(按:"一画者二",指阳—,阴- -)。两仪生四象者,两仪之上各生一奇一偶,而为二画者四也(按:"二画者四",指一、太阳,二、少阴,三、少阳,四、太阴)。四象生八卦者,四象之上各生一奇一偶而为三画者八也(按:"三画者八",指乾☰,兑☱,离☲,震☳,巽☴,坎☵,艮☶,坤☷)。爻之所以有奇有偶,卦之所以三画而成者,以此而已。是皆自然流出,不假安排。圣人又已分明说破,亦不待更著言语,别立议论而后明也。此乃《易》学纲领,开卷第一义,然古今未有识之者。至康节先生始传先天之学而得其说,且以此为伏羲氏之《易》也。《说卦》天地定位一章,《先天图》乾一,兑二,离三,震四,巽五,坎六,艮七,坤八之序皆

本于此。若自八卦之上又放此而生之至于六画,则八卦相重而成六十四卦矣。(《朱文公文集》卷四十五)

以上朱熹说明了这个《伏羲始画八卦图》的排列方法,指出此图是"《易》学纲领",久已失传,是邵雍通过"传授"得来的"先天之学"。《说卦》的"天地定位"一章以及先天图(按,即指横图、圆图)的乾、兑、离、震、巽、坎、艮、坤的次序都是由此确定的。再有,如果八卦之上,再按同样方法(一分为二,各生一奇一偶),从三画之卦发展到六画之卦,那就形成了六十四卦的横图。

至于这一基本图象是否为邵雍创始,或是否为《皇极经世书》原书中已具有此图,尚待考证,这些都成为疑问。然而无疑地,这《小横图》与《小圆图》以及扩大发展成的《横图》《圆图》,以及《横图》分成八段后叠成的《方图》等五个图,至少都是符合邵雍的理论原意的,都可以在图名之前加上"先天"两个字,事实上后来的人也是这样做的。朱熹在《周易本义》中说:"右伏羲四图,其说皆出邵氏。"[①]总之,以上所述四图或五图的排列方式、次序与理论成为邵雍以及邵雍以后数百年来象数学家的基本原理。朱熹《周易本义》是综合邵、程两家《易》说的一部名著,书首罗列九图,即包含上述四图。

我们再看《经世衍易八卦图》与《经世天地四象图》。

与《伏羲始画八卦图》相似,而极为重要的另一图象是《经世衍易八卦图》。图形如下:

---

① 据蔡元定《皇极经世指要》,王植《皇极经世全书解》卷首已载此图。后《宋元学案·百源学案》也转载此图。

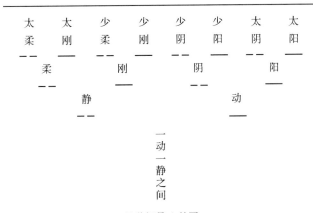

经世衍易八卦图

邵雍在《观物内篇》中说：

> 天之大，阴阳尽之矣，地之大，刚柔尽之矣。
>
> 天生于动者也，地生于静者也，一动一静交而天地之道尽之矣。
>
> 动之大者，谓之太阳。动之小者，谓之少阳。静之大者，谓之太阴，静之小者，谓之少阴。太阳为日，太阴为月。少阳为星，少阴为辰。日、月、星、辰交而天之体尽之矣。
>
> 太柔为水，太刚为火，少柔为土，少刚为石。水、火、土、石交而地之道尽之矣。

据邵伯温的解释：

> 盖阴、阳、刚、柔谓之四象，四象又判为太阳、少阳、太阴、少阴、太刚、少刚、太柔、少柔而成八卦。太阳、少阳、太阴、少阴成象于天而为日、月、星、辰，太刚、少刚、太柔、少柔成形于地而为水、火、土、石。八者具备然后天地之体备矣。……所谓八者亦本乎四而已。（引自王植《皇极经世全书解》卷五）

这就是《经世衍易八卦图》的说明。至于图的最初一层有"一动一静之间",蔡元定说:"一动一静者之间,《易》之所谓太极也。"①

所谓"衍易",就是从《易经》推衍而来。按《易·说卦》有"立天之道曰阴与阳,立地之道曰柔与刚"的说法,当是邵雍所设计图象之所本。

然而八个"阴阳刚柔太少"以及"日月星辰","水火土石"联系在一起的概念,则不见于《易经》或《易传》。如果道教典籍中也不能找出源流,可能是邵雍本人的创说。

总之,邵雍的体系的基础,就在于《经世衍易八卦图》与《经世天地四象图》,而尤其在于《天地四象图》②。王植说:

> 邵子之学精蕴在《先天天地四象图》……如元、会、运、世,声音唱和,天地始终之数,大小运之数,其提纲挈目皆不外日、月、星、辰、水、火、土、石之象与八卦并行。(《皇极经世全书解》卷五)

在《经世天地四象图》后附有一表,罗列了邵雍四分法所划分出的宇宙间各种现象如下:

经世天地四象图　附表③

太柔(坤)	太刚(艮)	少柔(坎)	少刚(巽)	少阴(震)	少阳(离)	太阴(兑)	太阳(乾)
水	火	土	石	辰	星	月	日
雨	风	露	雷	夜	昼	寒	暑
走	飞	草	木	体	形	情	性

---

① 引自徐必达刊《邵子全书》卷二《纂图指要》下《经世衍易图》说明。
② 邵雍之学称先天学,邵雍的著作名《皇极经世书》。所以《先天天地四象图》即《经世天地四象图》。
③ 这图表始见蔡元定《皇极经世指要》,以后各版本《皇极经世书》均有刊载。图自右向左读。图表中有( )号的是清代王植所增补,见王氏《皇极经世全书解》卷五。

声	色	味	气	口	鼻	耳	目
时	日	月	岁	世	运	会	元
春秋	诗	书	易	霸	王	帝	皇
（膀胱）	（胃）	（肝）	（肺）	（肾）	（脾）	（胆）	（心）
（血）	（髓）	（肉）	（骨）				

上表中阴阳太少四象，邵雍称为"天之四象"，刚柔太少四象，邵雍称为"地之四象"①。

王植又根据《观物外篇》之十所说"日为心，月为胆，星为脾，辰为肾，脏也。石为肺，土为肝，火为胃，水为膀胱，腑也"，因而在图表中增加了"心、胆、脾、肾"，"肺、肝、胃、膀胱"等目。

这位学者又根据邵雍所说"肺生骨，肝生肉，胃生髓，膀胱生血"（同上）。再增加了骨、肉、髓、血四目。

事实上，这表不过是一个概括性的、代表性的排列，如果像王植这样烦琐地添补，那将举不胜举。就以邵雍书中的材料说，即可再列出春夏秋冬，生长收藏，圣贤才术，道德功力，士农工商，甚至风花雪月等等。因为这种遇事分成四片，而又不精确的比附方法，可以随意运用到各种事物和现象。

从上面的解剖，大家将会看到邵雍的推论方法。可以看出，所有象数都只是随意的安排，并不是从客观事物中抽象出来的"数"，所谓"四分法"只是牵强附会。不过，他之所以把宇宙万物都纳入"数"的范畴，这也有历史的背景。北宋统一后，天文学、数学以至工艺技术都有一定的发展。在邵雍生活时代的前后，沈括《梦溪笔谈》提到"隙积术"和"会圆术"，接触到等差级数的研究。元祐时苏颂的《新仪象法要》系为重修浑天

---

① 《皇极经世·观物外篇》之二第一节说："太极既分，两仪立矣。阳下交于阴，阴上交于阳，四象生矣。阳交于阴，阴交于阳，而生天之四象，刚交于柔，柔交于刚，而生地之四象。于是八卦成矣。"

仪而作。《宋史》称他制作的仪器"占候测验,不差晷刻,昼夜晦明,皆可推见,前此未有也"(《宋史·苏颂传》)。曾公亮、丁度编的《武经总要》中已有用火药制武器的记载。

至于南宋时《数学九章》《测圆镜海》等数学名著的出现那是邵雍去世后一百多年的事了。在天文数学的影响下,邵雍撰成了他的《皇极经世书》。在十一世纪的中国能出现这样一个对社会与自然界事物全面的综合与分类,即使是粗糙的、虚构的,但却从一个侧面反映出,当时中国思想界都想探求天地、日月、万物背后的"体",企求回答天地万物的关系。

我们可以看到,无论是东汉道士魏伯阳的《参同契》,或五代陈抟的先天学,或北宋邵雍的四分法,他们都依托《易经》而创造出一套"易外别传"的学术理论。其中也有一些科学的素材,但是从总体上看,他们的理论并不是从科学素材中抽引出来,而是以科学素材作为"象数"的佐证。如果说,在欧洲中世纪学术成为神学的婢女,那么在中国中世纪,象数的僵死框架束缚了科学,这倒是常见的事。

下面再看邵雍是如何论证时间概念的。

《经世天地始终之数图》与《经世一元消长之数图》中,邵雍创始以元、会、运、世的名称计算时间。在《观物内篇》之十中说:

> 元之元一,元之会十二,元之运三百六十,元之世四千三百二十。

黄瑞节说:

> 《经世》始终之数以十二、三十反复乘之也。元之运三百六十是以三十乘十二也,元之世四千三百二十,是以十二乘三百六

十也。会之元以下仿此①。

用算式表示：

元 1

会 $1 \times 12 = 12$

运 $1 \times 12 \times 30 = 360$

世 $1 \times 12 \times 30 \times 12 = 1 \times 12^2 \times 30 = 4320$

岁 $1 \times 12 \times 30 \times 12 \times 30 = 1 \times 12^2 \times 30^2 = 129600$

月 $1 \times 12 \times 30 \times 12 \times 30 \times 12 = 1 \times 12^3 \times 30^2 = 1555200$

日 $1 \times 12 \times 30 \times 12 \times 30 \times 12 \times 30 = 1 \times 12^3 \times 30^3 = 46656000$

辰 $1 \times 12 \times 30 \times 12 \times 30 \times 12 \times 30 \times 12 = 1 \times 12^4 \times 30^3 = 559872000$

由此可见，一元有十二万九千六百岁，或五亿五千九百八十七万二千个辰。

《经世天地始终之数图》说明时间的共有六十四个数字，以上所举仅是八个。其余可以类推，其方法是用元、会、运、世、岁、月、日、辰八个名目互相叠乘。用邵雍的术语说，就是"以元经会"，"以元经运"……"以会经元"，"以会经会"……"以辰经元"，"以辰经会"……一直到"以辰经辰"共计六十四项。其名目为：

---

① 黄瑞节，宋末人，字安乐，江西安福人，太和州正。萃朱熹所定《太极图》《通书》及《皇极经世书》诸书加以注解，见《吉安府志》。

这位热心象数的宋末元初学者又有《朱子阴符经考异附录》《朱子参同契考异附录》。见道光时周心如辑《纷欣阁丛书》。

万历时徐必达刊《邵子全书》卷二十四附录中引黄语，误刊为黄端节，实为一人。以后当更正。

元之元	会之元	运之元	世之元	岁之元	月之元	日之元	辰之元
元之会	会之会	运之会	世之会	岁之会	月之会	日之会	辰之会
元之运	会之运	运之运	世之运	岁之运	月之运	日之运	辰之运
元之世	会之世	运之世	世之世	岁之世	月之世	日之世	辰之世
元之岁	会之岁	运之岁	世之岁	岁之岁	月之岁	日之岁	辰之岁
元之月	会之月	运之月	世之月	岁之月	月之月	日之月	辰之月
元之日	会之日	运之日	世之日	岁之日	月之日	日之日	辰之日
元之辰	会之辰	运之辰	世之辰	岁之辰	月之辰	日之辰	辰之辰

为什么要有六十四个数字？蔡元定说"天地之数穷于八八，故元、会、运、世、岁、月、日、辰之数极于六十四也"（《皇极经世指要》）。实际上这是为了符合一致于《易经》的六十四个卦象。

现将《经世天地始终之数图》六十四个数的十六个数节录如下，并试做说明。

一一	乾一	元之元	日之日	乾之乾
一二	夬十二	元之会	日之月	乾之兑
一三	大有三百六十	元之运	日之星	乾之离
一四	大壮四千三百二十	元之世	日之辰	乾之震
一五	小畜十二万九千六百	元之岁	日之石	乾之巽
一六	需五十五万五千二百	元之月	日之土	乾之坎
一七	大畜四千六百六十五万六千	元之日	日之火	乾之艮
一八	泰五亿五千九百八十七万二千	元之辰	日之水	乾之坤
二一	履十二	会之元	月之日	兑之乾
二二	兑一百四十四	会之会	月之月	兑之兑
二三	睽四千三百二十	会之运	月之星	兑之离
二四	归妹五万一千八百四十	会之世	月之辰	兑之震
二五	中孚一百五十五万五千二百	会之岁	月之石	兑之巽
二六	节一千八百六十六万二千四百	会之月	月之土	兑之坎
二七	损五亿五千九百八十七万二千	会之日	月之火	兑之艮
二八	临六十七亿一千八百四十六万四千	会之辰	月之水	兑之坤
三一	同人（下仿上式）	运之元（下仿上）		

邵雍《观物内篇》之十对此图有详说。《内篇》之十第一节说:"日经天之元,月经天之会,星经天之运,辰经天之世……"这是指以元、会、运、世与日、月、星、辰相配。再进一步则以"元、会、运、世、岁、月、日、辰"与"日、月、星、辰、石、土、火、水"相配。再进一步则以"乾、兑、离、震、巽、坎、艮、坤"与以上二者相配。图象以易卦相配,这点最重要。我们注意到"元、会、运、世、岁、月、日、辰"的八个衍成六十四个名目,"日月星辰石土火水"的八个衍成六十四个名目,正是仿照《易经》的八卦衍成六十四卦的方法。这说明《皇极经世书》对《易经》的渊源关系。

关于《经世天地始终之数图》是如何构成的,我们节省篇幅,不做介绍。这个图名叫做《天地始终之数图》。从它的第一个单位"元之元"开始为1,到第六十四个单位"时之时"(或"辰之辰")为三兆一千三百四十五万六千六百五十六亿二千八百四十万。那么,天地与时间是否到此宣告终结?

从邵伯温解释中可以得到一些消息。他说:

> 一元经十二会,三百六十运,四千三百二十世。一世三十年,则一十二万九千六百年。一十二万九千六百年,是为一元之数。(引自蔡元定《皇极经世指要》)

又说:

> 一元在大化之中,犹一年也。自元之元至辰之元,自元之辰至辰之辰,而后数穷矣。
> 穷则变,变则生。盖生生而不穷也。(引自王植《皇极经世全书解》卷六)

又说:

《皇极经世》但著一元之数,使人引而伸之,可至于终而复始也。(同上)

这里说明天地从第一单元"元之元"开始到六十四单元"辰之辰"为止,只是时间的一个片段。此后,虽然"数穷",但还要"变",结果是"终而复始"另起一个单元。

由此可以看出,邵雍的时间概念,不是发展,而是命定式的往来循环。这在他的《经世一元消长之数图》中表现得更加清楚。

这图相传是邵伯温所作,以一元为例,说明元、会、运、世的关系。原因如下:

元	会	运	世			
日甲一	月子一	星三十	辰三百六十	年一万八百	复	
	月丑二	星六十	辰七百二十	年二万一千六百	临	
	月寅三	星九十	辰一千八十	年三万二千四百	泰	开物星之己七十六
	月卯四	星一百二十	辰一千四百四十	年四万三千二百	大壮	
	月辰五	星一百五十	辰一千八百	年五万四千	夬	
	月巳六	星一百八十	辰二千一百六十	年六万四千八百	乾	唐尧始星之癸一百八十辰二千一百五十七
	月午七	星二百一十	辰二千五百二十	年七万五千六百	姤	
	月未八	星二百四十	辰二千八百八十	年八万六千四百	遯	
	月申九	星二百七十	辰三千二百四十	年九万七千二百	否	
	月酉十	星三百	辰三千六百	年一十万八千	观	
	月戌十一	星三百三十	辰三千九百六十	年一十一万八千八百	剥	闭物星之戊三百一十五
	月亥十二	星三百六十	辰四千三百二十	年一十二万九千六百	坤	

此图首见于蔡元定《皇极经世指要》，也是邵伯温据《皇极经世书》内容所作[①]。图后有邵伯温的详细解释。此图以一元为单位，说明一元中所有的会、运、世等数字及其相互关系。邵伯温在图名下加上"期数"二字，有指明一元是一个周期之意。还可以看到，图中元、会、运、世以日、月、星、辰相比附。一元十二会，以子、丑、寅、卯、辰、巳、午、未、申、酉、戌、亥十二个名目（地支）来记录，一会三十运，以甲、乙、丙、丁、戊、己、庚、辛、壬、癸十个名目（天干）重复三次来记录，一运十二世仍以子、丑……戌、亥十二个名目（地支）来记录。此外，图中最后一行又配以复、临、泰、大壮、夬、乾、姤、遯、否、观、剥、坤等十二辟卦。另外，图中的星之癸一百八十，辰二千一百五十七，是邵雍所推算的帝尧的始年，属于第六会（巳会）。再，据朱熹称，邵雍曾提出"天开于子，地辟于丑，人生于寅"的说法（引自蔡元定《皇极经世指要》附录）（按子、丑、寅，指这一元中的前三个会，即子会、丑会、寅会。每一个会是一万八千年）。

从作图意义上说，这图是计算宇宙时间和人类历史的一个总概括。邵雍曾说："是知道为天地之本，天地为万物之本，以天地观万物，则万物为物，以道观天地，则天地亦为万物"（《皇极经世书·观物内篇》之三）。天地既然也是物，必然也有始终。所以"天开于子，地辟于丑，人生于寅"。为什么"天开于子，地辟于丑，人生于寅"？而三者又各相隔一万八千年（一个会）？邵雍以后，朱熹和吴澄都有论证和说明。

朱熹说："此是邵子《皇极经世》中说，今不可知，他只是以数格得如此"（引自《蔡氏九儒书》卷二）。

吴澄说："……当子会之中，轻清之气腾上，有日有月，有星有辰，日、月、星、辰四者成象共为天……故曰天开于子……当丑会之中……水火土石成形而共为地，故曰地辟于丑……当寅会之中，两间人物始生，故曰人

[①] 清王植《皇极经世全书解·例言》称此图为"邵伯子（即伯温）一元消长图"。明徐必达《邵子全书》序称："书以元、会、运、世相经者三十四篇，以声音律吕唱和为图者十六篇，统名之曰观物篇，凡五十。……《一元消长之数图》则三十四篇之总也。《四象体用之数图》则十六篇之总也，大概出伯温所著。"

生于寅也"(引自王植《皇极经世全书解》卷首)。这些议论都不能说出什么新内容,因为事实上邵雍原来的说法就是不科学和臆断的。因为邵雍既然认为时间是无限的,故元、会、运、世之数也是无穷的,十二辟卦不停地循环,世界不断地出现、消失,然而所有这一切从"开物"(世界的开辟)到"闭物"(这一世界的坏灭)却是命定的。但是邵雍的图说中,含蕴着世界不尽的原理,这一点是可贵的。

另外,关于邵雍的《经世四象体用之数图》因过于烦琐,这里从略。要指出的是,邵雍在此图中推算宇宙万物的方法是根据《易经》的阴阳刚柔,而独创的"自为一说"①,并且在推算上能自圆其说。其出发点是没有实际依据的。用声音唱和来推算万事万物以及"体四用三"的方法,都是值得商榷的。因之,最后所得的两个整齐相等的动数与植数以至动植通数也无非是主观虚构而已。

邵雍创作的从声音唱和推算万物之数的烦琐理论,占《皇极经世书》冗长篇幅的五分之一。它是当时历史条件下象数学的一个组成部分。

第二节 《皇极经世书》中的基本概念及"观物"思想

一、《皇极经世书》的基本概念

(一)太极与道

《易传》中"《易》有太极,是生两仪,两仪生四象,四象生八卦"的话,可理解为"太极"是产生宇宙万物的本原。邵雍借用"太极"这一概念,解释说:"生天地之始,太极也"(《观物外篇》)。又说:"天由道而生,地由道而成"(《观物内篇》之九)。可见在邵雍思想中,"太极"与"道"是同一概念。有

---

① 《皇极经世书》的动物、植物不全等于自然科学概念中的动、植物,很可能,凡属天之四象的日、月、星、辰,寒、暑、昼、夜,元、会、运、世……都是动物;而凡属于地之四象的水、火、土、石,雨、风、露、霜,岁、月、日、时等视同植物。可参考蔡元定在此图后的解释,见《蔡氏九儒书》卷二《皇极经世指要》。

时他又说:"太极,道之极也"(《观物外篇》之十二)。似乎"太极"的概念比"道"的概念更高,"道"是属于太极的。邵雍曾说:"能造万物者,天地也。能造天地者,太极也。太极其可得而名乎,故强名之曰'太极'"(《邵子全书》卷七《无名公传》)。在邵雍的思想体系内,"道"是产生万物的根源,而"道"存在于"太极"之中;"太极"是"无穷无际"的。从邵雍开始,后来的理学家都以"太极"作为最高范畴。它被形容为凌驾万物之上而又是支配万物的东西。在邵雍的思想体系里,"太极"也就是虚无的"无极",它既包括一切,却又什么都没有包括。这一观点后来在朱熹哲学里得到了充分的发挥。

(二)神

《观物外篇》之六第四十四节说:

> 太极一也,不动生二(清何梦瑶注:"不动当作动而"),二则神也。(何梦瑶注:"两在而不可测也。")

这里邵雍的"一"是指太极,"二"是指阴阳或刚柔。至于何注改"不动"为"动而",则是根据周惇颐《太极图·易说》的理论。何释"神"为"两在而不可测",是根据张载《参两篇》中对"神"的解释。可见,邵、周、张在这一方面思想的相通。

《观物内篇》之五中说:

> 如其必欲知天地之所以为天地,则舍动、静将奚之焉。夫一动一静者,天地之至妙者欤。

明黄畿注说:

> 必自天地动静言者,天地即太极之全体,动静即太极之妙用。(引自《皇极经世全书解》卷五)

由此看来，邵雍所述的"神""动静"与"妙"，都似指天地或自然的运动与作用。其来源，可以追溯到《易传·系辞上》："阴阳不测之谓神"，"神也者，妙万物而为言者也"（《易传·说卦》）。

宇宙间事物的变化是丰富多彩、精巧莫测的，古人用"妙"字和"神"字来形容。从《易传》到邵雍，有一个这样的思想传统。"神"指自然的作用，还不是指鬼怪神灵。但另一方面邵雍又说："人之神寤则栖心，寐则栖肾"（《观物外篇》之十）。诸如此类的神秘主义，在他的著作中不胜枚举。

（三）心

关于"心"的概念。邵雍说："先天之学，心法也。故图皆自中起，万化万事，生乎心也"（《观物外篇》之二）。一般对此分析都认为"万化万事，生乎心"是指"心"能派生万物，因此是主观唯心主义的。但也有另一种解释，认为"先天之学心法也"，指伏羲八卦图式的一整套原理与方法。如"林子履问：'图皆从中起，万化万事生于心。何也？'朱子云：'其中间白处便是太极，三十二阳、三十二阴便是两仪，八阴八阳便是八卦'"（引自《皇极经世全书解》卷七）。黄畿说："自《复》至《乾》，自《姤》至《坤》，起于中也。自《临》至《师》，自《遯》至《同人》，亦起于中也。自中而起，自中而止，横图与圆图，莫不皆然"（同上）。还有认为"万化万事生乎心"的"心"即"太极"①。在先天图式中，太极居于中心的位置。例如玉斋胡氏说："此明图之所谓太极也。图从中起者，心法也。心为太极，万化万事生于心，图之中亦为太极"（《皇极经世全书解》卷七）。可见这里所说的"心"，是指作为天地之心而位处于中的"太极"，并不专指人心。

除此之外，"心"又指作为思维器官的心。邵雍在《观物内篇》之二有一段话：

人或告我曰：天地之外，别有天地万物，异乎此天地万物，则

---

① 邵雍说："心为太极"（《外篇》之十二）。又说："道为太极"（《外篇》之一）。又称："天地之心者，万物之本也"（《外篇》之六）。又说："天地之本，其起于中乎。是以乾坤屡变，而不离乎中。"（《外篇》之三）。

吾不得而知之。非惟吾不得而知之也,圣人亦不得而知之也。凡言知者,谓其心得而知之也,言言者谓其口得而言之也。既心尚不得而知之,口又恶得而言之乎。以心不可得知而知之,是谓妄知也。以口不得言而言之,是谓妄言也,吾安又能从妄人而行妄知妄言者乎。

从这段话可以看出:邵雍所谓"心不可得而知",说明不是一切事物都能被"心"所认识。以尚未被认识的事物,而自认为已经认识了,这是"妄知"。对没有被认识的事物,加以言论,叫作"妄言"。和"妄知""妄言"不同,邵雍提倡"观物"(详见下文)。

(四)环中

《观物外篇》之三说:

先天图者,环中也。

自下而上谓之升,自上而下谓之降,升者生也,降者消也。故阳生于下而阴生于上,是以万物皆反生,阴生阳,阳复生阴,阴复生阳,阳复生阴,是以循环无穷也。

这里所谓"环中"来源于《庄子》。《庄子·齐物论》:"得其环中,以应无穷。"《庄子集释》郭庆藩案语说:"唐释湛然《止观辅行传宏诀》引《庄子》古注云'以圆环内空,体无际,故曰环中'"(《诸子集成》本《庄子集释》)。明代黄畿在解释先天图时,也提到"环中",说:"自乾、坤、姤、复,流行者而观之,无非天地之理。自临、师、遯、同人,对待者而观之,无非万物之理,得之心,发之言,盖大而元会运世,小而一日一时,盈虚消息,天地始终,皆此环中之意矣"(引自《皇极经世全书解》卷七)。细按邵雍所谓"环中",是指只要懂得了"无字天书"《先天图》,就能体察出天地万物之理。这种认识世界的方法,即"环中"。邵雍说过,《先天图》"图虽无文,而吾终日言,而未尝离于是,盖天地万物之理尽在中矣。"在《先天图》中,"太极"是最高范畴,亦是威严的上帝的代名词,因此引申开来,"环中"有时也称之为"太极",人们只要懂得了"道为太极"就算是达到了绝对真理。

王植在《观物外篇》之一的按语中说:"邵子言太极,多就环中言之"(同上)。

这个"环中"就是《经世天地四象图》八个卦中间围着的一个"极"字,"极"下又有一个"五"字①。

"极"指太极,居于中心,是派生万物的根源。"五"又称为"中五"。因邵雍的先天八卦方位溯源于河洛,而洛书的九宫(九个数字)排列为:

```
4  9  2
3  5  7
8  1  6
```

其中"五"居中央,代表太极,特别重要,所以"中五"也是象数学家用以象征太极的一个极重要概念②。

(五)性与理

据邵雍的学生张崏(字子望,曾作邵雍《行状》,并注释《皇极经世书》)说,《皇极经世书》中的《观物内篇》系邵自撰,《观物外篇》是门人所记邵雍之言。《内篇》之三中有邵雍论性、命、理的一段话:

> 《易》曰:"穷理尽性以至于命。"所以谓之理者,物之理也。所以谓之性者,天之性也。所以谓之命者,处理性者也。所以能处理性者,非道而何?

《外篇》之六中又说:

---

① 此图首见蔡元定《皇极经世指要》。其后明徐必达编《邵子全书》转载《宋元学案·百源学案》中也列入此图。

② 明末《易》学家方孔炤在桐城白鹿湖著《周易时论》,其居处名"环中堂"。孔炤子方以智晚年隐居江西青原山净居寺,曾建立"中五法堂"。

> 天使我有之谓命,命之在我之谓性,性之在物之谓理。

这两段所说仍然是《中庸》"天命之谓性"的发挥,但是有两点值得注意:第一,邵雍认为理是指"物之理"(所以谓之理者,物之理也);第二,物之理是物的自然属性的表现(性之在物者,谓之理)。例如,邵雍提出日月星辰、水火土石八种现象,尽管有比附牵强与神秘主义羼杂其间,毕竟是在研究"物理"。不过,在邵雍所谈的"物之理"之上,还有所谓"道"或"太极"。因此,他所谓"物之理"便成为他所编造的象数系统。在他看来,只有他的象数之"理"才是真的,而有些科学道理,如张衡的浑天说反倒不是"物之理"了。由邵雍开其端,后来的理学家一般在谈到"物之理"时提出了一些有价值的命题。但是,他们又用"太极""理"之类的范畴来代替"物之理",使人们离开以自然为对象的认识,从而走向歧途。这从邵雍的"观物"思想中可以看得清楚。

二、《皇极经世书》的"观物"思想

邵雍《皇极经世书》总名为《观物篇》(见徐必达《邵子全书》序)。对于"观物"究竟指什么?用什么方法来"观物"?《观物内篇》之十二说:

> 夫所以谓之观物者,非以目观之也,非观之以目而观之以心也。非观之以心,而观之以"理"也。
> 天下之物,莫不有理焉,莫不有性焉,莫不有命焉。所以谓之理者,穷之而后可知也;所以谓之性者,尽之而后可知也;所以谓之命者,至之而后可知也。此三知者,天下之真知也。

这里值得注意的是,邵雍不说由"我"观物,而说以"理"观物。这一点他在《皇极经世书》的另外地方又说,人们观物应当"无思无为",以此来"洗心",这也叫作"顺理","顺理则无为,强者有为也"(《皇极经世书》卷十二)。这是否说是按照事物的本来面目去认识事物呢?不是的。实际上这是无思无为的内心自省的顿悟方法,或者叫作禅观式的直观主义方法。

从上段引文可以看到,邵雍论及了理、性、命的关系。"命"并不是自然法则,而是"天使我有是之谓命",这和传统的"天命"观并无区别。"天命"赋我以"性","性之在物谓之理"。在他看来,"顺理"就是顺"天命",能顺"天命"则无所不通。邵雍说:

> 噫,圣人者非世世而效圣焉,吾不得而目见之也,察其心,观其迹,探其体,潜其用,虽亿万年亦可以理知之也。(《观物内篇》之二)

这里所说的察心、观迹、探体、潜用,也就是禅观式的直观主义的同义词。

除了"以理观物",邵雍还提出"以物观物"。《观物内篇》之十二又说:

> 圣人之所以能一万物之情者,谓其圣人之能反观也。所以谓之反观者,不以我观物也。不以我观物者,以物观物之谓也。既能以物观物,又安有我于其间哉!

问题在于:在邵雍的思想体系中,"物"的含义是什么?一是指客观事物;一是从哲学含义上说的,指凡是被"太极"或"道"所创造的东西,即谓之"物"。上段引文,"不以我观物",据他说,"以我观物,情也","情偏而暗",把个人的感情加到两人身上,这种观察就会发生偏差。这种观点是含有合理因素的。但是,邵雍的论证并非停留于此,他最终是想说明,如果人们从常识性出发去认识物,那就不可能有正确的认识;如果不以"我"去观物,而"以物观物",就会发现"以道生天地,则天地亦万物也"。就是说,"道"产生天地,而天地也是被"道"所创造出的万物的总称。所以在邵雍看来,归根结蒂,他想说明"道"或"太极"是天地万物之本源。

第三节 《皇极经世书》的流传与影响

综观《皇极经世书》，无论在体系上、方法上、形式上都与一般道学家语录体的作品不同，朱熹称之为"《易》外别传"。

当时理学正统二程对邵雍即不甚重视，甚至说"邵尧夫犹空中楼阁"（《遗书》卷第七）。

朱熹编的谢良佐语录中记：

> 尧夫《易》数甚精……指一二近事当面可验。明道云"待要传与某兄弟，某兄弟那得工夫。要学须是二十年工夫。"（《上蔡先生语录》卷下）

然而，二程也承认邵雍体系的博大与功夫的细密。如说："张子厚（张载）、邵尧夫善自开大者也"（《遗书》卷第三），"尧夫道虽偏驳，然卷舒极熟，又能谨细行"（同上卷第七）。后来杨时说："康节先天之学……非妙契天地之心，不足以知此。某盖尝玩之，而浅识陋闻，未足以扣其关键"（引自《邵子全书》卷二十四）。谢良佐说邵雍"《易》数甚精，指一二近事当面可验。"那是随从世俗把邵雍的《易》学神化了。实际上，邵本人并非如此，下文当详论。杨时则对邵雍未能深入，这些说明二程的门人中对邵雍也无所了解。例外的有一个尹焞。其评论较为切当，如他说："康节之学本是经世之学，今人但如其明《易》数，知未来事，却小了他学问。如陈叔易（按：陈叔易名恬，北宋末人）赞云'先生之学，志在经纶'，最为近之"（同上）。

现再把朱熹对《皇极经世书》的评论摘录并分析如下：

首先，朱熹认为《皇极经世书》类似扬雄的《太玄》。他说："康节之学似扬子云。《太玄》拟《易》。方、州、部、家皆自三数推之。玄为首，一以生三，为三方。三生九，为九州。九生二十七，为二十七部。九九乘之，斯为八十一家。首之以八十一，所以准六十四卦。赞之以七百二十有九，所以准三百八十四爻。无非以三数推之。康节之数,则是加倍之法"(《朱子语类》卷一〇〇)。其实这只是形式上的相似。朱说《太玄》拟《易》是对的。而《经世》却没有拟《太玄》。这方面朱讲得不准确。在另一处,朱熹说:"《易》是卜筮,《经世》是推步"(同上)。又说:"《易》是卜筮之书,《皇极经世》是推步之书,……其书与《易》自不相干"(同上)。朱熹这一论点,前文已引用并加以评论,认为不确。现再加一些说明。

朱熹说《皇极经世书》与《易》自不相干,是指《皇极经世书》的先天图式是另外一套,而实际上《皇极经世书》也不是卜卦推算吉凶的书。至于《易经》的一些基本原理,与邵雍的《皇极经世书》有密切的思想继承关系。如太极、两仪、四象、阴阳、刚柔……是《易经》的基本概念,也是《皇极经世书》的基本概念,但是赋予了新意,所以朱熹又说:"某看康节《易》了,都看别人的不得"(《朱子语类》卷一〇〇)。所谓"康节《易》"似即指《皇极经世书》,而"都看别人的不得",显有推重之意,说明理学家大都借用了这些概念,作为建立理学思想体系的材料。

南宋末黄震的思想倾向二程,对邵雍未加肯定,而有所批评。他说:

> 康节先生才奇学博。探赜造化,又别求《易》于辞之外,谓今之《易》,后天《易》也,而有先天之《易》焉……若康节所谓先天之说,则《易》之书本无有也。虽据其援《易》者凡二章(按:指《系辞上》的"易有太极,是生两仪"章及《说卦》的"天地定位,山泽通气"章)亦未见其确然有合者也。康节既没,数学无传。今所存之空图,殆不能调弦者之琴谱。(《黄氏日钞》卷六《论周易》)
> 晦庵(指朱熹)虽为之训释,他日晦庵答王子合书(按:见《朱子文集》卷四十九)亦自有康节说伏羲八卦近于附会穿凿之疑。则学者亦当两酌其说,而审所当务矣。(同上)

黄震所说"康节既没,数学无传",事实并非如此。宋代治《皇极经世书》,著名的就有张行成、祝泌、廖应淮等人,并各有专书①。

此外,蔡元定的主要著作之一就是《皇极经世指要》,蔡元定甚至称邵为"自秦汉以来,一人而已耳"(《皇极经世指要》前言)。

与黄震同处南宋末年的象数家黄瑞节曾诠释周、邵、朱、蔡的书。对于《皇极经世书》,黄瑞节说:

> 其书远过《太玄》之上,究而言之,皆原于《易》,书中引而不发。……西山先生(指蔡元定)始终以《易》疏其说,于是显微阐幽,其说大著。学者由蔡氏而知《经世》,由《经世》而知《易》,默而通之可也。(引自《邵子全书》卷二十四《附录》)

宋以后,明、清以来推崇邵雍,奉为宗主的大有人在。例如明弘治时黄畿著《皇极经世书传》,称"邵子之学,其仲尼之学乎!仲尼之道,其伏羲之道乎"(《皇极经世书传》序)!清乾隆时王植著《皇极经世全书解》,其中说:"康节理兼乎数,大《易》之传,为能独得其宗……"(《皇极经世全书解》卷首《书意》)。又说:"邵子内圣外王之学,其于天地万物之理究极奥蕴,古今治乱兴废之由,洞如指掌"(同上)。由此可见,邵雍一派的象数学直到清中期前后,七百年来是流传有绪的,影响不小。

第四节 《伊川击壤集》中的人生哲学

《伊川击壤集》是邵雍的诗集。元、明都有单行刊本,共二十卷。明徐

---

① 张行成,字文饶,孝宗时人。著《皇极经世索引》二卷,《皇极经世观物外篇衍义》九卷。祝泌字子泾,自称观物老人,理宗时人,著《皇极经世书钤》十二卷。廖应淮字学海,自号溟涬生,理宗时人(宋濂有《溟涬生传》),著有《玄玄集》(见明黄佐《皇极经世书传》序言)、《历髓星野指南》《象滋说会补》《画前妙旨》(见《宋元学案》卷七十八)等。虽然他们在解释邵雍时,已失去邵雍原意,但所产生的异同无关紧要,而且是学术发展的必然趋势。所以《四库全书总目提要》说:"方技之家、各挟一术,邵子不必尽用《易》,泌(指祝泌)亦不必尽用邵子,无庸以异同疑也。"(《四库全书总目提要·子部·术数类一》所著录祝泌《观物篇解》提要)

必达《邵子全书》本中,分为六卷。《四库全书》著录仍为二十卷,诗一千五百余首。朱熹说:"康节之学,其骨髓在《皇极经世》,其花草便是诗"(《朱子语类》卷一〇〇《邵子全书》)。又说:"看他诗篇只管说乐,次第乐得未厌了。……他都是有个自私自利底意"(同上)。又,黄直卿(黄榦)问:"康节诗尝有老庄之说,如何?"朱熹答:"便是他有些子这个"(同上)。不但诗有老庄之说,他思想体系中的不以我观物,主张"无我",显然有庄子的影响在内。

综合邵雍留传下来的一千五百余首诗,大致可分三类:其一,是阐述其哲理的,由于已有《皇极经世书》,故而诗中此类篇幅不多;其二,是乐天安命,优游闲适,上文引朱熹所谓"只管说乐"的,占多数;其三,是对社会和历史进行观察之后,思想中抱愤激态度,而又含蓄不露的,也有一部分。这一点昔人多未论及,而却反映了邵雍思想的一个侧面。现分别论述如下:

关于其哲学理论,如《乐物吟》云:

> 日月星辰天之明,耳目口鼻人之灵,皇王帝霸由之生,天意不远人之情。飞走草木类既别,士农工商品自成,安得岁丰时长平,乐与万物同其荣。(《邵子全书》卷二十)

这首诗是整个《皇极经世书》的一个缩影,也是邵雍对自然、社会和历史的总看法。从文学上说,这类所谓诗并没有诗的情韵意味。

又如《天人吟》一首也是如此:

> 羲、轩、尧、舜虽难复,汤、武、桓、文尚可循,事既不同时又异,也由天道也由人。(同上卷二十一)

这里罗列皇帝王霸的代表人物。从诗意中可体会到的积极方面是:时代在变,人是可以起作用的,不能消极地依凭"天道"。

在《观物吟》中，他强调耳闻不如目见，并反对放弃耳目，专用口舌。原诗如下：

> 人之耳所闻，不若目亲照，耳闻有异同，目照无多少。并弃耳目官，专用口舌较，不成天下功，止成天下笑。(同上卷二十二)

这些不过是邵雍哲学理论的诗歌化。如用散文来写，就与《观物》内、外篇中的内容相同，不代表《击壤集》中的特色。

关于第二类是道学先生的"寻乐"诗，占《击壤集》中绝大部分。例如《后园即事》中说：

> 太平身老复何忧，景爱家园自在游，几树绿杨阴乍合，数声幽鸟语方休。竹侵旧径高低迸，水满春渠左右流。借问主人何似乐，答云殊不异封侯。(同上卷十九)

又《安乐窝中吟》(同上卷二十)有十四首七律。其中有"安乐窝中职分修，分修之外更何求"(第一首)，"安乐窝中万户侯，良辰美景忍虚留"(第四首)等句。他的"职分"就是写《皇极经世书》，看花、饮酒与赋诗。此外与世无求。由于老庄的影响，对于即使这种不事奔竞的闲适生活，也是适可而止，不到极点。如诗中云："美酒饮教微醉后，好花看到半开时"(第七首)，"饮酒莫教成酩酊，赏花慎勿至离披。"(第十一首)。朱熹说："康节凡事只到半中央便止，如'看花切勿看离披'是也。"学生问："如此则与张子房之学相近。"朱熹说："固是，康节固有两三诗称赞子房。"学生又问："然则与杨氏为我之意何异？"朱熹笑而不答。以上对话见《朱子语类》卷一〇〇，记录者吴必大(字伯丰)。语录的具体细节或有出入，但总的意思是指邵雍安时处顺，自得其乐，不事妄求，目的是借以保全自己。因为他懂得"美誉既多须有患，清欢呈賸且无忧"(同上卷十八《名利吟》)。

这些都是邵雍饱历世情以后的人生哲学，前引朱熹说"他都是有个自私自利底意"的议论与这里论邵雍有"杨氏为我之意"是一致的。

朱熹对邵雍的分析比较深刻。所指的"自私"是指道家或张良的那种"功成、名遂、身退"的"曲则全"的思想,所以邵雍的《张子房吟》中称子房为"善哉能始又能终"(同上卷二十二)。

邵雍还有著名的《打乖吟》一首:

> 安乐窝中好打乖,打乖年纪合挨排,重寒盛暑多闭户,轻暖初凉时出街。风月煎催亲笔砚,莺花引惹傍罇罍。问君何故能如此,只被才能养不才。(同上卷二十)

"打乖"二字似有取巧之意,通篇诗中也充满了诗酒自娱,守身避世之意。对这首诗作出和韵的有富弼、王拱宸、司马光等大官,以及程颢、吕希哲等。说明他既是一个隐逸,不参加政治活动,但又不与时人隔绝,有"无可无不可"的意味。所以吕希哲和诗中说他"先生不是闭关人,高趣逍遥混世尘"(同上)。这正是道家"和其光,同其尘"的态度。

邵雍诗的第三类,值得注意的是,在"弄丸余暇"(《自赞》),风花雪月之余,由于他对于社会和历史有较深的观察,所以其诗句中隐藏着对当时社会的愤激和悲观的情绪。

虽然如此,从风格上看,这些思想是以委婉的形式表达出来的。例如:

> 天道不难知,人情不易窥。(同上《天道吟》)
> 索链无如事,难知莫若人。(同上卷二十二)
> 世态逾翻掌,年光剧逝波。(同上卷十八《偶书》)

从以上诗句可看出邵雍对封建社会里人情叵测、世态反复以及对年光流逝的感慨与嗟叹。

不但如此,邵雍在送人赴任时写过"方今路险善求容"的告诫。这与陆游诗中"早知富贵有危机",同样是写出了当时的"仕途"险恶。

在《感事吟》中云:

> 蛇头蝎尾不相同,毒杀人多始是功。(同上卷二十)

这与后代杂剧《宝剑记》中的名句"叹古今那狼牙虿尾,岂一谦哉"有异曲同工之妙,表达了对现实的憎与怒。

《宝剑记》中的陆虞候陆谦,《一捧雪》中的汤裱褙汤勤,都是封建专制主义的典型人物,被反映在文学作品中。这类人物在宋、明社会中屡见不鲜,他们为非作歹,欺压人民,为人们所痛恨,被作家形容为"蛇头蝎尾"或"狼牙虿尾"。

使人惊奇的是,文学家的这些刻画,能在理学家邵雍的诗句中得到印证。诸如此类的诗句,若不放在《击壤集》中,是无人晓得这是一位"花前静榻闲眠处,竹下明窗独坐时"(同上《寄李景真太傅》)的安乐先生所写的。

朱熹说:"隐者是带性气之人为之,陶(指陶潜)欲有为而不能者也"(《朱子语类》卷一四〇)。又说:"渊明诗,人皆说平淡。据某看,他自豪放。……其露出本相者,是《咏荆轲》一篇,平淡的人,如何说得这样语言出来"(同上)。这是论陶渊明的话,也可移来论述邵雍。邵雍《题黄河》中的"世间多少不平声"、《咏樵拂子》中的"众蚊多少成雷处,一拂何由议扫除"这类诗句尽管不多,但却反映出邵雍内心愤懑的另一面。邵雍作为一个依附统治阶级的文人学士,在洛阳安居,得以孜孜不息制造他那一套元会运世的体系,所以诗中主要是"安闲乐道"(富弼和《打乖吟》中语)、歌颂太平的情调。然而,由于他对历史和现实的观察,与少年时"蓬草环堵,不蔽风雨"的贫困生活,使他对人情世故谙熟,在《伊川击壤集》中也不时流露出对当时社会的不满。

在花团锦簇的洛阳城中,安乐窝里的安乐先生实际上还隐藏着对社会和政治的悲观情绪。这反映在《伊川击壤集》的字里行间,也是全面研究邵雍所需要了解的。

第五节　邵雍的历史哲学和社会政治思想

一、邵雍的历史哲学

邵雍早年力学，对历史有深入钻研。《皇极经世书》中有一套详细的历史年表，按照他所创的元、会、运、世等时间概念，把历史史实一一排入并加评论。

邵雍把历史的过程，分为皇、帝、王、伯（霸）四阶段。他说：

> 皇之皇以道行道之事也。皇之帝以道行德之事也。皇之王以道行功之事也。皇之伯以道行力之事也。（《观物内篇》之十）

用这种皇帝王伯，道德功力交错排列是《皇极经世书》的通常办法。这里，事实上指皇、帝、王、伯各具有道、德、功、力的特点。

此外，他也用春、夏、秋、冬，日、月、星、辰，来譬喻历史上的各个时代。他说：

> 三皇春也，五帝夏也，三王秋也，五伯冬也。七国冬之余冽也。汉王而不足，晋伯而有余。三国伯之雄奇者也。十六国伯之丛者也。南五代伯之借乘也。北五代伯之传舍也。隋，晋之子也；唐，汉之弟也。隋季诸郡之伯，江汉之余波也。唐季诸镇之伯，日月之余光也。后五代之伯，日未出之星也。（同上）

邵雍的历史观与他的元、会、运、世宇宙观是一致的。与春、夏、秋、冬一样，元、会、运、世也在不断循环变化。这里说皇、帝、王、伯相当于春、夏、秋、冬，合于天道。历史演变至五代，已是一片黑暗，在等待日之出了。邵伯温说："春夏秋冬一岁之运，其变化如此，在大运亦然"（同上）。廖应淮说："天之春夏秋冬,万变而不穷,岂独一岁为然……一日之旦昼夕夜,一时之上下四刻,以至瞬息一秒之微,莫不皆然"(引自《皇极经世全书解》卷六)。从邵伯温、廖应淮的解释,可见《皇极经世书》的时间概念,大到元、会、运、世,小到时、刻、分、秒,都是不断变动的。就历史来说,邵雍把三皇五帝悬为典型,这标准是不易达到的。其后王与伯不断迭起。如战国七雄是"冬之余冽",到了汉、晋,又介于王、伯之间("汉王而不足,晋伯而有余")。最后说,"后五代之伯,日未出之星也。"其言外之意,宋代的兴起,是日出。

在理论上,他认为"帝"之道也是可以恢复的。他说:

> 古者谓三十年为一世,岂徒然哉。俟化之必洽,教之必浃,民之情始可以一变矣。苟有命世之人,继世而兴焉,则虽民如夷狄,三变而帝道可举。(《观物内篇》之十)

这里,他只看到圣贤的作用。因此又不无悲观地说:

> 惜乎时无百年之世,世无百年之人。比其有作,则贤之与不肖何止于相半也。时之难,不其然乎。人之难,不其然乎!(同上)

由此他得出在历史上"治世少,乱世多,君子少,小人多"(《观物内篇》之九)的结论。对此历史现象,邵雍不能做出正确的说明。他用《易经》来强加解释:岂不知阳一而阴二乎"(同上)?《易·系辞下》有"阳一君而二民,君子之道也。阴二君而一民,小人之道也"的话,原意似另有所指。邵雍引以说明历史现象也较牵强。总而言之,《皇极经世书》根据《易经》的刚柔相推、阴阳消长、时世因革的道理,推出一系列皇帝王伯,道德功力的循环不已的历史观。他的理想时代在三皇五帝,而又认为这是不易企及的。

邵雍还通过对于历史事件的评论阐发其历史"因革变动"的理论。他以田氏取齐为例说:

> 夫齐之有田氏者,亦犹晋之有三家也,亦犹周之有五伯也。韩、赵、魏之于晋也,既立其功,又分其地,既卑其主,又专其国。田氏之于齐也,既得其禄,又专其政,既杀其君,又移其祚。其如天下之事,岂无渐乎,履霜之戒,宁不思乎。(《观物内篇》之六)

这思想来自《易经》的"履霜坚冰至"(《坤卦》),说明历史事变都是由逐渐发展而演成的。

邵雍还提出对人民生活的关心与否是取得民心的关键。他以秦为例说:

> 民好生恶死之心非异也。自古杀人之多,未有如秦之甚,天下安有不厌之乎。夫杀人之多,不必以刃,谓天下之人,无生路可移也。(《观物内篇》之八)

他认为,"好生者""人之情",而顺乎"人之情"可以无敌于天下:

> 夫好生者,生之德也。好杀者,死之徒也。周之好生也,以义。汉之好生也亦以义。秦之好杀也以利,楚之好杀也亦以利。……人之情又奚择于周秦汉楚哉,择于善恶而已。(《观物内篇》之六)

这里既讲了儒家的义利之辨,同时又充满了儒家的"仁政"思想。由于时代限制,他只能以历史事实来论证"仁"与"不仁"是王朝兴废的关键。说明理学家邵雍的历史哲学基本上是儒家的一套。

他又说:

> 至于三代之世,治未有不治人伦之为道也;三代之世,乱未有不乱人伦之为道也。后世之慕三代之治世者,未有不正人伦

者也,后世之慕三代之乱世者,未有不乱人伦者也。(《观物内篇》之九)

以封建等级制的"人伦"能否维持,作为治乱因革的标准,这是邵雍历史哲学中的重要之点。

二、邵雍的社会政治思想

北宋中期,生产继续发展,社会经济相对稳定。史称:"忠厚之政,有以培壅宋三百余年之基"(《宋史·仁宗本纪赞》)。这是过分的颂扬。然而当时的开封、洛阳呈现一片繁荣景象,在孟元老的《东京梦华录》和张择端的《清明上河图》中可以反映一斑。神宗时,兴起新学与理学之争,政治上形成新旧两党。到哲宗、徽宗时更为纷乱。真正反映出民间疾苦的,有当时关于欧阳修的一段记录:

> 张芸叟(即张舜民)言,欧阳公云:吾昔贬官彝陵(今湖北宜昌),方壮年未厌学。欲求《史》《汉》一观,公私无有也。无以遣日,因取架间陈年公案,反复视之,见其枉直乖错,不可胜数。以无为有,以枉为直,违法徇情,灭亲害义,无所不有。且以彝陵荒远偏小,尚如此,天下固可知矣。当时仰天誓心,自尔遇事不敢忽。(吴曾《能改斋漫录·欧阳公多谈吏事》)

这段作为野史的材料,应有其真实性。欧阳修所见的"枉直乖错""违法徇情"等现象,在封建社会正是根深蒂固,无法杜绝的。对于上述社会现象,邵雍则悲观地归纳为"乱多于治,害多于利,悲多于喜"(《邵子全书》卷二十二)。

这些问题邵雍实际上无法解决,只有磋叹"奈何如此"(同上)。尽管他提出了一些治理国家的理论。对于治理国家,邵雍主张务实,反对空谈。他说:"夫天下将治,人必尚行也。天下将乱,人必尚言也。尚行则笃实之风行焉"(《观物内篇》之七)。邵雍还提出了"权"与"变"的思想。他说:"夫变也者,昊天生万物之谓也;权也者,圣人生万民之谓也"(《观物内篇》之四)。这样对"权""变"所下定义,似不甚明晰。但联系下文,可进一步了解邵雍的意旨所在。他说:"三皇同圣而异化,五帝同贤而异教,三王同才而异功,五伯同术而异率"(同上)。又说:"道、德、功、力者,存乎体者也。化、教、劝、率者,存乎用者也。体用之间,有变存焉"(同上)。这里关于"同圣异化","同贤异教"以及"有变存焉"等提法已颇类似商鞅或韩非书中的语言。

由此可见,邵雍作为一个理学家,并非是不通世务的迂夫子,也不是看花饮酒的享乐主义者。《吕氏家塾记》中记他"开口论天下事,虽久存心世务者,不能及也"(引自《邵子全书》卷二十四《附录》)。这情况当属实。

最后还要提到邵雍对当时新法的态度。《击壤集》中《无酒吟》说:"自从新法行,尝苦樽无酒"(《邵子全书》卷十九)。然而他对王安石变法却持审慎的态度。这从以下事例可见:

一日王拱宸(洛阳留守)之子王正甫约邵雍、吴处厚、王安国(安石之弟)会饭。邵雍称疾不赴。次日邵雍解释说:"吴处厚者好议论,平甫(即王安国)者介甫(王安石)之弟。介甫方执行新法。处厚每讥刺之。平甫虽不甚主其兄,若人面骂之,则亦不堪矣。此某所以辞会也"(邵伯温《邵氏闻见录》卷十九)。

此外,熙宁新法推行时,邵雍的门生故旧都准备投劾而归。邵雍说:"正贤者当尽力之时。新法固严,能宽一分则民受一分之赐矣。投劾而去何益"(同上卷二十)。

由上可见,邵雍对新法并非直接反对,但仍持不苟同的态度。实际上,他晚年在洛阳所接近者,大都是退居西京反对新法的官僚。他们相互之间交游频仍,亲密无间,这反映出邵雍一方面不同意新法,另一方面他又企求在新旧党争中保全自己。所以程颐说:"邵尧夫在急流中被渠安然取十年快乐"(《河南程氏外书》卷第十一)。

结　论

一、《皇极经世书》开创了宋明以来象数学的规模与传统。

邵雍的先天八卦图排列方位成为后代一切象数学者的基本依据。在宋、明、清拥有一大批追随者，在学术史上出现一批象数学的人物。著名的有宋代王湜、张行成、祝泌、锺过、廖应淮，明代有朱隐老、黄畿，清代有王植、何梦瑶等。他们的著作在《四库全书总目提要》中大都有著录和介绍。至于《四库全书》未著录的，更不知凡几。

尽管后代的象数学对邵雍的理论或多或少有所修正和改动，但邵雍不失为这一学术系统的开山者。

二、作为一个理学家，邵雍的思想，在哲学方面来源于《易经》和《中庸》，同时羼杂了道教的影响。在伦理道德与社会政治思想方面主要来源于儒家传统。

从其晚年滑稽玩世方面看，又深受道家"无为"思想的影响。

三、后世对邵雍的形象在两方面有所误解。其一，认为邵雍是一个未卜先知的预言家。这是当时（如邵伯温等）记载的夸张和失实[①]，以致在社会上以讹传讹。其二，认为邵雍是一位安乐窝中和平乐易的安乐老人。其实邵雍还有对现状不满的一面，而这些被邵雍的笑谈燕语的外貌与其诗句中的假象所掩盖了。

四、《皇极经世书》是邵雍思想的代表作。论事物发展变化多本于《易经》，具有朴素辩证法因素。从历史角度来看，其中尽有可取之处。

此书在谈到天地万物、日月星辰、水火土石时，受道教影响也很多。

有人说中国的自然科学传统萌芽于道教。邵雍尽管没有创建什么显著的成果，但他可以被认为与自然科学的理论发展有联系。

---

① 如邵伯温记邵雍在天津桥上闻杜鹃声，知南人（指王安石）将作相，认为天下自此多事。（《邵氏闻见录》卷十九）

《河图》《洛书》、先天八卦，尤其是《先天方图》，其中蕴藏着中世纪数学的精蕴和哲人的智慧。这是在明、清以来象数学著作中可以发现和探索，并值得进一步研究的①。象数学家往往接触到天文、历法和数学以至于物理之学，就说明了这问题。

《皇极经世书》中也包含了大量糟粕，牵强比附和主观臆断比比皆是。如以日、月、星、辰变为寒、暑、昼、夜，水、火、土、石变为风、雨、露、雷等等，都是不足取的。

五、明末清初是一个思想学术转折的时期。著名的学者如黄宗羲、黄宗炎、朱彝尊、胡渭等对邵雍都有所批评。

黄宗羲著《易学象数论》（有广雅书局本）评《皇极经世书》说：

> 康节之为此书，其意总括古今之历学尽归于《易》，奈《易》之于历，本不相通。硬期相通，所以其说愈烦，其法愈巧，终成一部鹘突历书。（卷五）

黄宗炎著《周易寻门余论》及《易学辨惑》，都是针对象数学的。他在《周易寻门余论》中说：

> 乃有邵尧夫者，取黄冠（指道教）之异说，以惑乱天下。

又论"卦变"时说：

> 费精神于无用之地。（同上）

《易学辨惑》的主旨也是引证、考据，说明先天八卦横图、圆图与方图

---

① 方以智次子，数学家方中通《数度衍》的开章就提出"九数出于勾股，勾股出于《河图》"，并演算加以说明。

都是来源于"养生家"也就是指道教。

胡渭评论邵雍的理论时说：

> 是亦邵子之数学，而非古圣人之《易》矣。(《易图明辨》)

在这些批评中，可见邵雍的"数学"确实被看成了一家之言，是"异学"，是"别派"，虽有影响，却只是术数之言。

第二编

南宋时期的理学

概　说

在宋明理学的发展过程中，南宋时期是发展的一个高峰，不但著名的理学家人才辈出，而且出现了像朱熹、张栻、吕祖谦、陆九渊那样十分重要的理学家。理学的许多重要派别，也形成于此时，并得到了发展。理学家之间的讨论、辩难，理学家与事功派思想家之间的讨论、辩难，呈现鼎盛的局面。理学的范畴、命题逐步确定下来，其涵义走向深刻和精密。所有这些，都表明理学发展高峰时代的到来。

南宋初年，尹焞、杨时都有很高的地位。杨时教授东南，扩大了二程理学的影响。胡安国、胡宏父子首开湖湘学派。胡安国虽然不出于程门，但是传程氏之学，他的《春秋传》，是理学的不刊经典。胡安国操行坚卓，经历两宋之际的变乱，确然不拔，被誉为大冬严雪中的松柏。胡宏是张栻的老师，学有本源。张九成以禅理阐述理学思想，朱熹斥之为洪水猛兽。朱震传象数之学，他的《汉上易传》是有名的象数学著作，他的《经筵表》介绍了北宋时期象数学的发展历史，有一定的史料价值。

南宋中期，朱、张、吕崛起，其中朱熹的成就最大。朱熹享年较长，弟子众多，长期从事讲学、著作活动，形成一个有势力的学派，所谓"程朱理学"，实质上是以朱熹为集大成。朱熹注解了北宋时期重要理学家的著作，又编著了《伊洛渊源录》这样一部最早的理学史著作，对奠定理学的基础起了重要作用。朱熹写了大量著作，进行了长期的学术活动，在当时产生了重大的影响，他的《四书集注》《诗集传》，后世定为经典，为科举考试所依据。在韩侂胄当政时期，有人甚至认为他权侔人主，因此遭到禁锢，那就是有名的"庆元党禁"。朱熹的地位，在他的门徒的心目中，把他同孔子相比，孔子是万世师表，朱熹是万世宗师。张栻、吕祖谦与朱熹齐名，但是两人寿命不长，学术成就不如朱熹巨大。张栻的理学思想，同朱熹最为接近，朱熹的《敬斋箴》是仿照张栻的《主一箴》写起来的，但是两人也有一些意见不同的辩论，这是次要的。吕祖谦得中原文献之传，以史学见长，他的理学思想通过史学著作表达。他同朱熹同编《近思录》，选定北宋理学家的语录，在这个问题上，他是支持朱熹的。

南宋中期，还产生了心学大师陆九渊。他的"发明本心"的宗旨，奠定了宋明理学中心学一派的基础。陆九渊的学生"槐堂诸子"和"甬上四先生"发展了心学，其中杨简的成就较大。朱、陆鹅湖之会，各自阐明了宗旨，以后书信往还，进行辩论，集中在"太极""无极"问题上，实质就是"理"到底超越于物质世界存在于天上，还是根于人心之所固有，这也就是程朱理学与陆王心学的根本分歧。朱、陆后学，互相水火，朱诋陆为告子，陆斥朱为支离，是理学史上的一大公案。

南宋中期同朱熹辩论的，还有陈亮和叶适。他们以鲜明的事功派的观点批评理学，论述人类历史的发展是进步的，对董仲舒的"正其谊不谋其利，明其道不计其功"作了有力的破弃，对后世唯物主义思想发展有较大影响。

南宋中期的杨万里，是诗人又是学者，他的《诚斋易传》以人事说《易》，具有较高的唯物主义思想价值。

"庆元党禁"解除以后，经过真德秀、魏了翁的努力，程朱理学逐步取得了理学史上的统治地位。朱熹、张栻、吕祖谦都先后取得封谥，先后被抬入孔庙。北宋和南宋理学发展的曲折过程，特别是程朱理学的发展过程，被记录在《道命录》一书里，虽然文献尚有缺略，但是基本情况记载清楚了。

朱熹的学生比较有影响的是陈淳、蔡元定、蔡沈父子。陈淳的《四书性理字义》解释理学的重要范畴比较详细，对后世有较大影响。蔡氏父子以象数学著名，蔡沈的《书集传》，后来为统治者定为官书。

王应麟、黄震是宋末的两位大儒。黄震宋亡后饿死殉国，与文天祥同样壮烈，这种志节得到了后人的尊敬。

传朱熹大弟子黄榦之学的北山四先生何基、王柏、金履祥、许谦，有人把他们列为元朝的理学家，也有人把其中的某些学者列为宋儒，从学说统绪上看，以附于南宋末年为宜。这个问题，也还可以进一步商讨。

第六章　胡安国《春秋传》的理学特色

《春秋》是儒家的重要经典之一,也是宋代理学家说经的一个重点。考宋儒说经,其著录之繁富,除《周易》外,当以《春秋》为最。清人谓"说《春秋》者莫夥于两宋",不无道理。足见《春秋》之学在宋代经学研究中所处的重要地位。因此,研究宋代理学,不能不对宋儒的《春秋》学加以考察。

宋儒治《春秋》,大体循着唐代经学家啖助、赵匡、陆淳一派的学术路径,弃专门而求通学,虽名为"弃传从经",实则兼采《春秋》三传,断以己意。叙事多采《左传》,述义多采《公》《谷》,而尤着重于《春秋》"大义"的阐发,其最显者,应首推胡安国。

胡安国是宋代经学家,以治《春秋》见长,撰有《春秋传》三十卷,名于世,为元、明两朝科举取士的经文定本,对后代有相当的影响。本章着重研究胡安国《春秋传》(下简称《胡传》)的学术观点及其在学术史上的地位。

第一节　胡安国的生平事迹和学统师承

胡安国(公元 1074—1138 年)字康侯,谥文定,北宋建宁崇安(今属福建)人,哲宗绍圣四年(公元 1097 年)进士,擢为太学博士,旋提举湖南学事。其时哲宗亲政,废除元祐旧制,崇复神宗熙宁、元丰新法,重新起用推行新法的新党,罢黜反对新法的元祐旧党。而此时的胡安国,政治上偏于保守。他倾向旧党,主张复古,不以重行新法为然。如他在绍圣四年的进士策试中,不但没有反对元祐旧党的言论,而且竟"以渐复三代为对"(《宋史》本传),主张恢复古制。这无疑是对哲宗重行新法的异议,其政治倾向性甚明。然而,胡安国政治上并非一味守旧,泥古不化。钦宗时,他针对北宋末年政治黑暗、吏治败坏、奸佞弄权、朋党猖獗的种种弊端,建议钦宗革新朝政,认为只有行"新政","中兴"才有希望:"若不扫除旧迹,乘势更张,窃恐大势一倾,不可复正"(同上)。其时金人南向,逼近汴京,威胁着宋王室的安全。有近臣建议:"分天下为四道,置四都总管,各付一面,以卫王室、捍强敌"。胡安国表示异议,指出"一旦以二十三路之广,分为四道,事得专决,财得专用,官得辟置,兵得诛赏,权恐太重;万一抗衡跋扈,何以待之"(同上)?他主张分散四都总管之权,由二十三路帅府行使。这种防范地方专权的思想主张,旨在尊君抑臣,加强中央集权。这一思想观点在他后来治《春秋传》中,得到了进一步的发挥。

高宗绍兴元年(公元1131年),诏胡安国为中书舍人兼侍讲。安国献《时政论》,讲划军国大计,建议人主"当必志于恢复中原,祇奉陵寝;必志于扫平仇敌,迎复两宫(指徽宗、钦宗)",积极主张抗金,收复失地。其时高宗欲起用故相朱胜非都督军务。安国据实直谏,力辟朱胜非讨好金人,贻误社稷,循致中原沦陷,宋室南渡。高宗遂改朱胜非为侍读。安国持录黄不下,鲜明地表明其坚决抗金的立场以及同主和派势不两立的态度。

绍兴五年(公元1135年),诏胡安国为经筵旧臣,令纂修所著《春秋传》;八年(公元1138年)书成,高宗谓"深得圣人之旨",进安国为宝文阁直学士;同年卒,终年六十五。

胡安国一生,虽在官四十年,而实历职不及六载。其为人、处事,"以圣人为标的",重操守,讲忠信,性格耿直,不趋炎附势,阿谀权贵。钦宗曾问中丞许翰识胡安国否?许答:"自蔡京得政,士大夫无不受其笼络,超然远迹不为所污如安国者实鲜"(《宋史》本传)。胡安国不但不与权贵为伍,而且每逢召对言事,敢于直谏,"徧触权贵"。因此他屡遭权贵们的排斥、打击。他处事无论巨细,从不苟且。有人劝他"事之小者,盍姑置之"。他说:"事之大者无不起于细微,今小事为不必言,至于大事又不敢言,是无时而可言也"(同上)。这种不阿权贵,对事无所顾忌的态度,是胡安国为人、处世的显著特点。

宋儒特别强调忠孝等封建纲常,胡安国行之尤笃。靖康中,金人围困京城。其时安国之子胡寅尚在城中,有客为之担忧。安国则首先以人主之安危为念。他说:"主上在重围中,号令不出,卿大夫恨效忠无路,敢念子乎"(同上)!其忠君之心,溢于言表。绍兴二年(公元1132年)赴阙途中,有从臣家居者设宴用音乐,安国愀然说:"二帝蒙尘,岂吾徒为乐之日? 敢辞"(《宋元学案》卷三十四《武夷学案》)。安国最讲孝道,为学官,京师同僚劝其买妾。他说:"吾亲待养于千里之外,曾以是为急乎? 遽寝其议"(同上)。徽宗政和二年(公元1112年),安国时提举成都学事,父没终丧,他对子弟说:"吾昔为亲而仕,今虽有禄万钟,将何所施?"遂称疾不仕,筑室墓傍,耕稼自给,聊以此终身(《宋史》本传)。上举数端,足见其忠臣孝子的真儒本色。

胡安国十分注重个人品格的修养,虽一生屡遭权贵贬斥,转徙流寓,遂至空乏,然而"贫"字为口所不道,手所不书。他以此告诫子弟:"对人言贫,其意将何求"(《宋元学案》卷三十四《武夷学案》)? 自称:"吾平生出处皆内断于心,浮世利名如蠛蠓过前,何足道哉"(《宋史》本传)! 他这种安贫乐道、不求利达、"萧然尘表"的处世态度,与理学大师程颐"安贫守节,言必忠信,动遵礼法","不求仕进"(《宋史》卷四二七),又何其相似! 无怪乎胡安国的同时代人把他与理学开派人物"二程先生"相提并论。谢良佐论年辈居安国之长,但对其人格却十分敬服,称他如大冬严雪中的苍松翠柏,可见其气节不凡,堪称宋代儒林的表率。《宋先》赞他"进退合义",为渡江以来儒者之冠,绝非虚语。

从学统看,胡安国本人并非二程嫡传,然其学术上宗程颐则是定论。他自称其学问多得之于"伊川书"。高宗时,曾有谏官诋安国为"假托程颐之学者",安国直言不讳,对程颐之学大加称赞:"孔孟之道不传久矣,自颐兄弟始发明之,然后知其可学而至。今使学者师孔、孟而禁不得从颐学,是入室而不由户"(《宋史》本传)。他建议朝廷"加之封爵,载在祀典",诏"馆阁裒其遗书,校正颁行,使邪说者不得作"(同上),公然奉程颐之学为正宗。全祖望称安国为"私淑洛学而大成者"(《宋元学案》卷三十四《武夷学案》),是符合事实的。

至于胡安国学术的直接师承,历来说法不一。争论的焦点是:他与"程门高弟"谢良佐、杨时、游酢的关系。多数学者认为,二程之后,有两个分支:杨时得之而南传于罗从彦,罗从彦传于李侗,李侗传于朱熹,此为一派;谢良佐得之传于胡安国,胡安国传其子胡宏,胡宏传于张栻,此为又一派。胡安国与谢良佐之间是师承传授关系的看法,实始于朱熹。朱熹在《上蔡祠记》中尝说,胡安国"以弟子礼禀学"。清人黄宗羲沿袭其说,谓"先生(安国)之学,后来得于上蔡者为多",遂列胡安国于谢良佐门下。全祖望以"师友"说力辟上述的"弟子"说,指出:"文定从谢、杨、游三先生以求学统,而其言曰:'三先生义兼师友,然吾之自得于《遗书》者为多。'然则后儒因朱子之言,竟以文定列谢氏门下者,误矣。"他还认为,"南渡昌明洛学之功,文定几侔于龟山(杨时)",而朱熹、张栻、吕祖谦"皆其再传"(《宋元学案》卷三十四《武夷学案》)。这样,全祖望不但认为胡安国与程门谢、杨、游三先生之间是师友关系,而且还充分肯定他在南宋洛学中的地位,与程门高足杨时齐观。

据《宋史》本传,全祖望的"师友"说似乎更接近于事实:

> 安国所与游者,游酢、谢良佐、杨时皆程门高弟。良佐尝语人曰:"胡康侯如大冬严雪,百草萎死而松柏挺然独秀者也。"安国之使湖北也,(杨)时方为府教授,良佐为应城宰,安国质疑访道,礼之甚恭,每来谒而去,必端笏正立目送之。

《宋史》本传这段记载,用"所与游者"的提法,说明安国与游、谢、杨像是朋辈间交往、互访的关系;所谓"质疑访道",也像是同人于学问上往返切磋的关系,从中很难看出安国与游、谢、杨是师生间上下传授的关系。谢良佐称安国如大冬严雪中的松柏,也足以说明胡安国在谢氏心目中的地位,绝非"门人"所能比拟。黄宗羲本人也承认,"先生(安国)气魄甚大,不容易收拾"(《宋元学案》卷三十四《武夷学案》)。像这样的品评也与"弟子"的身份不相称。胡安国在论其传授时也称"自有来历","龟山所见在《中庸》,自明道先生所授。吾所闻在《春秋》,自伊川先生所发"(同上卷二十五《龟山学案·附录》),没有提到受于谢、杨、游三先生。因此,我们可以排除胡安国为"谢氏门下"的说法。《宋史》本传曾提到胡安国对杨、谢"礼之甚恭"。全祖望也提到安国曾向"三先生以求学统"。因为"三先生"毕竟是"程门高弟",论年岁也居安国之长,所以胡安国本人称谢、杨、游三先生"义兼师友"是自有其道理的。

总之,从学统看,胡安国上宗二程,尤其是"程颐之学",下接"程门高弟"谢、杨、游,尤其是谢良佐;从师承看,胡安国与谢、杨、游之间是师友关系。

第二节 胡安国的治学路径与《春秋传》的成书

胡安国的学问重在匡世,其为学以"康济时艰"为职志。他说:

> 圣门之学,则以致知为始,穷理为要,知至理得,不迷本心,如日方中,万象皆见,则不疑所行,而内外合也。故自修身至于家国天下,无所处而不当矣。(《宋元学案》卷三十四《武夷学案》)

显然,这种以"格""致""正""诚"为起点,以"修""齐""治""平"为旨归的治学路径,是宋代理学家"通经致用"的学术风格。自二程以来,宋儒特别推崇《大学》,将其冠于"四书"之首,与五经并行,就是旨在"致用"。朱熹说:"通得《大学》了,去看他经,方见得此是格物致知事,此是正心诚意事,此是修身事,此是齐家、治国、平天下事"(《朱子语类》卷十四)。胡安国所以尽毕生之力治《春秋》,其意也在于"经世"。因为在他看来,《春秋》是

"经世大典"。《宋史》本传曾记载高宗与安国讲论《春秋》事：

> 高宗曰："闻卿深于《春秋》，方欲讲论。"遂以《左氏传》付安国点句正音。安国奏："《春秋》经世大典，见诸行事，非空言比。今方思济艰难，《左氏》繁碎，不宜虚费光阴，耽玩文采，莫若潜心圣经。"高宗称善。寻除安国兼侍读，专讲《春秋》。

诚然，胡安国所讲的"经世"，主要是指人主的"经邦济世"。他说："百王之法度，万世之准绳，皆在此书"（《胡传》序）。说明《春秋》是一部可以供人主"经世"取法的书。他认为，这也是孔子作《春秋》的本意："假鲁史以寓王法，拨乱世反之正"，"故曰：'知我者其惟《春秋》乎？罪我者其惟《春秋》乎？'知孔子者，谓此书之作，遏人欲于横流，存天理于既灭，为后世虑至深远也"（同上）。他把孔子作《春秋》和宋儒的"遏人欲，存天理"的道德说教引为同调，不免过于牵强。然而，综观其论说的主旨，在于阐明《春秋》为"经世大典"，则是十分清楚的。

必须指出，胡安国这一观点并非其独创，而是有所本。众所周知，孟子最先提出《春秋》"经世"说："世衰道微，邪说暴行有作，臣弑其君者有之，子弑其父者有之。孔子惧，作《春秋》。《春秋》，天子之事也"（《孟子·滕文公下》）。尔后公羊家大张其说。《春秋公羊传》哀公十四年："君子曷为为《春秋》？拨乱世反诸正，莫近诸《春秋》。"《史记·太史公自序》引董仲舒言曰："周道衰废……孔子知言之不用，道之不行，是非二百四十二年之中，以为天下仪表，贬天子、退诸侯、讨大夫，以达王事而已矣。子曰：'我欲载之空言，不如见之于行事之深切著明也。'"又如徐彦《春秋公羊传注疏》哀公十四年："（孔子）以为《春秋》者，赏善罚恶之书，若欲治世反归于正道，莫近于《春秋》之义。"至宋，学者多力主"通经致用"，故沿袭孟子、公羊家言。孙复著《春秋尊王发微》，谓《春秋》"尽孔子之用"，为"治世之大法"（引自《宋元学案》卷二《泰山学案》黄百家案语）；程颐著《春秋传》（仅成二卷），也谓《春秋》"为百王不易之大法"（《春秋传·序》）。

由此可见,胡安国的《春秋》"经世"说,远本孟子,中继公羊家,近接孙、程,确有所本。他尤其服膺孟子和程颐的《春秋》说,在《胡传》中多次称引他们的观点,奉为"纲领",谓"有精者大纲本孟子,而微词多以程氏之说为证"(《胡传》序)。他作《春秋传》就是本着这一精神,声称其书"虽微词奥义,或未贯通,然尊君父,讨乱贼,辟邪说,正人心,用夏变夷,大法略具,庶几圣王经世之志,小有补云"(同上)。

胡安国从治《春秋》到著《春秋传》历时三十载。他说:

> 某初学《春秋》用功十年,遍览诸家,欲求博取,以会要妙,然但得其糟粕耳。又十年,时有省发,遂集众传,附以己说,犹未敢以为得也。又五年,去者或取,取者或去,已说之不可于心者,尚多有之。又五年,书成,旧说之得存者寡矣。及此二年,所习似益察,所造似益深,乃知圣人之旨益无穷,信非言论所能尽也。

(《宋元学案》卷三十四《武夷学案》)

这样看来,安国在著《春秋传》之前,曾用十年时间"遍览诸家",想以"博"求"约",这是治《春秋》的阶段;又用十年时间"集众传,附以己说",这是著《春秋传》的阶段;又用五年时间"去者或取,取者或去",这是修改《春秋传》的阶段;最后五年是成书阶段。根据胡安国自述所提供的这个著作年表,可以推断出《胡传》著作的具体时间来。

据《宋史》本传:高宗绍兴五年令纂修所著《春秋传》,说明在这之前已有《胡传》一书。胡安国自述里所讲的"书成"就是指奉旨纂修前已著的《春秋传》。理由有二:其一,自述里在讲"书成"之后又有"及此二年"云云,而奉旨纂修的《春秋传》,书成之年亦即安国之卒年。显然自述里讲的"书成"绝非指奉旨纂修以后的事。其二,据《宋元学案》,胡安国自壮年即服膺于《春秋》,"至年六十一,而书始就"。此所谓"书始就",当指《春秋传》。按胡安国卒于绍兴八年,年六十五;年六十一当在绍兴四年。这和上述推断:《胡传》在绍兴五年奉旨纂修之前已成书相合。由此上溯三十年,安国始治《春秋》当在徽宗崇宁四年(公元1105年),始著《春秋传》当在其后十年,即徽宗政和四年(公元1114年)。就是说,安国于三十岁时始治《春秋》,四十岁始著《春秋传》,与《宋元学案》所说自壮年即服膺于《春秋》正合。指出这一点是很有意义的。因为自王安石废弃《春秋》,不列学官,至崇宁年间,循而未改,且"防禁益甚"。《春秋》学不绝如缕。胡安国正于此时"潜心刻意"于《春秋》,立意著《春秋传》,表明他以继绝学为己任。

从胡安国著《春秋传》的过程中,可以看出两个显著的特点:一是"遍览诸家","遂集众传,附以己说"。就是说,他不专主一家,而是兼采众传,然后断以己意。说明《胡传》并非"述而不作"的传注汇编,而是亦述亦作的一家之言。二是《胡传》成书时间长,从属稿到初次成书,历时二十年,"旧说之得存者寡";从奉旨修纂所著书到最后定稿,又用了三年时间。后人称其"自草创至于成书,初稿不留一字"(《四库全书总目提要》卷二十七),言词虽不免有所夸张,然也足见胡安国治学之勤奋和态度之谨严。所以《胡传》堪称著者毕生之力作。

第三节 《胡传》的《春秋》"大义"及其特点

《春秋》"大义"始倡于孟子。他认为,《春秋》之作,有"事"有"义"。其"事"根据当时各国的史书,其"义"则别出孔子的心裁,由他所创发(《孟子·离娄下》)。此后,对于《春秋》的"事"与"义",说经者辩难纷纭,持论不一。古文学家详事不详义,或重事不重义,《左传》及主其传者,即属于这一派。北宋王安石虽以"荆公新学"闻于世,非古文学家,然其持论最激烈,直斥《春秋》为"断烂朝报",毫无意义可言。今文学家略事详义,或借事明义,实则重在明义,《公羊》《谷梁》及主其传者,即属于这一派。

宋儒治经主"义理",故多以"义理"说《春秋》,于《春秋》"大义"倡言甚力。孙复治《春秋》,特发"尊王"大义;程颐治《春秋》,谓"其义虽大,炳如日星,乃易见也"(《春秋传·序》);张载虽不专治《春秋》,但也认为该书

"非理明义精,殆未可学"(《近思录拾遗》)。说明宋代理学诸家论《春秋》都重在明其"大义"。这与今文学家的观点确有相通之处。难怪胡安国著《春秋传》"事按《左氏》,义采《公羊》《谷梁》"(《凡例》),谓《春秋》为"仲尼亲加笔削,乃史外传心之要典"(《序》)。

《胡传》言《春秋》"大义",在其《序》《纲领》和《凡例》中已见端倪,特别是《隐公传》"后论"对隐公在位十一年的史事所做的综述,更有助于我们对《胡传》的《春秋》"大义"的了解。如:"谓周正为春",所以"知立制度,改正朔,以夏正为可行之时";"王正月",所以"知天下之定于一"而不"谬于《春秋》大一统之义";"隐公不书即位",所以"知父子、君臣之大伦不可废";"来赗仲子而冢宰书名",所以"知夫妇人伦之本而嫡妾之名分不可乱";"大叔出奔共而书曰郑伯克段",所以"知以亲亲为主而恩义之轻重不可偏";"祭伯朝鲁书曰来",所以"知人臣义无私交而朋党之原不可长";"大夫书卒","不书葬",所以"见君臣之义","明尊卑之等"(《胡传》卷三)。

上述诸义虽然还不能包括《胡传》关于《春秋》"大义"的全部,但是可以看作是其中的要点,而最富于时代特色的是以下两点:

(一)强调封建纲常

封建纲常作为封建伦理道德规范,既是封建等级制度的产物,又是维护这一制度的精神支柱。自西汉董仲舒首倡"王道之三纲"以来,历代封建统治者及其正宗学者都大力加以提倡,至宋更是如此,胡安国自不例外。他著《春秋传》,言《春秋》"大义",就特别强调封建纲常,认为纲常为"国政""人伦"之"大本",其中他又特别强调夫妇之伦,嫡妾之分。例如,《春秋》隐公元年载:"秋七月,天王使宰咺来归惠公仲子之赗。"《胡传》说:

> 咺者,名也。王朝公卿书官,大夫书字,上士、中士书名,下士书人。咺位六卿之长而名之,何也?仲子,惠公(按隐公父)之妾尔。以天王之尊,下赗诸侯之妾,是加冠于屦,人道之大经拂

矣。……(咺)承命以赗诸侯之妾,是坏法乱纪自王朝始也。《春秋》重嫡妾之分,故特贬而名,以见宰之非宰也。或曰:"僖公之母成风,亦庄公妾也。其卒也,王使荣叔归含且赗;其葬也,王使召伯来会葬。下赗诸侯之妾而名其宰,荣、召何以书字而不名也?"于前仲子则名冢宰,于后葬成风,王不称天,其法严矣。(卷一)

这里,胡安国对经文所做的解释,显然是断以"重嫡妾之分"的《春秋》"大义"。虽深文纳义,却也自圆其说。他认为,以天王之尊而"下赗诸侯之妾",派遣冢宰为其丧事送财物,是冠履倒置,乱了"嫡妾之分"。为此,《春秋》力加贬损:或冢宰称名不称字,"以见宰之非宰";或"王不称天",以见周王之不被尊为天王,其法甚严。

胡安国由"重嫡妾之分"进而提出明夫妇之伦。《春秋》隐公二年载:"十有二月乙卯,夫人子氏薨。"《胡传》说:

> 邦君之妻,国人称之曰"小君",卒则书薨,以明齐也;先卒则不书葬,以明顺也。有夫妇然后有父子,有父子然后有君臣。夫妇,人伦之大本也。《春秋》之始于子氏,书薨不书葬,明示大伦。苟知其义,则夫夫、妇妇而家道正矣。(卷一)

所谓"明齐""明顺",意在说明夫妇之间的主从关系,肯定"夫为妻纲"的封建权威原理的正当性;而置夫妇之伦于父子、君臣诸伦之前,视为"人伦之大本",这原为《易传·序卦》的观点①,《胡传》用以说明《春秋》"大义",按其实质,正是古代东方的以血缘为纽带的宗法关系在观念形态方面的反映。根据这种观念形态,有家才有国,国是家的扩大,王权是父权

---

① 《易传·序卦》:"有天地,然后有万物;有万物,然后有男女;有男女,然后有夫妇;有夫妇,然后有父子;有父子,然后有君臣;有君臣,然后有上下;有上下,然后礼义有所错,夫妇之道不可以不久也。"

的扩大。因此,由"夫为妻纲"必然延伸为"父为子纲""君为臣纲"的封建三纲,并成为维护封建等级制度的支柱。

必须指出,胡安国的伦理观念是宋代理学家的正统观念。《春秋》庄公二年载:"冬十有二月,夫人姜氏会齐侯于禚。"《胡传》说:

> 妇人无外事,迎送不出门。……在家从父,既嫁从夫,夫死从子。今会齐侯于禚,是庄公不能防闲其母,失子道也。……曰:"子可以制母乎?"夫死从子,通乎其下,况于国君。……不能正家,如正国何?(卷七)

《春秋》襄公三十年载:"五月甲午,宋灾,宋伯姬卒。"《胡传》说:

> ……世衰道微,暴行交作,女德不贞,妇道不明,能全其节,守死不回,见于《春秋》者,宋伯姬耳。(卷二十三)
>
> 宋伯姬在家为淑女,既嫁为贤妇,死于义而不回,此行之超绝卓异者,既书其葬,又载其谥。(卷十二)

宋伯姬"能全其节","死于义而不回",据《谷梁传》,是指其舍失火,左右呼其避火,伯姬不避,谓"妇人之义,傅姆不在,宵不下堂",遂被烧死一事。胡安国对上引经文持一褒一贬的态度。他以违"三从四德"贬鲁庄公之母姜氏会齐侯于禚,而又以"死于义","全其节"褒宋伯姬临火不避的"女德"。他所立的褒贬,完全以理学家宣扬的所谓"妇道"为依据。宋儒有"饿死事小,失节事大"的道德说教。胡安国显然是以理学家的眼光来看待宋伯姬的言行的。只要把"饿死"改成"烧死",宋伯姬就成了实践这一封建道德说教的巾帼楷模了。可见,《胡传》是以宋儒的伦理观念和道德标准来评骘、衡量《春秋》的人与事的,因而带有宋代理学的鲜明特色。

(二)突出尊王攘夷

尊王攘夷的《春秋》"大义"并非胡安国的发明,但却为他所发挥,使之更富于鲜明性,更具有理论色彩,因而构成《胡传》的又一特点。

综观《胡传》全书,所谓《春秋》尊王之义,系指尊周王和诸侯国君,主要表现在如下三个方面:

(1) 定周王于一尊。《胡传》训《春秋》隐公元年"王正月"说:"谓正月为王正,则知天下之定于一也。"何谓"定于一"？胡安国特别提到"土无二王","尊无二上"。说明"定于一"的实质在于定周王于一尊。他认为这符合"《春秋》'大一统'之义"(卷三)。按《春秋》"大一统"本为公羊家言。《公羊传》隐公元年:"何言乎王正月？大一统也。"颜师古注:"此言诸侯皆系统天子,不得自专也"(见《汉书·董仲舒传》)。《胡传》训"王正月"为"定于一",正是发挥了公羊家"大一统"之义,意在明周王一尊的地位,这和颜师古注是一致的。

《胡传》在解说《春秋》隐、庄、闵、僖诸公何以不书即位时,进一步申论了上述观点,指出"有一国而即诸侯之位者,受之于王者也",因此诸侯即位必请命于周王。隐、闵、僖诸公继位而"上不请命",所以《春秋》"不书即位",以"正王法"(卷十一)。同样,诸侯之世子也"必誓于王",否则即使继位,《春秋》也不书即位。如庄公不书即位,就是因其"虽嫡长而未誓",所以不能"为国储君副称世子"(卷七)。说明诸侯均统属于天子,其即位、立嫡皆听命于周王而不得自专,以示王权之独尊。

(2) 诛讨篡弑之贼。《胡传》认为,春秋时代,"周衰道微,乾纲解纽,乱臣贼子接迹于世,人欲肆而天理灭矣"(《序》),孔子惧,作《春秋》,诛乱臣贼子,以示王法,明尊王之义。如果说,诸侯"上不请命",《春秋》"不书即位",以示尊王之义;那么,弑君篡国更是罪不得赦,为《春秋》所不容,故说:"夫篡弑之贼,毁灭天理,无所容于天地之间,身无存没,时无古今,其罪不得赦也"(卷十六)。

《春秋》诛讨篡弑之贼,其法不一:或"书即位",或书"王正月",或"书葬"等等,其意均在著明篡弑者之罪。这是《胡传》对《春秋》尊王之义的进一步发挥。如隐公被弑,桓公继位,《春秋》书即位,《胡传》认为,这是"著其弑立之罪,深绝之也","以示王法,正人伦,存天理,训后世不可以邪汨之也"（卷四）。又如桓公十八年，《春秋》书"春王正月"。是年桓公已薨，为何又书"王正月"？《胡传》说，《春秋》"于十八年复书正者，明弑君之贼虽身已没而王法不得赦也"，其罪"皆得讨而不赦"（卷六）。在《胡传》看来，《春秋》诸侯"书即位"或书"王正月"有美恶之分，而以其是否符合尊王之义为准，所以"美恶不嫌同辞"（卷四）。这乃是对《春秋》诛讨篡弑之贼的新解。

《胡传》进而指出，《春秋》诛讨篡弑之贼还表现在：君弑而贼不讨，与篡弑者同罪，均在诛讨之列。如鲁宣公为弑君者所立，受之而不讨贼，《胡传》说："是亦闻乎弑也，故如其意而书即位以著其自立之罪"（卷十六）。《春秋》宣公元年夏："公会齐侯于平州。"据《左传》："会于平州，以定公位"。《胡传》说："然欲定其位者，鲁宣（公）宜称及齐，而曰会者，讨贼之法也"（同上）。"《春秋》大法，君弑而贼不讨则不书葬"。蔡景公为世子般所弑而《春秋》独书葬。《胡传》说："遍刺天下之诸侯也"（卷二十三）。因为其时诸侯不以世子般为弑君之贼而讨之，反而与之"往会其葬"。《春秋》书葬，就是意在讥刺诸侯废弃君臣、父子之伦，其罪与弑君者同。可见，《胡传》所谓"遍刺"，是对当时诸侯不讨篡弑之贼的普遍贬斥。

必须指出，《胡传》对《春秋》上述经文所做的解释，可谓发《左》《公》《谷》三传之所未发，虽不免有"六经注我"之嫌，然其意在突出《春秋》尊王之义则是十分清楚的。

（3）力戒权臣。春秋时代，政在大夫，权臣当国，屡见不鲜。《胡传》认为这是违背周公成训："昔周公戒成王，以继自今，我今立政立事，夫不自为政而委于臣下，是以国之利器示人而不知宝也。……使政在大夫而诸侯失国，又岂所以爱之也"（卷十一）。《春秋》力戒权臣就是为此而发。如定公元年书王不书正月，《胡传》说："元年必书正月，谨始也。定何以无正月？昭（公）薨于乾侯，不得正其终；定公制在权臣，不得正其始"。其时季氏当政，任意废立，"非先君所命"，"故不书正月"（卷二十七），意在贬抑权臣。又如僖公十七年"灭项"，《春秋》为何直书其事而不隐？《胡传》说："季孙所为耳"。就是说，其时季孙为"执政之臣，擅权为恶"，故"不与之讳"(卷十二)，其意也在贬抑权臣。

《胡传》指出《春秋》力戒权臣的目的在于明"圣人尊君抑臣之旨"。如僖公五年，"公及"诸侯"会王世子于首止"，《胡传》说："及以会，尊之也。……《春秋》抑强臣，扶弱主，拨乱世，反之正，特书及以会者，若曰：'王世子在是，诸侯咸往会焉'，示不可得而抗也。……此圣人尊君抑臣之旨也，而班位定矣"(卷十一)。又如《春秋》成公六年载：二月"取鄟"。《胡传》说："鄟，微国也。书取者，灭之也。灭而书取，为君隐也"(卷十九)。如果说，《春秋》书"灭项"是意在抑权臣；那么，书"取鄟"则是意在尊君。《胡传》谓："此《春秋》尊君抑臣，以辨上下，谨于微之意也"(同上)。可见，无论是力戒权臣还是诛讨篡弑之贼，都是为了阐明《春秋》尊王之义，从而使这一《春秋》"大义"的内容更富于鲜明性。这是《胡传》阐明《春秋》尊王之义的一个特点。

《胡传》还从名实关系方面阐明《春秋》尊王之义，因而使其观点带有明显的理论色彩。名实关系问题，是春秋时代思想领域中所面临的新课题。从形式上看，它指的是事实与其名称之间的关系：是"取实予名"还是"以名正实"？从内容上看，则是反映了春秋时代已经出现的社会变动的情况，即：原来西周奴隶制的等级名分与已经出现的僭越这种等级名分的客观事实之间的矛盾关系。孔子提出"正名"的主张，就是试图以辨正"名分"的方法来维护行将崩溃的等级制度。据说在《春秋》中，孔子也采用这种辨正"名分"的方法来保全周王的称号，以明尊王之义。《胡传》把《春秋》这一辨正"名分"的方法概括为两点：

其一，谓"去其实以全名"。就是说，删去有损周王尊严的事实记载以保全其称号，如鲁僖公二十八年五月"践土之会"。其时晋文公为盟主，大会诸侯于践土(晋地)。周王赴会，"下劳晋侯"。此事有损周王之尊，《春秋》"削而不书"，因为名实不符。周王名虽为天子，"其实不及一小国之诸侯"；晋文虽名为"侯伯"，"而号令天下，几于改物，实行天子之事"。《胡传》认为，"与其名存实亡，犹愈于名实俱亡。是故天王下劳晋侯于践土，则削而不书，去其实以全名"(卷十三)，意在为周王讳。

其二，谓"正其名以统实"。就是说，以周王之名号去改正有损于这个名号的事实记载，如僖公二十八年冬"天王狩于河阳"。据《左传》，实则"晋侯召王，以诸侯见"。《胡传》认为，《春秋》不直书其事而改书"天王狩于河阳"，是旨在"尊周而全晋也"（同上）。就名实关系而言，谓之"以名正实"。

《胡传》的上述经解，从名实关系方面揭示了《春秋》辨正名分的尊王实质，这在历来主《春秋》尊王说的经解中确无先例，即使是像孙复那样的宋初大儒，也未曾从名实关系方面予以说明。可见《胡传》从名实关系方面对《春秋》辨正名分的实质所做的理论概括，确是发前代说经家之所未发。这也是《胡传》不同于前人说经的又一个特点。

关于《春秋》"攘夷"之义，《胡传》指出，其要在"谨于华夷之辨"，认为"此《春秋》之旨也"（卷一）。按照《胡传》的观点，《春秋》"谨于华夷之辨"，早在隐公二年就提出来了。是年春，"公会戎于潜"。《胡传》说："戎狄举号，外之也。……《春秋》天子之事，何独外戎狄乎？曰：中国之有戎狄，犹君子之有小人。内君子外小人为泰，内小人外君子为否。《春秋》，圣人倾否之书，内中国而外四夷，使之各安其所也"（同上）。这里，《胡传》对"华夷之辨"所做的解释，包含着两个不同的概念：一是内与外的地域概念，二是君子与小人的伦理道德概念。用内与外的地域概念辨华、夷，这是历来说经家，尤其是公羊家的观点。他们用内与外的地域概念辨华、夷，以明"夷狄"必攘之理。不过，有的说经家认为，《春秋》"攘夷"之义但见宣、成之世，因"治近升平，故殊夷狄"，而其后之世，因"著太平"，"内外无异"，故"不必攘，远近大小若一，且不忍攘"（皮锡瑞《春秋通论》页九）。有的说经家则认为昭公以前，"天下之政，中国之事"，皆属"诸夏"内部的问题，而昭公以后，"夷狄"才"迭制之"（孙复《春秋尊王发微》卷十二）。就是说，《春秋》"攘夷"之义但见于昭、定之后，而不见之于前。《胡传》不但以内与外的地域概念辨华、夷以明必须"攘夷"之理，而且认为"攘夷"之义贯串于《春秋》全经。这是《胡传》突出《春秋》"攘夷"之义的具体表现。

至于用君子与小人的伦理道德概念辨华、夷也非自胡安国始。但他却又有所发挥,这就是同《易》理联系起来。《胡传》提到的"内君子外小人为泰,内小人外君子为否",原出自《易》泰、否两卦的象辞。① 胡安国借用《易传》以自然现象论证社会人事的方法来阐明《春秋》华、夷之辨。他从阴阳变化的自然现象中说明君子、小人之道的消长,又从君子、小人之道的消长说明内"中国"外"戎狄"之理,这就为他的华、夷之辨提供了自然哲学的依据,使他对《春秋》"攘夷"之义的说明富有哲理性。这是《胡传》突出《春秋》"攘夷"之义的又一表现。

《胡传》关于华、夷之辨不仅给予一般的伦理道德方面的说明,并且还直接同父子、君臣之义的封建纲常联系起来,指出"中国之所以贵于夷狄,以其有父子、君臣之义耳"(卷二十三),"中国之为中国,以其有父子、君臣之大伦也。一失则为夷狄矣"(卷十一)。正因为华、夷之辨事关封建纲常的兴废,所以《胡传》极力反对"亲戎狄",积极主张"攘夷",认为"以诸夏而亲戎狄,致金缯之奉,首顾居下,其策不可施也。以戎狄而朝诸夏,位侯王之上,乱常失序,其礼不可行也。以羌胡而居塞内,无出入之防,非我族类,其心必异……为此说者,其知内外之旨而明于驭戎之道"(卷一)。因此,尽管"盟虽《春秋》所恶",然而只要旨在"攘夷狄"则"许是盟"。如僖公二年九月齐桓公与诸侯盟于贯(按宋地),《春秋》独言江、黄等"东方之与国"。《胡传》说:"二国来定盟,则楚人失其右臂矣……其服荆楚之虑周矣,其攘夷狄免民于左衽之义著矣"(卷十一)。这说明《胡传》关于《春秋》"攘夷"之义不仅有拒"夷狄"于"中国"之外的意思,并且还有变"夷"为"夏",以"华夏文明"开化"夷狄"的意思。这种儒家正统观念又同《春秋》尊王"大一统"之义互为表里:"尊王"必"攘夷","攘夷"必"尊王",所以《胡传》往往将两者并提。如僖公二十一年秋,宋襄公大会诸侯于盂(按宋地),为楚成王所执。《胡传》说:"《春秋》为贤者讳。宋公见执不少隐之何?夫盟主

---

① 据《周易·泰卦·象》:"泰,小往大来吉亨,则是天地交而万物通也,上下交而其志同也。内阳而外阴,内健而外顺,内君子而外小人,君子道长,小人道消也。"又据《周易·否卦·象》:"否之匪人,不利君子贞。大往小来,则是天地不交而万物不通,上下不交而天下无邦也。内阴而外阳,内柔而外刚,内小人而外君子,小人道长,君子道消也。"

者,所以合天下之诸侯,攘夷狄尊王室者也。宋公欲继齐桓之烈而与楚盟会,岂攘夷狄尊王室之义乎!故……直书其事而不隐,所以深贬之也"(卷十二)。按儒家的传统观点,春秋时代的荆楚仍属未开化的"南蛮"。宋襄公名为"尊王",却与"楚蛮"为盟,不攘"楚蛮"岂能"尊王"?可见在《胡传》看来,尊王必"攘夷",其义甚明。

胡安国阐明《春秋》"大义"所以强调封建纲常,突出"尊王攘夷"是着眼于现实,立足于"经世"的。宋经唐末和五代之乱以后,封建纲常大遭破坏。宋王朝为了巩固其统治,就必须重整纲常,所以宋儒说经,多借经文以明纲常之理,对君臣、父子、夫妇之义倡之尤力,视为治国、立政之根本。北宋王朝加强中央集权,故学者多提倡尊王之义。孙复著《春秋尊王发微》,特标"尊王"以明《春秋》"大义",正是为了适应封建统治阶级的政治需要。南宋时,金人南侵,宋王室偏安于江左。为了收复中原失地,维护宋王室的安全,学者在主张"尊王"的同时,又突出"攘夷",意在抗金。《胡传》就是这样的代表作,因而不能不打上时代的烙印,显示出鲜明的历史特点。

第四节 《胡传》的《春秋》"笔法"

相传孔子据鲁史而作《春秋》,或笔或削,均有一定之法,且于字里行间,寓褒贬之意。《史记》称孔子为《春秋》,"笔则笔,削则削,子夏之徒不能赞一辞"(《孔子世家》),足见其法至严。后世将孔子行"笔削"、立褒贬,称为《春秋》"笔法"。

胡安国力倡《春秋》"大义",故也最讲求《春秋》"笔法"。因为在他看来,《春秋》"大义"即寓于其"笔法"之中。例如,鲁隐公见弑,《春秋》书"公薨"。《胡传》说:

> 隐公见弑,鲁史旧文必以实书。其曰公薨者,仲尼亲笔也。……仲尼笔削旧史,断自圣心,于鲁君见弑,削而不书者,盖国史

> 一官之守，《春秋》万世之法，其用固不同矣。不书弑，示臣子于君父有隐避其恶之礼。不书地，示臣子于君父有不没其实之忠。不书葬，示臣子于君父有讨贼复仇之义。非圣人莫能修，谓此类也。（卷三）
>
> 圣人假鲁史以示王法，其于鲁事，有君臣之义，故君弑则书"薨"，易地则书"假"，灭国则书"取"，出奔则书"孙"，屈己而与王国之大夫盟则书"及"，叛盟失信而莫适守则没公而书"会"。凡此类，虽不没其实，示天下之公，必隐避其辞以存臣子礼。（卷二十）

这是说，古代史官"以直为职而不讳国恶"，因此隐公见弑"鲁史旧文必以实书"。然而，《春秋》书"公薨"不书"弑"，显然是经过孔子"笔削"的。孔子之所以削而不书，是因为与"鲁事有君臣之义"，故君弑书"薨"不书"弑"，以示臣子对君父有"隐避其恶之礼"。同样，隐公见弑不书地，不书葬，也是为了明"君臣之义"。孔子这样的"笔削"，一"不没其实"，即隐公已死之事实，二可以"隐避其辞"，即"见弑"之辞，因而"君臣之义"得以明，"臣子之礼"得以存。这就是《胡传》对于《春秋》"笔法"所做的解释。它想表明：所谓《春秋》"笔法"，是孔子借"笔削"以明"大义"，所以说，"断自圣心"。

至于《春秋》"笔法"的褒贬问题，历来就有争议，清人皮锡瑞曾归结为三说："以《春秋》为一字褒贬，《公》《谷》之古义也；以为有贬无褒，孙复之新说也；以为褒贬俱无，后世习左氏者之謷言也"（《春秋通论》页七九）。他把《胡传》归入主"一字褒贬"之说，认为"胡氏《春秋》大义本《孟子》，一字褒贬本《公》《谷》，皆不得谓其非"（《经学历史》，中华书局1959年版，第250页）。

按皮氏断《胡传》主"一字褒贬"之说，其论似是而非：

其一，《胡传》虽主《春秋》"一字褒贬"之说，但并不认为其中"字字有褒贬之义"。所谓"一字褒贬"是指《春秋》经文中的某些措辞、用语有一字之褒、一字之贬。如宋伯姬卒，《春秋》书"葬"，就是一字之褒；臣刺君，

《春秋》书"弑",就是一字之贬。《胡传》主"一字褒贬"之说,即指此而言。然而,皮氏谓《胡传》主"一字褒贬"之说,实际上是指"字字有褒贬之义"。这就与《胡传》主褒贬说的原意相乖了。例如,按"字字有褒贬之义",《春秋》"阙文"必均有精义存。而《胡传》与这种看法不同,认为《春秋》"阙文""有断以大义削之而非阙者,有本据旧史因而不能益者,亦有先儒传授承误而不敢增者"(卷一)。前者系"削之"而"非阙者",故有褒贬之义;后两者是"阙文",故无褒贬之义。例如,《春秋》经文中的"甲戌,己丑,夏五,纪子伯、莒子盟于密之类……阙疑而慎言其余可矣,必曲为之说则凿矣"(同上),说明《春秋》经文虽有褒贬之义,但不可泥于字字求其义,否则就会失实悖理,凿枘乖谬。

其二,《胡传》虽主《春秋》"笔法"有褒贬,因而与孙复的"有贬无褒"说有别,但重点则在突出其贬义。这除了表现在上文已经指出的凡违反君臣之义、人伦之本、华夷之别均予以讥贬外,还表现在:

(1)以贬义释"王不称天"

《春秋》"王不称天"不乏其例。《胡传》认为其中含"讥""贬"之意。如《春秋》桓公五年秋:"王伐郑","王不称天"。《胡传》说:"《春秋》书王必称天者,所章则天命也,所用则天讨也。王夺郑伯政而怒其不朝以诸侯伐焉,非天讨也,故不称天",谓这是"既讥天王以端本矣"(卷五)。又说:"王与诸侯不奉天讨,反行朝聘之礼,则皆有贬焉,所以存天理、正人伦也"(卷四)。又如《春秋》庄公元年冬:"王使荣叔来锡(赐)桓公命",也"王不称天",《胡传》认为,"《春秋》书王必称天","今桓公弑君篡国而王不能诛,反追命之,无天甚矣……其失非小恶也"(卷七)。《胡传》这样"讥""贬"周王,似与其力倡"尊王"之义相左,然按其实质,或尊或贬,都是以能否符合封建纲常这一权威原理为进退的,合者则尊,违者则贬。所以,《胡传》在解释《春秋》上述经文时特称引啖助之言:"不称天王,宠篡弑以渎三纲也"(同上)。必须指出,《胡传》的上述义解均不见于《左》《公》《谷》三传,而见之于孙复的《春秋尊王发微》。孙复说:"赏所以劝善也,罚所以惩恶也。善不赏,恶不罚,天下所以乱也。威(按桓公)弑逆之人,庄王生不能讨,死又追锡之,此庄王之为天子可知也,不书天者脱(按疑贬字之讹)之"(卷三)。这说明在解释《春秋》"王不称天"方面,胡安国与啖助、孙复的学术观点有相通之处。

(2)以贬义释"有年""大有年"

按"有年""大有年"分别见于《春秋》桓公三年和宣公十六年,意为丰年、大丰年。先儒说经,多以庆瑞解之。如《公羊传》:"有年何以书?以喜书也。"《谷梁传》:"五谷皆熟为有年也"。《胡传》力反先儒之说:"夫有年、大有年一耳。古史书之则为祥,仲尼笔之则为异。此言外微旨,非圣人莫能修之者也。"(卷十八)为什么说"仲尼笔之则为异"?其"言外微旨"又何所指呢?《胡传》认为,桓、宣二公均篡弑而立,"逆理乱伦","获罪于天",宜得水旱凶灾之谴。今乃"有年""大有年"则是"反常也,故以为异";又说:"桓、宣享国十有八年,独此二年书有年,他年之歉可知也"(卷四)。这就是《春秋》"言外微旨"。虽然这种义解未免过于牵强,但是却与释"王不称天"一样,均以是否符合封建纲常为标准的,并以此立褒贬、定是非。孙复于桓公三年"有年"无解,而于宣公十六年"大有年"则说:"宣公立十八年,唯此言大有年者,民大足食也。书者以见宣公不道,重敛于民,常不足也"(《春秋尊王发微》卷七)。这与《胡传》所说的"言外微旨"可谓文异而义同。胡安国称"记异"为程氏所发明的奥旨,表明自己师承程颐之说。但是,毋庸讳言,在《胡传》与《春秋尊王发微》之间仍可一一寻求其学术脉络的联结。

(3)以"灾异"讥贬人事

这是《胡传》突出《春秋》"笔法"讥贬之义的又一表现。《胡传》说:"《春秋》灾异必书,虽不言其事应而事应具存。惟明于天人相感之际,响应之理,则见圣人所书之意"(卷三)。于是,《春秋》桓公元年秋"大水",《胡传》解释为:"大水者,阴逆而与怨气并之所致也。桓行逆德而致阴沴,宜矣"(卷四)。《春秋》庄公十八年秋"有蜮",《胡传》引北宋人陆佃之语作解:"蜮,阴物也。……是时庄公上不能防闲其母,下不能正其身,阳淑消而阴慝长矣,此恶气之应",并加以发挥说:"世衰道微,邪说作,正论消,小人长,善类退,天变动于上,地变动于下,禽兽将食人而不知惧也,亦昧于仲尼之意矣"(卷八)。此外,诸如日食、星陨、山崩、地震、雷击、电闪等等自然现象的变化,《胡传》也都用以比附人事,同春秋时代的人伦物理直接联系起来,讥刺时政,贬斥人主悖纲常,行逆德。这种天人感应说,其实质是神学目的论。自董仲舒治"公羊春秋"大倡此说以来,至宋代循而未改,《胡传》更大肆发挥,认为"《春秋》书物象之应,欲人主之慎所感也"(同上)。因此,对于《春秋》所记的天时物象的变化,《胡传》不但每事必书,而且都以"灾异"解之,任意比附,寓讥贬之意于其中,试图借此儆戒世时君主。总之,在《胡传》看来,《春秋》关于"天象"只书"灾异"不书"祥瑞",目的在于使人主"鉴观天人之理"而"有恐惧祗肃之意"。《胡传》这一观点与其强调《春秋》"笔法"的讥贬之义是相一致的。

综观《胡传》一书,其于《春秋》"笔法"力主于"笔削"中寓褒贬,于褒贬中见"大义";而于褒贬则又重在阐发其讥贬之意。可见《胡传》的《春秋》"笔法"虽本于《公》《谷》古义,然而又有其特色,自成一家之言。这是我们在论述《胡传》的《春秋》"笔法"时必须给予足够的注意的。

第五节 《胡传》在学术史上的地位

《胡传》自南宋初年成书以来,为封建统治者所推崇。宋高宗赞其"深得圣人之旨",列为经筵读本。元仁宗皇庆二年(公元1313年)下诏行科举新制,更以《胡传》定经文,与《春秋》三传并行。明代定科举之制,渐弃经不读,唯以《胡传》为主。明永乐年间,胡广等奉敕修《春秋大全》,经文以《胡传》为依据。清人谓"其书所采诸说,惟凭胡氏定去取而不复考论是非"(《四库全书总目提要》卷二十八),"当时所谓经义者,实安国之传义而已"(同上卷二十七)。自此尊崇《胡传》蔚为风尚。至清康熙年间敕撰《春秋传说汇纂》,"于安国旧说,始多所驳正"(同上),尊崇《胡传》之风遂渐止息。元、明两朝所以《胡传》盛行,清人认为"盖重其渊源"(同上)。就是说,元、明正统学术,宗法程、朱,而程颐《春秋传》仅成二卷,阙略太甚,朱熹则无成书。

因胡安国之学出自程颐,遂独用《胡传》,这固然是一个原因。但是,胡安国强调以义理说《春秋》,从而使《胡传》更具有鲜明的正宗儒学的特色,是更重要的原因。再者,从治学路径来看,《胡传》说经不主专门,但求通学,与宋明理学"三教合一"的汇通精神是一致的。至清代,理学势颓,汉学崛起,治经主专门,因而对《胡传》打破专门、兼采众说的治学路径多加指斥;《胡传》以义理说经,其繁文曲说之弊,尤为汉学所忌。所以《胡传》随着清代理学势颓、汉学崛起而其影响逐渐消失是必然的。

历来学者品评《胡传》,毁誉参半,而以朱熹的论断最具有代表性。朱熹谓"胡氏《春秋传》有牵强处,然议论有开合精神",清人称此论为"千古之定评"(同上)。这是不无道理的。《胡传》作于理学盛行之时,而又志在"匡济时艰",为此往往借经文以申其"经世"之意,所以穿凿附会、过于深求之弊自是难免,然而也有其不囿于旧说的创新之见,即朱熹所说的"开合精神",其中最根本的一条是:它兼采《春秋》三传而又突破三传。例如,公羊家最喜言"素王改制",且认为孔子以"素王"自命。《胡传》力反旧说,释"素"为"空",意即《春秋》空设一王之法,有王者起必来此取法,否认孔子以"素王"自命之说。《胡传》此说深受朱熹所称道,以为符合孟子义旨。又如,三传均以《春秋》正朔用周历,《左传》更于"王正月"之前加一"周"字,谓"周王正月",以明《春秋》所用为周历。后人称左氏增此一字,可谓"一字千金",宋以前对此几无异议。《胡传》据孔子答颜回问为邦之语"行夏之时"云云,而断《春秋》所书正朔是"夏时冠周月","以夏时冠周月垂法后世,以周正纪事示无其位,不敢自专也"(卷一),与其"素王改制"说联系起来,从而于素王说与非素王说二者之间持居中态度。这也是发前人之所未发。至于《胡传》对《春秋》"大义"的阐发具有鲜明的理论色彩,不仅为前人所不及,而且还影响到后世。例如,从名实关系阐明《春秋》尊王大义,元代赵汸在论《春秋》"笔削"时,就提出了"去名以全实"和"去名以责实"的"辨名实"之义。这与《胡传》在这个问题上的观点可谓如出一辙。由此可见,《胡传》在历代《春秋》学的研究中起着承前启后的作用。

第七章　朱震的生平及其《汉上易传》中的象数学

朱震(公元1072—1138年)是南宋初年的著名学者。他继承了北宋的理学与象数学传统，著有《汉上易传》，书中保存了大量象数学资料，阐述了他的哲学思想。《宋元学案》把他的生平学术列为《汉上学案》一章。宋、元、明、清历代学者对他都有所评论。《四库全书总目提要·经部二》著录其《汉上易传》，称"其说以象数为宗，推本源流，包括异同。"本章就他的生平经历及著作论述其学术思想。

第一节　朱震的生平及著作

北宋统一后，交通便利，生产力进一步发展。由于统治者的提倡，和雕版印刷的使用，学术十分繁荣，产生了一大批经学家、理学家和文学家，并印制了如《太平御览》《文苑英华》《资治通鉴》等大型书籍。

经学除相沿汉、唐以来的训诂考释传统外，也产生了一些对传统的不同看法。如欧阳修的《易童子问》认为《系辞》不是孔子所作。司马光的《疑孟》对孟子提出了批评。

理学是北宋新兴的产物，从安定(胡瑗)、泰山(孙复)、徂徕(石介)开始，就着重事功。胡瑗在湖州教授，就设经义、治事二斋。孙复在泰山著《春秋尊王发微》，多谈政治，石介谓之"非独善一身，而兼利天下者也。"其后范仲淹有"先天下之忧而忧，后天下之乐而乐"的名言，欧阳修说过

"文学止于润身,政事可以及物"的话。

而自从周惇颐根据道经画出《太极图》,二程写《定性书》《识仁篇》《易传》,提出"人与天地万物为一体"的哲学理论和"涵养须用敬"的修养方法以来,理学家通过阐发以《大学》《中庸》《论语》《孟子》《易·系辞》《春秋》为主的儒家经典,又吸收佛、老的思想,兴起了大谈理、气、心、性的学风。他们标榜道统的真传,这很易遭受理学圈子以外人士的忌嫉,他们不言功利,又很容易被关心经世济民的人们所反对。

宋神宗时,二程洛学与王安石新学之争,表现为变法与反变法之争。理学派被称为旧党,新学派称为新党。从神宗熙宁起,经哲宗元祐、徽宗崇宁,党争此起彼落,几经反复。

就在徽宗大观元年(公元1107年)新学派再次抬头。有人攻击"程颐倡为异端,尹焞、张绎为左右"。尹、张是程颐的门人,尹因此放弃做官而在民间讲学。程颐对此感叹说:"吾死不失其正者,尹氏子也"（吕德元《尹焞墓志铭》,引自《尹和靖集》）。这一年便是程颐去世的一年。新旧党争一直延续到徽、钦二帝北徙。北宋亡后,尹焞入蜀居涪州。

南渡以后,尽管偏安江左,学术文化仍然兴盛。理学基本上是属于二程的正统派。

南宋高宗绍兴元年(公元1131年)诏赠程颐直龙图阁。自从宋徽宗崇宁以来,理学被贬黜,至此重新推崇二程的学统,这是对理学的一大褒扬。

然而不久以后,左司谏陈公辅于绍兴六年(公元1136年)上疏请禁程氏学。奏疏中说:

> 今世取程颐之说,谓之伊川之学。……倡为大言,谓尧、舜、文、武之道传之仲尼,仲尼传之孟轲,孟轲传之颐。狂言怪语,淫说鄙论,曰此伊川之文也。幅巾大袖,高视阔步,曰此伊川之行也。……诚恐士习从此大坏,乞禁止之。(《宋史》本传)

这一上疏的背景是高宗正在召用退居四川的程门高足尹焞。陈公辅上疏,首先把矛头指向尹焞。另外,陈公辅曾被高宗的经筵侍读范冲所推荐,而范冲是元祐旧党范祖禹的儿子。可见陈与理学派是有渊源的。范冲外调后,公辅感到不自安,见宋高宗求退,同时上疏反对程颐以自白。

就是这个陈公辅,同时又是反对王安石的健将,可见朝廷中党争形势的复杂。他的上疏中说:

> 安石学术之不善尤甚于政事。政事害人才,学术害人心,《三经》《字说》,诋诬圣人,破碎大道,非一端也。(同上)

又说:

> 自熙、丰后,王安石之学著为定论,自成一家。蔡京引之,挟绍述之说,于是士大夫靡然而同,风俗坏矣。(《续资治通鉴·宋高宗绍兴六年》)

当时高宗切要的问题在于江淮之间的军事以及怎样稳定自己南方的政权,对于这些纠纷,他没有明确表示支持哪一方。他的诏语是:

> 士大夫之学,一以孔孟为宗,庶几言行相称,可济时用。臣僚所奏,深用怃然,可布中外,使知朕意。(《宋史纪事本末》卷八十)

一方面慰留公辅,同时又继续召理学家尹焞从蜀来京。尹焞自四川顺流东下,经过江西。吕德元在尹焞的墓志铭中记载:

> 至九江,有言者攻毁程氏,先生复辞。曰:"学程氏者焞也。生事之三十年,今又三十年矣,请就斥朝廷耻之。"(引自《尹和靖集》)

其中的言者,就是指陈公辅。陈公辅上疏引起的另一反响是侍读胡安国的反驳。胡安国于高宗绍兴七年(公元1137年)上疏,针对陈公辅的言论进行辩解说:

> 今使学者师孔孟而禁不得从颐学,是入室而不由户。夫颐于《易》,因理以明象,而知体用之一原,于《春秋》,见于行事,而知圣人之大用。诸经、《语》《孟》,皆发其微旨,而知其入德之方,则狂言怪语,岂其文哉?孝悌显于家,忠诚动于乡,非其道义,一介不以取予,则高视阔步岂其行哉?……愿下礼官,讨论故事,加之封爵,载在祀典。……(《宋史纪事本末·道学崇黜》)

安国疏上后,陈公辅与同官周祕、石公揆等交章论胡安国"学术颇僻"。《宋史》记载陈等三人行动是"承望宰相风旨"。宰相,指当时的吕颐浩与朱胜非。

因此尽管站在理学一方的张浚推荐胡安国,安国仍是辞官,以提举江州太平观的祠官名义,退而从事他的著作《春秋传》。这书作为理学家的解经著作,在后世影响很大。元、明两朝的科举制度中,关于《春秋》一经,就规定用胡安国传。

宋高宗从建炎元年(公元1127年)在应天(南京,今河南商丘)即位后,一直忙于保全自己皇位,防止徽、钦二帝南归,同时争取臣僚拥戴,稳定局面。绍兴五年(公元1135年)闰二月,恢复了经筵开讲。所讲的内容无非圣经贤传,如《春秋》《周易》等。主讲的人则是理学家如杨时、尹焞、胡安国、范冲、朱震等。当时即使有一股反理学的势力攻击理学家沽名钓誉、虚伪诡异、言行不一,但理学家在朝利用经筵,建言划策,在野端居养望,聚徒讲学,力量仍然潜滋暗长。

以上的社会背景以及学术文化背景,就是朱震生平经历的历史舞台之一幕,其中人物事件大部与朱震毕生活动有或多或少的关联。

朱震字子发,湖北荆门(今湖北荆门市)人。靖康金兵入汴时,已经55

岁。南渡后,他只生存了十一年,殁于高宗绍兴八年(公元1138年)。历史记载他的活动主要在南宋。

朱震曾于徽宗政和时登进士第,担任过州县官。北宋亡前一年,靖康元年(公元1126年),朱震54岁,被朝廷召为太学《春秋》博士。朱震不及二程之门,但在北宋之末,与二程的学生谢良佐关系密切。谢良佐监西京竹木场,朱震偕弟朱巽(字子权)往见,饭余茶罢,谢良佐掀髯讲《论语》。讲的是《子见齐衰者》一章及《师冕见》一章。前者记:

　　子见齐衰者、冕衣裳者、与瞽者,见之虽少必作,过之必趋。
(《子罕》)

后者记:

　　师冕(指一个盲乐师)见。及阶,子曰:阶也。及席,子曰:席也。皆坐,子告之曰:某在斯,某在斯。
　　师冕出,子张问曰:与师言之道与?子曰:然。固相师之道也。(《卫灵公》)

以上《论语》原意是说明对某些人要尊重、同情或帮助,所谓"不侮鳏寡,不虐无告"。这是孔子的待人接物的态度。

而谢良佐饱饫二程"体用一源,显微无间"之教,他对朱震解释上述两段《论语》的要义是:

　　夫圣人之道,无显无微,无内无外,由洒扫应对进退以至于天道,本末一贯。一部《论语》,只恁地看。(《宋元学案·上蔡学案附录》)

把处世原则染上哲学的色彩,这是理学家一个主要特点。其后又写

信给朱震说:

> 窃承求志有味道腴是嗜,信后当益佳胜。康侯(指胡安国)谓公博洽。少辈未知公,既宅心道学之后,处之当何如?昔见明道先生(指程颢)读《前汉书》未尝蹉过一字。至见他人有记问者,则曰玩物丧志。此可以窥其意旨也。(《上蔡先生语录》胡宪跋)

这信的前部分讲如果学术不为人所知,也要坦然自若,这是理学家的通常修养。后来朱震在解《易》时说:"不见是而无闷者,举世非之而不加损也。"又说:"君子穷居不损,大行不加,穷亦乐,通亦乐"(《汉上易传·井卦》)。表示他接受这一观点。

信的后半段是说读书要有目的性。没有目的的记问之学是"玩物丧志"。其后朱震在《汉上易传·大畜卦》中说:"德者刚健,多识前言往行,故能考迹以观其用,察言以求其心,以畜其德矣。夫以方寸之地,观万世之变,涂之人而上配尧舜,非多识之,其能畜乎?"

所谓"迹"与"言",当然是圣人之道。这里指出了学习经典的目的,是"多识前言往行",是为了了解圣贤的用心,以畜其德。

从以上记载,可以看出朱震对二程及其门人的思想继承是有脉络可寻的。

胡安国是朱震的老友,也是重要的理学家。胡安国于北宋哲宗绍圣四年(公元1097年)进士及第后,任荆南教授。荆门是朱震旧游之地。从那时起,两人相识。他除尊谢良佐为前辈外,对二程门人游酢、杨时都很接近,关系在师友之间。谢良佐曾对朱震说:"康侯(胡安国)正如大雪严冬,百草萎死,而松柏挺然独秀"(《伊洛渊源录》卷十三《胡文定公行状略》)。

这些学者,连同北宋末聚徒洛中的尹焞,形成一个理学家的圈子,都是两宋交替时代的理学代表人物。

胡安国从荆南入为太学博士。后又提举湖北、湖南学事,提举成都学事。在湖北时,以长官身份,对当时任应城知县的谢良佐修后进之礼,人们感到惊讶。南宋高宗绍兴元年任中书舍人侍讲,这时安国向高宗推举朱震,参知政事赵鼎,向高宗陈说当世人才,认为朱震"学术深博,廉正守道,士之冠冕"。于是召朱震为祠部员外郎兼川陕荆襄都督府详议官,时在绍兴四年(公元1134年)。

第二年恢复经筵。从二月到十月朱震连续擢升八次,名义是秘书少监、秘书少监兼侍讲、承议郎、起居郎、资善堂赞读、中书舍人兼资善堂翊善、朝散郎、左朝请郎等。绍兴六年,除给事中,又转左朝奉大夫。这两年朱震除了经筵讲读之外,做了两件事。一件是绍兴五年四月中,龙图阁直学士杨时病殁,朱震上表说:"时学有本原,行无玷缺,进必以正,晚始见知。其撰述皆有益于学者"(《续资治通鉴·高宗绍兴五年》)。由于朱震的上疏,高宗下诏取阅杨时的《三经义辨》,并赐其家银帛二百两匹。后杨时谥为"文靖"。另一件事是绍兴六年秋,朱震把所著《周易集传》九卷,《周易图》三卷,及《周易丛说》一卷,共十三卷进呈高宗。这就是后人称为《汉上易传》的那部名著。进书时,朱震写了《进周易表》。其中论述《周易》的流传,《河图》《洛书》的授受,以及他本人的学术渊源。

绍兴六年年底发生了左司谏陈公辅上疏反对理学宗师程颐的事件,朱震对此事没有进行争论,理学中某些人感到不满意。据载:"时朱震在经筵,不能净,论者非之"(《续资治通鉴·高宗绍兴六年》)。绍兴七年正月,朱震看到理学局面不稳,向宰相张浚提出,要求去职,没有得到允许。朱震的老友胡安国对朱也感到不满,写信给长子胡寅说:"子发求去,未免晚矣。当公辅之说才上,若据理力争,则进退之义明。今不发一言,默然而去,平生读《易》何为也?"于是胡安国自己上疏为程颐辩护。已见前述。同时,胡安国进一步要求对二程、张载、邵雍加封号。

理学家从其本身立场看,自认为君子,而认反理学的为小人。在胡安国看来,君子小人是不相容的。而朱震则另有一套议论。在他的《汉上易传》中有这样的见解:

> 天下恶人众多,疾之已甚。人人与君子为敌,是睽(睽有不

同的意义)者既合而复睽,斯亦君子之咎也。(《睽卦》)

在《遯卦》中又说:

> 小人远之则怨,怨则所以害君子者无所不至。初四、二五相应,不恶也。四阳以刚严在上,临之不恶而严也。不恶,故不可得而疏。严,故不可得而亲。是以莫之怨亦莫敢侮。而君子小人各得其所矣。
>
> 自古观其君而去者,以未平之志为怨世疾邪之事,多失之于矫激太过,岂能无咎?(《观卦》)
>
> 汉唐之乱,始于小人为险,君子疾之已甚。其弊至于君子小人沦胥以败,而国以亡。(《讼卦》)

由上可见,他对理学家所认为的小人抱着和光同尘态度,既不近之,也不远之,不疏不亲,做到各得其所。其目的是为了"无咎"。

而胡安国对陈公辅的辩诘,用朱震的理论来看,是"讼则终凶",将来要同归于尽。

应该说朱震的见解是更符合儒家传统和理学传统。那就是要像孔夫子那样用仁义道德来对待反对者。孔子说:"以直报怨"(《论语·宪问》)。又说:"言忠信,行笃敬,虽蛮貊之邦行矣"(《论语·卫灵公》)。又说:"攻其恶,无攻人之恶"(《论语·颜渊》)。当然这些都是美好的空话,实际上是行不通的。

结果朱震被皇帝挽留,而胡安国提举江州太平观,休于衡岳之下。

绍兴七年,朱震对朝廷大事提出了一个意见,即举行明堂祭祀大典的事。当时太常少卿吴表臣奏行明堂之祭,在明堂中,所祭者包括天地祖宗山川神祇等等,要用大量祭器、祭服、祭乐以及牛、羊、豕和乐工数百人。祭后要犒赏军队数百万缗,并举行大赦。

原在绍兴四年就举行过这样一次大典礼。绍兴七年,徽宗帝后相继在五国城去世的消息传来,神主尚未进太庙。按照《礼记》"丧三年不祭",朱震据之,认为不应举行明堂大祭。

皇帝任用经筵讲官,本是点缀品。如明堂大祭这种庄严隆重的典礼,显然不会被一个迂夫子从故纸堆中找来的空文所阻止。所以高宗下诏由侍从、台谏、礼官讨论这事,反对程颐的陈公辅一班人参加集议。结果仍然决定大飨明堂,于这一年九月举行了盛大的典礼。

这年朱震辞官乞宫观,高宗一再挽留不允。绍兴八年二月,胡安国在湖南衡山去世。六月朱震在临安去世。临终,推荐尹焞代替他的经筵讲职。

以上便是朱震一生的大致经历。

自宋以后的所谓儒者或理学家,大都以孔孟之道相标榜。他们中间大体有三种类型。

第一种以圣经贤传的教条为依归,埋头于名物和章句中,不识时务,懦怯无能,无所建树。他们的生存依靠统治阶级,然而有时也深居寡合,自命清高。这类人在理学家中最占多数。

第二种把四书五经作为装饰,高谈阔论,实际上沽名钓誉,图谋私利。这类人被称为伪学、伪行或假道学,只占一定的数量。

第三种反对空谈,对国计民生以及教育方法都有所规划建议。尽管他们的身份各不相同,思想学术的侧重面也各不相同,但要求对社会起实际作用这一点是相同的。

朱震总的说类似第一种,而胡安国则近于第三种,而两人的学术渊源与时代背景是相同的,所以论述朱震生平,多引胡安国为对比。

朱震的著作有下列几个方面:

(一)关于《易经》方面

行世的主要著作是《易传》。因朱震曾任荆襄都督府的官职,所以其《易传》后世称为《汉上易传》。《汉上易传》在晁公武《郡斋读书志》中著录为:

《朱子发易集传》十一卷

《易图》三卷

《丛说》一卷

此后历代也以《汉上易传》作为其代表作。朱震在书前的《进周易表》中论述了《易》学的历史源流以及其本人的宗旨。今存有涵芬楼景宋本(缺《易图》及《丛说》)、清初《通志堂经解》本及近代《湖北先正遗书》本。

(二)关于《春秋》方面

靖康元年(公元1126年)朱震被召后,五月授《春秋》博士。制词中说:

> ……尔其推明三家之同异,与诸生切磨,以求合于圣人之意。(《汉上易传·附录·汉上先生履历》)

南渡后,绍兴五年五月除起居郎的制词说:

> ……以尔习于《春秋》,明乎褒贬,经筵劝讲,开益为多。(同上)

同年六月除兼资善堂赞读的制词中又说:

> ……以尔纯白内备,博见洽闻,羲易麟经,尤所精贯。(同上)

可见朱震对《春秋》经传是曾经研习的,但目前没有这方面著作的流传。

(三)关于《诗经》方面

今传有朱震论《诗》的一段议论,见王应麟《困学纪闻》卷三。原文是:

> 朱子发曰,《诗》全篇削去者2694篇,如《貍首》《曾孙》之类是也,篇中删章者,如,"唐棣之华,偏其反而,岂不尔思,室是远

而"之类是也。章中删句者如"巧笑倩兮,美目盼兮,素以为绚兮"是也。句中删字者,如"谁能秉国成,不自为政,卒劳百姓"是也。

按孔子删《诗》是司马迁、班固以来传统的说法。唐代孔颖达说:"迁言未可信也"。比朱震稍晚的叶适说,"《诗》固不因孔子而后删矣"。他们都有一些分析论证。而朱震全由篇章字句来举例说明,没有什么历史的论证。这也可以看出他是一个墨守成规的章句之儒,缺乏历史的观点。朱震论《诗》著作,今也不传。

(四)其他方面

朱震其他作品,见于史料的,有一些代朝廷拟的诏诰。如绍兴七年大将郦琼叛变北投后,公论对宰相张浚意见很多,张浚罢职奉祠。这时的制命,就是朱震起草。其中有"《春秋》之义,责备于股肱,赏罚之公,必先于贵近。……尚继前修,勉图来效"等语(《建炎以来系年要录》),满含曲徇的口吻。

这些只能算是朱震的佚文,留待辑集。朱震的文集今天没有流传。

第二节 朱震的社会政治思想与修养论

理学家的最终目的是"穷理正心"以求得"修己治人之道"(朱熹《大学章句·序》),这也就是"大学之道"。《大学》之旨"在明明德,在亲民,在止于至善",归根到底是为统治者管好老百姓。至于探索宇宙根源,研究自然规律,那是理学家用以论证其社会政治思想的手段,不是儒家传统的终极目的。

为了把社会政治思想哲理化,理学家提出了"天命""理""气""心""性"等哲学范畴,这是宋明理学与前代儒家思想相形之下有所发展的特色。

朱震是程门的私淑弟子,他所交游的都是程门高弟和理学代表人物。

他的思想与学术,除讲理学之外,还有其独特之处。

朱熹编《伊洛渊源录》列入胡安国,而没有列入朱震。《宋史》没有把朱震排在《道学传》,而排入《儒林传》。宋、明以来历代学者把朱震看成是一个经学家和《易》学家,而没有把他看成是一个纯粹的道学家。这些都说明他不是理学的核心人物。

朱震学术的独特之处,在于他虽然也略涉及理、气、心、性,但不是其思想的主要部分。朱震论修己治人之道,除一本二程的正统外,又在不少地方是以象数学为其理论依据的。而这些是二程所不重视的。因此,在理学传统中,认朱震为同道,但没有很高评价。

下面论述作为理学家的朱震的社会政治思想,及其道德修养论。

朱震认为人民有生存的欲望,有了欲望,便有争心。要顺应这种欲望,进行教育。他说:"古之善畜天下者,知有血气,皆有争心。虽以力制,务绝其不善之本而已,犹去豕牙之害而豮之也","顺民之欲,因民之利,成民之才,率之以柔中,其效至于垂衣拱手而天下服"(《汉上易传·大畜卦六五》)。朱震提出"顺民之欲",这是与"存天理,灭人欲"有所区别的。他说:"使人安于至足之分则不争,不争则无讼"(同上《噬嗑卦六五》)。又说:"以财分人,则贫富平矣,以德分人,则贤不肖平矣"(同上《谦卦》)。他这种儒家的平等观,仍然是有等级差别的。他说:"所谓平者,非漫无尊卑上下差等也。称物而施,适平而止。平者,施之则也"(同上)。这种理论仍是从《中庸》的"亲亲之杀,尊贤之等"来的,仍是"称物平施"的旧传统。

其次,他主张刑罚要公平,轻的可以原宥,重罪则要处罚。如果不论轻重,一律赦过,那就不公平了。他说:"后世赦过,轻重悉原,刑罚不得其平矣"(同上《解卦》)!这是隐约针对南渡以后"恩赦"过多而言的。

关于用人方面,他主张唯才是举,不问其出身如何。他说:"苟利于宗庙社稷,则或出于屠贩、奴隶、夷裔、俘虏,不问其素可也"(同上《鼎卦初六》)。

他又借《易》卦来说明如果狭隘而不能容纳人才,则好的机会也会变坏,"泰"便变成"否"。他说:"时已泰矣,苟轻人才,忽远事,植朋党,好恶不中,不足厌服人心,天下复入于否"(同上《泰卦九三》)。

纳兰成德在《通志堂经解》的《汉上易传》序中，引用这一条，并指为"切中南渡君臣之病。"

当时上游从湖北，下游到江淮一带，主要的统兵将领有岳飞、韩世忠、张俊、刘光世等。高宗恐他们专权不受节制，不时加以转移调动。这无疑是影响士气的。朱震在《师卦》中说："古者人君之用将……进止赏罚皆决于外，不从中制。是以出则有功。"又说"圣人再言之者，任将不可不重也。"又引程颐《易传》的话说："自古任将不专，而致复败者，如晋荀林父邲之战，唐郭子仪相州之败是也。"这些都是对当时的军事形势而发的有价值的议论。

朱震遵循《大学》诚意、正心、修身的教条，首先注意培养道德品质。他说："君子果其行，必育其德。德者行之源，育德者，养源也"（同上《蒙卦》）。育德的标准是"正"，他说："一言以该之，正而已矣。不正则烛理必不明。不明，行己必不刚，施诸人必无相应之理，反求于心，不能自得，其能通天下之志乎"（同上《同人卦》）？这就是孔子的"其身正，不令而行。其身不正，虽令不从"（《论语·子路》）一语的发挥。至于他所谓"烛理"，是理学家的常用语。程颐说"既能烛理，则无往而不识"。又说"勉强行者，安能持久，除非烛理明，自然乐循"（《宋元学案·伊川学案·语录》）。这些最后还归结到天理。

朱震解释《无妄卦》说："无妄，天理也。有妄，人欲也。人本无妄，因欲有妄。去其人欲，动静语默，无非天理。"《说文》："妄，乱也"。陆德明《经典释文》："无妄，无虚妄也。"朱震把无虚妄而不乱指为天理，妄和乱指为人欲，与他的象数学中强调条理和秩序是一致的。这与把人欲指为人们正常生活要求，天理指为上天意志，也有不同。

朱震又认为修养的目的在达到谦恭慎密。《易经·解卦》有一句"负且乘，致寇至"的经文。一种解释是背了东西又坐在车上，就要招致寇盗的抢夺。朱震引用《系辞》，加以发挥说："慢藏者诲人使盗，冶容者诲人使淫，无不自己求之。……此以明致恭可以存位，慢则盗夺之伐之，为不恭之戒。……夫谦恭慎密，又知夫不密不恭之戒，则于言行也何有，善《易》

者也,《易》岂止于文字而已哉"(《汉上易传·系辞上》)!

为了达到谦恭慎密,就要反对轻易高傲的六朝名士作风。他说:"轻易者自塞其耳而聪不明也。陆机羁旅,处群士之上,而不闻牵秀,孟玖之毁,其以高亢轻易而致祸乎"(同上《旅卦·上九》)?又说:"夫聪明深察而近于死者,为好讥议人也。辩博闲远而危其身者,好发人之过也"(同上《观卦》)。这又发展成为一种明哲保身之道。对照朱震在陈公辅上疏攻击理学时,不发一言,这与他的处世哲学是一致的。

谦恭慎密,又表现在修己自重。他说:"特立不屈于欲,故能无禄而富,无爵而贵,守道修德,淡然无营。今躁妄以求,无耻自辱,亦不足贵也"(同上《颐卦·初九》)。这是周惇颐《太极图·易说》中"无欲故静"一语的发挥,这里又反映出道家修养的影响。

在《比卦·六二》,他引程颐《易传》说:"士之修己,乃求上之道。降志辱身,非自重之道也。故伊尹、武侯救天下之心非不切,必待礼至,而后出也。"这些也是理学家的通常表现,在出与处的问题上表示慎重,自命清高。但如处理不善,这一做法又可能变成以退为进的世故伎俩。事实上如陈公辅等所指出的那些"外示恬默,中实奔竞"的人,比比皆是。这情况之所以被引为佐证,斥之为伪学,也是很自然的。

以上朱震的道德修养论,归纳起来就是守正无妄,谦恭慎密,修己自重,这完全符合理学的正统观念。他的言论大都来源于儒家经典,可以从《大学》《中庸》中找到根源,同时又吸收二程的言论。他对《易》卦的解释,引用程颐《易传》,就可证明。这种道德原则,作为个人修养,可以独善其身,全身远祸。然而这些教义俱载于儒家经典和二程语录,人人皆知,人人能讲。当时社会上南迁的人民流离失所,农民起义频仍,朝廷中朋党倾轧,军事上金兵压境,国势岌岌可危。这些问题,都不是空论或正心诚意,谦恭自重所能解决的。朱震在南宋初期的十余年中,对这些迫切的社会问题无所献替,无能为力,而在著作中发挥理学的高调,最后以一经筵老儒告终,正说明了这种修养的不切实用。

第三节 朱震的象数学及其在学术史上的地位

一、《易》学的流派与象数学

绍兴五年,朱震在《进周易表》中说:

> 商瞿学于夫子。自丁宽而下,其流为孟喜、京房。喜书见于唐人者,犹可考也。一行所集房之《易传》,论卦气、纳甲、五行之类。两人之言同出于《周易·系辞》《说卦》,而费直亦以夫子《十翼》解说上、下经。……尔后马、郑、荀、虞各自名家,说虽不同,要之去象数之源犹未远也。
>
> 独魏王弼与钟会同学,尽去旧说,杂之以庄、老之言,于是儒者专尚文辞不复推原《大传》。天人之道,自是分裂而不合者,七百余年矣。

这一段叙述《易》学的流传,主要讲自东汉以前《易》学仍保持了象数学的本来面目。自从王弼、钟会把汉儒的说法一概排除,于是《大传》(指《系辞》《说卦》等)无人讲究,"天人之道"就分割了。

这里朱震的学术倾向是很明显的。他崇尚象数,反对王弼等义理派。朱震在《表》中又提出了一个非常突出的宋代《易》学传授系统,他说:

> 国家龙兴,异人间出,濮上陈抟以《先天图》传种放,放传穆修,修传李之才,之才传邵雍。放以《河图》《洛书》传李溉,溉传许坚,坚传范谔昌,谔昌传刘牧。修以《太极图》传周惇颐,惇颐传程颐、程颢。
>
> 是时张载讲学于二程、邵雍之间,故雍著《皇极经世》之书,牧陈天地五十有五之数,惇颐作《通书》,程颐述《易传》,载造

《太和》《三两》等篇。或明其象,或论其数,或传其辞,或兼而明之。更唱迭和,相为表里。有所未尽,以待后学。

这里说的是两个问题:其一是把象数学作为《易》学的正统,所有二程、张载都包入这一系列中;其二是把隐居华山的道士陈抟作为宋代《易》学也就是象数学的创始人。什么《先天图》《太极图》《洛书》《河图》,都归之于陈抟。

实际上,二程并不是这一象数学系统中的人物。从记载中可以看到大程和小程对象数都没有兴趣。程颢说,"尧夫(指邵雍)欲传数学于某兄弟,某兄弟那得工夫?要学须是二十年工夫",程颐说,"某与尧夫同巷里居三十余年,世间事无所不问,惟未尝一字及'数'"(《宋元学案·百源学案·附录》)。而程颐那部著名的《伊川易传》则属于王弼的义理派,从《易经》经文的义理方面来发挥。清代理学名臣魏裔介的儿子魏荔彤曾论邵雍与程颐的区别是:"邵子之学,毕竟在数一边,程子之学,毕竟在理一边。"(《大易通解》)这见解是如实的。

朱震之所以提出这一《易》学传授图,其目的无非说明他是所有这些人物的集大成者。在《进周易表》最后一段,他说:

> 臣顷者游宦西洛,获观遗书,问疑请益,徧访师门,而后粗窥一二。造次不舍,十有八年。起政和丙申(公元1116年),终绍兴甲寅(公元1134年),成《周易集传》九卷,《周易图》三卷,《周易丛说》一卷。以《易传》为宗,和会雍、载之论。上采汉、魏、吴、晋、元魏,下逮有唐及今。包括异同,补苴罅漏,庶几道离而复合。

从这段说明中可见朱震对前人的说《易》理论,无论是象数派或义理派,是兼收并蓄的。

在义理方面,他大量引证程颐的理论,《进表》中所谓"以《易传》为宗",不是指《系辞》《说卦》等构成"十翼"的《易传》,而是特指程颐的《伊川易传》。《汉上易传》六十四卦中,朱震引用程颐的"《易传》曰"之处,经核对与统计,有近一百条之多,大都是理学家讲社会政治思想,以及修养方法的内容。

《汉上易丛说》及《汉上易卦图》中,讲的大量是象数学。所谓"象",《易·系辞上》说:"圣人设卦、观象、系辞焉,而明吉凶。"又说:"圣人立象以尽意。"

三国时王弼认为《说卦》中的"乾为马""坤为牛"等譬喻就是"象"。而掌握了实质意义,就可以去掉那些譬喻。所以他提出"得意忘象"的理论。(《周易略例·明象篇》)朱熹举例认为"初九潜龙勿用"(《周易·乾卦爻辞》)的"潜龙"就是"象"。与朱熹同时的项安世说:

> 凡卦画皆曰象……指画为象,非谓物象也。大象总论六画之义,小象各论一画之义,故皆谓之象。
>
> 其曰天,曰龙者,自因有象之后,推引物类以明之耳。(《周易玩辞》)

这说法与朱熹不同。马端临则认为乾三连、坤六断是卦画的象,天、地、风、雷、山、泽、水、火是大象的象,乾为马,坤为牛,乾为首,坤为腹等是《说卦》的象(同上《序》)。

如果把象理解为卦画(即所谓爻),那么,即使义理派的代表人物,如王弼、程颐者,也不能避免不讲,因为爻和六个爻所组成的卦是说明《易经》的基本依据。问题在于象数派走得太远,从汉代的孟喜、京房起到郑玄、虞翻止,又引申出了什么互体、变卦、卦气、五行、纳甲等等名目,这些在《易经》六十四卦经文中本来是没有或基本上没有的东西。

所谓"数",《易·系辞上》说:"天一、地二、天三、地四、天五、地六、天七、地八、天九、地十。"又说:"天数二十有五,地数三十。凡天地之数五十有五。此所以成变化而行鬼神也。"用算式来表示如下:

$$1+3+5+7+9=25 \quad (\text{天数})$$
$$2+4+6+8+10=30 \quad (\text{地数})$$
$$25+30=55 \quad (\text{天地之数})$$

《易·系辞上》又说："河出图、洛出书、圣人则之。"而象数学家就因此附会，把天地之数的十个数字排列成一个数阵，称之为《河图》，假托是在所谓伏羲时，龙马从河中背负出来的一个宝贝。《河图》的图式相传如下：

《河图》用数字表示如下：

$$\begin{array}{c} 7、\\ 2\\ 8、3\quad 5、10\quad 4、9\\ 1、\\ 6 \end{array}$$

它的口诀是：

"一与六共宗而居乎北，二与七为朋而居乎南，三与八同道而居乎东，四与九为友而居乎西，五与十相守而居乎中。"①

《河图》原图

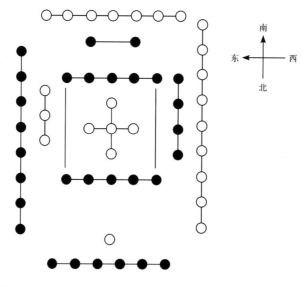

---

① 这一口诀源出于扬雄的《太玄·玄图篇》。

第七章　朱震的生平及其《汉上易传》中的象数学 ·247·

至于《洛书》，《大戴礼记·明堂篇》有"明堂者，古有之也，凡九室。二、九、四、七、五、三、六、一、八"的说法。

北周卢辩注《大戴礼》时，称"记用九室，谓法龟文，故取此数，以明其制也。"把这三组数字如下式排列，便是《洛书》的形象。

《洛书》用数字表示：

$$\begin{array}{ccc} 4 & 9 & 2 \\ 3 & 5 & 7 \\ 8 & 1 & 6 \end{array}$$

《洛书》原图

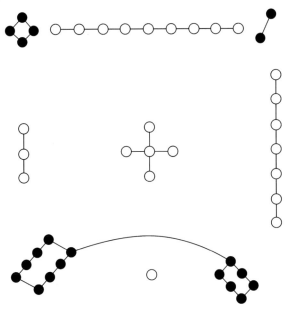

它的口诀甄鸾注《数术记遗》说是："戴九履一，左三右七，二四为肩，六八为足，五居中央。"

这就是在宋代突然出现的《洛书》的图像和排列方式。在《大戴礼》中名九室或九宫，尚未提到它名叫《洛书》。

这一数阵的左、右，上、下，交叉相加都是15。《洛书》与《河图》的不同是《河图》用从1到10十个数字组成，《洛书》是用从1到9九个数字组成。自宋以后的象数学家无不以以上二种数字排列的两个数阵，称之为

《河图》《洛书》，认之为八卦的本源，冠之于他们的《易》学著作的卷首第一页。

他们的依据之一，是《周易》郑玄注中提到的："河龙图发，洛龟书成，《河图》有九篇，《洛书》有六篇"（引自胡渭《易图明辨》卷一）。扬雄的《覈灵赋》中有以下的说法："大易之始，河序龙马，洛贡龟书。"（同上）此外，《尚书·顾命》有"天球、河图在东序"之句。这些都是象数学家把《易经》与《河》《洛》拉上关系的凭借。

为什么自汉以来焦赣、京房、荀爽、虞翻到唐代孔颖达、李鼎祚等都没有见到这两个方阵形式的《河图》《洛书》，而在宋代初期又突然出现呢？

其间传说纷纭，例如有的说这是"蜀隐士之祕授"，或说是"武夷君之真传"，或说"河图世藏祕府，宋徽宗始出示中外传写"（同上）等等，不一而足。从这些传说的无稽来看，宋人把假托的《河图》《洛书》混入《易经》，借以自重，其真相是显而易见的。

胡渭在《易图明辨》中说：

> 《周易》古经及注疏，未有列《图》《书》于前者，有之自朱子《本义》始。《易学启蒙》属蔡季通（蔡元定）起藁，则又首本《图》《书》，次列卦画。遂觉《易》之作，全由《图》《书》，而舍《图》《书》无以见《易》矣。（卷一）

这一段考证不够准确。按《周易本义》属稿于孝宗淳熙四年（公元1177年），《易学启蒙》成于十三年（公元1186年）（据王懋竑《朱子年谱》）。而朱震的《汉上易传》三书早于高宗绍兴五年（公元1135年）就进呈了。

尽管《河图》《洛书》这一重公案，自陈抟起，在整个北宋一直酝酿和争辩，应该说朱震的《汉上易卦图》是首先把《河》《洛》放置在扉页上作为标榜的第一部书。其次才是朱熹的《周易本义》和其门人蔡元定用朱熹名义写的《易学启蒙》。

朱震的《河图》《洛书》与众不同。《河图》是九个数字，《洛书》是十个数字,与自邵雍以来通常以《河图》为十数,《洛书》为九数相反。这是由于朱震根据刘牧的《易数钩隐图》。他除了把所谓《河图》称为《洛书》,所谓《洛书》称为《河图》外,对于两个图的形象和排列方法则无所更动。

宋、明以来的象数学家一般都采用邵雍、蔡元定以十数为《河图》,九数为《洛书》的说法,但对朱震也没有深究。《四库全书总目提要》的编者认为"黑白奇偶,八卦五行,自后来推演之学,楚得齐失,不足深诘"（卷二）。实际上,这两个图式互有关联,象数学者主要目的是利用"天生神物"作为标榜。至于十数与九数,哪一个是《河图》,哪一个是《洛书》,本无定论。

我们认为,所谓象数学,是旨在用特定的符号(如爻和卦及各种卦变)以及特定的数字(如天地之数、大衍之数)来说明一切自然现象和社会现象的联系与变化,这是象数学家们经常谈到的。

二、朱震象数学的主要内容

朱震在《汉上易传》的自序中说:

> 圣人观阴阳之变而立卦,效天下之动而生爻。变动之别,其传有五:曰动爻,曰卦变,曰互体,曰五行,曰纳甲。而卦变之中又有变焉。

这些就是朱震象数学的主要内容。现分析如下:
(一)关于"动爻"。朱震说:

> 一、三、五阳也,二、四、六阴也。天地相函,坎离相交,谓之"位"。七、八者阴阳之稚,六、九者阴阳之究。稚不变也,究则变焉,谓之"策"。七、八、九、六,或得或失,杂而成文,谓之"爻"。

(《汉上易传·系辞下》)

又说:

策三变而成爻,爻六变而成位,变者以不变者为体,不变者以变者为用。四象并行,八卦交错,而天地万物之情可见矣。其在《系辞》曰:"爻象动乎内,吉凶见乎外。"又曰:"道有变动,故曰爻"。此见于动爻者也。(同上)

这一段全是论爻的。讲得很概括,详释如下:

爻是卦的基本单位,分阳爻(—)和阴爻(- -)两种,相当于《易·系辞》"易有太极,是生两仪"的"两仪"。

由于爻的排列而形成卦,一卦中有六个爻,每爻占一个位。从下算起,一、三、五是阳位,二、四、六是阴位。(如下图)爻位是一阴一阳相间的,所以朱震称"天地相函,坎离相交"。

```
▭▭  6位    阴位
▭▭  5位    阳位
▭▭  4位    阴位
▭▭  3位    阳位
▭▭  2位    阴位
▭▭  1位    阳位
```

"七、八者阴阳之稚,六、九者阴阳之究。"是讲七是少阳,八是少阴,所以称稚,九是老阳,六是老阴,所以称究。老阴,老阳,少阴,少阳,相当于《系辞》"两仪生四象"的"四象"。

"稚不变,究则变焉,是谓策。"策就是蓍草。这里指在卜蓍时,爻是变动的。"究"是极的意思,到了极点,就向反面转化,所以在卜蓍的方法中,遇到九策(老阳),阳爻就要变成阴爻。遇到六策(老阴),阴爻就要变成阳爻。

卜蓍的方法,是按照《易·系辞上》所说:

大衍之数五十,其用四十有九。分而为二以象两,挂一以象三。揲(音牒,又音舌)之以四以象四时。归奇于扐(音肋)以象闰。五岁再闰,故再扐而后挂。

即先用蓍草四十九根,任意分两部分,分置左右手,即是"分而为二以象两"。朱震说,"象两者,分阴阳,刚柔也"(《汉上易传·系辞上》)。从右手的策数中提取一根挂到左手小指上,叫作"挂一以象三"。朱震说,"象三者,一太极两仪也"(同上)。然后左右手的策数(即蓍草数)都按四为一组的方式分别剔出,叫作"揲之以四",剩余不满四或等于四的最后一小撮留下,叫作"归奇于扐。"分策的动作叫"揲",分出的数目叫过揲数。把剩余的蓍草另外放置叫"扐",剩余的数目叫"扐数"。

左右手的过揲数相加便是第一变的过揲数。左右手的扐连同事先提取挂左手小指上的一策,加起来就是第一变的挂扐之数。

然后把第一遍的过揲数(非40,即44。)再任意分为两部分,置左右手,右手中再取一策挂左手小指,再以四为单位,数出右手以及左手的过揲数与剩余的扐数,这是第二变。

二变所得的过揲数,再按同样方法,求出第三变的过揲数。第三变的过揲数只可能是以下四种:24,28,32,36。由于《易·系辞》说"四营而成易",以上数字分别用4除,便得出:6,7,8,9。从而可以确定一个爻的性质是阴还是阳。所以朱震说"三变而成爻"。确定一个爻的阴或阳既要有三变,而一个卦有六个爻,确定一个卦就要有十八变。所以《易·系辞》说"四营而成易,十有八变而成卦。"

关于《易·系辞》中的"两",朱震说是指阴、阳,刚、柔;"三"是指太极、两仪,老阴、老阳到了极点就要向对方转化……这些都是《易经》的传统观念,没有更多的新的见解。

以上是朱震关于动爻的说法。

(二)关于卦变。朱震说:

《乾》生三男,《坤》生三女。《乾》交乎《坤》,自《姤》至《剥》,《坤》交乎《乾》,自《复》至《夬》,十有二卦,谓之辟卦。

《坎》《离》《震》《兑》,谓之四正,四正之卦分主四时,十有二卦,各主其月。《乾》贞于子而左行,《坤》贞于未而右行,左右交错,六十卦周天而复。阴阳之升降,四时之消息,天地之盈虚,万物之盛衰,咸系焉。……此见于卦变者也。(《汉上易传·自序》)

按《乾》生三男,《坤》生三女,其根据在于《易·说卦》所称:"《乾》天也,故称乎父,《坤》地也,故称乎母。《震》一索而得男,故谓之长男,《巽》一索而得女,故谓之长女。《坎》再索而得男,故谓之中男,《离》再索而得女,故谓之中女。《艮》三索而得男,故谓之少男,《兑》三索而得女,故谓之少女。"用图形表示如下:

☰ 乾——天,父。

☳ 震,长男。　☵ 坎,中男。　☶ 艮,少男。

☷ 坤——地,母。

☴ 巽,长女。　☲ 离,中女。　☱ 兑,少女。

从图中可以看出,《震》《坎》《艮》是《坤卦》的第一、第二、第三爻分别从阴爻变阳爻而得来,《巽》《离》《兑》是《乾卦》的第一、第二、第三爻分别从阳爻变阴爻而得来。这就是卦变的一种形式。

朱震对《乾》《坤》与三男、三女的解释是:"万物分天地也。男女分万物也。察乎此则天地与我并生,万物与我同体。是故圣人亲其亲而长其长而天下平。伐一草木,杀一禽兽,非其时,谓之不孝。"(《汉上易传·说卦》)这样,把父、母、子、女的关系,进一步扩展到万物。这是理学家常谈的"人与天地万物为一体"的宇宙观。在形式上讲卦变,实质上发挥自己的理论,这是理学家的常例。

关于十二辟卦,这是讲卦气或卦候的。卦气或卦候就是以卦来配合气候与时令。十二辟卦是用 64 卦中特定的十二卦,代表一年中的十二个月。每年十二个月,除了"《坎》《离》《震》《兑》谓之四正,四正之卦,分主四时"以外,其余六十个卦都分配到十二月中去。每个月大致分五卦。五卦是辟卦、公卦、侯卦、大夫卦、卿卦,而以辟卦为所属月的代表(《汉上易卦图》卷中《太玄准易图》)。辟就是君主,所以辟卦称为君卦,其余四卦称为杂卦(同上)。

十二辟卦,不是任意选择,其相互之间有一定的关系。列表如下:

十一月	十二月	一月	二月	三月	四月
复	临	泰	大壮	夬	乾
䷗	䷒	䷊	䷡	䷪	䷀

五月	六月	七月	八月	九月	十月
姤	遯	否	观	剥	坤
䷫	䷠	䷋	䷓	䷖	䷁

从上表可以看到,从十一月起,《复卦》只有一个阳爻,而到了四月,则《乾卦》纯粹是阳爻。五月从《姤卦》开始,第一爻是阴爻,发展到十月《坤卦》纯粹是阴爻。这种用卦爻阴阳升降的变化反映一年中气候的循环变化,是自然科学的萌芽,应当把它从象数学的神秘中剔取出来。四时、十二月、七十二候,是古代历法的传统,本来是科学的总结,但是用以配卦,则蒙上了象数学的神秘色彩。

至于他说"六十卦周天而复……天地之盈虚,万物之盛衰,咸系焉",那是中世纪哲学家的夸大。把人事的吉凶悔吝,尊卑贵贱,都归之于"卦变",便走向神秘主义。

(三)关于互体。朱震说:

> 一卦中含四卦,四卦之中复有变动,上下相揉,百物成象……此见于互体者也。(《汉上易传·自序》)

又说:

《说卦》谓之中爻,先儒谓之互体。(同上《说卦》)

晁公武《郡斋读书志》的《京氏易传》条下解释互体说:"会于中而以四为用,一卦备四卦者谓之互。"

这是说,一个卦的第二、三、四爻形成一卦叫下体,第三、四、五爻又形成一卦叫上体。上体和下体又组成一个新的卦,叫互卦或互体。

朱震所称"一卦中含四卦"和晁公武说"一卦备四卦"是指互体中的上体与下体,以及原卦的内卦(第一、二、三爻)与外卦(第四、五、六爻)共为四卦而言。例如,《大畜卦》䷙的第二、三、四爻是《兑》☱(下体),第三、四、五爻是《震》☳(上体)。《兑》与《震》又形成《归妹》䷵。

互体的用意无非使卦的形象变化增多,使象数家更易于用来象征事物,来发挥其理论。朱震对互卦的作用有所说明:"若夫糅杂八卦之物,撰定六爻之德。辩得失是非,则非中爻不备。中爻崔憬所谓二、三、四、五,京房所谓互体是也"(同上《系辞下》)。

例如《噬嗑卦》䷔的初九经文是:"初九屦校灭趾,无咎。"《噬嗑卦》的上卦(外卦)是《离》,下卦(内卦)是《震》。互体的上体是《坎》,下体是《艮》。朱震综合起来解释说:"《否》下体《艮》为指,在下体之下为趾"(同上《噬嗑卦》)。

因为《说卦》有"《艮》,足也"的譬喻,而《噬嗑》的第二、三、四爻所形成互体中的下体,与《否卦》的下体相同,都是《艮卦》,于是朱震发挥他的见解:"……械亦曰校,屦校以没其足,使止不行,而所惩者小,所戒者大,乃所以无咎"(同上)。

这就是用互体来解释《易经》经文的一例。

用互体这一方法最早在《左传》中就有记载。庄公二十二年《传》载:"陈侯使周史筮,遇《观》之《否》,曰:……《坤》,土也;《巽》,风也;《乾》,天也。风为天于土上,山也。"朱震说:

敬叔①得《观》之《否》,贾逵曰:"爻在六四,变而之《否》。"……凡所谓之某卦者,皆变而之他卦也。(《汉上易丛说》页十八)

按朱震说,《观卦》☷☴是由《坤》☷与《巽》☴组成的。而《观》的第四爻由阴变阳,《巽》便变为《乾》,而《观卦》也变为《否卦》☰☷。"之"有转变的意义;"《观》之《否》",就是《观卦》变成《否卦》。《观卦》变成《否卦》后,《坤》上的《巽》变为《乾》,所以为陈侯卜筮的周太史说:"风(《巽》)为天(《乾》)于土(《坤》)上,山也。"(《左传·庄公二十二年》)杜预对此条的注解是:"自二至四,有《艮》象,《艮》为山。"这就是用互体来解卦的又一例。对于杜注,孔颖达疏中称:"从二至四,互体有《艮》象,《否》者,卦爻之变,《艮》者,卦体之互。"这是说《观卦》变为《否卦》后,《否卦》的二、三、四爻形成互体《艮卦》。《说卦》有"艮为山"的譬喻,所以杜预做出以上注解。烦琐的孔疏进一步加以阐明说:"六四之爻,位在《坤》上,《坤》为土地,山是地高者,居于土上,是为土上山也。又《巽》变为《乾》,六四变为九四,从二至四互体有《艮》之象,《艮》为山,故言山也。"

朱震是互体理论的积极维护者,他说:"自子夏以来,传《易》者以互体言"(《汉上易传·归妹卦》)。又说:"郑氏传马融之学,多用互体"(《汉上易丛说》页二十八)。事实上,汉代《易》学家确是如此情况。到了魏时,王弼就讥议互体和卦变,乃祇从卦位和经文来解说《易经》。宋代诗人"永嘉四灵"之一赵师秀说:"辅嗣(指王弼)《易》行无汉学。"这里面当然包含着门户之见,然而从侧面可见,自魏、晋以后,象数学确实衰微了。

一直到北宋,二程不讲象数。程颐教人读《易经》先看王辅嗣(王弼)、胡翼之(胡瑗)、王介甫(王安石)三家,就是因为这三家不讲互体。

事实上,《易经》就是通过爻变、卦变等各种不同形式的排列组合和变化来发挥其哲学理论的。王弼讲义理,有其积极方面,主要是排除了象数

---

① 应为陈厉公,名完,谥敬仲。朱震误作敬叔。

学中的谶纬迷信部分①。然而他矫枉过正,把其中可取的形式甚至有科学萌芽的内容也一概除掉。朱震一再维护互体。他接受、保留并集中了互体、卦变、五行等汉代《易》学家的学说,并加以运用。从这方面说,《汉上易传》三书是有其功绩的。尽管瑕瑜互见,得失参半,还存在一些糟粕,然而《汉上易传》终于为今天我们的研究保存了系统的思想资料和一定的历史线索。

（四）关于五行。八卦在远古发明和历代逐步发展的过程中,《易》学家抱着雄心大志,要用这些符号说明和反映宇宙间的一切现象。除了最基本的乾、坤是阴、阳、刚、柔的象征,八卦是天、地、水、火、山、泽、风、雷的象征以外,在《说卦》中,八卦又各各代表自然界和社会上的各种现象和对象,如《离》为火,为日,为电,为中女,为甲胄,为戈兵……《艮》为山,为径路,为门阙,为果蓏……《兑》为泽,为少女,为巫,为口舌……等等。

八卦扩展到六十四卦后,如前一节所述,又用所谓十二个辟卦代表一年的十二月,又以《坎》《离》《震》《兑》所谓四正卦的二十四个爻代表一年的二十四个节气。除四正卦以外的六十个卦又分配到一年的 $365\frac{1}{4}$ 日中去,每一个卦各值六日七分,用分数表示为 $6\frac{7}{80}$ 日（每日以 80 分计算）。这些都与古代历法有密切联系。

在这种情况下,八卦的体系仍然不断发展扩大,其势必然要接触到另一个说明宇宙根源的五行说。而《易》学家们企图把八卦和五行两套体系结合在一起。朱震说:"八卦兼用五行,乃尽其象"(《汉上易丛说》通志堂本页4)。

《汉上易卦图》卷下有《卦图》和《五行数图》,分别如下:

---

① 郑玄是汉代象数派的殿军,王弼是魏、晋以后义理派的开山。唐李鼎祚《周易集解》序称:"郑则多参天象,王则全释人事。"这是象数派与义理派的区别所在。至于郑的"参天象",则既有科学的萌芽,又有谶纬的迷信。

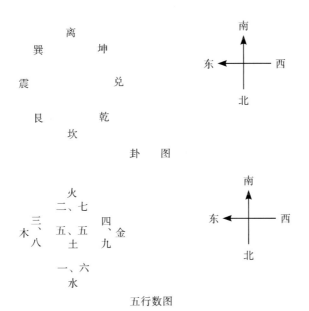

卦图与所谓邵雍的文王后天八卦方位图一致,是根据《易·说卦》排列的。《说卦》说:

> 万物出乎震,震东方也。……巽东南也。……离也者,明也。万物皆相见,南方之卦也。……坤也者,地也。……兑,正秋也。……乾,西北之卦也。……坎者水也。正北方之卦也。艮,东北之卦也。

五行图以及五行所配的数字,则是根据郑玄的说法。郑玄说:

> 天一生水于北,
> 地二生火于南,
> 天三生木于东,
> 地四生金于西,
> 天五生土于中。
> 阳无偶,阴无配,未得相成。
> 地六成水于北与天一并,

天七成火于南与地二并,
地八成木于东与天三并,
天九成金于西与地四并,
地十成土于中与天五并也。(王应麟辑《周易郑康成注·系辞》)

把两图相对照,按照八卦的方位,与五行的方位来看,朱震得出以下结论:

乾,金也,兑又为金,
坎,水也,兑又为泽,
艮,土也,坤又为土,
震,木也,巽又为木,
离,火也,火藏于木,
以此见无一物不具阴阳者。(《汉上易丛说》通志堂本页二十九)

朱震所说八卦与五行的配合,从二图的方位上比较,基本上是相符的。但也有例外,如坤在西南,艮在东北,而土在中央,方位不一致。但这又可以用《易·说卦》的"坤为地"和"艮为山",而山与地都是土来解释,所以八卦的坤与艮属于五行的土。现列表如下:

乾、兑——金
震、巽——木
坎　　——水
离　　——火
坤、艮——土

这样一来,八卦和五行的关系就建立了。这使象数学的领域得到很大的扩张。把八卦和五行相沟通的思想,汉代以前就有了,而并非朱震的创造。他做了总结前人成果,详尽加以阐述的工作,当然这也并不排除他自己的"时出新义"。

他提出"无一物不具阴阳者"的命题,是因为乾为父,震、艮、坎为三子,都属阳,而坤为母,巽、离、兑是三女,都属阴,而金与乾(阳)兑(阴)配,木与震(阳)巽(阴)配,土与坤(阴)艮(阳)配,都是与一阴一阳相配合,而水、火又各与坎(阳)离(阴)相配的缘故。张载在《正蒙·太和》中说过"万物虽多,其实一物,无无阴阳者。"后来戴震在《孟子字义疏证》中说"举阴阳则赅五行,阴阳各具五行也。举五行即赅阴阳,五行各有阴阳也。"这里朱震的见解,与张载、戴震是一致的。

以上八卦与五行的配合,朱震在《汉上易传·系辞上》中又有发挥,他说:

> 乾、兑金也,震、巽木也,坎水,离火也,坤、艮土也。乾、震、坎、艮,阳也。坤、巽、离、兑,阴也。阴阳之精,五行之气,气聚为精,精聚为物。得乾为首,得坤为腹,得震为足,得巽为股,得坎为耳,得离为目,得艮为鼻,得兑为口,及其散也,五行阴阳,各还其本。

把八卦比附人身的生理器官,这是象数学家自《易·说卦》继承来的,是象数学的糟粕。但是其中"气聚为精,精聚为物"的命题,是值得注意的。他认为万物由五行阴阳之气所形成:

> 至隐之中,万象具焉。见而有形,是为万物。人见其无形也,以为未始有物焉,而不知所谓物者,实根于此。(《汉上易丛说》页三十二)

这个"至隐"的东西,就是指"气"。朱震又说:

今有形之初,本于胞胎,胞胎之初,源于一气,而一气之动,絪缊相感,可谓至隐矣。(同上)

朱震认"气"为"至隐",这与张载的"虚空即气","知太虚即气则无无","气聚则离明得施而有形","太虚无形,气之本体,其聚其散,变化之客形尔"(《正蒙·太和》)是全然一致的。朱震的"气聚为精,精聚为物……及其散也,五行阴阳,各还其本",以及"形聚为气……气聚成形"(《汉上易传·系辞上》),与张载的"气不能不聚为万物,万物不能不散为太虚"其意思是一样的。

(五)关于纳甲。象数学家排列综合爻与卦的目的是要以之象征一切。上节论述八卦与五行的配合。这里讲八卦与时间概念(天干、地支)的配合。把八卦与天干配合的叫纳甲。朱震说:

纳甲何也?曰:举甲以该十日也。乾纳甲、壬,坤纳乙、癸,震、巽纳庚、辛,坎、离纳戊、己,艮、兑纳丙、丁,皆自下生。(《汉上易卦图》卷下《纳甲图》)

其图如下:

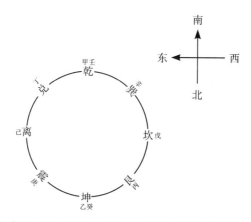

这图朱震称为《天壬地癸会于北方图》,图中的八卦排列是按照邵雍的所谓《伏羲先天八卦图》,其根据是《易·说卦》所说的"天地定位,雷风

相薄,水火不相射,八卦相错。"四句话。

从形式上看,天干有十个,八卦只有八个,互相配合后,多出壬、癸两名目,再分配给乾、坤两卦。这就是京房所说的:"乾、坤之象益以甲、乙、壬、癸,震、巽之象配庚、辛,坎、离之象配戊、己,艮、兑之象配丙、丁"(《京氏易传》卷下)。朱震对此又做了补充说:

> 乾纳甲、壬,坤纳乙、癸,震纳庚,巽纳辛,坎纳戊,离纳己,艮纳丙,兑纳丁。
> 庚、戊、丙三者得于乾者也,辛、己、丁三者得于坤者也。始于甲乙终于壬癸,而天地五十五数具焉。(《汉上易传·自序》)

其中庚、戊、丙所配震、坎、艮分别是长男、中男、少男,所以朱震说"得于乾者",而辛、己、丁分别配巽、离、兑,是长女、中女、少女,所以说"得于坤者"。

三国时江东的虞翻是《易》学大师。朱震书中对他经常称引。《易·系辞上》有一句论天地之数说:"天数五,地数五,五位相得,而各有合。"虞翻认为五位就是五行之位(见惠栋《易汉学》卷三)。朱震引用虞翻的理论说:

> 甲乾乙坤相得合木,
> 丙艮丁兑相得合火,
> 戊坎己离相得合土,
> 庚震辛巽相得合金,
> 天壬地癸相得合水,故五位相得,而各有合。(《汉上易卦图》卷下《十日数图》)

朱震又说:"遁甲九天九地之数,乾纳甲、壬,坤纳乙、癸。自甲至壬,其数九,故曰九天。自乙至癸,其数九,故曰九地。甲一,乙二,丙三,丁四,戊五,己六,庚七,辛八,壬九,癸十,故乾纳甲壬配一、九,坤纳乙、癸配

二、十,震纳庚配七,巽纳辛配八,坎纳戊配五,离纳己配六,艮纳丙配三,兑纳丁配四,此天地五十五之数也"(同上)。

这里,朱震把天地之数与十天干之数一致起来了,即"天一,地二,天三,地四……"与"甲一,乙二,丙三,丁四……"一致起来了。

更值得注意的是朱震进一步把八卦的乾、坤、艮、兑……一个体系,与十日的甲、乙、丙、丁……一个体系,以及五行的金、木、水、火、土一个体系,三者贯合起来了。

根据上述说明,现在把八卦、十天干、五行以及天地生成数和乾坤六子等五个系统,综合制表如下:

八卦	乾	坤	艮	兑	坎	离	震	巽
乾坤六子	父	母	少男	少女	中男	中女	长男	长女
天地之数	天1 天9	地2 地10	天3	地4	天5	地6	天7	地8
天干	甲、壬(阳)	乙癸(阴)	丙(阳)	丁(阴)	戊(阳)	己(阴)	庚(阳)	辛(阴)
五行	水	木	火		土		金	

从上表可见,八卦与天干的相配是按照一定规律,而不是任意的。无论从天地、阴阳、男女三方面来看,都是有次序,有联系的。不但如此,作为对应的金、木、水、火、土,也是按照五行相生的规律而紧密相连的。

由此可见,纳甲是一个完整严密的理论体系,它充分反映出象数学的有条理的思想方法。

纳甲的产生,究竟起什么作用?

据汉代京房说,是"定吉凶,明得失"(《京氏易传》卷下)。其后汉代魏伯阳《参同契》和虞翻《易》注都说是反映了天文现象。

朱震采取了虞翻的意见,并根据虞翻的话说:

《系辞》曰:"悬象着明,莫大于日月。"虞曰:"谓日月悬天,成八卦象。

  三日暮震象,月出庚,八日兑象,月盈甲、壬,十六日旦巽象,月退辛,二十三日艮象,月消丙,三十日坤象,月灭乙。……

  又曰:消乙入坤,灭藏于癸。"(《汉上易卦图》卷下《纳甲图》说明)

以上是用纳甲的图式象征月见,月盈,月消的过程。这在《参同契》中,也有类似说法。"三日出为爽,震庚受西方。八日兑受丁,上弦平如绳。十五乾体就,盛满甲东方。七八道已讫,屈折低下降。十六转受统,巽辛见平明。艮直于丙南,下弦二十三。坤乙三十日,北方丧其明。壬癸配甲乙,乾坤括始终。"朱震又说:

  晦日朔旦,则坎象水流戊,日中则离,离象火就己。戊、己土位,象见于中,日月相推,而明生焉。(同上)

这里朱震按虞翻的说法把坎、离譬喻为日、月,所以朱震又说:

  圣人仰观日、月之运,配之以坎、离之象,而八卦十日之义著矣。(同上)

总而言之,纳甲是西汉象数家创造的思想体系,京房用来占卜,郭璞、管辂等沿习不替,而魏伯阳、虞翻用以象征月面盈亏等天文现象。这是研究天象规律的科学思想萌芽,与当时已经相当发达的历法互相表里。

朱震接受了虞翻的理论,而加以阐明,是有见地的。这是一种根据客观现象来制作卦图,包含了若干合理的思想因素。

三、朱震象数学在思想史上的地位

朱震一生处于南北宋之间。早年曾任过州县官,到五十多岁才被皇帝召为文学侍从之臣以终身,以《汉上易传》为其代表作。

他受理学传统思想影响，尽管还不是一个虚伪的假道学，但遇事疑迟寡决，高宗召用时，他犹豫不定。在关键问题上，惧怯退避。政治上，对当时最敏感的和与战的问题，也未能表示态度。他的奏章中最著名的绍兴六年谏止郊天疏，也仅限于礼仪程式方面。其他如召集流亡，务农种谷……都是比较空泛，人皆可言的议论。在有关人事和政策问题上不表示意见，与他的同事、老友胡安国形成鲜明对比。

绍兴八年（公元1138年）朱震死后，朝廷同官的祭文中描写了他的一生：

> ……惟公老于田亩，困于州县，白首穷经，意则不倦。视彼世人，奚贵奚贱？不义而得，吾亦不愿。一昨召来，遇知明主，金马玉堂，四涉寒暑。以经决事，随事有补，位高职卑，亦莫公侮。不传之要，自得之妙，惟公知之，固世所笑。彼笑何伤，公亦自强，愈老愈壮，虽死不亡。（《汉上易传》附录《汉上先生履历》）

其中"以经决事"说明了他死抱住理学经典教条。"固世所笑"说明他的迂腐意见，不合时务，为人们讥笑。

至于朱震的"白首穷经"，则不是没有成绩的。成绩在于他在象数学的漫长传统中起了一个传递火把的作用。

从魏晋到隋唐，王弼开始的义理派控制《易》学阵营。宋人诗有"辅嗣易行无汉学，玄晖诗变有唐风"之句，已见前引。所谓《易经》的"汉学"，从焦赣、京房到郑玄、虞翻，都是指的象数派。北宋理学主要人物二程都是不讲象数的。他们接近于王弼的义理派。

朱震起于南宋，独标象数之帜，尽管没有突出的创造，但他综合前人的象数学的成就，做了自己的阐发。他的《易》图之多，开创了后代许多《易》学家大画其五花八门易图的先例。

这其中的功过应当具体论证。如宋、明以来产生了不少神秘的图象，穿凿附会，不一而足。但也产生了方以智这样的《易》学家和他的《易》学著作。方以智就制作了一些有哲学意义和有科学价值的易图。

除了易图,朱震在象数学的各方面涉及很广,很全面。魏了翁说:"汉上易太烦,却不可废"(引自《四库全书总目提要》卷二)。元代胡一桂说:"变、互、伏、反、纳甲之属,皆不可废,岂可尽以为失而诋之?观其取象,亦甚有好处,但牵合处多,且文辞繁杂,使读者茫然,看来只是不善作文耳"(同上)。

朱熹说:"朱子发解《易》如百衲袄,不知是说什么?以此进读,叫人主如何晓?便晓得,亦如何用"(《朱子语类》卷六十七)?看来朱震的文风相当烦琐。然朱熹又说:

> 王弼破互体,朱子发用互体。
> 互体自《左传》已言,亦有道理,只是今推,不合处多。(同上)

以上各家的评论,见仁见智,然而都说明《汉上易传》保存象数学传统的资料是有史料价值和学术价值的。

朱震自称他的《易》学是"以《易传》为宗,和会雍、载之论"(《进周易表》)。这说明程颐、张载、邵雍是其《易》学的三个来源。朱震《进表》中所称《易传》是指程颐的《伊川易传》,他从程颐《易传》中接受了理学家道德修养的理论和为人处世的方法。由于他生搬硬套,这使他成为一个学究式的人物。至于二程的理、气、心、性、体、用等概念,在《汉上易传》中并不多见,说明他没有更多地吸收二程这一套。同时象数学的色彩又使他不完全类似于一个正统派的理学家,这些可能都是他没有被朱熹列入《伊洛渊源录》的原因。

朱震从张载那里接受了"虚空即气"的理论,尤其是在注释《易·系辞》的有关部分时,充分地阐述了这一观点,表达出朴素唯物主义思想。这是值得着重提出的。

朱震从邵雍那里接受的东西并不多,引邵的言论也很少,主要是吸收了《先天图》与《后天图》两个八卦排列方式。至于冠之书首的两个数阵,邵雍谓为《河图》《洛书》的,朱震则据刘牧《易数钩隐图》之说称之为《洛书》《河图》，正与邵雍相反。此外，元、会、运、世等邵雍哲学的主要概念，在朱震书中几未谈到，而他大量引证的是焦赣、京房、关朗、郑玄、虞翻、荀爽、陆绩、范望等人之《易》说。所以他对邵雍只是有所接受，而更多的是对汉代易学家的吸收与综合。

象数学是一个以八卦为基础，庞大、烦琐而有条理的哲学体系。从汉代起，它对天文、律历、数学以至音韵和医学，都有影响。至于说它从开始时起，就包含了不少神秘主义的内容，从历史来看，这是自然的，不可避免的，正如它流传到宋、明，也还包含大量神秘主义一样。

西方中世纪的炼金术与占星术都具有假科学和迷信的成分，而到近代发展为化学与天文学。我们的象数学到后来却发展为六壬神课与青乌术、子平术，没有发展为数学或物理学。

尽管有这方面的科学萌芽，如方以智的《易》学和方中通的《数度衍》，但由于没有适宜的土壤，也不能健康地成长茁壮。

象数学的畸形发展，被认为"易外别传"（朱熹语），一直到近代，终于堕落为社会上的文王神课，诹吉探源之类，思想停留在《左传》时代和京房时代的认识阶段。

这是否与汉、唐以来儒家思想或宋、明以来理学思想的重道轻艺传统有密切的关联？这是一则在思想史上值得研究的课题。

第八章 胡宏的理学思想

胡宏是南宋有造诣的理学家,著述不多,然而其理学思想却有独到之处,于本体论、人性论、理欲观以及道物、名实诸关系方面,其见解颇别开生面,具有非正宗的思想倾向,因而遭到正宗学者的非难。全祖望对其学问十分推崇,谓"中兴诸儒所造,莫出五峰之上","卒开湖湘之学统"(《宋元学案》卷四十二《五峰学案》),说明胡宏之学在宋代理学史上占有重要的地位。

胡宏的主要著作有《知言》六卷和《皇王大纪》八十卷。此外,尚有《易外传》、书、表、记等。本章着重研究《知言》的理学思想及其特点。

第一节 胡宏的家学渊源

胡宏(公元?—1161 年)①字仁仲,胡安国的少子,学者称之五峰先生。他一生不耽于仕途,初荫补右承务郎,不调;后秦桧当国,留意于"故家子弟",拟起用,遭其婉言谢绝。他在《与秦桧之书》中说,功名利禄为其"志学以来所不愿也",谓自己志在"立身行道",做一个堂堂正正的"大丈夫"。他所理想的"大丈夫"是"傑然自立,志气充塞乎天地,临大节而不

---

① 胡宏生卒年,史无明文记载。按其兄胡寅生于宋哲宗绍圣五年(公元 1098 年),宏生年当在其后数年之间,或曰 1102 年,或曰 1105 年,今存而不论。其卒年,据朱熹《跋五峰诗》:一则曰熹于"绍兴庚辰"(绍兴三十年,公元 1160 年)曾"戏以两诗","或传以语胡子",得其嘉许;再则曰"明年胡子卒",由此可断卒于绍兴三十一年(公元 1161 年)。

可夺,有道德足以赞时,有事业足以拨乱,进退自得,风不能靡,波不能流,身虽死矣而凛凛然长有生气如在人间者"(《五峰集》卷二)。他这种洁身自好、不求富贵利达、不阿权势者的思想性格,与其父胡安国的为人处世极为相似。秦桧死,胡宏被召,以疾辞,终避不出,竟卒于家。

虽然胡宏无意于仕途,但这并不表明他不关心国事。相反地,他时刻以社稷的安危为念。他曾为此向高宗上万言书,陈述其治国安邦的政治主张。首先,他建议人主整饬三纲,认为三纲为"中国之道",治国之本;只要三纲立而"边鄙之叛逆可破也"(同上《上光尧皇帝书》),把维护封建纲常同抗击金人、收复中原失地联系起来。其次,他建议人主要有"爱民之心","视民如伤",反对朝廷"科敛无已"。他说:"夫国之有民,犹人之有腹心也;国之有兵,犹身之有手足也。手足虽病,心能保之;心腹苟病矣,四肢何有焉!是故欲富国者务使百姓辟其地,欲强兵者务使有司富其民",而不能"行诛剥之政,纵意侵民以奉冗卒,使田莱多荒,万民离散"(同上)。这是对儒家传统的重民、仁民思想的具体发挥,表明胡宏对人民的疾苦的同情。第三,他建议人主要重视人才,认为"欲成王业者必用王佐之才。所谓王佐之才者,以其有王者事业素定于胸中也"(同上)。此外,他还提出大兴屯田、罢度牒、裁汰冗兵等措施,希望高宗励精图治,振兴宋室。这说明胡宏所说的"立身行道",始终是同"治国平天下"的经世思想紧密联系在一起的。

然而,胡宏生平志在大道,以振兴道学自任,谓"道学衰微,风教大颓,吾徒当以死自担"(《宋元学案》卷四十二《五峰学案》);又潜心于学术,视"为学是终身事",认为只要"断之以勇猛精进,持之以渐渍熏淘",必能"有常而日新"(同上)。其学术渊源,据张栻说,先生"自幼志于大道,尝见杨中立(按杨时)先生于京师,又从侯师圣(按侯仲良)于荆门,而卒传文定公(按胡安国)之学,优悠南山之下余二十年,玩心神明,不舍昼夜,力行所知,亲切至到"(《知言·序》)。《宋史》本传和《宋元学案》也本此说:"幼事杨时、侯仲良,而卒传其父安国之学"(《宋史》本传);"尝见龟山(杨时)于京师,又从侯师圣于荆门,卒传其父之学"(《宋元学案》本学案)。清人在评述《知言》时也称:"宏作此书,亦仍守其家传"(《四库全书总目提要》卷九十二)。

所谓"卒传其父之学",显然是针对胡宏早年师事杨时、侯仲良而言的。有关胡宏与杨、侯之间的师承传授关系,文献有缺,无法考定。至于"卒传其父之学"则大体可信。例如论治道,胡安国在宋哲宗绍圣四年的进士策试里曾"以渐复三代为对",主张恢复古制(详见本书第六章)。胡宏在《知言》中也大倡此说,认为"井田者,圣人均田之要法也","三王之所以王者,以其能制天下之田里"(卷三),而"封建诸侯,可以持承平,可以支变故"(卷二);自秦、汉以来,"三代之道不行","井法不立,诸侯不建,天下荡荡无纲纪",致使世道多变故(卷三),公然把复井田,行封建,视为治道的纲纪。这种崇复"三代"古制的复古理论,直接承其父之学甚明。当然,这种复古理论也是儒家的传统思想,孔、孟唱之于前,世儒应之于后,历代相传,构成儒家正统历史观的重要部分。就此而论,胡宏的治道论可谓源远流长。

又如,胡宏《知言》中的《春秋》说也是明显地继承父说的。孔子为何作《春秋》?历来是说经家的一大论题。胡安国认为,孔子作《春秋》意在"遏人欲于横流,存天理于既灭"(《春秋传·序》)。胡宏秉其父之说,认为"天理人欲莫明辨于《春秋》,圣人教人清人欲复天理,莫深切于《春秋》"(《知言》卷四),把孔子作《春秋》说成是为了"明辨""天理人欲",完全按照宋儒的伦理道德说教解释《春秋》。关于《春秋》"笔法",胡安国认为,其于"天象"只书"灾异"不书"祥瑞",意在戒"人主之慎所感"(《春秋传》卷八)。胡宏也持此说,谓"孔子作《春秋》必记灾异,警乎人君,万世不死也","不书祥瑞者,惧人君之自满"(《知言》卷五)。可见胡宏的《春秋》说也是本自家学。

至于论治学,胡安国重在匡世,他著《春秋传》就是为了阐明"圣王经世之志",以供时君世主取法(《春秋传·序》),其目的性甚明。胡宏也十分强调治学的目的性,指出:"学道者正如学射,才持弓矢,必先知的,然后可以积习而求中的矣。……君若不在于的,苟欲玩其辞而已,是谓口耳之学,曾何足云"(《知言》卷四)!在他看来,为学不"求中的"无异于空谈,毫不足取。这种反对空谈以"求中的"的治学态度,实际上是要求"通经致用",

所以他说："故务圣人之道者,必先致知,及超然有所见,方力行以终之"(同上)。就是说,为学、务"道",以"致知"始,以"力行"终。所谓"力行"即是"致用"之意。这与其父治学重在"经世"的思想是一脉相承的。

宋儒言"道"多沿袭《易传》"形而上"之说,含义极其抽象、神秘。胡安国则认为"道"即在人们的日常物用之中:"冬裘夏葛,饥食渴饮,昼作入息……只此是道"(《宋元学案》卷三十四《武夷学案》),毫无抽象、神秘可言。胡宏也有类似的观点,认为道不离物,又以性为道之体,而声、色、食、味即是性(《知言》卷一)。可见在道的问题上,胡氏父子的思想观点是相通的,其家学渊源十分清楚。其弟子张栻,与朱熹、吕祖谦齐名,时称"东南三贤"。

总之,胡宏学有渊源,而"卒传其父之学",此论断大体符合事实。当然,由于胡安国没有理学的专书,因此对于胡宏理学思想的家学渊源尚难详论,上举数例,只能窥其一斑而不能观其全豹。

第二节 胡宏理学思想的主要内容和特点

胡宏的理学思想,主要反映在《知言》一书中。该书是著者平日论学言治的随笔札记,连缀成篇,屡经改订而成。原书无篇名,明人遂仿《论语》,以每篇开头两字命名,故与其内容往往不符。清人认为这是"明人传刻古书好意为窜乱"的通病。该书唯永乐大典所藏本尚不失其真,可资研究胡宏理学思想的依据。

《知言》对于理学诸重要范畴,如道、理、心、性等,均有所论述,而尤其重在言性。门人张栻曾经指出这一点:"今先生是书,于论性特详焉"(《知言·序》)。因此,弄清胡宏论性的实质和特点,是了解其理学思想的关键。

宋儒论性,大体本《中庸》的天命说和孟子的性善说,而又有所发挥,如程、朱直接以"理""天理""正理"论性与天命;更分性为二,即所谓"天命之性"与"气质之性":前者又称"义理之性",指仁、义、礼、智等封建伦常;后者指人的生理要求和愿望,如耳之于声,目之于色,口之于味,饥吃、渴饮等。他们认为,"天命之性"是人的本然之性,禀受于天,孟子谓性本善,即指此而言;"气质之性"则由后天气禀而成,气禀有昏、明,故"气质之性"有善与不善;所谓"去人欲、存天理",就是去其不善以复其本然之善,实质上是使人性复归于天理,即以人合天。这是对思、孟以来正统儒家关于"天人合一"思想的继承和发挥。

胡宏论性,虽本《中庸》的天命说,因而未能从根本上突破正统儒家关于"天人合一"的思想体系,然而又有其新意,他敢于对孟子的性善说和宋儒的上述观点提出异议,因而表现出与正统儒学相离异的思想倾向。在道物和名实诸关系方面,胡宏的观点还包含着若干合理的思想因素。这是胡宏理学思想的基本特色。对此,我们可以从如下几个方面加以说明。

一、性本论的宇宙观

性为宇宙本体,是胡宏论性的重要特点之一,也是其理学思想的一大特色。

宇宙本体问题,是宋明理学的重大论题之一。理学家们依其对此问题的不同观点而分成程、朱和陆、王两派:程朱派以"理"为宇宙本体,陆王派以"心"为宇宙本体。胡宏则于"心""理"之外,提出以"性"为宇宙本体。他说:

> 天命之谓性。性,天下之大本也。(引自朱熹《胡子知言疑义》)
> 性也者,天地所以立也。(同上)
> 大哉性乎,万理具焉,天地由此而立矣。(《知言》卷四)
> 万物皆性所有也。圣人尽性,故无弃物。(同上)
> 非性无物,非气无形,性其气之本乎!(同上卷三)

像这样立天地、包万物、具万理、主形气的性,其为宇宙本体之义十分清楚。那么,作为宇宙本体的性,其实质是什么呢?

如果性指的是宇宙万物的性质或本质;那么,它应该是在宇宙万物之中,为宇宙万物所固有。可是,胡宏所讲的性,是指作为"天下之大本",

"天地所以立"的宇宙万物的根源:它在宇宙万物之先而又派生宇宙万物,它独立于宇宙万物之外而又君临于其上,它体现天的意志,故说"天命之谓性"。像这样的性,只能是一种脱离客观世界的物质基础而永存的抽象原则或"绝对精神"的化身。就此而言,它与程、朱的理,本质是相同的,可谓之名异而实同,同属于客观唯心主义的范畴。这就是被胡宏作为宇宙本体的性的实质。这样的"性",与"理""心"等理学范畴又是怎样的一种关系呢?

(一) 性与理

在胡宏看来,性与理既有其同的一面,又有其异的一面。所谓同,是指同属于天命。他说:"性,天命也"(同上卷一),"夫理,天命也"(同上卷四)。程、朱也有类似的观点,如程颐说:"理也,性也,命也,三者未尝有异。穷理则尽性,尽性则知天命矣"(《遗书》卷第二十一下);朱熹说:"天即理也,命即性也,性即理也"(《朱子语类》卷五)。说明胡宏与程、朱在性理观上也有相同之处,他们都把性、理与天命直接联系起来,视性、理同属天命。所谓异,是指性、理的基本属性不同,因而它们在与天命的关系方面也不相同。

胡宏认为,性是宇宙本体,而理则不具有这一基本属性。他凡言"理",所着重强调的,一是"物之理",即事物的规律:

> 物之生死,理也;理者,万物之贞也。……物之理,未尝有"无"也。(《知言》卷一)
>
> 万物不同理,死生不同状,必穷理然后能一贯也。知生然后能知死也。(同上卷四)

二是与"义"连称的伦常之理和治世之理:

> 为天下者,必本于理义。理也者,天下之大体也;义也者,天下之大用也。理不可以不明,义不可以不精。理明然后纲纪可正,义精然后权衡可平。纲纪正,权衡平,则万事治,百姓服,四

海同。(同上)

　　以理义服天下易,以威力服天下难。理义本诸身,威力假诸人。(同上卷三)

但从性、理与天命的关系看,胡宏认为二者不能等同。因为"性"是"天命之全体","理"只是天命的局部。所以他反对"世儒"以"性"类"理",指出:"世儒之言性者,类指一理而言之尔,未有见天命之全体者也。"(同上卷四)这样的性、理关系,与他上述的"性具万理"的观点是一致的。二者的关系相当于哲学上一般与特殊的关系,简化成一个公式,就是:性一理殊。这恰与程、朱的性理观形成鲜明的对照。程、朱有"性即理"的命题,其意是"性"本于"理"。如果说,"理"是宇宙本体;那么,"性"则是人化了的"理",即"理"在人身上的体现,故说"性者,人之所得于天之理也"(朱熹《孟子集注·告子章句上》)。这样的性、理关系,也相当于哲学上一般与特殊的关系,同样也可以简化成一个公式:理一性殊。可见,胡宏与程、朱在性、理关系上,其观点正相反对。它反映了胡宏的性理观与程、朱的性理观不仅有同的一面,而且还有异的一面,因而表现出偏离正宗理学的倾向。

(二)性与心

在心、性关系问题上,程、朱有心主性、统性之说:"心则性也,在天为命,在人为性,所主为心,实一道也"(《程氏粹言》卷第二);"心,统性、情者也"(朱熹《孟子集注·公孙丑章句上》)。陆、王有心体性用之说:"宇宙便是吾心,吾心即是宇宙"(《象山全集》卷二十二《杂说》),认为"心"是宇宙本体;"所谓汝心,却是那能视、听、言、动的,这个便是性"(王阳明《传习录》上),认为"性"是"心"的作用或功能。

与此相反,胡宏从性本论出发,主张性体心用:

　　道之所以名也,非圣人能名道也。有是道则有是名也。圣人指明其体曰性,指明其用曰心。性不能不动,动则心矣。(引自

朱熹《知言疑义》)

> 心也者,知天地、宰万物以成性者也。(同上)
> 夫性无不体者,心也。(《知言》卷二)
> 未发只可言性,已发乃可言心。(《宋元学案》卷四十二《五峰学案》)

据上文,胡宏的"性体心用"说包含着如下几层意思:

第一,所谓"性体心用"就是说,"性"是本体,"心"是作用。这种体用关系表明:"性"是第一位的,"心"是第二位的,是由"性"之动、"性"之发所派生的。所以说"性不能不动,动则心矣","已发乃可言心"。

第二,所谓"夫性无不体者,心也",就是说,"心"是"性"的体现者,"性"是被体现者。这种体现与被体现的关系表明:"性"是内在的、深藏的东西,"心"是"性"的外在表现。这大体与哲学上本质与现象的关系相类似。

第三,所谓"心也者,知天地、宰万物以成性者也",就是说,"心"是认识的主体,天地万物是认识的客体,"性"则是天地万物的本体;"心"所以知天地宰万物,是为了通过认识这一客体去体现那作为本体的"性",这就叫作"心以成性"。在这里,心、性关系仍然是体现与被体现的关系,其主从关系十分清楚。

总之,通过对胡宏关于性与心、理诸关系的分析,可以清楚看到,他把心与理排除在宇宙本体之外,只有"性"才被赋予宇宙本体的属性而被置于心与理之上。因此,也只有"性"才是其理学的最高范畴。

二、性无善恶的人性论

胡宏反对以善恶言性,认为性无善恶,但有好恶。这是他论性的又一特点。

有人问他:"孟轲氏、荀卿氏、扬雄氏之以善恶言性也,非欤?"他说:"性也者,天地鬼神之奥也,善不足以言之,况恶乎"(引自朱熹《知言疑义》)!认为"性"隐秘、奥妙,不易窥见,难于名状,因而也非善恶之言词所能尽其义。至于孟子"道性善",他借先儒之口说:"叹美之辞,不与恶对也"(同上)。说明孟子也不以善恶言性,其道性善,只是对人性的美言,而不是对人性的本质善与恶的评价,所以说"不与恶对"。像这样公然引孟子为同调,对其性善说任意加以解释,实为前人所罕见,却为后人说经所本。清代汉学家戴震著《孟子字义疏证》,实则承接胡宏以己意说经这一学风的余绪。

胡宏进而从区别圣、凡的角度论证以善恶言性之为非。他指出,"凡天命所有而众人有之者,圣人皆有之",如人皆有情、欲,圣人亦然,"不去情","不绝欲";而所以区别圣、凡者,在于是否"发而中节":"圣人发而中节,而众人不中节也。中节者为是,不中节者为非。挟是而行则为正,挟非而行则为邪。正者为善,邪者为恶。而世儒乃以善恶言性,邈乎辽哉!"(同上)他认为,是否"发而中节",不仅决定圣凡之别,而且决定善恶之分。"世儒"不明此理,以善恶言性,显然不得论性的要领,所以他称之为"邈乎辽哉",意即离对于人之本性的认识相去甚远。

胡宏所讲的"中节",语出《中庸》:"喜怒哀乐之未发谓之中,发而皆中节谓之和。"按其原意,是指人的喜怒哀乐之情,其发要符合"中庸之为德",无过无不及。孔子以之区别"君子"与"小人"。胡宏稍有变动,不但以之区别"圣人"与"众人",而且以之阐明"性之道"。他说:"中者,性之道也"(《知言》卷一)。又说:"凡人之生,粹然天地之心,道义完具,无适无莫,不可以善恶辨,不可以是非分,无过也,无不及也,此中之所以名也"(引自朱熹《知言疑义》)。换言之,以善恶辨,以是非分,就是过和不及,各执一偏,因此不得谓之"中",也不得谓为"性之道"。可见,胡宏所以反对以善恶言性,归根到底,是因为以善恶言性与"中者性之道"相悖,不符合人的本性。在他看来,人性本中,无善与恶。这样的人性论,实际上是告子的性无善恶论。告子的性无善恶论是与孟子的性善说对立的,因而遭到孟子的非难。宋代理学家多主孟子性善说,故对胡宏的性无善恶论也多有微词。朱熹深以此论为非,张栻也谓"诚为未当"。说明胡宏的人性论并非理学的正统理论,其非正宗的思想倾向十分清楚。

胡宏在反对以善恶言性的同时，又提出"好恶为性"的命题："好恶，性也。小人好恶以己，君子好恶以道，察乎此则天理人欲可知"（同上）。他认为，人皆有好恶之性，只是所据以好恶的标准不同："小人"以"己"，"君子"以"道"。说明好恶之性本身无所谓善与恶，只有从好恶的标准、对象、内容看，才有所谓善与恶。因此，性有好恶仍然属于性无善恶论的观点。朱熹早就觉察到这一点，指出胡宏的"性但有好恶""即性无善恶之意"（同上）。

胡宏关于性有好恶的观点不但不与性无善恶论相矛盾，而且是这一人性学说的不可缺少的理论环节。宋代理学家并不都笼统地反对性有好恶的观点。朱熹就认为"好恶固性之所有"；但又认为不可"直谓之性"。在他看来，好恶本身不能谓之性，只有"好善而恶恶"才可谓之性，这样的性就是善。实际上，这是对性有好恶作了符合于性善论的解释。胡宏则直谓"好恶即性"。他所谓的"好恶"，是指人的生理要求和愿望，即所谓情欲，与告子的"食色，性也"是一个意思。他说："夫人目于五色，耳于五声，口于五味，其性固然，非外来也"（《知言》卷一）。又说："天命之谓性，流行发见于日用之间"（同上卷五）。这样，他就把被正统儒学所神化了的性，从天上拉回到了人间；而他所说的好恶之性，实质上是人的自然属性。像这样的好恶之性不仅与程朱理学的"天命之性"不同，而且与其所谓的"气质之性"也有所区别。程朱理学的"气质之性"有善与不善，胡宏的好恶之性则是人的自然属性，无善与不善之分。如果说，程朱理学的人性论属于儒家正统的性善论，其实质是唯心主义先验论；那么，胡宏的性无善恶的人性论则是属于非儒家正统的自然人性论，其实质是接近于唯物主义的感觉论。胡宏人性论的这一非正宗性质，是其理学思想的重要特点之一。

三、"天理人欲同体异用"的理欲观

"天理人欲，同体异用"，是胡宏基于自然人性论而提出的有别于其他宋儒的理欲观，也是其理学思想的又一大特色。

天理人欲之辨，始见于《礼记·乐记》："夫物之感人无穷，而人之好恶无节,则是物至而人化物也。人化物也者,灭天理而穷人欲者也。"其中关于天理人欲截然对立的观点,为宋代理学家所本。他们提出"存天理,去人欲",就是视天理、人欲为水火,"不容并立"。然而,以封建伦常辨天理人欲,则是程朱理学所发明。他们直以"仁、义、礼、智、信","君臣、父子、兄弟、夫妇、朋友"为"天理"(《朱文公文集》卷五十九),而以违反封建伦常的思想言行、要求愿望为"人欲"。

胡宏反对程朱理学离欲言理、视天理人欲势不两立的观点,认为天理人欲本同一体。他说:"天理人欲,同体异用,同行异情,进修君子,宜深别焉"(引自朱熹《知言疑义》)。朱熹认为,"此章亦性无善恶之意,与好恶性也一章相类,似恐未安"。不过,他并不反对"同行异情"之说。相反,他本人即主此说:"盖天理莫知其所始,其在人则生而有之矣。人欲者,梏于形、杂于气、狃于习、乱于情而后有者也。然既有而人莫之辨也,于是乎有同事而异行者焉,同行而异情者焉"(同上)。说明由于人们不能分辨天理、人欲,因此有同一件事而做起来不一样,同一行为而所得的结果迥异。朱熹感到"不安"并极力加以反对的,是胡宏关于"同体异用"之说。因为在他看来,"本体实然只一天理,更无人欲",二者不能混为一体;而谓"天理人欲,同体异用",就是"以天理人欲混为一区"(同上)。这就与正宗理学的理欲观对立起来了,所以胡宏的观点当然要遭到朱熹的非难。

朱熹对胡宏的"天理人欲,同体异用"说的非难,可以说是抓住了问题的实质,大体符合胡宏的原意。因为根据胡宏的性本论,所谓"体"即"性"之"体",所谓"用"即"心"之"用"。就是说,天理人欲同以"性"为"体",同处于"性"体之中,本质相同,无善恶之分,故谓之"同体";及"性"之发,则有"心"之"用":或"发而中节",或"发不中节",于是有是非、正邪、善恶之分,故谓之"异用"。由此可见,胡宏关于"天理人欲,同体异用"的理欲观包括如下几层含义:

一是天理人欲不相离。按照朱熹的解释:"胡子之言,盖欲人于天理中拣别得人欲,又于人欲中便见得天理,其意甚切"(同上)。就是说,天理人欲是互相包含的:天理中自有人欲,人欲中自有天理,分离不得。朱熹对于胡宏此论持反对态度,认为"不免有病"。吕祖谦则对于胡宏此论持肯定态度,认为"却似未失",因为天理人欲"实未尝相离也。同体异用,同行异情,在人识之尔"(同上)。清初思想家陈确也持胡宏这一观点,认为"天理正从人欲中见,人欲恰好处,即天理也"(《瞽言》四)。

二是天理人欲无先后、主次之别。胡宏在论好恶之性时,曾经有"小人好恶以己,君子好恶以道","则天理人欲可知"之说。朱熹指出,"君子好恶以道,是性外有道也。察乎此则天理人欲可知,是天理人欲,同时并有,无先后、宾主之别也"(引自朱熹《知言疑义》)。显然深以胡宏此论为非。因为在他看来,天理在人,与生俱来,是先天的;人欲则是后天的,是气拘、物蔽的结果。从胡宏以人欲为性来看,天理、人欲无轩轾之分,其义也是十分明白的。所以朱熹谓胡宏上述之言,"是天理人欲,同时并有,无先后、宾主之别",无疑是说对了的。

三是天理人欲,本无善恶。这和胡宏的"好恶性也","性无善恶"的自然人性论观点是一致的。不过,这是指"性"之未发而言;及其已发,则有是非、正邪、善恶:"发而中节"为"是"、为"正"、为"善",亦即"天理";"发不中节"为"非"、为"邪"、为"恶",亦即"人欲",故天理人欲又有是非、正邪、善恶之分。这说明胡宏的理欲观,其出发点与归结点是不一致的。他从天理人欲本无善恶开始,最后则以承认其有善恶之分而告终。就是说,他以与程、朱的理欲观相离异开始,以最后复归于程、朱的理欲观而告终,这反映了胡宏理欲观的不彻底性。

四、理学思想中的合理因素

胡宏的理学思想虽未能从根本上突破正统儒学的唯心主义体系,但是,正如他的理学思想已经表现出非正宗倾向一样,他在哲学上,尤其是在道物和名实等关系问题上,也表现出某些合理的思想因素。

胡宏论道,不同于程、朱,没有"形而上"或"超然物外"一类的抽象言词和神秘色彩。虽然他也袭用"太极","太和"等儒家的传统术语言道,但是他所指的,实际上是客观事物的规律或法则:

> 道不能无物而自道,物不能无道而自物。道之有物,犹风之有动,犹水之有流也,夫孰能间之? 故离物求道者,妄而已矣。(《知言》卷一)

这里,胡宏既指出了道与物之间相互依存的关系:道不离物,物不离道;更指出这种关系不是对等的,所谓"离物求道者,妄而已矣",说的正是道对物的从属关系。因此,"离物求道",犹如无风而求风之动,无水而求水之流一样,是荒诞不稽的。可见胡宏所讲的道,不是超然物外的道,而是寓于物中之道,相当于他所讲的"物之理"。这样的道物关系,与历代唯物主义思想家主张的"道不离器","道在器中"的道器论,观点是相通的,具有合理的思想因素。

必须指出,胡宏反对"离物求道"的道物论,是针对道家以"道"为"无"、为万物本的观点而发的。他说:

> 生聚而可见则为有,死散而不可见则为无。夫可以有、无见者,物之形也。物之理则未尝有无也。老氏乃以有"无"为生物之本,陋哉!(同上)

又说:

> 形形之谓物,不形形之谓道。(同上卷三)

在他看来,有、无之间没有绝对的界限,其区别只在"可见"与"不可见";"可见则为有","不可见则为无";物与道之间也没有绝对的界限,其区别只在"形"与"不形"或有形与无形之间:有形则为物,无形则为道;有形则可见,故物为有;无形则不可见,故道为无。实际上"道"并非"无",只是人眼看不到而已,所以说"物之理则未尝有无也"。根据胡宏"道"与"理"相通的观点,也就是"物之道则未尝有无也"。可见,在有、无问题上,胡宏是以"道"之为"有"反对老子以"道"为"无"的观点的。因此,他的道物论具有批判道家老子的虚无主义的积极意义。

在名实问题上,胡宏的观点也表现出某些合理的因素。他说:

> 有实而后有名者也。实如是,故名如是;实如是而名不如是,则名实乱矣。名实乱于上则下莫知所从而危亡至矣。(同上卷五)

据上述,胡宏的名实论包含着两个要点:一是先有事实,后才有事实的名称,两者的先后次序不容倒置;二是与此相应,有什么样的事实,就有什么样的名称,名应如实,名实相符。由前者,他回答了名与实何者为第一性的问题。实际上这已经涉及哲学的基本问题,即存在和意识的关系问题。从胡宏的上述观点看,可以得出存在是第一性,意识是第二性的结论来,不过他并没有正面的回答。由后者,他回答了名与实之间是出于何种关系。唯心论者也可以承认名实相符,但只能是以实符名,即事实应该符合于名称,而不能是以名符实。胡宏的观点显然与唯心论者有别,它包含着某些接近于唯物主义反映论的真理的颗粒。为什么说"接近"而不说"就是"唯物主义反映论呢?因为从认识论来看,胡宏是一个观照论者。他说:"人心应万物,如水照万象"(同上卷四)。就是说,他把人对于客观事物的认识、反映,看成是一种消极的、机械的反射,犹如水照万象一样,是静止的、没有变化的反应。这样的认识论既排除了人的主观能动作用,也排除了客观事物的发展变化的内容,更排除了联系主观与客观的纽带——实践,所以,胡宏的名实论只能是形式地接近唯物主义反映论,包含着某些真理的颗粒。正是在这个意义上说,胡宏的名实论包含着某些合理的思想因素。

最后,还要提到胡宏之学在宋代理学中的地位。胡宏是继杨时之后在南宋传播洛学的最早一批理学家,与其同时的尚有李侗诸子。南宋有名的理学家朱熹、张栻、吕祖谦皆其晚辈,张栻还是其嫡传弟子。由此看来,他是宋代理学由开创、形成、发展到集大成阶段之间的关键性人物,居于承上启下的重要地位,也是南宋"湖湘学统"的开创者。然而,他并没有形成自己的、有影响的学派,因此到了元代,其思想学说就逐渐不为世人所注意而湮没无闻了。即使在南宋理学中,他的思想观点也没有得到学者广泛的承认。朱熹特作《知言疑义》力诋其非。自称门人的张栻对其师说也多有微词,虽说《知言》"诚道学之枢要,制治之蓍龟"(《知言·序》),但又谓"看多有所疑"(《南轩文集》卷一《答朱元晦》,商务印书馆1937年版。下同)。唯吕祖谦对其学尚多有回护。

　　造成上述情况的根本原因,在于胡宏理学思想的非正宗倾向为"世儒"和后代封建统治者所不容。入元以后,程朱理学为历代封建统治者所提倡,成为儒学正宗,于是"世儒"多闻风相从,胡宏之学自然遭到冷落,少有问津者。

第九章 张九成的理学思想及其影响

第一节 张九成的生平及其理学思想

张九成的思想是二程理学与陆九渊心学之间的中间环节。朱熹说:"上蔡之说一转而为张子韶,子韶一转而为陆子静"(《宋元学案》卷二十四《上蔡学案》)。如果不是从学说师承的关系,而是从思想发展的逻辑上来说,确实是这样。故张九成的思想虽甚简略,但在宋代理学思想的发展过程中却有重要的意义。

张九成(公元1092—1159年)字子韶,钱塘人。青年时游学京师,曾师事杨时。四十一岁(绍兴二年)中进士第一名,入仕为佥判、著作郎、礼部侍郎兼侍讲。因论灾异时政,迕及权相秦桧,又赞同赵鼎反对和金之议,被弹劾落职,出为江州太平兴国宫祠官,后谪守邵州。又有人秉秦桧之意,中伤其与禅师宗杲交游,谤讪朝政,遂遭放逐,谪居南安军(今江西南安)。张九成在南安蛰居十四年,终日闭门,读书解经。绍兴二十五年(公元1155年),秦桧死,张九成又被起用,出知温州,四年后即病卒。张九成谪居南安时,自号"横浦居士",亦称"无垢居士"。理宗宝庆时,褒崇先贤,张九成被赠太师,封崇国公,赐谥文忠。

张九成的著述,著录于《郡斋读书志》《直斋书录解题》《玉海》及《宋史·艺文志》者有十几种,今尚存者仅有《横浦文集》《横浦心传》《横浦日新》《孟子传》(缺《尽心篇》)、《中庸说》(残本)。

张九成是杨时门人,程门的再传弟子。程门弟子如谢良佐、杨时、吕大临都受禅学很深的影响。张九成的思想特点也正是这样,他一方面仍然保持着程门理学的特色,另一方面又援佛入儒。其理学思想,主要内容有天理说、格物说及慎独说。

程颢说:"吾学虽有所受,天理二字却是自家拈出来"(《上蔡语录》卷上)。程颐亦说:"我之道,盖与明道同"(《伊川文集序》)。故二程把"天理"(或"理")作为自己思想体系的最基本范畴。但二程对"天理"的理解稍有不同。程颢着重论述"理"即万事万物之中的自然趋势,程颐则着重从本体论方面说明"理"是天地万物的根源。而这两种含义在张九成的思想里都具有。

首先,张九成所谓的"天理",近于指存在于自然事物内部的法则或秩序,是事物之所以然的原因。他说:

> 天理决然遇事而发,欲罢不能也。若夫释、老之学,岂知此耶!彼已视世间如梦幻,一彭殇为齐物,孺子生死何所介其心哉,是未知天理之运用也。(《横浦文集》卷五《四端论》)

故张九成认为,万物皆有其理,违反理或昧于理,世界的秩序就要陷于混乱。他说:

> 天下无一物之非理。(《横浦文集》卷十九《克己复礼为仁说》)
> 圣贤一出一处、一默一语、一见一否,皆循天理之自然。(《孟子传》卷二十八《告子下》)
> 不知格物则其理不穷,其理不穷则天地、日月、四时、鬼神、河海、山岳、昆虫、草木,一皆颠倒失序。(《横浦文集》卷十八《上李泰发参政书》)

其次,张九成所谓的"天理",更多是指伦理纲常原则。他说:

> 礼者何也? 天理也。(《横浦文集》卷十九《克己复礼为仁说》)
> 先王之乐自天理中来。(《孟子传》卷三《梁惠王下》)
> 天理者,仁义也。(同上卷十九《离娄下》)
> 夫子不得已而作《春秋》,诛乱臣贼子以遏人欲于横流,扶天理于将灭。(《横浦文集》卷十五《孟子拾遗·春秋天子之事》)

既然天理即是仁义等纲常伦理原则,故张九成就把日常生活中符合这些道德规范的言行视为"天理"之表现。他说:

> "凡吾日用中事岂有虚弃者哉,折旋俯仰、应对进退,皆仁义礼智之发见处也。(《孟子传》卷七《公孙丑上》)
> (孔子)或动或静,皆出于天理,或见或寂,亦出于天理。(《横浦文集》卷五《乡党统论》)

正是从这个意义上,张九成也认为理不离人情,道不离事物。他说:

> 理之至处亦不离情,但人舍人情求至理,此所以相去甚远。(《横浦心传》卷上)
> 圣人以天理为人情,常人往往徇人情而逆天理。(同上)
> 形而上者谓之道,形而下者谓之器,若形器中非道,亦不能为形器,又安可辄分之。形而上者无可名象故以道言,形而在下散于万物,万物皆道,故不混言耳。(同上卷下)
> 道非虚无也,日用而已矣,以虚无为道,足以亡国,以日用为道,则尧舜三代之勋业也。(《横浦日新》)

从中也可看到,张九成虽认为理与情、道与器相即不离,但又认为具有决定性作用和主导地位的是"理"或"道",而不是"情"或"器",这正是程门天理观唯心主义实质的表现。

如果说在宇宙观(天理观)上张九成比较接近程颢,那么,在认识论上和方法论上则比较接近程颐,即张九成不是把程颢提倡的"定性识仁",而是把程颐提倡的"格物穷理"当作"为学之先"。他说:

> 夫学者以格物为先。格物者,穷理之谓也。穷一心之理以通天下之理,穷一事之理以通万事之理……格物之学如此,是天下之至乐也。(《横浦文集》卷十七《重建赣州州学记》)

> 观六经者当先格物之学。格物则能穷天下之理,穷则知至、意诚、心正、身修、齐家、治国、平天下矣。(《孟子传》卷二十八《告子下》)

这里值得注意的是,张九成强调"穷一心之理以通天下之理",已经包含着"心即理"的内容。穷了一心之理就可以知天下之理,这里正是从二程的客观唯心论转向陆九渊的主观唯心论的过渡环节。至于穷一事之理即可通万事之理,也包含着"顿悟"的认识方法,这在后来陆九渊那里也得到了充分的发挥。张九成又说:

> 所谓格物,穷理之谓也。一念之微,万事之众,万物之多,皆理也。惟深造者,自天下之本,溯流沿叶,进进不已而造极于格物,是故于一念之微,一事之间,一物之上,无不原其始而究其终,察其微而验其著,通其一而行其万;则又收万以归一,又旋著以观微,又考终而要始,往来不穷,运用不已,此深造之学也。(同上卷十九《离娄下》)

"收万以归一",即通过对万事万物之穷究,而后了悟万理出于一理,这是程颐所谓"格物致知"或"格物穷理"的含义。"通其一而行其万",先了悟万理出于一理,而后遇万事万物自然通晓。后来陆九渊强调的正是这后者,认为"心即理",只要"明心",则"一明皆明"。在这个意义上说,张九成对"格物穷理"的发挥,正是从二程转向陆九渊的中间环节。

其次,张九成的"格物"还是一种道德修养方法。在他看来,既然纲常伦理原则即是"天理",所以"格物穷理"也就是认识这些伦理原则和道德规范,克制"人欲",使言行符合这些原则规范。他说:

> 人性皆善……使吾知格物知至之学,内而一念,外而万事,无不穷其源流,穷其终始,穷之又穷之,至于极尽之地,人欲都尽,一旦廓然,则性昭昭无可疑矣。(同上卷十五《离娄上》)

总之,张九成认为"为学"的根本方法就是"格物",它既是认识"天理"的方法,又是修养自己德性的方法。用这种方法就能达到一般理学家所说的"豁然贯通","万物一体"的境地。他认为这即是"格物之效"。他说:

> 知学当格物,格物则能穷天下之理,穷天下之理则人情物态、喜怒逆顺、形势纵横皆不逃于所揆之理。优而柔之,使之自得;餍而饫之,使自趋之,一旦释然理顺,怡然冰解,皆格物之效也。(同上卷八《公孙丑下》)

张九成的慎独说,深受杨时的思想影响。我们在二程章已指出,"慎独"一词见于《中庸》,原意指:在一个人独居时,也要注意道德修养,要求不论在何时何地都不能放荡。张九成的"慎独"说还有若干新的内容。

首先,是指一种道德境界。他说:

> 君子慎其独也,礼在于是则寂然不动之时也,喜怒哀乐未发之时也。《易》所谓"敬以直内"也。孟子所谓"尽其心知其性"

也。有得于此未可已也。释氏疑近之矣,然于此而不进。(《横浦文集》卷五《少仪论》)

天命之谓性,喜怒哀乐未发以前者也,所以谓之中。(《中庸说》卷一)

可见,张九成"慎独"的道德境界,即所谓"中"、所谓"性"、所谓"天命",乃是指喜怒哀乐未发时的"寂然不动"的心理状态。这近似禅家所谓"善恶虽殊,本性无二"(《六祖坛经·忏悔品》),"见自本性,无动无静,无生无灭,无去无来,无是无非,无往无住"(《六祖坛经·付嘱品》)。但又和禅家不同,释氏"于此而不进",张九成的"慎独"则不仅是一种境界,而且还是一种工夫,"有得于此未可已也",即达到这种道德境界后,还要有所行动,以完成"修齐治平"的圣人事业。他说:

当自喜怒哀乐未发之前,求其所谓内心,傥有得焉勿止也,当求夫发而中节之用,使进退起居饮食寝处不学而入于《乡党》之篇,则合内外之道,可与论圣人矣。(《横浦文集》卷五《少仪论》)

……乃入子思"慎独"之说,使非心不萌,邪气不入,而皇极之义、孔门之学于斯著焉。(同上卷十七《静胜斋记》)

张九成的"慎独"作为一种修养工夫,不仅是指在达"中"这个境界后,更进而求"发而皆中节之用",而且更重要的是指如何达到"中"这个境界之体(即"性""天命"),也就是如何"求中"。他说:

中庸之道赞天地之化育如此,而其要止在喜怒哀乐未发已发之间而已;而其所以入之路,又止在戒慎不睹、恐惧不闻而已。(《中庸说》卷二)

何谓天?喜怒哀乐未发以前,天也;戒慎不睹,恐惧不闻,于不睹不闻处深致其察,所以知天也。(同上卷三)

> 中庸不在血气中，惟戒慎不睹、恐惧不闻者能得之……雷在天上，"大壮"也，即非礼勿履也，即中庸也，即天理也，其可以血气为之乎？惟血气消尽，中庸见矣。(同上卷一)

可见，张九成的"求中"工夫，仍是"深致其察"、独自冥思，遇到不合乎封建纲常伦理的事，不去看它，不去听它。不论在任何情况下，都不能违反这个原则。这在张九成看来，也就达到了"中庸"的境界。这与二程及其他理学家都是相同的。

第二节　张九成与佛家的关系

张九成与佛家的关系，首先表现在与宗杲交游并受其影响。

宗杲是临济宗门下杨岐方会派的著名禅师，他和当时许多士大夫都有交往，与张九成关系尤为密切。这种关系成为秦桧迫害张九成的口实。《宋史·张九成传》谓："径山僧宗杲善谈禅理，从游者众，九成时往来其间。桧恐其议己，令司谏詹大方论其与宗杲谤讪朝政，谪居南安军。"宗杲也遭到灾难。张浚《大慧普觉禅师塔铭》说，宗杲"所交皆俊乂，当时名卿如侍郎张公子韶为莫逆友，而师亦竟以此祸。盖当轴者恐其议己恶之也，毁衣焚牒，屏居衡州凡十年，徙梅州五年"(《大慧语录》卷六附)。《明高僧传》谓："绍兴十一年五月，秦桧以师为张九成党，毁其衣牒，窜衡州，二十六年十月诏移梅阳"(卷四《宗杲传》)。

宗杲是禅门中为数不多的学识修养很高的佛理学者。他的理论特色是以儒、道说佛，揉儒、道、佛为一。例如他解释《中庸》首章首句曰："'天命之谓性'便是清净法身，'率性之谓道'便是圆满报身佛，'修道之谓教'便是千百亿化身"(《横浦心传》卷中)。他主张"古人脚踏实地处，不疑佛、不疑孔子、不疑老君，然后借老君、孔子、佛鼻孔要自出气"(《大慧语录》卷二十一)。张九成在和宗杲的交游中，深受其影响。他曾说："吾与杲和尚游，以其议论超卓可喜故也"(《横浦心传》卷中)。据朱熹说，宗杲还曾致书张九成，说:"左右既得把柄入手,开导之际,当改头换面,随宜说法,使殊途同归,则世出、世间两无遗恨矣。然此语亦不使俗辈知,将谓实有恁么事也"(《朱文公文集》卷七十二《杂学辨·张无垢中庸解》)。这里说,对朋友和弟子开导之初,不宜过于偏执佛法,否则人家就不易接受。如果采取权宜的办法,以儒说佛,援佛入儒,使两者相通相溶,方是为好。从张九成留下的文字看,他确实是接受了宗杲的这个劝告。

张九成公开赞扬佛家思想,他曾说:"佛氏一法,阴有以助吾教甚深,特未可遽薄之"(《横浦心传》卷中)。认为佛教中也有值得肯定的地方。他说:"佛氏说到身心皆空处为上义,当孔子告颜子以一日克己复礼天下归仁,此是甚境界!或云其愚,或云其坐忘,而不知斯人物我都无了,如何拟议得"(同上卷上)?这里他很清楚地说明儒家的"克己复礼天下归仁"与佛教"身心皆空"是同一境界。不过,在张九成看来,他之所以欣赏佛教的"空",倒不是因为他真的把世界看成是"空"而不实的虚幻,而是把佛教的"空"理解为"灭私欲","私欲"没有了,"天理"便呈现出来。这大约就是张九成所说,即要学佛,而又不能让佛牵着鼻子走的含义吧。其实,援佛入儒是理学家的思想特色。

张九成还认为佛家的人生态度有合理的方面。他说:

> 东坡作《宝绘堂记》,言君子虽尝寓意于物,而不留意于物,此说甚然。何独物也,道亦尔耳。释氏言执着不得,放着不得,此亦有理。(同上)
>
> 尘俗中稍有知者,厌倦世务,往往将佛书终日焚诵,虽于义未能遽解,然其清净寂灭之说,使之想象歆慕,亦能成就其善心。(同上)

佛家超脱世俗、泯灭是非的人生态度,能投合社会上失意者的胃口,故能为他们所赞服。张九成生平坎坷,逐落荒外,心境枯寂,他曾赋诗曰:"年老目飞花,心化柳生肘,万事元一梦,古今复何有……有梦尚有思,无梦真无垢,欲呼李太白,醉眠成二叟"(《横浦文集》卷三《午窗坐睡》)。还认为"视世间无非幻,而人处幻中不觉"(《横浦心传》卷中)。其厌世态度和佛家出世态度比较一致,他服膺佛家也是很自然的。

张九成公开赞扬佛家的言论还是不多的,更多的是将佛家思想融进自己的儒家思想。黄震说:"上蔡言禅,每明言禅,尚为直情径行。杲老教横浦改头换面,借儒谈禅,而不复自认为禅,是为以伪易真,鲜不惑矣"(《黄氏日钞》卷四十二)。张九成思想中的佛家意识色彩有时是隐蔽的,如上面所述他对于"中"和"克己复礼归仁"的解释就是一例,但有时他则直接援佛入儒,这从他对"仁"和"心"的解释,就可以看得清楚。

一、"仁即是觉"。张九成和宋代其他理学家都很重视"仁"这一范畴在理学中的地位。他认为要达到"仁"的境界,不是一日之功,而是要经过较长时间的体察。他说:

> 仁乃圣门第一语,不存养数年而欲求决于一日之间,是以易心窥仁也。(《横浦文集》卷十八《答徐得一》)
>
> 仁之一理最是圣门亲切学问,唯孟子识得仁,故曰仁,人心也。(《横浦心传》卷上)
>
> 仁体从来大似天,事之方见失于偏,是何尧舜犹为病?一或容心便不然。(同上卷下《论语绝句》)
>
> 仁体从来不可名,方圆随处便成形,要之自在初非力,以力为之恐失经。(同上)

这些材料说明"仁"存在于人心,因此,人们只有从心上体察才能达到,而不可容心、着力。他又补充说:

> 仁即是觉,觉即是仁,因心生觉,因觉有仁。(同上卷上)
> 心有所觉谓之仁……四体不知疴痒谓之不仁。(《孟子传》卷十四《离娄上》)

> 仁则觉,觉则神闲气定,岂非安宅乎？不仁则昏,昏则念虑纷乱,不得须臾宁矣。义则理,理则言忠信,行笃敬,岂非正路乎？不义则乱,乱则邪辟,与魑魅为邻矣。仁义岂它物哉,吾心而已矣。(《横浦文集》卷十五《孟子拾遗·安宅正路》)

> 仁在吾心一念间,苟差一念隔千山,故知罔克兮狂圣,已见前贤露一斑。(《横浦心传》卷下《论语绝句》)

张九成把"仁"的实现或道德的完成,归结于对"仁"的体察过程。另一方面,他又把"仁"解释为"觉"这种心理活动,却和佛禅非常接近,因为儒家认为具有伦理道德内容的"性""心",在禅家看来只是心理活动或生理行为。如达摩说："见性是佛,性在作用……在胎为身,处世名人,在眼曰见,在耳曰闻,在鼻辨香,在口谈论,在手执捉,在足运奔……"(《景德传灯录》卷三《菩提达摩传》)。马祖道一说："所作所为,皆是佛性,贪嗔烦恼,并是佛性；扬眉动睛,笑欠声咳,或动摇等,皆是佛事"(宗密《圆觉经大疏钞》)。所以朱熹曾批评谢良佐说："上蔡说仁说觉,分明是禅"(《宋元学案》卷二十四《上蔡学案》)。当然他也是这样看待张九成的。

二、心为根本。禅学认为："心外无别佛,佛外无别心","此心即是佛,更无别佛,亦无别心","此法即心,心外无法；此心即法,法外无心"(《佛心法要》)。张九成接受了禅学的这种"心外无法"的思想,认为自然事物或社会的伦理道德政治原则,皆是心(或性)的显现,因而皆是心的产物。他说：

> 吾之性不止于视听言貌思,凡天地之间若动作、若流峙、若生植、飞翔、潜泳,必有造之者,皆吾之性也。(《横浦文集》卷十五《西铭解》)

> 夫天下万事皆自心中来……论其大体则天地阴阳皆自此范围而燮理,论其大用则造化之功,幽眇之巧,皆自此而运动。(《孟子传》卷二十七《告子上》)

这里值得注意的是,万事万物都是吾"性"所造,性即心,因此一切皆心造。这又明显是受禅学影响。既然"心外无理",无异说"心即理"。所以他又说:

> 一念之微,万事之众,万物之多……心即理,理即心。内而一念,外而万事,微而万物,皆会归在此,出入在此。(同上卷十九《离娄下》)

这样他就自然得出求道在求心的结论。因为既然"心即理",则"圣贤之道","义理之学",皆在人心,求道、求学即在于"求心","见心"。他说:

> 尧舜禹汤文武周公之道具在人心,觉则为圣贤,惑则为愚为不肖。(《横浦文集》卷十七《海昌童儿塔记》)
>
> 学问之道无他,求其放心而已矣,非止于务博洽、工文章也。内自琢磨、外更切磋,以求此心,心通则六经皆吾心中物也。学问之道无过于此。(同上卷十八《答李樗》)
>
> 人皆有此心,何识之者少也,倘私智消亡,则此心见矣;此心见则入孔子"绝四"之境矣。(《横浦日新》)

在这里,禅学的影响同样是很明显的。《六祖坛经》说:"一切法尽在自性,性常清净,日月常明,只为云覆盖,上明下暗,不能了见日月星辰。忽遇慧风吹散,常卷云雾,万象森罗,一时皆现。"从上引材料,可见张九成也认为人们认识的过程,就是诉之于本心的直觉,而妨碍这种本心直觉的,就是"私智",只要使"本心"不为"私智"蒙蔽,自然就能见到真理。因此他主张"求放心",这和后来陆九渊所说"古人教人,不过存心、养心、求放心"如出一辙。从这里也可看到张九成思想是从二程理学转向陆九渊心学的过渡环节。

不过,也要指出,尽管张九成入佛很深,但他还是一个儒家学者,所以他对佛家仍有所批评,认为佛教"以天地日月、春夏秋冬为梦幻","灭五常绝三纲"是违背"圣人之道"。他在这方面的批评还缺少理论深度,也没有什么新意。

第三节 张九成的时代影响

张九成在当时的学术思想领域是一个很有影响的人物,这从陈亮的一段话里可以看出来:

> 近世张给事学佛有见,晚从杨龟山学,自谓能悟其非、驾其说,以鼓天下之学者靡然从之。家置其书、人习其法,几缠缚胶固,虽世之所谓高明之士,往往溺于其中而不能以自出,其为人心之害何止于战国之杨墨也。(《龙川文集》卷十九《与应仲实》)

从陈亮的这段话里,可以看出张九成由两个方面造成了他的时代影响。

其一,张九成一生政治地位虽然不高,但科举名第却居前茅,因此他的解经著作受到重视并得以流传。张九成的解经著作,《郡斋读书附志》著录有《论语解》(二十卷)、《孟子解》(三十六卷),《直斋书录解题》著录有《尚书详说》(五十卷),《中庸说》《大学说》《孝经解》(各一卷)。《宋史·艺文志》还录有《乡党论》《少仪论》《咸有一德论》《孟子拾遗》等。对于张九成的解经著作,宋代学者一般是给予肯定的评价的。如陈振孙说:

> 无垢诸经解,大抵援引详博,文意澜翻,似乎少简严,而务欲开广后学之见闻,使不堕于浅狭,故读其书亦往往有得焉。(《直斋书录解题》卷二《无垢尚书详说》)

其二,张九成在他的解经著作和其他文字里,糅进了佛家思想,由于太过于显豁,才遭到当时理学家,特别是朱熹的抨击。不过,这也扩大和加深了张九成对当时的思想影响,乃至如陈亮所说"家置其书,人习其法"。

朱熹视张九成的解经著作为"洪水猛兽",对其抨击非常严厉。他说:"洪适在会稽尽取张子韶经解板行,此祸甚酷,不在洪水夷狄猛兽之下,令人寒心"(《朱文公文集》卷四十二《答石子重》之五)。又说:"如子韶之说,直截不是正理,说得尽高尽妙处病痛愈深,此可以为戒而不可为学也"(同上卷三十九《答许顺之》之四)。朱熹还专门写了《杂学辨·张无垢中庸解》来批驳张九成经解中的观点。

首先,在对"中庸"的道德境界的理解上。张九成认为"君子戒慎恐惧,酝酿成中庸之道"。朱熹驳之曰:"中庸之道天理自然,非如酒醴必酝酿而成也。"即张九成认为通过"戒慎恐惧"等修养工夫,就可以使"心""为中为和",从而"心"就可"位天地、育万物"。朱熹则认为"中""和"是本然之"天理",天地万物是"理之自然",都不是人之心所能创造的,他断定张九成的观点是"原于释氏以心法起灭天地之意"。在这个问题上,朱熹对张九成的批驳,具有客观唯心主义反对主观唯心主义的性质。

其次,在对"格物致知"的修养方法的解释上,张九成认为"格物知至之学,内而一念,外而万事,无不穷其终始,穷而又穷,以至于极尽之地,人欲都尽,一旦廓然,则性善昭昭无可疑矣"(《孟子传》卷十五《离娄上》)。可见张九成是以佛家的"顿悟"来解释儒家的"格物致知"的修养方法的。朱熹对此表示反对,说:"然则所致之知,固有浅深,岂遽以为与尧舜同者,一旦忽然而见之也哉?此殆释氏一闻千悟、一超直入之虚谈也"(《朱文公文集》卷七十二《杂学辨·吕氏大学解》)。即朱熹认为"尧舜境地"不是通过"致知"一旦忽然"见"到的,而是要通过由浅入深的体认和践履来逐步达到的。故当张九成说:"此诚既见,己性亦见,人性亦见,物性亦见,天地之性亦见"时,朱熹即批驳他说:

> 经言"惟至诚故能尽性",非曰"诚见而性见也"。"见"字与

"尽"字意义迥别。大率释氏以见性成佛为极,而不知圣人尽性之大,故张氏之言每如此。(同上《杂学辨·张无垢中庸解》)

换言之,朱熹认为"尽性"是儒家体认和践履伦理原则的道德修养方法,张九成所倡"见性"则是禅家顿悟心性之空寂的宗教修养方法。

朱熹对张九成的批驳,或他们间的对立,是宋代理学内部的分歧和对立。所以尽管朱熹攻击"凡张氏所论著,皆阳儒阴释,其离合出入之际,务在愚一世之耳目而使之恬不觉悟,以入乎释氏之门,虽欲复出而不可得。"并宣称:"窃不自揆,尝欲为之论辨以晓当世之惑。"(同上)但从陆学的兴起来看,朱熹的讨伐在当时并未能给张九成多大的损伤,也未能阻止士大夫们对张九成所代表的那种思潮"靡然从之"之势。然而后来,随着朱熹的学术权威地位的确立和巩固,朱熹往时的"晓惑之辨"也就成了当然之论,张九成自然要遭到贬损。故《宋史》评定张九成学术思想曰:"九成研思经学,多有训解,然早与学佛者游,故其议论多偏"(《宋史》本传)。张九成的著作也多罹毁弃,他的长篇著述《尚书详说》(五十卷)、《唐鉴》(五十卷,见《郡斋读书志》)皆只字未存。直接表述他的思想的《语录》(即《横浦心传》《横浦日新》)、《直斋书录解题》《宋史·艺文志》皆著录有十四卷,明代时已散佚,陶宗仪《说郛》著录为一卷,后经张氏后裔多方搜集,今也只存四卷。张九成其他尚存经解也多是残缺不全。

第十章　张栻的理学思想

张栻是南宋的理学家,与朱熹齐名。《宋史·道学传》将他与朱熹并列。朱熹对其学问评价很高,谓"其学之所就","足以名于一世"(《南轩文集·序》),视为一代大儒。

张栻的理学思想,以二程为正宗,而又有所发挥,重在明义利之辨,于"去人欲、存天理"反复致意。其宇宙论以"理"为本体,但又突出"心"的主宰作用,因而具有心学的色彩。其于仁说、人性论和修养方法也有所阐发,富有特色。

第一节　张栻的生平和学术师承与著述

张栻(公元1133—1180年)字敬夫,又字乐斋,号南轩,汉州绵竹(今四川广汉市)人。父张浚,在宋高宗、孝宗两朝供职,官至丞相。

张栻自幼随父侨居外地,后迁湖南衡山。孝宗即位(公元1163年),"慨然以奋伐仇虏,克复神州为己任"(《朱文公文集》卷八十九《右文殿修撰张公神道碑》,以下引文未注明出处者,均见此篇)。朝廷起用张浚,开府治兵,都督军事。张栻时年三十,参佐其事,"内赞密谋,外参庶务,其所综画,幕府诸人皆自以为不及"。其父一生以收复中原为职志。张栻秉承父志,反对和议,力主抗金,曾因军事入奏,进言孝宗,要求励精图治,报仇雪耻,匡复社稷,因而深得孝宗的赏识,遂定"君臣之契"。

嗣后,张栻又屡次上疏言事,建议人主益坚抗金之志,"誓不言和,专务自强,虽折不挠"。他深知民心可用,认为"欲复中原之地,先有以得中原之心;欲得中原之心,先有以得吾民之心";而要得"吾民之心",关键在于"不尽其力,不伤其财"(《宋史》本传)。这种民心可用、爱惜民力的思想,是儒家传统的重民思想,在他从政期间,皆有所体现。

张栻一生,居官十余载,大半都在地方州府任上,先后知严州(今属浙江)、袁州(今属江西)、静江(今属广西)、江陵(今属湖北)诸州府。他关心民瘼,每到任,常"问民疾苦","访求"当地的"利病",改革地方弊政,减轻人民负担。他还十分注重兴办地方学校,其中以静江府尤盛。为了提倡兴学,他先后为地方州府撰写了不少"学记",加以鼓吹,认为兴学其要在"明人伦",而"人伦之在天下不可一日废,废则国随之",故"有国者之于学"也不可"一日而忽"(《南轩全集》卷九《袁州学记》)。他不但提倡兴学,而且亲身执教。孝宗乾道元年(公元1165年),受湖南安抚使刘珙之聘,主岳麓书院教事,从学者众,遂奠定了湖湘学派的规模。

在此期间,张栻曾被召在朝廷供职,初为吏部员外郎,寻兼侍讲,后进直宝文阁,临终前诏为右文殿修撰,提举武夷山冲佑观。但因权臣近倖所忌惮而屡遭排挤,任期不长。在京官任上,每进对,他知无不言,"大抵皆脩身务学,畏天恤民,抑权倖,屏谗谀之意"。对于朝廷巧立名目,聚敛财赋,他敢于仗义执言,曾为此进言孝宗,反对以"均输"之名,行巧取之实,指出:所谓"均输","不过巧为名色而取之于民耳"。孝宗也不得不承认,"如卿之言,是朕假手于发运使以病吾民也"。

张栻为人,"表里洞然,勇于从义,无毫发滞吝",每君臣问对,不投人主之所好、视人主之脸色行事。《宋史》本传载:

> 孝宗尝言伏节死义之臣难得,栻对:"当于犯颜敢谏中求之。若平时不能犯颜敢谏,他日何望其伏节死义?"孝宗又言难得办事之臣。栻对:"陛下当求晓事之臣,不当求办事之臣。若但求办事之臣,则他日败陛下事者,未必非此人也。"

其实,由上述君臣问对来看,张栻本人就是敢于犯颜直谏。孝宗曾因此赐手书褒其忠。即使在病危之际,他仍不忘君臣之义,手疏劝孝宗"亲君子远小人,信任防一己之偏,好恶公天下之理,以清四海,克固丕图",因而为世人所传诵。卒年四十八。朱熹对其为人赞叹不已:

> 呜呼!靖康之变,国家之祸乱极矣。小大之臣,奋不顾身以任其责者,盖无几人;而其承家之孝,许国之忠,判决之明,计虑之审,又未有如公者。

由此足见其在理学家心目中的"忠君爱国"形象。宁宗嘉定间赐谥宣,理宗淳祐间诏从祀孔庙,以表彰其道德和学问。

张栻学有所承,幼受家教,既长遵父命从胡宏问学于衡山,史称衡麓之教。张栻师事胡宏,他本人有如下记载:

> 仆自惟念妄意于斯道有年矣。始时闻五峰胡先生之名,见其话言而心服之,时时以书质疑求益。辛巳之岁(高宗绍兴三十一年,公元1161年)方获拜之于文定公(胡安国)书堂。先生顾其愚而诲之,所以长善救失,盖自在言语之外者。然仅得一再见耳,而先生没。自尔以来,仆亦困于忧患,幸存视息于先庐,紬绎旧闻,反之吾身,寖识义理之所存……如是有五载,而上命为州,不得辞,继为尚书郎,猥以戆言,误被简遇,遂得执经入侍……

(《南轩全集》卷二十六《答陈平甫》)

上述表明,张栻早在从政之前,即已问学于胡宏,起初通过书札往来,"以书质疑求益";而"获拜"胡宏为师,行弟子礼,则是在胡宏去世前一年,故说:"然仅得一再见耳,而先生没"。这一情况,魏了翁在《跋南轩与李季允帖》中言之尤详:"南轩先生受学五峰,久而后得见,犹未与之言,泣涕而请,仅令思忠清未得为仁之理,盖往返数四而后与之。前辈所以成就后学,不肯易其言如此,故得其说者,启发于愤悱之余,知则真知,行则笃行,有非俗儒四寸口耳之比"(《宋元学案》卷五十《南轩学案·附录》)。

关于张栻师承胡宏,朱熹也言之甚明:

> 自其幼学而所以教者,莫非忠孝仁义之实,既长又命往从南岳胡公仁仲先生问河南程氏学。先生一见,知其大器,即以所闻孔门论仁亲切之旨告之。公退而思,若有得也,以书质焉而先生报之曰:"圣门有人,吾道幸矣。"公以是益自奋厉,直以古之圣贤自期,作《希颜录》一篇,蚤夜观省,以自警策。所造深远矣,而犹未敢自以为足,则又取友四方,益务求其学之所未至。盖玩索、讲评、践行、体验,反复不置,十有余年。

这里,朱熹不但肯定了张栻从胡宏问学的事实,而且还指出他在其师指导下治学的过程。就是说,张栻之学上承二程的遗绪,而又直接得自胡宏的传授,特别是他以古圣贤自期,作《希颜录》以明志,得其师的启发和指教尤多。据《宋元学案》本学案:

> 五峰先生与书曰:辱示《希颜录》,足见稽考之勤。先贤之语,去取大是难事。
> 又曰:某意《希颜录》如《易》《论语》《中庸》之说,不可瑕疵,亦须真实见得不可瑕疵然后可也。其他诸说亦须玩味,于未精当中求精当。

张栻在改编《希颜录》时,采纳了胡宏的意见,自谓"旧来所编,不甚精切"(《南轩文集》卷一《答吕子约》),其"去取,伦次多所未善","故今所录,本诸《论语》《易》《中庸》《孟子》所载,而参之以二程先生之论,以及濂溪、横渠与夫二先生门人高弟之说,列为一卷"(《南轩全集》卷三十三《跋〈希颜录〉》)。他对

《春秋》的看法也得自衡麓之教，谓孔子作《春秋》"所以存天理遏人欲，拨乱反正，示王者之法于将来也"（《孟子说》卷四），认为《春秋》旨在明辨天理人欲，为时君世主立法。他十分推崇胡安国的《春秋传》，称之为"正大之论"，"有功于""扶三纲、明大义、抑邪说、正人心"（《南轩全集》卷十一《建宁府学游胡二公祠堂记》）。其为学"趋本实，敦笃躬行，循序而进"，反对"贪高慕远"，认为这是"圣人教人之大方"（《论语解》卷一），与胡宏的务实学风相一致。

张栻之学虽得自胡宏，然而又与其师说有别，最重要之点，是他的理学思想较其师更具有正宗性质。黄宗羲谓："南轩之学得之五峰，论其所造，大要比五峰更纯粹"（《宋元学案》卷五十《南轩学案》案语），认为较胡宏之学更为正统。全祖望则谓"南轩似明道"（同上），认为张栻之学更接近于洛学中的程颢。就学术统绪而言，张栻之学实宗周（惇颐）、程（二程）。曾谓周子之学"渊源精粹，实自得于其心"（《南轩全集》卷十《韶州濂溪周先生祠堂记》）。他更以其学得自二程的真传自诩，认为二程之学"完全精粹，愈看愈无穷，不可不详味也"，"然识其真者或寡矣"（《南轩文集》卷一《寄吕伯恭》）。对于张栻学术师承的上述特点，在研究其理学思想时，应予以足够的注意。

张栻著述颇多，经朱熹论定，计有诗文集四十四卷，以《南轩文集》刊行于世，另有《论语解》十卷、《孟子说》七卷，清道光年间，与《南轩文集》汇刻，合为《南轩全集》。清人对该《全集》评价很高，谓"其讲义、表疏"与富弼、范仲淹诸公相"揖让"；"其学记、序说"与欧阳修、曾巩诸子相"颉颃"；"其史论"综合"马、班之长"；至其论学"则又合周、程、张、邵性道之渊源，天人之精蕴，而独探其奥，抉其微，与诸子相发明"（《南轩全集》陈钟祥《原序》）。

张栻的理学思想集中反映在《论语解》《孟子说》《南轩答问》以及与友朋论学的书札中。《论语解》成书于孝宗乾道九年（公元1173年），《孟子说》始撰于乾道四年（公元1168年），几经修改，至乾道九年成书。另有《希颜录》，主要是辑录《论语》《孟子》《中庸》及后人书中有关颜渊言行的记载，初编于高宗绍兴二十九年（公元1159年）；后又改编，至孝宗乾道九年改毕。

第二节 张栻的宇宙论

张栻的理学思想,重在明人伦,而于宇宙论问题言之不详,主要见之于他论述心、物、性、理、天命诸关系中。

首先,在理与心、性、天命的关系方面,张栻提出"同体异取"的命题:"理之自然谓之天命,于人为性,主于性为心。天也,性也,心也,所取则异而体则同"(《孟子说》卷七)。认为天命是理的本然状态,性是理在人身上的体现,而心主宰性,它们虽表现形式各异,而实则同为一体,皆本于理。这就肯定了理的本体性质。

其次,在理与事物的关系方面,张栻认为理在事先,理主宰事与物:"有是理则有是事,有是物"(同上卷四),"事事物物皆有所以然,其所以然者,天之理也"(同上卷六)。就是说,虽事事物物皆有"所以然"之理,但却是先有理而后才有事有物。这种"理在事先"的观点,是二程以来理学家的传统观点,它与"理在事中"的观点是不同的。

张栻有时还用"太极"来说明人与物的本原,谓"太极动而二气形,二气形而万物化生,人与物俱本乎此者也"(《南轩全集》卷十一《存斋记》)。这与程、朱关于"太极即理"的观点是一致的,归根到底,仍然认为理是宇宙的本体。

必须指出,张栻也曾提到心的主宰性,谓"心也者,贯万事统万理而为万物之主宰者也"(同上卷十二《敬斋记》)。虽然他是在阐发二程关于"主敬"的心性修养方法时提到的,故紧接着说:"致知所以明是心也,敬者所以持是心而勿失也,故曰主一之谓敬,又曰无适之谓一。意其必识夫所谓一而后有以用力也"(同上)。这说明他着重强调的是心在"格物致知","穷理尽性"中的作用。然而,不能不看到,他关于心的主宰性与程、朱的观点有相离异之处:其一,程、朱虽承认心的主宰性,但不承认心是"主宰者",故说"心固是主宰底意,然所谓主宰者即是理也"(《朱子语类》卷一);而张栻则谓

"心为万物之主宰者也"。其二,程、朱关于心的主宰性只限于性、情,故有"心主性、情","心统性、情"之说(同上卷五),认为心的主宰性是有限的、相对的;而张栻则把程、朱关于心的有限的主宰性放大成为"贯万事统万理"以至主宰万物。这样,他与其师胡宏以"性"为宇宙本体一样,在本体论问题上,表现出与程朱理学相离异的思想倾向,从而为通向"心学"打开了门户。这是张栻的宇宙论中值得注意的倾向,它预示着理学营垒内部学派分野的发展趋势。

第三节 张栻"明义利之辨"的理学特色

张栻的宇宙论,旨在论证封建伦常这一权威原理的天然合理性,而他的明义利之辨,则是试图从伦理道德方面要求人们维护这一封建权威原理。

义利之辨,非自宋代始,早在先秦时期,孔、墨显学的对立即已开其端;而自孔、孟以来,重义轻利、贵义贱利的义利对立的观点,一直是儒家的正统观点。董仲舒提出"正其谊不谋其利,明其道不计其功"的说教,是这一观点的标准概括。宋儒由此引申出存义去利的政治伦理原则,把义利与理欲直接联系起来,由存义去利得出"存天理、去人欲"的结论。这样,他们就把义利之辨完全纳入理学家的伦理道德范畴之内,因而具有宋代理学的鲜明特色。张栻明义利之辨也具有这一理学特色。

首明义利之辨,是张栻在义利问题上对宋代理学思想的继承和发挥。宋代理学家都十分重视义利问题。程颢说:"天下之事,惟义利而已"(《遗书》卷第十一)。朱熹则把明义利之辨视为"处事之要"(《朱文公文集》卷七十四《白鹿洞书院揭示》)。这说明义利问题是宋代理学的重要问题。张栻更从明"道"、为"学"方面进一步强调明义利之辨的重要性:"学者潜心孔孟,必得其门而入。愚以为莫先于义利之辨"(《南轩全集》卷十四《孟子讲义序》),认为这是明"道"的入门、为"学"的第一要义。明确地把明义利之辨作为研究学问的头等大事提出来,是张栻对宋代理学思想的发挥,也是其理学思想的特点之一。

义利对立的观点,是宋代理学家强调明义利之辨的主要论据之一。程颢说:"大凡出义则入利,出利则入义"(《遗书》卷第十一)。程颐也有类似的观点,认为"出义"便言"利"(同上卷第十七)。张栻大体本二程的观点:"盖出义则入利,去利则为善也。此不过毫厘之间而有黑白之异、霄壤之隔焉"(《孟子说》卷七)。认为义利之间,一出一入,不过毫厘之间,而其相去甚远,如黑白之异、天渊之别,两者不可调和。张栻不仅指出义利之间的对立,而且更指出这种对立实质上是天理人欲的对立。所以他接着说:

> 夫善者天理之公,孳孳为善者存乎此而不舍也。至于利则一己之私而已。盖其处心积虑,惟以便利于己也。然皆云孳孳者,犹言"君子喻于义,小人喻于利"之意。夫义利二者,相去之微不可以不深察也。(同上)

既然"善者天理之公",那么"去利则为善"就成为"去利则为天理之公",亦即以"天理之公"为"义"。所谓"利则一己之私",就是以"利"为人欲。像这样援天理于义,援人欲于利,正是张栻明义利之辨的又一理学特色。

至于怎样分辨义与利、天理与人欲,张栻认为,应以人们的"意向"是"无所为而然者"还是"有所为而然者"来判定:

> 无所为而然者,命之所以不已,性之所以不偏,而教之所以无穷也。凡有所为而然者,皆人欲之私而非天理之所存。此义利之分也。自未尝省察者言之,终日之间,鲜不为利矣,非特名位货殖而后为利也。斯须之顷,意之所向一涉于有所为,虽有浅深之不同,而其徇己自私则一而已。(《南轩全集》卷十四《孟子讲义序》)

所谓"无所为而然者",是指"性"的未发状态,即未加以人为干预的本然之性,他认为这就是天理,就是义;反之,一旦"性""有所为"而发,即加以人为的干预,则势必"徇己自私",违背天理,他认为这就是人欲,就是利。这样,他就打破了把利局限于"名位货殖"的传统观念,而把它加以扩大,包括人们违背天理的心理活动。可见,张栻明义利之辨,是要人们进行内心反省,摈弃一切非分的欲念去体认天理,以便使思想、言论、行动均符合天理的要求。

张栻所讲的天理,就是维护封建等级制度的纲常伦理,亦即"礼"。他说:"礼者,理也。"(《论语解》卷二),"所谓礼者,天之理也,以其有序而不可过,故谓之礼"(《宋元学案》卷五十《南轩学案·答问》)。这个"序",就是君臣、父子、兄弟、夫妇、朋友之间的尊卑、上下的等级秩序与相互关系,故说:

> 天地位而人生乎其中,所以为人道者,以其有父子之亲、长幼之序、夫妇之别,而又有君臣之义、朋友之信也。是五者,天之所命而非人之所能为。(《南轩全集》卷十四《阃范序》)

这里,他特别强调作为封建等级秩序的"礼",是"天之所命而非人之所能为"。因此,他有时称"礼"为"天之秩",亦即"天理之所当然"(《论语解》卷二)。这就肯定了封建等级秩序的至上性和天然合理性。在他看来,既然尊卑、上下的封建等级秩序是天然合理的;那么,封建统治者对劳动人民的压迫和剥削也是天然合理的:

> 夫无君子莫治野人,无野人莫养君子。劳心以治其民,而野人劳力以共其公上,是理之当然也。(《孟子说》卷六)

所以他反对人们为改变中世纪"贫困世界"而进行的抗争,主张听天由命,安贫乐道:

> 有得富贵之道,有得贫贱之道。盖正而获伸者,理之常,此以其道而得富贵者也。不正而诎者,亦理之常,此以其道而得贫

贱者也。然世有反是而富贵贫贱者矣,所谓不以其道也。惟君子则审其在己,不为欲恶所迁,故枉道而可得富贵,己则守其义而不处,在己者正矣。不幸而得贫贱,己则安于命而不去,此其所以无入而不自得也。(《论语解》卷二)

这里,他把"以其道"而得富贵、贫贱称为"理之常",说明"道"即"理"亦即"礼"。因此,所谓"富贵贫贱"之"道",实则以能否符合封建等级秩序的"礼"为最高准则:符合这一最高准则的,即使"不幸而得贫贱",也应"安于命而不去";违反这一最高准则,"枉道而可得富贵",也应"守其义而不处"。按照这一逻辑,统治者富且贵和被统治者贫且贱都是"理之常",天然合理;如果"不以其道","反是而富贵贫贱",那就是违"理"乱"常"了。对于被统治者来说,所谓"安于命而不去",就是要他们安于现状,甘心于受奴役和剥削,而这正是张栻援天理人欲辨义利的实质所在。

当然,为维护封建制度的长治久安,张栻明义利之辨也有针对封建统治者的一面。因此,尽管他认为统治者对于人民的压迫和剥削是"理之当然",但是却反对人主"厉民以自养",认为压迫、剥削太甚,必引起民变,使"民日有不赡之忧而疾恶怨畔之心所从生"(《孟子说》卷六),不利于巩固其统治,故反对人主"徇欲"而主张"遏欲"。就是说,统治者对于人民的压迫和剥削要有节制,不能过分。这也就是他所津津乐道的"贵民""重民""养民"和"保民"的真正含义。故说:"君,使其知民之为贵,社稷次之而己不与焉,则必兢兢业业,不敢自恃,惟惧其失之也,则民心得而社稷可保矣";否则,"肆其私欲,轻夫人心",必"危其社稷"(同上卷七)。

总之,援天理人欲辨义利,是张栻明义利之辨的理学特色,目的在于由明义利之辨引申出"存天理、去人欲"的道德论,而这一道德论,究其实是为了论证封建纲常伦理的天然合理性,巩固封建等级秩序,保证封建制度的长治久安。

第四节 张栻的仁说和人性论

在张栻的理学思想中,其仁说和人性论的提出,是同论证"去人欲、存天理"的道德论联系在一起的,实际上是为这一道德论提供理论根据的。因此,与其明义利之辨一样,具有鲜明的理学特色。

一、张栻的仁说

"仁"一词,在孔子之前就已经出现,然而作为伦理学说提出来,则是始于孔子。孔子论仁,特别强调礼。他在答颜渊问仁时说:"克己复礼为仁";又以"非礼勿视,非礼勿听,非礼勿言,非礼勿动"看成是仁之目(《论语·颜渊》)。这是以礼言仁,意即克制自己的欲望,使视、听、言、动符合于礼的规范,就是仁。可见孔子言仁是以合乎礼为标准的,实则把仁看成是礼在伦理关系方面的反映和体现。仁的伦理属性甚明。孟子发挥孔子的仁说,以仁与义、礼、智合称"四德",看成是人所固有的四种基本品德,其表现在社会伦理关系方面,就是忠君、孝亲、敬长等等。至宋,理学家十分重视对于孔、孟仁说的研究。程颢作《识仁篇》,认为"学者须先识仁"。黄宗羲谓"明道之学,以识仁为主"(《宋元学案》卷十三《明道学案上》案语),说明对于仁的研究,在程颢的理学思想中占有极其重要的地位。尔后张栻作《仁说》《洙泗言仁序》,申论孔孟和程颢之说,视仁"为圣学之枢,而人之所以为道也"(《南轩全集》卷二十五《答陈择之》),足见对仁说的重视。程颐、张载、胡宏、朱熹、吕祖谦诸理学家,也都曾先后对仁说进行反复的研讨、辩难。

宋代理学家所以特别重视对于仁的研究,一是因为他们均以继承"圣人之学"自命,二是因为宋代重伦常之风气极盛,故仁的伦理思想普遍为学者所提倡。

宋儒论仁,发挥孔、孟的仁说:一方面认为"义、礼、知、信皆仁","仁者,全体;四者,四支"(《遗书》卷第二上),实则以仁为封建伦常的本体;另一方面认为"仁者,浑然与物同体","以天地万物为一体"(同上),把仁者看成是达到无人我、物我界限的"天人合一"的精神境界,因而使仁具有宇宙本体的性质。这种把仁与天地万物合为一体的观点,其实质是以伦理合于天理,目的在于论证封建伦常的神圣性、至上性和永恒性,其理与"天不变道亦不变"同。就是说,只要天不变,作为封建伦常本体的仁也不变。这是宋代理学家伦理观的思想特色。张栻的仁说也具有同样的情况。

张栻的仁说,大体本二程的观点,首明仁在封建伦常中的地位和作用,指出"仁为四德之长而又可以兼包焉"(《南轩全集》卷十八《仁说》),认为仁在义、礼、智诸伦常中居于主导地位,具有"兼能而贯通"的性质。所谓"兼能而贯通",是指"惟仁者为能推之而得其宜,是义之所存者也。惟仁者为能恭让而有节,是礼之所存者也。惟仁者为能知觉而不昧,是智之所存者也"(同上)。说明只有仁才能同时兼有义、礼、智诸伦常的属性,也只有仁才能使封建伦常诸属性融会贯通成为一体。故说"此可见其兼能而贯通者矣"(同上)。足见在张栻的理学思想中,仁不但居于封建伦常的首位,而且具有多性能的特点,是封建伦常的集中体现。这与二程以仁为"五常"之"全体",亦即以仁为封建伦常的本体,其观点是一致的。

然而,张栻更进而把作为封建伦常本体的仁上升到天理的高度,把孔子"克己复礼为仁"之说同"去人欲、存天理"的宋儒道德论联系起来。他说:

> 克尽己私,一由于礼,斯为仁矣。(《论语解》卷六)
> "克己复礼"之说,所谓礼者,天之理也。……凡非天理,皆己私也。己私克则天理存,仁其在是矣。(《宋元学案》卷五十《南轩学案》)

根据"礼者天之理",而"己私"即"人欲"的观点,上述命题就变成"克尽人欲一由于天理即是仁",故说"己私克则天理存,仁其在是矣",说明仁即在天理之中。这样,张栻就以仁的至上性论证了封建伦常的至上性。这是他以仁为封建伦常之本体的实质所在。

在他看来，既然仁即在天理之中，那么为仁的关键在于"克己"，亦即"去人欲"：

> 是以为仁莫要乎克己，己私既克则廓然大公，而其爱之理素具于性者无所蔽矣。爱之理无所蔽则与天地万物血脉贯通，而其用亦无不周矣。（《南轩全集》卷十八《仁说》）

他认为，这是"圣人教人求仁"之本，只要持之不懈，"勉而勿舍，及其久也，私欲浸消，天理益明，则其所造将有不可胜穷者"（同上卷十四《洙泗言仁序》）。可见，为仁的过程，即"去人欲、存天理"的过程，人欲既克，天理自明，仁也就在其中。说明张栻的仁说，归根到底，是以"去人欲、存天理"的道德论为旨归的。

二、张栻的人性论

张栻的人性论与宋代其他理学家一样，本孟子的性善说。他说："夫善者，性也"（《孟子说》卷六），"原性之理，无有不善"（《论语解》卷九）。然而他对孟子的性善说又有所发挥。这主要表现在：

（一）以性具"四德"论性善

孟子论性善，其主要论点是：人皆有恻隐、羞恶、恭敬、是非之心，即"四端"和由之发展、扩充起来的仁、义、礼、智，即"四德"，认为这"四端"和"四德""非由外铄我也，我固有之也"（《孟子·告子上》），以此说明人性本善。

张栻论性善，首明孟子此说：

> 所谓善者，盖以其仁、义、礼、知之所存，由是而发，无欲之私乱之，则无非恻隐、羞恶、辞让、是非之心矣。（《孟子说》卷三）

他认为性所以为善，因其具有仁、义、礼、智"四德"的缘故。就此而言，与孟子的性善说同。然而也有差异,这就是:孟子认为"四端"是性善之"端","四德"是性善之表德,是由"四端"扩充而来的,故"四端"较"四德"更为根本;而张栻则认为"四德"是性,"四端"是心,是"四德"之体现于心,因此"四德"要比"四端"更为根本。他进一步申论说:

> 仁、义、礼、知具于性而其端绪之著见,则为恻隐、羞恶、辞让、是非之心。……故原其未发,则仁之体立而义、礼、知即是而存焉。循其既发,则恻隐之心形而其羞恶、辞让、是非亦由是而著焉。(同上卷二)
>
> 恻隐、羞恶、恭敬、是非之所以然,是乃仁、义、礼、智之具乎性者也。(同上卷六)

这里,他以性之"未发"与"既发"说明"四德"与"四端"之间的相互关系,指出所以有"四端",是因为"四德"具于性。这种看法显然与孟子的上述观点有别。其所以有这种不同,原因之一是宋儒对于心、性有极其严格的区分。张栻以"未发"言性,以"已发"言心,故以性为静,以心为(性之)动。张栻是用这一心、性观点来说明"四端"与"四德"之间的相互关系的。因此,孟子关于"人皆有恻隐之心"云云,即"四端",被解释为性之"四德"已发的结果。原因之二是宋儒因封建统治者的提倡而特别重伦常,视其为立国安民之本。张栻正是以理学家的观点来看待这个问题的,认为"三纲五常,人之类所赖以生而国之所以为国者也"(同上卷四)。而五常又包含在"四德"之中,因此也就很自然地把"四德"提到立国之本的位置上来。这说明张栻对于"四端"与"四德"相互关系的理解,既有其理论上的原因,也有其社会和阶级的原因,其时代性和历史特点甚明。

(二)以性之"渊源纯粹"论性善:

> 孟子所以道性善,盖性难言也。其渊源纯粹,可得而名言者善而已。(同上卷三)

按照儒家"天命之谓性"的传统观点,性之渊源来自天命,故又称"天命之性"。张栻也持此说:"原人之生,天命之性,纯粹至善而无恶之可萌者也"(同上卷六)。认为人生之初,性由天命。所谓"天命之性,纯粹至善",正与上述性之"渊源纯粹",故以"善"名的观点相合。可见在张栻看来,性之渊源即"天命之性"。以性之渊源论性善,亦即以"天命之性"论性善,其实质是把具于性之"四德"提到"天命"的高度,神化封建伦常。

(三)以"循其性之本然"论性善:

> 所谓善也,若训顺。……谓循其性之本然而发见者也。有以乱之而非顺之,谓是则为不善矣。(同上)

这里,他训"善"为"顺",又训"顺"为"循其性之本然",说明"善"与"不善"以是否"循其性之本然"而定。所谓"循其性之本然",就是"无所为而然者"。他曾以水之就下为例说:"水之所以为水,固有就下之理也。若有以使之,则非独可决而东西也,搏之使过颡,激之使在山亦可也"。但这并非水"性之本然",而是"搏激"所使然。一旦"搏激之势尽,则水仍就下也。可见其性之本然而不乱矣"。他由此推论人性也如此:

> 故夫无所为而然者,性情之正,乃所谓善也。若有以使之,则为不善。(同上)

照此看来,所谓"循其性之本然",就是保持性之本来面目而不施加任何外来的影响,故又称为"无所为而然者"。这个"无所为而然者",就是上一节提到的、他用以明义利之辨的根据:"无所为而然者"谓之"义",亦即"天理";"有所为而然者"谓之"利",亦即"人欲"。因此,"循其性之本然",实则要求人们摈弃"人欲",按照"天理"行事。而他关于"善"与"不善"之分,最后被归结为天理人欲之辨,正好说明其性善论是为"去人欲、存天理"的道德论作立论根据的。

（四）以"气禀之性可以化而复其初"论性善。

张栻的"气禀"说，本于二程。二程说："人生气禀，理有善恶，然不是性中之有此两物相对而生也。有自幼而善，有自幼而恶，是气禀有然也。善固性也，然恶亦不可不谓之性也"（《遗书》卷第一）。认为性之有善恶是因"人生气禀"所致。张栻根据二程的观点，阐明人所以有不善的原因：

> 盖有是身则形得以拘之，气得以汩之，欲得以诱之，而情始乱。情乱则失其性之正，是以为不善也，而岂性之罪哉！（《孟子说》卷六）

他认为，人之所以有不善，是由"气禀之性"造成的，而不能归咎于性本身。因为性本身"渊源纯粹"，是善的；只是在受到形拘、气蔽、欲诱之后，才有不善；二程以"恶"言性，即指此"气禀之性"而言。然而张栻又认为：

> 气禀之性可以化而复其初。夫其可以化而复其初者，是乃性之本善者也，可不察哉！（同上）

依张栻之见，"气禀之性"不但是可以变化的，而且还可以恢复其初始的状态，这个初始的状态就是"性之本善"。因此，"气禀之性可以化而复其初"，是指"化其气禀之偏"以恢复其"本然之善"而言，其义与张载关于变化气质的人性学说相同。他还引证孔子关于"生知""学知""困知"之说加以申论：

> 此有三等之分，言其始所进之异也。……困而学虽在二者之下，然其至则一者，以其人性之本善故耳。（《论语解》卷八）

虽然这是以己意说经，难免牵强，但是其意在于用理学家关于变化气质的观点论证人性本善则是十分清楚的。这是对孟子的"善养吾浩然之气"的心性修养说的进一步阐发。

在张栻看来,"人所禀之质虽有不同,然无有善恶之类一定而不可变者,盖均是人也"(同上卷七),认为人人都可以变化气质,"愚者可使之明,柔者可使之强"(同上),即使"生知"的"上知","亦学而可至也"(同上卷九)。他由此推论出"人皆可为圣贤"(同上卷四),"人皆可以为尧舜"(《孟子说》卷三),认为"尧舜者,能尽其性而已。……圣愚之本同,人人可以勉而进也",只有"自暴自弃"者,才"以尧舜为不可及,是以安其故常,终身不克进",说明问题不在于能不能如尧舜,而在于为不为尧舜(同上)。

张栻上述观点,从表面上看,似乎旨在打破圣凡、智愚的人性等级差别,主张人人在性善面前平等;但是从实质上看,他是以这一貌似"平等"的性善论来为封建等级制度的合理性辩护的。因为他的性善论,是以维护这一等级制度的封建伦常为依据的,而他心目中的"圣贤""尧舜",则只不过是封建伦常的人格化。由此可见,张栻的性善论,其本意不在于论证人性平等,而在于论证封建伦常即是人性,所以说人人可以变化气质,人人可以为"圣贤""尧舜"。

第五节 张栻的"格物致知"说和"居敬主一"的修养方法

张栻的"格物致知"说和"居敬主一"的修养方法,是建立在性善论基础之上而又以"去人欲、存天理"为旨归的。

"格物致知"语出《礼记·大学》,原为秦、汉以来思想史上的认识论命题。至宋,程朱理学家特别推崇《大学》,故这一命题不但受到广泛的重视,而且被提到十分重要的地位,与"明天理"直接联系起来。他们训"格"为"至"、为"穷",训"物"为"理"、为"天理",以"格物"为"穷理""至理"。张栻的"格物致知"说也具有这一理学特色。他说:

> 格,至也;格物者,至极之理也。此正学者下工夫处。(《宋元学案》卷五十《南轩学案·答问》)
>
> 格之为言,至也。理不遗乎物,至极其理,所以致其知也。(同上)

这里,他训"格物"为"至极之理","至极其理",与二程以"格物"为"至理","穷理"的观点是一致的,都是以"物"为"理","物"在"理"中,实则否认了"物"的客观实在性,而仅仅视之为"理"的外现。因此所谓"格物",无非是透过"理"的外现去体认"理"的本质,而不包含认识客观事物的意义。就是说,他所讲的"格物",并不以客观事物为研究对象,而是一种通过内心省察的工夫去体认天理的方法或途径。故又说:

> 格之为言,感通至到也。《书》曰:"格于上帝"。盖君心之非,不可以气力胜也,必感通至到,而使之自消靡焉。所谓格也,盖积其诚意,一动静,一语默,无非格之之道也。(《孟子说》卷四)

张栻训"格"为"感通至到","积其诚意",甚至以"动静","语默"的瞬间为"格之之道",就是认为"格物"不假外求,而只需"向内用力",实则视为纯属内心省察的直观的认识方法。而这种直观的认识方法,最后必然与"居敬主一"的道德修养方法沟通、联结起来。他说:

> 虽然格物有道,其惟敬乎!是以古人之教,有小学,有大学,自洒扫应对而上,使之循循而进,而所谓格物致知者,可以由是而施焉。(《宋元学案》卷五十《南轩学案·答问》)

他以"敬"为"格物"之"道",认为"格物致知"要靠"敬"来实现,说明张栻的"格物致知"说,归根到底,是一种道德修养方法;而这种道德修养方法又重在"敬"字。所谓"敬",就是摈弃一切欲念,保持思想纯正专一以符合天理的一种内心修养。他说：

> 夫主一之谓敬，居敬则专而不杂，序而不乱，常而不迫，其所行自简也。（《论语解》卷三）

在他看来，"居敬"即"主一"，本是一回事，指的是"心"要"专"，不为欲念所"杂"；"行"要"简"，不为外物所"乱"。因此，张栻重"敬"的修养方法也可称为"居敬主一"的修养方法。他根据程颐"主一之谓敬""无适之谓一"的观点，在《主一箴》中进一步阐发了这一"居敬主一"的修养方法：

> 曷为其敬？妙在主一。曷为其一？惟以无适。居无越思，事靡他及。涵泳于中，匪忘匪亟。斯须造次，是保是积。既久而精，乃会于极。勉哉勿倦，圣贤可则。（《南轩全集》卷三十六）

这是说，"居敬"要在"主一"，"主一"要在"无适"。所谓"无适"，就是要做到"居无越思，事靡他及"，使思想言行，精诚专一，不逾越封建伦理道德规范。他认为，只要持之以恒，久久为功，努力不懈，则"圣贤"可法。这种以"圣贤"为标的的修养方法，显然是通过道德上的自我完善来实现的。而究其实是要人们"去人欲、存天理"。他说：

> 若何而能敬？克其所以害敬者，则敬立矣。害敬者莫甚于人欲。自容貌、颜色、辞气之间，而察之天理人欲丝毫之分耳。遏止其欲而顺保其理，则敬在其中……（同上卷十二《敬简堂记》）

在他看来，"居敬"要在"去人欲"，人欲既去，天理自明，"敬"也就在其中了。由此可见，"居敬主一"的内心修养，是一个"去人欲、存天理"的道德上自我完善的过程。朱熹曾谓张栻教人"必使之先有以察乎义利之间，而后明理居敬，以造其极"（《朱文公文集》卷八十九《张公神道碑》），是有道理的，说明张栻的理学思想重在人伦,始终贯串着明义利之辨,宣扬"去人欲存天理"的封建道德论的学术宗旨。

第六节 张栻在理学史上的地位

张栻生活的年代,正是理学发展日臻于精深细密的时期。理学集大成者朱熹与他同时,过从甚密。张栻主湖南岳麓书院教事时,朱熹曾专程造访。他们之间,交谊殊深,于学问上往返切磋,交互论辩,颇为相得。《宋史·道学传序》称:"张栻之学,亦出程氏,既见朱熹,相与博约,又大进焉。"说明张栻学问上的成就曾得力于朱熹。另一方面,朱熹很敬服张栻其人:"一则曰,敬夫见识卓然不可及,从游之久,反复开益为多;一则曰,敬夫学问愈高,所见卓然,议论出人表"(引自《宋元学案》卷五十《南轩学案》黄宗羲案语)。所谓"反复开益为多",说明朱熹学问上的成就得益于张栻匪浅。显然,朱熹集理学之大成,与张栻不无关系,其功绩自不可磨灭。

张栻在理学方面是有建树的,综其大要,约有三端:

一是"发明天理而见诸人事"。这原是二程所倡导的理学家为学宗旨。然而,自二程以后,这一为学宗旨渐渐被学者所淡忘。朱熹认为,只是到了张栻,这一为学宗旨才重又得到发扬。他对张栻的学问首明义利之辨,且以天理人欲释义利,评价很高,认为是"扩前圣之所未发"(《朱文公文集》卷八十九《张公神道碑》)。张栻在理学方面的造诣,大体如朱熹之言,重在明人伦,于义利之辨,剖析精明,确有独到的见解,已如前所述。这也是其理学思想的主要特色。

二是论"持养"本诸"省察",注意"涵养工夫",重在"力行"。前面已讲到的"居敬主一"的修养方法,就是论"持养"本诸"省察",注意"涵养工夫"的最好写照。至于重在"力行",是指其对于封建伦理道德的践履,也即是对"居敬主一"的道德修养方法的贯彻。他曾说过,世之学者多失周(惇颐)、程(二程)"穷理居敬"之旨,"汲汲求所谓知,而于躬行则忽焉"(《论语解·自序》)。因此,他主张行至言随,反对"易于言而行不践者"(同上卷一),即反对空谈性命的"腐儒"之见。黄宗羲谓"其见处高,践履又实",认为朱熹不如张栻,正是"缺却平日一段涵养工夫"(《宋元学案》卷五十《南轩学案》案语)。这虽未必完全符合实际,但却也道破了朱、张在修养方法上的某种差异。这与他们在本体论方面的差异是相对应的。就是说,张栻较之朱熹更强调"心"的作用,因此其心学色彩更为明显。从这个意义上说,张栻与其师胡宏一样,可以看作是"理学"朝"心学"转向的发端人物。

三是奠定了湖湘学派的规模。湖南是宋代理学湖湘学派的发源地,以衡麓(衡山)、岳麓(潭州,今长沙)为中心,由胡宏开其端。张栻主岳麓书院教事,从学者众,因而奠定了湖湘学派的规模。就创建学派而言,张栻对于宋代理学的发展也是有贡献的。然而在其身后,其学不传,其道不明。黄宗羲对此十分感慨,谓:"五峰之门,得南轩而有耀。从游南轩者甚众,乃无一人得其传,故道之明晦,不在人之众寡尔"(同上)。这是不无道理的。

张栻身后,其弟子尽归永嘉学派的创建人之一陈傅良,其中也有同时受业朱熹门下或师事陆九渊的。究其原因,归根到底,在于张栻理学思想的内在矛盾性:他既以二程为正宗,又在本体论方面突出"心"的作用,视"心"为万物的"主宰者",因而带有心学的色彩;他既重在明义利之辨,又不尚空谈,主张以"经世"为要务,因而具有"事功之学"的意味。这样,其弟子或宗朱、师陆、附陈,自有其思想理论上的原因。不过,湖湘学派的分化并不像其他学派那样彼此壁垒森严、势同冰炭。相反地,他们往往集诸家之说于一身,如张栻的高足胡大时,既受业于陈傅良,又从朱熹问学,还师事陆九渊。说明湖湘学派的排他性不那么强烈,显然是受其师说的影响。

总之,张栻之学作为正宗理学,虽有不少建树,但其规模不如朱熹博大,内容不如朱熹醇正,故后世凡宗二程的学者,自然从朱不从张。同样,后世凡宗陆王心学者,自然不会满足于张栻的心学色彩,因此也不会信守张说而不移。至于后世提倡"事功之学"者,自然会径直地从永嘉、永康学派中去寻找理论武器,而不会从张栻之学中去进行事倍功半的"钩沉"工作。这是张栻之学始与朱学并世,而终不得其传的原因所在。正因为如此,其学不能与其他学派并驾齐驱,其影响也较之其他学派要小得多。

第十一章 吕祖谦的理学思想及其后学

吕祖谦(公元1137—1181年)字伯恭,婺州(州治今浙江金华)人,学者称东莱先生。官至著作郎兼国史院编修和实录院检讨。他创建了浙东的"婺学",和朱熹、张栻齐名,时称"东南三贤"。

第一节 吕祖谦的理学派别和思想渊源

在南宋的理学阵营中,吕祖谦和朱熹、陆九渊各自创立了自己的学派。全祖望在《宋元学案》中称他为"吕学"。他说:"宋乾淳以后,学派分而为三:朱学也、吕学也、陆学也。三家同时,皆不甚合。朱学以格物致知,陆学以明心,吕学则兼取其长,而复以中原文献之统润色之。门庭径路虽别,要其归宿于圣人则一也"(《宋元学案》卷五十一《东莱学案》)。全祖望这一说法基本符合实际。他们虽然都同属理学阵营,但各有自己的特点,而"吕学"的特点,则更多地带有调和朱、陆的折中色彩。曾随同其师陆九渊参加鹅湖之会的朱泰卿就曾说过:"伯恭虑陆朱议论犹有异同,欲会归于一,其意甚善"(《宋元学案》卷七十七《槐堂诸儒学案》)。

全祖望在《宋元学案》中有时把"吕学"称为"婺学"。"婺学"只是一个地理上的笼统提法,并不说明其学派的性质。当郑伯熊、薛季宣在浙东兴起永嘉学派时,婺州地区则有吕祖谦、唐仲友、陈亮兴起之"婺学"。但他们之间学术观点又各不尽相同。这在后人的著作中都明确指出过,如明朝杨维桢说:"余闻婺学在宋有三氏:东莱氏以性命绍道统;说斋氏以经世立治术;龙川氏以皇王帝霸之略志事功"(《宋文宪公集序》)。全祖望亦曾谓:"乾淳之际,婺学最盛。东莱兄弟以性命之学起,同甫以事功之学起,而说斋则为经制之学"(《宋元学案》卷六十《说斋学案》)。他们所说的东莱氏或东莱兄弟就是吕祖谦和吕祖俭,龙川氏或同甫就是陈亮,说斋就是唐仲友。由于他们之间的观点各异,不能笼统地称为"婺学",因此,后人即把永康的陈亮,称为"永康学派",而把金华的吕祖谦称为"婺学",又称"金华学派"。吕祖谦成了南宋理学派别之一的代表人物。

吕祖谦兄弟居明招山讲学,创丽泽书院,"四方之士争趋之"(《宋史》本传),影响比较深远。"明招学者,自成公(吕祖谦)下世,忠公(吕祖俭)继之,由是递传不替,其与岳麓之泽,并称克世。……明招诸生,历元至明未绝,四百年文献之所寄也。……为有明开一代学绪之盛"(《宋元学案》卷七十三《丽泽诸儒学案》)。

吕祖谦有深厚的家学渊源。史书认为"祖谦之学本之家庭,有中原文献之传"(《宋史》本传)。吕氏一家,自吕公著始,"登学案者七世十七人"(《宋元学案》卷十九《范吕诸儒学案》)。全祖望做了考证,他说:

> 考正献(吕公著)子希哲、希纯,为安定门人。而希哲自为荥阳学案,荥阳子切问,亦见学案。又和问、广问及从子稽中、坚中、弸中,别见和靖学案。荥阳孙本中及从子大器、大伦、大猷、大同,为紫微学案。紫微之从孙祖谦、祖俭、祖泰,又别为东莱学案。共十七人,凡七世。(同上)

说明吕氏家学源远流长。根据《宋元学案》记载,吕氏家学具有以下四个明显的特点:

第一,不名一师、不私一说。这从吕希哲就已开其端。吕希哲是吕公著之长子,任过哲宗的侍讲。他"初学于焦千之,庐陵(欧阳修)之再传也。已而学于安定(胡瑗),学于泰山(孙复),学于康节(邵雍),亦尝学于王介甫,而归宿于程氏(程颢、程颐),集益之功,至广且大。然晚年又学佛,则申公家学未醇之害也"(《宋元学案》卷二十三《荥阳学案》)。吕希哲这种"不名一师、不私一说"的治学路径,对其后代影响颇深。到了他孙子吕本中(著名学者,高宗朝任过中书舍人)时,这种"不名一师、不私一说"的治学路径,已形成"家风"。全祖望说:"大东莱先生(即吕本中)为荥阳冢嫡,其不名一师,亦家风也。自元祐后,诸名宿如元城(刘安世)、龟山(杨时)、廌山(游酢)、了翁(陈瓘)、和靖(尹焞)以及王信伯(王蘋)之徒,皆尝从游,多识前言往行,以畜其德,而溺于禅,则又家门之流弊乎"(《宋元学案》卷三十六《紫微学案》)! 吕祖谦的治学也受其"家风"的影响。少时他随父去福州任所,从学于三山林之奇,以后又从学于汪应辰、胡宪。中进士后,与张栻、朱熹、陆九渊、陈亮等人交友。朱熹曾批评吕祖谦"其学太杂","不能守约"(《金华丛书书目提要》卷七)。又说:"东莱博学多识则有矣,守约恐未也"(《朱子语类》一二二卷)。"博杂极害事,伯恭日前只向博杂处用功,却于要约处不曾仔细研究"(《宋元学案》卷五十一《东莱学案》)。朱熹的批评不仅指吕祖谦一人,还针对吕家"不名一师、不私一说"的"家风"而言。他说:"吕公(吕希哲)家传,深有警悟人处,前辈涵养深厚乃如此。但其论学殊有病,如云不主一门,不私一说,则博而杂矣"(同上卷二十二《荥阳学案》)。吕氏家学这种"不名一师、不私一说"的特点,对构成吕祖谦的理学思想带有调和折中的色彩是有直接影响的。

第二,受佛学影响颇深。这也是吕氏家学"不名一师、不私一说"的表现。这从吕希哲就开始了,他"晚年又学佛","更从高僧游,尽究其道",并认为"佛氏之道,与吾圣人召合",企图调和儒佛两家学说而熔于一炉,"斟酌浅深而融通之"(同上)。吕本中也和他的祖父吕希哲一样,"溺于禅"。全祖望指出这是"家门之流弊","荥阳之遗风"(同上卷三十六《紫微学案》)。吕祖谦虽然没有像其祖先那样"学佛""溺禅"和提倡儒佛融合,有时还对佛、道二教有所抨击,但仍留有受佛教影响的痕迹,如谓"知此理,则知百年之嫌隙可以一日解,终身之蒙蔽可以一语通,滔天之罪恶可以一念消"(《吕东莱先生遗集》卷十四《易说·家人卦》,以下简称《遗集》)就很接近于禅说。

第三，吕氏家学虽然"博杂"，但仍以儒家思想为宗，尤其提倡思孟学派《中庸》《大学》的"治心养性"，"穷理尽性"，"正心诚意"等学说。如吕公著"自少讲学，即以治心养性为本"（《宋元学案》卷十九《范吕诸儒学案》）。侍讲吕希哲在崇政殿为哲宗说书，"言正心诚意，天下自化"（同上卷二十三《荥阳学案》）。吕本中则"平日学问，以穷理尽性为本"（同上卷三十六《紫微学案》）。又说："人君之学，不在于遍读杂书，多知小事，在于正心诚意"（同上）。并且提出"学问当以《孝经》《论语》《中庸》《大学》《孟子》为本，熟味详究，然后通求之《诗》《书》《易》《春秋》，必有得也。既自作主张，则诸子百家长处，皆为吾用"（同上）。吕祖谦继承家学，在他的理学思想中，"正心诚意"，"治心养性"正是他的重要内容。

第四，吕氏家学的另一特点，"在多识前言往行以畜德"（同上）。全祖望指出："自正献（吕公著）以来所传如此。原明（吕希哲）再传而为先生（吕本中），虽历登杨、游、尹之门，而所守者世传也。先生（吕本中）再传为伯恭（吕祖谦），其所守者亦世传也。故中原文献之传，犹归吕氏，其余大儒弗及也，故愚别为先生立一学案，以上绍原明（吕希哲），下启伯恭（吕祖谦）焉"（同上）。又说："紫微（吕本中）之学，本之家庭，而遍叩游、杨、尹诸老之门，亦尝及见元城（刘安世），多识前言往行以畜德，成公（吕祖谦）之先河，实自此出"（同上）。"多识前言往行以畜德"一语来自《周易·大畜卦》："君子以多识前言往行，以畜其德。"意谓多留心于古人之言行，学习古人之典籍，以涵养自己之德性。由于吕氏家学，从吕公著以来，就"多识前人之言行，以畜其德"，注重对上下古今之历史和文献的广泛涉猎，因此，宋室南渡后，吕家有"中原文献之传……其余大儒弗及也"的美称。这给后来吕祖谦由经入史以及"浙东之学言性命者必究于史"（《章氏遗书》卷二《浙东学术》）开辟了途径。像他所著的《春秋左氏传说》《春秋左氏传续说》和《左氏博议》等，即是他"言性命者必究于史"，以阐发其理学思想的著作。

上述四点，当以第一、第三两点为主，因为它是吕祖谦的理学思想的重要渊源。

此外,吕祖谦的理学思想还来自二程学说的影响。

早在吕希哲时,他就与程颐一起师事胡瑗。其后,因"心服伊川学问"又拜程颐为师,当时吕希哲"不名一师",初学于焦千之,已而学于胡瑗、孙复、邵雍,亦尝学于王安石,"归宿于程氏,集益之功,至广且大"。他的儿子吕好问、吕切问也曾受业于程氏门人尹焞。吕本中求教过程氏门人杨时、游酢、尹焞。《宋元学案》还记载由于杨时(龟山)寿长,"遂为南渡洛学大宗",朱熹、张栻和吕祖谦的理学思想,都直接或间接地受其影响,"皆其所自出"（卷二十五《龟山学案》）。吕祖谦对杨龟山的《中庸解》评价较高,说读《中庸》"且专看龟山解为佳"（《遗集》卷五《与学者及诸弟》）。他尤其推崇《伊川易传》,赞它"精深稳实","不可不朝夕讽阅"（同上）。又说:"初学欲求义理,且看《上蔡语》《阃范》《伊川易传》,研究推索自有所见"（《遗集》卷二十《杂说》）。朱熹也说吕祖谦是"教人只得看伊川易,也不得致疑"（《朱子全书》卷二十七）。他在婺州刊印《伊川易传》,传播程颐的学说。所以,从吕希哲到吕祖谦,其思想无疑有二程学说的影响。

第二节 吕祖谦的天理论和心说

一、天 理 论

吕祖谦继承了二程的理学思想,"理"或"天理"是他的思想的最高哲学范畴,是宇宙万物的总原则。在他的著作中,谈到"理"或"天理"的地方很多,归纳起来,其内容有如下几个方面:

(一)"理"或"天理"无所不在,天地万物同得此实然之理。万物虽殊,而理未尝不一。如说:"理之在天下,犹元气之在万物也。……名虽千万而理未尝不一也"（《东莱左氏博议》卷一）。"德者,天地万物所同得实然之理,圣人与天地万物同由之也。此德既懋,则天地万物自然各得其理矣"（《增修东莱书说》卷七）。

(二)"理"或"天理"不仅是自然界的最高原则,也是人类社会的最高原则,它体现为封建的道德规范,又体现为封建的礼乐刑政制度。他说:"理在天下遇亲则为孝,遇君则为忠,遇兄弟则为友,遇朋友则为义,遇宗庙则为敬,遇军旅则为肃,随一事而得一名,名虽千万而理未尝不一也"(《东莱左氏博议》卷一)。这样就把忠、孝等封建道德规范和封建礼乐刑政制度都说成是出于"理"或"天理",使之披上了神圣的"天理"外衣。

(三)"理"或"天理"是天地万物都要遵循而不可违反的普遍原则,它永恒存在而不可灭。如说:"循其天理,自然无妄"(《遗集》卷十三《易说》),"天理与乾坤周流而不息","天理不可灭"(《东莱氏博议》卷一)。

这种包蕴了物质世界而永恒存在的"理"或"天理",被说成是物质世界的原则,犹之构成物质世界的元气那样。它存在于万物,又统辖了万物。这样的"理"或"天理"只能是精神性的本体。

(四)天理即天命。吕祖谦说:"命者,正理也。禀于天而正理不可易者,所谓命也。使太甲循正理而行,安有覆亡之患哉"(《增修东莱书说》卷七)!天命被说成是不可易的"正理",使"天命"与"理"沟通起来,"天理"即"天命"。"理"被提到了至尊无上的地位,是否遵循"天理",成为国家存亡的关键。

吕祖谦由此出发,提出了天人无间的观点。认为一切莫大于"天",人无论处于任何环境,是顺逆,是向背,都在"天"的范围之内,受"天"的约束和支配。人的言行举动,也无非是顺从和按"天理""天意""天道"办事,天人之间是相通的、是合一的。因此他说:"抑不知天大无外,人或顺或逆,或向或背,徒为纷纷,实未尝有出于天之外者也。顺中有天,违中有天,向中有天,背中有天,果何适而非天耶!……人言之发,即天理之发也;人心之悔,即天意之悔也;人事之修,即天道之修也。无动非天,而反谓无预于天,可不为太息耶"(《东莱左氏博议》卷三)!故他又说:"一理流通,天与圣人本无间"(《增修东莱书说》卷十二)。认为天人无间,合而为一。

他进一步宣扬"天理感应"之说,谓:"夏之先后懋德如此,宜可以凭借扶持固亿万年之基本,子孙才尔不率天,遂降之以灾,天理感应之速反覆手间耳。……伐夏非汤之本意,实迫于天命之不得已耳"(同上卷七)。吕祖谦在这里,又一次宣扬"天理"即"天命"的观点,并把天降灾异说成是"天理感应。"这正说明他是从唯心主义的本体论去论证天理感应论的。

吕祖谦把"天命"赋予"理"的意义,又把"理"归之于至尊无上的"天命",这种循环论证的说教,表现其理学思想和宗教思想是可以互相沟通的,也是其唯心主义理学思想的必然归宿。

二、心　说

吕祖谦虽然把"理"或"天理"看作是最高的范畴,是宇宙万物的总原则,但另方面却又强调"心"的作用,企图调和折中理学和心学两派的分歧,以缩小或消除客观唯心主义和主观唯心主义之间的矛盾,而实际上他却开启了通向主观唯心主义的门径,具有调和折中的思想特色。

吕祖谦从天人无间的观点出发,认为天命是和人心相通的,所以他说:"圣人之心,即天之心;圣人之所推,即天所命也。故舜之命禹,天之历数已在汝躬矣。舜谓禹德之懋如此,绩之丕如此,此心此理,盖纯乎天也"(同上卷三)。又说:"问心与性何以别？答曰:心犹帝,性犹天,本然者谓之性,主宰者谓之心"(《遗集》卷二十《杂说》)。这里,他根据天人无间的观点,把"心""性"和"天""帝"联系起来,进而又把作为宇宙本体的"理"(天理)和作为人的思想意识的"心"都说成是"纯乎天",而与主宰的"天"无异。这样,"心""性""理""天"的含义被沟通起来而变成同一的概念。

吕祖谦还提出了"心外有道非心也,道外有心非道也"(《东莱博议》卷二)的观点,并由此得出"心即道"的结论。作为"形而上者"的"道",在二程理学思想中,它是和"理"一样的超出物质之上的精神本体,是天地万物的主宰。吕祖谦提出"心即道"的观点,再一次地突出"心"的地位,把"心"抬到"理"的高度。很明显,他这里所说的"道"就是"理","心即道"也就是"心即理"的意思。他这种"心外有道非心也,道外有心非道也"的看法,和陆象山所说的"道,未有外乎其心者"(《陆象山先生全集》卷十九《敬斋记》)的观点是基本一致的。众所周知,陆象山向来是把"心"与"道"或"理"作为同一概念对待的,是把"心"直接看作宇宙本体的。这就更加证实吕祖谦的"心"说具有主观唯心主义的色彩。

吕祖谦沿着这条主观唯心主义的路径滑去，在他的《东莱博议》一书中进一步提出了"心即天也，未尝有心外之天；心即神也，未尝有心外之神"（卷一）的观点，把"心"直接看作是世界的本体。吕祖谦的这一思想，我们可从陆九渊的"宇宙便是吾心，吾心即是宇宙"的主观唯心主义中多少看到一些痕迹。

吕祖谦运用孟子的"万物皆备于我"的观点来阐发他的"心"说，认为宇宙万事万物都存在于"圣人"的心中，因而"圣人"之心是无所不包，无所不知的。他说：

> 圣人备万物于一身。上下四方之宇，古今来往之宙，聚散惨舒，吉凶哀乐，犹疾痛苛痒之于吾身，触之即觉，乎之即知。清明在躬，志气如神；嗜欲将至，有开必先。仰而观之，荧惑德星，欃枪枉矢，皆吾心之发见也。俯而察之，醴泉瑞石，川沸山鸣，亦吾心之发见也。（《东莱博议》卷二）

这里所说的"圣人"，不是一般的"凡人"，而是能转移客观世界的圣者。吾心而善，清明在躬，则醴泉瑞石，应之而出。反之，嗜欲将至，则欃枪枉矢，川沸山鸣，亦应之而至。这种天人感应的理论，是中古时期的传统理论，没有什么新鲜。其可注意之处，则在于它把孟子的"万物皆备于我"的理论结合起来了，因而就显得有点异样。又说：

> 玩而占之……老少奇耦，亦吾心之发见也。未灼之前，三兆已具，未揲之前，三易已彰。龟既灼矣，蓍既揲矣，是兆之吉，乃吾心之吉；是易之变，乃吾心之变。心问、心答、心叩、心酬，名为龟卜，实为心卜，名为蓍筮，实为心筮。……蓍龟之心，即圣人之心也。是心之外岂复有所谓蓍龟者耶！噫，桑林之见妄也；偻句之应，僭也；实沈台骀之祟，妖也。彼蓍龟之中，曷尝真有是耶？

> 妄者见其妄,僭者见其僭,妖者见其妖,皆心之所自发见耳。(同上)

这就是说,人事的吉凶祸福,皆决定于一心。卜筮,实质是卜之于一心。在他的《东莱书说》一书中,也持同样观点,如说:"心者,神明之舍,昧此神明,求彼之神明,是以甲可乙否,终无定议"(卷三)。这和他所说的"心即天也,未尝有心外之天;心即神也,未尝有心外之神。乌可舍此而他求哉"的看法是一致的。吕祖谦强调圣人之"心"的作用,说:

> 未占之先,自断于心,而后命于元龟。我志既先定矣,以次而谋之人、谋之鬼、谋之卜筮。圣人占卜,非泛然无主于中,委占卜以为定论也。……其所以谋之幽明者,参之以为证验耳。(同上)

这里,"心"的主宰性是十分清楚的:"未占之先,自断于心",卜筮只不过是"参之以为证验耳"。吕祖谦之所以如此强调人的主观意志——"心"的地位和作用,正说明理学的意识形态是以精致的精神本体论代替了粗俗的神学目的论。他所提出的"心即天"和"心即神"的观点,是企图把所谓"圣人之心"的主观意志说成是神圣不可侵犯的天意,以维护封建专制统治。

从上述的天理观和心说看来,吕祖谦的理学思想中既有"天理"的客观唯心主义,也有"心"的主观唯心主义。他主观上力图把这两种唯心主义的本体论调和在一起,因而把"天理"和"人心"联系起来立论。他说:

> 人言之发,即天理之发也;人心之悔,即天意之悔也;人事之修,即天道之修也。(《东莱博议》卷十二)

吕祖谦在调和朱陆两派的观点过程中,是偏向"心学"一边的,明显表现出主观唯心主义的倾向。他的"心说",尤其说明了这一点。

与此同时,吕祖谦又接受永嘉学派的观点。在关于"理"与"气"的关系问题上,他说:"物得气之偏,故其理亦偏,人得气之全,故其理亦全"(同上卷三)。把理之"偏"与"全",看作是由"气"来决定的。他还把人之生死,也看成是与物质的"元气"有关,如说:"两人同受病,固是必死的病,然一人元气盛,其死必缓;一人元气弱,其死必速"(《左氏传说》卷二十)。这些和叶适的万物皆"气之所役"的唯物主义观点是相一致的。这不能不说在吕祖谦的唯心主义的本体论中,还多少含有唯物论的因素,表明了吕祖谦的"婺学"的学风是不名一师、不主一说的,具有调和折中的色彩和"杂博"而自相矛盾的特点。

第三节 吕祖谦关于存"本心"和"反求诸己"的认识论

吕祖谦的认识论是以自存本心和"反求诸己"为首要。

所谓"本心",源于孟子,其意就是"我固有"的仁、义、礼、智之心。吕祖谦说:"万物皆备,初非外铄。惟失其本心,故莫能行。苟本心存焉,则能力行焉"(《遗集·礼记说》)。他所谓的"力行"是指对封建伦理道德的"践履"。这不过是一种单纯向内心探索的功夫,把那丧失掉的"本心"寻找回来罢了。他赞扬孟子的"学问之道无他,求其放心而已矣。"他认为内心,"学者不可不关防也。"因为"人心所有之明哲,非自外来也"(《左氏传说》卷十四)。

与存本心的观点相关联,他发挥了孟子的"良知良能"说,认为若能保养好先天固有的良知良能,就可不必外求。他说:"凡人未尝无良知良能也,若能知所以养之,则此理自存"(《易说·颐卦》)。这种"不虑而知"与"不学而能"的"良知"和"良能",即所谓"本心",是指天赋的仁义礼智等道德观念,只要善保"本心","此理自存"。故他一再宣扬"吾胸中自有圣人境界"(《遗集》卷五《与学者及诸弟》)的观点。

吕祖谦在这种存"本心""求放心",保"良知""良能"的认识论,决定了他的方法,不是向外界求取知识,而是向内心探索,"反求诸己"。他说:"圣门之学,皆从自反中来。……凡事有龃龉,行有不得处,尽反求诸己,使表里相应而后可。如一分未尽,便有龃龉,如果然十分正当,天下自然归之。……本不在外,自求而已"(同上卷十八《孟子说》)。又说:"外有龃龉,心内有窒碍,盖内外相应,毫发不差,只有'反己'二字,更无别"(同上卷五《与学者及诸弟》)。可见,他这种"反求诸己"的认识方法,与陆九渊"发明本心"的主观唯心主义认识论是基本一致的。

吕祖谦又认为自存本心,仅靠"顿悟"而"豁然大觉"是太"简易"了,未免"流于空虚"。因此"为学工夫,涵泳渐渍,玩养之久,释然心解,平贴的确,乃为有得"(《东莱文集·与潘叔昌》)。主张要有个"依次""涵蓄"的过程。他说:

> 致知与求见不同,人能朝于斯,夕于斯,一旦豁然有见,却不是端的易得消散,须是下集义工夫,涵养体察,平稳妥帖,释然心解乃是。(《遗集》卷二十《杂说》)

他这段说法和程颐所说:"理会既多,相次自然豁然有觉处","须是今日格一件,明日格一件,积习既多,然后脱然自有贯通处"基本相同。吕祖谦所说的"一旦豁然有见",就是程颐的"豁然有觉","脱然自有贯通处"。与朱熹在《大学章句》中所说的"豁然贯通",是一个意思。他所说的"豁然有见"和"释然心解",并非是指通过对外物的观察而获得的认识,而是通过"集义工夫"去启发内心固有的觉悟。认为只要朝夕于斯地体认封建道德,就能"释然心解",讲求有个"涵养体察"的渐进过程。

吕祖谦的认识论虽然以自存本心和"反求诸己"为首要,但又力图与程朱以"穷理"为本的"致知格物"的认识论的观点相牵合。全祖望在《宋元学案》中指出:"朱学以格物致知,陆学以明心,吕学则兼取其长"(《宋元学案》卷五十一《东莱学案》)。全祖望的这一论断,符合事实。吕祖谦的认识论与他的本体论一样,显得"杂博"而自相矛盾。这也正是他的思想体系的一大特点。

这里,还专门谈一下吕祖谦的人性论和伦理观。

吕祖谦的认识论是和他的人性论、伦理观紧密相连的。

吕祖谦的人性论,主要是继承了孟子的性善论。为了进一步说明人性既善,恶从何来的问题,他又吸取了张载和二程的气质之性的观点。他说:"性本善,但气质有偏,故才与情亦流而偏耳"(《遗集》卷二十《杂说》)。认为人性就其本源来说,是善的,它之所以恶,是由于受"气质"的影响。有人所以成为"圣贤",就在于他排除了气禀的影响,保持了他固有的善心。于是导致吕祖谦在修养方法上,十分强调"存心"。他说:"此心操之常存,则与天地流行而不息,一或舍之而不存,则便堕于私意人欲中,天命便至于雍遏而不流行。能者养之以福,不能者败以取祸。……此心常操而存则心广体胖,怡愉安泰,福本自内。有若一欲败度败礼,则祸自外来"(《左氏传说》卷七)。认为若能"存心",即能超乎于一身,自在自得,"怡愉安泰",达到了"与天地流行而不息"的精神境界。

吕祖谦分别了"人心"和"道心"。他在解释《书·大禹谟》的"人心惟危,道心惟微,惟精惟一,允执厥中"这段话时说:"人心,私心也。私则胶胶扰扰,自不能安。道心,善心也,乃本然之心,微妙而难见也。此乃心之定体,一则不染,精则不差,此又下功夫处。既有他定体,又知所用工,然后允能执其中也"(《东莱书说》卷二)。又说:"'人心惟危',人心是私心;'道心惟微',道心是本心。'精一'是仔细之意。既能精一,则信能执中矣"(《遗集》卷二十《杂说》)。可见,他所说的"道心",即是他一贯强调的"本然之心",也就是孟子所谓的"仁义礼智"的"善端",是人生下来就固有的。这和程、朱所说的"天命之性"相一致。他所说的"人心",即是完全被"气"所御而"堕于私意人欲中"的"私心",和程、朱所说的"气质之性"相应。

吕祖谦还把至善的"道心"称为"内心",把致恶的"人心"称为"外心",认为人之所以由善变恶,都是由于"外心(人欲)日炽,内心日消"的结果。他以春秋楚平王信费无极谗言,欲诛太子建之事为例,说道:"大抵父子之道,天性也。……盖人之心有内外,天属之爱,内心也。惟后来被小人以开拓土地之说引诱他内心向外去流而忘反,他外心日炽,内心日消,使他里面都消尽,故其父子自为虎狼,更相戕贼。……夫降衷秉彝,何尝不善,其良心或至于戕贼到泯灭地位,皆是被人物引其内心向外去了。夫岂独父子之间为然,凡事皆然"(《左氏传说》卷十四)。那么解决这问题的办法何在呢?吕祖谦说:"如孟子所谓学问之道无他,求其放心而已矣,此所谓内心,学者不可不关防也"(同上)。这就是说,要通过人的内心修养,把已丧失掉的人所固有的"善心"("道心")恢复过来,并且防止本心的放逸,从而达到"内心日炽,外心日消"。吕祖谦强调要像灌溉培壅树木那样,去培养上天禀赋的"善端",才能促使封建道德的萌芽("善端")得到发展和完善。"天之于人降衷秉彝,犹木之有根本也。人之良心亦须是学问栽培,所以能灌溉封殖之。苟根本失其灌溉封殖,则枝叶自然枯槁矣,其理甚明"(同上)。

吕祖谦认为"天理"和"人欲"是紧密相连的,"欲心方炽,而慊心遽生"。"欲心"是恶的渊薮,"慊心"是"改过之门","复礼之基","尧舜禹汤文武之路也"。所以,他提出"使圣人迎其善端,推而大之",及时进行封建道德的教育,使封建道德能得其发展。他认为这是问题的关键。"有以继之,则为君子;无以继之,则为小人。""继与不继",是君子和小人的分界线。所以,吕祖谦得出结论:"学者不忧良心之不生,而忧良心之不继"(均见《东莱博议》卷三)。

吕祖谦论性,强调"明善"与"复善"。他说,"明善乃理之极"(《遗集》卷二十《杂说》)。他认为,从尧舜到孔子,"圣贤"们承接下来的"亦不过是明善","于明善之外,更无所加损。"

吕祖谦认为,人生下来就有"善端",虽然"天理"有时被私欲所蔽,但只要"人之一心善端发见","天理"最终必复。"虽穷凶极恶之人"也能改恶从善。所以,十分重视"复善"。他说:

> 大抵父子之恩,天性也。兄弟之义,天伦也。以至夫妇朋

友,莫不有天秩。其恩义交接,固无可疑。苟有刚暴苛察之心,则视之皆为寇仇矣。其所以如此者,特私欲蔽其天理耳。然天理所在,虽以人欲蔽之,其终必还。……盖刚戾暴狠之人,千猜万忌,如山之积。其情之既通,则如烦歊蒸郁之遇雨,胸中顿然融释荡涤,无一或存。知此理,则知百年之嫌隙可以一日解,终身之蒙蔽可以一语通,滔天之罪恶可以一念消。(《遗集》卷十四《易说·家人卦》)

又说:

夫"复"自大言之,则天地阴阳消长有必复之理,自小言之,则人之一心善端发见,虽穷凶极恶之人,此善端亦未尝不复。才复,便有亨通之理。且以卦体之爻观之,初九一阳潜伏于五阴之下,虽五阴积累在上,而一阳既动,便觉五阴已自有消散披靡气象。人有千过万恶丛萃一身,人之善心一复,则虽有千过万恶,亦便觉有消散披靡气象。……学者最要就天行上看天道有复,乃天行自然之道理,人之善心发处,亦人心固有之理。……人虽以私意障蔽,然秉彝终不可泯没,便是天行无间之理。(同上《易说·复卦》)

在这里,吕祖谦是将孟子的性善论和《周易》的"剥复"论结合起来,进行"复善"的论述的。他的这种"人之一心善端发见,虽穷凶极恶之人,此善端亦未尝不复"的说法,与佛教"放下屠刀,立地成佛"的理论,是一脉相通的。支道林所谓"一阐提人"(即罪大恶极之人)"都可成佛",也就是这个意思。宋明理学家在不同程度上接受了佛教的思想影响,吕祖谦也不例外。这也是他的佛学家风的传统。

吕祖谦的人性论是直接同封建伦理道德相结合的。他的伦理学说则基于这一人性论之上。他所强调的"善端",即是指的"仁义礼智"等封建道德。在"仁义礼智"等封建道德中,他最注重"仁"和"礼"。他说:"盖仁者,人也。'仁'字一字已自尽了。更说'礼'字,又可以知等差高下。天下之理,除了仁与礼,更有甚事"(同上卷十八《孟子说》)。认为"仁""礼"即能概括天下之"理"。

他对"仁",做了详细论述:

> 仁者可以久处约,可以长处乐,盖无非此理而已。(同上卷十七《论语说》)
>
> 仁是人之本心浑然一体。(同上)
>
> 仁者天下之正理也。是理在我则习矣而著,行矣而察,否则礼乐虽未尝废于天下,而我无是理,则与礼乐判然二物耳。(同上)
>
> 孝弟所以为仁也,体爱亲敬长之心,存主而扩充之,仁其可知矣。(同上)
>
> 惟仁者能好人,能恶人。人而未仁,其好恶皆私心也。……若夫仁者之心,既公且一,故所见至明,而此心不变,譬如镜之照物,唯其无私,而物之妍丑自不能逃,虽千百遍照之,其妍丑固自若也。惟仁者能好、恶人,亦如是而已。(同上)

可见,吕祖谦是把"仁"看作伦理道德最完善的标准,而与"心""理"相统一。"仁者之心,既公且一",故既能"好人",又能"恶人",公平而无私。"譬如镜之照物","无私而至明",外物的妍媸,都明白地反映在明镜之中。

怎样才能达到"仁"的境界呢?他提出求"仁"在于"诚存""居敬"(同上卷二十《杂说》)。他说:

> 敬之一字,乃学者入道之门。敬也者,纯一不杂之谓也。事在此而心在彼,安能体得敬字。
>
> 问"诚""敬"两字有异乎?只是一般。所谓诚存便是敬。(同上)

又说：

> 人之于道，须先立其根本……立其诚而使之内外一体，然后可以居业也。(同上卷十四《易说·咸卦》)

吕祖谦所说的"居敬""诚存"，就是要求人们排除一切杂念、私欲，而专心致志地进行内心修养。这样，就能达到"内外一体"的"仁"的境界。

第四节　吕祖谦的致用学说

通观吕祖谦的著作，我们可以说他与那些空谈道德性命的理学家不一样。他提倡治经史以致用，主张"学者须当为有用之学"(《左氏传说》卷五)。这似乎和他的唯心主义理学思想是矛盾的。这里，我们应看到吕祖谦本人思想的变化。他治性理之学，企图调和朱、陆，"欲会归于一"，从而形成了一套带有调和折中色彩的理学思想。他更习史学。晚年又与倡"事功之学"的陈亮结为挚友，相互切磋，思想不能不受其影响。陈亮在往来书信中就曾说："亮平生不曾会与人讲论，独伯恭于空闲时，喜相往复，亮亦感其相知，不知其言语之尽。伯恭既死，此事尽废"(《龙川文集》卷二十《丙午复朱元晦秘书书》)。又说："伯恭晚岁于亮尤好，盖亦无所不尽，箴切诲戒，书尺具存"(同上，《又甲申秋书》)。在给吴益恭的信中，他甚至写道："四海相知，惟伯恭一人。……伯恭规模宏阔，非复往时之比。钦夫(张栻)元晦(朱熹)已在下风矣，未可以寻常论也"(同上)。这表明，陈亮对吕祖谦是十分尊敬的，其友情是很深厚的。陈亮一贯提倡事功之学，要求有补于国计民生，对朱、陆的"理学""心学"持非议的态度。为何他能独与带有调和朱、陆思想色彩的吕祖谦往来甚密，以至成为挚友呢？这只能归因于吕祖谦的思想有与陈亮共鸣合拍之处。这个合拍处，即是吕祖谦的治经史以致用的思想。

全祖望就曾这样说过："乾淳之际，婺学最盛。东莱兄弟以性命之学起,同甫(陈亮)以事功之学起,而说斋(唐仲友)则为经制之学。考当时之为经制者,无若永嘉诸子,其于东莱、同甫,皆互相讨论,臭味契合,东莱尤能并包一切"(《宋元学案》卷六十《说斋学案》)。这说明吕祖谦的学术思想,的确有并包事功、经制之学的特色。在当时,朱熹就曾这样非议过吕祖谦的治学:"伯恭之学合陈君举、陈同甫二人之学问而一之。永嘉之学理会制度,偏考其小小者,唯君举为其所长。……同甫则谈论古今,说王说霸。伯恭则兼君举、同甫之所长"(《宋元学案》卷五十一《东莱学案·附录》)。朱熹对陈亮、陈傅良的事功、经制之学,很明显地带有贬义之意,自然也对吕祖谦的合"二人之学问而一之"的做法不满,批评他"博杂极害事"(《朱子语类》卷一二二),影响和破坏了理学思想的纯正。这说明在吕祖谦的学术中,已吸取有永康、永嘉之学的成分。他的致用学说就是在此基础上提出来的。

我们知道,吕祖谦的"婺学",是"以性命之学起",与此相应的,他在孝宗乾道五年(公元1169年)的"学规"中提出"明理躬行为本"的口号。他所谓的"明理躬行",即在他在《周礼说》中所阐述的:"要以三德三行以立其根本,根本既立,固是纲举而目张"。他所说的"三德",即是"至德以为道本","敏德以为行本","孝德以知逆恶"。他所说的"三行",即是"孝行,以亲父母","友行,以尊贤良","顺行,以事师长"。其基本宗旨是在躬行自己理学思想中所论述的道德伦理,要人们注重道德的践履。这和朱、陆的"理学","心学"所强调的并无二致。但这只是吕祖谦思想的一个方面。我们还应看到他思想的另一方面,就在他强调"要以三德三行以立其根本"的同时,他又十分强调学以致用,认为教学目的是培养今后能治理国政的有用之才。他说:

> 前教以三德三行以立其根本……然又须教以国政,使之通达政体。古之公卿,皆是从幼时便教养之以为异日之用。今日之子弟,即他日之公卿。故国政之有中者,则教之以为法;不幸而国政之或失,则教之以为戒。又教之以如何整救、如何措画,使之洞晓国家之本末源委,然后用之,他日皆良公卿也。后世自

> 科举之说兴,学者视国家之事如越人视秦人之肥瘠,漠然不知,至有不识前辈姓名者。异时一旦立朝廷之上,委之以天下之事,便都是杜撰,岂知古人所以教国子之意。然又须知上之所以教子弟,虽将以为他日之用,而子弟之学,则非以希用也。盖生天地间,岂可不知天地间事,子弟之所以学却是如此。(《遗集》卷二十《杂说》)

这里,他从致用的观点出发,抨击了科举的弊病,着重指出为培养治理国政的有用人才,必须根据实际情况进行教育,使之掌握治理国家的真正本领,"然后用之"。他对当时重虚文而不重实用的弊病,再三提出针砭:

> 今人读书全不作有用看。且如二三十年读圣人书,及一旦遇事便与间巷无异。或有一听老成人之语,便能终身服行,岂老成人之言过于六经哉?! 只缘读书不作有用看故也。(同上)

又说:

> 百工治器,必贵于有用,而不可用工费为也。学而无所用,学将何为也?!(同上)

正由于他提倡致用,因此对古人的评价,也多从其治理国家贡献之大小来衡量。他认为,孔门诸弟子在治理国政方面的功绩就远不如管仲,指出:"孔门诸弟子若论趋向,固非管仲可比,使它见用,却恐未必有仲事业。学者看古人,要须看得至此"(同上)。这种见解与陈亮、叶适的功利学说是比较接近的。

吕祖谦的致用学说提出"为学要须日用间实下工夫,乃得力"(《遗集》卷五《与学者及诸弟》),"学者以务实躬行为本"(同上《与内兄曾提刑(致虚)》)。他在《太学策问》中还提出"讲实理、育实才、而求实用"的观点。其意都是要求人们掌握真才实学,有用于国计民生。

吕祖谦对历代"学校""赋役""漕运""盐法""酒禁""钱币""荒政""田制""屯田""兵制""马政""考绩"等涉及经济、政治、军事、文化教育等制度,进行了研究考察,著有《历代制度详说》一书。他企图从历代经济、政治等制度的考察、研究中,找出它们的利弊,寻求有用于当今国计民生的办法来。例如,他在考察、研究历代赋役制度的利弊之后,提出"寓兵于农,赋税方始定"(《历代制度详说》卷三)。在田制方面,他则提出"今世学者坐而言田制,然天下无在官之田,而卖易之柄归之于民,则是举今之世知均田之利而不得为均田之事也"(同上卷九)。在兵制方面,他则认为当世兵多为患,要裁汰募兵,主张精兵。他说:"兵益少而后能益精,益精而后能以十万之师为百万之用。敌之畏,畏其精也,非畏其多也"(同上卷十一)。这些见解都比较实在。

但是,这种切于民生实用的学问,当时某些理学家却不屑一顾。这表明吕祖谦的"务实"之学,多少突破了道德性命之学的理学藩篱,比较注重国计民生。陈亮之所以与他结为挚友,不是偶然的,而是有内在的共同思想基础的。朱熹批评他的"博杂极为害"处,或者正是吕祖谦思想的光辉所在。其后学彭飞对于他的"务实"之学,誉为"如桑麻谷粟,切于民生实用,有不容阙者焉"。彭飞又慨叹,"空虚华靡之学日胜,斵丧学者心术至于浮淫坏烂之极!此书寝郁而不彰,则其用心之苦亦可悲矣"(《历代制度详说序》)!彭飞的见解,正确评价了吕祖谦的"务实"之学,于一世空虚华靡的学风中,指出了吕学的可贵。

吕祖谦借卫懿公好鹤的故事,痛斥当时浮华不实之士,而提倡务实致用之说。他说:

> 卫懿公以鹤亡其国。玩一禽之微,而失一国之心,人未尝不抚卷而窃笑者。吾以为懿公未易轻也,世徒见丹其顶,素其羽,二足而六翮者,谓之鹤耳。抑不知浮华之士,高自标致,而实无所有者,外貌虽人,其中亦何以异于鹤哉!……永嘉之季,清言

者满朝,一觞一咏,傲睨万物,旷怀雅量,独立风尘之表,神奇隽拔,珠璧相照。而五胡之乱,屠之不啻机上肉。是亦懿公之鹤也。普通之际,朝谈释而暮言老,环坐听讲,迭问更难,国殆成俗。一旦侯景逼台城,士大夫习于骄惰至不能跨马,束手就戮,莫敢枝梧。是亦懿公之鹤也。是数国者,平居暇日,所尊用之人,玩习辞藻,望其威仪,接其议论,挹其风度,可嘉可仰,可慕可亲。卒然临之以患难,则异于懿公鹤者几希,是独可轻懿公也哉!(《东莱博议》卷九)

吕祖谦的这段借古喻今的痛切之辞,实际是在痛斥当时苟且偷安的南宋王朝的上层统治集团,以及浮华不实之士。在南宋与金对峙的形势下,吕祖谦的"务实"之学,包蕴了他想拯救国家社稷面临危亡的忧心。

第五节　吕祖谦的史学思想

吕祖谦崇尚《左传》《史记》《汉书》。他说:"学者观史各有详略,如《左传》《史记》《前汉》三者,皆当精熟细看,反复考究,真不可一字草草"(《左氏传续说纲领》)。他自己就对《左传》颇有研究,写了《东莱左氏博议》《左氏传说》《左氏传续说》。他评论司马迁说:"司马迁虽不免有些血气,为学未粹,然规模终是阔。使他克己为学,消除得血气,虽董仲舒亦不能及"(同上)。朱熹指斥吕祖谦和陈亮研究历史,是"被史坏了"。他说:"看史,只如看人相打,相打有甚好看处。陈同甫一生被史坏了……东莱教学者看史,亦被史坏了"(《朱子语类》卷一二三)。朱熹反对吕祖谦提倡对《左传》和《史记》的研究。他说:"伯恭劝人看《左传》、迁《史》,今子约(吕祖谦之弟——吕祖俭)诸人,抬得司马迁不知大小,恰比孔子相似"(同上卷一二二)。

吕祖谦注重研究历史,目的是要从历史取得借鉴,知道历史的缘由。他说:

> 看史须看一半便掩卷,料其后成败如何?其大要有六:择善、警戒、闻范、治体、议论、处事。(《遗集》卷二十《杂说》)
>
> 看《左传》须看一代之所以升降,一国之所以盛衰,一君之所以治乱,一人之所以变迁。能如此看,则所谓先立乎其大者,然后看一书之所以得失。(《左氏传说》卷二十)
>
> 观史当如身在其中,见事之利害,时之祸患,必掩卷自思,使我遇此等事,当作如何处之?如此观史,学问亦可以进,知识亦可以高,方为有益。(《遗说》卷十九《史说》)
>
> 观史先自《书》始,然后次及《左氏》《通鉴》,欲其体统源流相接。(同上卷二十《杂说》)

这就是要求了解史事的本末源流和成败的前因后果,以取得借鉴。

吕祖谦看到了历史上的盛衰变化。他举春秋齐桓公称霸为例说,葵邱之会是齐桓公霸业最盛之时,但也是他走向衰亡之始,从而提出了"盛之极乃衰之始"的观点。他说:

> 抑不知天下之势,不盛则衰,天下之治,不进则退。强而止于强,必不能保其强也,霸而止于霸,必不能保其霸也。驱骏马而驰峻坂,中间岂有驻足之地乎。……五霸莫高于桓公,而桓公九合之盟,葵邱之会,实居其最。……桓公素所自期者及葵邱之会悉偿所愿,满足无余。……所期既满,其心亦满,满则骄,骄则怠,怠则衰。近以来宰孔之讥,远以召五公子之乱,孰知盛之极乃衰之始乎!(《东莱博议》卷三)

吕祖谦认识到"相为盛衰"是个极其普遍的现象。他说:"天下形势不独中国与夷狄相为盛衰,蛮夷种类亦自相为盛衰……直到唐藩镇未尝不相为盛衰。"吕祖谦认为,各时代有各时代的特点,春秋社会和秦汉社会有不同处,因而观察历史要认识时代的特点。他说:"看史要识得时节不同处,春秋自是春秋时节,秦汉自是秦汉时节"(《左氏传续说纲领》)。吕祖谦运用这一观点来阅读《左传》。他说:"《左传》须分三节看:五霸未兴以前是一节;五霸迭兴之际是一节;五霸既衰之后是一节"(《左氏传说》卷二)。这样,认识时代特点,就是"观其所变"。这种"观其所变"的历史观察方法,正是他"宗太史公之学"的结果,是对司马迁的"原始察终、见盛观衰"的"通古今之变"的历史观的继承。

吕祖谦虽然是以帝王将相为历史的中心,但在某些议论中,却闪现出他对下层百姓作用的正确认识。他说:"盖国之根本,全在小民,其兴其亡,不在大族,不在诸侯,不在奸雄、盗贼,止在小民之身"(《增修东莱书说·召诰》)。同时他还认为国家兴亡,在于民心,如若"民心已离,虽甲兵之利,城池之固,皆不足恃"(《左氏传说》卷二〇),说明他在一定程度上认识到人民群众的重要作用。这在封建史学家中是非常宝贵的历史见识。

第六节 吕祖谦的后学王应麟

"独得吕学大成"的应推王应麟。他是宋末元初时期著名的学者,其《困学纪闻》在中国学术史上,在训诂名物的考辨方面是有贡献的。他的思想反映出"婺学"的调和朱、陆而偏于陆的特色,且受了浙东事功派的一些影响。这种状况反映出理学发展至宋末时期的特点。以下我们不准备对王应麟的理学思想做详细分析,只是对其生平活动加以介绍,因为他作为"婺学"的后学,其思想的特色并不显著。但是从理学史方面看,他又是从南宋末年过渡到元朝初年时期的学者,是这一历史转变时期的一个环节,所以在理学史中不能不提到他。

王应麟著述很多,凡三十余种,六百余卷,涉及面颇广,故后人赞他为"博学多闻,在宋代罕其伦比"(《四库全书总目提要》卷一一八)。

王应麟(公元 1223—1296 年)字伯厚,号深宁,学者又称厚斋先生。原籍开封府祥符县,其曾祖为北宋武经大夫、保信军承宣使,金兵入侵,随宋室南渡,孝宗乾道间,始定居于鄞(今浙江鄞州区)。

王应麟从小受过儒家的严格教育,十六岁从乡先生吴参倚受学,十八岁试国子监中选。翌年,淳祐元年(公元1241年)王应麟又中进士。可他却认为当时士人读书中举,只是为了获取功名利禄,并不是真正读书求学问。他对此很不满,指出:"今之事举子业者,沽名誉,得则一切委弃,制度典故漫不省,非国家所望于通儒"(《宋史》本传)。于是他发愤读书,"誓以博学宏辞科自见",而"假馆阁书读之"(同上)。同年七月,侍其父赴婺州任所,从王埜受学,习宏辞科。淳祐三年,二十一岁,王应麟调任衢州西安主簿。淳祐九年,二十七岁,他升任从事郎。宝祐三年(公元1255年)三十三岁,他调任扬州州学教授。翌年,三十四岁,王应麟中博学宏辞科。同年五月,集英殿策士,王应麟担任复考试卷官,文天祥被他所选中,名列第一。开庆元年(公元1259年)三十七岁,他升任太常寺主簿。他曾被理宗召至后殿面对,"定修攘之计"。丞相丁大全讳言边事,由是与丁大全忤,被罢之。翌年九月,王应麟转奉仪郎添差通判台州。度宗咸淳元年(公元1265年)四十三岁,兼权礼部郎官,后又累迁起居舍人兼权中书舍人,上疏言朝廷政事,又遭丞相贾似道的深忌,被逐,知徽州。咸淳七年(公元1271年)四十九岁,召为秘书监兼史职兼侍讲,后又升为起居郎兼权吏部侍郎。翌年,元兵久围襄樊,当时朝廷无以敢言边事者,王应麟却大胆上疏极言边事,"指陈成败逆顺之说"。帝不悦,贾似道复谋斥逐之。王应麟因母病故而归居于鄞。恭宗德祐元年(公元1275年),贾似道溃师江上,朝廷上下为之震动。王应麟不久又授中书舍人兼直学士院,他即引疏陈十事,后又陈备御十策,"皆不及用"(同上)。转任礼部尚书兼给事中。这时丞相留梦言任用私人徐囊为御史,任"粗戾无学,南昌失守、误国罪大"的黄万石为江西制置史。王应麟愤慨上疏,指斥梦言,不报,再奏,又不报,遂东归故里。同年十二月,朝廷遣中使谭纯德以翰林学士宣召,王应麟力辞不赴。翌年宋亡。之后,他即杜门不仕,在家读书著述。其名著《困学纪闻》,就是在这时期成书的。元成宗贞元二年(公元1296年)病逝,享年七十四岁。所著还有《深宁集》和《玉海》等。

王应麟历官所以多次被贬,都是由于他上疏要求改革弊政,主张积极

抗元,而遭到权臣的反对和忌恨所致。例如,宝祐六年(公元1258年)他向理宗上疏:

> 陛下阅理多,愿治久。当事势之艰,舆图蹙于外患,人才乏而民力殚,宜强为善,增修德,无自沮怠,恢弘士气,下情毕达,操纲纪而明委任,谨左右而防壅蔽,求哲人以辅后嗣。(同上)

这表达了他对国家命运的担忧。但他并未灰心丧气,而是积极劝告朝廷改革弊政,力图振兴。其时南宋王朝已到了穷途末路,上层统治集团只图苟安享乐,毫无励精图治之意,朝政被一些贪婪无能的权臣所把持。对一些改革弊政、以图振兴的积极建议,他们非但不予采纳,反而百般压制甚至加以迫害。例如,开庆元年(公元1259年),理宗召王应麟至后殿面对,他不顾丞相丁大全讳言边事的禁忌,大胆向理宗反映边境吃紧和朝政败坏的严重情况。他说:

> 淮戍方警,蜀道孔艰,海表上流皆有藩篱唇齿之忧。军功未集而吝赏,民为既困而重敛,非修攘计也。陛下勿以宴安自逸,勿以容悦之言自宽。……愿汲汲预防,毋为壅蔽所欺。(同上)

结果却遭到丁大全的迫害,"即以台谏疏论罢"(《王深宁先生年谱》)。景定五年(公元1264年),王应麟任秘书郎期间,他又率同舍五人联名上书,"极论执政、侍从、台谏之罪,积私财、行公田之害"(《宋史》本传)。恭宗德祐元年(公元1275年),当贾似道溃师江上,朝廷上下一片慌乱,困难当头之际,王应麟不顾个人安危,又上疏陈十事:

> 曰急征讨,曰明政刑,曰厉廉耻,曰通下情,曰求将才,曰练军实,曰备粮饷,曰举实才,曰择牧守,曰防海道是也。(《王深宁先生年谱》)

这里进一步表明王应麟的爱国热忱。他力主进行朝政的改革,以增强军事实力,积极防御元兵的侵犯。为此,他还陈备御十策,但朝廷"皆不及用"。由于报国无门,他只好隐居故乡。

王应麟一生为官清廉,能体恤民间疾苦。咸淳二年(公元1266年),春雪过多,王应麟即面奏度宗"民生饥寒"应"方寸仁爱,宜谨感召"(《宋史》本传)。他在徽州任郡守时,"遵节用爱人之训,例所不取者,悉以予民"(《王深宁先生年谱》),"摧豪右,省田赋",百姓"大悦"(《宋史》本传)。由于王应麟之父王撝也曾任过徽州郡守,故当地父老赞他为"此清白太守子也"(同上)。足见王应麟的为人。

王应麟的理学思想渊源是多方面的,但主要还是来自吕祖谦的"婺学"(又称"吕学"或金华学派)。全祖望在《宋王尚书画像记》中说:"先生之学,私淑东莱,而兼综建安、江右、永嘉之传"(见《深宁先生文钞》卷末)。这一说法是有根据的。

首先,从他的学统师承来看,王应麟从幼到十九岁前,除十六岁时"从乡先生吴参倚学"之外,皆在他父亲王撝的教导下学习。王撝对他管教很严,例如在他十七岁时,其父"性严急,每授题,设巍座,命坐堂下,刻烛以俟,少缓则诃谴之,由是先生文益敏捷"(《深宁先生年谱》)。王应麟之父王撝是楼昉(迂斋)之门生,而迂斋又是吕祖谦的高弟。据载,王应麟也"少师(楼)迂斋"(《谢山同谷书院记》)。说明王应麟少时就通过其父和楼迂斋承受了吕祖谦婺学之真传。吕祖谦的"婺学",在当时是和朱学、陆学以及陈亮、叶适的事功之学并立的学派,影响也很广泛。但王应麟的家乡,正处四明,当时该地陆学十分兴盛,有"四明之学多陆氏(即陆象山)"(《宋元学案·深宁学案》)之称。而王应麟之父王撝"亦师史独善,以接陆学"(同上)。史独善是陆象山之高弟杨简的门人,"四明史氏皆陆学"(《宋元学案·静清学案》)。因此,在王应麟的家学渊源中,既有吕祖谦的婺学,又有陆象山的陆学。而王应麟之父王撝在当时是"文章气节推重一时",故有人说王应麟是"渊源家学,蔚为大儒,有自来矣"(《深宁先生年谱》)。其家学,则是婺学和陆学之综合。本来，南宋末已呈现朱学与陆学合流的倾向，这在王应麟的思想中也反映得比较清楚的。

王应麟后来又从王埜受学。王埜之父王介是吕祖谦之高弟。王埜受其父承受的婺学之影响。但后来王埜又从学于朱熹的再传弟子真德秀门下，"学义理之奥"（《宋元学案·西山学案》）。因此，王应麟"又从王子文（即王埜），以接朱氏"（《宋元学案·深宁学案》）。在他为官期间，又曾与"兼治朱、吕、陆之学者"汤东涧交往。汤东涧为少卿时，曾与王应麟为邻，他俩"朝夕讲道，言关、洛、濂、闽、江西之异同、永嘉制度、沙随古易、蔡氏图书经纬、西蜀史学，通贯精徽，剖析幽眇"（钱大昕《王应麟年谱》）。汤东涧称赞他："吾阅士良广，惟伯厚乃真儒也"（同上）。

上述说明王应麟的理学渊源确是来自多方面的，正如全祖望所说："和齐斟酌，不名一师"（《宋元学案·深宁学案》）。从他与汤东涧的"朝夕讲道"所涉及的方面来看，他不仅包括有关学、洛学、朱学、陆学，而且还包括有永嘉学派的功利之学、程迥的古易学、蔡元定父子的象数学以及苏轼的史学等，真可谓"博恰多闻"，"不名一师"。

其次，王应麟的理学思想渊源，虽然是多方面的，但主要还是承受了吕祖谦的婺学。《宋元学案》称他是"独得吕学之大宗"。全祖望在文章中也说他是"私淑东莱"，这是比较切合实际的。我们知道，吕祖谦的家学渊源的一个特点，就是"不名一师"，"不主一说"。王应麟正是如此，他"兼取诸家"，"不名一师"，对于诸家学说采取了兼容并蓄的态度。此外，象王应麟"搜罗摘抉，穷幽极微，其于经传子史，名物制数，贯串旁骛"（章学诚《文史通义·博约中》）的这种爱好"搜罗文献"的学风，也是"实师法东莱"（《谢山同谷书院记》）的。吕祖谦在当时就是"稽诸中原文献之所传"而著称于世的。王应麟之学风特点，显然是受了吕祖谦的影响。更重要的是，从内容上来看，吕祖谦的婺学，其特点是调和朱、陆而又偏于陆，同时又受陈亮、叶适功利学说的影响，提倡经史以致用。王应麟继承了吕祖谦的这一思想传统，故其理学概貌是"兼绍朱陆"而偏于陆，并"旁逮永嘉"（《深宁先生文钞·序》）。

第十二章　朱熹的理学思想(上)

第一节　朱熹的生平及其著作

朱熹是封建社会后期学问最广博、影响最深远的学者。从宋明理学的发展历史来考察,朱熹是程朱理学的集大成者。宋明理学,只是在朱熹的手里,才确立了自己独特的学术规模与体系,奠定了确然不拔的基础,影响了尔后学术思想的发展达六七百年之久,其余波至今未已。明清两代的统治阶级,以皇帝为代表,编纂教育天下后世的书籍,如《五经大全》《四书大全》《性理大全》《性理精义》等等,无一不与朱熹的思想及著作有关。学者讲学著书,往往与朱熹的思想及著作相关联。朱熹如孔子那样,被称为朱子,被称为夫子。孔夫子,朱夫子,在学者的心目中,形象都是十分高大的。其门人黄榦在所作朱熹《行状》中说,朱熹"绍道统,立人极,为万世宗师"。这种"万世宗师"的提法,与孔子被尊崇为"万世师表"的提法是很相似的。可以说,孔、孟而后,朱熹是一位地位仅次于孔、孟的"夫子"。

朱熹(公元1130—1200年)字元晦,一字仲晦,号晦庵,晚号晦翁,遯翁,沧洲病叟。享年七十一岁。

兹据王懋竑《朱子年谱》及江永《考订朱子世家》,并参考朱熹的文章、诗词,编著朱熹纪年如下:

朱熹,徽州婺源人(婺源,今属江西)。高宗建炎四年庚戌(公元1130年),生于建州尤溪。时,父朱松任建州尤溪尉。

高宗绍兴四年甲寅(公元1134年),五岁。开始读书,由父朱松教授。朱松师事杨时弟子罗从彦,为程门三传弟子。

绍兴十三年癸亥(公元1143年),十四岁。朱松去世,遗命朱熹:"胡原仲(籍溪胡宪)、刘致中(白水刘勉之)、刘彦冲(屏山刘子翚)三人,学有渊源,汝往事之。"以家事属少傅刘子羽(刘子翚之兄)。于是少傅为筑室里第之旁(崇安五夫里),朱熹奉母居之。后刘致中以女妻朱熹。刘致中、刘彦冲相继谢世,朱熹独事胡原仲最久。

绍兴十八年戊辰(公元1148年),十九岁。登进士第。

绍兴二十一年辛未(公元1151年),二十二岁。授左迪功郎,泉州同安主簿。

绍兴二十三年癸酉(公元1153年),二十四岁。往受学于延平李侗。李侗字愿中,为罗从彦门人,与朱松为同门友。按朱熹之学,初无常师,出入于经传,或泛滥于释老。自谓见李先生后,为学始就平实,乃知向日从事释老之说皆非。此后,绍兴二十八年、三十年、三十二年,先后见李侗问学。汪应辰称,朱侗师事延平,久益不懈。每一去而复来,则所闻必益超绝。

绍兴二十七年丁丑(公元1157年),二十八岁。冬,同安主簿四考满,罢归。

绍兴二十八年戊寅(公元1158年),二十九岁。冬,以养亲请祠,差监潭州南嶽庙。当时奉祠之制,受禄家居,实不往潭州。

绍兴二十九年己卯(公元1159年),三十岁。春,校定《谢上蔡先生语录》。谢为二程高弟谢良佐。

孝宗隆兴元年癸未(公元1163年),三十四岁。冬,至行在,入对垂拱殿。第一奏,论致知格物之道;第二奏,论复雠之义;第三奏,论言路壅塞,佞幸鸱张。除武学博士,拜命遂归。是年,《论语要义》《论语训蒙口义》成。据年谱,引《论语要义序》云:"熹年十三四,受二程先生论语说于先君","隆兴改元,屏居无事,与同志一二人从事于此,慨然发愤,尽删馀说,独取二先生及其门人朋友数家之说,补缉订正,以为一书,目之曰《论语要义》"。按《四部丛刊》本《晦庵先生朱文公文集》卷七十五《论语要义目录序》(以下简称《文集》),与此稍有不同。这部《要义》是朱熹以后所著《论语集注》的前身。《论语训蒙口义》之成,略后于《论语要义》。

孝宗乾道元年乙酉(公元1165年),三十六岁。夏,请祠,差监南岳庙。

乾道三年丁亥(公元1167年),三十八岁。秋,访张栻于长沙,留两月而行,归崇安。《中和旧说序》云:"余蚤从延平李先生学,受《中庸》之书,求喜怒哀乐未发之旨,未达,而先生没。……闻张钦夫得衡山胡氏学(按指胡宏之学),则往从而问焉。钦夫告余以所闻,余亦未之省也。退而沉思,殆忘寝食"(《文集》卷七十五)。二人临别,张栻赠行诗曰:"遗经得纸绎,心事两绸缪,超然会太极,眼底无全牛。"朱熹答诗曰:"昔我抱冰炭,从君识乾坤,始知太极蕴,要妙难名论。谓有宁有迹,谓无复何存,惟兹酬酢处,特见达本根。万化从此流,千圣同兹源。"可见此次相见,对朱熹理学思想的形成有重大关系。主要是探讨了关于"太极"的问题,关于"中""和"的问题。而这两个问题是朱熹理学思想中的重要问题,前者"太极"问题,更是理学思想的根本问题。

除枢密院编修,拜命遂归。

乾道四年戊子(公元1168年),三十九岁。编次《程氏遗书》成。《程氏遗书后序》云:"右《程氏遗书》二十五篇,二先生门人记其所见闻答问之书也。""读是书者,诚能主敬以立其本,穷理以进其知,使本立而知益明,知精而本益固。则日用之间,且将有以得乎先生之心,而于疑信之传,可坐判矣"(《文集》卷七十五)。

乾道八年壬辰(公元1172年),四十三岁。《资治通鉴纲目》五十九卷成。此书在司马光的《资治通鉴》《通鉴目录》《举要历》,胡安国的《资治通鉴举要补遗》四书的基础上编成。朱熹说:"尝过不自料,辄与同志,因两公四书,别为义例,增损櫽括,以就此编","岁周于上而天道明矣,统正于下而人道定矣,大纲概举而监戒昭矣,众目毕张而几微著矣。是则凡为致知格物之学者,亦将慨然有感于斯"(《文集》卷七十五《资治通鉴纲目序》)。与朱熹共同完成此书的,当为门弟子赵师渊等。朱熹把这部历史著作也纳入其理学体系之中,使历史事实,也"会归一理",即归于天理的裁断,使"为致知格物之学者",读之也能"慨然有感于斯"。

《八朝名臣言行录》二十四卷成。包括《五朝名臣言行录》十卷,即太祖、太宗、真宗、仁宗、英宗五朝;《三朝名臣言行录》十四卷,即神宗、哲宗、徽宗三朝。朱熹说:"予读近代文集及记事之书,观其所载国朝名臣言行之迹,多有补于世教。……掇取其要,聚为此录,以便记览"(《文集》卷七十五《八朝名臣言行录序》)。

冬十月,《西铭解义》成。朱熹说:"向到云谷,自下上山,半途大雨,通身皆湿。得到地头,因思着:天地之塞吾其体,天地之帅吾其性。时季通(蔡季通)及某人同在那里。某因各人解此两句,亦自作两句解。后来看也自说得着,所以迤逦便作西铭等解"(《语录》叶贺孙记)。二程推崇《西铭》,以为扩前圣所未发。游其门者,必令看《大学》《西铭》。朱熹首为之解。

乾道九年癸巳(公元1173年),四十四岁。夏四月,《太极图说解》《通书解》成。按朱熹先后作了关于周惇颐《太极图·易说》《易通》的题记。乾道五年己丑,作《太极通书后序》。乾道九年癸巳,作《太极图说后记》。孝宗淳熙六年己亥(公元1179年),作《再定太极通书后序》。淳熙十四年丁未,作《通书后记》。最后,淳熙十五年戊申,作《题太极西铭解后》。

六月,《程氏外书》成。《程氏外书后序》云:"右《程氏外书》十二篇,熹所序次,可缮写。始熹序次《程氏遗书》二十五篇,皆诸门人当时记录之全书,足以正俗本纷更之谬。而二先生之语则不能无所遗也。于是取诸集录,参伍相除,得此十有二篇,以为外书"(《文集》卷七十五)。

《伊洛渊源录》成。《答吕伯恭》书云:"欲作《渊源录》一书,尽载周、程以来诸君子行实文字,正苦未有此,及永嘉诸人事迹首末。因书士龙(指薛季宣),告为托其搜访见寄也"(《文集》卷三十三)。又《答吕伯恭》书云:"《渊源录》,许为序引,甚善"(同上)!又《答吕伯恭》书云:"《外书》《渊源》二书,颇有绪否,幸早留意"(同上)。又《答吕伯恭》书云:"《渊源》《外书》,皆如所喻。但亦须目下不住寻访,乃有成书之日耳"(同上)。可见《伊洛渊源录》这部记录二程及其弟子的学术史著作,从计划编写、搜集资料,到写作序文,朱熹都与吕祖谦商量过。这同朱熹后来与吕祖谦共同编辑《近思录》一事,都是反映朱、吕二人学术交往的密切。这与前述朱熹、张栻的交往,同样重要。

淳熙元年甲午(公元1174年),四十五岁。编次《古今家祭礼》。《跋〈古今家祭礼〉》云:"右《古今家祭礼》,熹所纂次,凡十有六篇。"末署淳熙元年五月(《文集》卷八十一)。

淳熙二年乙未(公元1175年),四十六岁。夏四月,吕祖谦来访,共编《近思录》。《书〈近思录〉后》云:"淳熙乙未之夏,东莱吕伯恭来自东阳,过予寒泉精舍。留止旬日,相与读周子、程子、张子之书,叹其广大宏博,若无津涯,而惧初学者不知所入也。因共掇取其关于大体而切于日用者以为此编,总六百二十二条,分十四卷。盖凡学者所以求端用力、处己治人之要,与夫辨异端、观圣贤之大略,皆粗见其梗概。……诚得此而玩心焉,亦足以得其门而入矣。如此,然后求诸四君子之全书,沉潜反覆,优柔餍饫,以致其博而反诸约焉,则其宗庙之美,百官之富,庶乎其有以尽得之"(《文集》卷八十一)。吕祖谦跋云:"《近思录》既成,或疑卷首阴阳变化性命之说,大抵非始学者之事。祖谦窃尝与闻次缉之意。后出晚进,于义理之本原,虽未容骤语,苟茫然不识其梗概,则亦何所底止。列之篇端,特使之知其名义,有所向望而已。至于余卷所载讲学之方,日用躬行之实,具有科级。循是而进,自卑升高,自近及远,庶几不失纂集之指。"可知这部《近思录》是由朱熹、吕祖谦共同纂集,而由朱熹主编的。它是读"四君子之全书"的一部撷英之作。"四君子"指周惇颐、二程、张载,即理学发展初期的濂、洛、关诸大儒。这个说法,与朱熹后来所说的"四子,六经之阶梯;近思录,四子之阶梯",语意有所不同。

接着,朱熹即偕吕祖谦至江西铅山鹅湖,复斋陆子寿、象山陆子静自金溪来会,讲论于鹅湖寺。复斋、象山各赋诗。朱、陆讲论不合。这就是有名的"鹅湖之会"。吕祖谦答祁邦用书云:"祖谦自春末为建宁之行,与朱元晦相聚四十余日。复同出至鹅湖,二陆及子澄诸兄皆集,甚有讲论之益。"陆复斋诗云:

> 孩提知爱长知钦,古圣相传只此心。
> 大抵有基方筑室,未闻无址忽成岑。
> 留情传注翻榛塞,着意精微转陆沉。
> 珍重友朋相切琢,须知至乐在于今。

陆象山诗云:

> 墟墓兴哀宗庙钦,斯人千古不磨心。
> 涓流滴到沧溟水,拳石崇成泰华岑。
> 易简工夫终久大,支离事业竟浮沉。
> 欲知自下升高处,真伪先须辨只今。

这些诗,触及理学思想的本体论与认识论问题,是十分重要的。

秋七月,作《云谷记》(《文集》卷七十八)。记中谓"云谷,在建阳县西北七十里,芦山之巅,处地最高,群峰上蟠,中阜下踞,内宽外密,自为一区。……往乾道庚寅(公元1170年),予始得之,因作草堂其间,牓曰晦庵","此山自西北横出,以其脊为崇安、建阳南北之境,环数百里之山,未有高焉者也。""自余家西南来,犹八十余里……岁不过一再至。独友人蔡季通家山北二十余里,得数往来其间。自始营葺,迄今有成,皆其力也。"则晦庵之葺,当在淳熙乙未之前,而始得云谷在乾道庚寅,下距乙未凡五年。此五年中,蔡季通帮助朱熹营建晦庵一系列建筑物,如晦庵草堂、鸣玉亭(尚未筑)、云庄(尚未筑)、怀仙台、挥手台、云社、赫曦台、休庵等。

淳熙四年丁酉(公元1177年),四十八岁。夏六月,《论孟集注·或问》成。

冬十月,《诗集传》成而序之。

《周易本义》成。

淳熙五年戊戌(公元 1178 年),四十九岁。秋,差知南康军。六年春,启行。至铅山俟命。陆子寿来访,朱熹作诗和其兄弟(指复斋、象山)三年前鹅湖之韵。诗云:"德义风流夙所钦,别离三载更关心。偶扶藜杖出寒谷,又枉篮舆度远岑。旧学商量加邃密,新知培养转深沈。却愁说到无言处,不信人间有古今"(《文集》卷四)。三月晦,到任。冬,复建白鹿洞书院,作《白鹿洞书院揭示》。七年,张栻逝世。

淳熙八年辛丑(公元 1181 年),五十二岁。春二月,陆子静自金溪来,陞白鹿洞书院讲席,讲君子小人喻义利章。

闰三月,解绶东归。

秋,除直秘阁。改除提举浙东常平茶盐公事。

是岁,吕祖谦逝世。

淳熙九年壬寅(公元 1182 年),五十三岁。正月,永康陈亮(同甫)来访于衢婺间,旬日而别。朱熹亦去永康访陈亮。以后,壬寅、癸卯、甲辰、乙巳、丙午,五年之间,书信往复,互相辩难。这就是有名的辨浙学。直到光宗绍熙四年癸丑(公元 1193 年),陈亮举进士第一,朱熹尚复书道贺。

秋,除直徽猷阁。改除江西提刑。新命至,即日解职还家。

淳熙十年癸卯(公元 1183 年),五十四岁。春,差主管台州崇道观。夏四月,武夷精舍成,四方士友,来学者甚众。

淳熙十三年丙午(公元 1186 年),五十七岁。春三月,《易学启蒙》成。书凡四篇,曰本图书、原卦画、明蓍策、考占变。其序云:"与同志颇辑旧闻,为书四篇,以示初学"(《文集》卷七十六《易学启蒙序》)。下题:"淳熙丙午暮春既望,云台真逸手记"。

秋八月,《孝经刊误》成。

淳熙十四年丁未(公元 1187 年),五十八岁。三月,《小学》书成。《题小学》云:"古者小学教人以洒扫应对进退之节,爱亲敬长、隆师亲友之道,皆所以为修身、齐家、治国、平天下之本。而必使其讲而习之于幼稚之时。

欲其习与知长,化与心成,而无扞格不胜之患也。今其全书虽不可见,而杂出于传记者亦多。……今颇搜辑以为此书,受之童蒙,资其讲习,庶几有补于风化之万一云尔"(《文集》卷七十六)。又用四言韵语,写了《小学题辞》。

是岁及下年淳熙十五年,辨陆学。《文集》有《答陆子寿》书二、《答陆子美》书三、《答陆子静》书六,凡十一书。朱熹尝言,海内学术之弊,不过两说,江西顿悟,永康事功。若不极力争辩,此道无由得明。

淳熙十五年戊申(公元1188年),五十九岁。六月,"除兵部郎官。以足疾丐祠,未供职。本部侍郎林栗,前数日与先生论《易》《西铭》不合。至是遣吏抱印,迫以供职。先生以疾告,遂疏先生欺慢"(《行状》)。《文集》卷七十一,有《记林黄中辨易、西铭》一文,记论辨情况。林栗谓朱熹本无学术,徒窃程颐、张载绪余,谓之道学。所至辄携门生数十人,妄希孔、孟历聘之风,邀索高价,不肯供职,其伪不可掩。请行罢逐。诏依旧职名江西提刑(《宋史》本传)。秋,以足疾丐祠。除直宝文阁,主管西京崇福宫。上封事,言天下之大本,在陛下之心,今日之急务,则辅翼太子、选任大臣、振举纲维、变化风俗、爱养民力、修明军政六者而已。除主管西太一宫,兼崇政殿说书,辞。

是岁,始出太极、通书、西铭解义,以授学者。《文集》卷八十二有《题太极、西铭解后》,云:"始予作太极、西铭二解,未尝敢出以示人也。近见儒者多议两书之失,或乃未尝通其文义,而妄肆诋诃,予窃悼焉。因出此解,以示学徒,使广其传。庶几读者由辞以得意,而知其未可以轻议也。淳熙戊申二月己巳晦翁题。"与林栗辩易、太极、西铭,在戊申六月一日,正是在朱熹出太极、西铭解义以示学徒之后的四五个月。这是朱熹与当时学术界的又一场辩论。按林栗著有《易解》,寄给朱熹,朱熹批评此书"大纲领处有可疑者"。辩论是就此展开的。

淳熙十六年己酉(公元1189年),六十岁。二月甲子,序《大学章句》,三月戊申,序《中庸章句》。二书定著已久,犹时加修改,至是以稳惬于心而始序之。朱熹的微言大义,具见二书序中。

冬十一月,改知漳州。

是岁二月,孝宗内禅,光宗即位。

光宗绍熙元年庚戌(公元 1190 年),六十一岁。夏四月,到漳州任。奏经界利害。郡刊四经四子书成。《文集》卷八十二有《书临漳所刊四经后》及《书临漳所刊四子后》,四经指《书》《诗》《易》《春秋》,四子指《大学》《论语》《孟子》《中庸》。

次年三月,丐祠,除秘阁修撰,主管南京鸿庆宫。解职归建阳。与陈君举(陈傅良)论学。陈傅良批评朱熹,同林栗、陆九渊、陈亮辩难,"刻削太精,颇伤简易;矜持已甚,反涉吝骄。"朱熹又有《答叶正则书》,指责叶适"草率苟简","全是含胡影响之言"。

绍熙三年壬子(公元 1192 年),六十三岁。始筑室于建阳之考亭。

绍熙四年癸丑(公元 1193 年),六十四岁。冬,差知潭州,湖南安抚。次年五月至镇。更建岳麓书院。六月,申省,乞归田里。

七月宁宗即位。召赴行在奏事。八月,除焕章阁待制兼侍讲。十月,至行在,拜命,进讲《大学》。寻除宫观。十一月,归考亭。

十二月,竹林精舍成,后改名沧洲精舍。学者益众。

宁宗庆元元年乙卯(公元 1195 年),六十六岁。《楚辞集注》成。

庆元二年丙辰(公元 1196 年),六十七岁。冬十二月,落职罢祠。

时韩侂胄专权,先后罢去宰相留正、赵汝愚。《行状》:"自先生去国,侂胄势益张。鄙夫佥人,以学为伪。……从游之士,特立不顾者,屏伏邱壑。依阿巽懦者,更名他师,过门不入。甚至变易衣冠,狎游市肆,以自别其非党。先生日与诸生讲学竹林精舍。有劝以谢遣生徒者,笑而不答。"《宋史》本传:"伪学之称,自何澹论专门之学,文诈沽名,乞辨真伪;刘德秀论留正引伪学之罪始。太常少卿胡纮,言比年伪学猖獗,图为不轨,望宣谕大臣,权住进拟。……乃命直学士院高文虎草诏,谕天下。于是攻伪学日急。选人余嚞至上书乞斩熹。"《宋史·胡纮传》云:"纮未达时,尝谒朱熹于建安。熹待学子,惟脱粟饭,遇纮不能异也。纮不悦,语人曰:此非人情,只鸡樽酒,山中未为乏也。遂亡去。及是为监察御史,遂劾赵汝愚,且诋其引用朱熹,为伪学罪首。汝愚遂谪永州。……以汝愚之门……谓不可一一诬以罪,则设伪学之目以摈之。用何澹、刘德秀为言官,专击伪学。然未有诵言攻熹者。独纮草疏将上,会改太常少卿,不果。沈继祖以追论程颐,得为察官,纮遂以疏授之,继祖论熹,皆纮笔也。"沈继祖疏论朱熹,剽窃张载、程颐之绪余,寓以吃菜事魔之妖术,簧鼓后进,张驾浮诞,私立品题,收召四方无行义之徒,以益其党伍,潜行匿迹,如鬼如魅。乞加少正卯之诛,以为欺君罔世,污行盗名者之戒。其徒蔡元定,佐熹为妖,乞编管别州。当时言朱熹为伪学之魁,以匹夫夺人主之柄,鼓动天下。乞将语录之类,并行除毁。语、孟、大学、中庸之书,为世大禁。诏监司帅守,荐举改官,并于奏牍前声说,"非伪学之人"。会乡试,漕司前期取家状,必令书以"不是伪学"字。这样,朱熹就褫职罢祠。学生蔡元定编管道州。以后,置伪学逆党之籍,著籍者有赵汝愚、留正、周必大、王蔺、朱熹、彭龟年、陈傅良、楼钥、吕祖俭、叶适、项安世、杨简、袁燮、蔡元定、吕祖泰等共五十九人。这就是庆元党禁,或庆元学禁。

是岁,始修礼书,名曰《仪礼经传通解》。

庆元三年丁巳(公元1197年),六十八岁。春正月,饯别蔡元定于净安寺。郡县逮捕元定甚急,元定色不为动。与季子沈徒步就道。朱熹与从游者百余人饯别萧寺中。寒暄外,无嗟劳语。坐客感叹,有泣下者。朱熹微视元定,不异平时。因喟然曰:友朋相爱之情,季通不挫之志,两得之矣。明日,独与元定会宿寒泉精舍,相与订正《参同契》,终夕不寐。元定遂与季子蔡沈,杖履行三千里,脚为流血。至道州。远近来学者日众。踰年,卒于道州。

是岁,《韩文考异》成。

庆元四年戊午(公元1198年),六十九岁。冬,命蔡沈作《书传》。(按江永《世家》,系此于庆元五年)

庆元五年己未(公元1199年),七十岁。始用野服见客。《楚辞集注后语辨证》成。

庆元六年庚申(公元1200年),七十一岁。三月辛酉,改《大学·诚意章》。甲子,疾终。十一月,葬建阳塘石里之大林谷。

综观朱熹的一生,可以得到如下几点认识:

一、朱熹从筮仕到逝世,凡五十年。经历了高宗、孝宗、光宗、宁宗四朝。其间,"仕于外者仅九考(即同安主簿、知南康军、提举浙东常平茶盐公事、知漳州、知潭州,共九年),立于朝者四十日(即宁宗初年除焕章阁待制兼侍讲,为宁宗讲《大学》)。其余四十年,都奉祠。以祠禄过着讲学著书的生活。

二、在四十年的讲学著书活动中,朱熹编著了大量书籍。其数量之大,在封建社会的学者中并不多见。而这大量著作,是在没有官家支持的情况下完成的。他讲学的精舍,如寒泉精舍、竹林精舍,既是讲学的学校,又是编书的山馆。他的高第弟子,如黄榦、蔡元定、蔡沈、赵师渊等参加了朱熹主持的著书活动。

三、朱熹编著的书籍,门类很多,《易》《诗》《书》《礼》,都有。《春秋》未有成书,但是《通鉴纲目》是认为继承了《春秋》传统的,可以说也是《春秋》类的著作。《孝经刊误》也是经类。四书方面,有《四书章句集注》《四书或问》。历史方面,有《八朝名臣言行录》《伊洛渊源录》。《通鉴纲目》是一部重要的编年史著作。文学方面,除《诗集传》属经类外,有《楚辞集注》《韩文考异》。其他,如《参同契考异》,也表现了他的学术研究范围的广泛。他所编辑的《程氏遗书》《程氏外书》《上蔡语录》《近思录》;他所注解的《太极通书解》《西铭解》等等,是他编辑注解北宋理学的重要著作。他还编著了《小学》书。

四、除上述著作外,朱熹留下了《文集》一百卷,《续集》十一卷,《别集》十卷。其中保存了他的若干学术论著、讲义、政治文件、序跋、书信、诗词等。朱熹的门人九十多人记录了他的讲学问答,为《语录》多种,后人分类整理,编为《朱子语类大全》一百四十卷。

五、从朱熹的著作,反映了朱熹学问的广博和文化素养的深厚。这在南宋时期是很少人能够同他匹敌的。不重读书的陆九渊固然不能与之相比,即使得中原文献之传的吕祖谦也因享年不永,成就未至,而相形见绌。

六、朱熹努力奠定理学的学术基础与范围,确立理学的历史统绪。从孝宗乾道四年到淳熙二年(公元1168—1175年)这八年间,是朱熹集中力量从事这项工作的时期。有记录可考者如下:

乾道四年,成《程氏遗书》二十五篇。
乾道八年,成《西铭解义》。
乾道九年,成《太极图说解》《通书解》。又成《程氏外书》十二篇,又成《伊洛渊源录》。
淳熙二年,编《近思录》。

以上著作说明,朱熹编了理学家二程的著作及其门人的记录,编了周惇颐、二程、张载的理学著作选集《近思录》,并从本体论、方法论、立身处世、辨异端等方面,为理学思想体系初步确立了范围及基础。注解了重要的理学著作《太极图·易说》《易通》《西铭》。编著了最早的理学史著作《伊洛渊源录》,为理学的开创及传衍明确了历史统绪。所有这些,都是十分重要的学术活动。而这些活动,是集中在一个时期内进行的。

七、为了维护理学的学术地位,批判不与程朱理学相同的其他学派,朱熹与永康事功之学、陆氏顿悟之学、反对周惇颐、张载的林黄中进行辩论。又写了《杂学辨》,批评《苏氏易解》《苏黄门老子解》《张无垢中庸解》《吕氏大学解》,以维护正统的理学观点。即使对二程的大弟子尹焞,也进行了批评,批评其不符合二程之说的观点,写了《尹和靖手笔辨》。所有这些,是朱熹学术活动的又一重要方面。

八、朱熹建立精舍,广收门徒,长期讲学,栽培了大量学生。《文集》中与朱熹有书信往还的门人就有二百多人。《语类》所列,记有朱熹语录的就有九十多家。通过这些门人,朱熹的理学思想就传播开来,从而形成了一个有力量、有影响的学派。朱熹的门下,生活比较俭素,平日是"脱粟饭"。例如有名的学生辅广,被形容为"闻说平生辅汉卿,武夷山下啜残羹",过着艰苦生活。《行状》载他"自奉则衣取蔽体,食取充腹,居止取足以障风雨。人不能堪,而处之裕如也。"这应该是实录。

九、朱熹从政时间不长,任地方官九年,任经筵侍讲四十余日,还是有一些建树的。如浙东救灾、按地方腐败官吏、修复江州白鹿洞书院与潭州岳麓书院、对朝廷奏陈修攘之计等,都是一些比较重大的政事,有些对后世还产生了深远的影响。所以朱熹也不是一个只知终日静坐的无所作为的读书人。他在湖南安抚任内,镇压了少数民族,这是他的劣迹。朱熹以刚直见称,实际有些偏执,在按唐仲友的问题上,尤其显得突出。尚论古人应该这样全面的看。

第二节　朱熹的天理论

一、所谓"天理"

朱熹理学思想体系的核心是天理论。理或天理是朱熹理学思想的最高哲学范畴。朱熹的天理论承袭程颐,但是有所发展,更严密、更精致、更深刻了。

朱熹认为,理或天理是宇宙的根源、根本。"合天地万物而言,只是一个理","未有天地之先,毕竟也只是理。有此理,便有此天地。若无此理,便亦无天地。无人无物,都无该载了。有理便有气,流行发育万物"(《语类》卷一)。可见理是宇宙的根本。天地,因理而有;人物,因理而有。"该载",是囊括承荷的意思。天地、人、物,都由最根本的理所产生、囊括、承荷。有理,就有气,气化流行,就发育万物。天地万物总起来说,就是那么一个理。

朱熹在《中庸章句》里引程子的一段序说,谓《中庸》"始言一理,中散为万事,末复合为一理。放之则弥六合,卷之则退藏于密。"这里讲的是《中庸》一书所说的理,同时也正讲了理本身。一理统驭万事,万事统于一理。理,散之则为万事,合之则为一理。从宏廓来说,理弥满天地,涵盖天地,其大无外;从隐微来说,理退藏于密,其小无内。应该指出,朱熹所引这段序说,是程朱理学关于"天理论"宇宙观的纲领性论述,它提出了作为其理学思想体系的最高哲学范畴"理",阐述了一理与万事的关系,阐述了"理"的无不包摄,无所不在。朱熹关于"理"的许多论述,是与这段序说联系着的。

朱熹说:"未有天地之先,毕竟是先有此理。"又说:"万一山河天地都陷了,毕竟理却在这里"(《语类》卷一)。这是说,理是无始无终的。天地有始,而理无始。天地有终,而理无终。未有天地之先,已有此理。天地陷了之后,理还存在。理是不依赖天地万物而永恒存在的,又是不依赖天地万物而独立存在的。

朱熹论述了理与气的关系,认为:"有是理,便有是气,但理是本。"又说:"天下未有无理之气,亦未有无气之理。气以成形,而理亦赋焉。""或问:必有是理,然后有是气,如何?曰:此本无先后之可言。然必欲推其所以来,则须说先有是理。然理非别为一物,即存乎是气之中。无是气,则是理亦无挂搭处。""或问:先有理后有气之说。曰:不消如此说。而今知得他合下是先有理后有气邪?后有理先有气邪?皆不可得而推究。然以意度之,则疑此气是依傍这理行。及此气之聚,则理亦在焉。盖气则能凝结造作,理却无情意,无计度,无造作。只此气凝聚处,理便在其中。且如天地间人物、草木、禽兽,其生也莫不有种,定不会无种子,白地生出一个物事。这个,都是气。若理,则只是个净洁空阔底世界,无形迹,他却不会造作。气,则能酝酿、凝聚生物也。但有此气,则理便在其中"(同上)。朱熹在回答黄道夫及刘叔文的信里,说明了理与气的关系。朱熹说:

> 天地之间,有理有气。理也者,形而上之道也,生物之本也。气也者,形而下之器也,生物之具也。是以人物之生,必禀此理,然后有性。必禀此气,然后有形。其性其形,虽不外乎一身,然其道器之间,分际甚明,不可乱也。(《文集》卷五十八《答黄道夫(一)》)
>
> 周子曰:"无极之真,二五之精,妙合而凝。"所谓"真"者,理也。所谓"精"者,气也。(同上)

所谓理与气,此决是二物。但在物上看,则二物浑沦,不可分开各在一处,然不言二物之各为一物也。若在理上看,则虽未有物,而已有物之理。然亦但有其理而已,未尝实有是物也。大凡看此等处,须认得分明,又兼始终,方是不错。(同上卷四十六《答刘叔文(一)》)

夫"真"者理也,"精"者气也。理与气合,故能成形。(同上《答刘叔文(二)》。按这也是解释周惇颐《太极图·易说》"无极之真,二五之精,妙合而凝"这几句涵义的。)

把朱熹的这些答书与上引《语类》几条参看,可以归纳出朱熹理气说的要点:(一)天地之间,有理有气,而理是本。(二)理是形而上之道,生物之本;气是形而下之器,生物之具。道器之间,分际甚明,不可乱。(三)若在理上看,虽未有物,而已有物之理。然亦但有其理而已,未尝实有是物。这就是说,理在物先,理在气先。(四)理气浑沦不可分,不可说先后。如果一定要推究所从来,"则须说先有是理"。(五)以人物之生为例,无极之真(理),二五之精(气),妙合而凝,"理与气合,故能成形"。所谓二五,指阴阳二气,水火木金土五行。阴阳为气,五行为质,即所谓气质。朱熹说:"阴阳是气,五行是质。有这质,所以做得物事出来"(《语类》卷一)。

朱熹的天理论,以理气说为中心内容。究明理气说的本质与表现形式,对阐发朱熹的天理论有重要意义。

朱熹论太极,认为太极是天地万物之理。《语类》卷一:"问:太极不是未有天地之先,有个浑成之物,是天地万物之理总名否?曰:太极只是天地万物之理。在天地言,则天地中有太极;在万物言,则万物中各有太极。"又云:"太极只是一个理字。""若无太极,便不翻了天地?"可见在朱熹的哲学体系里,太极是理或天理的同义语。没有太极,也就没有了天理,天地也得翻转来了,就得天翻地覆了。"太极是天地万物之理"云者,就是说,太极是天地万物的秩序。

《语类》卷一,陈淳记录:"问太极是天地万物之理总名否?"夔孙记录:"问理与气。曰:伊川说得好,理一分殊。合天地万物而言,只是一个理。及在人,则又各自有一个理。"这是说,宇宙是一理,而万物又各自有一理。万物各自的一理,体现了宇宙的一理。宇宙的一理是天地万物之理的总名,也就是太极。程颐对这种理一分殊的理论,说得更分明些,就是"一理摄万理","万理归于一理"。其来源为释氏的水月、镜灯之喻。《语类》卷九十四:"本只一个太极,而万物各有秉受,又各自全具一太极尔。如月在天,只一而已,及散在江湖,则随处而见。"又《语类》卷十八云:"释氏云,一月普现一切水,一切水月一月摄。这是那释氏也窥见得这些道理。"其实不是"那释氏也窥见得这些道理",而是释氏先窥见了这些道理,而程、朱则随后袭取了释氏的道理。事情正是应该这样倒转来说才符合实际。

根据以上论述,朱熹的所谓理或天理,具有几个基本性质。第一,理不依赖任何事物而独立存在。它无始无终,永恒存在。天地万物有成毁,而理则超然于成毁之外。第二,理是宇宙的根源、根本,是天地万物的根源、根本,是天地万物的总原则。第三,理和气联系着,"有理,便有气,流行发育万物"。理是本,而气是造成天地万物的材质,必须依傍理而运行。但没有气,理也就没有挂搭处。理只是一个"净洁空阔底世界",没有形迹,无所作为。但是它无物不照,无所不在。第四,理与周惇颐在《太极图·易说》中根据《易传》而提出的太极是同义语。

在物质世界之外,有一个不依赖于物质世界而独立地永恒存在的理或天理,它是物质世界的根源、根本;它是一个"净洁空阔底世界",却涵盖了天地万物,天地万物各自体现了它。这样的理或天理不是从客观世界抽象出来的规律或法则,它没有物质基础,只是出于唯心主义的臆想。我们认为,观念是物质世界的反映,不依赖物质世界而独立存在的观念只能出于虚构。

理或天理,如果理解为客观规律,那么,它应该是从自然界、人类社会生活中引申出来的。但是朱熹的天理论却颠倒了过来,认为世界是天理的产物,为天理所创造。正如列宁对黑格尔的《逻辑学》所分析的那样,

"世界是观念的异在"①,列宁嘲讽说:哈哈! 观念"成为自然的创造者。"对朱熹的天理论,也可以作这样的分析。如果认为,规律体现了自然生活和精神生活的发展,那无疑是正确的。但是朱熹不是这样,而是颠倒过来,认为全部自然生活和精神生活的发展体现了天理。这样,天理就"成为自然的创造者",成为"神"。朱熹的天理论就这样具有了客观唯心主义的本质。

二、关于"理一分殊"

上文已初步触及"理一分殊",这里再作具体说明。

所谓"理一分殊",就是一理摄万理,犹一月之散而现为江湖河海之万月,这是一方面;另一方面是万理归于一理,犹散在江湖河海的万月其本乃是天上的一月。从一个太极散而为物物之各具一太极,又由物物之各具一太极归本于一个太极。这就是"理一分殊"。《语类》卷九十四云:"太极只是个极好至善底道理。人人有一太极,物物有一太极。"又云:"太极非是别为一物,即阴阳而在阴阳,即五行而在五行,即万物而在万物,只是一个理而已。"这就把"理一分殊"的道理,即一理与万理的关系说得比较清楚了。

朱熹的"理一分殊"理论,是从周惇颐的《易通》推阐出来的,也就是同《易通》联系着的。朱熹说:"周子谓'五殊二实,二本则一。一实万分,万一各正,大小有定。'自下推而上去,五行只是二气,二气又只是一理。自上推而下来,只是此一个理,万物分之以为体。万物之中又各具一理,所谓'乾道变化,各正性命'。然总又只是一个理。此理处处皆浑沦。如一粒粟,生为苗,苗便生花,花便结实,又成粟,还复本形。一穗有百粒,每粒各各完全。又将这百粒去种,又各成百粒。生生只管不已,初间只是这一粒分去。物物各有理,总只是一个理"(同上)。这段形象的说明,是解释《易通》的"一实万分,万一各正"的。"一实万分"就是"理一分殊","万一

---

① 《黑格尔〈逻辑学〉一书摘要》,《列宁全集》第38卷第196页。

各正"就是"物物各具一太极"。一粟成百粒,此一粟固是完全,而百粒之每粒亦各各完全。所谓"自上推而下来",是指从一理分而为万物之体(体用的体),"自下推而上去",是指从万物之体归结为"此一个理"。

如前所说,朱熹又曾把"理一分殊"理论与程颐解释张载的《西铭》联系起来。程颐认为,《西铭》"民胞物与"思想阐明了"理一分殊"的道理。朱熹则进一步认为,《西铭》"句句皆是理一分殊","逐句浑沦看,便见理一;当中横截看,便见分殊"。不论把"理一分殊"理论与周惇颐《易通》联系起来也好,或者与张载《西铭》及程颐的解释联系起来也好,总之,在朱熹看来,北宋的这些著名理学家都是"理一分殊"理论的早期的倡导者。

朱熹用"理一分殊"理论注解"四书"。《中庸章句》第三十章注云:"天覆地载,万物并育于其间而不相害。四时日月,错行代明而不相悖。所以不害不悖者,小德之川流。所以并育并行者,大德之敦化。小德者全体之分,大德者万殊之本。……"这里所说的"天地之道"就是用"理一分殊"理论来说明的自然哲学。大德就是万殊的根本,意味着一理,由一理分化出万殊。小德就是宇宙全体所派生的具体的条理(分),意味着全体之分。大德与小德,万殊之本与全体之分,就是理一而分殊。《论语集注》朱熹云:"至诚无息者,道之体也,万殊之所以一本也。万物各得其所者,道之用也,一本之所以万殊也"(《里仁·吾道一以贯之章》)。从万物之殊认识一理之本,可知万物之殊是从一理之本派生的。从一理之本理解万物之殊,可知一理之本是规定了万物之殊的。从这个意义说,人类草木鸟兽,都从一本派生,是一本派生的万殊,彼此相同。其同就同在本;同在共同的一理。但是人类草木鸟兽,毕竟又是万殊,彼此殊异。其殊就殊在万物各有其分,殊在各有特殊的质。所以朱熹又说,"人物草木鸟兽,其生也莫不有种","天地若果无心,则须牛生出马,桃树上发李花。他却又自定"(《语类》卷一)。这个"种",这个"定",便是所谓"分",即理一分殊的"分"。

朱熹的"理一分殊"理论是其自然哲学的重要组成部分。这个理论说明了总体与分支的关联,说明了整个宇宙与万物的关联,说明了整个的理与万物各具的理的关联。它源于华严宗的理事说,在宋明理学史上具有重要的理论意义。

三、关于化育流行

化育流行又称天理流行,意思是天理流行,造化发育万物。朱熹在《大学或问》卷二说道:"吾闻之也,天道流行,造化发育,凡有声色象貌而盈于天地之间者,皆物也。"天道就是天理,就是形而上的道。物就是万物,就是各种具有声音颜色形象的充满于天地间的形而下的器。形而上的道在流行,造成了、发育了天地间的所有的物。

为什么天理流行就能够化育万物呢?《大学或问》卷一回答了这个问题:

> 天道流行,发育万物。其所以为造化者,阴阳五行而已。而所谓阴阳五行者,又必有是理而后有是气。及其生物,则又必因是气之聚而后有是形。故人物之生,必得是理,然后有以为健顺仁义礼智之性;必得是气,然后有以为魂魄五脏百骸之身。周子所谓"无极之真,二五之精,妙合而凝"者,正谓是也。

这里讲的是天地间人类和动植物所以产生的道理。朱熹认为,阴阳五行之气凝聚起来,就形成人类和动植物的形体,形成动物的"魂魄五脏百骸之身"。气是伴随着理的,所以人物之生,在气凝聚之时也必然已在其中赋予了理,有了"健顺仁义礼智之性"。所谓化育流行或天理流行,是指伴随着理的阴阳五行之气的流行,在流行的作用下,产生、长养了天地间的万物。

化育流行,朱熹有时也称之为气化流行。《孟子集注》云:"气化流行,未尝间断,故日夜之间,凡物皆有所生长也"(《告子·牛山之木尝美矣章》)。这是说,阴阳五行之气的不间断的流行,是万物(例如牛山之木)日夜生长的基础。既是理在气先,理是本,气既是伴随着理的,则气化流行,也就是天理流行,这是不言而喻的。

化育流行,意味着宇宙的不断运动。《论语集注》云:"天地之化,往者过,来者续,无一息之停,乃道体之本然也。然其可指而易见者,莫如川流,故于此发以示人。欲学者时时省察,而无毫发之间断也"(《子罕·子上川上章》)。其下引程子曰:"此道体也。天,运而不已,日往则月来,寒往则暑来;水,流而不息;物,生而不穷;皆与道为体,运乎昼夜,未尝已也。是以君子法之,自强不息。"把宇宙以及万物的不断运动,看成道体的本然作用,即看成天理的本然作用。

认识"天地之化",其归宿是要求个人内心的天理流行,做到"胸次悠然,直与天地万物上下同流"。《论语集注》云:"曾点之学,盖有以见夫人欲尽处,天理流行,随处充满,无少欠阙。……其胸次悠然,直与天地万物上下同流"(《先进·子路冉有公西华侍坐章》)。上,天地万物在天理流行;下,人的内心也在天理流行,这就是所谓"上下同流"。在人欲净尽之后,主观世界充满了天理,与客观世界天地万物的天理上下同流,这是一种捉摸不到的神秘的境界,难于体会。但是朱熹要求学者通过时时省察,做到这一点。

内心的天理流行,怎么能够与天地万物上下同流呢?朱熹认为,这依靠"默契"。《中庸章句》第三十二章注云:"圣人之德,极诚无妄","其于天地之化育,则亦其极诚无妄者有默契焉。非但闻见之知而已。此皆至诚无妄,自然之功用,夫岂有所倚着于物而后能哉!"在朱熹看来,由于"圣人之德,极诚无妄",就能够与"至诚无妄"的"自然之功用"相默契。圣人的"极诚无妄",能够体现"所性之全体,无一毫人欲之伪以杂之",这就做到了内心世界的"人欲尽处,天理流行"。同样,客观世界的"天地之化育"也是"极诚无妄"的。既然主观和客观都是"极诚无妄"的,那就能够默契了。这种默契,超然于感觉之外,不依赖于可以闻见之物,显然是神秘的、虚幻的、不存在的。这种理论,来源于华严宗的"理事冥然无分别"教义(《大正藏》四十五卷诸宗部二《华严一乘法界图》)。所谓默契,是主体的自我意识与绝对的本体的"冥合"。

朱熹的天理流行理论,其着眼点还在于人伦日用离不开天理流行。

《中庸或问》卷二云:"道之流行发现于天地之间,无所不在。在上,则鸢之飞而戾于天者,此也。在下,则鱼之跃而出于渊者,此也。其在人,则日用之间,人伦之际,夫妇之所知所能,而圣人有所不知不能者,亦此也。此其流行发现于上下之间者,可谓著矣","道之体用,流行发现,充塞天地,亘古亘今,虽未尝有一毫之空阙,一息之间断,然其在人而见诸日用之间者,则初不外乎此心。"说来说去,天理流行的理论,其归宿还在人伦日用之间省察内心的人欲净尽、天理流行。

朱熹的化育流行理论,关及他的天理论中的宇宙生成论,是他的自然哲学的重要部分,与"理一分殊"理论相辅相成。化育流行阐述宇宙的生成。"理一分殊"阐述总体与分支的关联。把这二者讲清楚,朱熹的自然哲学的基本内容就明白地勾画出来了。

四、关于"动静无端阴阳无始"

程颐在《伊川易传》里说道:"动静无端,阴阳无始,惟知'道'者识之。"朱熹阐发了程颐的这个理论。《语类》卷九十四云:

> 问:太极之有动静,是静先动后否?曰:一动一静,循环无端。无静不成动,无动不成静。譬如鼻息,无时不嘘,无时不吸。嘘尽则生吸,吸尽则生嘘,理自如此。
>
> 太极动而生阳,静而生阴,非是动而后有阳,静而后有阴,截然为两段,先有此而后有彼也。只太极之动便是阳,静便是阴。方其动时则不见静,方其静时则不见动。然动而生阳,亦只是且从此说起。阳动以上更有在。程子所谓"动静无端,阴阳无始",于此可见。
>
> 国秀说太极。曰:公今夜说得却似。只是说太极是一个物事不得,说太极中便有阴阳也不得。他只说:"太极动而生阳,动极而静,静而生阴"。公道,未动以前如何?曰:只是理。曰:固是理,只不当对动言。未动,即是静;未静,又即是动;未动,又即

是静。伊川云:动静无端,阴阳无始,惟知"道"者识之。动极复静,静极复动。还当把那个做辟初头始得?今说太极动而生阳,是且推眼前即今个动斩截便说起。其实那动以前又是静,静以前又是动。如今日一昼过了便是夜,夜过了又只是明日昼。即今昼以前又有夜了,昨夜以前又有昼了。即今要说时日起,也只且把今日建子说起,其实这个子以前岂是无子?

《伊川易传》的"动静无端,阴阳无始"的思想,否定了最初的推动,否定了宇宙有所谓开端。在中古时期,这是一种有价值的思想。这种思想与周惇颐在《太极图·易说》中提出的阴阳动静观点不是没有关系的,但是比《太极图·易说》提得明确。朱熹的阐发则是把程颐的这个思想明显地与《太极图·易说》联系起来,认为程颐的思想就是与《太极图·易说》一致的,是《太极图·易说》中阴阳动静说的概括和继承。这是朱熹在理学思想发展史上的一点发明,于此也透露出他沟通理学家周惇颐与程颐的一点苦心。

照朱熹的这些论述,可以得出以下几点认识:(一)运动是没有所谓最初的开端的,"那动以前又是静,静以前又是动。"犹如昼过了便是夜,夜过了便是昼。昼以前是夜,夜以前是昼。"一动一静,循环无端。"所以说"动静无端"。动静就是运动。(二)动与静相联系,彼此不是孤立的。"无静不成动,无动不成静。"犹如鼻息,呼尽则吸,吸尽则呼,呼与吸不能判分为二。(三)阴阳是气,是没有所谓起始的。太极"有这动之理,便能动而生阳;有这静之理,便能静而生阴。"太极动而生阳,静而生阴,不是动后方生阴,盖才动便属阳,静便属阴。阴阳与动静不可分,动静既是无端,阴阳当然也就无始。(四)太极是本然之妙(自然之理),动静是所乘之机(理搭于气而行)。太极是形而上之道,阴阳是形而下之器。阴阳之气所以有动静,原于太极之理有动静。(五)动之前有静,静之前又有动。推而上之,其始无端;推而下之,以至未来之际,其卒无终。"动静无端,阴阳无始",看来只是一个实理。朱熹在《斋居感兴二十首》的第二首中写道:"吾观阴阳化,升降八纮中,前瞻既无始,后际那有终? 至理谅斯存,万世与今同。谁言混沌死? 幻语惊盲聋"(《文集》卷四)。这首诗阐发了"动静无端,阴阳无始"的道理,阐发了动静阴阳无始无终的道理。

把朱熹的阴阳二气看成物质,把动静看成运动,则朱熹的"动静无端,阴阳无始"的理论,接触到了运动和物质的关系问题。马克思主义认为,运动是物质存在的形式,是物质的十分重要的不可缺少的属性。世界是永恒运动着的物质。运动的泉源则在物质本身之中。朱熹则认为,阴阳之化,阴阳之升降,无始无终,这是万古常新的至理。阴阳运动的泉源则在"太极之理有动静"。朱熹说:"太极是理,阴阳是气,理无形而气有迹。气既有动静,则所载之理亦安得无动静? 某向以太极为体,动静为用,其言固有病。后已改之,曰:太极者本然之妙也,动静者所乘之机也。此则庶几近之。"朱熹的这段话,上半段比较好,很明白,闪烁着真理的光芒。下半段不好懂,所谓"动静者所乘之机",说得有些玄虚。因为他要把阴阳运动归之于天理的必然,而天理则又超脱物质,超脱时间和空间,只是"净洁空阔底世界"。

第三节　朱熹的人性论

一、人性与物性的异同

朱熹的性论,其主要内容涉及宇宙论问题。

朱熹认为,性是一切有生命的生物如草木、鸟兽、昆虫、人类所具有的天理。天所赋予生物的这种天理,是一切生物"所得以生之理"。《孟子集注》云:"性者,人物之所得以生之理也"(《离娄·天下之言性也则故而已矣章》)。所谓人物,包括人与物两类,人指人类,物指草木、鸟兽、昆虫(但是,有时朱熹又把草木除外)。

朱熹认为,性作为"人物所得以生之理"这一点,人与物是相同的。例如知觉运动等生理作用,人与物相同。但是从社会道德的角度考察,人性与物性,毕竟又不尽相同。《孟子集注》云,"愚按:性者,人之所得于天之理也;生者,人之所得于天之气也。性,形而上者也;气,形而下者也。人、物之生,莫不有是性,亦莫不有是气。然以气言之,则知觉运动,人与物若不异也;以理言之,则仁、义、礼、智之禀,岂物之所得而全哉?此人之性所以无不善,而为万物之灵也。告子不知性之为理,而以所谓气者当之。徒知知觉运动之蠢然者,人与物同,而不知仁、义、礼、智之粹然者,人与物异也"(《告子·生之谓性章》)。朱熹的这段注文,是要从理气对立来论证人性与物性之同异。性,作为天之所赋,包括两方面因素,一是理的因素,一是气的因素。理的因素,人类禀赋得全,物禀赋得不全。因此,人类得仁、义、礼、智等道德的粹然者,而物不能得其全。这样,就判分了人性与物性的殊异。气的因素,人的禀赋与物的禀赋"若不异也"。因此,"知觉运动之蠢然者,人与物同。"把朱熹的上述论点概括起来,那就是,禀赋于天之气,因而表现为知觉运动之蠢然者,人类与鸟兽、昆虫无所异;禀赋于天之理,因而表现为仁、义、礼、智等道德之粹然者,人类与鸟兽、昆虫有所不同;仁、义、礼、智之禀,物禀赋得不全;只有在人性中,这些道德才是全具的。这套理论是朱熹性论的核心。

朱熹的同一精神的论述,又见于《孟子集注》《离娄·人之所以异于禽兽者几希章》。注文云:"人、物之生,同得天地之理以为性,同得天地之气以为形。其不同者,独人于其间得形气之正,而能有以全其性,为少异耳。虽曰少异,然人、物之分,实在于此。"这段注文认为,"得天地之理以为性","得天地之气以为形",这是人和物相同的。但是人得形气之正,从而能够全其性,禽兽不能得形气之正,从而不能够全其性,这是人和物不相同的。《语类》卷四论证这个道理,举例说,蜂蚁有"君臣之义","只是他'义'上有一点子明"。虎狼有"父子之亲","只是他'仁'上有一点子明"。"其他更推不去。恰如镜子,其他处都暗了,中间只有一、两点子光。"这是说,禽兽昆虫所具的仁、义、礼、智,都是偏而不全,只有人是能够全其性的。马克思主义认为,在阶级社会里,人性是人的社会性,仁、义、礼、智是阶级的道德。朱熹论性,把人和禽兽昆虫相提并论,把仁、义、礼、智等阶级道德,说成人与禽兽昆虫只是禀得全、禀得不全的不同。这种说法显然是谬妄的。

值得注意的是,朱熹在这里论述了天地之理与天地之气对人性的关系。这种论述是张载天地之性与气质之性理论的发展,对后世伦理思想及教育思想影响很大,不能漠然置之。

二、对张载"天地之性"与"气质之性"的发挥

张载在《正蒙·诚明篇》中论述了天地之性与气质之性,说道:

> 形而后有气质之性。善反之,则天地之性存焉。故气质之性,君子有弗性者焉。

《诚明篇》对性有许多论述:例如说,"性者万物之一源,非有我之得私也","天能谓性,人谋谓能","天所性者通极于道,气之昏明不足以蔽之","天性在人,正犹水性之在冰,凝释虽异,为物一也","性于人无不善,系其善反不善反而已","天地之性,久大而已矣",等等。在这许多论述中,程颐、朱熹,特别赞赏关于天地之性、气质之性的论述。程颐说:"论性不论气,不备。论气不论性,不明。二之,则不是。"意思是,论性,则天地之性与气质之性都得提到,二者不能分开。如果光讲天地之性,不讲气质之性,那就是讲得不周全(不备)。如果光讲气质之性,不讲天地之性,那就讲不明白(不明)。如果论性而把天地之性与气质之性截然分开(二之),那又是错了(不是)。朱熹根据程颐的说法,加以解择:"如只说个仁、义、礼、智是性,世间却有生出来便无状底,是如何,只是气禀如此。若不论那气,这道理便不周匝,所以不备。若只论气禀,这个善,这个恶,却不论那一原处只是这个道理,却又不明。"朱熹认为,张载、程颐"发明气质之性","极有功于圣门,有补于后学。"对此做了发挥。

朱熹的"天地之理","天地之气"的论述,显然是从张载的"天地之性","气质之性"理论发展而来。特别在"气质之性"方面,朱熹有比较详

细的论述。朱熹在《四书集注》里，认为"性即天理"。例如《孟子集注》《告子·性犹湍水也章》注云："性即天理，未有不善者也。"又如《告子·性犹杞柳也章》注云："性者，人生所禀之天理也。"《尽心·万物皆备于我矣章》注云："大则君臣父子，小则事物细微，其当然之理，无一不具于性分之内也。"《告子·人皆可以为尧舜章》注云："性分之内，万理皆备。"朱熹反复论证"人性即天理"，继承了孟子的性善论，又是张载"天地之性"，"性于人无不善"理论的发展。从这一理论出发，就得出"率性就是循天理"的结论。朱熹又在《大学章句》里把"天地之性"称作"天命之性"，是"天之明命"赋予人性以神圣的性质。

张载认为"气质之性"要"善反之"，即加以人为的修养，使它回复到"天地之性"。因此，"气质之性，君子有弗性者焉，"即君子不以气质之性为性。然而朱熹却确认气质之性为性，做了许多论证。《论语集注》《季氏·生而知之者上也章》，把人分为四等：生而知之，学而知之，困而学之，困而不学。朱熹注云，"人之气质之异，大约有此四等"，把这四等人的区分，归因于气质之异。所谓气质，指天气地质，或者说，阴阳是气，五行是质。人的精神品质，是由所禀的阴阳五行气质决定的。阴阳调和，五气全备，就成为圣人。偏重不全，就在精神品质上有偏至。《语类》卷四，对此有详细论述：

> 性只是理，然无那天气地质，则此理没安顿处。但得气之清明，则不蔽锢此理，顺发出来。蔽锢少者，发出来的天理胜。蔽锢多者，则私欲胜。便见得本原之性，无有不善。……只被气质有昏浊，则隔了，

又云：

> 人之性皆善。然而有生下来善底，有生下来恶底，此是气禀不同。……日月清明，气候和正之时，人生而禀此气，则为清明

浑厚之气,须做个好人。若是日月昏暗,寒暑反常,皆是天地之戾气,人若禀此气,则为不好底人何疑。……看来吾性既善,何故不能为圣贤?却是被这气禀害。如气禀偏于刚,则一向刚暴;偏于柔,便一向柔弱之类。……须知气禀之害,要力去用功克治,裁其胜而归于中,乃可。

又云:

禀得精英之气,便为圣为贤,便得理之全,得理之正。禀得清明者,便英爽;禀得敦厚者,便温和;禀得清高者,便贵;禀得丰厚者,便富;禀得久长者,便寿;禀得衰颓薄俗者("俗"应为"浊"之误),便为愚、不肖,为贫,为贱,为夭。

又云:

人性虽同,禀气不能无偏重。有得木气重者,则恻隐之心常多,而羞恶、辞逊、是非之心,为其所塞而不发。有得金气重者,则羞恶之心常多,而恻隐、辞逊、是非之心,为其所塞而不发。水火亦然。唯阴阳合德,五性全备,然后中正而为圣贤也。

按照朱熹的理论,天地之性(天命之性)决定人性是全善的。但是禀于气质,则有善又有恶。而且人的刚、柔,也受气质的影响。人的贤愚、贫富、贵贱、寿夭,也受气质的影响。这就是说,气质影响到人的性情、资质,以及社会地位、寿命长短等。出生时候的日月气候状况,阴阳五行配置,构成人的禀赋的条件,影响到人的许多方面,影响到人的一生。这种说法,与算命先生的一套,没有什么不同。《语类》卷四有一条,那就说得更直接明白了:

> 问:以尧为父而有丹朱,以鲧为父而有禹,如何? 曰:这个又是二气五行,交际运行之际,有清浊,人适逢其会,所以如此。如算命推五星阴阳之气,当其好者则质美,逢其恶者则不肖,又非人之气所能预也(指遗传)。

朱熹认为,气质之性与人的物欲有关。朱熹说,"阳是善,阴是恶,阳便清明,阴便昏浊","阳明胜,则德性用。阴浊胜,则物欲行","人心虚静,自然清明。才为物欲所蔽,复黑暗了"。物欲既是黑暗的源泉,则遏止物欲,也就成为"变化气质"的一种工夫。

朱熹论述气质之性,是人性论在封建等级制条件下的发展,是要从先天气禀的不同来论证人间的贤愚善恶,从而说明封建社会的善恶标准、是非品骘是有先天根据的。

附带说明一下,朱熹性论中提到的人性善恶刚柔中的说法,是从周惇颐的《易通》关于人性刚柔善恶中五类承袭而来的。

朱熹的性论,还有关于心、情、欲、意、志、才等方面的论述,是前人性论的发展,把人性的分析推向深刻和细密。

第十三章 朱熹的理学思想(下)

第四节 朱熹的"格物致知"论和"持敬"说

朱熹的认识论就是他的有名的"格物致知"论,而其涵养工夫则是"持敬"说。

一、朱熹的"格物致知"论

格物致知论,是朱熹从《大学》"致知在格物","物格而后知至"这两句话推演出来的,是朱熹认识论的核心。朱熹在《大学》"此谓知本","此谓知之至也"两句处注云:"此谓知本"这四字是衍文,"此谓知之至也""此句之上,别有阙文,此特其结语耳。"因此,特地写了一章他所认为的阙文,把它作为《大学》传的第五章独立起来,补在他所谓的四章之后、六章之前。全文如下:

> 右传之五章,盖释格物致知之义,而今亡矣。间尝窃取程子之意以补之,曰:所谓致知在格物者,言欲致吾之知,在即物而穷其理也。盖人心之灵,莫不有知,而天下之物,莫不有理。惟于理有未穷,故其知有不尽也。是以大学始教,必使学者即凡天下之物,莫不因其已知之理,而益穷之,以求至乎其极。至于用力

之久,而一旦豁然贯通焉,则众物之表里精粗无不到,而吾心之全体大用无不明矣。此谓物格,此谓知之至也。

这就是朱熹的格物致知论。后世学者对之有误解,以为这是朱熹的有关求知的科学思想。这点应该澄清。

(一)所谓"物"与"心"

什么叫格物?什么叫致知?朱熹在《大学章句》里注云:"格,至也。物,犹事也。穷至事物之理,欲其极处无不到也。"又注云:"致,推极也。知,犹识也。推极吾之知识,欲其所知无不尽也。"又注"物格而后知至"云:"物格者,物理之极处无不致也。知至者,吾心之所知无不尽也。"从表面看来,好像朱熹的意思是要探求客观世界的真理似的。事实并不然。

朱熹认为,格物致知的目的,在乎"知所止"。"物格知至,则知所止矣。""止者,所当止之地,即至善之所在也。知之,则志有定向。"可见格物致知的目的,是要求认识所当止的"至善之地",使"志有定向",不在乎求科学之真,而在乎明道德之善。这是朱熹格物致知论的本质。

朱熹格物致知论易于使人误解的,是他所说的"即物而穷其理"的"物",是"即凡天下之物,莫不因其已知之理而益穷之"的"天下之物",是"众物之表里精粗无不到"的"众物"。这个"物",这个"天下之物",这个"众物",好像指的是客观世界的种种物,而其实不然。

《近思录》卷三(格物穷理)载程颐论"格物穷致事物之理"一段语录,谓"穷其理亦多端,或读书讲明义理,或论古今人物别其是非,或应接事物而处其当,皆穷理也"。朱熹解释说:"如读书以讲明道义,则是理存于书。如论古今人物以别其是非邪正,则是理存于古今人物。如应接事物而处其当否,则是理存于应接事物。"这三条穷理途径,都与研究探讨客观世界的科学真理了不相涉,而只是对这几方面所体现的天理的体验认识。那么这个物到底是什么,不是很清楚的吗?后人把近代自然科学译作格致之学,是沿袭了《大学》"致知在格物"的说法,特别是受了朱熹《大学补传》"格物致知论"的影响,以致混淆了科学与理学的界限。这是学术史上的一桩憾事。

程、朱的确有时也说到客观世界的"物"。程颐说:"一草一木皆有理,须是察。"有人问:"草木当如何格?"朱熹回答说:"此推而言之,虽草木亦有理存。如麻麦稻粱,甚时种,甚时收。地之厚薄不同,宜植某物,亦皆有理。"朱熹还说:"若万物之荣悴,与夫动植小大,这底可以如何使,那底可以如何用,皆所当理会。"草木、麻麦稻粱、土地、动植大小,当然都是"物"。这些都要察,这似乎是要研究探讨客观世界的"物"了。然而不然。朱熹明确指出,"格物之论,伊川意虽谓眼前无非是物,然其格之也,亦须有先后缓急之序,岂遽以为存心于一草木器用之间,而忽然悬悟也哉?今为学而不穷天理、明人伦、讲圣言、求世故,乃兀然存心于草木器用之间,此是何学问!如此而望有所得,是炊沙而欲其成饭也。"朱熹的意思很清楚,格物致知,主要是存心于"穷天理,明人伦,讲圣言,求世故",不在于"草木器用之间"。所以朱熹的"物",意指天理、人伦、圣言、世故。格物致知的目的,不在求关及草木器用的科学之真,而在乎明天理、人伦、圣言、世故的道德之善。这是必须实事求是地予以理解的。

朱熹所谓"人心之灵,莫不有知"的"人心","吾心之全体大用无不明"的"吾心",即朱熹的所谓"心"到底是指什么。

朱熹从认识论的角度诠释了所谓"心"。他认为,心是一身的主宰。指认识的主体,这个主体具有神明不测的作用。"虚灵,自是心之本体"(《语类》卷五)。灵,是神明不测,是知觉,是思维。心具众理,能思维,能应万事。心的思维活动范围,十分广大,该遍万理万物,上天下地,无所不在。心能藏往知来。藏往,即有记忆能力;知来,即有预见能力。心的主宰作用,贯乎动静。动的时候,心在起主宰作用;静的时候,心也未尝寂然无所用。

朱熹认为,心量十分广大,所以要"尽乎此心之量"。如何才能够"尽乎此心之量"?关键在是否"穷夫理"。《孟子集注》《尽心·尽其心者知其性也章》注云:"人有是心,莫非全体。然不穷理,则有所蔽,而无以尽乎此心之量。故能极其心之全体而无不尽者,必其能穷夫理而无不知者也","尽心,则知至之谓也","知至者,吾心之所知无不尽也。"吾心之所知无不尽,并不是指人对客观世界的认识能力充分发挥了,而是指对封建道德的体验已经尽其"心之量"了。问题仍然归到了道德论的范围。研究朱熹的认识论必须始终掌握它的这个特点。因为他的格物致知论是与正心、诚意、修身、齐家等道德问题联系在一起的。

朱熹论"心",与佛教教义有联系。《六祖坛经》云:"心量广大,犹如虚空。……既空,能含日月星辰,大地山河,一切草木。……性含万法是大,万法尽是自性。"这里,很明显的可以看出,朱熹的所谓心体"湛然虚明","心量广大",心体"万理具足"等,在概念上沿袭了《坛经》。华严宗也论及心量广大。《华严经探玄记》说:"十心,并所缘境,无限量,故令心摄亦无限也。……无限,故广大也。"朱熹用来自佛说的这些概念构成自己认识论的若干内容。理学思想的佛说渊源,这也是一个佐证。

理解《大学补传》所说的"天下之物"的"物"及"人心之灵"的"心",到底讲的是什么,对理解朱熹格物致知论的本质,有重要意义。

(二)"即物穷理"与"致吾之知"

朱熹在格物致知论中提出了"人心之灵,莫不有知","天下之物,莫不有理"的命题。《朱子语类》卷十五说:"推极我所知,须要就那事物上理会。致知是自我而言,格物是就物而言。若不格物,何缘得知?"在这里,朱熹仿佛提出了主体与客体相对待的问题。"人心之灵,莫不有知",指具有认识能力的"心之用"与人心所固有的"知"的"心之体"。"天下之物,莫不有理",指与主体相对待的客体都具有天理。心之体,体现了天理。朱熹说:"心之全体,湛然虚明,万理具足","心具众理"。万理即一理,就是天理。心具天理,物具天理。"即物穷理",就能够"致吾之知",这就是用吾心的天理与外物的天理相印证,这就是做到了"众物之表里精粗无不到,而吾心之全体大全无不明。""众物之表里精粗无不到"就是"物格","吾心之全体大用无不明"就是"知之至。"通过"即物穷理"以达到"致吾之知。""即物穷理"是手段,"致吾之知"是目的。这就是"即物穷理"与"致吾之知"的关系。

以天下之物所体现的天理,来印证吾心所固有的天理,内外相证,就是格物致知。对此,朱熹称之为"合内外之理"。《语类》卷十五:"问:格物须合内外始得? 曰:他内外未尝不合,自家知得。物之理如此,则因其理之自然以应之,便见合内外之理。目前事事物物,皆有至理。……自家知得万物均气同体,见生不忍见死,闻声不忍食肉,非其时不伐一木……此便是合内外之理。""致知格物,只是一个。"所谓"一个",就是外而格物,内而致知,"合内外之理"本是"一个"天理。物理既不是客观世界"草木器用"的知识,"吾心之知"亦不是从客观世界的研讨中取得的认识。《语类》卷十五:"如今说格物,只晨起开目时,便有四件在这里,不用外寻,仁、义、礼、智是也。"体现天理的封建道德仁、义、礼、智等就是"天下之众物",也就是"吾心之所知",体认这些,就是格物致知,就是"合内外之理"。这样的格物致知,这样的即物穷理,致吾之知,实在谈不上有什么科学的意味。

二、朱熹的"持敬"说

持敬是程朱的涵养工夫。这种涵养工夫曾经被高度重视,程、朱本人固然身体力行,对门人又进行反复的教导。

《语类》卷十二载:

> 大凡学者,须先理会"敬"字。"敬"是立脚去处。程子谓"涵养须用敬,进学则在致知"。此语最妙。
> "敬"字工夫,乃圣门第一义,彻头彻尾,不可顷刻间断。
> "敬"之一字,真圣门之纲领,存养之要法。
> 因叹"敬"字工夫之妙,圣学之所以成始成终者,皆由此。

敬既是学者要首先理会的工夫,既是立脚去处,既是圣门第一义,则什么是敬呢?《二程粹言》卷一载程颐的一段语录说明了这个问题:

> 或问敬。子曰:"主一之谓敬。""何谓一?"子曰:"无适之谓一。""何以能见一而主之?"子曰:"齐庄整敕,其心存焉。涵养纯熟,其理著矣。"

程颐的这段话十分重要,说明所谓敬,就是"主一无适",即精神专注于一,而不要有所游移。但是其深意还在通过外表的庄严整肃,使内心有所"存"。存,就是"操之则存"的"存",存心就是心不放逸。敬的工夫,涵养到纯熟,就会出现"其理著"的结果,即出现天理昭著的结果。所以敬的涵养工夫,是体认天理的重要途径。

朱熹认为,持敬要求做到此心常惺惺。《语类》卷十二说:

> 人心常炯炯在此,则四体不待羁束,而自入规矩。……心既常惺惺,又以规矩绳检之,此内外交相养之道也。
> 心常惺惺,自无客虑。
> 大抵学问须是警省。且如瑞岩和尚每日间常自问:"主人翁惺惺否?"又自答曰:"惺惺。"
> 心,只是一个心。非是以一个心治一个心。所谓"存",所谓"收",只是唤醒。

可见,心是主人翁,要经常守在家里。这个心要光辉炯炯地在那里,则手足举措,自合规矩。要提撕警觉,要唤醒它,使它不昏昧。这个心,要经常去提省,"使如日之升,则群邪自息"。就是说,不会存在那些与本心无关的"客虑"。"客虑"就是"群邪"。朱熹引宋太祖赵匡胤的《日诗》为譬,说"未离海底千山黑,才到天中万国明","日未上时,黑漫漫地;才一丝线,路上便明"。又说"心本自光明广大","试定精神看一看,许多暗昧魍魉,各自冰散瓦解。"唤醒那光辉炯炯的心,使之常惺惺,就能举措规矩,消散种种"客虑"。

敬的涵义,除上文所说"主一"(使自家精神思虑尽在此)而外,又有虔诚的意思。《语类》卷十二：

> 因说敬。曰："……出门如见大宾，使民如承大祭"等类，皆是敬之目。……敬有甚物？只如"畏"字相似。不是块然兀坐，耳无闻，目无见，全不省事之谓。只收敛身心，整齐纯一，不凭地放纵，便是敬。
>
> 敬非是块然兀坐……只是有所畏谨，不敢放纵，如此，则身心收敛，如有所畏。

"如见大宾"，"如承大祭"，又把敬与畏相联系，都含有虔诚的意思。他在《敬斋箴》里，抒述了"潜心以居，对越上帝"的一种虔诚的精神状态，更足以说明敬含有虔诚的意思。朱熹认为，如商汤之"圣敬日跻"，周文王之"小心翼翼，昭事上帝"那样的虔诚都是敬。

但是，持敬也并不单纯指的是一种精神状态，而是要求达到某种有确定内容的道德修养目标。然而朱熹于此又说得并不分明。《语类》卷十二载：

> 为学，自有个大要。所以程子推出一个敬字与学者说，要且将个敬字收敛个身心，放在摸匣子（应作模匣子）里面，不走作了，然后逐事逐物看道理。……心地光明，则此事有此理，此物有此理，自然见得。
>
> 问敬何以用工？曰：只是内无妄想，外无妄动。
>
> 持敬之说，不必多言。但熟味整齐严肃，严威严恪，动容貌，整思虑，正衣冠，尊瞻视此等数语，而实加工焉，则所谓直内，所谓主一，自然不费安排，而身心肃然，表里如一矣。
>
> 坐如尸，立如齐，头容直，目容端，足容重，手容恭，口容止，气容肃，皆敬之目也。

把身心放在模匣子里,使之不走作。这个模匣子,当指封建道德的模匣子,是范铸封建理学家品德的模匣子。容貌、思虑、衣冠、瞻视,总之,从仪表到内心,都不得背离这个封建道德的模匣子;否则,就不算做到了持敬。

持敬要"贯乎动静语默之间,而无一息之间断"。读书心在书,为事心在事,这是持敬;即使是瞑目静坐,也要支遣思虑,使妄想不起,这也是持敬。朱熹认为,静坐与佛家的坐禅入定,断绝思虑不同,只是"收敛此心,莫令走作闲思虑",要使此心"湛然无事,自然专一。及其有事,则随事而应,事已则复湛然矣。"朱熹说:"动静如船之在水。潮至则动,潮退则止。有事则动,无事则静。"而静时的涵养,却是更根本的,所以说,"静为主,动为客","静者,养动之根"。只要这样涵养,这样以静养动,则"其应事,敬不失机"。如果"随事匆匆,以动应动",必然要躁扰"失机"。

持敬的一个重要内容是"敬义夹持"《语类》卷十二载:

> 敬有死敬,有活敬。若只守着主一之敬,遇事不济之以义,辨其是非,则不活。若熟后,敬便有义,义便有敬。静则察其敬与不敬,动则察其义与不义。……须敬义夹持,循环无端,则内外透彻。

因为"敬以直内,义以方外",所以"敬义夹持",就做到"内外透彻"。朱熹认为,敬义只是一事。但是,敬是"守于此而不易之谓",义是"施于彼而合宜之谓";敬是对内心的要求,义是应事而得当的要求。所以又说,"敬要回头看,义要向前看。"敬义不是两事。敬义夹持是持敬工夫的内外兼顾的工夫。内而敬以直内,外而义以方外,内外都持敬,这就是敬义夹持。

朱熹的持敬说,概括在他写的《敬斋箴》中,篇幅不长,全录如下:

> 读张敬夫《主一箴》,掇其遗意,作《敬斋箴》,书斋壁以自警云:
>
> 正其衣冠,尊其瞻视,潜心以居,对越上帝。

足容必重,手容必恭,择地而蹈,折旋蚁封。
出门如宾,承事如祭,战战兢兢,罔敢或易。
守口如瓶,防意如城,洞洞属属,罔敢或轻。
不东以西,不南以北,当事而存,靡他其适。
弗贰以二,弗参以三,惟精惟一,万变是监。
从事于斯,是曰持敬,动静无违,表里交正。
须臾有间,私欲万端,不火而热,不冰而寒。
毫厘有差,天壤易处,三纲既沦,九法亦斁。
于乎小子,念哉敬哉! 墨卿司戒,敢告灵台。

把《敬斋箴》的大意翻译成现代语,就如下文:

衣冠要整齐,状貌要庄严,平时管束住思绪,像面对上帝那样的虔诚。

手足举措,毕恭毕敬。选择善地以自处,像在蚂蚁洞里周旋。

像出门见大宾那样慎重,像承担重大的祭礼那样严肃,战战兢兢啊,哪能有一点随便!

要守口如瓶,要防意如城,非常地谨慎啊,哪敢有一点轻率!

临事就要存心在意,不能让心思东想西想,到处驰走。

要精神集中,专注于一,不能忽二忽三,要警惕瞬息中的万变。

能够这样涵养,就叫作持敬。这种工夫要贯乎动静,要做到外表和内心同样的端正。

哪怕是刹那间的间断,各种私欲就涌流出来,没有火也会感到灼热,没有冰冻也会感到寒冷。

只要有毫厘的差错,天地就要颠倒,三纲败坏了,《洪范》九畴也毁坠了。

啊啊! 我这个后生小子啊! 持敬呀,持敬呀! 请绳墨之吏来监视吧,我现在敢以这一自箴之情禀告我的心灵主宰。

朱熹的《敬斋箴》是他的持敬说的集中概括。它与张栻的《主一箴》有密切关系。《敬斋箴》是《主一箴》的发展。朱熹写《敬斋箴》,当在张栻逝世之后。而朱熹的持敬说则为张栻主一说的发展。它们的老祖宗都是程颐的"涵养须用敬"的说教。

第五节 朱熹"会归一理"的历史哲学

朱熹的史学思想，见于其历史著作《资治通鉴纲目》中，又散见于其文论之中。朱熹的史学思想对后世的影响十分巨大，不仅修史者奉为圭臬，而且封建社会后期的政治生活也往往据为准绳。我们对它应有足够的重视。

一、陶铸历史，会归于一理之纯粹

朱熹认为历史是"致知格物"的儒者所宜从而取得感发的一种学问。历史上的是非争论，应诉之于"天理之正，人心之安"。这就是说，要从致知格物的高度，要从天理的高度来认识历史。朱熹说："岁周于上而天道明矣，统正于下而人道定矣，大纲概举而鉴戒昭矣，众目毕张而几微著矣。是则凡为致知格物之学者，亦将慨然有感于斯"（《资治通鉴纲目序例》）。朱熹以为，在历史行进的过程中，岁星的周天，明示着天道的迁改；正统的确立，决定着人间的是非；概举大纲，所以明鉴戒之道；备载细目，所以显隐微之理。凡此种种，正是从事于致知格物的儒者所宜由是而得到感发的一种学问。历史是致知格物工夫之所在。朱熹的学生李方子说：《资治通鉴纲目》的"大经大法"，"一本于圣人之述作"，"使明君贤辅有以昭其功，乱臣贼子无所逃其罪。而凡古今难制之变，难断之疑，皆得参验稽决，以合于天理之正，人心之安。"又说：《通鉴纲目》"义正而法严，辞核而旨深，陶铸历代之偏驳，会归一理之纯粹，振麟经之坠绪，垂懿范于将来，盖斯文之能事备矣"（《资治通鉴纲目后序》）。李方子认为《资治通鉴纲目》继《春秋》而作，其义法根据《春秋》。司马光的《资治通鉴》，"于《春秋》惩劝之法"，"有未尽用者"，《纲目》就是补《通鉴》之所未尽用者，它复兴了《春秋》已失传的统绪（振麟经之坠绪）。作史的"大经大法"，要求"合于天理之正，人心之安",而《纲目》一书,就是"会归于一理之纯粹"的大著作。可见在朱熹及其学生看来,天理是史书的最高准则。

天理既是史书的最高准则,则究心历史,无非是对"天下之理",求能"尽其纤悉"。朱熹在《福州州学经史阁记》里说,"凡圣贤之言行,古今之得失,礼乐之名数,下而至于食货之源流,兵刑之法制",都应该"考诸载籍之文,沉潜参伍以求其故"。这样来读书,"则夫天下之理,其必有以尽其纤悉而一以贯之"(《文集》卷八十)。可见读书考史,究心圣贤言行,古今得失,礼乐名数,食货源流,兵刑法制等等,目的在乎尽天理之纤悉而求其一贯。于是作史的要求与读史的要求就一致起来了。

朱熹提出了读书须以经为本而后读史的主张,他说:"东莱(指吕祖谦)聪明,看文理却不仔细。向尝与较《程易》(指《伊川易传》),到《噬嗑》卦'和而且治'。一本'治'作'洽'。据'治'字于理为是。他硬执要做'洽'字。'和'已有'洽'意,更下'洽'字不得。缘他先读史多,所以看粗着眼。读书须是以经为本,而后读史"(《语类》卷一二二)。这段语录,借批评吕祖谦,提出了"读书须是以经为本,而后读史"的主张。这一主张,包含两层意思:(一)经是本,史是末,读了经,先有了义理,然后读史,才能凭义理的标准对历史进行论断;(二)如果"先读史多",则看文理反而"不仔细",反而"看粗着眼"。朱熹的这一主张与他的史书必须"会归于一理"的思想是相通的。

《语类》卷一二二又载:"问东莱之学。曰:'伯恭(吕祖谦字)于史分外仔细,于经却不甚理会。……'义刚(朱熹学生黄义刚)曰:'他也是相承那江浙间一种史学,故凭地。'曰:'史什么学!只是见得浅。'"这也是批评吕祖谦的史学,标明以经为本的主张。只有以经为本的史学,即以义理纲纪史事的史学,才是真正的史学。

朱熹曾说:"看史只如看人相打。"《语类》卷一二三载:"先生曰,看史只如看人相打。相打有甚好看处?陈同甫(陈亮)一生被史坏了。直卿(朱熹学生黄榦)亦言,东莱教学者看史,亦被史坏。"这段语录的本意是说,如果不凭义理来读史,那么看史只是看人相打。结果,看史把人看坏了。从正面说,作史一定要"会归于一理之纯粹",读史也要"会归于一理之纯粹",这样才有意义。而陈亮与吕祖谦都不会读史,都把人看坏了。

朱熹论述了宋朝自神宗以后的"史弊"。他说:"史甚弊!因《神宗实录》皆不敢写传闻,只据人自录来者。才对(在皇帝御前奏对)者,便要所上文字,并奏对语,上史馆"(《语类》卷一二八)。由于神宗、哲宗等朝,新旧党争,牵涉实录的写法。实录中如果对某党有所左袒,就要受到另一党的反对;反之,也是这样。旧党范纯夫、黄鲁直的受到诘问、贬官,就是突出的事例。《语类》卷一二八载:"今之修史者,只是依本子写,不敢增减一字。盖自绍圣(哲宗年号)初,章惇为相,蔡卞修国史,将欲以史事中伤诸公。前史官范纯夫、黄鲁直已去职,各令于开封府界内居住,就近报国史院取会文字。诸所不乐者,逐一条问。黄、范又须疏其所以然,至无可问方令去。后来史官,因此惩创,故不敢有所增损也"(后范安置永州、黄黔州)。就因为《神宗实录》中的写法问题,原史官范纯夫、黄鲁直于哲宗绍圣年间受到诘问,责令在开封府界内居住,不许离开。要就所诘问的题目,逐一做出书面回答,说明"所以然"。直到无可诘问才完事。以后又各贬官远州,实质是流放。从此以后,史官不敢负责任,只照人家送来的"本子"(奏本)写,不敢增损一字。对传闻之词更不敢写。臣僚在皇帝面前有所奏对,就令人录上奏本,并令人缴送奏对的言语,上诸史馆。这种以党争牵连当时实录的情况,就是"史弊",它损伤了史官直笔的优良传统。

《语类》卷一二八的这一条,透露了新旧党人在对问时的激烈争论。"先生问䉑(朱熹学生黄䉑):有山谷(黄庭坚)《陈留对问》否?曰:无之。曰:闻当时秦少游(秦观)最争得峻。惜乎亦不见之。陆农师(陆佃)有当来对问,其间云:尝与山谷争入王介甫(王安石)'无使上知'之语。……"按黄、秦都是旧党,陆是王安石的学生,新党。为了《实录》中要不要写上王安石"无使上知"这句话,黄、陆激烈争论,秦争得最峻。旧党认定,王安石曾说过"无使上知"(不要使神宗皇帝知道)这句话,而新党则否认。王安石是否说过这句话,乃是王安石是否"欺君"的大问题,新旧两党对此当然要激烈争论。可见"史弊"之一,是史官不敢直笔,实质是关于《实录》

内容能否反映历史真实这一根本问题。

朱熹十分感慨,认为今日"大抵史皆不实"。《语类》卷一二八载:"今日作史,左右史有《起居注》,宰执有《时政记》,台官有《日历》,并送史馆著作处,参改入《实录》作史。大抵史皆不实,紧切处不敢上史,亦不关报。"今日的《实录》,既是不反映实际史实,而紧要关键处又故意漏落,不把它写上,又不向上报告。这真是很大的"史弊"了。

朱熹文集中的《史馆修史例》,是对修纂当时历史的一些具体措施的意见,文字不多,全录如下:

> 先以历内年月日下刷出合立传人姓名,排定总目。
> 次将就题名内刷出逐人拜罢年月,注于本目之下。
> 次将取到逐人碑志、行状、奏议、文集之属,附于本目之下(各注起某年、终某年)。
> 次将总目内刷出收索到文字人姓名,略具乡贯履历,镂版行下诸州晓示,搜访取索,仍委转运司专一催督。每月上旬差人申送本院,不得附递,恐有损失。如本月内无收到文字,亦仰依限差人申报。
> 置诸路申送文字格眼簿,一路一扇,一月一眼。如有申到,记当日内收。附勾销,注于总目本姓名下,依前例。(《文集》卷七十四)

这份《修史例》,似是朱熹草拟的南宋政府国史院总的修史条例中的一个节目,内容只关及修传排列总目,初步注明立传人仕历,并搜集登记其文字著作、传记资料的方法等事项,而不是一个完整的文件。名为《史馆修史例》,而编列于朱熹私家文集之中,则当时固认作朱熹的著作。从中可以约略窥见南宋国史院修史工作的某些影子,反映了作者重视史料搜集工作的思想。对照着朱熹所指出的"史弊",这里显然具有实事求是的精神。

朱熹从义理的角度,评论了《左传》和《史记》。朱熹照传统的见解,认为左丘明"好恶不与圣人同"。《语类》卷一二三载:朱熹问滕德粹,陈傅良如何说《春秋》?"滕云:君举(陈傅良字)云,世人疑左丘明好恶不与圣人同,谓其所载事多与经异。此则有说。……可学(朱熹学生郑可学)因问:左氏识见如何?曰:左氏乃一个趋利避害之人。要置身于稳地,而不识道理,于大伦处皆错。观其议论,往往皆如此。且《大学》论所止,便只说君臣、父子五件。左氏岂知此?如云周郑交质,而曰'信不由中,质无益也'。正如田客论主,而责其不请吃茶。使孔子论此,肯如此否?而可谓其好恶同圣人哉?又如论宋宣公事,曰:'宋宣公可谓知人矣,立穆公,其子飨之。命以义夫。'是何等言谈?可学曰:此一事,公羊议论却好。曰:公羊乃儒者之言。……左氏疏脱,多在君子曰。……吕伯恭亦多劝学者读《左传》。尝语之云,《论》《孟》圣贤之言,不使学者读,反使读《左传》?伯恭曰:读《论》《孟》使学者易向外走。因语之云:《论》《孟》却向外走?《左氏》却不向外走?读《论》《孟》,且先正人之见识,以参他书,无所不可。此书自传'惠公元妃孟子'起,便没理会。……"这段语录,着重论《左传》,批评《左传》好恶不同于圣人,即与孔子的好恶不相同。《左传》既是附《春秋》而行,则其是非好恶应与《春秋》的作者孔子相同。而今则不同,可见这部书"不识道理",朱熹贬之为"于大伦处皆错"。《春秋》三传之中,《公羊》议论好,"乃儒者之言";"《左氏》疏脱,多在君子曰",即《左传》中凡是"君子曰"之处,都是疏脱不识道理的。《左传》从开头第一句话"惠公元妃孟子"起,就是不识道理的。读书还是应该先读《论语》《孟子》等圣贤之书,端正了见识,然后再读别的书,如史书等,就"无所不可"了。这里仍然是"以经为本,然后读史"的主张,即以义理为标准的主张。

朱熹对司马迁,对《史记》,也有不客气的批评。《语类》卷一二二载:"伯恭劝人看《左传》《迁史》,令子约(吕祖谦之弟吕祖俭)诸人抬得司马迁不知大小,恰比孔子相似。"又载:"伯恭、子约宗太史公之学,以为非汉儒所及。某尝痛与之辨。子由(苏辙)《古史》言,马迁浅陋而不学,疏略而轻信。此二句最中马迁之失。伯恭极恶之。马迁《礼书》云：'大哉，礼乐之道！洋洋乎，鼓舞万物，役使群动。'说得头势甚大，然下面亦空疏，却引荀子诸说以足之。又如《诸侯年表》，盛言形势之利，有国者不可无。末却云形势虽强，要以仁义为本。他上文本意，主张形势，而其末却如此说者，盖他也知仁义是个好底物事，不得不说，且说教好看。如《礼书》所云，亦此意也。……迁之学，也说仁义，也说诈力，也用权谋，也用功利。然其本意，却只在于权谋功利。孔子说，伯夷求仁得仁，又何怨？他一传中，首尾皆是怨辞，尽说坏了伯夷。……圣贤六经垂训，炳若丹青，无非仁义道德之说。今求义理，不于六经，而反取疏略浅陋之子长，亦惑之甚矣。"这一段语录，批评《史记》浅陋疏略，不讲义理，而讲权谋功利，而所引仁义之说，只是装点门面的。这里所说的，也还是史书要有义理标准的主张，也还是"以经为本，然后读史"的主张。这种主张，是朱熹反复论证，说得非常明确的。

朱熹的史学思想，根本的一条是"陶铸历史，会归一理之纯粹"，即用理学家的天理标准陶铸历史，统率历史。而义理的来源则在圣人的经书，所以主张"以经为本，然后读史"，用经书的义理陶铸历史。这样的历史就是儒者的历史，是一门"致知格物"的学问。否者，读史等于看人相打，没有意义。朱熹也重视客观的史料，重视史料的搜集，论述宋朝的"史弊"，有感于《实录》之不实。但是义理的标准是第一位的，史料只是从属的。即使如《左传》《史记》那样的翔实，由于是非不同于圣人，也还被贬斥为"疏脱"。由此可见，朱熹的史学义理，不是从客观的史实抽象出来的，而是先有义理，再把义理灌注入史，这就是所谓"陶铸历史，会归一理之纯粹"了。

二、辨正闰顺逆，严篡弑之诛的《紫阳纲目》

朱熹的《资治通鉴纲目》，后世也称为《紫阳纲目》，是一部名著。其所以有名，在于它的义例和书法，继承了《春秋》的传统，其是非褒贬，为后世的准绳。如果《春秋》是史，而儒家尊为经，则《资治通鉴纲目》在朱熹的后学看来,也是一部经。其"大经大法",足以"垂懿范于将来"。它是"穷理致用之总会,而万世史笔之准绳规矩"。朱熹以其理学思想,以其伦理道德观点,贯注于《资治通鉴纲目》中,使这部书不只是一部历史书,而更重要的是一部政治教科书。

《资治通鉴纲目》的精神,见于朱熹所作的《资治通鉴纲目凡例》之中。《凡例》共有统系、岁年、名号、篡弑、恩泽、朝会、封拜、征伐、废黜等十九目,都是从帝王的角度立言的。综括其精神,大致有如下几方面:

首先是辨正闰,确认从周朝到五代历史上的正统。在这一千三百六十二年之中,确认为正统的共有周、秦、汉、晋、隋、唐六个朝代。其他都不是正统,或为僭国,或为篡贼,或为无统。自汉献帝"建安二十五年以后,黜魏年而系汉统",与司马光的《通鉴》异,即把蜀汉作为正统,而黜曹魏,这尤为突出的事例。辨正闰,确认历史上的正统,这一原则十分重要。由此分判人物的忠奸顺逆。例如,王莽的新朝是"篡",因此扬雄仕新,就被贬为"莽大夫"。

第二是明顺逆,树立历史上的义与不义的标准。这一条原则与上一条原则密切关联。凡是正统,一定是顺的、义的;凡是僭伪篡窃,一定是逆的、不义的。例如,王莽时刘縯起兵,反对王莽,是顺的、义的;汉末关东州郡起兵讨伐董卓,是顺的、义的。犯顺叫作"寇"。用兵而人微事小,称"作乱";人微众少,叫作"盗";人微众多,叫作"群盗"。这里,把农民起义也归入"寇""作乱""盗"或"群盗"的范围。

第三是严篡弑之诛。《凡例》注云:"晋董狐、齐太史,书赵盾、崔杼弑君而不隐,史氏之正法也。至(刊本误作正)如《春秋》鲁君被弑,则书'薨'而不以地著之,盖臣子隐讳之义,圣人(指孔子)之微意也。前世史官修其本朝之史者,多取《春秋》之法,然已非史法。又观后世之人修前代之史,乃亦有为之隐讳,而使乱臣(刊本误作世)贼子之罪,不白于世人之耳目者,则于义何所当乎?《通鉴》所书已革此弊,然亦有未深切者。今颇正之如左,观者详之。"要把乱臣贼子的弑君之罪大白于世人的耳目,凡是有名有姓的,一定要书名书姓,一定要书明弑君,不得隐讳。为此,按照具体情况,又有些补充规定,如毒弑者加"进毒"字,如王莽、梁冀的进毒弑君。

凡是篡国,因其事不同,故随事异文。如王莽、董卓、曹操,从他们得政,迁官建国,"皆依《范史》(范晔《后汉书》),直以'自为''自立'书之。"

第四是褒扬尊者、贤者与死节者。例如,谢病、请老、致仕,在宰相、贤臣则书之,汉朝的张良、王吉、疏广、疏受、韦贤就是如此。又如下狱、死,在无罪而贤者,则加以特书。又如乡里、世系,不能悉记,唯贤者则著其略。又如诸臣之卒,惟宰相悉书。在贤者,则书曰:某官某爵姓名卒。又如死节者,皆异文以见褒,汉朝的翟义、龚胜、王经,蜀汉的刘谌、诸葛瞻就是如此。这条原则,表明对尊者、贤者的褒赞、尊重,表明对贤而死节者特别表彰。

第五是在"取《春秋》之义"方面,还感到《通鉴》有所不足,因而与之有所异,或加以改正。例如《凡例》注云:"按《通鉴》魏晋以后,独以一国之年纪事,而谓其君曰'帝',其余皆谓之'主',初无正闰之别,而犹避两帝之嫌。至周末诸侯皆僭'王'号,顾反因而不改。盖其笔削之初,义例未定,故有此失。今特正之。"这就是说,《通鉴》在魏晋以后,未别正闰(正统与僭伪),但是还注意避免在同一时间出现"两帝"(两个皇帝)的错误。这还符合"天无二日,民无二王"的"大经大法"。至于周末战国,各国都称王,《通鉴》却因仍旧习,不加区别,都称之为王,这是错误的,没有避"两帝"之嫌。现在加以改正。又如改元,《凡例》注云:"在废兴之际关义理得失者,以前为正,而注所改于下。如汉建安二十五年(公元220年)十月,魏始称帝,改元黄初,而《通鉴》从是年之首,即为魏黄初。又章武三年(公元223年)五月,后主即位,改元建兴,而《通鉴》于《目录》《举要》,自是年之首即称建兴。凡若此类,非惟失其事实,而于君臣父子之教,所害尤大。故今正之。"这就是说,《通鉴》的做法错误。汉献帝建安二十五年十月之前,从岁首起,即用曹丕黄初纪元。这是以篡位之臣,盖其故君,是有害于君臣之教的。蜀汉先主章武三年,五月之前,本应用先主章武纪年,而《通鉴》则从这年岁首起,就用后主建兴纪元,这是以子盖父,有害于父子之教。至于不符合事实，更不用说。因而在《纲目》里就加以改正。按照《春秋》之义，纠正司马光《通鉴》的失误，这是《纲目》所非常重视的。

此外，在写法上，有所谓朱书、墨书之别，在注文上，有所谓朱注、墨注之异。对叙述人物的死亡，或称崩，或称薨，或称卒，或称死，种种不一。所有这些，都依照社会等级，或依照夷夏之防做出条例，不是漫然为之的。

《资治通鉴纲目凡例》所反映的这部历史著作，是一部以统治阶级为叙述主体的历史。所有十九个目，绝大部分是统治阶级最高层如帝王、后妃、太子、将相、大臣的政治活动或有关政治的情况。立言语气，都是站在统治阶级的地位说话的。它是一部维护封建统治的历史著作。封建时代的历史著作，都有这个特点，但在程度上有不同，着眼点有区别。例如《史记》，传游侠、货殖，就从另一角度反映了社会。《后汉书》传党锢、宦者，则寄同情于失势的封建士大夫。而《资治通鉴纲目》则比司马光的《资治通鉴》更纯粹，更能为封建统治者帝王"资"以为"治"。

《资治通鉴纲目》具有扶纲常、植名教的鲜明特点。凡是事关君臣、父子、夫妇等伦理关系的，总是尊君抑臣，严父孝子，义夫节妇，为张三纲服务。"死节,异文以见褒"一语充分表达朱熹在《通鉴纲目》里扶持名教的用心。纲常名教本是一回事，扶植纲常名教，是理学家的当行本色。朱熹把伦理道德原则贯注于社会政治历史，就使这部《通鉴纲目》在扶纲常、植名教方面发挥了政治伦理教科书的重要作用。理学家朱熹通过史事的论述以寓其喜怒哀乐，爱憎忧惧，并使之"会归于一理"，使天柱以尊，地维以立，不至于纲常毁坠，风教陵迟。这在封建社会后期，强化封建专制统治的历史条件下，尤其有意义。这个特色对后世史家著作影响特别深刻，尤其在地方志的编纂中看得很清楚。鲁迅在民主革命时期所写的著名论文，如《我之节烈观》《我们怎样做父亲》《论雷峰塔的倒掉》，早已慨乎言之了。

但是也应该看到，《通鉴纲目》所鼓吹的节义等道德教育，夷夏之防的民族思想，在宋、元及明、清易代之际曾经起了很大的作用。谢皋羽、文天祥、史可法、顾炎武等历史人物就是从这些思想中陶铸出来的。

《通鉴纲目凡例》很精密,所谓《春秋》书法,经过史学家的长期实践,到这个时候,做了一次总结。《凡例》就是一个总结。朱熹说:"昔温国司马文正公受诏编集《资治通鉴》。既成,又撮其精要之语,别为《目录》三十卷,并上之。晚病本书太详,《目录》太简,更著《举要历》八十卷,以适厥中,而未成也。绍兴初,故侍读南阳胡文定公(安国)始复因公遗稿,修成《举要补遗》若干卷,则其文愈约而事愈备矣……尝过不自料,辄与同志,因两公四书,别为义例,增损櫽栝,以就此编"(《资治通鉴纲目序例》)。可见这部《纲目》是在《资治通鉴》《目录》《举要历》《举要补遗》四部书的基础上,增损櫽栝,而后编成的。翻检此书,还可看到所引胡安国的材料和议论。书中义例的精密,实在令人叹为观止。例如写"征伐"。《凡例》云:

凡正统,自下逆上曰"反",有谋未发曰"谋反",兵向阙曰"举兵犯阙"。

凡调兵曰"发",集兵曰"募",整兵曰"勒"(刊本误作勤)。行定曰"徇",行取曰"略",肆掠曰"侵",掩其不备曰"袭"。同欲曰"同",合势曰"连兵",并进曰"合兵"。在远而附之曰"应",相接曰"迎",服属曰"从",益其势曰"助",援其急曰"救",开其围曰"解"。交兵曰"战",尾其后曰"追",环其城曰"围"。

凡胜之易者曰"败某师",平之难者曰"捕斩之"。舍此之彼曰"叛",曰"降于某","附于某"。

犯城邑,寇得曰"陷",居曰"据"。

犯顺曰"寇"。中国有主,则夷狄曰"入寇",或曰"寇某郡",事小曰"扰某处"。中国无主,则但云"入边",或云"入塞",或云"入某郡,杀掠吏民"。

凡正统,用兵于臣子之僭叛者曰"征",曰"讨";于夷狄若非其臣子者曰"伐",曰"攻",曰"击"。其应兵曰"备",曰"御",曰"拒"。……

凡人举兵讨篡逆之贼,皆曰"讨"。

凡书敌,于敌国曰"灭之",于乱贼曰"平之"。敌国乱贼,岁久地广,屡战而后定,则结之曰"某地悉定",或曰"某地平"。

凡执其君长将帅曰"执",曰"虏",曰"禽获",曰"得"。

凡师入曰"还",全胜而归曰"振旅",小败曰"不利"。彼为主曰"不克"。大败曰"大败",或曰"败绩"。将帅死节曰"死之"。

凡入讨逆贼而败者,亦曰"不克",死曰"死之"。……

凡非正统而相攻(即列国相攻),先发者不曰"寇陷",后应者不曰"征讨"。……惟治其臣子之叛乱者,书"讨",讨而杀之曰"诛"。

这些书法,诚然十分精密,但是也显得烦琐。它是从《春秋》(包括《三传》)发展而来的,特别与《左传》关系密切。这表明它是传统的史笔总结,其中有些今天还被我们应用。

《通鉴纲目序例》作于孝宗乾道八年壬辰(公元1172年),则《纲目》的写成当即在此时。到宁宗嘉定三年庚午(公元1210年),李方子始获传此书的稿本于朱熹的嗣子寺正君(朱在),上距朱熹之殁已十年。以后经过真德秀阅读,李方子又取朱在新校本参定,然后刊行。李方子的《后序》作于宁宗嘉定十二年己卯(公元1219年),上距朱熹作《序例》四十七年。几乎达半个世纪了。

封建社会后期,统治阶级强化君主专制统治,《紫阳纲目》写成于此时,正是为尊君卑臣的目的服务。同时,在两宋之际的具体历史条件下,宋、金政权对峙,于此,又有一些伪政权在金贵族卵翼下先后建立。《紫阳纲目》辨正闰、顺逆,严篡弑之诛的《春秋》义法,固然出于扶植纲常名教的封建阶级的正义心,也有针对当时历史实际的政治意义。在朱熹看来,这也就是"陶铸历史,会归一理之纯粹"了。这是我们尚论此书历史地位时所应注意的。

朱熹在《资治通鉴纲目序例》里说:"尝过不自料,辄与同志因两公四书(指司马光《资治通鉴》《目录》《举要历》,胡安国《举要补遗》),别为义例,增损櫽栝,以就此编。"与朱熹共同修纂这部《通鉴纲目》的,是朱熹的学生赵师渊(几道)。清人全祖望谓"观朱子与赵师渊书,则是书全出讷斋(赵师渊号讷斋),其本之朱子者,不过《凡例》一通,余未尝有所笔削,是左证也。"全祖望又说:"黄榦尝谓《纲目》仅能成编,朱子每以未及修补为恨。李方子亦有晚岁思加更定,以归详密之语。然则《纲目》原未成之书。其同门贺善(朱熹沧洲精舍的学生)争之,以为《纲目》之成,朱子甫踰四十,是后修书尚九种,非未成者。又力言朱子手著"(《鲒埼亭集外编》卷三十四《书朱子纲目后》)。全氏之言,未为的论。《纲目》一书,在朱熹门人心目中,实有崇高地位。黄榦作朱熹《行状》,论朱熹所著书,至《通鉴纲目》,则谓"若历代史记,则又考论西周以来至于五代,取司马温公编年之书,绳以《春秋》纪事之法,纲举而不繁,目张而不紊,国家之理乱,君臣之得失如指诸掌。"又刘刚中(朱熹的学生)"见李方子问曰,先生作《纲目》,愈于涑水《通鉴》,殆法《春秋》以立纲,法传文以著目与?方子曰:宏纲细目,实本《大学》三纲领、八条目,所以规制尽善,前此未有也"(《宋元学案》卷四十九《晦翁学案》下)。又案赵师渊"尝从朱文公游,与之论校《纲目》,前后凡八书"(同上卷六十九《沧洲诸儒学案》上《赵师渊传》)。《文集》卷五十四《答赵几道》,论读史、作史,应重视"义理之精微",批评《史记》,实批评吕祖谦,应视为与赵师渊讨论史著的一封重要书信。据此可知,朱熹的高弟黄榦、李方子等,均十分推崇《纲目》,视为成书。而赵师渊对《纲目》的纂修讨论,确是十分尽力,但谓此书全出赵师渊之手,甚至谓《凡例》亦出赵师渊手,则未为窾论。根据朱熹所作《纲目序例》,可知《凡例》出于朱熹。《纲目》据《凡例》而编著,与《凡例》一致,则谓此书乃朱熹的著作,实毋庸置疑。后人在这个问题上的议论,徒然多事。我们认为,《纲目》在朱熹生前,已经成书,但未最后定稿,故朱熹晚岁亦有"思加更定,以归详密"之语(按朱熹的书,都是在成书后又反复修改的)。朱熹死后,稿归朱熹的幼子朱在保存,十年之后,始由李方子从朱在手里取出。又经真德秀阅读。迨在泉州刊行,则距朱熹之死已经十九年了。

对《通鉴纲目》的评价,出入甚大。尊信者奉为"《春秋》后第一书"。朱熹门人,及元人服膺朱学者,大都持这种见解。亦有人摘其舛误疏脱,或订其《凡例》与《纲目》之相违戾者。而章太炎则以为《纲目》"体例不纯","晦庵自视亦不甚重。尊《纲目》为圣者,村学究之见耳。编年之史,较正史为扼要。后有作者,只可效法《通鉴》,不可效法《纲目》。此不易之论也"(引自张须著《通鉴学》)。从史著的科学价值,衡量《纲目》,视为不足效法,并指摘书中的错误,章氏的评论值得重视。

清康熙帝取明末陈仁锡刊本《通鉴纲目》,逐加评定。四库馆臣认为"权衡至当,斧钺斯昭",把这位夫子看成新圣人。于是《通鉴纲目》乃有御批之本,成为专制皇帝钳制史论的工具,则其"资治"的荣誉远过涑水之书,真是一种讽刺。

从理学史的角度评价《紫阳纲目》,应该看到它是一部陶铸历史,会归一理之纯粹的史著,它的特点在于对历史事实和历史人物进行理学原则的裁断。如果把《紫阳纲目》当作一部史学著作,则还不如把《紫阳纲目》当作一部理学著作更为贴切些。《紫阳纲目》在后世政治生活、社会生活中所起的维护纲常名教的作用,决不能低估。

第六节 朱熹的历史地位及其对后世的影响

朱熹死后二十一年,宋宁宗嘉定十四年(公元1121年),其门人黄榦写成了朱熹《行状》。与此同时,李方子写成了《朱文公年谱》。这个年谱,就是魏了翁所说的"吾友李公晦方子尝辑先生之年行"的《年行》(《鹤山先生大全集》卷五十四《朱文公年谱序》)。为什么《行状》和《年行》到这个时候才写成呢?因为到这个时候,庆元学禁才完全解除。

黄榦在所写的《行状》最后,论述了朱熹在道统中的突出地位。"道之正统,待人而后传。自周以来,任传道之意,得统之正者不过数人。而能使斯道章章较著者,一二人而止耳。由孔子而后,曾子、子思继其微,至孟子而始著。由孟子而后,周、程、张子继其绝,至先生而始著。"这段评论,后来被采入《宋史·道学·朱熹传》,并加按语,说"识者以为知言"。这就是说,黄榦的这段评论,在理学家看来是"定论"。

黄榦写的《行状》,综述了朱熹的一生,又全面论述了朱熹的学问、道德。黄榦说:朱熹"自筮仕以至属纩五十年间,历事四朝,仕于外者仅九考,立于朝者四十日,道之难行也如此。然绍道统,立人极,为万世宗师,则不以用舍为加损也。"黄榦论述了朱熹的"为学","为道",著书讲学,种种活动。又说朱熹力排陆九渊、陈亮的学说,"俾不至乱吾道以惑天下,于是学者靡然向之。"黄榦总结:"继往圣将微之绪,启前贤未发之机,辨诸儒之得失,辟异端之讹谬,明天理,正人心,事业之大,又孰有加于此者。"黄榦以天生哲人题品朱熹,隐然与孔子相比拟,说:"呜呼!是殆天所以相斯文,笃生哲人,以大斯道之传也。"确实是推崇到极点了。黄榦甚至描述了朱熹的日常生活细节,说道:"其闲居也,未明而起,深衣幅巾方履,拜于家庙,以及先圣。退坐书室,几案必正,书籍器用必整。其饮食也,羹食行列有定位,匙箸举措有定所。倦而休也,瞑目端坐。休而起也,整步徐行。中夜而寝,既寝而寤,则拥衾而坐,或至达旦。威仪容止之则,自少至老,祁寒盛暑,造次颠沛,未尝有须臾之离也。"这段描述,暗用《论语·乡党》的笔法,其用意也在以朱熹比拟孔子。但是,这里也透露了作为理学家典型的朱熹的生活风貌。幅巾方履,规行矩步,瞑目端坐,同于泥塑。这种形象,曾先后为陈亮、李贽等进步思想家所嗤笑。

黄榦对朱熹的推崇,不是他个人的私见,而是理学家的公论。例如稍后的魏了翁,也有相似的看法。在《朱文公年谱序》里,魏了翁说:"帝王不作,而洙泗之教兴,微孟子,吾不知大道之与异端,果孰为胜负也。圣贤既熄,而关洛之学兴,微朱子,亦未知圣传之与俗学,果孰为显晦也。韩子谓孟子之功不在禹下,予谓朱子之功不在孟子下"(《鹤山大全集》卷五十四)。魏了翁又肯定朱熹对经书及《四书》的训释,肯定其对北宋理学家周、程、邵、张著作的阐述,肯定其对《通鉴纲目》《八朝名臣言行录》的编著。认为,朱熹的这些学术著作,使"帝王经世之规,圣贤新民之学,粲然中兴。"这就是说,经过朱熹的这些努力,理学就兴盛起来了。朱熹之所以成为理学的集大成者,缘由在此。

庆元学禁解除以后,朱熹被谥为"文公",与周惇颐的"元公",程颢的"纯公",程颐的"正公",张载的"明公",张栻的"宣公",都被统治者尊崇。南宋晚年,事实上理学的统治地位已经确立。而这是同朱熹的学术研究与讲学活动分不开的。在朱熹的《文集》中,与朱熹有书信往还的学生达二百多人;在《朱子语类》中,姓名可考的语录笔录者有九十多人。虽不在朱熹门墙,而与朱熹门人关系密切,事实上无异于朱熹门人的,如真德秀、魏了翁、尹起莘等,还有不少。这大批学生或学者,在学术界形成了一股很大的势力,他们聚徒讲学,鼓吹理学思想,使理学的统治地位进一步确立。

随着理学统治地位的确立,朱熹的地位也就屹然不可动摇。从元朝起,朱熹的《四书集注》及朱子学的经学注释,成为科举考试的依据。明初修《四书大全》《五经大全》《性理大全》,朱熹的理学著作,是这些"大全"中的主要内容。直到清初康熙修《性理精义》,朱熹的著作仍然是其中的主要内容。南宋晚期,李心传著《道命录》,致慨于孔子所说的那句话,"道之将行也与,命也;道之将废也与,命也。"我们则可以说,朱熹的理学之"道",在南宋以后的封建统治阶级的护持下,其命运是颇为不错的吧。

全祖望从学术史的角度赞扬了朱熹,说是:"致广大,尽精微,综罗百代矣。江西之学,浙东永嘉之学,非不岸然,而终不能讳其偏。"这几句《宋元学案·晦翁学案》的叙说,为朱熹的学术地位做了鉴定。认为朱熹的学问,极其广大,极其精微,是宋以前百代学术思想的总结。当时江西陆象山之学,浙东叶水心之学,虽然也很突出,但是总觉得偏颇。只有朱熹的学术才是最正大的。

以上这些论述,都是"不识庐山真面目,只缘身在此山中",不能超脱,未免溢美。

首先,朱熹是封建社会后期最重要的理学家。在程朱理学学派中,朱熹的学术成就超过程颐。在整个理学史中,朱熹的地位也非陆九渊、王守仁所可比拟。

其次，朱熹建立了严密的理学思想体系，包括天理论、性论、格物致知论、持敬说，把客观唯心主义推进到一个新的阶段。这个理学思想体系中的范畴与命题，总结了北宋以来理学的成就，使理学思想更严密、更丰富。这个体系熔铸了传统的儒家思想及佛学思想、道教思想，更富于理论的色彩。天理论引入社会政治思想，引入历史哲学，使这些领域也呈现不同的面貌。

第三，朱熹有广泛的学术修养。他注解了《四书》，训释了《易》(《易本义》《易学启蒙》)和《诗》(《诗集传》)及《礼》(《仪礼经传通解》)。根据《春秋》义法，著了《通鉴纲目》。命学生蔡沈根据他的指示，著了《书传》。可以说，朱熹的经学著作是很丰富的，遍注群经。朱熹的《四书》《五经》注释，大部分成为元、明、清三代的官书，大量印行，且远及海外。朱熹注解或编集了北宋理学家的著作，如周惇颐的《太极图·易说》《易通》，二程的《程氏遗书》《程氏外书》，张载的《西铭》。编辑了北宋理学家的语录六百多条为《近思录》。他又编集了《名臣言行录》《伊洛渊源录》《家礼》《小学书》。又有《楚词集注》《韩文考异》《参同契考异》等书。黄榦说他"至若天文、地志、律历、兵机，亦皆洞究渊微。"这是溢美之词，在这种学术部门，未必都能"洞究渊微"，但其学术兴趣的广泛是可以肯定的。这种情况，在封建社会后期的学者中是少见的。

第四，朱熹及其学生形成了一个有势力的学派。在庆元年间，其政敌就已担心在朱熹死后四方来会葬的将达千人，议论时政，褒贬人物，可能掀起一场政治运动，故请朝廷下令禁止。朱熹长期讲学，学生有学术成就的不少，在政治上有地位的也不少。朱熹生前著书，往往组织他的学生参加。《宋史·道学·蔡元定传》载："熹疏释《四书》，及为《易》《诗传》《通鉴纲目》，皆与元定往复参订。《启蒙》一书，则属元定起稿。"又载："熹晚欲著《书传》，未及为，遂以属沈。"沈是元定的儿子。《仪礼经传通解》也是朱熹与学生黄榦等共同著作的，临死尚未完稿，嘱黄榦等继续完成。《通鉴纲目》是朱熹同学生赵师渊著的。所有这些形成一种条件，便于他的理学思想的传播。

第五，朱熹的理学思想对后世的影响很大。宋明理学对后世的影响，主要是朱熹理学思想的影响。朱熹的《四书集注》《诗集传》，蔡沈的《书传》，是功令所规定要读的经书。朱熹的《家礼》为封建士大夫所奉行，在社会上具有规范风俗习惯的力量。封建社会后期儒家的传统思想，实际就是朱熹的理学思想，对巩固封建统治，维护封建礼教，起了重要的作用。

第十四章　浙东事功派与理学的关系

第一节　陈亮同朱熹的论辩

朱熹在理学上,不仅与陆学有过争论,而且还同浙东事功派陈亮、叶适有过辩论。朱与陈、朱与叶辩论的性质,是属于理学与功利之学的争论,它不同于朱、陆之间只是在理学内部的分歧。

陈亮(公元1143—1194年)字同甫,学者称龙川先生,浙江永康人,著有《龙川文集》(今有中华书局校订本《陈亮集》,以下简称《集》)。陈亮一生坎坷,学无师承。本节着重论述他同朱熹在王霸、义利问题上的论辩情况。

陈亮在年轻时,即好"伯王大略",读书谈兵,倡言改革,力主抗金,怀有中兴、复仇的抱负。在十八九岁时,写出《酌古论》《中兴五论》,极论上下二千年英雄人物,其中尤多盛称汉高祖刘邦和唐太宗李世民的功业。其后,上孝宗皇帝三书,认为要中兴、复仇,就要励精图治,擢用那些能做事建功的人才,期于"开物成务",以成汉、唐大业。他反对性命之学,主张做大有为的英雄豪杰。陈亮这种"谈王说霸""专言事功",显然与朱熹的理学思想不同。朱熹也主张抗金,治国平天下,但首先在于整饬人心,涵养本心,然后"自能了得天下万物"(《朱子大全》卷四十七《答吕子约》)。认为谈王霸、言事功,是舍本逐末,势必要"驰骛功名之心",陷入利欲"窠窟",背离"圣人立教本指（旨）"。由于朱熹与陈亮的立论不同，各持一端，故在论辩的过程中，对一系列问题有不同的看法。

从现在保存下来的陈亮致朱熹的八次书信和朱熹致陈亮的十五次书信中，大体上可以了解到这场争论的内容概况。

朱熹与陈亮的争论是从淳熙九年（公元1182年）开始，至光宗绍熙四年（公元1193年）结束，前后共十一年。争论的结果是互相未能折服，无法调和。

陈亮与朱熹的争论，基本上是围绕着王霸、义利的问题展开的，但它首先涉及对亘贯古今的"道"的不同看法。由于对"道"的看法不同，即这个"道"贯穿在三代到汉唐这两个不同的历史时期，是体现为义利之分，还是义利双行？是体现为王霸之别，还是王霸并用？而朱、陈所以有王霸、义利之辩，他们又都是为了在现实的社会中，是做一个"实事实功"的英雄豪杰？还是做一个"醇儒自律"的君子儒？这就是争论如何做人的所谓"成人之道"的问题。这些问题的争论，朱熹是"谈性命而辟功利"，陈亮是"专言事功"而"嗤咄性命"，深刻地反映了功利之学与心性理学之间的分歧。

一、对道的争论

陈亮与朱熹都承认有一个通贯古今的"道"存在着。但是，这个"道"是什么？它如何流传不息？这一争论，是他们在一系列问题上争论的出发点。

朱熹所说的"道"，是超乎自然与社会之上的一种先验的道德，它"非人之所能预"，人们对它只能默识体悟。这也就是尧、舜、周、孔所传之道。这个圣传的道，是亘古常在的"不灭之物"，它行于三代是为王道。因为尧舜三王有义理之心。可是到了汉、唐，汉祖唐宗是利欲之心，行的只是霸道，所以汉、唐以下一千五百年却不能把它体现为人道。他在同陈亮辩论时说：

> 若论道之常存,却又初非人之所能预,只是此个自是亘古贯今常在不灭之物,虽千五百年被人作坏,终殄灭他不得耳。汉唐所谓贤君,何尝有一分气力扶助得他耶?(引自《集》卷二十《寄陈恭甫书》六。以下出处略书名)

本来,理学家讲道的时候,是与人对待而言的,要有人来体现它的绝对存在,而不是孤立地去讲道。这正如他们讲道与物相对待的关系一样,也不是离物而言道的,而是要有万物来体现道的绝对存在。然而,朱熹在这里说的道,在汉、唐何以离开人而不能体现为人道呢?据朱熹说,这是因为汉、唐的人"有欲"。他说:

> 夫三才之所以为三才者,固未尝有二道也。然天地无心,而人有欲,是以天地之运行无穷,而在人者有时而不相似。盖义理之心顷刻不存则人道息,人道息则天地之用虽未尝已,而其在我者,则固即此而不行矣。不可但见其穹然者常运乎上,颓然者常在乎下,便以为人道无时不立,而天地赖之以存之验也。夫谓道之存亡在人而不可舍人以为道者,正以道未尝亡,而人之所以体之者有至有不至耳。非谓苟有是身则道自存;必无是身,然后道乃亡也。……盖道未尝息,而人自息之。……此汉唐之治所以虽极其盛,而人不心服,终不能无愧于三代之盛时也。(《寄陈恭甫书》八)

这是朱熹在回答陈亮所说的道不可舍人而独运的一段话。在朱熹看来,道固然是"运行无穷","殄灭不得",它是永恒地存在着,但人有时不以义理之心去体验、应合,即不与天地之心"相似",不等于说"道"之不存,只能说是未把它体验为人道。这里,朱熹想要强调的是,人与道固然是相对待的,但两者的关系是,人有赖于道,而不是道有赖于人,即不是"苟有是身,则道自存","必无是身,然后道乃亡",而是要看这个人是义理之心,还是"有欲"？这就是所谓"人之所以体之者,有至有不至耳。"正因为汉、唐"有欲",所以就不能把天道体验为人道。这是"道未尝息,而人自息之",因而汉、唐就不能不"无愧于三代"了。朱熹以此说明三代是行的理义而有王道,汉、唐行的是利欲而有霸道,故三代"曰义曰王",汉、唐"曰利曰霸"。至于汉、唐何以行的是利欲？这在后面还要谈到。总之,汉、唐不如三代,历史是在倒退。

朱熹对道的这种说法,陈亮在复信中,力持异议,与之辩论。陈亮也承认亘古贯今有道的存在,但道不是神秘的先验的精神,而是与事物、与人生日用不可分,它具有自然的普遍性。在《与徐彦才大谏》一文中,陈亮说:"阴阳之气,阖辟往来,间不容息。……此天地盈虚消息之理。"这个"天地盈虚消息之理",就是天地之道,它不过是阴阳二气的开合、散聚,因而"阳极必阴,阴极必阳,迭相为主而不可穷"（《集》卷十九）。这是天道恒常不息的自然原因。所以"道非出于形气之表,而常行于事物之间"（《集》卷九《勉强行道大有功》）。说明道并非是超自然的绝对精神。陈亮指出,因为道不是超自然的,故"天地之间,何物非道。赫日当空,处处光明。闭眼之人,开眼即是"（同上卷二十《又乙巳秋书》）,这是任何人可以体察,可以认识到的。因为"道之在天下,何物非道,千涂万辙,因事作则,苟能潜心玩省,于所已发处体认"（同上卷十九《与应仲实孟明》）,认为道在"千涂万辙"的实际事物中,可以随时体验到。因此,"舍天地则无以为道;天地常运而人道不息"（同上卷二十《又乙巳春书》）。这是说,常运不息的道,不可以离开自然之天;而道不停息,则人道也不能停息。陈亮由此进一步申述道在"日用之间",它"因时之宜","顺民之心",是合乎人情的。他说:

> 盈宇宙者无非物,日用之间无非事。古之帝王独明于事物之故,发言立政,顺民之心,因时之宜,处其常而不惰,遇其变而天下安之。（同上卷十《经书发题·书经》）
>
> 道之在天下,平施于日用之间,得其性情之正者,彼固有以知之矣。当先王时,天下之人,其发乎情,止乎礼义,盖有不知其

然而然者。……而其所谓平施于日用之间者,与生俱生,固不可得而离也。是以既流之情,易发之言,而天下亦不自知其何若,而圣人于其间有取焉,抑不独先王之泽也。圣人之于《诗》,固将使天下复性情之正,而得其平施于日用之间者。(同上《诗经》)

陈亮就六经所发的议论,虽然夹有传统的儒家语言,但从他的疏释中,不难看出,他是认为道在日用之间,与人是"与生俱生",是在现实中存在的。

很明显,陈亮认为道不可以离开人类社会而独运,如果"道非赖人以存,则释氏所谓千却万劫者,是真有之矣"(同上卷二十《又乙巳春书之一》)。他对朱熹说:

人之所以与天地并立为三者,非天地常独运而人为有息也。人不立则天地无以独运,舍天地则无以为道矣。夫"不为尧存,不为桀亡"者,非谓其舍人而为道也。若谓道之存亡,非人所能与,则舍人可以为道,而释氏之言不诬矣。(同上)

指出道、自然和人,是不能分离的关系。在这一关系中,强调道因人而存在,否则就陷于空寂的佛门。与朱熹所说的人有赖于道,道可以离人而独存的观点对立起来。

陈亮以此作为立论,认为道既然是亘古贯今,它行于三代,体现为人道,则这个道行于汉、唐,在汉祖、唐宗的功业中,也同样体现为人道。如果道不能行于汉、唐,则这个时期"人道泯息,而不害天地之常运""常存",这难道能叫人"心服"吗?如果这样,则汉、唐以下一千五百年,岂不是"天地架漏过时","人心牵补过日"?世界岂不成了一片黑暗了吗?

朱熹申论说,永远"殄灭不得"的道,虽然在汉、唐不能体现为人道,但它却在那些具有"道心"的儒者身上体现出来,并由他们相继不绝的传下去。总之,在朱熹看来,"二千年世界涂涴而光明宝藏独数儒者自得之"(《又乙巳秋书》)。对于道的这种秘传不绝的说法,陈亮讽刺说:

人道泯息,而不害天地之常运,而我(指朱熹等理学家)独卓然而有见,无乃甚高而孤乎! 宜亮之不能心服也。(《又乙巳春书之二》)

"殄灭不得"者便以为古今秘宝,因吾眼之偶开,便以为得不传之绝学。三三两两,附耳而语,有同告密,划界而立,一似结坛,尽绝一世人于门外,而谓二千年之君子皆盲眼不可点洗,二千年之天地日月若有若无,世界皆是利欲,斯道之不绝者仅如缕耳。(《又乙巳秋书》)

这种把道说成是只有仅仅少数几个自号"开眼"的儒者秘传,互相附耳密语,犹如宗教"结坛",成为"法门",而把那些建功立业的英雄豪杰,即"二千年之君子",说成是"盲眼"不得其道,被推在"法门"之外。对此,陈亮质问朱熹,道在天地之间,如"赫日当空",怎么可以说是"举世皆盲",只有几个儒者能"开眼"见到?他认为"后世英雄豪杰之尤者","及其开眼运用,无往而非赫日之光明,天地赖以撑拄,人物赖以生育","如浮翳尽洗而去之,天地清明,赫日长在,不亦恢廓洒落,宏大而端正乎"?所以,道不只是靠几个儒者"幸其不绝",而且也体现在那些有功业的英雄豪杰身上。陈亮的辩说,实际上是对儒家道统论的异议。

在陈亮同朱熹关于道的内容和道如何常运不息的不同看法中,涉及对汉、唐霸业、功利的看法,因而引起对王霸、义利的争论。

二、关于王霸、义利的争论

在朱熹看来,他之所以认为道不能行于汉、唐,不能体现为人道,是因为汉祖、唐宗有"利欲"。他说:

以儒者之学不传,而尧、舜、禹、汤、文、武以来,转相授受之心不明于天下,故汉唐之君或不能无暗合之时,而其全体却只在

利欲上。此其所以尧舜三代自尧舜三代,汉祖唐宗自汉祖唐宗,终不能合而为一也。(《寄陈恭甫书》八)

这是说,汉高祖、唐太宗也可能做一点合乎仁义的事,与三代王道偶有"暗合",但整个来说,由于汉、唐没有三代义理之心,只有利欲之心,这样就把道"限隔"了,其所行的也只是霸道,而不是王道。所以汉、唐与三代就有区别,不能等同。对于朱熹这种所谓汉、唐是霸道和利欲问题,陈亮辩论说:

> 自孟、荀论义理王霸,汉唐诸儒未能深明其说。本朝伊洛诸公辨析天理人欲,而王霸义理之说于是大明。然谓三代以道治天下,汉唐以智力把持天下,其说固已不能使人心服;而近世诸儒遂谓三代专以天理行,汉唐专以人欲行,其间有与天理暗合者,是以亦能久长。信斯言也,千五百年之间,天地亦是架漏过时,而人心亦是牵补度日,万物何以阜蕃,而道何以常存乎?故亮以为汉唐之君本领非不宏大开廓,故能以其国与天地并立,而人物赖以生息。……诸儒之论,为曹孟德以下诸人设可也,以断汉唐,岂不冤哉!高祖、太宗岂能心服于冥冥乎?(《又甲辰秋书》)

所谓"近世诸儒",显然是指朱熹等人。陈亮认为朱熹说"三代专以天理行,汉唐专以人欲行",就把天地说成是架漏、人心牵补。如果这样,万物何以蕃衍不绝?道何以常存不息?至于汉高祖、唐太宗,陈亮肯定他们的立国功业,可与天地并立,使人物得以生息。因此,所谓"以人欲行",在陈亮看来,指的曹操还可以,而不能以此去看待汉、唐之君。故陈亮在另一封答辩朱熹的信中说,"高祖太宗及(宋)皇家太祖,盖天地赖以常运而不息,人纪赖以接续而不坠"(《又乙巳春书之一》)。

对于刘邦、李世民的事功,陈亮是推崇备至的。他对朱熹说:

> 高祖、太宗……禁暴戡乱,爱人利物而不可掩者,其本领宏大开廓故也。故亮尝有言:三章之约非萧、曹之所能教;而定天下之乱,又岂刘文靖所能发哉?此儒者之所谓见赤子入井之心也。其本领开廓,故其发处,便可以震动一世,不止如赤子入井时微渺不易扩耳。至于以位为乐,其情犹可以察者,不得其位,则此心何所从发于仁政哉?以天下为己物,其情犹可察哉?不总之于一家,则人心何所底止?自三代圣人固已不讳其为家天下矣。天下,大物也,不是本领宏大,如何担当开廓得去?惟其事变万状,而真心易以汨没,到得失枝落节处,其皎然者终不可诬耳。(同上)

陈亮指出,刘邦、李世民的"禁暴戡乱,爱人利物",正是孟子讲的恻隐之心。而其本领开廓,震动一世,比起儒家美传的"赤子入井之心"来说,是大得多了。至于刘邦、李世民的谋位,是为了推行"仁政";他们总天下为一家,是为了防止人心纷乱;何况三代圣王也这样做过。所以他们的真心皎然,不可埋没,不可诬为人欲。关于刘邦、李世民在事功中的"真心""心迹"问题,陈亮在《问答》上篇里,更明确地说,是"大功大德"的"救民之心",并非出于人欲、私意。他说:

> 竞智角力,卒无有及沛公者,而其德义又真足以君天下,故刘氏得以制天下之命。……及李氏之兴,则刘氏之旧也。……彼其初心,未有以异于汤武也。……虽或急于天位,随事变迁,而终不失其初救民之心,则大功大德,固已暴著于天下矣。……使汉唐之义不足接三代之统绪,而谓三四百年之基业可以智力而扶持者,皆后世儒者之论也。(《集》卷三)

陈亮认为刘邦、李世民,以其救民的功业,与儒家所谓行王道的汤、武无异,其心可以上接夏、商、周三代。这里,值得注意的是,陈亮把"竞智角力"说成是刘邦所以称君天下的"德义",这个"德义"不是朱熹这些理学家所谓"安坐感动"的仁与理,而是风行龙动的"智"与"力"。显然,陈亮赞颂汉、唐以智力称天下的思想,正是理学家所非议的"汉唐以智力把持天下"的所谓霸道思想。

对于霸道,陈亮说,"其道固本于王也"(《又甲辰秋书》)。而王道中也夹杂着霸道,如所谓"王道"的三代也有征伐和谋位的霸道。他在《又乙巳春书之一》中,与朱熹辩论说:

> 禹、启始以天下为一家而自为之。有扈氏不以为是也,启大战而后胜之。汤放桀于南巢而为商,武王伐纣取之而为周。武庚挟管、蔡之隙,求复故业,诸尝与武王共事者欲修德以待其自定,而周公违众议举兵而后胜之。……五霸之纷纷,岂无所因而然哉?……使若三皇五帝相与共安于无事,则安得有是纷纷乎?

陈亮这一段话,是在于说明王道之治,正是通过霸道来实现的,没有所谓"霸道",那里能凭空出现"王道"呢?他在论及管仲时再次阐述了这一思想。关于管仲助齐桓公称霸的事,孟子称其以力假仁,为王道所不为。朱熹称管仲有其霸道之功,而无王道之仁,因为管仲"心乃利欲之心,迹乃利欲之迹",并无仁义之心,故被孟子、董仲舒"秉义以裁之",即被裁判在王道之外(《寄陈恭甫书》九)。所以,朱熹称管仲是"小器","当不得一个人"(同上八)。对此,陈亮认为管仲助齐称霸,是仁者之事。他借取(朱熹说陈亮是截取、断章取义)孔子、程颐的话发挥说:

> 孔子之称管仲曰:"桓公九合诸侯,不以兵车,管仲之力也。如其仁,如其仁。"又曰:"一匡天下,民到于今受其赐。微管仲,吾其被发左衽矣。"说者以为孔氏之门,五尺童子,皆羞称王伯(霸),孟子力论伯者"以力假仁"。而夫子之称如此,所谓"如其仁"者,盖曰似之而非也。观其语脉,决不如说者所云。故伊川

所谓"如其仁者,称其有仁之功用也"。(《又乙巳春书之二》)

这是说,管仲以霸见仁,故不是朱熹说的"小器"之人。按陈亮的这些引论,管仲助齐称霸,是王道的需要;王道又正需要以霸道来体现。所以霸本于王,王霸并用。而后来的王霸纷争,实际上就是从禹、汤、武王、周公的所谓王道而来,所以他说,"谓之杂霸者,其道固本于王也"(《又甲辰秋书》)。陈亮这种王霸之论,多少符合历史的真实。

朱熹与陈亮由王霸的争辩进而涉及义利的问题。按照朱熹的说法,三代的王道是内本天理,外行仁政,而汉、唐的霸道,从内到外都是人欲、私意,即所谓"心乃利欲之心,迹乃利欲之迹。"因此在朱熹称颂王道、贬斥霸道的时候,也必然崇义绌利,义利不两立。而陈亮认为王霸并用,义要体现在利上,故利也就是义,义利双行,缺一不可。陈亮所谓利,不是无节制的一己私利,而是泛指"生民之利"。这个利和功一样,也为三代所讲求。他问:"禹无功,何以成六府? 乾无利,何以具四德"(《宋元学案》卷五十六《龙川学案·签判芦隐先生偲》)? 所谓"六府",是指形成天地万物的水、火、木、金、土、谷;所谓"四德",是指元、亨、利、贞。陈亮在这里的意思是说,三代圣王不做功业,何以能成天地万物? 不计利,何以能有仁义? 至于后世儒者说三代无利欲,那是被孔子美化了的。他对朱熹说:"秘书以为三代以前都无利欲,都无要富贵底人。今《诗》《书》载得如此净洁,只此是正大本子。亮以为才有人心便有许多不净洁,'革'道止于革面,亦有不尽概圣人之心者。圣贤建立于前,后嗣承庇于后,又经孔子一洗,故得如此净洁"(《又乙巳秋书》)。这里说的利欲,是本于人心,是"生民"的自然需要。而后世儒者诵念儒家经典的"正大本子",是经过"孔子一洗",就把三代本来也讲求的"生民"利欲洗净了,结果只能是正其义而不谋其利,明其道而不计其功,使义理与利欲对立起来。

关于三代至汉、唐在义与利、理与欲、邪与正的辩论,朱熹说,汉、唐是"假仁借义以行其私","无一念不出于人欲"(《寄陈恭甫书》六),"其全体只在利欲上",所以"尧舜三代自尧拜三代,汉祖唐宗自汉祖唐宗,终不能合而为一也"(同上八)。于此,陈亮首先提出不能离事而空言义利、理欲,主张在事中察其"真心"。他给朱熹复信说,应当"大其眼以观之,平其心以参酌之",要"眼目既高,于驳杂中有以得其真心故也。波流犇进,利欲万端,宛转于其中而能察其真心之所在者"(《又乙巳春书之二》)。所谓"察其真心",就是从"波流犇进,利欲万端"中,辨其义利、理欲。他认为汉高祖、唐太宗是本领宏大、开廓,震动一世,能"禁暴戡乱,爱人利物",建国立业的帝王,则其心"发于仁政",真心"皎然",不可"汩没"。陈亮还在《策》论中,具体地指出汉高祖、唐太宗是"无一念之不在斯民"。这在他谈到汉、唐"君臣遇合"时,作了充分的表述。他说:

> 周室之衰,以迄于秦,天下之乱极矣。斯民不知有生之为乐,而急于一日之安也。高祖君臣独知之,三章之约以与天下更始,禁纲疏阔,使当时之人阔步高谈,无危惧之心。虽礼文多阙,而德在生民矣。曹参以清净而继"画一"之歌,此其君臣遇合之盛,无一念之不在斯民也。魏(征)相之奉天时、行故事,丙吉之不务苛碎,不求快意,以供奉宣帝宽大之政,亦不负君臣之遇合矣。唐承隋旧,其去隋文安平之日未远,天下不能无望于纪纲制度之举而致治之隆也。太宗君臣独知之,兴仆植僵,以《六典》正官,以进士取人,以租庸调任民,以府卫立兵。虽礼乐未讲,而天下之废略举矣。房、杜谋断相先,而卒与共济斯美,此其君臣遇合之盛,亦无一念之不在斯民也。……自汉唐以来,虽圣人不作,而贤豪接踵于世……盖天人之相合,而一代之盛际也,此岂可常之事哉?(《集》卷十一《策·肖、曹、丙、魏、房、杜、姚、宋何以独名于汉唐》)

朱熹说,汉、唐"无一念不出于人欲",所以汉、唐不能与三代比隆。陈亮在这里反驳说,汉、唐"无一念不在斯民",所以汉、唐有"三代之隆",体现了三代的义理。按照陈亮的这种说法,义利就在利欲中,故利体现了义,人欲体现了天理。所以他说:"王霸可以杂用,则天理人欲可以并行"(《又丙午秋书》)。这就是陈亮提出的有名的"义利双行,王霸并用"的观点。

对于陈亮这种"整两汉而下,庶几及见三代之英"(《集》卷二十四《祭吕东莱文》)的说法,朱熹加以指责,说陈亮"于汉唐事迹上寻讨个仁义出来,便以为即王者事",是如同把曹操篡汉,视为"舜禹之事"(《语类》卷一二三)。陈亮指出,朱熹对汉、唐的看法,就像是当年老、庄看待三代一样,看不见三王的功业。他说,当年禹、启"大战"有扈氏,汤"放桀于南巢",武王"伐纣",周公"举兵"胜武庚等等,这些征伐和战乱,本为天理、王道之事,可是"老、庄氏思天下之乱无有已时,而归罪于三王"。在老、庄看来,"使若三皇五帝相与共安于无事,则安得有是纷纷乎"? 可是孔子并不是这样,他按照历史事实,肯定了夏、商、周三代在中国历史上的作用。如果没有三代,也就没有春秋时代。因此,作为孔子的后学,也不应当菲薄历史,而应当充分地肯定汉代和唐代在中国历史上所建立的功业。

同样,在王霸、义利的论辩中,陈亮认为汉、唐的功业具有三王的"真心",故"汉唐之心迹",上接"三王之心迹"。他由此提出"心之用有不尽而无常泯,法之文有不备而无常废"的问题(《又乙巳春书之一》)。所谓"心",又称"真心""心迹",是指三代"圣人之心"(又乙巳秋书》);圣人,主要指被儒者美化的尧、舜、禹、汤、文、武、周公、孔子等等。所谓"法",又称"法度""制度",诸如"至尧而法度始定","夏、商、周之制度",概指三代的政治制度和礼仪规则,亦称"三代之文"(《又乙巳春书之一》)。总之,陈亮说的"心""法",是指"尧、舜相传之心、法"(《又乙巳春书之二》)。陈亮提出这个问题,所要说明的是,三代心、法相传,到了汉、唐,虽然有"不尽""不备"的地方,如汉代与三代比较,"虽礼文多缺",但总的来说,尧舜相传的心、法是"无常泯""无常废",是一直延续下来的。所以,他责问朱熹:"心有时而泯可也,而谓千五百年常泯可乎? 法有时而废可也,而谓千五百年常废可乎?"(同上)。显然,陈亮是要说明尧舜三代的相传心、法,也传之于汉、唐。这正如他在前面说的道也传之于汉、唐一样,是为汉、唐的功业张目的,即朱熹说的陈亮是意在"推尊汉唐"(《寄陈恭甫书》八)。这也是陈亮与朱熹关于王霸义利之辩中的又一个问题。

朱熹为坚持三代与汉、唐"不能合而为一",以贬抑汉、唐,于是抓住陈亮说的,既然尧舜心、法在后世是"无常泯""无常废",那就会"有时"泯、"有时"废了。朱熹指出,这个"有时"的"时",正是汉、唐之时,所以尧舜心、法传不到汉、唐,因为它被汉、唐的利欲所泯废了。不唯如此,朱熹还从"有时"泯、"有时"废出发,进而提出如何使其不泯、不废的办法,这就是所谓"惟精惟一"的"工夫"。他在复陈亮的信中说:

> 来书"心无常泯、法无常存"一段,乃一书之关键。鄙意所同,未有多于此段者也;而其所异,亦未有甚于此段者也。盖有是人则有是心,有是心则有是法,固无常泯常废之理。但谓之"无常泯",即有时而泯矣;谓之"无常废",即有时而废矣。盖天理人欲之并行,其或断或续,固宜如此。至若论其本然之妙,则惟有天理而无人欲。是以圣人之教人,必欲其尽去人欲而复全天理也。若心则欲其常不泯而不恃其"不常泯"也;法则欲其常不废而不恃其"不常废"也。所谓"人心惟危,道心惟微,惟精惟一,允执厥中"者,尧舜禹相传之密旨也。……夫岂任人心之自危而以有时而泯者为当然?任道心之自微而幸其须臾之不常泯也哉?(《寄陈恭甫书》八)

这是说,尧舜相传的心、法,有时泯、有时废,其原因是天理与人欲,也就是道心与人心"迭为胜负"。在这种情况下,人们主观上虽然希望尧舜相传的心、法不泯不废,但又不可恃之以为"不常泯""不常废",而任人心、人欲放任自流,即所谓"自危""自微"。因此,要有戒慎悚惧、诚惶诚恐的"惟危""惟微"的精神,去做"惟精惟一"的"工夫",简单地说,就是所谓道德修养的"圣学工夫"。这就是朱熹说的"尧舜相传之密旨"。所谓"密旨",就是以"诚""敬"为修持冥悟的理学修养方法。相反,如果不做这种"圣学工夫",却做"英雄豪杰"的功利事业,便成了所谓"心以为利","全然不顾义理"(同上)。由此他责备陈亮是"推尊汉唐,以为与三代不异;贬抑三代，以为与汉唐不殊"(同上)。

对此，陈亮认为，古今时宜不同，三代与汉、唐当然会不一样。他在复朱熹的信中说，"来谕谓亮推尊汉唐以为与三代不异，贬抑三代以为与汉唐不殊，如此则不独不察其心，亦并与其言不察矣"(《又乙巳春书之二》)，说朱熹未弄明白他的意思。他指出，汉唐与三代比较起来是："本领宏阔，工夫至到，便做得三代；有本领无工夫，只做得汉唐"(《又乙巳秋书》)。"本领"指经世的功业，"工夫"即朱熹说的"惟精惟一"的"圣学工夫"。可以看出，陈亮承认朱熹说的汉、唐不如三代有"工夫"，但汉、唐也有"本领"。问题是：汉唐所做的，是不是同三代一样具有功业的"本领"？朱熹说，"汉唐并无些子本领，只是头出头没，偶有暗合处，便得功业成就"(见《又乙巳秋书》)。陈亮认为汉、唐是有建功立业的本领。他说，"亮以为汉唐之君，本领非不宏大开廓，故能以其国与天地并立，而人物赖以生息"(《又甲辰秋书》)，使道在汉、唐"光明盛大"。又说，要论汉、唐与三代之间的同异，固然要从"工夫"上去看，但主要是看"爱人、利物"方面是做得尽，还是做得不尽？因为有"爱人利物"方面的功业"本领"，才是王道、天理的主要内容。陈亮认为，如果从这一点来比较，则汉、唐虽然与三代一样是做的功业"本领"，但又不如三代做得尽。他对朱熹说：

> 某大概以为三代做得尽者也，汉唐做不到尽者也，故曰："心之用有不尽而无常泯，法之文有不备而无常废。"惟其做得尽，故其盛时，三光全而寒暑平，无一物之不得其生，无一人之不遂其性。惟其做不到尽，故虽其盛时，三光明矣而不保其常全，寒暑运矣而不保其常平，物得其生而亦有时而夭阏者，人遂其性亦有时而乖戾者。(《又乙巳春书之二》)

陈亮指出，尽与不尽，是在于能否顺乎自然？能否使物得其生、人遂其性？而汉、唐做得不尽，也是从这方面而言的。所不同者，只是汉、唐"有时而夭阏"，"有时而乖戾"而已，但从基本方面来说，它与三代并非绝对不同，因为汉、唐还是"三光明","寒暑运",人与物仍然得其生、遂其性。陈亮以这种尽与不尽的说法去比较三代、汉唐,就把朱熹以"惟精惟一"的"圣学工夫"作为比较三代、汉唐的说法,排抑在次要地位上。从汉、唐与三代比较其尽与不尽的争论中,朱熹是强调道德修养的工夫,陈亮是强调功利事业的本领。可以看出,陈亮这一颇费周折的论辩,是在于反驳朱熹所谓三代以天理行,汉、唐以人欲行,致使汉、唐不如三代的说法,从而论证他的"义利双行、王霸并用"的观点。

三、对"成人之道"的争论

朱熹与陈亮之间,由道到王霸义利的争论,不是为古而古,即陈亮对陈傅良说的,"亮与朱元晦所论,本非为三代、汉唐设"(《集》卷二十一《与陈君举》),"非专为汉唐分疏"(《又乙巳春书之一》),而是通过历史的"得失较然",哪些"可以法、可以戒"?以便在现实社会中如何立身处世,如何做人?这就是朱熹与陈亮在王霸义利之辩中的所谓"成人之道"的问题。

朱熹说,管仲是急功计利的"小器","当不得一个人";汉高祖、唐太宗固为一世之雄,但陷溺于利欲场中。这些都不可为今人效法。君子当"尽心知性","学道爱人",行天理去人欲,做一个道学"圣人"。所以,"成人之道,以儒者之学求之";如果"不以儒者之学求之,则吾恐其畔绳墨,脱略规矩,进不得为君子,退不得为小人"(《寄陈恭甫书》八)。这在他同陈亮关于王霸义利之辩中,就已反复强调了。那么,朱熹所谓做"圣人"的标准是什么呢?他说:

绌去义利双行、王霸并用之说,而从事于惩忿窒欲、迁善改过之事,粹然以醇儒之道自律。(《寄陈恭甫书》四)

鄙意更欲贤者百尺竿头,进取一步,将来不作三代以下人物,省得气力为汉唐分疏,即更脱洒磊落耳。(同上六)

今乃欲追点功利之铁,以成道义之金,不惟费却闲心力,无补于既往,正恐碍却正知见,有害于方来也。……今乃无故必欲

弃舍自家光明宝藏,而奔走道路,向铁炉边查矿中拔取零金,不亦惧乎。(同上九)

若如鄙意,则须是先得吾身好,党类亦好,方能得吾君好,天下国家好。(同上十五)

为今日计,但当穷理修身,学取圣贤事业,使穷而有以独善其身,达而有以兼善天下,则庶几不枉为一世人耳。(同上十)

奉告老兄,且莫相撺掇,留闲汉在山里咬菜根,与人无相干涉,了却几卷残书;与村秀才子寻行数墨,亦是一事。(同上十四)

名教中自有安乐处。(同上五)

朱熹这一番话,不能视为一堆道学腐儒的废话。第一,他是针对陈亮在王霸义利之辩中,要学汉、唐"大有为"的功利思想而发的。他认为,陈亮为"汉唐分疏",追慕功利,等于从炉渣里枉寻金子,故应当省得这个心力,"绌去义利双行、王霸并用之说"。第二,朱熹的"成人之道",是不做三代以下的汉、唐英雄,而要以"醇儒之道自律"。所谓"醇儒之道",就是"惟精惟一"的这个相传不绝的"密旨"。这个"密旨"也叫作"秘宝"和"正法眼藏",说穿了,它不过是要人们安坐冥悟先验的道德;而先验的道德,具体来说,又不过是封建三纲五常。显然,朱熹的"成人之道",就是安坐不动,"独善其身",做一个道德自我完善的君子儒,而不过问国家存亡,也不问"生民之利"。尽管当时金人步步进逼,仅有东南半壁的南宋已岌岌可危,但朱熹却要人们只管"吾身好",哪怕穷守深山吃菜根,也不要有所作为。虽然朱熹也有过反对投降派秦桧的言论,但他这种兀然端坐、拱手无为的做人方法,实是坐等亡国,这与秦桧比较起来,只不过是五十步与百步之遥。

针对朱熹这种"成人之道"的说法,陈亮提出"志在天下",反对朱熹的"独善其身";主张做"大有为"的"英雄豪杰",反对朱熹以"醇儒自律"的君子儒。陈亮这种"成人之道"的思想由来已久。据陈亮自述,他早在十八九岁时,因忧心时事,即袁桷说的"急于当时之利害"(《清容居士集》卷四十九《书朱氏精舍图诗后》),致使"胸中耿耿","慨然有经略四方之志"。其后,在《上孝宗皇帝》三书中,更反复陈言,谓以今日之势,"不可苟安以玩岁月",当求"天下豪杰之士",以论"今日之大计"。所以他"穷天地造化之初,考古今沿革之变,以推极皇帝王伯之道,而得汉魏晋唐长短之由"(《集》卷一《上孝宗皇帝第一书》)。其所论王霸之道,是为今日"陈国家立国之本末而开大有为之略,论天下形势之消长而决大有为之机"(同上《上孝宗皇帝第二书》)。为此,他力劝孝宗起用有"风雨云雷"精神的豪杰之士,而不可以"笼络小儒,驱委庸人,以迁延大有为之岁月"(同上)。陈亮以天下为己任,认为儒者应当过问天下国家之事,与朱熹主张终身以"涵养""积累"的"醇儒"思想对立。他在给朱熹的信中说:

> 研穷义理之精微,辨析古今之同异,原心于秒忽,较礼于分寸,以积累为功,以涵养为正,睟面盎背,则亮于诸儒诚有愧焉。至于堂堂之阵,正正之旗,风雨云雷交发而并至,龙蛇虎豹变见而出没,推倒一世之智勇,开拓万古之心胸,如世俗所谓粗块大脔,饱有余而文不足者,自谓差有一日之长。(《又甲辰秋书》)

在这里,陈亮表明他要做一个堂堂正正的能"推倒一世","开拓万古"的"智勇"人物。这个"智勇"是本于孟子的"浩然之气",而与仁义"交出而并见",只有两者相兼,才是"成人之道"。对这一说法,他与朱熹争论的比较激烈。其中陈亮有这样一段话:

> 夫人之所以与天地并立而为三者,以其有是气也。孟子终日言仁义,而与公孙丑论"勇"一段如此之详,又自发为"浩然之气"。盖担当开廓不去,则亦何有于仁义哉?气不足以充其所知,才不足以发其所能,守规矩准绳而不敢有一毫走作,传先民之说而后学有所持循,此子夏所以分出一门而谓之儒也。成人之道宜未尽于此。故后世所谓有才而无德,有智勇而无仁义者,

> 皆出于儒者之口。才、德双行,智勇、仁义交出而并见者,岂非诸
> 儒有以引之乎?（同上）

所谓"担当开廓不去,则亦何有于仁义"?意思是说,没有"开廓"的智勇,不可能有仁义。对于才和德的关系也是如此。这样,在"才、德双行,智勇、仁义交出而并见"的关系中,实际上是强调了才和智勇。由此他批评后世的所谓儒者,持循"先民之说",不敢"有一毫走作",这是子夏别出的一门,不合先古的圣人之意。所以朱熹"教以醇儒自律",并非是"成人之道","成人之道宜未尽于此"（同上）。我们知道,陈亮在这里解释的"浩然之气",并非孟子本义。但他所以如此解释,正如他对道、王道的解释一样,不过是借儒家经典的词句,以表达他的思想而已。

如何做人?陈亮说要做管仲这样建功立业的人,过问天下国家大事的人,他在《又乙巳春书之一》的信中,反驳朱熹告诫他不当以管仲为"规模"时说:

> 人生只是要做个人。……"学"者,所以学为人也,而岂必其
> 儒哉?子夏、子张、子游皆所谓儒者也。学之不至,则荀卿有某
> 氏贱儒之说而不及其他。……管仲尽合有商量处,其见笑于儒
> 家亦多,毕竟总其大体,却是个人,当得世界轻重、有无,故孔子
> 曰:"人也"。亮之不肖,于今儒者无能为役,其不足论甚矣,然亦
> 自要做个人。

管仲助齐恒公称霸,被儒家包括朱熹等人视为只知功利的"小器"之人,但陈亮却认为他是做人的样子。当朱熹称刘邦、李世民是在人欲场中头出头没时,陈亮却认为他们的功业成就,是利在"生民",是发必命中的"君子之射",而成为"本领宏大"的人。

不难看出,陈亮对历史上有功业的"英雄豪杰"的赞美,正表明他自己不愿做"醇儒自律"的腐儒,而要做"风雨云雷","推倒一世"的英雄。因

为在陈亮看来,天下之事,不能靠"安坐感动",亦即不能靠端坐冥悟去解决,只有靠"自家气力",才能"干得动"。他说:

> 天下,大物也,须是自家气力可以干得动、挟得转,则天下之智力无非吾之智力,形同趋而势同利,虽异类可使不约而从也。若只欲安坐而感动之,向来诸君子固已失之偏矣。(《壬寅答朱元晦秘书》)

> 风不动则不入,蛇不动则不行,龙不动则不能变化,今之君子欲以安坐感动者,是真腐儒之谈也。(《又癸卯秋书》)

陈亮对朱熹这些腐儒的批判,所在多有,相当深刻。今不妨摘录几段如下:

> 世之学者玩心于无形之表,以为卓然而有见。事物虽众,此其得之浅者,不过如枯木死灰而止耳;得之深者,纵横妙用,肆而不约,安知所谓文理密察之道,泛乎中流,无所底止,犹自谓其有得,岂不可哀也哉!(《集》卷十九《与应仲举》)

> 始悟今世之儒士,自以为得"正心诚意"之学者,皆风痹不知痛痒之人也。举一世安于君父之仇,而方低头拱手以谈性命,不知何者谓之性命乎?(同上卷一《上孝宗皇帝第一书》)

> 书生拘文执法之说……正言以迂阔而废,巽言以软美而入;奇论指为横议,庸论谓有典则。……而用依违以为仁,戒喻以为义,牢笼以为礼,关防以为智。……至于艰难变故之际,书生之智,知议论(即理学,元人刘因有"宋学议论"句,概皆指此)之当正,而不知事功之为何物?知节义之当守,而不知形势之为何用?宛转于文法之中,而无一人能自拔者。(同上《戊申再上孝宗皇帝书》)

在这当中,陈亮上书孝宗,谓儒士"安于君父之仇","隐忍事仇",甚至左右人君,使人君该喜不敢喜,当怒不敢怒之类的话,虽然有点危言耸听的味道,但陈亮指出"学者""儒士""书生"这些理学之士,只知谈性命,而不知富国强兵之术,不知事功为何物?将可用的"正言""奇论",视为"迂阔""横议",而把无用的"巽言""庸论",看成是"典则",以邪为正;所谓仁义礼智,又不过是"依违""牢笼"之类。这些批判,是触及理学虚伪、无用的本质。这对于朱熹以"醇儒自律"的"成人之道",也是一个有力的批判。

不能不指出,陈亮对朱熹的评论,也还是从"计其功""谋其利"的效果论出发的,与朱熹循守董仲舒提出"正其谊""明其道"的所谓"立心之初"的动机论是对立的。而陈亮的功利思想,又多少包含对"生民之利"的愿望。例如,他在《问答》篇中,从人的耳、目、口、鼻的生理要求,谈到人欲以至"霸者之术"。这段文字虽长,但它是比较集中地反映了陈亮的功利主义思想,故引录如下:

> 耳之于声也,目之于色也,鼻之于臭也,口之于味也,四肢之于安佚也,性也;有命焉。出于性,则人之所同欲也。委于命,则必有制之者而不可违也。富贵尊荣,则耳目口鼻之与肢体皆得其欲,危亡困辱则反是。故天下不得自徇其欲也,一切惟君长之所惟听;君长非能自制其柄也,因其欲恶而为之节而已。叙五典、秩五礼以与天下共之。其能行之者则富贵尊荣之所集也。其违之者则危亡困辱之所并也。君制其权,谓之赏罚,人受其极,谓之劝惩;使为善者得其所同欲,岂以利而诱之哉?为恶者受其所同恶,岂以威而惧之哉?得其性而有以自勉,失其性而有以自戒。此典礼刑赏所以同出于"天",而车服刀锯非人君之所自为也。天下以其欲恶而听之人君,人君乃以其喜怒之私而制天下,则是以刑赏为吾所自有,纵横颠倒而天下皆吾莫违。善恶易位而人失其性,犹欲执区区之名位以自尊,而不知天下非名位之所可制也。……故私喜怒者,亡国之赏罚也;公欲恶者,王者

之赏罚也。外赏罚以求君道者迂腐之论也。执赏罚以驱天下者霸者之术也。(同上卷四《问答下》七)

这里，陈亮强调指出，人的耳目口鼻之需，为"人之所同欲"，是"四肢之于安佚"的生理需要，是天然的合理的愿望。但各人不可以自肆其欲，需要"君长"以权柄为之节制。这就是所以"叙五典、秩五礼"，以与"天下共之"。诚能如此"行之者"，则为"富贵尊荣之所集"；否则，必带来"危亡困辱"。这就是人君所以要赏罚、劝惩。但如果人君凭一己之"私喜怒者，亡国之赏罚也"，而如果为天下人而"公欲恶者，王者之赏罚也"。其王者这样去"执赏罚以驱天下"，就是"霸者之术"。相反，"外赏罚"，即抛开赏罚，则为"迂腐之论"。这里不难看出，陈亮的所谓善恶、利欲，是从人的自然本性来判断的，而在上的人君，亦当以此为喜怒、赏罚，才是善得其治的"君道"。相反，人君以私制公，所谓"私欲恶者"，压制"天下共之"的人性，则必然是"纵横颠倒"，使"善恶易位而人失其性"，其结果只有"亡国"。陈亮这种观点，把追求幸福看成是人的天性，是一切人所共有的自然愿望，故"君道"的好坏，就看它对一切人的幸福所产生的效果如何。显然，这种重视效果的功利主义，正是陈亮"成人之道"的思想基础，即朱熹指出他的"立心之本在于功利"(《寄陈恭甫书》八)。所以，陈亮与朱熹在"成人之道"的争辩中，陈亮提倡在天地之间要堂堂正正，敢于有所作为。朱熹则主张在纷乱的世界中，矜悟性命，体悟"密旨"。陈亮是要人做一个实事实功的英雄豪杰，朱熹是要人做一个"醇儒自律"的"圣人"。正因为如此，他们对道的争论，对王霸义利的争论，都有深刻的分歧。而这种分歧和争论，不过是反映了理学思想与功利思想的对立。这种争论同朱、陆在理学内部的争论不同，朱、陆争论只是对体验"天理"的方法、途径不同而已。故朱熹认为陆学到一定的时候会转悟过来，可以调和；事实上，这在朱、陆去世之后的元代，确是有人在朱、陆之间"兼综""和会"。而对于陈亮的功利主义学说，朱熹却很担忧。朱熹曾忧心忡忡地说：

> 江西之学（陆学）只是禅，浙学（主要指陈亮）却专是功利。禅学，后来学者摸索，一旦无可摸索，自会转去。若功利，学者习之便可见效，此意甚可忧。（《朱子语类》卷一二三）
>
> 陈同甫学已行到江西，浙人信响已多，家家谈王霸……可畏！可畏！（同上）

其所以使朱熹"可忧""可畏"，因为在功利之学与理学这两种思想的背后，反映着不同的社会政治观点。这也就是说，陈亮与朱熹的论辩，从其时代背景来看，有它的社会政治意义。

第二节 叶适思想同理学的分歧

一、叶适的思想渊源及其事功之学

除陈亮外，永嘉学派叶适对理学也进行了论辩。全祖望在《水心学案序条》中说：

> 乾淳诸老既殁，学术之会，总为朱、陆二派，而水心龂龂其间，遂成鼎足。（《宋元学案》卷五十四）

这说明叶适的事功之学，在当时已居于同朱熹的理学、陆九渊的心学鼎足而立的地位。

叶适（公元1150—1223年）字正则，学者称水心先生，浙江永嘉人。著作有《水心文集》《水心别集》和《习学记言序目》等。

叶适思想渊源于其永嘉先辈，周行己说："元丰新作太学，四方游士，岁常数千百人，温海郡去京师阻远，居太学不满十人"（《赵彦昭墓志铭》《浮沚集》卷七）。所谓不满十人者，即指周行己、许景衡等"永嘉九先生"，这是伊洛之学传到永嘉地区最早的学者。叶适在《题二刘文集后》中说：

> 永嘉徒以僻远下州,见闻最晚,而九人者,乃能违志开道,蔚
> 为之前,岂非俊豪先觉之士也哉!(《永心文集》卷二十九)

九人之中,又以周行己为重要。他很早就"以亲老归,教授其乡",是其中唯一有著述的学者。黄宗羲在《宋元学案·周许诸儒学案》中说:"永嘉诸先生从伊川者,其学多无传,独先生尚有绪言"(卷三十二)。周行己著有《浮沚集》①。他自述从小崇敬洛学。所谓"少慕存心养性之说,于周、孔、佛、老无所不求,而未尝有意于进取"(《上宰相书》)。又说:"行己七岁就傅授句读,诵五经书,十五岁学属文,十七岁补太学诸生学科举……又二年读书,益见道理,于是学古人修德立行"(《上祭酒书》)。游太学时,又"独之西京","亲见伊川,得其传以归"。所以行己传授,皆本程颐之学。

南渡以后,二程思想在绍兴间一度遭禁,周行己等所开创的永嘉学派,也几近"衰歇"。只是经过郑伯熊兄弟"复而振之",才在乾道、淳熙之间,重又恢复起来。

郑伯熊字景望,永嘉县人,是周行己的私淑弟子。在永嘉之学"衰歇"的时候,他同其弟郑伯英(字景元),"惟以统纪不接为惧,首雕程氏书于闽中,由是永嘉之学宗郑氏。……乾、淳之间,永嘉学者连袂成帷,然无不以先生兄弟为渠率"(《宋元学案》卷三十二《周许诸儒学案》)。

伯熊有《文肃诗文集》三十卷。据清人冯云濠说:"先生集已不传,惟《敷文书说》一卷行世。"②这是我们目前仅能看到的唯一的第一手材料。一卷书固不足以反映思想全豹,但也可略见其一斑。例如,"省己修德"就是他突出的一个思想。他说:"三代而下,时君世主,其德之优劣,世之盛

---

① 按《宋元学案》卷三十二称:有周博士集三十卷,《宋史·艺文志》载周行己《文集》十九卷,陈振孙《书录解题》一七:《浮沚集》十六卷,后三卷。《四库全书总目提要》认为:"振孙之祖母即行己第三女,所记当必不误。"《永乐大典》搜罗得八卷。《武英殿聚珍版》:《浮沚集》九卷,《敬乡楼丛书》又增补遗一卷,为目前周氏《浮沚集》最全者。
② 《四库全书总目提要》谓"此(《敷文书说》)乃所作《尚书》讲义,皆指其大端而论之,凡二十九条。"据明代开封《大梁书院》刻本,载于《经苑》,则只有二十六个条目。

衰、治乱,往往其原皆出于此"(《有其善丧厥善》)。把"无骄矜之气"归之于人的本性,也是一个例证。"万善本吾性之所固有,学至于圣贤,于性无所加益,而缺一焉则不足以为尽性。知此,则任重道远,惟日不足矣,尚何敢矜之"(《汝惟不矜》)。至于理欲就更为明显。"夫动欲于富贵,惟置之不见可欲之地,则本心既蚀而复明,天理欲晦不复昭矣"(《伊尹放太甲》)。可见,郑伯熊所"振兴"的永嘉之学,依然还是承接二程的"统纪"。所以叶适在《温州新修学记》中说:

> 昔周恭叔(即周行己)首闻程、吕氏微言,始放新经,黜旧疏,挈其俦伦,退而自求,视千载之已绝,俨然如醉忽醒,梦方觉也。颇益衰歇,而郑景望出,明见天理,神畅气怡,笃信固守,言与行应,而后知今人之心可即于古人之心矣。故永嘉之学,必兢省以御物欲者,周作于前,而郑承于后也。(《水心文集》卷十)

叶适指出"必兢省以御物欲"这一特点正是永嘉之学初期的情况。

永嘉之学从承接二程统纪,发展到与伊洛之学相对立的事功之学,这个转变,应该说自薛季宣始。

薛季宣(公元1134—1173年)字士龙,号艮斋,浙江永嘉人,著作有《浪语集》等。季宣师事袁溉,他在《袁先生传》中说:

> 袁先生讳溉,字道洁,汝阴人也……初,从二程先生学,闻蜀薛先生名……薛翁以所学授之。……先生学自六经百氏,下至博奕小数方术兵书,无所不通。诵习其言,略皆上口,于《易》《礼》说尤邃。……走(季宣)尝得于先生授教,其所以为诱进者甚博。……又尝闻先生言,盖尝以所学纂一文字,凡四类:曰理、曰义、曰事,其一今忘之矣。从问义理之辨,先生曰:"学者自当求之,他人之言善,非吾有。"走请终身诵服斯语。"(《浪语集》卷三十二)

这说明薛季宣"自成一家……以求见之事功"的思想,本源于袁溉之传。黄百家在《艮斋学案》按语中也说:"季宣既得道洁之传,加以考订千载,凡夫礼乐兵农,莫不该通委曲,真可施之实用"(《宋元学案》卷五十二)。季宣所以"教人就事上理会,步步着实,言之必使可行,足以开物成务",则恰如黄宗羲所言:

> 盖亦鉴于一种闭眉合眼,朦瞳精神,自附道学者,于古今事物之变,不知为何等也。(同上)

薛季宣自己在《抵杨敬仲》书中也指出:"灭学以来,言行判为两途,其矫情之过者,语道乃不及事,论以天何言哉之意,其为不知等尔。某虽不敏,于此窃有所好,而清谈脱俗之论,诚未能无恶矣"(《浪语集》卷二十五)。由于对"语道不及事","清谈脱俗之论"的厌恶,他提出"以求经学之正,讲明时务本末利害……无为空言,无戾于行"的主张(同上《答象先侄书》)。薛季宣针对"自附道学者"而发的"实事实理"的思想,得到了弟子陈傅良的进一步发挥。

陈傅良(公元1137—1203年)字君举,温州瑞安人,著有《止斋集》五十二卷。于郑伯熊、薛季宣皆师事之,而得季宣之学为多,"从游凡七八年"。傅良既得之,又"解剖于《周官》、左史,变通当世之治",尤笃信"六经之学,兢业为本"。故"其徒益盛,此亦一时粲然学问之区也。然为考亭之徒所不喜,目之为功利之学"(《宋元学案》卷五十二)。考亭之徒所不喜,反映了永嘉之学所发生的深刻变化,而这一变化,即如全祖望所言"其以程门袁氏之传为别派者,自艮斋薛文宪公始"(同上)。

叶适思想直接渊源于薛季宣、陈傅良二人。《宋元学案》谓叶适为郑氏门人。"郑景望及薛士龙、陈君举擅一世臧否,号为方峻","今天下以学名者,皆出其后也"(《水心文集》卷二十一《郑景元墓志铭》)。但叶适自己说:"某之于公,长幼分殊;登门晚矣,承教则疏"(同上卷二十八《祭郑景望龙图文》)。就是说,问学郑门是有的,但时间很短,所受无多。而他与薛、陈二人,却过从颇密。叶适十四岁,即孝宗隆兴二年(公元1164年),在瑞安林家与陈傅良相见,从此二人交游开始。孝宗乾道五年(公元1169年),他到婺州访薛季宣,薛、叶自此书信不断。乾道九年,薛季宣四十而亡,而陈、叶的交游则很长。所谓"余亦陪公游四十年,教余勤矣"(参看《宝谟阁待制中书舍人陈公墓志铭》)。

全祖望在《水心学案序》中说:"水心较止斋又稍晚出,其学始同而终异。永嘉功利之说,至水心始一洗之"(《宋元学案》卷五十四)。其实,叶适与薛、陈之学,既不是"始同终异",更不是把功利之说"始一洗之",而是将它做了进一步的发挥。叶适的实事实功思想就是在这个基础上发展起来的,关于这一点,我们下面详述。

这里要指出的是,当"天下争言性命之学"的时候,叶适却挺然接受了薛、陈的功利之说,这一表现,同他的家庭出身不无关系。叶适是"寒门俊士",出身于贫民家庭。他在《母杜氏墓志》中说:

> 外王公……居田间,有耕渔之乐。其后业衰,而夫人生十余年,则能当其门户劳辱之事矣。……始,叶氏自处州龙泉徙于瑞安,贫匮三世矣。当此时,夫人归叶氏也。夫人既归而岁大水,飘没数百里,室庐什器皆尽。自是连困厄,无常居,随僦辄迁,凡迁二十一所。所至或出门无行路,或栋宇不完……于是家君聚数童以自给,多不继,夫人无事可治,然犹答理其细微者,乃至拾滞麻遗纻缉之,仅成端匹。……夫人常戒适等曰:"吾无师以教汝也,汝善为之……若义不能立,徒以积困之故受怜于人,此人为之缪耳!……汝勉之,善不可失也。"(《水心文集》卷二十五)

从小生活在这样的家庭和接受这样的教育,这就使他比较容易把"图善"和"立义"的思想,与重视事功的务实精神,自然地联系在一起。这可以说是叶适接受功利之说的原因之一。

但是，他从承接薛季宣、陈傅良二人的思想成就，到建成自己与理学、心学相对立的体系，还是经历了一个相当长的过程的。叶适的活动，可分为前后两个不同的时期，从二十四岁（公元1173年）进入政治生活开始，到开禧三年（公元1207年）被劾夺职，整整度过了三十四个年头的官场生涯。在这期间，他主要是从事实际的政治活动。不仅在反抗异族入侵的问题上，同主和派的妥协投降作了长期坚决的斗争，而且为南宋的"改弱就强"，提出了一整套改革的方案，并为这些方案的实施，进行了不懈的努力。他在这个时期，只做了一些"辑录"资料的准备工作。他的门人孙之弘说：

> 初，先生辑录经史百氏条目，名《习学记言》，未有论述。（《习学记言序目》嘉定十六年序）

叶适思想体系的形成是在后期，即从金陵回到永嘉城外的水心村之后。这年他五十八岁，到七十四岁（公元1223年）逝世之前，进行了十六个寒暑的潜心研究。在这期间，他"根柢六经，折衷诸子，剖析秦汉，迄于五季"（同上），并对"六经诸史子以及宋《文鉴》"，都做了论述，他的《习学记言序目》就是在这样的基础上写成的。这是一部宣传事功之学的学术著作，既是对薛、陈二人思想的发挥，也有他自己的独创见解，特别是对程、朱的论辩，反映了他与理学的对峙。

对于叶适的思想，从来就有不同的评价。还在朱熹活着的时候，就在《语类》中批评"永嘉、永康之说，大不成学问，不知何故如此。"陈振孙在《直斋书录解题》中也说："其文刻削精工，而义理未得为纯明正大。"不论是朱熹的否定也好，还是陈振孙的不满也好，其实恰好说明了叶适思想不同于伊洛之学。

"永嘉之学，教人就事上理会，步步着实，言之必使可行，足以开物成务"（黄宗羲《艮斋学案》案语）。叶适在这个基础上逐步发展成自己实事实功的思想，用他的话说，就叫作"务实而不务虚"。他说：

> 臣闻欲明大义,当求公心;欲图大事,当立定论。自献者追愤,自安者忘仇,非公心也。勇者惟欲进,怯者惟欲止,非定论也。善为国者,务实而不务虚,择福而不择祸,条目先定,而始末不差,斯所谓公心矣。措己于安,而制敌之危,斯所谓定论矣。
>
> (《水心文集(补遗)》《历代名臣奏议·九七》)

"务实而不务虚",才能有"公心","定论"。这体现了叶适把"义理"和"功利"统一起来的思想。由此,他反对忽视功利专尚"义理"的空谈家。例如,他在《始议二》中指出:

> 今世议论胜而用力寡,大则制策,小则科举……皆取则于华辞耳,非当世之要言也。虽有精微深博之论,务使天下之义理不可踰越,然亦空言也。盖一代之好尚既如此矣,岂能尽天下之虑乎!(《水心别集》卷十)

在《上孝宗皇帝札子》中,论及报仇、复"故疆"时,他又指出:

> 奇谋秘画者,则止于乘机待时;忠义决策者,则止于亲征迁都;沈深虑远者,则止于固本自治;高谈者远述性命,而以功业为可略;精论者妄推天意,而以夷夏为无辨。小人之论如彼,君子之论如此。(同上卷十五)

叶适这些批评,显然指的就是理学家。因为不管是朱熹还是陆九渊,都是把"义理"和"功利"对立起来,只承认义理,否定功利。叶适指出"以功业为可略",而高谈"性命"和"义理",即使议论如何精深,也只能是空言,正击中他们反对功利的思想。事实正是这样。朱、陆在辨析理学的范畴和概念,以及论述理学的命题方面,是相当的细密。当他们把这一方面绝对化起来,以至否定"功利",他们就走向唯心论和形而上学。叶适看出了理学的这个弊端,主张把"义理"与"功利"结合起来,提倡"以利和义","义利并立"的思想,同时并不否定理学的若干细密处,这就标志着人类思维发展的曲折性。

据《水心别集·序》,叶适这些批判,大都是在淳熙十二年(公元1185年),他从姑苏入都的前后写的。而且是把它作为奏议,提请朝廷,推行于全国的。但是到淳熙十五年,当朱熹遭到林栗攻击时,他却出面为朱开脱、辩解。这年八月,孝宗任命朱熹做兵部郎官。兵部侍郎林栗当即出来反对,说"熹本无学术,徒窃张载、程颐之余绪,以为浮诞宗主,谓之道学,妄自推尊。所至辄携门生十数人,习为春秋、战国之态,妄希孔、孟历聘之风。绳以治世之法,则乱人之首也"(引自叶适《辩兵部郎官朱元晦状》)。林栗出于排斥理学家参加政权的需要,自然不免于不实之词。而叶适在《辩兵部郎官朱元晦状》中,却激烈攻击林栗,袒护朱熹:"凡栗之辞,始末参验,无一实者,至于其中'谓之道学'一语,则无实最甚。利害所系,不独朱熹,臣不可不力辩。盖自昔小人残害忠良,率有指名,或以为好名,或以为立异,或以为植党。近创为'道学'之目……见士大夫有稍慕洁修,粗能操守,辄以道学之名归之"(《水心文集》卷二)。又说,林栗袭用郑丙、陈贾之说,"以道学为大罪",使"善良受祸,何所不有!"反映了叶适当时对道学的认识,在思想上还不完全明确。

二、叶适同理学的分歧

叶适明确而又系统地批判理学,主要是在后期。其集中表现在这个时期所写的《习学记言序目》这本读书札记中。据他的门人孙之弘序,叶适最初写的《习学记言》,只是"辑录经史百氏条目",并未加以评论。他针对理学思想而阐发的论述,是从金陵回到故籍后,才撰写的。

其次,以《序目》同他前期写的《水心别集》相比较,可以明显地看出,二者对于经史百氏虽皆有所述,却有一个很大的不同。《别集》多系正面解释,主要阐述自己的理解,很少涉及对理学的批判;而《序自》的论述,则充满了直接批评理学的精神。通观他对理学的批判,大都集中在这本书中,可以说《序目》是他批判理学的主要记实。

叶适对理学的态度所以产生这样不同的变化,主要是由于长期的社会实践和对群书的悉心研究,使他加深了对于理学的认识。比如,过去他误以为"道学之目,郑丙倡之,陈贾和之",目的在于"残害忠良"。现在意识到"道学之名,起于近世儒者,其意曰:举天下之学皆不足以致其道,独我能致之,故云尔"(《水心文集》卷二十七《答吴明甫书》)。就是说,不仅对道学的创建者的看法变了,对道学的意义和作用的认识也不同了。在前一阶段,他把同理学家的分歧,或许还只是看作在"义利"等方面的个别观点,而现在觉察到这种分歧,远远不是个别问题,是包括对儒家经典、道统,以至对宇宙论等一系列问题的不同。特别是随着他思想体系的形成,使他更加感到"专以心性为宗主"的理学家,已经偏离了孔子的本统,完全推宗思、孟的余绪,因而为他所不能容忍。

为了尽废"后儒之浮论","稽合于孔氏之本统",他"根柢六经,折衷诸子",对理学思想展开了全面的诘辩。

(一)对程朱派《易》学的诘辩

针对程朱理学的《易》学,叶适说:

> 自有《易》以来,说者不胜其多,而淫诬怪幻亦不胜其众。……虽非昔之所谓淫诬怪幻者,然而依于神以夸其表,耀于文以逞其流,于《易》之道犹曰出入焉而已。余既条其大指,稍厘析之,诚焕然如此,则孔氏之成书翳而复明,《易》之道其庶几乎!

(《习学记言序目》卷四)

叶适没有在"虽非昔之"前后,加"今世"之类的时间冠词,但意思是非常清楚的。就是说,他所以对《易》"条其大指,稍厘析之",目的就是为了批驳那种"依于神以夸其表,耀于文以逞其流"的浮文虚论。

正是在《周易》这部古代儒经之中,他将理学家奉为"宗旨秘义"的

"太极",作了另外的解释,他说:

> "易有太极",近世学者以为宗旨秘义。按卦所象惟八物,推八物之爻为乾、坤、艮、巽、坎、离、震、兑,孔子以为未足也,又因《象》以明之,其征兆往往卦爻所未及。故谓《乾》各正性命,谓《复》见天地之心,言神于《观》,言情于《大壮》,言感于《咸》,言久于《恒》,言大义于《归妹》,无所不备矣。独无所谓"太极"者,不知《传》何以称之也?自老聃为虚无之祖,然犹不敢放言,曰"无名天地之始,有名万物之母"而已。至庄、列始妄为名字,不胜其多,始有"太始"、"太素"、"未始有夫未始有无"茫昧广远之说。传《易》者将以本原圣人,扶立世教,而亦为太极以骇异后学。后学鼓而从之,失其会归,而道日以离矣。又言"太极生两仪,两仪生四象",则文浅而义陋矣。(同上)

后世有的学者不同意叶适这个批评。清人黄体芳说,所谓"太极生两仪等文浅义陋",是"一时愤激之言,不可以转相师述"。《四库全书总目提要》也认为叶适"语皆未当,诚不免于骇俗"(卷一一七)。其实,叶适在这里不只是批评"太极生两仪,两仪生四象",是"文浅义陋",是传《易》者"骇异后学";更重要的是提出了这个渊源于《周易》的"宗旨秘义",却非孔氏所做的论断。在他看来,理学家把《易传》当为孔子的作品,本身就是一个不可原谅的错误。为此,他不止一次地指出:

> 《易》不知何人所作……孔子独为之著《彖》《象》。盖惜其为他异说所乱,故约之中正以明卦爻之指,黜异说之妄,以示道德之归。其余《文言》《上下系》《说卦》诸篇,所著之人,或在孔子前,或在孔子后,或与孔子同时,习《易》者会为一书,后世不深考,以为皆孔子作也。(同上卷四十九《皇朝文鉴三》)

> 《彖》《象》辞意劲厉,截然著明,正与《论语》相出入,然后信

其为孔氏作无疑。至所谓《上下系》《文言》《序卦》,文义重复,浅深失中,与《彖》《象》异,而亦附之孔氏者,妄也。(同上卷三《周易三》)

叶适这些论述反复说明:一,所谓"易有太极"之《易》,不是孔子一人所作。究为何人所作,他认为现在还弄不清楚,可能是习《易》者会集而成的。二,就孔氏述《易》,只是著《彖》《象》而已。而其所指,亦仅是为了"明卦爻之指,黜异说之妄",其中根本没有所谓"太极"的问题。黄宗羲在评价叶适时说:"其意欲废后儒之浮论,以言乎疵则有之,若云其概无所闻,则亦堕于浮论矣"(《宋元学案》卷五十四)。这是比较客观的说法。也就是说,如果不能否认他是"概无所闻",那就必须承认叶适这两点说明,确实是把所谓的"太极"说,完全排除出孔氏之作以外,置于"不知何人所作"的境地。而这对于以道统正宗自居的理学家来说,不能不是一个严重的打击。因为这样一来,奉为"宗旨秘义"的"太极",就从根本上被否定了。所以《四库全书总目提要》中说:"特当宋之末世,方恪守洛、闽之言,而适独不免于同异,故振孙等不满之耳"(卷一一七)。

值得指出的是,叶适还进一步考察了这个被理学家们所神秘化了的"极"的意义。他说:

"极"之于天下,无不有也;耳目聪明,血气和平,饮食嗜好,能壮能老,一身之极也。孝慈友弟,不相疾怨,养老守孤,不饥不寒,一家之极也。刑罚衰止,盗贼不作,时和岁丰,财用不匮,一国之极也。越不瘠秦,夷不谋夏,兵革寝伏,大教不爽,天下之极也。此其大凡也。至于士农工贾,族姓殊异,亦各自以为极而不能相通,其间爱恶相攻,偏党相害,而失其所以为极。是故圣人作焉,执大道以冒之,使之有以为异而无以害异,是谓之"皇极"。天地之内,六合之外,何不在焉?

夫极非有物,而所以建是极者则有物也。君子必将即其所以建者而言之,自有适无,而后"皇极"乃可得而论也。

  室人之为室也,栋宇几筵,旁障周设,然后以庙以寝,以库以厩,而游居寝饭于其下,泰然无外事之忧。车人之为车也,轮盖与轸,辐毂軵辕,然后以载以驾,以式以顾,南首梁、楚,北历燕、晋,肆焉无重跰之劳。夫其所以为是车与室也,无不备也。有一不备,是不极也,不极则不居矣。……苟为不然,得其中而忘其四隅,不知为有而欲用之以无,是以无适无也。将使人君何从而建之,箕子之言何从而信于后世哉?(《水心别集》卷七进卷《皇极》)

叶适对于"极"(即"皇极""太极")的解释,自然不免于折中调和的糟粕。他之所以把"极"说成只能"使之有以为异而无以害异",如果"爱恶相攻,偏觉相害,而失其所以为极也",这正是与他思想中的折中主义相通的。但是,就其提出的一身、一家、一国以至天下之极,如"耳目聪明,血气和平,饮食嗜好。能壮能老,一身之极也"等看,全是指具体的物,是可以看得见摸得着的。所以他强调"建极"必须"有物"。这与理学家把"极"神秘化为"无",或抽象为宇宙的本源,是不同的。特别是他以"室人之为室"和"车人之为车"之喻,对于"极"与"不极"的说明,更富于理论的价值。这不仅是从整体和部分的辩证关系上,阐述了车之所以为车,室之所以为室,在于它们具备了各种必要的条件,如"栋宇几筵,旁障周设","轮盖与轸,辐毂軵辕"等等。换句话说,也就是只有具备这些条件,才能构成所谓的车或室。如果不具备这些条件,或"有一不备",是不可以成其为车,成其为室的,这也就是"不极",而且进一步说明了"极"不是抽象的东西,而是包括各种条件在内的一个"可居""可用"的完备的整体。这个论述对于揭露理学家玩弄的神秘主义,是有其作用的。

  此外,叶适在《周易》这部书的解释中,还对理学家们进行了不少的批评。例如,他指出"近世之论学,谓动以天为无妄,而以天理人欲为圣狂之分者,其择义未精也"(《习学记言序目》卷二),表示了对程朱理学思想的蔑视。再如,他说"按《易》以《象》释卦……无所谓'无思无为','寂然不动',

'不疾而速、不行而至'者。余尝患浮屠氏之学至中国,而中国之人皆以其意立言,非其学能与中国相乱,而中国之人实自乱之也。今《传》之言《易》如此,则何以责夫异端者乎?"类似这样的评论,在其所注的《周易》四卷中多次提到。

(二)反对以理学观点解《中庸》《大学》

叶适不同意程、朱把《中庸》纳入理学的轨道。他说:"今世之学,以心起之,推而至于穷事物之理,反而至于复性命之际"(《水心别集》卷七进卷《总述》)。在这种情况下,不但"儒者失孔子之意",而且使《中庸》"轻重失伦,虚实无统,而中庸之道卒于无所明矣"(《习学记言序目》卷八《中庸》)。为了使"《中庸》《大学》之意可以复见而无疑",他认为必须纠正程、朱的解释,而以"孔子之经以求之"。所以他对《中庸》《大学》的解说(见《习学记言序目》),几乎逐章逐句都是与程、朱的注释对立的。这里仅举几例如下:

例如,关于《中庸》的作者,叶适就提出了不同的看法。二程认为"子思恐其久而差也,故笔之于书,以授孟子"。朱熹也说:"《中庸》何为而作也?子思子忧'道学'之失其传而作也。"就是说,他们都肯定《中庸》为子思所著。叶适则认为"汉人虽称《中庸》子思所著,今以其书考之,疑不专出子思也"(同上卷八)。为此,他对子思的生平做了考证,并对所谓"年十六著《中庸》"一说,提出疑问(同上卷十七《孔丛子·居卫》)。他指出"若子思所自作,则高者极高,深者极深,宜非上世所传也。然则言孔子传曾子,曾子传子思,必有谬误"(同上卷四十九《皇朝文鉴·三》)。从表面上看,这里所争论的只是一个作者的问题,而其实是关系到程、朱的道统正宗地位的问题。

叶适所论,不见得完全精当、可靠,但问题却提得非常之重要,针锋相对,以致使近世高唱新理学的人,至今还未能把他推翻,这是颇有意思的。

再如,关于《大学》。二程、朱熹竭力尊崇《大学》在经书中的地位,是人所共知的。程颐在《大学》的按语中首称"《大学》孔氏之遗书,而初学入德之门也。于今可见古人之为学次第者,独赖此篇之存,而《论》《孟》次之。学者必由是而学焉,则庶乎其不差矣。"朱熹也说,《大学》是"为学纲目","修身治人底规模"(《四书集注》)。二程兄弟各自改正《大学》,朱熹亦为《大学》特意补写了格物致知一章,可见他们之于《大学》是何等的重视。

叶适也很尊崇《大学》。他说:"《大学》之说备矣","用于天下国家……可谓切且至矣。"又说:《大学》"以弥纶六经、百氏之道,为圣人之遗书,而天下之人非是则无以学也"(《水心别集》卷七进卷《大学》)。叶适虽推崇《大学》和《中庸》,但对《大学》中一些基本观点又有自己的解释。如他认为"致知格物在心、意之先",而不是在心、意之中,是与程、朱"格物者,穷理也"的观点不同的。这个论断,其中有一点,最值得注意,即是对于人和物(即主观与客观)的关系。叶适认为,人们的认识不可以离开"物"。"知之至者,皆物格之验也。有一不知,是吾不与物皆至也。"就是说,正确的认识来源于对物的认识,并且要经过"物格"之检验,才能得到证实。如果离开了"物"或不与"物"接触,就不会有认识。在这里,他不仅把《中庸》"道也者,不可须臾离也"的思想,大胆地修改为"不可须臾离物也"的命题,而且明确地指出了"物"的客观性。强调"物之于我","以物用而不以己用","自用则伤物,伤物则己病矣"。因为在程、朱看来,格物只是体验天理的手段。叶适说理学家"以其自为物而远于物",是很深刻的。在他看来,"君子不可须臾离物也",因此强调"以物用而不以己用","格物"在于达到对"物"本身的认识,这就和程、朱的观点大异其趣了。

(三)批判理学家的道统论

叶适还着重批判了理学家的道统论。他说:"道始于尧,次舜,次禹,次皋陶,次汤,次伊尹,次文王,次周公,次孔子,然后唐、虞、三代之道,赖以有传"(《习学记言序目》卷四十九《皇朝文鉴·三》)。他在《尚书·总论》《论语》等篇中,也多次讲到这个问题。但不同意近世学者(即理学家)所谓孔子传曾子、曾子传子思、子思传孟子的道统说,尤其不同意程、朱遥接尧、舜、禹、汤、文武、周公、孔子之学的统绪。就是说,叶适所争辩的,不是道统有无的问题,而是谁个才是真正承接孔子之道的问题(按:叶适对孟子的上承孔子之道,存有怀疑)。这是叶适所以力论道统的基本思想。

从这个思想出发,他首先对曾子提出了怀疑,指出其以"忠恕"解释

"一贯",不合孔子原意,是"不可以为准"的。他说:

> 至孔子,于道及学始皆言"一以贯之"。……然余尝疑孔子既以一贯语曾子,直唯而止,无所问质,若素知之者;以其告孟敬子者考之,乃有粗细之异,贵贱之别,未知于一贯之指果合否?曾子又自转为忠恕。忠以尽己,恕以及人,虽曰内外合一,而自古圣人经纬天地之妙用固不止于是,疑此语未经孔子是正,恐亦不可便以为准也。子贡虽分截文章、性命,自绝于其大者而不敢近,孔子丁宁告晓,使决知此道虽未尝离学,而不在于学,其所以识之者,一以贯之而已;是曾子之易听,反不若子贡之难晓。至于近世之学,但夸大曾子一贯之说,而子贡所闻者殆置而不言,此又余所不能测也。(《习学记言序目》卷十三《论语》)

其次,对所谓"曾子亲传孔子之道"一说,断然加以否定。他说:

> "曾子有疾,孟敬子问之"。近世以曾子为亲传孔子之道,死复传之于人,在此一章。按曾子没后语不及正于孔子,以为曾子自传其所得之道则可,以为得孔子之道而传之,不可也。自尧、舜、禹、汤、文武、周公、孔子,所传皆一道,孔子以教其徒,而所受各不同。以为虽不同而皆受之于孔子则可,以为尧、舜、禹、汤、文武、周公、孔子之所以一者,而曾子独受而传之人,大不可也。孔子尝告曾子"吾道一以贯之",曾子既唯之而自以为忠恕。按孔子告颜子"一日克己复礼,天下归仁焉"。盖己不必是,人不必非,克己以尽物可也。若动容貌而远暴慢,正颜色而近信,出辞气而远鄙倍,则专以己为是,以人为非,而克与未克,归与未归,皆不可知,但以己形物而已。且其言谓"君子所贵乎道者三",而"笾豆之事则有司存",尊其所贵,忽其所贱,又与一贯之指不合,故曰:"非得孔子之道而传之也"。……传之有无,道之大事也。

世以曾子为能传,而余以为不能,余岂与曾子辨哉?不本诸古人之源流,而以浅心狭志自为窥测者,学者之患也。(同上)

叶适敢于直指曾子不能传孔子之道,这是很大胆的。而其论亦至为精辟。一方面指出了曾子"以己形物",指出了所谓"忠恕"与"一贯"之指的不合;另一方面又从方法论上,既肯定了曾子自己的"所得之道",又不承认他能"独受"或"以为得孔子之道而传之"。这样有力的分析和论证,对于否定"曾子为能传",虽不能说是千古定论,至少也入木三分。值得指出的是,叶适为此所做的考证,似乎也不无意义。他说:

按孔子自言德行颜渊而下十人,无曾子,曰:"参也鲁"。若孔子晚岁独进曾子,或曾子于孔子后殁,德加尊,行加修,独任孔子之道,然无明据。又按曾子之学,以身为本,容色辞气之外不暇问,于大道多所遗略,未可谓至。又按伯鱼答陈亢无异闻,孔子尝言"中庸之德民鲜能",而子思作《中庸》,若以《中庸》为孔子遗言,是颜、闵犹无是告,而独闻其家,非是;若子思所自作,则高者极高,深者极深,宜非上世所传也。然则言孔子传曾子、曾子传子思、必有谬误。(同上卷四十九《皇朝文鉴·三》)

叶适在道统上,先删除曾子,可以说是抓住了问题的关键。因为,按照孔子传曾子、曾子传子思、子思传孟子这个统序,思、孟不过是流,曾子才是直接传孔子之道的源头。因此,弄清楚曾子是否"亲传孔子之道",是有极其重要的意义。叶适不惜笔墨,通过考证、辨析,最终推倒了这个"世以曾子为能传"的传统观念。这就在渊源的出口处,拦腰斩断了道统说,使它成了"无源之水",从而使最先提出道统说的韩愈,也站不住脚。所以他讥刺韩愈:"号能追三代之文,其词或仿佛似之,至于道之所在,岂能庶几也"(同上卷六《毛诗》)。而这正是他所说的"学者溯源而后循流,则庶几得之;若沿流以求源,则不胜其失"(同上卷三《周易三》)的具体运用。

其次是对思、孟,尤其对孟子,叶适批评的最多,也最严厉。在他评注的《孟子》一卷中,几乎逐条逐句都有所论。不仅指出孟子有许多"新说奇论",远远超过了古人,而且根本不符合孔子的原意,完全是孟子的独创。例如,"孟子言性、言命、言仁、言天,皆古人所不及也"(同上卷四十九《皇朝文鉴·三》)。所谓心说,更是孟子的创作。"古之圣贤无独指心者,至孟子,始有尽心知性、心官、贱耳目之说"(同上卷四十四《荀子》)。"通于天理,达于性命",也是"颜、曾始传之,子思孟子述焉"(同上卷六《毛诗》)。就是关于性命祸福之说,也与古人不同。"刘子论受脈,此'中'字、'命'字、'则'字,古人皆共之,盖性命祸福之说未分也。至子思、孟子言性命祸福,虽亦本于古人,然稍分矣"(同上卷十《左传》)。至于对管仲、曾西之论,就更不知孔子的意思了。"按子贡子路及孟子所称曾西羞比管仲,其实不知孔子之意。至孟子以'管仲、曾西所不为,安得为我愿之',而自谓'以齐王犹反乎',则不知孔子之意又甚矣"(同上卷十三《论语》)。类似这种批评、指责,有时甚至是讥刺的语言,在《习学记言序目》一书中,不胜枚举。

但是,叶适对思、孟的批判,重在心性说。这不只是因为心性的观点是思孟体系的核心,而且还因为这个思想对于后世学人影响极深。"专以心性为宗主"的理学家,即渊源于此。

孟子的心性思想,集中于《孟子·告子上》:

> 耳目之官,不思而蔽于物,物交物,则引之而已矣。心之官则思,思则得之,不思则不得也。此天之所以与我者,先立乎其大者,则小者弗能夺也,此为大人而已矣。

叶适认为孟子的观点,与古人"内外交相成之道",是背道而驰的。他说:

> 按《洪范》,耳目之官不思而为聪明,自外入以成其内也;思曰睿,自内出以成其外也。故聪入作哲,明入作谋,睿出作圣,貌

言亦自内出而成于外。古人未有不内外交相成而至于圣贤,故尧、舜皆备诸德,而以聪明为首。孔子告颜渊"非礼勿视,非礼勿听",学者事也,然亦不言思;故曰"学而不思则罔,思而不学则殆";又曰:"吾尝终日不食,终夜不寝以思,无益,不如学也"。季文子三思而后行,子闻之曰:"再斯可矣"。又,物之是非邪正终非有定。《诗》云:"有物有则",子思称"不诚无物",而孟子亦自言"万物皆备于我矣"。夫古人之耳目,安得不官而蔽于物?而思有是非邪正,心有人道危微,后人安能常官而得之?舍四从一,是谓不知天之所与,而非天之与此而禁彼也。盖以心为官,出孔子之后,以性为善,自孟子始;然后学者尽废古人入德之条目,而专以心性为宗主,致虚意多,实力少,测知广,凝聚狭,而尧、舜以来内外交相成之道废矣。(同上卷十四《孟子》)

这是一段很有学术价值的批判。一、他指出人类的认识是自外入和自内出,即"内外交相成"的过程。叶适这种"自外入"和"自内出"的交相成观点,是同唯物主义从耳目之官的感性认识到理论思维的理性认识相一致的,是符合认识发展的过程的。因而他批评"以心为官",背离了"内外交相成之道",也不合古人之教。二、指出了孟子的心性说,对后世学者所产生的不良影响。他认为理学家"专以心性为宗主",以致"虚义多,实力少",尽废古人"内外交相成之道",其思想就是渊源于孟子的唯心主义。这样,就使人们既看到孟子的思想影响,也找到了理学家"专主心性"的思想渊源。因而叶适这些论述,就不仅是对孟子唯心主义的批判,同时也是对程朱理学和陆九渊心学的有力批判。

对于孟子的性善论,叶适也认为性"非止善字所能弘通"。他说:

告子谓"性犹杞柳,义犹桮棬",犹是言其可以矫揉而善,尚不为恶性者。而孟子并非之,直言人性无不善……以此接尧、舜、禹、汤之统。虽论者乖离,或以为有善有不善,或以为无善无不善,或直以为恶,而人性之至善未尝不隐然见于搏噬、紾夺之中……余尝疑汤"若有恒性",伊尹"习与性成",孔子"性近习远",乃言性之正,非止善字所能弘通。(同上)

对人性的问题,叶适一向坚守"古人不以善恶论性,而所以至于圣人者"的格言,不赞成仅用一个善或恶字概括人性。基于这种思想,他既反对孟子的性善论,也反对荀子的性恶说。他指出"人性之至善未尝不隐然见于搏噬、紾夺之中",就是对孟子性善论的诘辩。

叶适对"世以曾子为能传"的大胆否定,和对"孟轲能嗣孔子"的抨击,说明所谓"曾子传子思、子思传孟子"的"道统",并不是孔子之学的本统。故说:"舍孔子而宗孟轲,则于本统离矣。"叶适这个论断,虽为一家之言,但它对自唐以来的道统说,尤其对自称"千载以后"遥接"圣人不传之学"的二程、朱熹,不能不是一个严重的打击。因为这样一来,就动摇了他们的道统正宗地位。

(四)揭露理学的思想渊源

叶适批判了道统论之后,进而揭露了理学的思想来源。他说:

有《易》以来,筮之辞义不胜多矣,《周易》者,知道者所为,而周有司所用也。孔子独为之著《彖》《象》,盖惜其为他异说所乱……习《易》者会为一书,后世不深考,以为皆孔子作也,故《彖》《象》掩郁未振,而《十翼》讲诵独多。魏、晋而后,遂与老、庄并行,号为孔、老。佛学后出,其变为禅,喜其说者以为与孔子不异,亦援《十翼》以自况,故又号为儒、释。本朝承平时,禅说尤炽,儒、释共驾,异端会同。其间豪杰之士,有欲修明吾说以胜之者,而周、张、二程出焉,自谓出入于佛、老甚久,已而曰:"吾道固有之矣",故无极太极、动静男女、太和参两、形气聚散、絪缊感通、有直内无方外,不足以入尧、舜之道,皆本于《十翼》,以为此吾所有之道,非彼之道也。及其启教后学,于子思、孟子之新说奇论,皆特发明之,大抵欲抑浮屠之锋锐,而示吾所有之道若此。然不悟《十翼》非孔子作,则道之本统尚晦;不知夷狄之学本与中国异。(同上)

叶适指出,宋代理学,自周、张、二程起,其"所有之道",就不是孔子的本统,而是皆本于《十翼》和子思、孟子"新说奇论"的发挥。这就从理学的思想体系和理论源流上揭露其思想实质,不过是杂以思孟、老庄和禅宗的一个混合体。

叶适对道统说的批判说明:

一、叶适对道统的看法与理学家不同。其焦点在于:理学家认为"子思得之曾子,孟轲本之子思,是为孔门之要传"。而叶适则认为曾子"不能传",孟轲"不能嗣","舍孔子而宗孟轲,则于本统离矣"。观点不同,态度自然亦异。理学家由于把思、孟目为"孔门之要传",所以特别发挥子思、孟子的"新说奇论",并以此作为遥接"圣人不传之学"的统绪。叶适对思、孟则持批判态度,并斥理学家为"不足以知其统而务袭孟子之迹,则以道为新说奇论"的学者而已(同上卷四十九《皇朝文鉴·三》)。这是叶适反对道统的一个原因。

二、叶适反对道统说的另一个原因,实际上是反映了他也在争道统的正宗地位。这不仅表现在他对思、孟之学的极力否认,更主要的是把孔子作为反对道统的大旗,以示自己每事"必质于孔子而后不失其正"。这就等于说只有他自己才是孔门之学的正宗。叶适推崇孔子,在学术上并无可取之处,但是反对道统、批判思孟,则是有意义的,值得重视的。

第十五章 杨万里的思想

第一节 杨万里的生平

杨万里(公元1127—1206年)字廷秀,号诚斋。吉州吉水(今属江西)人。是南宋初年著名的诗人,与陆游、范成大、尤袤齐名,称四大家。过去一般只把他作为诗人看待而忽略了他在其他方面的成就。实际上,他还是一位学识广博的学者。后世有人把他列为道学家,但他和当时不识时务、皓首于名物、章句而自命清高的儒者不同,也和空谈性命、不务实际而自诩继"道统"的理学家不同。他和时代稍晚的进步思想家陈亮、叶适比较相似。政治上,他有满腔忧国忧民的爱国热忱,始终反对苟安求和,力主抗击金人,具有一套兴国在人的社会政治观点。哲学上,他继承了古代唯物主义的思想传统,是一位唯物主义哲学家。他反对空谈性命,与唯心主义的程朱理学处于对立地位。他的学术著作有《诚斋易传》《庸言》《天问天对解》等。其中尤以《诚斋易传》用力最多,"阅十有七年而后成",可谓"平生精力,尽于此书"(杨长孺《申送易传状》)。全祖望对此书也有相当高的评价。他说:"《易》至南宋康节之学盛行,鲜有不眩惑其说,其卓然不惑者,则诚斋之《易传》乎!其于图书九十之妄,方位南北之讹,未尝有一语及者。……中以史事证经学,尤为洞邃"(《宋元学案》卷四十四《赵张诸儒学案》)。《四库全书总目提要》认为此书是以人事说《易》,没有后儒"舍人事而谈天道"的弊病,"其书究不可磨灭"。

他生活于民族矛盾十分尖锐的时代,目睹金兵入侵对人民的蹂躏和南宋王朝的腐败无能。他很有一番报国救民的抱负,但由于秉性刚直,遇事敢言,得罪了孝宗皇帝,故终不得重用以施展其抱负,最后因韩侂胄专权误国,忧愤而死。

杨万里二十八岁中进士,开始了他的政治生涯。他的一生,大致可分为前、后两期。

(一)前期(公元1127—1193年)

杨万里中进士之前,家境清寒,世代没有做官的,是个穷知识分子。自绍兴二十四年(公元1154年)中进士之后,一直到宋光宗绍熙三年(公元1192年)辞官回家,经历了四十年的仕宦生活。

杨万里中进士后,初授赣州司户,继调永州零陵丞。在永州时,他很崇敬力主抗金的宿臣张浚。这时正值张浚谪居永州,"杜门谢客,万里三往不得见,以书力请,始见之,浚勉以'正心诚意'之学"(《宋史》本传)。这对杨万里操持名节,有较大的影响。杨万里遂将读书之室命名曰"诚斋",并终身奉浚为师,自号"诚斋"。故《宋元学案》把他列入《赵(鼎)张(浚)诸儒学案》。

隆兴元年(公元1163年),孝宗即位,有意恢复中原,张浚被起用为相。浚入相后,即推荐杨万里任临安府教授,因父丧,未赴,守制在家;服满,改任隆兴府奉新县知县。在任期内,他禁止苛役入乡扰民,百姓如有拖欠赋税者,只将其姓名公布于市,结果是"民懽趋之,赋不扰而足,县以大治"(同上)。初次显示其政治才能和实现不扰民的政治主张。

乾道六年(公元1170年),杨万里为了实现其政治抱负,向朝廷上《千虑策》,有"君道""国势""治原""人才""论相""论将""论兵""驭吏""选法""刑法""冗官"等内容,比较集中地反映了他的进步的社会政治思想。在《千虑策》中,他极陈国家之利病,力攻投降之非策,言辞激昂,心情痛切。因而很得当时枢密虞允文、宰相陈俊卿的赏识,立即推荐他为国子博士。

次年,孝宗要起用佞倖外戚张说担任军国要职——签书枢密院事;侍讲张栻力争不可,并严词责问虞允文,结果被排挤出守袁州。秉性刚直的杨万里"抗疏留栻",并致书虞允文规以正理。留栻虽未成功,但他这种遇事敢言的精神,却赢得人们的称道,"公论伟之"(同上)。此后,杨万里迁太常博士,不久又升太常丞、兼礼部右侍郎,转将作少监。

淳熙元年(公元1174年),他被任命知漳州,后改为知常州。六年,又任命为提举广东常平茶盐。"盗"沈师犯广东,杨万里率兵镇压。事后,他被提升为广东提点刑狱。

淳熙九年(公元1182年)七月,因母病故去任,在家守制。十一年冬初,服满,召还临安,任吏部员外郎。

淳熙十二年(公元1185年),升郎中,以地震应诏上书,极论时政。认为宋金虽然处于休战"和好"之际,但朝廷却不能思想麻痹,高枕无忧,应认清敌情,积极做好抗御金兵再次侵犯的准备,以谋恢复中原失地。他提出了"无事于有事之时"的十点事项,其中既有对朝廷的严厉警告;更有积极的建议。如说:

> 陛下以今日为何等时耶?金人日逼,疆场日扰,而未闻防金人者何策?保疆场者何道?但闻某日修某礼文也,某日进某书史也,是以飨饮理军以干羽解围也。
> 今日弃淮而保江,既无淮矣,江可得而保乎?
> 古者足国裕民,惟食与货,今之所谓钱者,富商、巨贾、阉宦、权贵,皆盈室以藏之,至于百姓三军之用,惟破楮券尔。
> 古者主国必有可畏,非畏其国也,畏其人也。……异时名相如赵鼎、张浚,名将如岳飞、韩世忠,此金人所惮也。近时刘洪可用则早死,张栻可用则沮死,万一有缓急,不知可以督诸军者何人?可以当一面者何人?而金人之所素惮者又何人?(同上)

杨万里针对朝廷这种无能的状况,建议朝廷:一应"以重蜀之心而重荆襄,使东西形势之相接";二应"以保江之心而保两淮,使表里唇齿之相依";三"勿以海道为无虞,勿以大江为可恃。增屯聚粮,治舰扼险";四"君臣之所咨访,朝夕之所讲求,姑置不急之务,精专备敌之策"(同上)。积极采取军事、政治等战备措施,以防金兵的再次侵犯,表达了他坚持抗战,以复中原的爱国热忱。

淳熙十三年(公元1186年),杨万里以枢密院检详官兼太子侍读,后又升为左司郎中兼侍读。在侍读任上,他常读《陆宣公奏议》等书,随事规劝太子,故深得太子之敬重。王淮为相时,问为相之道,答以人才为先;又问当今谁为人才? 他即向朝廷推举了朱熹、袁枢等六十人。

淳熙十四年(公元1187年)夏旱成灾,杨万里应诏上书,认为以往"成汤遇旱而祷,不在于以身牺牲,而在于六事自责之一语。宣王遇旱而惧,不在于靡神不举,而在于侧身修行之一事"(《诚斋文集》卷一《旱暵应诏上疏》)。他从这一观点出发,劝告孝宗对治理旱灾要认真抓紧,"毋怠""毋忽",要讲求实效。他提出四点治理旱灾的方案:一"宽州县",即免去旱荒受灾百姓的当年租赋以及往年"所逋欠之数";二"核积藏",即核实常平仓的粮食数量,好用来救济受灾百姓,并要求保障今后常平仓的粮食一概不许另作他用,只能专门用作"来岁救荒之备",这样就"不至于临时而无所措手足";三"信劝分之赏",即朝廷、官府应言而有信,对出粟救灾之富民,予以官赏;四"赏救荒之官",即对于救荒有力的官吏,应给予奖赏,以资鼓励效仿。杨万里的这套救灾防旱措施,体现了他对受灾百姓的同情和反对祀神求雨而讲求实效的积极态度。

同年,高宗卒。杨万里上疏力争,故相张浚当配享庙廷,指责翰林学士洪迈不俟集议、专辄独断,以吕颐浩等姓名上,无异是"指鹿为马"。孝宗误以指他为秦二世,十分恼怒,乃放杨万里出知筠州。究竟谁当配享的这场争论,并非单纯是典礼上的无谓之争,而是多少含有主战派和主和派之争的意义。

淳熙十五年(公元1188年)八月,杨万里开始了他的哲学著作——《诚斋易传》的写作。

淳熙十六年(公元1189年),光宗即位,杨万里被召回任秘书监。

绍熙改元(公元1190年),杨万里在秘书监任,奉命为接伴使、兼实录院检讨官,去迎接金国使臣。他由临安出发,渡江淮,身临宋金边界,引起深沉的忧国之思,写出了像"船离洪泽岸头沙,人到淮河意不佳;何必桑乾方是远,中流以北即天涯","中原父老莫空谈,逢着王人诉不堪;都是归鸿不能语,一年一度到江南"(《初入淮河四绝句》)等悲愤交集的忧民之作。

同年,孝宗《日历》修成,按职责应由杨万里作序,但宰臣却叫礼部郎官傅伯寿作序,杨万里乃自以"失职",力请去朝。光宗"宣谕勉留。"后又因要进《孝宗圣政》书,杨万里为进奉官,孝宗对他仍怀旧怨,遂出为江东转运副使,经管淮西江东军马钱粮。

朝廷议行铁钱于江南诸郡,杨万里疏其不便,不奉诏。因此又触犯朝廷宰臣,改知赣州。不赴,即辞官而归。这大致是在绍熙三年(公元1192年)。从那以后,杨万里结束了他的仕宦生活。从他二十八岁中进士后,为官达四十年。他一生除了做地方官外,在朝廷只做到秘书监,是文学"清秘"之职,故无法施展其报国救民的抱负。

(二)后期(公元1193—1206年)

杨万里的后期是在家过着闲居的生活。他继续从事《诚斋易传》的写作,直到他死前两年(1204年)才完成,历时十七载。此外,他还写了一些诗篇,编为《退休集》。

晚年,权奸韩侂胄当国用事,杨万里誓不出仕。庆元元年(公元1195年)宁宗即位之后,曾两次召他进京赴任,他都托词不往。

嘉泰三年(公元1203年),朝廷进他为宝谟阁直学士,给赐衣带;开禧二年(公元1206年)又升他为宝谟阁学士。是年卒,年八十,赠光禄大夫,谥文节。

在这期间,韩侂胄专权,欲网罗四方知名士相羽翼,曾筑南园,请他作"记",并许以掖垣。杨万里严词拒绝,说:"官可弃,'记'不可作也!"韩侂胄羞愧无奈,只好改命他人。

韩侂胄专权日甚,万里"忧愤怏怏成疾",家人知其忧国心重,凡是时政消息一概不敢告知。忽一日有族子自外而至,因不知其病情,"遽言侂胄用兵事",万里痛哭失声,呼纸大书其罪状:"韩侂胄奸臣,专权无上,动兵残民,谋害社稷,吾头颅如许,报国无路,惟有孤愤"《宋史》本传)!杨万里对韩的只图个人虚名而无实际战备的盲目用兵,将给社稷和百姓带来更大的危害,真是忧愤之至,当即愤恨笔落而逝!

他刚直敢言的秉性,在当时就很受人尊崇。如同僚倪思在杨万里将被外放为江东转运副使时,他上书谏留,书中言道:"窃见秘书监杨万里,学问文采,固已绝人;乃若刚毅狷介之守,尤为难得!夫若遇事辄发,无顾忌,虽未尽合中道,原其初心,思有补于国家,至惓惓也!"而且认为朝廷之上,若有像杨万里这样刚直敢言之士,则"可以逆断奸萌,矫厉具臣,为益非浅"(见周密《癸辛杂识》前集引)。周必大也赞他是:"立朝谔谔,知无不言,言无不尽","有折角之刚"(《省斋文稿》卷十九《题杨廷秀浩斋记》)。

杨万里是位清廉的官吏,在他满江东任时,有余钱万缗,皆不取而归。他不但自己为官清廉,而且还教育他两个为官的儿子也要正直清廉,不可钻营巧宦:"借令巧钻得,遗臭千载心为寒!""爱了高位不丈夫"(《大儿长孺赴零陵薄示以杂言》)。"学须官事了,廉忌世人知。争进非身福,临民只母慈。关征岂得已,垄断欲何为"(《送次公子之官安仁监税》)?徐玑也曾写诗高度赞扬他这种为官廉洁的品格:"名高身又贵,自住小村深。清得门如水,贫惟带有金。……四海为儒者,相逢问信音"(《二薇亭集》)。

第二节 杨万里的宇宙论和认识论

高宗南渡后,偏安江左,学术文化经过短暂停顿后,很快又趋兴盛,高宗扶持程颢、程颐的学统。在此情况下,有的思想家继承了张载思想的唯物论的一面,加以发展,客观上与理学相对峙,这从杨万里的自然观方面可以看得很清楚。

一、宇 宙 论

杨万里继承和发扬了前人的"气"的朴素唯物主义的宇宙观,在他的《天问天对解》中,他对屈原《天问》和柳宗元《天对》中关于宇宙起源和天体演化等根本问题,做了通俗解释,从而阐明了他的朴素唯物主义的宇宙观。他说:

> 阴阳之合以三,而元气统之以一。炎者,元气之吁也;冷者,元气之吹气也。吁而吹,吹而吁,炎而寒,寒而炎,交错而自功者也。其始无本,其末无化。天之九重者,阳数之合沓而积者尔。天之圜体者,一气辅轮而浑茫者尔,乌有所营? 乌有所度哉?!其凝而结也,冥然而凝,莫见其所以凝,其厘而治也,玄然而厘,莫见其所以厘,乌有所功? 乌有所作哉?!(《诚斋集》卷九十五)

这里,他论述了:(一)宇宙天地是混沌的"元气"自然地形成的,并没有一个神秘的造物主在那里主宰造作,"乌有所营"!"乌有所度"! 物质性的"元气"才是宇宙的最终根源;(二)充分肯定了宇宙万物的变化、构成,是它自身对立面相互作用的结果。杨万里在通俗解释《天问》"阴阳三合,何本何化"? 以及《天对》"合焉者三,一以统同。吁炎吹冷,交错而功"时,他就十分强调,"独阴不生,独阳不生",认为天地的形成是由"元气"派生出的阴阳二气运动的结果。阴阳二气缓慢地吹动,天气就炎热;迅速地吹动,天气就寒冷。这样,"吁而吹,吹而吁;炎而寒,寒而炎",反复交替,即自然地形成了天地,从而明确肯定了阴阳二气自身运动的相互作用,把运动的原因归之于"元气"本身对立面"交错"的结果,而不依赖于所谓本始的超自然的外力。

杨万里在《天问天对解》中还充分肯定了柳宗元的宇宙无限性思想。他在通俗解释《天对》"无极之极,漭泱非垠。……无青无黄,无赤无黑。无中无旁,乌际乎天则?……无限无隅,曷懵厥列"时说:"天无色而亦无方,岂有九天之涯际哉?!""盖天地之列位,有幽阴阳明之别而已。乌有所谓隈隅旁角也哉!?"指出天体是无边无际的,那有什么九天的边际可寻呢？宇宙天地之间只有"幽阴阳明"的区别,那有什么偏僻和角落的地方！因此对那些言天有"隈隅旁角者",一概斥之为"机巧淫声之言欺诳云尔!"

杨万里还用物质性的元气说来解释人和生命,认为"元气"是人的生命的物质基础,失去它,人即要死亡,故他说:"阳气去则人死也","人之气血降而不升,则人死矣"（《诚斋集》卷九十五《天问天对解》）。并且认为人有生必有死。他在解释《天对》"仙者幽幽,寿焉孰慕。短长不齐,咸各有止。胡纷华漫汗,而潜谓不死"时,曾尖锐地指出,企求修仙长生,纯粹是"名生而实死"的无稽妄想！

此外,杨万里还从朴素唯物论的"元气"论出发,引导出无神论的观点。他在解释《天对》"怪弥冥更,伯强乃阳；顺和调度,惠气出行。时届时缩,何有处乡"时,即认为像有害的疠气弥漫起来,有人就说是疫鬼在当阳；阴阳二气顺和调度,有人就说是惠气出行。其实这种疠气、惠气自己在那里时而出现,时而收敛,只不过是"元气"的自然现象,又有什么疫鬼伯强的出没,"莫非一气也,又乌有伯强居住之乡?!"他这种对鬼神存在的怀疑,对传说中疫鬼伯强的出没解释为"气"的运动,是具有无神论思想倾向的。

杨万里对荒诞不经的古老神话传说和天人感应的神学思想作了有力批判。他在《天问天对解》中,首先批驳了夏禹治水时"神龙以尾画导水径"的无稽之谈,指出夏禹治水是"从民之宜而分九土","是本于禹之圣而勤","无所谓龙尾画之说也,为此说者,皆欺者为之也!"他在同书中,还针对"天命反侧何罚何佑？齐桓九会,卒然身杀"的问题,作了回答：

> 天运而幽,人小而散,何可以合天人而论之,又从而责其罚佑之不常哉！齐桓之事皆自取尔,天何与焉?! 挟其大以号令天下而忽于属任之人,故幸而得良臣,则能成九合之功,及不幸而遭嬖孽小人则坏矣,皆人事非天命也。

齐桓公之成功和失败，"皆人事非天命"，明确指出天人之间并没有神秘的关系，反对用天人合一和天人感应的神学思想来论述人事。

杨万里的《天问天对解》，基本上继承和发扬了柳宗元《天对》的思想传统，表达了朴素唯物主义宇宙观和无神论的观点。可是和他同时的朱熹，却对柳宗元的《天对》加以非难，并对《天问》中的一些问题，作了唯心主义的回答，和杨万里的思想形成鲜明的对比。

杨万里在宇宙观上的最大贡献，是他唯物主义地改造了周惇颐的《太极图易说》的客观唯心主义的宇宙生成论，而和某些唯心主义的理学观点相对立。

本书第二章已指出，作为宋代理学开山的周惇颐，他的《太极图易说》的宇宙观，贯串了"自无极而为太极"，"五行一阴阳也，阴阳一太极也，太极本无极也"的基本思想。强调"无极"是宇宙万物的根本，从太极阴阳而五行，乃至万物化生，这一系列的宇宙万物生成的程序，都是由"无"产生，从"无"开始的。这种"无"能生"有"，"有"生于"无"的观点，是和老子《道德经》中的"天下万物生于有，有生于无"的命题是一致的。因此，周惇颐的所谓"无极"是指一无所有的"虚无"。杨万里针对周惇颐等人这种客观唯心主义的宇宙观，根据"元气"学说，阐明了他的唯物主义宇宙生成论。他说：

> 元气浑沦，阴阳未分，是谓"太极"。……盖"太极"者，一气之太初也。极之为言，至也。……阴阳不测，至幽至神，无仪无象，"太极"是也。有仪，则幽者著而有仪则矣，阴阳是也。仪者，极之著；象者，仪之形。故一气者，二气之祖也。二气者，五行之母也。二气分而纯者为乾为坤。二气散而杂者为震、为巽、为坎、为离、为艮、为兑。乾，天也；坤，地也；震、巽，木也；坎，水也；离，火也；艮，土也；兑，金也。故周子曰："五行一阴阳也，阴阳一太极也，太极本无极也"。周子所谓"无极"者，非"无极"也，无声无臭之至也。（《诚斋易传》卷十七《系辞》）

> 天地之道,何道也? 一阴一阳而已矣。阴阳未分谓之太极。太极既分谓之阴阳,其为天地之道一也。舍阴阳以求太极者,无太极。舍太极以求天地者,无天地。可一息而无阴阳乎? 阴阳可一息而不动静乎? 故曰:天地之道,本乎阴阳。夫阴阳之道安在哉? 在乎生物而已。(同上)

这里他首先将周惇颐的"自无极而为太极","太极本无极"的这一宇宙万物的最高或最根本的"虚无"本体赋予以自然的物质含义。他认为"太极"是天(阳)地(阴)未分之前的混沌无形的"元气",它是整个宇宙万物生成的最初本源,由它派生出阴阳二气,再由阴阳二气演化出天(乾)地(坤)和金、木、水、火、土"五行"等整个世界。并且他十分强调地说:"乾(天)之元,物资以始;坤(地)之元,物资以生。始者,气之元;生者,形之元"(同上卷一)。明确告诉我们,"元气"才是构成天地万物的始祖。因此,他进而得出了与周惇颐正相反的结论:"周子所谓'无极'者,非'无极'也,无声无臭之至也","天地之道,本乎阴阳。夫阴阳之道安在哉? 在乎生物而已。"这就直接否定了周惇颐的那种虚无的"无极"观念,而把"无极"观念赋予了物质内容。认为"无极"并非"虚无",而是指作为混沌无形的"元气"(即"太极")的那种"无声无臭"的自然形态。天地阴阳的根本之道(规律)就"在乎生物而已",而非"虚无"。

从杨万里的另一部哲学著作——《庸言》对"无极"所下的定义来看,也绝无周惇颐的"虚无"之意。他说:

> 阴阳神而无名是以"无极",阴阳浑而为一气是以有"太极",阴阳辨而为乾坤是以生两仪,阴阳始交为雷、风,再交为水、火,交徧为山、泽。(《诚斋文集》卷十七《庸言》十五)

> "太极",气之元;天地,气之辨。阴阳,气之妙;五行,气之显。元故无象,辨则有象。妙故无物,显则有物。(同上《庸言》十二)

这两段的思想和上面《诚斋易传》所述是一致的,都是表述其宇宙生成论的。在这两段中,他同样十分强调世界是由"阴阳浑而为一气(即元气)"的"太极"发展演化而形成。至于"无极",那只是对阴阳二气在构成宇宙万物中的神妙作用的表述,丝毫无周惇颐的"虚无"之意。杨万里反复强调具体存在的有形的宇宙万物,是由浑沌无形的"元气"发展形成的,物质性的"元气"才是构成宇宙万物的本源。

其次,杨万里在"道"和"气"的关系问题上也与北宋著名的理学家程颐的思想相对立,他指出:

> 冲然之谓道,蒸然之谓气,澄然之谓天,凝然之谓地。蒸然者,天地之克也;冲然者,天地之浑也。故道为气母,气为天地根。(同上《庸言》七)

显然,杨万里这里所说的"道",和混沌无形的"元气"(或"太极")是同一概念。"冲然之谓道",和"冲然者,天地之浑也"是一个意思,都是说天地还未分化时,是处于浑然一体的"元气"形态。因此,杨万里所说的"冲然"、"蒸然"、"澄然"、"凝然"只是物质性的"元气"在它发展的不同阶段的自然形态。这就使"道"具有了物质含义。

杨万里还以唯物主义观点,对所谓只有精神性的"道"(或"理")才是永恒存在的观点进行了抨击。他说:

> 《易》曰:"有天地然后有万物,有万物然后有男女,有男女然后有夫妇,有夫妇然后有父子,有父子然后有君臣,有君臣然后有上下,有上下然后礼义有所措。"夫惟有是物也,然后是道有所措也。彼异端者,必欲举天下之有而泯之于无,然后谓之道。物亡道存,道则存矣,何地措道哉?(同上《庸言》五)

这即是说,有天地然后才有自然万物和人类社会,有了人类,才出现了君臣上下,并产生了维护君臣上下的礼义等道理和法则。由此,他得出了"有是物也,然后是道有措也"的结论。就是说,有物才有"道",有了社会存在才有像"礼""义"和"道"这些观念性的精神产物。

与所谓"天下之'有'而泯之于'无'"的观点相反,杨万里持物质不灭说。他说:"水托于器而有象,器毁则象亦毁。火托于薪而有质,薪化而质不化,象者形之虚,质者象之实"(同上《庸言》六)。明确指出木柴烧了,其质并没随之毁灭,"薪化而质不化"。他认为"天地之为雨",就如同炊中盛水的器皿,水被蒸发为气,冷却后又变为水珠一样。他还说:"水为冰,雨为雪,精气为物也"(同上卷十七《庸言》十九)。这都表明他的物质不灭的基本观点。

再次,杨万里还吸取了《易经》中的观物取象的观念来阐述宇宙自然的种种变化现象,进一步表明了他的唯物主义的宇宙观。他说:"光辉者,日月之散也;日月者,光辉之聚也。散,故其辉无不充;聚,故其象有可指"(同上卷十五《庸言》三)。"或问五行之序?杨子(杨万里自称)曰:水、火物之初;木、金,物之成;土,物之定。气一变而有象,故曰初。象一凝而有质,故曰成。质一成而有宅,故曰定"(同上《庸言》四)。他自己设问"横渠子(张载)谓天象阳中之阴,风霆阴中之阳,何谓也?"回答说:"日月星辰明而有象,象者,阴之凝;风霆幽而有声,声者,阳之散"(同上卷十七《庸言》十四)。指出自然界的某些变化,都是阴阳二气"凝""散"变化的结果。他并试图进一步探求宇宙自然变化发展的内在因素。

在他的《诚斋易传》中,对《易经》的观物取象观念作了更进一步的阐述:

> 然《易》中之蓍龟神物,孰生之也?天生之也,圣人不过则之而已。《易》中之变化,孰为之也?天地为之也,圣人不过效之而已。《易》中之吉凶,孰见而示之也?天垂象以见之也,圣人不过象之而已……故四象八卦也,圣人不过因天地之阴阳画之以示天下而已。系之以辞也,圣人不过因某卦与某爻言之以天下而

已。如是而吉,如是而凶也,圣人不过因阴阳之逆顺,从而断定之而已。(《诚斋易传》卷十七《系辞》)

杨万里在这里,第一,指出了像《易经》中所说的"蓍龟神物",是天这个自然物产生的。《易经》中所言的变化,也是天地自然之作为,"圣人"不过是"则之""效之"而已,并非什么"神"的创造。第二,《易经》中所说的"四象八卦",也无非是"圣人""因天地之阴阳画之以示天下";至于示吉凶的卦辞、爻辞,也只不过是"圣人""因阴阳之逆顺,从而断定之而已",都是根据自然界的现象变化来显示和判断,并无什么神的意志在主宰。这就打破了《易经》占卜问卦的神秘色彩,使他所著的《诚斋易传》中的观物取象的观点赋予了唯物主义的内容。

杨万里是一个无神论者,但由于当时自然科学水平的限制,他还不能科学地区别精神和物质,误认为精神也是一种精致的"气"凝聚的物质,故"有知"。鬼魂是一种游散的"气"变化成的,故"无知"。如说:"气之精者,凝而为物,故有知谓之神。气之游者,游而为变,故无知而谓之鬼。魂者,气也;鬼者,体也,亦谓之魄"(《诚斋文集》卷十七《庸言》十九)。他这种力图用物质性的"气"的凝聚、游散的变化来解释社会上所流行的鬼神迷信,其动机是可取的,但他这种将精神与物质混同起来的观点,却又导致了鬼神灵魂不灭的观点,未能完全否定鬼神的存在,这也正是杨万里的无神论思想的不彻底之处。

二、关于变易的思想

杨万里吸取了《易经》的变化发展观点,认为《易经》一书所谈的变易之"道",即是讲述阴阳二气的变化发展规律的。"易之道一阴一阳而已"(《诚斋易传》卷十七《系辞》)。他在《易传序》里,明确地认为《易经》言"变"的具体内容,是包括上自天体,下至人类万物的变化发展。他说:"易者,何也?易之为言变也。易者,圣人通变之书也。何谓变?盖阴阳太极之变也,人与万物五行之变也,万事(人)与万物之变也"(同上)。他还指出古代

"圣人"是运用这种"易之道"来"变而通之""以利天下"的,但这并非是"圣人"的作用,而是反映宇宙万物变化发展规律的"易之道"的作用。

杨万里在这里所说的变易之"道",很清楚是指阴阳二气变化发展的道理和法则。他在同书的另一处则说:"其阴阳未形之初乎肇而一谓之'元';一而二,谓之'气';运而无息,谓之'道'"(同上卷一)。这既说明了从混沌无形的"元气"演化为阴阳二气的变化发展;同时也表明了"道"即是阴阳二气运动发展的法则。

杨万里在《庸言》中,还从动静观念来表述"道"的本质。他说:"阴动之谓阳,阳静之谓阴,动静不息之谓道"(《诚斋文集》卷十六《庸言》十一)。这是用阴阳之对立,来说明产生动静不息的道理,这和上面所述的"易之道,一阴一阳而已","运而无息,谓之道"的观点是基本一致的,只是各自论述的角度不同。这就说明了杨万里在唯物主义宇宙观的指导下,也在探索宇宙万物的变化发展的道理和法则。

他还从阴阳对立统一的观点出发,提出了"天非和不立,物非和不生"(《诚斋易传》卷一)的命题。他说:"融而无偏谓之和"(同上)。即指异类物之会聚而均衡,则产生新的事物。因此,他所谓的"和",意味着两种对立面之合一,或是集多种事物的对立面以得一个新的统一。而且他还指出事物之所以能够如此,在于它有共同的物质基础。虽然天地间芸芸万物,多至不可胜数,但天下之物皆"五行"(金、木、水、火、土)之所构成,其根本又都是阴阳二气之所聚。如说:"谓天之物皆五行也,五行阴阳也。阴阳散于五行,五行散于万物,其本一也。其本既一,其物岂有不合哉"(《诚斋文集》卷二十九《罗允中尚书集说序》)!这里,他继承了张载《正蒙·乾称篇》的"二端(指阴阳二气——引者),故有感;本一,即能合"的这种"一物两体"的朴素辩证法思想。他以下雨为例,认为"天地之气,阴阳和则雨"。就是说,阴阳二气对立面的发展达到了新的统一,则产生了新的事物——雨;反之,就不能有雨。所以他把密云不雨的原因归之于"阴阳不和","阴阳不均","阴阳不交"的结果。用现在的哲学语言来说,就是两种对立物之发展未能达到新的统一(合一)。因此,他的"天非和不立,物非和不生"

的命题,正是指的自然界的一切事物都处于对立统一之中,都是对立物之统一(合一)。这样,他的"和""合"的观念,即自发地猜测到客观自然界之事物具有对立统一的辩证关系。

在这问题上,杨万里对事物转化的规律也有所认识。他在《庸言》中这样写道:"或问物有相反相成,何也?杨子曰:反者激之极,成者反之定。故饴之甘,其极必酸;荼之苦,其极必甘"(同上卷十六《庸言》十二)。又说:"虚者盈之终,息者消之初"(同上)。这里,他已初步认识到事物发展到一定程度,就会走向反面,也就是他自己所说的"反者激之极"。用通常的话来说,就是"物极必反"。正如"饴之甘,其极必酸;荼(苦菜)之苦,其极必甘"的相互转化。此外,他在《诚斋易传》中,把阴阳、大小、刚柔、强弱等对立面的相互转化,看作是"理之自然"。如说:"大者胜,则小者衰;刚者动,则柔者退;强者长,则弱者消;理之自然也"(卷九)。

杨万里还力图应用事物转化的思想来观察自然界。他认识到事物的变化都有量变和质变的不同区别。他以问答方式写道:"或问知变化之道,何谓变化?杨子曰:荣变而枯,末离而本不离;鬓变而素,色改而质不改,此变也;鹰化为鸠,见鸠不见鹰,草化为萤,见萤不见草,此化也。变者迹之迁,化者神之逝"(《诚斋文集》卷十五《庸言》三)。他把形迹上的量变,叫作"变";而把根本上的质变叫作"化"。认为像树木虽由荣变枯,但树木的本质并未变。又如稠密的头发——鬓,颜色虽变了,但头发还是头发,其质并未变。这种变化只是"迹之迁",即形迹上的变化,也就是我们常说的量变。而鹰化为鸠,草化为萤,则是"神之逝"的质变,因为它们之间已变成不同的品种了。杨万里在《诚斋易传》中还认为,事物的量变和质变的转化是自然万物的普遍现象。他说:"曷为变?曷为化?是不可胜穷也。尝试观之云行乎,炳而黄,黯而苍,此云行之变也;倏而有,忽而亡,此云行之化也。变者迹之迁,化者神之逝,天地造化皆若是而已"(卷一)。杨万里从事物转化的观点出发,进而得出自然界普遍存在量变和质变的现象和区别,在当时是一个较为深刻的辩证观点。

但也要指出,杨万里的发展观,还存在循环论的倾向。他说:"始而终,终而始,始而复终,终而复始,终而复终,始终变化而未已,此阴阳不测之妙也"(《诚斋易传》卷一)。又说:"阴阳消长如循环也"(同上卷十二)。说明他虽然认识到事物都处在运动变化之中,但其过程,基本上还是循环的,周而复始的,而不是螺旋式的上升、前进。

三、知行观

在认识论上,杨万里肯定了人的认识来源于客观世界,它是客观世界的反映。他在《庸言》中提出了"易者,天地之肖也"的观点。他自问自答道:

> 或曰:作《易》者谁乎?非圣人孰能之?杨子曰:非也。然则孰作之?曰:天地。然则天地能作《易》乎?曰:天地不能作《易》,而能有《易》。有《易》者具是理,作《易》者书是理,犹绘事焉。物必有其生,绘乃肖其生。世无日、星,何从而绘日、星。……是故天地者,《易》之生也。《易》者,天地之肖也。(《诚斋文集》卷十七《庸言》十九)

认为《易经》之所以产生,并非"圣人"们的先知和创造,而是因为有了"天地",然后才有反映"天地"变化发展的《易经》出现。《易》理是"天地"的产物,书其理者只不过是像绘画者那样,把它绘书出来而已。如果世上没有太阳和星辰,人们也就无法绘出太阳和星辰。由此,他最后得出了《易经》即是"天地"的产物,是"天地"客观世界的反映。人的认识来源于客观世界这一唯物主义的观点,在他的《诚斋易传》中说得更加明白:"圣人作《易》之道,本乎天地;而天地之道,本乎阴阳"(卷十七《系辞》)。他明确告诉我们,《易经》中的道理和法则(即"《易》之道")是天地自然规律(即"天地之道")的反映,而"天地之道"却又是以阴阳二气变化发展为依据的。

既然《易经》的道理法则是天地自然规律的反映,是根据天地自身法则所得出的,那么,人们即应以自然规律去治理天地。因此,杨万里进而

提出了"以天地理天地"的观点,他说:

> "易与天地准,故能弥纶天地之道"何谓也?曰:易之未作也,法天地之道,以为易之道,故曰"准"。准之言,法也,如《太玄》,准易之准也。易之既作也,还以易之道而理天地之道,故曰"纶"。纶之言,经理也。如君子以经纶之纶也。"弥"之言,满也,经理之而该遍也。惟其准则乎天地,故能遍经乎天地,非以易而理天地也,以天地理天地也。(同上)

这里,他明白告诉"易之道"是"法天地之道"的,是以天地的自身法则为根据的,所以反转过来,即能用它来经理天地,也就是依据天地的法则去利用自然界。他一再强调这并不是以《易经》的法则去经理天地,而是以天地自身的法则去经理天地。

在认识论方面,杨万里还十分强调后天学习的重要性,认为先天的能力对人们的认识并不起决定性的作用,起决定作用的是后天的学习。他写道:"或曰:学者莫上于敏,莫下于钝;然敏或以窒,钝或以通,何也?杨子曰:不可恃者天,不可画者人"(《诚斋文集》卷十五《庸言》七)。意思是说,没有比聪敏更好,比愚钝更坏的了。但是聪敏和愚钝不是一成不变的,聪敏者可能因聪敏而变得窒塞,愚钝者可能因愚钝而变得通达。其原因就在于先天的资质是不可仗恃的,后天人为的努力才是不可限量的。正因为如此,他对孟子、程颢的所谓"圣人"不可学的言论,敢于提出疑问:

> 或问圣人不可学乎?杨子曰:奚而不可学也?圣人,人伦之至也,子孟子之言也。……圣人,尽人道者也,子程子之言也。圣人,人也;我亦人也。我无人伦乎?我无人道乎?!(同上)

这里,他虽然是用疑问的方式来回答问题,但实际上是否定了孟子和程颢的所谓圣人不可学的观点。"圣人"是人,我也是人;"圣人"能做到的,我也同样能够做到。尤其是他敢于提出"圣人,人也;我亦人也"的观点,在当时封建等级森严的状况下,那是很可贵的。

杨万里在感觉和思维的关系问题上,对思维的重要性有相当认识。例如,他在一次答问学习经书有何方法时,认为方法有四:"耳以聚之,目以辨之,心以思之,神以会之。"其中特别强调心、神辨别的思维作用。他说:"是四法者,耳为下。……辨之不莹,思之不睿,会之不融,耳焉而已矣。人适,吾适;人莫,吾莫"(同上卷十七《庸言》十五)。此外,我们还可以从他解释何谓"穷神知化"中,看出杨万里对思维在认识中的重要作用也有一定的认识。他说:"神者,心也;化者,天地万物之变也。不尽其心,不达其变"(同上《庸言》十八)。当时由于生理科学的不发达,古代思想家一般都误把"心"看作是能思维的器官,杨万里也不例外。虽然如此,他却正确认识到思维的重要作用,"神者,心也","不尽其心,不达其变",认为只有通过积极思维,才能认识天地万物之变化。所以他在学习上,非常强调思维的作用,正如他自己所说的:"思精其宜则众理通"(同上卷十五《庸言》二),"学而不化,非学也"(同上《庸言》九),"学有思而获"(同上《庸言》十二)等等。

由于他对思维的作用有比较清楚的认识,因此他的认识论基本上坚持可知论。如在他的一篇《送郭才举序》中,即很清楚地阐明了这个观点。他说:

> 人之聪明有用无不达也,不用而不达也。不用而不达,咎在不用;用而不达,咎在不精。用而精,精而达,物何坚而不攻,理何幽而不穷哉?!今夫日、星行于天,漏刻制于人,制者有限而行者无穷也,而精于数者,乃能以吾有限之器而推夫无穷之行,然则天不能逃于人乎哉!(同上卷二十九)

他这段话说得十分精彩。他相信只要发挥人的聪明才智,事事做到"用而精,精而达",客观世界是能被认识的,"以吾有限之器而推夫无穷之行"。特别是他提出"天不能逃于人"这一看法,更是坚信人胜于天,继承和发扬了荀子的"制天命而用之"的人定胜天的思想。

在知和行的关系问题上,他提倡知行并重,反对侧重和偏废。他写道:

> 或问:"非知之艰,行之维艰",傅说之言也;"不致其知,不力其行",小程子之言也。由前之说,珍乎行;由后之说,珍乎知。学者将畴从?杨子曰:知,譬则目也;行,譬则趾也。目焉而已矣,离娄而蹙也,可乎?趾焉而已矣,师冕而驰也,可乎?人乎人,目趾具而已矣。(同上卷十五《庸言》五)

杨万里既反对只重"行"而忽视"知"的一面,同时也反对只重"知"而忽视"行"的一面。他认为"知"如同人的眼睛一样;"行"就如同人的脚一样。例如,人只有眼睛而没有脚,离娄虽能目察秋毫而不能走路,那行吗?如果只有脚而没有眼睛,那么师冕要奔跑起来,那行吗?因此,他认为人之所以成其为人,就得要眼睛和脚都具备才行。就是说"知"和"行"都很重要,偏废或侧重一方都是不行的,从而否定了程颐那种只重"知"而忽视"行"的唯心主义认识论观点。他在《诚斋易传》中,也同样提倡知行并重,反对当时那种"以空言性命为元,其究窒乎亨之用"不良学风,而把它斥之为"异端"!这和他在社会政治思想上所提倡的兴国在"人"而不靠"求之而无其形,究之而无其端"的"天"的观点是一致的。

第三节 杨万里的道德论

杨万里在当时是位知名的儒者,他信奉儒家学说能治理天下。他说:"尧舜三代与吾父子盖尝以身试儒者之道矣,太和之治何从而来哉?元圣素王之业何从而致哉?儒道之为也。是道也,用之则治,不用则乱,乱而用之则复治。……已秦盖尝以身试百家之说矣,富则富矣,君富于上,民贫于下,犹不富也。强则强矣,有强于威,无强于德,犹不强也,得地而失民,取人之国也,而人亦取其国也"(同上卷十四《儒者已试之效如何论》)。因此,他把儒家学说尊奉为"道",而把佛、老等其他学说贬为"术"。他在"道术奚辨"的问答中,就是这样认为的:"大路之谓道,小径之谓术。正途之谓道,邪径之谓术。天下共由而无误之谓道;一夫取疾而终迷之谓术。……故夫尧、舜、禹、汤、文、武、周公、孔子、孟子、颜子之道,道也;佛老管商申韩之道,非道也,术也"(同上卷十六《庸言》十一)。他对孔、孟儒家的某些传统观念十分推崇,其中如君臣父子之伦理,以及"中庸之道"、性善论等。杨万里在自然观、认识论上是朴素唯物主义,但一触及道德伦理问题,就立即陷入唯心主义。

他在回答何谓孟子的"恻隐之心,仁之端也"的问题时说:"恻言爱,隐言痛也。觉其痛之谓隐,爱其痛之谓恻。痛于彼,恻于此,而仁不可胜用矣"(同上卷十五《庸言》二)。在回答程颢的"仁者,觉也。觉,何以为仁?"的问题时又说:"觉则爱心生,不觉则爱心息。觉一身之痛痒者,爱及乎一身,故孝子发肤不毁。觉万民之痛痒者,爱及乎万民,故文王视民如伤。觉万物之痛痒者,爱及乎万物,故君子远庖厨"(同上《庸言》四)。从杨万里这两段话中,很明显地可以看出他的"仁"的思想接受了孟子和程颢的思想观点,认为人生下来莫不具有同情心和爱心,这即是"仁"的萌芽和"仁"的表现。如若把这种固有的同情心和爱心发扬光大,"仁"的作用则大到"不可胜用"的程度,"觉一身之痛痒者,爱及乎一身,故孝子发肤不毁。觉万民之痛痒者,爱及乎万民,故文王视民如伤。"这样就把个人的主观道德动机的作用过于夸大了。

但也要指出,由于杨万里比较重视对历代王朝兴亡历史的考察和对国家命运、人民生活疾苦的关心,因此他在《诚斋易传》中,就较多的从历代王朝兴亡的经验教训出发去阐述"仁""义"思想的实质,从而揭露了某些统治者口谈仁义的伪善面目。他说:

> 得位之难,又未若守位之难,何以守之?曰仁而已。何以为仁?曰财而已。虽有仁心,仁闻,而天下不被其仁恩之泽者,夺

民之财为己之财而已。故鹿台聚而商亡,鹿台散而周王。财散则民聚,此仁之实也。然仁不孤立必有义焉。何谓义?教民理财,义也。(《诚斋易传》卷十七《系辞》)

他从维护封建统治出发,把"仁"归之于"曰财而已",把"义"归之于"教民理财",进而提出"财散则民聚,此仁之实也"的观点。这显然要比他在《庸言》所持的观点进步了。多少突破了儒家的仁义道德观念的束缚。使"仁""义"道德观念赋予了实际的政治、经济内容。这正和孟子空讲抽象仁义而反对讲利的观念相对立。这在当时盛谈天理的理学气氛中,是很难得的。

杨万里"诚"的思想,同样受到《孟子》《中庸》《大学》等儒家经典的影响,过分夸大了"诚"的作用。他在一次上朝廷的札子中,就十分强调立"诚"的重要性,认为"帝王治道"有五:"一曰勤、二曰俭、三曰断、四曰视君子、五曰奖直言。"但又认为最主要的还是立"诚"。"虽然治道有五,而行之者一,曰诚而已"(《诚斋文集》卷二《第二札子》)。而且还引用了儒家经典《大学》一书的话来做论证,他说:

"意诚而后心正,心正而后身修,身修而后家齐,家齐而后国治,国治而后天下平"。此尧舜禹汤文武周公孔子心法之至要也。……臣愿陛下尊其所闻,行其所知,先立一诚于圣心,以力行五者之治道,则二帝三王可一举而至矣。(同上)

这种把"诚"看作是推动和实现一切(修身、齐家、治国、平天下)的基础,甚至具有神秘莫测的内在力量,显然是过分夸大了个人道德修养的作用。综观杨万里的思想,我们可以看到,从张载开始,理学的发展和唯物论思想的发展这两个方面是紧密地联系在一起的。杨万里继承并发展了张载自然观中唯物论的一面,实质上和理学家们在本体论上的"天理"观相对立。但是,杨万里在道德学方面仍然是理学的唯心论。

第十六章　陈淳的理学思想

第一节　根源论实质就是"天命论"

陈淳(公元1159—1223年)①字安卿,漳州龙溪北溪人,人称北溪先生。

陈淳是朱熹晚年的高弟。全祖望《宋元学案·序录》说:朱熹"沧洲诸子,以北溪陈文安公为晚出。其卫师门甚力,多所发明。然亦有操异同之见而失之过者。"全祖望这段评述,简明地说明了陈淳在朱熹学派中的地位,颇为中肯。陈淳著的《严陵讲义》和《四书性理字义》,是阐述其理学思想的重要著作。他竭力为朱学辩护,攻击陆九渊"从来只有尊德性底意思,而无道问学底工夫。盖厌繁就简,忽下趋高者。其所精要处,乃阴窃释氏之旨而阳托诸圣人之传","最是大病"(《陈北溪先生全集》第四门卷十九《与姚安道》。以下简称《北溪全集》)。诋毁陈亮为"立论过卑者","陷学者于功利之域"。但是陈淳所排挤的,主要还是陆九渊。

陈淳两度从学于朱熹。光宗绍熙元年(公元1190年),朱熹出守漳州,陈淳"抱十年愿见而不可得之诚",袖《自警诗》求见。朱熹授以"根原"二字,谓"凡看道理,须各穷个'根原'来处,方见得端的,确定而不可

---

① 陈淳生卒年,据陈宓《陈公墓志铭》《福建通志》本传、《漳州府志》本传。

易。首末表里，必极其透彻，不可只窥见一斑半点，便自以为足。"盖勉以"上达"。陈淳时造郡斋讲论，或至夜分。朱熹以善问称之，延置学宫，表率后进。时陈淳年三十二岁。朱熹罢郡去，陈浮推求所授"根原"，析为《问卷》，书求印证。朱熹予以批答，誉为"看得甚精密"。朱熹贻书李唐咨（尧卿），说："区区南官，喜为吾道得此人尔。"与杨时离开程颢南归，程颢目送之曰："吾道南矣"同一旨趣。这是第一次从学。

朱熹晚年讲学，多次写信招致陈淳。宁宗庆元五年（公元1199年）冬，陈淳再谒于考亭。时朱熹已寝疾，"延至卧内，叩以十年之别，有甚大头项工夫？"陈淳缕缕开陈。朱熹曰："所欠者惟当大专致其'下学'之功尔。"次年正月告归。三月后，朱熹病逝。这是第二次从学。

这是陈淳两度从学于朱熹，以及先"上达"后"下学"的用功经过。

陈淳长期从事讲学。初见朱熹时，陈淳"居村食贫"，"训童"以生（《北溪全集》第四门卷四《郡斋录后序》）。以后，还是"训童"。宁宗嘉定五年（公元1212年），赵汝谠守漳州，招致陈淳，"处以宾师之位"。"泉莆之间，学子问道踵至。"嘉定十年，待试中都，朱熹的门徒"远及川蜀，争投贽谒。"归过严陵，郡守郑之悌延讲郡学，陈淳讲了道学体统、师友渊源、用功节目、读书次第四个问题，这就是《严陵讲义》。归自中都，"泉之人士争师之"，陈淳"为之讲解，率至夜分。"这一段讲学生涯，直到他病逝。

陈淳的著作，"旧所编辑，则有礼、诗、女学之书，外有《字义详讲》《大学中庸口义》《筠谷、瀨口、金山所闻》，皆诸生所录，而先生笔削之矣。其他著述，与夫往复书问，先生之子榘编次为五十卷"（《北溪全集》陈沂《叙述》）。按今本《北溪全集》五十卷，完整无缺，《严陵讲义》在第一门卷一，《四书性理字义》附全集之后。至于诗、礼、女学之书，本出编辑，非其本人的撰著；口义、语录之类，为学生所记；清初刊《全集》时，其宗裔陈文芳称"倘幸而得见，当接续锓木"，是已经不易得见了。论述陈淳的理学思想，当以《全集》五十卷及《字义》为依据，其他可以不论。

陈宓所作陈淳《墓志铭》、陈沂所作陈淳《叙述》，都只提到陈淳的儿子榘。但是清康熙五十三年（公元1714年）戴嘉禧所刊《北溪先生字义》

卷末,有《北溪先生传略》则云:陈淳二子:植、格,参加了抗元斗争。格以身殉。植宋亡后变姓名,隐匿,临终令葬海滨,南望崖山。二子与文天祥、陆秀夫、张世杰同抱崇高的民族气节。这是值得一提的。又据光绪津河广仁堂所刊《北溪先生传略》文末也有类似记载:

> 二子:植、格。植登淳祐进士,提督岭南海路兵马。帝昺浮海,植提岭海舟,以六舟泊梅岭,收亡命,驰檄诸蛮,图立宋后。闻世杰覆舟,遂变姓名,匿于九侯山。临终令葬海滨,南望崖山。格为宋海滨监簿。帝昺之亡,格从容就死,忠义形于歌咏。植敛其袍笏,招魂葬于渐山书院。

格以身殉国,只有衣冠冢,当为投海而死。植抗击元兵,崎岖岭海,死犹南望崖山,乃心宗国。弥足钦已!(但据冒怀辛考证,《福建通志》卷一九〇《忠节传》载,植、格非陈淳之子。录以备考)。

陈淳的哲学思想里有不少封建主义的糟粕,应该批判。他的"根原论"就是这种糟粕的典型例子。

陈淳初见朱熹,朱熹首授以"根原"二字,谓"凡阅义理,必寻究其根原","为人子何故止于孝,须穷孝之根原所自来"(陈宓《有宋北溪先生主簿陈公墓志铭》)。在朱熹的指授下,陈淳写了一系列所谓寻究"根原"的"妙文",曰:《孝根原》《君臣夫妇兄弟朋友根原》《事物根原》,阐述了封建宗法道德以及封建社会生活准则的由来,极其迂腐。朱熹批答,誉之为"看得甚精细","看得道理尽密"。而且说:"区区南官,喜为吾道得此人!"欣赏揄扬,非比寻常。

到底陈淳的"根原论"有哪些精深的道理呢?归总一句话,根原在天命,而非人为。他说:"其根原所自来,皆天之所以命于人,而人之所以受乎天。其道当然,诚有不容已处,非有一毫牵强矫伪于其间也。"或者说:"其根原所自来,莫非天命自然,而非人所强为。"或者说:"皆根原于天命之流行,非人之所强为。"

关于《孝根原》,陈淳说:

> 天之生人,决不能天降而地出,木孕而石产,决必由父母之胞胎而生。天下岂有不由父母胞胎而生之人乎？而其所以由胞胎而生者,亦岂子之所能必,而亦岂父母所能安排计置乎？是则子之于父母,信其为天所命,自然而然,人道之所不能无。俯仰戴履,自此身有生以至没世,不能一日而相离。如欲离之,必须无此身而后可。然人岂能无此身,岂能出乎"天理"之外哉？既不能无此身,不能出乎"天理"之外,则是决不能一日而相离。既不能一日而相离,则决不可以不竭尽,决不可空负人子之名于斯世；决然在所当孝,而决不容于不孝。

这段"妙论",令人喷饭。意思是说,人不能从石头里迸出来,只能从胞胎里生出来。从这个胞胎出生,而不从那个胞胎出生,这是"天所命,自然而然",由不得人。这就是天理。这就决定了要"孝"这个胞胎所属的父母,不能不"孝"这个胞胎所属的父母。这样,算是做到了不出乎天理之外。丢开了社会经济关系来论证封建宗法道德"孝"的根源,陈淳堕入了以生育或胞胎作为决定因素的谬误。这自然是十分可笑的。特别是以"天理"来妆饰这种无聊的谬论,更加显得可厌。孔融用"瓶子寄物论"嘲弄封建宗法道德"孝",在中世纪是英勇的反封建礼教战斗,卒取杀身之祸。陈淳则以"胞胎决定论"维护封建宗法道德"孝",在中世纪是愚昧的诞谩,却赢得"道理精密"的嘉许。思想史上的这种悲剧和喜剧,发人深思。

陈淳用同样的道理,在《君臣夫妇兄弟朋友根原》中论证封建伦理"义""别""友""信"等的由来。陈淳认为,从"孝"的根源进一步推论,则君臣夫妇兄弟朋友的根源,"莫非天命自然,而非人所强为。"以夫妇为例,陈淳说:"天之生人,独阴不生,独阳不成,必阴阳合德,然后能生成。是夫妇亦天所命,自然如此也。然乾道成男,坤道成女,其'分'固一定而不可乱。则夫夫妇妇之所以当'别'亦岂自外来乎？"这就是说,男女匹配是

"天所命"。夫妇关系是:"乾(天)"为夫、"坤(地)"为妇,乾健而坤顺,应该夫支配妇、妇受夫支配。这就是一定不可变的"分",这就是"别"。以兄弟为例,陈淳说:"天之生人,虽由父母之胞胎,然决不能一时群生而并出,必有先者焉,有后者焉。是兄弟亦天所命,自然如此也。思乎此,则兄弟之所以当'友',亦岂是外来乎?"这真是说笑话。照陈淳看来,老大、老二、老三、老四,得挨个儿分先后从娘肚里生出来,不能一下子生出一大群。这个先后长幼次序是"天所命"。老大自然得照顾点老二、老三、老四,老二、老三、老四自然得尊敬点老大。这就是兄弟关系,这就是"友"。以至君臣当"义",朋友当"信",道理也与夫妇当"别",兄弟当"友"相同。陈淳所说的"天所命",实质就是"天理"。陈淳就这样从孝根源谈到了君臣夫妇兄弟朋友根源,论证了孟子所说的五伦的合乎天理,论证了以宗法关系"父子"为中心的封建道德孝、弟(友)、忠(义)、别、信的根源。事情是严肃的,像陈淳这类愚昧的诞谩竟是封建社会后期普遍遵奉的道德教条和伦理思想。

陈淳在《事物根原》里,把衣冠、仪容、饮食、作息、出门承事、遇人接物等封建社会生活都称作"事物"。"事物"之所以是这样而不是那样,即封建社会生活之所依循的一定的准则,"皆根原于天命之流行,非人之所强为。"以衣冠为例,陈淳说:"天之生人,首不能如禽兽之秃其发,则欲使人庄以冠。身不能如禽兽之毨其毛,则欲使人蔽以衣。趾不能如禽兽之刚其爪甲,则欲使人束以屦。则正其衣襟冠屦,乃天所命于人如此也。"衣冠端正是"天所命于人如此",那么穷人衣不蔽体又该怎么办呢?在封建社会,陈淳的这种理论只适用于地主阶级。再以坐立为例,陈淳说:"天之生人,赋以臀,欲使之能坐,赋以足,欲使之能立。则坐当如尸,立当如齐,亦天之所命于人如此也。"从臀之坐、足之立,论到坐当如尸、立当如齐,是从肢体上的本然作用,论到封建道德坐立规矩的合理性。把肢体作用与封建道德勉强牵合在一起,只是一种无聊的杂凑,没有什么道理。近代的圣人竟然鼓吹,臀之丰肥,正所以使之宜于挨板子,膝之弯屈,正所以使之宜于跪拜,这样的"妙论"当然不免被鲁迅所讥嘲。论其"根原",可谓出于陈淳的发明创造。

陈淳的"根原论",以孝为"人道大本"。君臣夫妇兄弟朋友根源,是从孝根源推衍出来的。事物根源,又是从孝根源与君臣夫妇兄弟朋友根源推衍出来的。封建宗法道德"孝"被陈淳确定为所有封建道德的根本。理学家的这套说教,在封建社会后期概括成"百行孝为先"这条格言,并且广泛流行。

陈淳的"根原论",把"根原"提高到天命、天理的高度,是"天理论"的组成部分。所谓"天之所命",所谓"天命自然",所谓"天命之流行",都与"天理流行"的语义相同。"根原论"实质就是"天命论"。

第二节 卫护师门排击陆学的《严陵讲义》与《二辩》

宁宗嘉定十年(公元1217年),陈淳归自中都,应郑之悌邀请,在严州讲学,上距朱熹之死已经十七年。经过十多年的"下学"工夫,在《严陵讲义》里所反映的陈淳的理学思想已臻成熟。这四篇讲义,从世界观到方法论,都有所论述。再加上《似道之辩》《似学之辩》(《二辩》),陈淳卫护朱学,力辟陆学的理学蹊径就十分突出了。

在《道学体统》里,陈淳继承朱熹,阐述了以天理论为中心的理学世界观。陈淳说:

> 圣贤所谓"道学"者,初非有至幽难穷之理,甚高难行之事也,亦不外乎人生日用之常尔。盖"道"原于天命之奥,而实行乎日用之间。在心而言,则其体有仁义礼智之性,其用有恻隐羞恶辞逊是非之情。在身而言,则其所具,有耳目鼻口四肢之用,其所与,有君臣父子夫妇兄弟朋友之伦。在人事而言,则处而修身齐家,应事接物,出而莅官理国,牧民御众;微而起居言动,饮食衣服,大而礼乐刑政,兵财律历之属。凡森乎戴履,千条万绪,莫

不各有当然一定不易之则,皆莫非天理自然,流行著见,而非人之所强为。自一本而万殊,而体用不相离("不相离"改本作"一原")也。合万殊而一本,而显微无少间也。上帝所降之衷,即降乎此也;生民所秉之彝,即秉乎此也。以人之所同得乎此而虚灵不昧,则谓之明德;以人之所共由乎此而无所不通,则谓之达道。尧舜与涂人,同一秉也;孔子与十室,同一赋也。圣人之所以为圣,生知安行乎此也;学者之所以为学,讲明践履乎此也。……是岂有超乎日用常行之外,别自为一物,至幽而难穷,甚高而难能("能"改本作"行")也哉!

陈淳的这段论述,是他的天理论。道(天理)根源于"天命之奥",体现在人生"日用之间"。这是一。人的"仁义礼智之性","恻隐羞恶辞逊是非之情","耳目鼻口四肢之用","君臣父子夫妇兄弟朋友之伦",处而修身齐家,出而牧民理国,微而起居饮食,大而礼乐刑政……都是体现着天理。这就是所谓天理体现在人生"日用之间"。这是二。天理是所有事物"当然一定不易之则",是一种应该如此的不可改易的原则。天理流行不是人力所能"强为"。这是三。人的秉赋,就是秉赋这个天理。道学所要讲求的,也是讲求这个天理。这是四。陈淳集中阐述了天理在人生"日用之间"的体现,着眼于封建道德(仁义礼智)和封建政治、封建制度(礼乐刑政)是体现着天理的,因而乃是"当然一定不易之则",人人都得奉行。

在《师友渊源》里,陈淳论述了道统的传衍。朱熹的道统论,是从伏羲、神农、黄帝、尧、舜讲下来的。孟子而后,道统中绝,二程在千四百年之后,"才有以接乎孟氏之传"(《大学章句序》)。陈淳也说:"粤自羲皇作《易》,首辟浑沦;神农、黄帝,相与继天立极,而宗统之传,有自来矣。"与朱熹所说一致。但是陈淳特别尊重周惇颐,认为周惇颐"妙建图书(指《太极图》与《易通》),抽关启钥,上与羲皇之《易》相表里,而下以振孔、孟不传之坠绪,所谓"再辟浑沦。"称周惇颐为"再辟浑沦",以与伏羲的"首辟浑沦"并论,可以说推崇备至了。对于二程,则认为他们亲受周惇颐之旨,"又从而光大之。故天理之微,人伦之著,事物之众,鬼神之幽,与凡造道入德之方,脩己治人之术,莫不粲有条理。使斯世之英才志士,得以探讨服行而不失攸归。河洛之间,斯文洋洋,与洙泗并。"认为河洛与洙泗并,这是把二程比作孔子了。对于朱熹,陈淳说:朱熹之于二程,是"闻而知者",就二程的"微言遗旨,益精明而莹白之。上以达群圣之心,下以统百家而会于一。盖所谓集诸儒之大成,嗣周、程之嫡统,而粹乎洙泗濂洛之渊源者也。"认为朱熹把二程的理学"益精明而莹白之",向前推进了一步,达群圣而统百家,是理学的集大成,道统的嫡传。《师友渊源》里所述的道统,突出了周、程、朱的地位,而不及张载,与《近思录》微有不合。

在《用功节目》里,陈淳提出了致知与力行。"二者亦非截然判先后为二事。如车两轮,如鸟两翼,实相关系。盖亦交进而互相发也。故知之明则行愈达,而行之力则所知又益精矣。"陈淳的这个知行相关,交进而互相发的论点,是值得重视的。陈淳又认为,"其所以为致知、力行之地者,必以'敬'为主","提省此心,使之常惺惺。"就是说致知、力行,必须由持敬工夫来达到。陈淳又指出,学者所以不能从事于致知、力行,由其有二病:一是"病于安常习故,而不能奋然立志,以求自新";一是"病于偏执私主,而不能豁然虚心,以求实见。"

在《读书次第》里,陈淳申述朱熹的意见。读"四书",先读《大学》,因为其书"规模广大,而本末不遗;节目详明,而始终不紊。实群经之纲领,而学者所当最先讲明者。"其次读《论语》,"皆圣师言行之要所萃。于是而学焉,则有以为操存涵养之实。"又其次读《孟子》,"皆醇醇乎仁义王道之谈。于是而学焉,则有以为体验充广之端。"至于《中庸》一书,"则圣门传授心法","大概上达之意多,而下学之意少,非初学所可骤语。又必《大学》《论》《孟》之既通,然后可以及乎此,而始有以的知其皆为实学,无可疑也。"陈淳认为,通了"四书"之后,在我就有了"权衡尺度",由是进读诸经,读天下之书,论天下之事,都可以"冰融冻解",轻重长短,"不复有锱铢分寸之差矣。"照陈淳看来,通《四书》是读书的根本一关。内圣外王之学,开物成务之功,都要从读《四书》这一关打基础。这里,不光是讲读书次第，而更重要的是为朱熹的《四书》作鼓吹。陈淳写《读书次第》，上距朱熹在漳州刊刻《四书》二十七年，时《四书集注》尚未大行。

陈淳的《二辩》，是对当时学风的批判。《似道之辩》辟佛氏，斥为似道而非道，矛头针对陆学。《似学之辩》辩科举之学非圣贤之学，斥为似学而非学。但末云："使孔孟复生于今，亦不能舍科目而远去"，则其见解与《儒林外史》中的马纯上如出一辙。可见陈淳的这种见解实为宋、元以后理学家的流行见解，有代表性。

陈淳在严陵讲学，当时都下的情况是："年来象山之学甚旺，以杨慈湖、袁祭酒为陆门上足，显立要津，鼓簧其说，而士夫颇为之风动"（《北溪全集》第四门卷十一《与李公晦一》）。严州的情况是："江西禅学一派苗脉，颇张旺于此山峡之间，指人心为道心，使人终日默坐，以想象形气之虚灵知觉者，以为大本，而不复致道问学一段工夫，以求义理之实"（同上卷十二《答赵司直季仁一》）。后生读《论》《孟》，不肯读朱熹的《集注》，读《中庸》，不肯读朱熹的《章句》。"无一人置得晦翁《大学解》，间或一有焉，亦只是久年未定之本。"所以陈淳的《严陵讲义》四篇，就是要举朱学的"宏纲大旨"，"明为之剖析，以为后学一定之准。庶有以正人心而息邪说、距诐行。"在理学与心学的争辩中，陈淳卫护朱学，力辟陆学的宗派色彩极为鲜明。《严陵讲义》与《二辩》当是写作在同一时间的。《严陵讲义》为讲学之便，曾单独刊行，观讲义的《小序》及小序后附注可知。陈淳的书信中也有谈及。《二辩》似为讲学后立即写作而未及刊刻者。陈淳在书信中曾经谈到，在严陵讲学的时候，听讲的人很多去参加科举考试，因此《讲义》印成之后还不能开讲，只得等到两月后才开讲。《似学之辩》里指斥科举"似学而非学"，当有所为而发。

第三节 羽翼《四书集注》的《四书性理字义》

陈淳的《四书性理字义》很著名。南宋末年，赵崇端、诸葛珏为之刊布。以后屡经重刊，流行甚广。番禺李昴英跋此书云："由北溪之流，溯紫阳之源,而窥圣涯,不徒口耳,且必用力于实践,则曰希圣希贤工夫可循循而诣矣。"莆田陈宓序此书云:"陈君淳从文公先生二十余年,得于亲授,退加研咏,合周、程、张、朱之论而为此书,凡二十有五门,决择精确,贯串浃洽。吾党'下学'工夫已到,得此书而玩味焉,则'上达'由斯而进矣。"可见当时人认为这部书是探索程朱理学,特别是朱熹思想的入门书。在下学工夫已有根柢之后,再读此书,就可以由此而上达天理,评价十分高。这种评价,充满了理学语言的酸腐气味。

《四书性理字义》原名《字义详讲》。它是陈淳晚年讲学,由门弟子笔录,再经陈淳改定的。陈宓所作的《有宋北溪先生主簿陈公墓志铭》云,陈淳"归自中都,泉之人士争师之。先生为之讲解,率至夜分。……门人随其口授而笔之于书。《大学》《论》《孟》《中庸》则有《口义》。仁义礼智、心意性情之类,随事剖析,则有《字义详讲》。……"集编《字义详讲》的是陈淳的学生王隽。此书又名《四书字义》,又名《四书性理字义》,又名《经书字义》,又名《北溪陈氏字义》,简称《北溪字义》。从书的内容考察,当以名《四书性理字义》为较确切、周匝。盖《四书》言其范围,"性理"标其性质,"字义"指其体例。

《四书性理字义》是从"四书"中选取性、命、道、理、心、情、意、志、诚、敬、中庸等二十五个范畴,逐条加以疏释论述的书,有些像词典,是理解朱熹《四书集注》的重要参考书。全书分上下两卷,卷上包括:命、性、心、情、才、志、意、仁义礼智信、忠信、忠恕、诚、敬、恭敬。卷下包括:道、理、德、太极、皇极、中和、中庸、礼乐、经权、义利、鬼神、佛老。这二十五条目,是初刻本的内容。清康熙年间,戴嘉禧四刻是书,于卷上"忠恕"下,增入"一贯"一目,云"从清漳家藏本增入",乃有二十六条目。这二十六条目,"太极"原于《易》,"皇极"原于《书》,"佛老"为理学家所喜谈而又辟之者,其他二十三条目,均见《四书》。"一贯"原于《论语》"一以贯之",本非连用,宋儒始把"一贯"连起来,作为一个范畴来用。何以如此分卷,其标准,陈淳或王隽未做说明。从二十六条目的内容看,卷上似着重论人,如性、心、情、意、忠恕等等,卷下似着重论理,如理、太极、经权、鬼神等等。但是这也不过是大致如此。如卷上论命、论性,就有许多关于理的论述。卷下论中和,也有许多关于性情的论述。显得卷上卷下,相互错杂。《字义》卷首有一段说明:"性、命而下等字,当随本字各逐件看,要亲切;又却合做一处看,要得玲珑透彻,不相乱,方是见得明。"既要"随本字各逐件看",又要"合做一处看",分中有合,不是截然判分。

《四书性理字义》就《四书》的重要哲学范畴,疏释其涵义,发挥朱熹《四书集注》的理学思想,以为之羽翼。这里,不想全面论述这部书的内容,只分析几个主要问题以见其与《四书集注》的理论渊源。

首先是宇宙论。陈淳认为,宇宙间最高的主宰是理。"二气流行,万古生生不息,不成只是个空气,必有主宰之者,曰理是也。理在其中,为之枢纽,故大化流行,生生未尝止息"(《命》)。理是大化流行的枢纽,是生生不息的主宰。陈淳说:"天无言,做如何命?只是大化流行,气到这物,便生这物,气到那物,又生那物。便是分付命令他一般"(《命》)。天命,就是气化流行。万物的生成,是气化流行的结果。

陈淳论述了天道流行的真实无妄。程、朱认为,自然之理,真实无妄。真实无妄,叫作"诚"。陈淳说:"诚字,后世多说差了。到伊川方云无妄之谓'诚',字义始明。至晦翁又增两字,曰:真实无妄之谓'诚',道理尤见分晓"(《诚》)。天道流行,又如何真实无妄的呢?陈淳说:"天道流行,自古及今,无一毫之妄。暑往则寒来,日往则月来。春生了便夏长,秋收了便冬藏。元亨利贞,终始循环,万古长如此,皆是真实道理为之主宰。如天行一日一夜一周而又过一度,与日月星辰之运行躔度,万古不差,皆是真实道理如此。又就果木观之,甜者万古甜,苦者万古苦。青者万古常青,白者万古常白,红者万古常红,紫者万古常紫。圆者万古常圆,缺者万古常缺。一花一叶,文缕相等对,万古常然,无一毫差错。……都是真实道理,自然而然。此《中庸》所以谓其为物不贰,则其生物不测。而五峰(指胡宏)亦曰,诚者,命之道乎。皆形容得亲切"(《诚》)。陈淳又说:"维天之命,元而亨,亨而利,利而贞,贞而复元,万古循环,无一息之停,只是一个真实无妄道理。而万物各具此以生,洪纤高下,各正其所赋受之性命。此是天之忠恕也"(《忠恕》)。陈淳又说:"天只是一元之气流行不息如此。即这便是大本,便是太极。万物从这中流出去,或纤或洪,或高或下,或飞或潜,或动或植,无不各得其所欲,各具一太极去。个个各足,无有缺欠。亦不是天逐一去妆点,皆自然而然,从大本中流出来"(《一贯》)。自然界日月星辰的运行,草木花果的甜苦青红,文缕等对,元亨利贞的循环不息,是自然而然,万古不差。但是这个自然而然,背后有一个"命",有一个"维天之命",有一个"生物不测","为物不贰"的"大本"在起规定作用。称它为"诚"也好,称它为"真实无妄道理"也好,总之,它是上帝的代名词。

气化流行,生成万物,在自然界是如此,在人类社会的贵贱贤愚,也是如此。陈淳说:"得气之清者,不隔蔽,那义理便呈露昭著。如银盏子中满贮清水,自透见盏底银花子,甚分明,若未尝有水然","或清浊相半,或清底少浊底多,昏蔽得厚了,如盏底银花子看不见。欲见得,须十分加澄治之功"(《命》)。人,是个银盏子,气之清,气之清浊相半,气之清少浊多,决定人的贤愚,决定盏底的银花子看得分明与否。以至尧舜"贵为天子,富有四海……享国皆百余岁。"孔子"栖栖为一旅人……仅得中寿七十余岁"(《命》)。这都是"命"决定的,都是归之天命。

问题深入探讨。这个"天之所命"到底是怎么一回事?《四书性理字义》载:"问:天之所命,果有物在上面安排分付之否?曰:天者,理而已矣。古人凡言天处,大概皆是以理言之。程子曰:夫天,专言之则道也,天且勿违是也。又曰:天也者,道也。《论语集注》'获罪于天',曰:'天即理也';《易本义》'先天弗违',谓意之所为,默与道契。后天奉天,谓知理如是,奉而行之。又尝亲炙文公,说'上帝震怒',也只是其理如此。天下莫尊于理,故以'帝'名之。观此,亦可见矣。故上而苍苍者,天之体也。上天之体以气言。上天之载以理言"(《命》)。这段话,似乎是自然神论的调子,其实并没有排除人格神的影子。天下莫尊于理,故以最高的"帝"来称它。获罪于天,上帝震怒,指的都是理,都是其理如此。这种统治一切的理,不是客观规律,而是"绝对精神"。它是"上帝"的同义语。

作为"维天之命"的补充,陈淳又强调事物的偶然性。同样是下雨,

"天油然作云,沛然下雨,其为雨则一。而江河受去,其流滔滔,不增不减。溪涧受去,则洪澜暴涨。沟浍受去,则朝盈暮涸。至于沼沚坎窟,盆瓮罂缶,螺杯蚬壳之属受去,或有斗斛之水,或只涓滴之水。或清甘,或污浊,或臭秽。随他所受多少般样不齐,岂行雨者固为是区别哉!"又如播种菜子。"治一片地,而播之菜子,其为播种一也。而有满园中森森成行伍出者,有掷之蹊旁而践踩不出者,有未出为鸟雀啄者。有方芽为鸡鹅啮者,有稍长而芟去者,有既秀而连根拔者,有长留在园而旋取叶者。有日供常人而羹食者,有为菹于礼豆而荐神明者,有为齑于金盘而献上宾者,有丐子烹诸瓦盆而食者。有脆嫩而摘者,有壮茂而割者,有结实成子而研为齑汁用者,有藏为种子到明年复生生不穷者。其参差如彼之不齐,岂播种者所能容心哉"(《命》)!行雨而无所区别,播种而不容用心,但是结果千差万别。什么道理呢?陈淳说:"天之所命则一,而人受去自是不齐,亦自然之理,何疑焉。"天之所命,如上文所述,是自然之理。人受去不齐,也是自然之理。这就是把偶然性也作为自然之理的一个方面来看待了。同是下雨,到了地面,这是江河之水,那是溪涧之水;这是盆瓮罂缶之水,那是螺杯蚬壳之水;或清或浊,或甘或秽;等等不一。同样播种菜子,有的生长得很好,有的被踩践而不能出;在生长到成熟的过程中,还有许多不同的遭遇。所有这些,都意味着偶然性。而偶然性也与天命一样,都是自然之理。虽然都是自然之理,但是天命是根本,是主宰,而偶然性只是其补充。首先要有"行雨者",然后才有各种各样的水;首先要有"播种者",然后才有菜的各种各样生长情况。陈淳虽然没有说得那么清楚,但是他把"大化流行"作为天命,则天命是涵盖一切的,偶然性不能外于天命,不能与天命相对等。

除了论述天命等自然之理而外,《四书性理字义》又论述了"道"与"理"。什么是"道"?什么是"理"?陈淳说:"道与理,大概只是一件物,然析为二字,亦须有分别。道,是就人所通行上立字。与理字对说,则道字较宽,理字较实。理有确然不易底意。故万古通行者,道也;万古不易者,理也"(《理》)。陈淳着重论述了"道"。他说:"道,犹路也。当初命此字,是从路上起意。人所通行,方谓之路;一人独行,不得谓之路。"这个人们万古通行的路,是个什么样的路呢?陈淳说:"道之大纲,只是日用间人伦事物所当行之理,众人所共由底,方谓之道。大概须是就日用人事上说,方见得人所通行底意亲切"(《道》)。陈淳所说的"日用间人伦事物所当行之理,众人所共由底",指"君臣有义","父子有亲","夫妇有别","长幼有序","朋友有信"等等(《道》)。这些,是封建的伦理道德,是封建社会统治阶级处理人伦关系的准则。由孟轲提出,经董仲舒进一步阐述的五伦和三纲就是这一套货色。这些东西,加上上帝的命令,就是封建社会套在人民身上的四大绳索。陈淳,作为朱熹的弟子,根据程朱理学的说教,把天道或天理的外衣加在四大绳索上面,就把它们合"理"化了。正如董仲舒所说的那样,"道之大原出于天",陈淳也说,推原道的来历,"其根原皆是从天来。""一元之气流出来,生人生物,便有个路脉。恁地,便是人物所通行之道。此就造化推原其所从始如此。"这是造化生人生物,人物所通行之道。陈淳说,"《易》说:'一阴一阳之谓道。'阴阳,气也,形而下者也。道理,也只是阴阳之理,形而上者也。孔子此处,是就造化根原上论。"这个造化根原,生人生物,是形而上的理。所以陈淳说:"论道之大原,则是出于天。自未有天地之先,固先有是理。"至于日用人事所当行之理,即践履封建道德,这个道,根原虽然也是从天来,但与造化生人生物不是一回事。陈淳说:"至子思说'率性之谓道',又是就人物已受得来处说。随其所受之性,便自然有个当行之路,不待人安排着。其实道之得名,须就人所通行处说,只是日用人事所当然之理,古今所共由底路,所以名之曰道"(《道》)。这就是说,封建伦理道德,是人从天禀受得来的,是"不待人安排着"的,是"自然有"的"当行之路"。陈淳在这里,把天道、天理与人性牵合在一起,把人性和封建道德牵合在一起。由此可知,"天即理也","性即理也",程朱理学的这些天理论的哲学命题,乃是其宇宙观和道德论的核心。

陈淳还论述道器关系问题,但是归宿点却落在封建伦理道德上。这是理学家的当行本色,同唯物主义的道器观不一样。陈淳说:"形而上者谓之道,形而下者谓之器。自有形而上者言之,其隐然而不可见底,则谓之道。自有形而下者言之,其显然可见底,则谓之器。其实道不离乎器,道只是器之理。人事有形状处,都谓之器。人事中之理,便是道。"陈淳又说:"道,非是外事物有个空虚底,其实,道不离乎物。若离物,则无所谓道。且如君臣有义,义底是道,君臣是器。……父子有亲,亲底是道,父子是器。……"又说:"若就事事物物上看,亦各自有个当然之理。且如足容重,足是物,重是足当然之理;手容恭,手是物,恭是手当然之理。如视思明,听思聪,明与聪,便是视、听当然之理。……以类而推,大小高卑,皆有当然恰好底道理,古今所通行而不可废者"(《道》)。"理无形状,如何见得?只是事物上一个当然之则,便是理。则是准则,法则。……如为君止于仁,止仁便是为君当然之则。为臣止于敬,止敬便是为臣当然之则。为父止于慈,为子止于孝,孝、慈便是父子当然之则……"(《理》)。陈淳的这些说法,在前半截讲道与器不能分离,"道不离乎器"、"道不离乎物"、"道只是器之理"等等,这些原是唯物主义的命题。但是他讲的道器关系,不是指客观的物质世界与从中抽象出来的规律性之间的关系,而是封建人伦与封建道德之间的关系,是耳目手足与视听言动的封建规范之间的关系。可见陈淳的道器观是剽窃了唯物主义道器观使之与封建伦理相结合的一种僧侣说教,从根本上歪曲了唯物主义的命题。

陈淳承袭朱熹的天理论,认为"未有天地之先,固先有是理"(《道》)。又说:"毕竟未有天地万物之先,必是先有此理。""老氏说,道在天地之先,也略有此意。"太极"立乎天地万物之表,而行乎天地万物之中,在万古无极之前,而贯乎万古无极之后"(《太极》)。陈淳把理作为世界万物的本原,在世界万物未成之前,理已先存在,在世界万物毁了之后,理还存在。这些论述暴露了他的承袭朱熹哲学的客观唯心主义本质。

陈淳也论述了"理一分殊"、"一本万殊"的理学教义。《四书性理字义》说:"总而言之,只是浑沦一个理,亦只是一个太极。分而言之,则天地万物各具此理,又各有一太极,又都浑沦无缺欠处。自其分而言,便成许多道理。若就万物上总论,则万物统体浑沦,又只是一个太极。""譬如一大块水银,恁地圆。散而为万万小块,个个皆圆。合万万小块,复为一大块,依旧又恁地圆。陈几叟月落万川,处处皆圆之譬,亦正如此"(《太极》)。这种"万物统体一乾元","物物各具一太极"的教义,是程朱理学体系的重要论点之一,是"仁民爱物"的爱有等差思想的理论根据,表面的同一为实质上的不同一作粉饰。

《四书性理字义》论"鬼神"的条目,说了若干与鬼神迷信有关的胡话,是糟粕。但其中有另一部分,却以"气"的运动(屈伸往来)来解释所谓"鬼神",则是紧紧地接近于唯物主义,值得注意。这也是陈淳的宇宙论的一个内容。陈淳说:

> 程子曰:鬼神者,造化之迹也。张子曰:鬼神者,二气之良能也。说得皆精切。造化之迹,从阴阳流行著见于天地间者言之。良能,言二气之屈伸往来,是自然能如此。大抵鬼神只是阴阳二气之屈伸往来。自二气言,神是阳之灵,鬼是阴之灵。"灵"云者,只是自然屈伸往来恁地活尔。自一气言之,则气之方伸而来者,属阳,为神。气之已屈而往者,属阴,为鬼。如春夏是气之方长,属阳,为神。秋冬是气之已退,属阴,为鬼。其实,二气只是一气耳。(《鬼神》)

陈淳说:

> 天地间无物不具阴阳,阴阳无所不在,则鬼神亦无所不在。大抵神之为言伸也,伸是气之方长者也。鬼之为言归也,归是气之已退者也。自天地言之,天属阳,神也;地属阴,鬼也。就四时言之,春夏气之伸,属神;秋冬气之屈,属鬼。又自昼夜分之,昼属神,夜属鬼。就日月言之,日属神,月属鬼。又如鼓之以雷霆,润之以风雨,是气之伸,属阳;及至收敛后,帖然无踪迹,是气之归,属鬼。以日言,则日方升,属神;午以后渐退,属鬼。以月言,

则初三生明,属神,到十五以后,属鬼。如草木生枝生叶时,属神;衰落时,属鬼。如潮之来,属神;潮之退,属鬼。凡气之伸者,皆为阳,属神;凡气之屈者,皆为阴,属鬼。——古人论鬼神,大概如此,更在人自体究。(《鬼神》)

陈淳的这两段论述,含有四点意思:第一,鬼神是阴阳二气固有的运动(良能),这种运动表现为屈伸往来。伸是伸张,向上,生长;屈是退缩,向下,销亡。往是消逝,流去;来是回复,归来。这些,指的都是阴阳二气运动的状况。凡属于伸的、来的,都属阳,都称为神;凡属于屈的、往的,都属阴,都称为鬼。第二,阴阳二气的流行,是"自然能如此",是它本身的固有运动,不假任何外力。所以称之为神灵,鬼灵,称为"灵",只是形容它的自然运动(屈伸往来)是这样的活泼,没有别的含义。第三,天地间的自然现象(物),都可以用阴阳或鬼神来概括。天是阳,是神;地是阴,是鬼。春夏是神,秋冬是鬼。昼是神,夜是鬼。日是神,月是鬼。午前是神,午后是鬼。每月的十五前是神,十五后是鬼。草木生枝长叶时是神,凋落时是鬼。潮来是神,潮退是鬼。所以鬼神只是指消极、积极两种现象,积极的是神,消极的是鬼。第四,天地间无物不具阴阳。阴阳无所不在,因此鬼神也无所不在,并不稀奇,并无怪异。陈淳的这些论述,论的是鬼神,而实质却是无神论,颇似斯宾诺莎。从理学体系转化为唯物论,这在明朝出现的王廷相,就是例证。应该认识思想史上这样的事实。对陈淳鬼神论也应作如是观。但是陈淳的鬼神论的唯物主义是不彻底的。当他论到淫祀、妖怪等问题时,又有若干迷信的胡说,令人感到讨厌。

其次是性论。陈淳的性论承袭朱熹。陈淳说,"性即理也","理是泛言天地间人物公共之理,性是在我之理。"人本心中生来具有的理,才叫作性。"其大目只是仁义礼智四者而已。"天命之元,人得之就是仁;天命之亨,人得之就是礼;天命之利,人得之就是义;天命之贞,人得之就是智(《性》)。元亨利贞是在天之命,仁义礼智是在人之性。陈淳的这一套,就是根据朱熹"元亨利贞,天道之常;仁义礼智,人性之纲"而来的说教。

关于人的善恶,《四书性理字义》也论述了天命之性和气质之性。陈淳认为,天所命于人的是"理",有善而无恶,所以人所受以为性的,也本是有善而无恶。这是从大本上说。但是还没有说到气禀。气禀不同,人就有万殊不齐。有人刚烈,是禀得阳气多;有人软弱,是禀得阴气多;有人性圆,一拨便转;有人愚拗,一句好话也听不进,"同禽兽无异"。这都是气禀如此(《性》)。二程曾经说过,"论性不论气,不备;论气不论性,不明;二之,则不是。"陈淳以赞扬的语气加以解释说:"只论大本而不及气禀,则所论有欠阙而未备。若只论气禀而不及大本,便只说得粗底,而道理全然不明。千万世而下,学者只得按他说,更不改易"(《性》)。陈淳没有解释"二之,则不是"这句话。这句话的本意是:虽然承认有性又有气,但是如果把性和气分开来说,分而为二,性是性,气是气,互不联系,就错了。陈淳所以不解释这句话,可能是他不赞成这种批评"二之,则不是"的说法,因为"孟子道性善,是专就大本上说来","不曾发出气禀一段","启后世纷纷之论",正是有"二之"的嫌疑。不解释这句话,意或在维护孟子。

陈淳论述了气禀说的由来。《四书性理字义》说:"气禀之说,从何而起?夫子曰:性相近也,习相远也,唯上智与下愚不移。此正是说气质之性。子思子所谓三知三行(生而知、学而知、困而知,安而行、利而行、勉强而行)及所谓虽愚必明,虽柔必强,亦是说气质之性,但未分明指出气质字为言耳。到二程子始分明指认说出甚详备。横渠因之,又立为定论,曰:形而后有气质之性。善反之,则天地之性存焉。故气质之性,君子有弗性者焉。气质之性,是以气禀言之。天地之性,是以大本言之……"(《性》)。陈淳把气禀与气质之性联系起来,意思是气禀就是气质之性。又把大本与天地之性联系起来,意思是大本即指天地之性。这种分析是符合程朱理学精神的。但是,这里陈淳把历史事实颠倒了,认为二程论之于前,而张载因之于后。事实是恰恰相反:张载之说在前,二程之说在后。张载先提出了气质之性与天地之性的议论,二程才从而作了疏释,称赞张载既论气又论性,明而且备,比片面论气或片面论性都要高明。二程极口称赞张载的《西铭》,而《西铭》正是张载《正蒙》一书中《乾称篇》的一段,与张载气质之性、天地之性说是《正蒙》一书中《诚明篇》的一段相似。可见二程先读过《正蒙》,才发这段议论的。把陈淳的这个错误指出来,把历史事实按时间先后论述,对研究宋明理学的发展过程是必要的。

《四书性理字义》指斥佛氏作用是性之说,借以批评当时"一种杜撰等人",暗指高唱心学的金谿陆九渊。陈淳说:"佛氏把作用认是性,便唤作蠢动含灵,皆有佛性,运水搬柴,无非妙用。"陈淳认为,这种佛氏之说,"不过只认得个气,而不说着那理。"陈淳引佛氏之说,"达摩答西竺国王作用之说曰,在目能视,在耳能闻,在手能捉,在足运奔,在鼻嗅泹,在口谈论。徧现俱该沙界,收摄在一微尘。识者知是道性,不识唤作精魂"(《性》)。陈淳认为,佛氏作用是性之说,说的只是人心,而不是道心。他在《似道之辩》这篇讲义里,区别了人心和道心的界限。他说,"其所以为虚灵知觉,由形气而发者,以形气为主,而谓之人心。"如目能视,耳能听,饥思食,渴思饮,等类,"其所发皆本于形气之私"。这叫作人心。至于"非礼勿视,而视必思明;非礼勿听,而听必思聪","食必以礼","饮必有节"等类,"其所发皆原于义理之正。"这叫作道心。从生理要求来说,叫作人心。从道德要求来说,叫作道心。陈淳在上文所说的,无非是要讲明这一点。陈淳认为,从告子开始,以生言性,"则已指气为理",混淆了人心、道心的区别。"今佛者以作用是性,以蠢动含灵,皆有佛性,运水搬柴,无非妙用。专指人心之虚灵知觉者而作弄之。明此为明心,而不复知其为形气之心;见此为见性,而不复知性之为理;悟此为悟道,而不复别出道心之妙"(《性》)。陈淳讲这些话,目的不在批评佛说,而在批评"今世有一种杜撰等人"。《四书性理字义》说道:"今世有一种杜撰等人,爱高谈性命,大抵全用浮屠作用是性之意,而文以圣人之言,都不成模样。据此意,其实不过只是告子生之谓性之说。此等邪说,向来已为孟子扫却。今又再拾起来,做至珍至宝说。谓人之所以能饮能食,能语能默,能知觉运动,一个活底灵底,便是性。……只认得个精神魂魄,而不是有个当然之理"(《性》)。陈淳所指斥的这种"杜撰"人,在《似道之辩》里,则显然是指陆九渊。他说:"近世儒者,乃有窃其形气之灵者为道心,屏去道问学一节工夫,屹然自立一家,专使人终日默坐以求之。稍有意见,则证印以为大悟,谓真有得乎群圣千古不传之秘。"陆九渊心学的顿悟,源于禅宗,直指本心,讥笑朱熹的道问学为"支离事业"。陈淳这样的批评陆学,实际并没有触及心学的本质。另一面却暴露了陈淳在性论里割裂人心、道心以反对唯物主义的本意。

在《四书性理字义》中,与性论相联系,还讨论了心、情、才、志、意等的涵义。这些,在认识论中再做剖析。

第三是认识论。陈淳的认识论,特别强调程朱理学的主敬工夫。

《四书性理字义》把论性和论心、情、才、志、意等联系在一起,这是理学家心性说的本来面目。但是从思想体系的组成来说,性论往往涉及宇宙论或靠近宇宙论,而论心、情、才、志、意,则属于认识论。现在就照陈淳思想体系的组成来论述。

陈淳把心看成"一身之主宰"。四肢运动,手持足履,饥思食,渴思饮,"皆是此心为之主宰"。心像一个"器皿",里面装着的东西就是性。陈淳把邵雍"心者性之郭郭"一语加以演绎,说郭郭就是心,而郭郭里的许多人烟,"便是心中所具之理相似。所具之理便是性。"从理上发出来的,就是仁义礼智之心,就是道心。从形气上发出来的,就是饥思食、渴思饮的人心。而道心则要从理上考虑食所当食,饮所当饮。饥饿濒死,却不肯受"嗟来之食",就是从"里面道理上发来"的(《心》)。

陈淳认为,"心有体有用",其体具众理,寂然不动;其用应万事,感而遂通。当它静而未发的时候,像镜子一样空明,像天平一样平衡。当它应物而动的时候,像镜子照物,或美或丑,各随物原来的形象而呈现。像天平称物,或轻或重,各随物原来的重量而高下,没有"丝毫铢两"的差错。镜子空明,天平平衡的本体,还是自身的样子,对物来说,"未尝与之俱往",就是说,没有跟着外物而迁往(《心》)。陈淳的这种"鉴空衡平"的比喻,来源于佛说的"寂而常照,照而常寂。"又与《易传》的"寂然不动,感而遂通"相联系。

陈淳也如朱熹那样,论述了心量的广大。他说:"此心之量极大,万理无所不包,万事无所不统。"学者所以要学而不厌,就是要"极尽乎此心无穷之量。"所谓尽心,"须是尽得个极大无穷之量,无一理一物之或遗,方是真能尽得心"(《心》)。陈淳又论述了心的活动的"至灵至妙"。他说:"虽万里之远,一念便到;虽千古人情事变之秘,一照便知"(《心》)。这些论述,实质是指人类的思维活动。心量的无穷广大与心的活动的至灵至妙,都是指人类思维活动的特点,它反映人脑认识能力的特殊的质。

陈淳祖述张载"心统性情"之说,认为"语约而意备,自孟子后,未有如此说得亲切者。"而对朱熹的发挥:"性者,心之理;情者,心之用;心者,情性之主。"认为"说得又条畅明白"(《心》)。陈淳认为,心包摄性和情两个方面,性,就是心之体,是全善的,情,就是心之用,有善有恶。情从本性发来,便是善,更无不善;情感物欲而动,不从本性发来,便有个不善。情的善不善,看它是不是发而中节。如果当喜而喜,当怒而怒,当哀而哀,当乐而乐,就是发而中节,符合当然之则,就是善的。如果违反了当然之则,"失其节,只是个私意人欲之行,是乃流于不善,遂成不好底物"(《情》)。

陈淳论述才、志、意等心理概念。他说:"才是才质、才能"(《才》)。才质指材料、质干,以体言;才能指会做事的能力,以用言。"志者,心之所之。之,犹向也"(《志》)。例如,志于道,是心全向于道。志于学,是心全向于学。"一直去求讨,要必得这个物事,便是志。"如果或作或辍,或萌生退转的念头,"便不得谓之志。"立志要高,不要卑;立志要定,不要杂;要坚,不要缓(《志》)。"意者,心之所发也,有思量运用之义","意是心上发起一念,思量运用,要怎地底"(《意》)。陈淳把情和意区别开。他说:"情者,性之动,是就全体上论。意者,心之发,是就起一念处论"(《意》)。

《四书性理字义》在"意"这个条目的末后,总结了对待一件事物时心、情、性、意、志、理、命等的呈露和相互关系,讲得比较具体,可以更清楚地了解他的这些论述的实质。现在引在下面:

> 合数者而观,才应接事物时,便都呈露在面前。且如一件事物来接着,在内主宰者是心;动出来或喜或怒是情;里面有个物能动出来底是性;运用商量,要喜那人,要怒那人,是意;心向那

> 所喜所怒之人,是志;喜怒之中节处,又是性中道理流出来,即是当然之则处,是理;其所以当然之根原处,是命。一下,许多物事,都在面前,未尝相离,亦粲然不相紊乱。

陈淳的这段总结,描述了心理活动的多种情况,是程朱理学认识论的重要部分,尽管是不科学的、不确切的,但是它反映了当时对心理活动的认识所达到的水平,确是可贵的,有意义的。

陈淳的认识论,特别强调主敬工夫,这是他承袭朱熹而来的。陈淳说:"程子谓主一之谓敬,无适之谓一。文公合而言之曰:主一无适之谓敬,尤分晓。"陈淳认为,二程提出这个敬字,是"就学者做工夫处说","所关最大"。所谓敬,"只是此心常存在这里,不走作,不散漫,常惺地惺惺,便是敬。"主一,就是心思集中。例如,做事的时候,心思集中在这件事上,不把第二件、第三件事来参插,这就是主一,就是不二不三。无适,就是心常在这里,"不走东,不走西,不之南,不之北,"集中一处,排除其他趋向。陈淳认为,"礼谓'执虚如执盈,入虚如有人',只就此二句体认持敬底工夫,意象最亲切。"手捧着一个盛满了东西的器皿,如果心不在这里,走一步就会倾泼出来。一定要心常在这上面,小心谨慎地捧着,就不论走到哪里都不会倾泼出来。又如走进一间空房,里面没有人,但是也要"此心常严肃,如对大宾"。陈淳认为,这样才是"持敬底工夫"。

陈淳说:要把朱熹写的《敬斋箴》放在坐右,经常看着点,以此为准则来做工夫,时间久了就显出同平常不一样。陈淳认为《敬斋箴》"铺叙日用持敬工夫节目最亲切",为之作了注解。《敬斋箴》说,要"正其衣冠,尊其瞻视。"当潜心以居的时候,要像"对越上帝"那样肃恭。举手投足,必须没有一点差错。待人接物,必须"战战兢兢",不能有一点随便。要"守口如瓶,防意如城",不许轻易说话,不许有一点邪念。要监守自己的心,"不东以西,不南以北","勿贰以二,勿叁以三",不许有丝毫的散漫、走作。如果有片刻的放松,那就要起万端的"私欲",于是天地颠倒了位置,三纲沦丧了,九法(指洪范九畴)败坏了。所以"小子"啊,应该"念哉敬哉",不能随便啊。理学家的持敬工夫,就要求人们做到这样毫无生机活意。陈淳为《敬斋箴》逐段做注解,自然是对它表示佩服到五体投地(《北溪全集》第一门卷四《敬斋箴解》)。

"涵养须用敬,进学在致知。"持敬工夫是程朱理学涵养工夫的重点,为理学家所竭力鼓吹和奉行,对后世影响很大。此心常惺惺,是理学家经常提到的。

陈淳的认识论,本于朱熹,承认人心中固有的理,这种理,不依赖客观世界而独立存在,不经过社会实践而先验地存在。性就是天理,它是至善的。从性流出来的是道心,从物欲触发的是人心。道心是全善的,人心有善有恶。心包括性和情。未发为性,寂然不动;发则为情,感而遂通。情发而中节,当怒而怒,当喜而喜,就是好的;情发而不中节,就是不好的。志是心的全面的定向。意是心上发起的一念。陈淳对心理活动的这种论述,比较细致,反映当时对心理活动的认识所达到的水平。但是这种心理分析,是唯心主义的。没有把思想作为客观世界在意识中的反映来认识,没有说明人们的思维活动与其周围世界的关系。不论是人性也好,思想也好,感情也好,志趣也好,意念也好,总是与客观世界、与一定的社会关系联系着的,在阶级社会里总是与阶级利益阶级斗争联系着的。人类的思维是一种社会现象,离开了社会历史,它是不可理解的。而陈淳的心理分析是一种抽象的分析,不与社会关系相联系,不与客观世界相联系,因而不能说明心理活动的阶级本质,不能说明心理活动所由产生的物质原因。陈淳所说的善恶也是没有阶级分析的抽象的道德观。性是善的,情有善有恶。这种所谓善恶,用什么标准来衡量,用哪一个阶级的利益来衡量?超阶级的善恶是不存在的。陈淳的善恶观,只能是通向信仰主义的僧侣说教。

陈淳的认识论中的持敬工夫,是对内心世界天理的体验工夫。它不是活生生的社会实践,而是对封建道德的胶着的持守,不许"须臾有间",不许"毫厘有差"。这种"对越上帝"的持敬工夫,与僧侣的"虔敬"相似,在世俗的平常人看来,既不可能做到,也没有什么意义。

《四书性理字义》的其他条目,如仁义礼智信、礼乐、中和、中庸、皇极、义利等等,无非是阐述封建道德的涵义,它的归宿是要人们尊奉董仲舒的"正其谊不谋其利,明其道不计其功"说教,十分烦琐,于此不复具论。

陈淳的客观唯心主义理学思想直接继承朱熹。在朱熹的门徒中,他的学术地位比较重要,与黄榦并称。陈淳长期乡居"训童",只是在宁宗嘉定五年赵汝谠守漳州招致陈淳"处以宾师之位"以后,才结束"训童"生涯,开始在泉莆之间讲学,"问道者踵至"。陈淳没有做过官,晚年主安溪簿,"未上而卒"。"生理素薄,量入而出,衣敝缊袍,略无少憾。"是社会政治地位一般的地主阶级。

陈淳的著作生涯从初见朱熹以后开始,大体分前后两期。前期从初见朱熹到宁宗庆元五年(公元1190—1199年),此期的著作以"根原论"及一系列的"问目"为代表,大都得到朱熹的认可。后期从再见朱熹到宁宗嘉定十六年(公元1199—1223年)逝世,此期的著作以《严陵讲义》与《四书性理字义》为代表。

陈淳的理学思想以阐述朱学、卫护师门为其特色。他的重要著作是阐述朱学的,如《根原论》《严陵讲义》《四书性理字义》、诠释《易本义》的文章等都是。陈淳排击陆学,诋毁陈亮,目的都在卫护师门。陈淳排击陆学的尖锐性,反映唯心主义内部理学与心学争论的激烈。

陈淳的思想有大量封建主义糟粕,应当批判。但是也有一些紧紧地接近于唯物主义的论点,如鬼神论等。在朱学的传衍中,某些思想家的论点具有唯物主义倾向,这种情况值得注意。

附带说一下,陈淳在庆元五年(公元1199年)夏,写成了两篇教育儿童用的读物:一、《启蒙初诵》,二、《训童雅言》。当时正在应赵汝谠招请的前夕,即其"训童"生涯的最后。《启蒙初诵》,三言,有韵,形式内容都像《三字经》。开头云:"天地性,人为贵,无不善,万物备。""性相近,道不远。"当为后来的《三字经》所祖述。《训童雅言》,四言,有韵,比《启蒙初诵》深些。这两篇读物,都是宣传封建主义思想的。陈淳在两篇读物前的小序中说:"予得子,今三岁,近略学语。将以教之,而无其书。因集《易》

《书》《诗》《礼》《语》《孟》《孝经》中明白切要四字句,协之以韵,名曰《训童雅言》,凡七十八章,一千二百四十八字。又以其初未能长语也,则以三字先之,名曰《启蒙初诵》,凡一十九章,二百二十八字。盖圣学始终,大略见于此矣。恐或可以先立标的。而同志有愿为庭训之助者,亦所不隐也。"可以想到,这种教育儿童用的读物的写作,是同他的长期"训童"生活有联系的。陈淳还说,至于经书,"字艰而文涩,非幼学之便,此须五六年外,语音调热,然后可以为之训焉。"这也可以说是他"训童"经验的总结。

第十七章 闽学干城——蔡元定与蔡沈

朱熹学派被称为闽学。它在南宋福建地区的流传与影响仅是一个雏形,但反映出理学在全国及后世的影响。元、明以后,作为体系最广、影响最大的正宗思想,它统治了思想界数百年,直至二十世纪初期。

朱熹当时的门人大都能恪遵师训。蔡元定与蔡沈及其著作《皇极经世指要》与《书经集传》,在学术史和社会史上都有一定的影响。全祖望在《宋元学案·九峰学案》中说:"蔡氏父子,皆为朱学干城。"现将二蔡学术思想,结合朱学的流传,论述如下。

第一节 蔡元定的《皇极经世指要》和《律吕新书》

蔡元定(公元1135—1198年)字季通,福建建阳人,是朱熹最亲密接近的朋友和学生。二人年龄相差五岁,朱熹初次与蔡见面论学时,便说"此吾老友也,不当在弟子之列"(《宋史·蔡元定传》)。其后数十年从学朱熹,直至宁宗庆元二年(公元1196年)因伪学党禁,以布衣编管湖南道州,还与朱熹书信往还。庆元四年殁于道州。

蔡元定和朱熹都是所谓伪学的主要代表人物。蔡赴道州时,朱熹及从游者送别,尚与蔡元定共同讨论一部道教的名著《参同契》。蔡临行时态度不异平时,而送行者座中有流涕者。朱熹说:"友朋相爱之情,季通不挫之志,可谓两得之矣"(同上)。蔡死后,朱熹的祭文中说:

> 呜呼季通,而至此耶。精诣之识,卓绝之才,不可屈之志,不可穷之辩,不复可得而见矣。(《朱文公文集》卷八十七《又祭蔡季通文》)

这里反映出作为理学家的朱熹对学生的最高要求,而蔡元定是达到了。这种坚持自己的学术见解,不屈服于压力,所谓"不降其志,不辱其身"(《论语·微子》),这在理学传统中有其可取之处。当然这在大部分假道学中是办不到的。一些宋末明末的理学家为"夷夏之防"不惜牺牲自己的生命,不能说不与这传统有关联。

朱熹在《与刘孟容书》中又说:

> 交游四十年,于学无所不讲,所赖以祛蒙蔽者为多。不谓晚年乃以无状之迹,株连及祸,遂至于此。闻之痛怛,不知涕泗之流落也。(引自《蔡氏九儒书》卷二)

除了师徒的感情以外,这里应注意的是,蔡元定对朱熹学术所起的辅助作用。蔡元定的学生翁易(字粹翁,福建崇安人)在宋理宗淳祐七年(公元1247年)记载:

> 晦菴(指朱熹)疏释"四书",因先生(指蔡元定)论辩有所启发者非一。……六经、《语》《孟》《学》《庸》之书,先生与之讨论讲贯则并驰其功焉。《易学启蒙》一书,先生研精覃思,屡年而后就,晦菴复删润之,始克成书。(同上卷首《蔡氏诸儒行实》)

可见朱熹的《四书集注》和后代《性理大全》与《性理精义》中收入的那部著名的《易学启蒙》,是蔡元定参与草定的。

朱熹在《答蔡季通书》中曾谈到,"《启蒙》修了未?早欲得之"(《朱文公文集》卷四十四)。便足为佐证。又说,"季通平生著述多谦让,寄寓于熹书集中"(引自翁易《蔡氏诸儒行实》),也说明二人合作的亲密无间。

关于蔡元定本人的学术倾向,可以从以下材料得到说明:

> 牧堂老人(指蔡元定之父蔡发)以程氏《语录》、邵氏《经世》、张氏《正蒙》授先生曰:此孔孟正脉也。先生(蔡元定)深涵其义。(《宋元学案·西山蔡氏学案》)

把程、邵两个途径不同的著作合在一起,同时再加上张载,都称为"孔孟正脉"。尽管这种说法不完全正确,但可反映出蔡元定的学术兼有义理和象数学两个方面。这是和朱熹一致的。

蔡本人著作很多。著名的有《皇极经世指要》和《律吕新书》。

《皇极经世指要》一书,宋末的黄瑞节说:

> 西山(即蔡元定,号西山)先生始终以《易》疏其说,于是微显阐幽,其说大著。学者由蔡氏而知《经世》,由《经世》而知《易》,默而通之可也。(引自明嘉兴徐必达编《邵子全书》卷二十四附录)

清代著名的《易》学家王植说:

> 《纂图指要》(指《皇极经世指要》的第一部分)所疏最为醒畅,较邵伯子①之说更优。故各图说一以西山为主。(《皇极经世全书解·例言》)

按《纂图指要》是《皇极经世指要》的前半部,大部解释邵雍的各种图像。明初《性理大全》的编者说:

> 西山蔡氏著为《经世指要》一书足以尽乎五十篇之义(指邵

---

① 邵伯子即邵伯温,邵雍长子,曾注释《皇极经世书》。

雍《皇极经世书》六十四篇中除《观物内外篇》共十四篇以外,为五十篇),而晦菴朱子谓其于康节之书,推究缜密矣。故今不复具载康节全书,但取蔡氏《指要》诸图,列于内外十四篇之首。(引自《皇极经世全书解》卷首《总论》)

可见蔡元定的《皇极经世指要》是一部对邵雍学术的全面而又明晰的概括。他的学术方向是遵循朱熹的主张,不像二程那样置象数学于不顾。

蔡元定的另一部著作《律吕新书》不但是中国音乐史上的名著,也是反映出蔡氏学术倾向的著作。

中国古代音乐中的十二律,是指十二个音调。其高低的比例是以一个音调为基数,先用三分减一的方法(即以基数乘 $\frac{2}{3}$),产生第二音调,然后再用三分益一的方法(即以第二音调乘 $\frac{4}{3}$)产生第三音调,以后迭次用 $\frac{2}{3}$、$\frac{4}{3}$……相乘,得出十二个音调的数字。这些数字便是十二个音调的音高之间的比例。这种计算方法叫三分损益法。

蔡元定的《律吕新书》也是用这方法来排定十二律的。同时他以象数学家的本色把十二天干配合上十二律,把一年中的十二个月也加以配合。现根据蔡书中《黄钟生十一律第三》(黄钟本身为一律,再派生出十一律,共为十二律)及《八十四声图第八》综合列表如下:

时辰	律名	月份	比例
1.子	黄钟	十一月	一分
2.丑	林钟	六月	三分二
3.寅	太簇	正月	九分八
4.卯	南吕	八月	二十七分十六
5.辰	姑洗	三月	八十一分六十四
6.巳	应钟	十月	二百四十三分一百二十八
7.午	蕤宾	五月	七百二十九分五百一十二

8. 未　大吕　十二月　二千一百八十七分一千二十四

9. 申　夷则　七月　六千五百六十一分四千九十六

10. 酉　夹钟　二月　一万九千六百八十三分八千一百九十二

11. 戌　无射　九月　五万九千四十九分三万二千七百六十八

12. 亥　仲吕　四月　一十七万七千一百四十七分六万五千五百三十六

上表1、3、5、7、9、11,也就是子、寅、辰、午、申、戌六个时辰称为阳辰,2、4、6、8、10、12,即丑、卯、巳、未、酉、亥六个时辰为阴辰。而单数的六个律即黄钟、太簇、姑洗……是阳律,双数的六个律即林钟、南吕、应钟……是阴律。阳律又称为律,阴律又称为吕。六个阳律称六律,六个阴律称六吕(或称六同)。阳律都是三分减一下生阴律,如黄钟是1,林钟便是$1 \times \frac{2}{3} = \frac{2}{3}$。阴律都是三分益一上生阳律,如林钟是$\frac{2}{3}$,太簇便是$\frac{2}{3} \times \frac{4}{3} = \frac{8}{9}$。这样一直推到第十二律仲吕是$\frac{65536}{177147}$,便形成了各个律、吕的比例。

然而这里产生一个问题,即第8、10、12三个阴律大吕、夹钟、仲吕,都是清音,在审音的时候音调高了一倍,要用加长乐管一倍的方法来调协。所以第七个律阳律蕤宾生第八个律阴律大吕时,按照阳律生阴律是三分减一下生的规则,本应以蕤宾之数乘$\frac{2}{3}$,现在为了加长乐管以降低音调,就要把蕤宾乘$\frac{2}{3}$再加倍,成为算式如下:

蕤宾数 $\times \frac{2}{3} \times 2 =$ 大吕数

蕤宾数 $\times \frac{4}{3} =$ 大吕数

从而可见,作为阳律的蕤宾生阴律大吕时,由下生改为上生。

同样情况,第九个律阳律夷则从下生改为上生产生第十个律阴律夹钟,第十一个律阳律无射也是由下生改为上生产生第十二个律阴律仲吕。

把十二律中大吕、夹钟、仲吕三个阴律本应由下生即三分损一而推算出来的,改为上生由三分益一而推算出,这是为了协调音调而采取的较为合适较为科学的方法。蔡元定的这种演算方法溯源于汉代,说明中国在十二世纪时尽管讲论封建伦理道德的理学思想弥漫,但理学家之中仍然有优秀人才具有科学的头脑,采用科学的方法,这是值得提出的。

然而蔡元定的推算是在神秘的外衣的包裹下提出的。他说:

> 黄钟生十一律,子、寅、辰、午、申、戌,六阳辰,皆下生。丑、卯、巳、未、酉、亥,六阴辰,皆上生。其上以三,历十三辰者,皆黄钟之全数。其下阴数以倍者(原注:即算法倍其实)三分本律而损其一也。阳数以四者(原注:即算法四其实)三分本律而增其一也。六阳辰当位自得。六阴辰则居其冲,其林钟、南吕、应钟三吕在阳则用倍数方与十二月之气相应,盖阴之从阳,自然之理也。(《律吕新书·黄钟生十一律第三》)

关于十二律与一年的十二个月相比附,早见于《史记·律书》与《汉书·律历志》。这一思想更早可溯源于《吕氏春秋》所综合的战国时期的音乐理论。至于蔡元定的"阴之从阳,自然之理也"之类迷信的语言在上述书中也屡见不鲜。《史记·律书》说:"律历,天所以通五行八正之气,天所以成熟万物也。"《汉书·律历志》说:"阳六为律,阴六为吕,律以统气类物,吕以旅阳宣气。"

所谓"统气类物""旅阳宣气"这些字的具体意义是很难捉摸的。这就为后来的所谓术数家开辟了为了某种目的,随意发挥的途径。

蔡元定在乐律方面还有一个创造,就是在十二律之间加了六个变律,称为变黄钟、变林钟、变太簇、变南吕、变姑洗、变应钟。这六个变律的插入,可以使从每一个律开始"旋相为宫"时,在计算音程方面更加便利。用蔡元定自己的话说就是"然后洪纤高下,不相杂伦"(《律吕新书·变律第五》)。值得注意的是,蔡元定的六个变律与汉代京房六十律中第13到18律(所谓13执始,14去灭,15时息,16结躬,17变虞,18迟内)的数值完全相同。因为它们都是从第十二个律仲吕起用三分损益法继续推算而成的。从而可以看出象数学家不但在《易》卦上而且在律吕的范围内也是先后继承的痕迹。

这里主要不是叙述音乐的历史,而是试图说明蔡元定的音乐理论与京房六十律的关系。而京房的六十律与《淮南子》六十音当辰又有关联。此外,京房又说:"夫十二律之变至于六十,犹八卦之变至于六十四卦也"(《后汉书·律历志上》)。可谓极尽牵强附会之能事。然而这些思想也在蔡元定书中可以找出印迹来。蔡元定说:

> 黄钟独为声气之元。虽十二律八十四声皆黄钟所生。然黄钟一均所谓纯粹中之纯粹者也。(《律吕新书·84声图第八》)

京房、《淮南子》《吕氏春秋》,这些人及著作,或是具有道家色彩,或是与道家有瓜葛,而都与蔡元定的《律吕新书》有思想理论上的沟通。这可以看出蔡元定学术上的道家倾向,而这些倾向似乎也是被那位空同道士邹䜣所同意的。

第二节 蔡沈的《书集传》

蔡沈(公元1167—1230年)字仲默,号九峰,是蔡元定的第三子。元定的次子蔡沆出继表兄虞氏,所以蔡沈仍以仲字排行。

元定谪道州时,长兄蔡渊在家奉母。蔡沈随父去道州。元定死后,沈护丧以还。

真德秀是福建浦城人,不及见到朱熹及蔡元定,而是蔡沈的友人。他在《九峰先生墓表》中记载:

> 初伪学之兴,文公以党魁黜,聘君(指蔡元定)亦远谪舂陵(指道州),君徒步数千里以从。九嶷之麓,最楚粤穷僻处,山川风物,悲凉惨怆,居者率不能堪。君父子相对,以礼义相怡悦。(《真文忠公文集》卷四十二)

这一段记载为后来《宋史》的蔡元定、蔡沈传所本。

蔡沈的主要著作是《书集传》与《洪范皇极》二书,分别反映了其师朱熹与其父蔡元定的学术思想。

《书集传》六卷,是一部数百年来在封建文化学术界有很大影响的著作。这书是朱熹临殁前一年委托蔡沈写作的,朱熹死后,又十年才完成。

元仁宗皇庆时,蔡沈此书与朱熹的《周易本义》《诗集传》,胡安国的《春秋传》等并列为官书,为科举所依据。此书遂成为元、明、清三代士人的必读课本。

这书的写作是在朱熹原有的一部分书说基础上完成的,其特点是:

不偏重于汉、唐以来的烦琐考据方法,以浅近简明的文字注释了《书经》。

纠正了不少前人的误解,发表了不少个人的独出新义,并且十分精确。

由于《书集传》列为官书,因而不为精研考据的汉学家所重视。

清儒陈澧曾说:

> 近儒说《尚书》,考索古籍,罕有道及蔡仲默《集传》者矣。然伪《孔传》不通处,《蔡传》易之,甚有精当者。(《东塾读书记》卷五《尚书》)

例如《大诰》:"若兄考乃有友伐厥子民养其劝弗救。"伪《孔传》云:"以子恶故"。孔疏云:"民皆养其劝伐之心不救之。"

陈澧对孔传和孔疏的评论是:"此甚不通。"

而蔡传说:"苏氏(指苏轼)云:养,厮养也,谓人之臣仆。言若父兄有友攻伐其子,为之臣仆者其可劝其攻伐而不救乎。"

尽管苏轼在朱熹的评论中看来,其人品与能力还不及王安石,但蔡沈还是择善而从,采用了苏轼的意见。

《召诰》:"王敬作所不可不敬德。"伪孔云:"敬为所不可不敬之德",

很是牵强。蔡传云:"所,处所也。犹所其无逸之所。王能以敬为所,则无往而不居敬矣。"

这种说明清晰而且有证据,容易理解,并使人信服。

所以陈澧说:"此皆蔡传精当者。"

然而,除了解释字句外,从思想背景来说,更应注意的是其政治目的。蔡传的理论主要是讲二帝三王,是为封建政治和封建文化服务的。朱熹在嘱蔡沈整理《书经》的信中说:

> 年来病势交攻,困悴日苦。……看此气象是不久于人世者。……最是《书说》未有分付处,因思向日喻及《尚书》,文义通贯犹是第二义,直须见得二帝三王之心,而通其所可通,毋强通其所难通……千万更拨置来此议定纲领,早与下手为佳。(引自《蔡氏九儒书》卷六)

按信的内容,盖系朱熹生前最后一年所作。信中所谈"直须见得二帝三王之心",是朱熹传授的宗旨。程颢说《中庸》一书是"孔门传授之心法",而朱熹在《中庸章句》序中把十六字心传视为尧舜禹汤相传的叮咛嘱咐。蔡沈是紧紧地继承这一理学传统的。他在其书的序言中说:

> 然二帝三王之治本于道,二帝三王之道本于心。得其心则道与治国可得而言矣。何者?精一执中,尧舜禹相传之心法也,建中建极,商汤周武相传之心法也。曰德曰仁曰敬曰诚,言虽殊而理则一,无非所以明此心之妙也。

所谓心法,文中说就是德、仁、敬、诚。质言之,就是封建社会的三纲五常。

现举一例,它既考证了文义,而又最终返归到伦理纲常。

《书·洛诰》的第一句"周公拜手稽首曰:朕复子明辟。"蔡沈认为此上有阙文,应把《康诰》的第一段"唯三月哉生魄,周公初基,作新大邑于东洛国"到"乃洪大诰制"等四十八字移为《洛诰》的首段。这也是根据苏轼的见解。

关键在于《洛诰》中"朕复子明辟"一句的意义。传统的讲法是因武王死后成王年幼,周公代王为辟,到这时还政成王,所以说"复子明辟"。而蔡沈说:

> 复,如逆复之复,成王命周公往营成周,周公得卜,复命于王也。

至于为什么"复辟"不指归还王位?蔡沈说:

> 武王崩,成王立,未尝一日不居君位,何复之有哉?(《书集传》卷五《洛诰》)

至于为什么说先儒复辟说是错误的,又引起了什么后果,蔡沈说:

> 王莽居摄,几倾汉鼎,皆儒者有以启之,是不可以不辨。(同上)

蔡沈还没有达到指出"儒者"就是刘歆,而刘用周公居摄称王来为王莽篡位制造理论根据的地步。但是,不言而喻,蔡沈维护纲常、坚持正统的态度反映了理学家的本色。所以黄震对蔡沈这一段意见评论说:"此说不独考正文义,其有功于天下后世大矣"(引自《宋元学案补遗》卷六十七《九峰学案补遗》)。

皇位问题是一个重要问题,牵涉到封建宗法制度的存亡继绝问题,这就是蔡沈作为程朱正统理学的忠实继承者为什么在这个问题上大为考证,大做文章的原因所在。

由于蔡沈《书集传》适应了当时社会的需要,它被政府定为科举功令的必读书不是偶然的。六七百年来,它与《四书集注》并列,对社会文化思想起一定的影响,也不是偶然的。它是中国封建社会后期经济和政治条件下的产物。

蔡沈对《书经》的解释又有一定的独立见解,不是亦步亦趋地遵循师说。晚清的山阳丁晏曾著《蔡传附释》,举了一些例说明蔡沈与朱熹的不同。如《舜典》"而难任人"一句,元代邹季友引《朱子语类》云:"难平声,任如字,言不可轻易任用人也"(邹季友《书传音释》卷一)。而蔡沈说:"难,拒绝也。任,古文作壬,包藏凶恶之人也"(《书集传·舜典》"而难任人"条)。这里朱熹解"难"为不易,蔡沈解"难"为拒绝;朱熹解"任"为任用,蔡沈解"任"为凶恶。蔡沈是根据自己的认识来疏释的,而且于义为长。

又如《益稷》"明庶以功"一句,邹季友引《朱子语类》云:"此试字之误。《左传》赵衰引《夏书》'赋纳以言,明试以功',正作试字"(《书集传·益稷》)。但蔡沈没有按照其师说,没有把"庶"字改成"试"字,而是把这句简单明了地解为"明其众庶也"(《书集传·益稷》)。

元代陈栎著《尚书集传纂疏》六卷,又曾著《书说折衷》。《书说折衷》一书后已散佚,但书序还保存在他的《定宇集》中。他在《纂疏》中就曾提出蔡沈"宗师说者固多,异之者亦不少"(《四库全书总目提要》卷十二)。陈栎认为这是蔡沈的一个缺点,我们看来却是一个不诡随盲从的长处。

但我们要注意,所谓"与师异"是仅在于某些文字的词义上,而不在于天理、道统等理学关键问题上。在后者,蔡沈与其师是完全沆瀣一气的。

关于蔡书的缺点。我们知道,朱熹的治学方法是谨严的。然而他的持敬、致知等工夫主要是为了个人的修养。他说:"书虽是古人书,今日读之所以蓄自家之德,却不是欲这边读得些子,便搬出做那边用"(《朱子语类》卷一二○)。所以训诂考证对朱熹来说是次要的。他又说:"《尚书》中《盘庚》、五诰之类,实是难晓。若要添减字,硬说将去,尽得。然只是穿凿,终恐无益耳"(同上卷七十八)。这些都是知之为知之,不知为不知的正确态度。而蔡沈注《书经》,则是每个疑点都要求加以解决。《四库全书总目提要》

的编者批评他"于殷盘周诰,一一必求其解,其不能无憾也固宜"(卷十一)。

此外,蔡传固然盛极一时,通行数百年,然而历代也都有指摘其瑕疵的。如宋末王柏的《书疑》,宋末元初许谦的《读书丛说》,张葆舒的《尚书蔡传订误》,黄景昌的《尚书蔡传正误》,程直方的《蔡传辨疑》,余苞舒的《读蔡传疑》等等。而元仁宗延祐二年(公元1315年)议复贡举,定《尚书》依蔡沈注释以后,上述诸家,大都不传了。

明代袁仁著《尚书砭蔡编》(清曹溶辑《学海类编》收入此书,改名《尚书蔡注考误》),清代左眉有《蔡传正讹》。袁仁所提出蔡传的缺点如"粤若、越若,前后异训,三百有六旬有六日乃宋历非古历"等等多条,《四库全书总目提要》认为"皆确有所据"。按《尚书·尧典》第一句:"粤若稽古",蔡沈释为:"曰、粤、越通,古文作粤。曰若发语辞。《周书》越若来三月亦此例也"(《书集传》卷一《尧典》)。在《周书·召诰》的"曰若来三月",蔡沈又说:"越若来,古语辞,言召公于丰迤逦而来也"(《书集传》卷五《召诰》)。于是《砭蔡编》说:"曰若发语辞,引《周书》越若来为例,及训《召诰》则曰'曰若来者迤逦而来也',何其相悖邪。"事实上这问题在元代董鼎的《书传辑录纂注》以及邹季友的《书传音释》中都早已发现和指出。《书传音释》说:"《朱子语录》载刘谏议(指刘安世,字元城,北宋人)云,越若发语辞,来三月犹言明三月也。"来字究竟是如蔡沈解为到来的来,还是如刘安世解来三月就是明年三月。这问题似乎还可以讨论。然而蔡沈在《尧典》与《召诰》两个地方,同一词语"前后异训"终是无可辩解的。

对蔡沈来说,这是枝节问题,不足为全书病。《汉书·艺文志》载秦恭字延卿,注"粤若稽古"用了二三万言。这是汉儒的学风,为宋儒所不取。因为它不联系到义理和政治的原则问题。而宋代理学家是联系政治、联系社会、联系三纲五常的理来治学和讲学的。所以他们把训诂放在第二位而且有忽略的地方。

至于用宋代的历法来讲古历显然是一个疵病。关于天文、地理、名物制度方面的知识也不是理学家主要的关切所在。

理学家的着重点是圣圣相传的心法,修齐、治平的道理。在这一点上,蔡沈继承了他老师的衣钵,没有辜负委托。所以说从历史的角度,把它作为封建时代统治阶级文化的结晶之一来看,蔡沈的书出色地完成了它的历史使命。

第三节　蔡沈的《洪范皇极》

《洪范》是《书经》中的一篇。《洪范》中有"皇建其有极"一句话。《洪范皇极》书名的来源大致如是。这部分在内容、形式以至风格上与《书集传》迥然不同。

《书集传》像朱熹的《四书集注》一样,用简明的文字诠释经典,阐发义理,而《洪范皇极》则像蔡元定的《皇极经世指要》阐述阴阳刚柔一样,通过八十一个范畴论述天地、阴阳、理气、体用、动静,以至接触到自然界动物植物等问题。总之,《书集传》是一部理学正统派主要讲义理的著作,《洪范皇极》是一部理学象数学派主要讲自然现象的著作。

真德秀在《九峰先生墓表》中说:"洪范之数久失其传。聘君(指蔡元定)独心得之,然未及论著,曰:成吾书者沈也"(《真文忠公文集》卷四十二)。

所谓"洪范之数"是什么？这是象数学家一个辗转的附会。《易·系辞》说:"天地变化,圣人效之。天垂象见吉凶,圣人象之。河出图,洛出书,圣人则之。"扬雄在《覈灵赋》中说:"大易之始,河序龙马,洛贡龟书"(扬雄《覈灵赋》已佚,此从《文选》李注辑出)。这就开启了后世认为河图是龙马口衔,洛书是神龟背负的传说。与扬雄同时的刘歆说:"虙牺氏继天而王,受河图则而画之,八卦是也。禹治洪水,锡洛书,法而陈之,《洪范》是也"(《汉书·五行志》)。

这又提出了八卦来源于河图,河图创造自虙牺,而《洪范》来源于洛书,洛书是天授禹的传说。

河图、洛书两个宝物到底是什么形象？

宋代象数学家通过一些古典中的传统,把河图、洛书分别定为1到10十个数字与1到9九个数字排成的两个数阵。

河图的排列方法是：

$$
\begin{array}{ccc}
 & 2,7 & \\
3,8 & 5,10 & 4,9 \\
 & 1,6 &
\end{array}
$$

洛书的排列方法是：

$$
\begin{array}{ccc}
4 & 9 & 2 \\
3 & 5 & 7 \\
8 & 1 & 6
\end{array}
$$

据刘歆说，河图是产生八卦的，这就是邵雍的六十四卦横图与先天圆图与先天方图产生的依据。洛书产生《洪范》，应该也有一系列象数图作为《洪范》的衍生物。蔡氏父子的洪范九畴数便应运而生了。

《洪范》中有九个纲领，称为九畴。其内容为："初一曰五行，次二曰敬用五事，次三曰农用八政，次四曰协用五纪，次五曰建用皇极，次六曰乂用三德，次七曰明用稽疑，次八曰念用庶征，次九曰向用五福，威用六极。"九畴中的五行、五事、八政、五纪、三德、五福、六极，又各有其具体内容。如五行是水火木金土，五事是貌言视听思等。这些原是古代人对自然界及社会现象和规律的朴素的总概括。朱熹答学生问《洪范》诸事时说："此是个大纲目，天下之事其大者大概备于此矣"（《朱子语类》卷七十九）。而这些在象数学的模胚中，九畴又被冶铸成带有"数"的色彩的新产品——洪范九畴数。

由于有了数目字，于是，按照象数学的传统，洪范九畴数被比附于一年四季的时令，自然界和动物植物，人类的身体和器官，社会上的衣食住行、婚姻、祭祀、宴享、田猎以及军旅、工役、交易……各种现象，总之包括自然现象和人类精神与物质文明的各个方面。这反映出在一定时期博物与分类学的成就与水平。

然而，洪范只有九个畴，要赅括庞大的多种现象是困难的。于是根据需要，把九畴发展为九九八十一个畴数。九畴扩展为八十一畴，与八卦发展为六十四卦是同一道理。八十一畴构成了《洪范皇极》的基本体系。如果说,在宋代以前还没有人提供出八十一个洪范九畴数,那么蔡氏父子当是这一体系的创始者。尽管他们与前人一样,依托的是神话传说中的大禹。黄瑞节说:"《易》更四圣而象已著,《范》锡神禹而数不传。九峰蔡氏撰《皇极内篇数》为一书,于是有范数图,有八十一章六千五百六十一变。西山真氏云:蔡氏范数与三圣之易同功者是也"(引自清康熙刘世馪《洪范皇极补》蔡沈原序后附载)。黄氏之言,合于史实。

这里应当注意朱熹对洪范畴数原于洛书,而洛书图形又是那九个数字的数阵的意见和态度。朱熹说:"河图出而八卦画,洛书呈而九畴叙,而孔子于斯文之兴衰未尝不推之于天。圣人于此其不我欺也"(《朱文公文集》卷七十八《江州重建濂溪先生书堂记》)。朱熹的《周易本义》书首的九个图中,以河图、洛书为冠,这都说明他不但笃信天命,并且对蔡氏的范数是完全赞同的。这是研究朱熹及其学派的学术倾向的重要线索。他既继承了二程正统,以天理人伦为理学的主要内容,又不像二程那样排斥象数,而是把象数纳入理学的范围以内。这些将在下文详细论及。

《洪范皇极》一书的具体内容如何?书首是一幅洛书的数阵,但不称洛书而称为《洪范皇极图》。

把九畴衍化为八十一数,用方数图、圆数图、行数图等形式来表示。现将九九方数图转列如下:

九九方数图

九九	九八	九七	九六	九五	九四	九三	九二	九一
八九	八八	八七	八六	八五	八四	八三	八二	八一
七九	七八	七七	七六	七五	七四	七三	七二	七一
六九	六八	六七	六六	六五	六四	六三	六二	六一
五九	五八	五七	五六	五五	五四	五三	五二	五一
四九	四八	四七	四六	四五	四四	四三	四二	四一

三九	三八	三七	三六	三五	三四	三三	三二	三一
二九	二八	二七	二六	二五	二四	二三	二二	二一
一九	一八	一七	一六	一五	一四	一三	一二	一一

把一、一到一、九排为一行,一直到把九、一到九、九排为第九行,八十一个数形成一个方阵。

九九圆数图则是把一、一到九、九的八十一个数序排成一个圆圈。(在清初刘世𤫊《洪范皇极补》一书中,圆圈的中心还有一个卍字符号,可理解为表示一、一到九、九,循环周流之意。《性理大全》所载此圆图似也有卍字。)

九九行数图则是把一、一到九、九的八十一数序排列成一长行。

很明显,九九方数图、九九圆数图、九九行数图,与邵雍的先天方图、先天圆图、先天横图在排列方法上是相同的,可以互相对照。所不同的是,邵雍用六十四个《易》卦来排列,而蔡沈是用八十一个畴数来排列,数列上多出一层而已。

还有一个九九积数图则是以 1 到 9 九个数字分别用 9 来相乘三遍的积数排成的图表,如下:

九九积数图

1	9	81	729
2	18	162	1458
3	27	243	2187
4	36	324	2916
5	45	405	3645
6	54	486	4374
7	63	567	5103
8	72	648	5832
9	81	729	6561

(原图为中文数字从右至左,今改为阿拉伯数字从上至下)

把九九八十一个数字配合时令，一、一为冬至，二、二为立春，三、三为春分，四、四为立夏，五、五为夏至，六、六为立秋，七、七为秋分，八、八为立冬，九、九又为冬至。然后周而复始，二、二又是立春。

蔡沈书中是用阴阳消长来解释一岁的气候变化过程的。他说："一数之周，一岁之运也。九数之重，八节之分也。一、一，阳之始也。五、五，阴之萌也。三、三，阳之中也。七、七，阴之中也。二、二者阳之长。四、四者阳之壮，五则阳极矣。六、六者阴之长，八、八者阴之壮，九则阴极矣。一九首尾为一者，一岁首尾于冬至也。盖冬至二卦而余则一也"（《洪范皇极·内篇下》）。

蔡沈认为"一者数之原也，九者数之究也"（同上）。所以他把一切事物归结为九的数字。他说："分天为九野，别地为九州，制人为九行。九品任官，九井均田，九族睦俗，九礼辨分，九变成乐，八阵制兵，九刑禁奸，九寸为律，九分造历，九筮稽疑，九章命算……"（同上）。这些归纳似都是为了九这个数而拼凑起来，有些还是很牵强的。其实在中国历史上用其他数字如3、5、7等也可罗列一系列名物出来，也是常见的。

蔡沈的九分法中，"八阵制兵"显然是生硬不一致的例外。他没有把九军来代替八阵。

此外，还有两点值得注意。仿照蔡沈的这种分法，还可以提出江分九派，宫有九门，地有九泉，天有九重，姓有九宗，官有九牧，学术有九流……不一而足。由此可见，蔡沈的"以九为究"也仅是约略举例，难概其全的。这是一。其次，关于"九筮稽疑"，稽疑两字取自《洪范》，是考察疑点，用卜筮来解决之意。这里"九筮"也仅仅只适用于蔡沈所制的洪范数。因为从《易经》开始，到扬雄的《太玄》，北魏关朗的《洞极》，北周魏元嵩的《元包》和司马光的《潜虚》，都有筮法。他们各有一套数字，都不是用九，足以说明这一点。

《洪范皇极》今存本分内、外篇，外篇都是论81数的，每数都有一个名称，如一、一称原，一、二称潜，一、三称守，一、四称信……一直到九、八称堕，九、九称终。

《洪范数》中一到九的数字用｜、‖、‖|、‖‖、‖‖|、丅、丅丅、丅丅丅、丅丅丅丅来表示，这与《潜虚》中所用符号相同。只有五这个数字《潜虚》作×，蔡沈作‖‖|，微有不同。其余悉与司马光《潜虚》筮法中所用符号相同。当然也可能这些数码都是宋代通用，而两人都采取使用了。这种数码，源于筹策。

《外篇》所谓释数，就是把九九八十一个范畴（即原、潜、守、信、直、蒙、闲……一直到胜、囚、壬、固、移、堕、终八十一个畴），用模仿《易经》的筮法，进行占卜。《易经》的方法是"分二挂一，揲之以四"（《易·系辞上》）。《洪范数》的方法则是分二挂一，揲之以三。这样得出的结果是："八揲而六千五百六十一之数备矣，分合变化，如环无端，天命人事，由是较焉，吉凶祸福，由是彰焉"（《洪范皇极·内篇下》）。由此而得出的九种征兆称为：吉、咎、祥、吝、平、悔、灾、休、凶。

洪范八十一个畴每畴下都系有一句话，如第一畴"原"，畴下系有"原，元吉；几，君子有庆。"从语气及形式看，可知是模仿《易经》的卦辞。"原"畴之下还有数曰："原，诚之原也。几，继之善也。君子见几，有终庆也。"清初潘士权《洪范注补》此下又有理曰："始终维一，原，君子以刚健纯粹，与天合德。"而潘士权在书首的按语中说："按蔡氏《范》内无理曰，自'原'畴以下数曰并缺。"如此则知"理曰""数曰"是潘补的。与潘同时的刘世衢《洪范皇极补》则改理曰为"畴曰"，内容也是刘自撰的。

由上可见，这些理曰、畴曰都不是蔡沈原著而为后人增补。天台谢无懋（此人待考，疑是元人）在蔡书序中早就说蔡沈"享数弗遐，释数未备，尚不能无俟于后之君子。"

《洪范皇极》这一系统的书，明代熊宗立有《洪范九畴数解》，李经纶有《洪范皇极注》，清初有刘世衢《洪范皇极补》，潘士权《洪范补注》等等。

《四库全书总目提要》的编者对这些《洪范皇极》的衍生物的评论是："推演《洪范》，始自蔡沈，故凡因沈书而作者并类从编次。"又说："然蔡沈书亦何必补也"（卷一一〇《范衍》条）。又说："自沈以后，又开演《范》之一派，支离缪辀，踵而为之者颇多。既有其末，不可不著其本。故录而存之，而别著录于术数类，明非说经之正轨，儒者之本务也"（同上卷一〇八《洪范皇极内篇》条)。

《四库全书总目提要》的评论表明了维护"正统"排斥"别传"的态度。在他们看来,蔡沈这书与正统的《书集传》不同,只是历法一类术数之作而已。

我们以为,这是中国学术的一个支流,也是反映社会现象的一种意识形态。从《易经》开始,有《太玄》《洞林》《洞极》《元包》《潜虚》,直到《洪范数》以及增补《洪范数》等各种著作,其间有一系列的继承关系。如今天有学者综合会通,除研究其排算方法加以明确外,并分析其实质内容,这对中国中古社会思想的演变、文化的发展将从一个侧面得到更多的认识。

《洪范皇极》一书,在蔡沈以后,有不少增补已如上述。但书中的《内篇》是蔡沈的手笔。对此应做一些分析。

《洪范皇极·内篇》的宇宙观与北宋理学家是一致的。蔡沈说:

> 冲漠无朕,万物具矣。动静无端,后则先矣。器根于道,道着器矣。一实万分,万复一矣。(《洪范皇极·内篇上》)

"冲"是虚的意思,"漠"也有空的含义。"无朕"指没有征兆。在"冲漠无朕"的时候,万物的理已经存在。这就是程颐所说的"冲漠无朕,万象森然已具"(《遗书》卷第十五)。"动静无端",也是程颐的原话。程颐在解释《易·系辞》的"形而上者谓之道"说:

> 道无有形体,道者一阴一阳也。动静无端,阴阳无始,非知道者,孰能识之。(《伊川经说》卷一《易说·系辞》)

这里指一阴一阳循环往复没有起始,也没有终止。

"器根于道",换句话说,就是器根于理。这也是从程颐的"有理则有气"(同上)来的。"一实万分,万复一矣"也是二程的理论。程颐说:"万物皆是一理,至如一物一事虽小,皆有是理"(《遗书》卷第十五)。朱熹在《中庸章句》的篇首记载程颢的话说:"其书(指《中庸》)始言一理,中散为万事,末复合为一理"(朱熹《中庸章句》篇首按语)。

至于"一实万分"四个字,原见于周惇颐《易通》中的《理性命第二十二章》。周说:"二气五行,化生万物。五殊二实,二本则一。是万为一,一实万分。"

总而言之,蔡书关于宇宙观的主要论点是:在"冲漠无朕"时已有万物之理。理是气或器的根本。万事万物都各有其理,但总的理是一个。这些都是理学家的基本原理,而通过朱熹、蔡元定的师承与家学,蔡沈全部接受了下来,上面所引《内篇》的一段话几等于二程语言的复述。

在上引《洪范皇极·内篇》一段后,蔡沈接着说了他的宇宙起源论:"有理斯有气,有气斯有形,形生气化而生生之理无穷焉。天地缊缊,万物化醇,男女构精,万物化生。化生者塞,化醇者赜。覆土之陵,积水之泽,草木虫鱼,孰形孰色。无极之真,二五之精,妙合而凝,化化生生,莫测其神,莫知其能"(《洪范皇极·内篇上》)。其中理→气→形的变化过程是程朱理学本体论的精髓,也就是上文所引的"气根于道"。"天地缊缊"以下四句出于《易·系辞下》,原意是阴阳产生万物的意思。周惇颐《太极图·易说》中有"二气交感,化生万物,万物生生而变化无穷焉"的话,便是它的注脚。

这里特别要注意的是,在阴阳之先,怎样被理学家加上了一个精神的本体。

《太极图·易说》中说:"太极动而生阳,动极而静,静而生阴。"朱熹在讨论《太极图说》与学生问答时说:"太极只是一个理字"(《朱子语类》卷一),又说:"太极只是一个实理"(同上卷九十四)。此外,类似的表达不一而足。"二五之精"指二气五行,那都是太极或理所派生的。

蔡沈的这一理论,承接周、程之说,然后把它们综合在一起归纳出的一个自然发展观。我们前面评论了周、程的分歧,而二程是从来不讲太极的。这一段里蔡沈把周的太极、程的理巧妙地结合了起来,无疑是出色地继承了朱熹的学术倾向。

朱熹的体系中不但包括了周、程,还包括了张载,这些因素在蔡沈的《内篇》中也可以找出来。蔡沈说:"变者化之渐,化者变之成,变化者阴阳之消长曲伸也。非二则不能久,非一则不能神"(《洪范皇极·内篇上》刘世衢本卷一)。这段全本于张载的《正蒙》。张载说:"气有阴阳,推行有渐为化,合一不测为神"(《正蒙·神化篇》)。又说:"一故神(自注:两在故不测),两故化(自注:推行于一)"(《正蒙·参两篇》)。朱熹对此极为赞同:"神化二字虽程子说得亦不甚分明,惟是横渠推出来"(《朱子语类》卷九十八)。辩证法认为,事物的发展变化根源于事物内部矛盾双方的对立与统一。而张载的理论接触到这一点,应该说含有朴素辩证法的因素。

这观点为朱熹所接受,而由蔡沈在其著作中进一步表述出来,使研究者可以从中探索其间的渊源线索。

第十八章 程端蒙、董铢、程端礼的教育理论

第一节 程端蒙《性理字训》——理学教育的启蒙教材

理学的产生与北宋时期的书院有密切关系。而理学家们都很重视编写理学的启蒙教材,注意教学方法,还有一套教育理论。这是理学思想广泛传播的原因之一。本章以三位理学的教育家为代表,对理学的教育理论及方法进行分析。

程端蒙(公元 1143—1191 年)字正思,号蒙斋,江西鄱阳人。

程端蒙先师事江介,为其高足;后又赴婺源,受业于朱熹,领悟理学要旨。著有《性理字训》《程董二先生学则》等,深受朱熹的赞赏。当其逝世时,朱熹曾书《程君正思墓表》,对其早卒"失声流涕","为之痛惜",认为他"以求道修身为己任,讨论探索功力兼人,虽其精微或未究极,而其固守力行之功则已过人远矣"(《朱文公文集》卷九十)。这段评述,说明程端蒙是一位理学的忠实实践者,能够严守理学教义修身律己,教育后学。

程端蒙《性理字训》三十条,基本上是四句成言,共 428 字。朱熹称赞说:"小学字训(按指《性理字训》)甚佳,言语虽不多,却是一部大《尔雅》"(引自《宋元学案·沧洲诸儒学案上》)。此书形式类似词典,其内容是根据《四书》以及朱熹《四书集注》,从中提炼出命、性、心、情、才、志、仁、义、礼、智、道、

德、诚、信、忠、恕、中、和、敬、一、孝、悌、天理、人欲、谊、利、善、恶、公、私等三十个范畴,通俗疏释,和以声韵,便于记诵,作为青少年学习理学基本知识的启蒙教材。其成书时间较陈淳《四书性理字义》为早,其影响亦较深远。南宋程若庸著《性理字训讲义》,即以程端蒙《性理字训》三十条为蓝本,增广为六门一百八十三条,明朱升又增至一百八十四条。此书是南宋末、元以至明初在教育界比较流行的一种课本。

程端蒙《性理字训》可分为三部分:第一部分讲人性论,包括命、性、心、情、才、志等心理分析范畴。程端蒙说:

> 天理流行,赋予万物,是之谓命;人所禀受,莫非至善,是之谓性;主于吾身,统乎性情,是之谓心;感物而动,斯性之欲,是之谓情;为性之质,刚柔强弱、善恶分焉,是之谓才;心之所之,趋向期必,皆由是焉,是之谓志。

这里,对理学家"性即理也"的人性论作了简要的概括,其中心范畴是性,含有三点意思:第一,性根源于天理,体现了天理的必然,叫作命,命决定性。因为天所命于人的是"理",有善而无恶,所以人所禀受的性,也是有善而无恶,即朱熹所谓天赋的"天命之性"。第二,性要通过每个个人才能表现出来,这就产生了影响性善的因素,一是物欲之情,一是参差不齐的才,即朱熹所谓"气质之性"。第三,心是一身的主宰,心虽有为情所累的一面,而心的本体本无不善,只要有坚持天理的正确志向,就能改变气质,恢复"天命之性"。

第二部分讲认识论,含"明理"和"修身"两项内容,这是恢复"天命之性"的认识论途径。"明理"包括仁、义、礼、智、道、德、诚、信、忠、恕等伦理道德范畴。程端蒙说:

> 为木之神,在人则爱之理,其发则恻隐之情,是之谓仁;为金之神,在人则宜之理,其发则羞恶之情,是之谓义;为火之神,在

人则恭之理,其发则辞逊之情,是之谓礼;为水之神,在人则别之理,其发则是非之情,是之谓智;人伦物事当然之理,是之谓道;行此之道,有得于心,是之谓德;真实无妄,是之谓诚;循物无违,是之谓信;发己自尽,是之谓忠;推己及物,是之谓恕。

这是说,理就是人伦物事之当然,也叫作道;仁、义、礼、智就是爱、宜、恭、别之理的表现;德就是得道,得理,对于理的领悟,不能有一点差错,对于理的遵守,不能有丝毫背离。如果根据理表现情,情发就会处处合理,从而符合"恻隐""羞恶""辞逊""是非"等封建社会处理人伦关系的准则。文中说到的"为木之神""为金之神""为火之神""为水之神",其实就是仁、义、礼、智的代名词,是程端蒙袭用阴阳五行说,将五行道德化,以增加"理"的神秘性而已。

"修身",包括中、和、敬、一等内省体验范畴。程端蒙说:"无所偏倚,是之谓中;发必中节,是之谓和;主一无适,是之谓敬;始终不二,是之谓一。"这里,提出了情发合"理"的两项要求:第一,必须"发而中节",做到喜怒适当,哀乐适时;否则,就会有所偏倚,任凭私意横溢,造成不良后果。第二,必须居敬主一,这是对朱熹《敬斋箴》的进一步概括。朱熹读张栻《主一箴》后,续作《敬斋箴》,用居敬主一,作为理学家涵养工夫的重点。居敬与主静不同,并不是与外界隔绝,闭户静坐,而是指时刻醒悟"天理"的一种精神境界。主一,即专一,就是心思集中,"不以东,不以西,不之南,不之北"。程端蒙认为,只有通过这种内省天理的体验工夫,才是达到灭欲的正确途径。

第三部分讲宇宙观,包括天理、人欲、谊、利、善、恶、公、私等禁欲主义范畴。程端蒙说:

> 天命流行,自然之理,人所禀受,五性具焉,是曰天理;人性感物,不能无欲,耳目口鼻,斯欲之动,是曰人欲;无为而为,天理所宜,是之谓谊;有为而为,人欲之私,是之谓利;纯粹无妄,天理

之名,是之谓善;凶暴无道,不善之名,是之谓恶;物我兼照,扩然无私,是之谓公;蔽于有我,不能大公,是之谓私。

这是程端蒙《性理字训》的出发点和最终归宿。这里集中地表现出程端蒙所概括的理学思想的僧侣主义实质,将人的耳目口鼻看作是不善的根源,将一切物质欲望看作人生不可避免的罪恶,从而加以排斥,这是宗教思想的一种特点。程端蒙同朱熹一样,正是将人欲视为罪恶,在他的笔下,天理就是谊(义)、善、公;人欲就是利、恶、私。他讲知性、明理、修身,就是为了革尽人欲,复尽天理,从而达到理学家所臆造的最高精神境界。

《性理字训》的结尾,模仿朱熹《敬斋箴》的笔调说:"小子"啊,对于《字训》应该"敬之戒之",要严格遵循它,深刻理解它,无限崇尚它,经常学习它,"精思笃行,孜孜勉焉,圣可贤致"。总之,在他看来,《性理字训》是通向圣贤的入门和阶梯。

通过以上剖析可以看出,《性理字训》不是从宇宙论起讲,而是从性论起讲,通过"明理"及"修身"等认识途径,达到"存天理,灭人欲"的精神境界,这在理论上无甚创见,但在论证方法上却有独到之处。我们知道,一些理学家的先辈,其学说是以"理"为中心而展开的,从"理"及于天地、物事、人伦、格致等。《性理字训》的作者并未固守师说,针对青少年这种教育对象的特点,以阐述如何做人为宗旨,以诱发存善去恶为内容,将"明理"和"存理"视作存善去恶的手段和目的,这就更加鲜明地揭示出理学即性命义理之学的内在本质,体现了理学家将性论同认识论相联系的传统特点和心性说的本来面貌。从性论起讲,比较浅近,符合理学入门书的基本要求。

程端蒙《性理字训》的社会效果,从元代程端礼《读书分年日程》中可窥见一斑。该《日程》将《性理字训》(程若庸增广者)列为学龄前(八岁前)儿童的必读书,要求"日读字训纲三五段",以此代"千字文最佳"。《千字文》为唐代的儿童识字课本,内容虽以"夫贞妇节,君圣臣良"之类的封建纲常为核心,但比较粗俗,而且没有同《四书》中的范畴相衔接,显得缺乏理性思维。从朱熹开始,就十分注重童蒙教育的理学化、知识化、通俗化三者的结合,写了《童蒙须知》以及《训蒙诗百首》,作了普及理学宣传的尝试。程端蒙《性理字训》比较完满地实现了朱熹的意愿,以简短的文字,整齐的韵语,对偶的形式,传统的范畴,使儿童谐于唇吻,易于记诵,幼小的心灵就受到理学的熏陶。在他前后,这类通俗读物有的还加上插图,如李元纲《圣门学业图》,将《大本达道》《进修伦类》《为学之序》《存心要法》《求仁捷径》等绘为十图,使青少年见图知义,经久不忘。清代还出版了汉文、满文、蒙文对照的通俗读物,力图将理学及其所宣扬的封建礼教灌输到人民中间去。

第二节 《程董二先生学则》——理学教育小学阶段的培养目标

程端蒙除编撰理学的启蒙教材外,还同董铢合作,制订《程董二先生学则》。根据朱熹的说法,理学教育分为小学和"成人"教育两阶段,小学教的是洒扫应对进退之节之类的基本行为规范,以及日用的知识技能,《程董二先生学则》就是关于这一方面的规定,可以说,它提出了理学教育中,小学阶段的培养目标。

董铢(公元1152—?年)字叔重,称槃涧先生。江西德兴人。与黄榦同师。据《江西通志》记载,著有《性理注》《解易注》。

朱熹曾为《程董二先生学则》作跋,他说:"道不远人,理不外事,故古之教者,自其能食能言而所以训导整齐之者,莫不有法,而况于家塾党庠遂序之间乎。彼其学者所以入孝出弟(悌),谨信群居,终日,德进业修而暴慢放肆之气不设于身体者繇此故也。番(鄱)易(阳)程端蒙与其友生董铢共为此书,将以教其乡人子弟而作新之,盖有古人小学之遗意矣。余以为凡为庠塾之师者,能以是而率其徒,则所谓成人有德小子有造者,将复见于今日矣。于以助成后王降德之意,岂不美哉"(《朱文公文集》卷八十二)!这里,朱熹强调办教育要有法(即学则),他向所有学校的师长推荐《程董二先生学则》),认为如能依此训导学生,就能培养出有德性、有造就、为封建帝王服务的人才。

《程董二先生学则》共十八条,基本上是对朱熹的许多箴言和铭记的概括与发挥。起首两条为学生规定了在朔望(每月初一、十五)和晨昏所应进行的仪式,末条是关于惩处的办法。余皆为学生律己、待人、接物时所必须遵循的原则,它涉及封建社会日常生活的许多方面。其中,讲行为的有八条。地主阶级要求其培养的人才具有本阶级所认为的美德,其标准是所谓"居处必恭","步立必正","视听必端","言语必谨","容貌必庄","衣冠必整","饮食必节","出入必省"等八项。

这八项标准对于人们的衣食住行、谈吐举止,以及容貌视听都做了烦琐的、使人缺乏生机活意的规定。如"居处必恭"要求根据年龄、长幼,排定座位次序,不能乱序。坐时必直身正体,不能盘腿倾倚,交胫摇足,如朱熹所说的"端席",如后来陈淳所说"坐当如尸",特别是反对学生白天睡觉,因为孔子就曾经斥责白天睡觉的宰我是"朽木不可雕也,粪土之墙不可杇也。"就是说,人们在居处的时候,要如敬天敬神那样肃恭。如"步立必正",规定走路时徐行,站立时拱手,不能超越长者而行,不能背向尊者而立,不能践踏门槛,不能跛颠偏倚,如朱熹所说"足容必重,手容必恭,择地而蹈"那样,举手投足不能有一点差错。又如"视听必端",规定目不能流转张望,只能直视,耳不能倾头左右,只能正听,还要求人们说话时轻声细语,时时控制自己的喜怒情感。至于穿戴,既不能穿奇装异服,又不能简单随便,即使在安闲休息时,也不能"衩袒露顶",在盛暑也不能脱鞋去袜,等等。理学家就是把这一类宗教色彩很浓的修养方法,视为读书士子们德行的标志。

讲学习的有五条:"读书必专一","写字必楷敬","几案必整齐","堂室必洁净","修业有余功、游艺有适性"。朱熹曾说:"为学之道,莫先于穷理,穷理之要,必在于读书"(《朱文公文集》卷十四)。所以中心是读书,其要求有五:一、先正心肃容。二、在读诵上下功夫。每一书都规定了应读的遍数,如遍数已足而不能背诵,必须再读至能背诵为止。如遍数未足,已能背诵,也必须再读,读满遍数。学生的学习活动就是埋头于背书与诵经。三、非圣贤之书勿读,无益之文勿观,严防学生离经叛道。四、保持学习环境的整齐与清洁。五、课余时可适当弹琴习射等。这同孔子的做法有别。孔子将弹琴习射等纳入教学内容,培养学生成为具有多种技能的人,而理学家则将之列入课余,反映出儒家教育思想的日趋没落。

讲待人接物的有两条:"相呼必以齿","接见必有定"。这两条规定了处理师生、长幼、朋友之间关系的原则,强调师道尊严,强调"非其类"不能亲近,表现出对劳动人民的鄙视。

综观上述各条,其基本精神是力图按照道学家的模式塑造学生的形象,使他们个个"道貌岸然",成为木鸡式的小学究。

黄榦的门人饶鲁在评论《程董二先生学则》时认为,《学则》讲述了"群居日用之常仪",朱熹《白鹿洞书院教条》(内容为"父子有亲","君臣有义","夫妇有别","长幼有序","朋友有信")则发挥了"学问之宏纲大目"。饶鲁主张将两者并举,才能"本末相须,内外交养,而入道之方备矣"(引自《程氏家塾读书分年日程》),也就是主张将小学和"成人"教育的培养目标融为一体。所以,在真德秀制订的《教子斋规》中,第一条就是《学礼》,以下才是《学坐》《学行》《学立》《学言》等。在饶鲁、真德秀两人看来,《学则》经如此充实,才更加完备。

程端蒙《性理字训》《程董二先生学则》所反映出的理学教育思想,实际上就是引导学生脱离生产活动和社会实践,而专事"空口讲诵"。它带来了严重的流弊,当时就受到陈亮(陈亮与程端蒙同年生)的批判。他指出,理学教育将人培养成无一技之长的废物,"为士者耻言文章行义,而曰尽心知性。居官者耻言政事书判,而曰学道爱人。相蒙相欺,以尽废天下之实,则亦终于百事不理而已"(《龙川文集·送吴允成运干序》)。他用"各务其实"的功利主义同理学的教育思想相对立。

第三节 程端礼《读书分年日程》——理学教育的教学方法和计划

程端礼(公元1271—1345年)字敬叔,号长斋,人称畏斋先生,受学于史蒙卿。祖籍江西鄱阳,后迁徙至鄞县(今浙江省宁波市鄞州区)。著有《读书分年日程》三卷,《畏斋集》六卷。

胡文楷曾为《读书分年日程》作跋,他说:"宋朱子有读书法六条,曰居敬持志,曰循序渐进,曰熟读精思,曰虚心涵泳,曰切己体察,曰著紧用力。元程畏斋因编为此书,其自称分年日程,一用朱子之意修之。如此读书学文,皆办世之欲速好径失先后本末之序,虽日读书作文而白首无成者可以观矣。此法似乎迂阔,而收可必之功,如种之获云云。《元史》本传称其著有读书日程,国子监以示郡邑校官为学者式。……明初诸儒读书大抵奉为准绳。"《四库全书总目提要》称:"端礼本其法(指朱子读书法)而推广之,虽每年月日读书程限不同,而一以六条为纲领。"这两段话,说明《读书分年日程》是得自朱熹的真传,若依此读书,就可以收到实效,因而成为明初学者读书的准绳。

《朱子读书法》散见于《四书集注》《朱子语类》以及《朱文公文集》等著作中。据程端礼说,是朱熹门人"会粹朱子平日之训而节取其要,定为读书法六条"(《程氏家塾读书分年日程》,以下简称《日程》)。

所谓"居敬持志",朱熹说:"心之为物,至虚至灵,神妙不测,常为一身之主,以提万事之纲,而不可有顷刻之不存者也。……诚能严恭寅畏常存此心,使其终日俨然不为物欲之所侵乱,则以之读书,以之观理,将无所往而不通,以之应事,以之接物,将无所处而不当矣,此居敬持志所以为读书之本也"(《朱文公文集》卷十四)。这里,强调读书应心思专一,不受外界物欲的扰乱,要充分发挥人的认识主体(心)在思维活动中的主导作用。程端礼对"居敬"的解释是:"无事时敬以自持,凡心不可放入无何有之乡,须是收敛在此,及应事时敬于应事,读书时敬于读书,便自然该贯动静心无不在"(《日程》)。即所谓无事时敬在心上,有事时敬在事上。无事时敬在心上,是集中注意力使心不受外界的物质引诱;有事时敬在事上,是使处理事情合于封建道德标准。就是说,读书时,思想固然不能受外界物欲的扰乱;闲暇时,思想也不能受外界物欲的干扰。这是对朱熹"存心""居敬"说的发挥。至于"持志",程端礼认为即"立志"。他说:"朱子谕学者曰,学者书不记熟读可记,义不精细思可精,惟有志不立真是无著力处。只如今人贪利禄而不贪道义,要作贵人而不要作好人,皆是志不立之病"(《日程》)。"四书"中有不少关于"立志"的说教,孔子说:"吾十有五而志于学",是讲立志;又说:"好学不厌",是讲立志而能笃守。颜渊说:"舜何人也,予何人也,有为者亦若是",是讲志大而坚定。孟子的"尚志",是讲立志的切要。朱熹也说:"立志不定,如何读书"(《朱子语类辑略》卷二)。但都说得比较原则。程端礼对"立志"做了明确而具体的规定,认为读书的宗旨在发明义理,而不在谋求功利;读书的目的是做好人(道学家),不当贵人(事业家)。经过程端礼的解释,"居敬持志",实际上是指读书的宗旨和目的,欲为圣贤,欲为蒲柳,有系于此,这是读书之本,故被列为《朱子读书法》首条。

所谓"循序渐进",朱熹《论语集注》注:"'不怨天,不尤人,下学而上达'"云,"此但言其反己自修,循序渐进耳"(《宪问·莫我知也夫章》)。"循序",指的是修养工夫,循先"下学"(人事)后上达(天理)的程序。"渐进",指的是如流水盈科而后进、音乐成章而后达那样,学习也要在前一段学得较好的基础上才能有所进展。在《行宫便殿奏劄二》里,朱熹根据孔子"欲速则不达",孟子"进锐退速"的说法,反对两种学习态度,一种是"怠忽间断",一种是"贪多务广",认为这两者都必无所成(《朱文公文集》卷十四)。朱熹的这个观点,是同他的性论中不求顿悟的论点一致的。程端礼在解释"循序渐进"时,则偏重于读书的具体做法上。他说:"朱子曰,以二书言之,则通一书后及一书。以一书言之,篇章文句,首尾次第,亦各有序而不可乱也"。以字句言之,"字求其训,句索其旨"。以进度言之,"其旨未得乎前,则不敢求乎后;未通乎此,则不敢志乎彼"(《日程》)。这是说,读书时宁可点滴积累,逐步深化,也不要好高骛远,流于空虚。他批评陆王心学"不是上面欠工夫,乃是下面无根脚"(《日程》)。"循序渐进",既是读书时应持的态度,又是求学问的规律。

所谓"熟读精思",朱熹说:"大抵观书先须熟读,使其言皆若出于吾之口,继以精思,使其意皆若出于吾之心,然后可以有得尔"(《朱文公文集》卷七十四)。又说:"学便是读,读了又思,思了又读,自然有意。若读而不思,又不知其意味,思而不读,纵使晓得,终是卼臲不安,一似请得人来守屋相似,不是自家人,终不属自家使唤。若读得熟,而又思得精,自然心与理一,永远不忘"(《朱子语类辑略》卷二)。这里,朱熹认为,人们的学习活动,就是熟读书中的词句,精思书中的义理,除此再无别的途径;一个人学问的高低,不在于分析和解决实际问题的能力,而是看能否"读了又思,思了又读",达到神秘的所谓"心与理一"。程端礼则更加强调背诵的功用,他说:"百遍时自是强五十遍时,二百遍时自是强一百遍时"(《日程》),读的遍数越多越好。理学家有所谓"读书千遍,其义自见"之说,这个"义"当指封建道义,绝非科学真理。

所谓"虚心涵泳",朱熹说:"学者读书,须是敛身正坐,缓视微吟,虚心涵泳"(《朱子语类辑略》卷二)。又说:"看文字,须是虚心,莫先立己意"(同上)。这也是他所反复强调的治经必守家法的思想。如读《易》,应以胡瑗、石介、欧阳修、王安石、程颐、张载、吕大临、杨时等人的注疏为依据,反对傍取异说,"慢侮圣言";否则,就是经学之贼,文字之妖。程端礼的解释是:"学者看文字不必自立说,只记前圣与诸家说便了"(《日程》)。朱熹要求人们在读经时"莫先立说",程端礼要求人们"不必自立说",采取生吞活剥的"记"的办法就行了。可见,他们所说的"虚心",并不是教育人们不骄傲,不自满,而是为了抹煞人们的独立思考精神。

所谓"切己体察",朱熹说:"切己体察……读一句书,须体察这一句,我将来甚处用得"(《朱子语类辑略》卷二)。又说:"读书不可只专就纸上求义理,须反来就自家身上推究。秦汉以后,无人说到此,亦只是一向去书册上求,不就自家身上理会。自家见未到,圣人先说在那里,自家只借他言语来就身上推究始得"(同上)。这里,说明宋代理学家同汉代经学家在治经方法上有区别。朱熹既主张治经必守家法,同时又反对"守之太拘"。他要求人们以读书为阶梯去体验天理,内心体验"天理"与否,别人是无法知道的,全靠读一句书,想一想,做好内心活动的记录。程端礼要求人们着重从行为上体察,如读到"出门如见大宾"条,就要体察一下,我做得怎么样。其实,内心活动也好,行为举止也好,都是讲的自我修养,同社会生活、社会实际毫不相干。

所谓"著紧用力",朱熹说:"宽著期限,紧著课程"(《朱子语类辑略》卷二)。就是说,读书时不求速成,但必须抓紧、抓深,要有"一棒一条痕,一捆一掌血"的精神。比如,你有读二百字的能力,只读一百字,却于百字中,猛施工夫,理会仔细,读诵烂熟,这样,记忆力差的人,也能记得,理解力低的人,也能体会。程端礼说:"为学要刚毅果决,悠悠不济事"(《日程》)。如救火治病一样急切,如逆水行舟一样坚忍。这里所说的恒心、毅力和克服困难的精神,完全是为求取圣人之道而发的。

读书,本来是学习的一个重要方面,必要的考证和训诂也是治学所不可缺少的,科学的读书方法,可以使学者少走弯路。综观《朱子读书法》六条,无论是起首两条所讲读书的宗旨和程序,中两条所讲读书的起步和家法,还是末两条所讲读书的印证和宽紧,都是建立在唯心主义认识论的基础上的。它视读书为认识的唯一途径,内省体验为认识的唯一源泉,从而歪曲了人类认识的过程,只能将人们引入歧途。其中,有关"循序渐进"、少而精等涉及教学法方面的论述,对后世教育曾起有益影响,但那不是主要的。理解《朱子读书法》,必须看清这些方法为什么服务的本质;否则,就是抽象的研究。

根据《朱子读书法》,程端礼提出了理学教育的教学内容和计划,即《读书分年日程》。所谓"分年",就是将青少年的教育依年龄划分为三阶段:八岁前为启蒙教育阶段;八岁至十五岁为小学教育阶段;十五岁至二十二三岁为"成人"教育阶段。"日程",指每日每周的读书计划,将每日划分为早晚和白昼三单元,又将数日划为一周。如读经每四日为一周,其中三日读经,一日习字演文。读史五日为一周,其中三日读史,二日温习经、传、注。读文六日为一周,其中三日看文,二日温习经、传、注,一日温史。作业十日为一周,九日读书,一日作文。如此周而复始。每读一书,立一簿,按单元、日、周一一登记,逐项检查。

八岁前的启蒙教育,其学习内容为《性理字训》(程若庸增广者),程端礼将其比喻为医家脉诀,最便初学,同时佐以《朱子童蒙须知》,使幼童记说。

八岁至十五岁的小学教育,其必读的主要书目有《小学》《四书》及诸经(《孝经》《易经》《诗经》《礼》《春秋》并《三传》)等十五种。

读书的次序,先读《小学》《大学》,次《论语》,次《孟子》,次《中庸》,后诸经。这种安排,程端礼未做说明,因为这已成为宋、元时期读书次序的公认传统。朱熹对于读《四书》的次序和要求,有如下一段说得很明白的话:

> 某要人先读《大学》,以定其规模。次读《论语》,以立其根本。次读《孟子》,以观其发越。次读《中庸》,以求古人之微妙处。《大学》一篇,有等级次第,总作一处易晓,宜先看。《论语》却实,但言语散见,初看亦难。《孟子》有感激兴发人心处。《中庸》亦难读,看三书后,方宜读之。(《朱子语类》卷十四)

朱熹的这段话有两层意思。第一,读《四书》有先后次序,首《大学》,次《论语》,次《孟子》,最后《中庸》。这个次序是从《四书》之间的有机联系考虑的,也是从《四书》理解上的难易考虑的。第二,《四书》是一套"经书",所谓"定其规模",就是定下三纲领、八条目的修己治人的思想规模;"立其根本",就是打下理学的思想基础;"观其发越",就是对理学义理的进一步发挥;"求古人之微妙处",就是求得古圣人的"微妙而难见"的"道心",即求得理学思想的极致。

《四书》同诸经的关系,据朱熹说:"《四子》,六经之阶梯"(《朱子语类》卷一〇五)。二程与门徒有过一段问答:"或问穷经旨,当何所先? 于《语》《孟》二书,知其要约所在,则可以观五经矣"(《二程全书·二程粹言》卷一)。上了阶梯,就可以升堂入室。掌握了《四书》的要领,就可以进一步读五经。程、朱的这种读书次序,影响封建社会后期的教育六七百年。程端礼就是羽翼其说而作如是论的。这种读书次序是从难易、远近、大小来确定的。

读经的步骤:第一步是读。读时"句句字字要分明,不可太快","读须声实","不可添虚声","句尽字重",并要"点定句读","圈发假借字音"。第二步是背。规定将每一经文分为大段,大段分为细段,每细段看读一百遍,背读一百遍,再通大段或全文背读二三十遍。所以,每日早晚都是学生的背读时间。第三步是思。"字求其训,句求其义,章求其旨","每一节十数次涵泳思索以求其通",背书时就要"思而又思"。第四步是说。先说句注,再通说每句大义,又通说每段大义,每句都要说得精确成文。

"读""背""思""说"都是为了"烂熟"是书。"烂熟"的标志是:"信口分说得出,合说得出,于身心体认得出,方为烂熟",也就是"熟读精思","虚心涵泳","切己体察"的工夫。程端礼以此标榜他的读书方法优于汉代的"记问之学"。其实,这只不过是用理学教条反对经学教条而已。

习字、考字、演文的训练,也是这一阶段学习的重要内容。习字先以名家字帖影写,可以歇读书一二月,以全日之力影写二三千字,如此写一二月方止。并要掌握用笔口诀:"双钩悬腕,让左侧右,虚掌实指,意前笔后"。据程端礼说,经过这样严格的训练,"方能他日写多,运笔如飞,永不走样。"考字以《说文》《字林》《六书略》《切韵指掌图》等为依据。演文以经书为据,先逐字训释经文,后通解一句之意,又通解一章之意。这样反复进行,以收所谓"明理演义一举两得"之效。习字、考字、演文是为读经服务的,是读经的辅助手段。

学生从刚"发蒙"起,就必须从早到晚,日复一日,年复一年地读书,背书,说书,抄书,经过这样七八年的教育,其面貌可以想见了。

十五岁至二十二三岁为"成人"教育阶段。所谓"成人",按朱熹的说法,就是要使学生达到穷理、养心、力行、泛应、节礼、和乐这六项标准。按程端礼的说法,这是学生的"志学之年",要以"学道""学圣"作为自己"为学""为人"的志向。

这一阶段的中心教材为朱熹的《四书集注》。《四书集注》是朱熹用毕生精力把四书纳入理学轨道的书,它以洗练的文字阐述了理学思想,在所有阐述朱熹思想的著作中,具有最高的"权威性"。这正如他的门徒李性传所说的那样,是书"覃思最久,训释最精,明道传世,无复余蕴","故愚谓《语录》与四书异者,当以《书》为正。而论难往复;《书》所未及者,当以《语》为助"(《朱子语类大全·饶州刊朱子语录后序》)。这是说,朱熹的《四书集注》是经过长时间的深沉思考才写成的,它所阐述的儒家思想最精确,是一部完美无缺的"明道传世"之作。朱熹的其他著作、文字,内容与《四书集注》矛盾的,只能以《四书集注》为准,其他只作参考。《四书集注》与其他著作、文字的关系是"正"与"辅"的关系。因而读了《四书集注》对于儒家经书,就有了权衡尺度,就能用理学家的"义理"解经书,改变专重名物训诂的汉儒经注传统。《四书集注》同四书、五经相比,它同理学教育的"成人"培养目标更接近些。朱熹曾比方说,五经是"打禾为饭",四书是"熟饭"。那么,《四书集注》已经把熟饭端上桌了。程端礼视《四书集注》为理学"成人"教育的中心教材,正是为这部书的性质做了鉴定。

读《四书集注》的步骤同读四书、五经基本相仿。不过,程端礼在这里特别强调"居敬持志"的重要。教育学生用"对越圣贤,夫子在座"的虔敬,反复思量,以三年的时间,昼夜专治。这样,"学者之终身大本植矣"。

在"成人"教育阶段,程端礼也很重视基本知识的教育。其一,抄记诸经旨要,以熟记诸家经疏异同精粗,加深对朱子注的理解。如抄记《易》,在正文后,应先抄记《朱子本义》(《周易本义》),次抄记《程氏易传》,再抄记程、朱门人的发挥,最后抄记古注疏。读经注时,亦先读程、朱传疏,后读古注疏,引导学生用理学解经学,培育实用主义学风。其二,学史以《资治通鉴》为主,旁及《史记》《汉书》《唐书》等。虽不必如读经之遍数,亦应"虚心反复",熟习"一事之始末","一人之姓名爵里谥号世系",尤其应用《四书集注》之"义理",权衡当时"君臣心德之明暗,治道之得失,纪纲之修废,制度之因革,国本之虚实,天命人心之离合,君子小人之进退,刑赏之当滥,国用之奢俭,税敛之轻重,兵力之强弱,外戚宦官之崇抑,民生之休戚,风俗之厚薄,外夷之叛服",如此等等。程端礼甚至还规定,如果当日无所读项目,则应主观玄想,如我"亲立其朝","身任其事",对每事的处理能否符合四书的精神,还要用簿册抄录,同诸儒"论断管见",对照"纲目凡例",以验所谓"学识之浅深"。纸上论事,纸上谈兵,就是理学家的"学业"和职业。其三,学文以韩文(韩愈文章)、《楚辞》为重点,以韩文为例,选择其中"叙事""议论"两体兼备的七十余篇,日熟读一至二篇,亦须百遍成诵,以打下作文的基础。对于如何看文,亦有烦琐的规定,每篇先看主意,次看叙述,再将一篇分为大小段,于大段中看"篇法",小段中看"章法","章法"中看"句法","句法"中看"字法",从中追究作者的心思意图。程端礼似乎也反对抄袭模仿。他认为,文章篇篇"有法而无法","有法者篇篇皆有法也,无法者篇篇法各不同也"(《日程》)。所以,他要求学生学习韩文,超过韩文,"将见突过退之,何止肩之而已"(同上)。他借机吹捧朱熹,称朱熹"文字皆是用欧曾法(指欧阳修、曾巩),试看欧、曾曾有朱子议论否"(同上)?

在学经、学史、学文的基础上,他要求学生将"性理""制度""治道"三者综合思考。他认为,制度书多兼治道,而治道又以性理为依据。具体做法是,从制度入手,择其大者,如"律历、礼乐、兵刑、天文、地理、官职、赋役、郊祀、井田、学校、贡举"等项,以朱熹的意见衡量是非得失。这样,就能将经、史、文、性理、制度、治道熔为一炉。他自我吹嘘说,这就是"学天下第一等学,作天下第一等文,为天下第一等人",将来"一旦在朝庙,免礼官不识礼,乐官不识乐之诮"(《日程》)。程端礼教育学生读书、作文,就是为了把学生培养成统治人的"第一等人",其教育的阶级实质,昭然若揭。

"成人"教育阶段的最后一项学习内容是作文,以应科举考试,为封建王朝输送可供选择的人才。元代科制规定,每三年开试一次,对蒙古、色目人试两场,对汉人、南人试三场:第一场经问,以程朱理学为主要内容;第二场古赋;第三场对策,即所谓"使经术、理学、举业三者合一。"与此相应,《日程》制订了作文的有关立论根据和程式。如作《经问》,必须以《四书集注》为准则,严守所谓"命题者必依章句,答义者必通贯经文,条举众说而断以己意"的家法,不能独立思考,不能有所发挥,更不能离经叛道。作文要"以主意为将军",意必先立,再以平日所记经史史料充填。据说就可"一笔扫就"了。这是使学校教育成为科举制度的附庸。对于这种应举式的文章,清代颜元曾斥之为国家的"四害"之一。他说:"为治去四秽,时文也,僧也,道也,娼也"(《颜习斋先生年谱》)。时文即指这种虚文。

当然,《读书分年日程》注意读书的基本技能的训练,把读、背、写、练贯串于教学的全过程,从方法上看,对青少年的教育是有一定裨益的。它注重经、史、文的结合,保留了文史一家的源远流长的古老传统,对后世治学也是有影响的。

程端蒙等人的教育思想,以宣扬理学教条为宗旨,以闭门穷经为手段,以读书做官为号召,其流毒很深。它使广大知识分子,以毕生的精力研读理学经典,专门注重辞章声韵,徒尚浮华,追求利禄,成为"弱人、病人、无用人",甚至国家民族的"罪人"。

第十九章　陆九渊的思想

陆九渊(公元1139—1192年)字子静,江西抚州金溪人。中年以后曾在贵溪象山居住讲学,自号象山居士,故世称象山先生。他是宋明理学中"心学"一派的开创者。

第一节　陆九渊的生平

陆九渊出生在一个没落的官宦地主家庭。他的八世祖陆希声曾为唐昭宗相。五代末,陆希声的孙子陆德迁携家避乱,始迁居金溪。到陆九渊时,这个宰相后裔的金溪陆族已有二百年历史,家族经济已趋衰落。陆九渊父亲名贺,兄弟六人,是个大家庭,但占有田地不多,不得不依靠经营药肆的收入和塾馆的束脩来维持家庭的生计。陆九渊曾这样叙述其家庭的经济情况:

> 陆氏徙金溪年二百余……吾家素无田,蔬圃不盈十亩,而食指以千数,仰药疗以生。伯兄总家务,仲兄治药寮,公(三兄)授徒家塾,以束脩之馈补其不足。(《象山全集》卷二十八《陆修职墓表》)

金溪陆氏自陆九渊的高祖以下,都没有入仕做官的,可见这个地主家庭,经过五代、北宋的政权变迁,政治地位和经济情况一样,也同时下降了。但是这个家族的宗法伦理仍然很严,"家道之整著闻州里"(同上卷二十七《全州教授陆先生行状》),因而受到孝宗皇帝的赞扬:"陆九渊满门孝弟者也"(同上卷三十六《年谱·淳熙四年》)。

在这样的家庭和社会环境中生长的陆九渊,把挽救南宋的危亡,维护封建统治秩序作为他思考的中心和活动的根本目的。他为这一目的所做的努力,主要表现在学术方面,而在政治方面则是极为平凡的。

陆九渊三十四岁中进士后,开始了仕宦生涯。先在地方上任县主簿,后到中央任国子正和删定官,以祠禄官在家闲居三年,五十三岁时出知荆门军,一年后即病故于任所。

陆九渊治理荆门的一年是颇费苦心的。他自述道:"不少朝夕,潜究密考,略无少暇,外人盖不知也,真所谓心独苦耳"(《象山全集》卷十五《与罗春伯》)。陆九渊一年苦心经营主要是:为防御金人南下,筑荆门城壁;"信捕获之赏,重奔窜之刑",整治了军士逃亡;修烟火保伍,缉捕"盗贼";革除税务之弊;修郡学贡院,"朔望及暇日诣学讲诲诸生"等等(同上卷三十三《象山先生行状》)。他在致友人的信中叙述其治理荆门的成效:"民益相安,士人亦有向学者,郡无逃卒,境内盗贼绝少,有则立获,讼牒有无以旬计……"(同上卷十七《与邓文范》)。陆九渊的"荆门之政"很快得到了统治上层的赞扬,"丞相周必大尝称荆门之政,以为躬行之效"(《宋史》卷四三四《陆九渊传》)。陆九渊自己从治理荆门的政务中得到的体会是:"大抵天下事,须是无场屋之累,无富贵之念,而实是平居要研核天下治乱、古今得失底人,方说得来有筋力"(《象山全集》卷六《与吴仲诗》)。

但是,陆九渊生平的主要特色,不是他作为封建官吏所从事的政务和获得的感受,而是他作为一个学派开创者所从事的讲学活动和所显示的理论特色。

陆九渊在中年以后,开始了自己的讲学、游学活动,他的"心学"理论和心学派别就在这些活动中确立起来。陆九渊中进士后在家候职三年,其间即辟"槐堂"讲学,确定了其学说的基本范畴"本心"和理论方向。他认为"恻隐仁之端也,羞恶义之端也,辞让礼之端也,是非智之端也,此即是本心"(同上卷三十六《年谱·乾道八年》)。认为"古人教人不过存心、养心、求放心……保养灌溉,此乃为学之门,进德之地"(同上卷五《与舒西美》)。故他的讲学,主要是"令人求放心","谆谆只言辨志"(同上卷三十六《年谱·乾道八年》)。并批评程朱派章句读书的"格物致知"方法为"支离"(同上卷五《与舒西美》),为"最大害事"(同上卷五《与徐子宜》)。这些都显示他的学说具有某种新的特色。

陆九渊在任靖安县、崇安县主簿期间,两次会访朱熹,在道德修养方法或治学方法上展开了激烈的争论。在和朱熹及其他学者的辩论、交游中,陆九渊的心学不断得到深化和完善,提出了他心学理论中的最基本的命题:"心即理"(同上卷十一《与李宰》之二)。并在"发明本心"之外,增添了"剥落"和"优游读书"的修养方法。

陆九渊四十九岁后以祠禄官闲居时,在贵溪应天山(象山)立精舍讲学,是他讲学的最盛期。此时,从学问学之人极多,"先生居山五年,阅其簿,来见者逾数千人"(同上卷三十六《年谱·淳熙十五年》)。其心学也发展到最后的完成阶段,他的理论思维越出社会伦理范围,而以整个宇宙为思索背景。他说:"万物森然于方寸之间,满心而发,充塞宇宙,无非此理。孟子就四端上指点人,岂是人心只有这四端而已"(同上卷三十四《语录》)。他将自己的世界观、方法论加以综合,提出心学的主旨在:明理、立心、做人。并把他的心学思想概括为"宇宙便是吾心,吾心即是宇宙"(同上卷二十二《杂说》)。这样,陆九渊心学的理论内容和学派形式都确立起来了。

第二节 陆九渊的思想

陆九渊的思想无论在当时和现在看来,都具有非常鲜明的个性特色。一方面,他的思想宗旨很明确,主张"先立乎其大者",强调内心体验、主观扩张。他说:"近有议吾者云:'除了先立其大者一句,全无伎俩。'吾闻之曰:诚然"(同上卷三十四《语录》)!另一方面,他的思想路数又很模糊,认为"道理无奇特,乃人心所固有,天下所共由,岂难知哉"(同上卷十四《与严太伯》

之三)？"学苟知本,六经皆我注脚"(同上卷三十四《语录》)。没有必要多说,集注、章句在他看来是"好事者藻绘以矜世取誉而已"(同上卷十四《与侄孙濬》之三)。所以他不事著述,对自己的理论观点论述得很少、很简略,使别人难以把握,初来的弟子也感到他这里"无定本可说,卒然莫知所适从"(同上卷三十六《年谱·淳熙十五年》)。陆九渊留下的文字资料固然不多,但我们仍可从中清晰地看到他思想的主要脉络。

一、哲学基础——心即理

自宋末以来,一般把陆九渊的思想体系称为"心学"。如黄震说:"近世喜言心学,舍全章本旨而独论人心、道心……"(《黄氏日抄》卷五《人心惟危一章》)。王守仁说:"圣人之学,心学也……陆氏之学,孟氏之学也"(《阳明全书》卷七《象山文集序》)。其实,陆九渊的思想具有和孟子不同的时代特色,构成他思想的哲学基础的观点是"心即理"。

陆九渊思想中的"理"有两种涵义：

（一）它是宇宙的本原,天地鬼神皆不能违背。他说：

> 塞宇宙一理耳……此理之大,岂有限量？程明道所谓有憾于天地,则大于天地者矣,谓此理也。(《象山全集》卷十二《与赵咏道》之四)

> 此理充塞宇宙,天地鬼神且不能违,况于人乎？(同上卷十一《与吴子嗣》之八)

（二）它又具体表现为宇宙间万事万物的存在秩序,既包括自然方面的秩序,也包括社会伦理方面的秩序。他说：

> 道塞宇宙,非有所隐遁,在天曰阴阳,在地曰柔刚,在人曰仁义。(同上卷一《与赵监》)

> 此道充塞宇宙,天地顺此而动,故日月不过而四时不忒；圣

人顺此而动,故刑罚清而民服。(同上卷十《与黄康年》)

陆九渊对"理"的这种理解,和孟子所说"理义之悦我心,犹刍豢之悦我口"(《孟子·告子上》)的"理"是不同的,它不只是一种道德情操;也和韩非所说"理者,成物之文也"的"理"不同,它不是指具体事物的规则或规律,而是和宋代理学思潮一般的理解相同,即把它理解为一种根源性的范畴。

宋代学者理解的"心"有三种:一是有生理功能的心;二是有心理知觉作用的心;三是有伦理道德品性的。宋代理学家们讲的"心"经常是指知觉之心和道德之心,"心者,人之神明,所以具众理而应万事者也"(朱熹《孟子集注》卷七《尽心上》)。但陆九渊对"心"("本心")还有他自己特殊的理解和说法。

第一,陆九渊所理解的"心"是一种伦理性的实体,知觉作用和伦理道德行为仅是它本质的表现。陆九渊认为,伦理属性正是人心的本质:

> 仁义者,人之本心也。(《象山全集》卷一《与赵监》)
> 四端者,人之本心也,天之所以与我者,即此心也。(同上卷十一《与李宰》之二)

陆九渊接着说,有了"心",认识事物、判断是非的知觉能力和践履道德、平治天下的实践能力也就自然地形成和表现出来:

> 苟此心之存,则此理自明,当恻隐时即恻隐,当羞恶时即羞恶,当辞让时即辞让,是非至前,自能辨之。(同上卷三十四《语录》)
> 事父孝故事天明,事母孝故事地察,是学已到田地,自然如此,非是欲去明此而察此也。明于庶物,察于人伦亦然。(同上卷三十五《语录》)

第二,陆九渊所理解的"心",又是万物根源性的实体。他认为充塞宇宙的万物之理（道）即在心中、发自心中。他说：

> 道，未有外乎其心者。（同上卷十九《敬斋记》）
> 万物森然于方寸之间，满心而发，充塞宇宙无非此理而已。（同上卷三十四《语录》）

从这里，陆九渊得出了他心学理论中的一个最重要的论断：心即理。他说：

> 心，一心也；理，一理也。至当归一，精义无二。此心此理，实不容有二。（同上卷一《与曾宅之》）
> 人皆有是心，心皆具是理，心即理也。（同上卷十一《与李宰》之二）

陆九渊的思想体系也就这样产生了鲜明的个性特色，即它以"明心"（"立心"）为根本，其他皆是枝叶，和当时程朱派的"格物穷理"有所区别，在宋代理学阵营中揭出了新的旗帜。陆九渊多次强调说：

> 某屡言先立乎其大者。（同上卷十《与邵叔谊》）
> 此（心）天之所以予我者，非由外铄我也。思则得之，得此者也；先立乎其大者，立此者也；积善者，积此者也；集义者，集此者也；如德者，知此者也；进德者，进此者也。（同上卷一《与邵叔谊》）
> 九渊只是信此心。（《四朝闻见录》甲集《慈湖疑〈大学〉》）

作为这个思想体系哲学基础的"心即理"命题，是说充塞宇宙之理，由心而发，和心一致，"不容有二"，所以确切地说，这是一个主观唯心主义性质的思想体系。但它和唯心主义经验论的"存在即感知"的命题又有所不同。陆九渊的"心即理"之"心"，并不是指人心各自具有的感觉、知觉、分析、综合等认识能力及其内容，而是指人心共同具有的伦理道德属性。他不仅说明封建主义的道德规范是人心所固有,而且进一步把这一点扩展开来,声称这种为人心所固有的道德规范是宇宙的本原,故也可以称之为"理"。他说:

> 此理在宇宙间,固不以人之明不明、行不行而加损。(《象山全集》卷二《与朱元晦》之二)
>
> 道在宇宙间何尝有病,但人自有病,千古圣贤只去人病,如何增损得道。(同上卷三十四《语录》)

所以就陆九渊本人来说,他的"心即理"的命题,不是从"理是心的产物"这样一个前提得出的,而是从心和理"同一"或"合一"这样一个角度得出的。他说:

> 圣人之道洋洋乎发育万物,峻极于天,优优大哉,天之所以为天者是道也,故曰唯天为大。天降衷于人,人受中以生,是道固在人矣。(同上卷十三《与冯传之》)
>
> 义理之在人心,实天之所与不可泯灭者焉。(同上卷三十二《思而得之》)

这种人心"同一"或"合一"的天理观点,正是儒家传统的"天人合一"观念的继续和发展。儒家的伦理思想认为,人的性行禀受于天,因而人在本质上和天是相通的、相类的。孟子说:"尽其心者知其性,知其性则知天矣"(《孟子·尽心上》)。董仲舒说:"以类合之,天人一也"(《春秋繁露·阴阳义》)。二程则更进一层说:"天人本无二,不必言合"(《二程语录》卷六)。天人合一观念使封建统治秩序和伦理规范具有和"天"一样的神圣性,从而使人屈从于天,以人合于天。所以陆九渊的"心即理"不仅使他的思想具有了主观唯心主义的一般特色,而且具有了中国儒家思想和宋代理学思想的个性特色。

二、方　法

陆九渊认为"心即理","宇宙便是吾心,吾心即是宇宙",所以,认识"理""宇宙",也就是认识"本心"。他说:"心之体甚大,若能尽我之心,便与天同,为学只是理会此"(《象山全集》卷三十五《语录》)。同时,在陆九渊的思想中,"心"是具有伦理属性的实体,是"天之所以予我者,非由外铄我也。"所以认识"本心",并不是指锻炼、增强思维智慧能力,而是通过内心进行体认、省察。陆九渊心学的方法论因此具有了这样的特色:

(一)是修养个人道德,而不是认识外界事物

儒家学者从来是把人的伦理道德修养放在首要的地位,陆九渊则是把封建伦理道德修养当作学习的唯一内容。他说:

> 今所学果为何事?人生天地间,为人当尽人道,学者所以为学,学为人而已,非有为也。(同上)

陆九渊认为只有先完成这种道德修养,然后才可以去读书学艺、应事接物;否则就要陷入"异端"。他说:

> 学者须是打叠田地净洁,然后令他奋发植立,若田地不净洁,则奋发植立不得。古人为学即"读书,然后为学。"可见,然田地不净洁,亦读书不得,若读书则是假寇兵而资盗粮。(同上)
>
> 主于道则欲消艺进,主于艺则欲炽道亡,艺亦不进。(同上卷二十二《杂说》)

所以,陆九渊心学中的方法,实是内省的修养道德的方法,和客观世界相脱节,不是认识和改造客观世界的方法,亦即"学为人也,非有为也。"

(二)是整体明了,不是逐一理解

人对于外界事物的认识,一般都有从局部到整体、从个别到一般、从

现象到本质的渐进发展过程,但陆九渊所要认识的不是外界客观事物,而是"本心"。在他的思想中,"本心"是一个具有根源性的伦理精神实体,它不仅是认识对象,同时也是认识主体,认识了它,也就是认识了世界全体,"一是即皆是,一明即皆明"(同上卷三十五《语录》)。所以对"心"这一实体的认识,就不是一般的从客观实际出发,由局部到整体的渐进的认识过程,而是一种特殊的直接明了整体的彻悟过程,相当于禅宗的"顿悟"方法。陆九渊说:

> 近来论学者言扩而充之,须于四端上逐一充,焉有此理!孟子当来只是发出人有四端,以明人性之善,不可自暴自弃。苟此心之存,则此理自明,当恻隐处自恻隐,当羞恶,当辞让,是非在前自能辨之。(同上卷三十四《语录》)
>
> 石称丈量,径而寡失;铢铢而称,至石必缪,寸寸而度,至丈必差。(同上卷十《与詹子南》之一)

陆九渊认为"本心"绝不是逐一扩充而形成和被体认的,只能是整体地形成和被体认的。他在这里援用了人的认识过程中实际存在的一个真实经验——直观效果,但因为他所要认识的对象——本原性的伦理实体,乃是一个虚假的对象,所以仍然抹煞不了他的认识方法和过程中的那种神秘的、非理性色彩。

陆九渊心学思想体系中的方法论或修养方法,由三个方面组成:

(一)"简易工夫"

所谓"简易工夫"就是"发明本心",或者说"存心","养心","求放心",它是陆九渊方法论的中心内容,是由其"心即理","天之所与,非由外铄"等哲学基本前提非常自然地推衍出来的。他说:

> 古先圣贤,未尝艰难其途径,支离其门户……人孰无心,道不外索,患在戕贼之耳,放失之耳。古人教人,不过存心、养心、

求放心。此心之良,人所固有,人惟不知保养而反戕贼放失之耳。苟知其如此而防闲其戕贼放失之端,日夕保养灌溉,使之畅茂条达,如手足之捍头面,则岂有艰难支离之事。(同上卷五《与舒西美》)

这种存养本心、防闲其放失的修养工夫,应该如何进行?陆九渊也有回答:

或问:先生之学,当自何处入?曰:不过切己自反,改过迁善。(同上卷三十四《语录》)
义理之在人心,实天之所与而不可泯灭焉者也,彼其受蒙蔽于物而至于悖理违义,盖亦弗思焉耳。诚能反而思之,则是非取舍盖有隐然而动,判然而明,决然无疑者矣。(同上卷三十二《思而得之》)

可见,陆九渊"发明本心"(存心、养心、求放心)这种修养方法,就是一种对封建伦理道德("义理")的自我反省、自我认识、自我完成的过程。具体地说,就是由自己认识封建道德的本原在于人的本心,只要从本心上把它扩充开来,就可以说是完成了道德修养的过程。这个过程他认为应从"日用处开端":

圣人教人只是就人日用处开端。(同上卷三十五《语录》)
道理只在眼前,虽见到圣人田地,亦只是眼前道理。(同上卷三十四《语录》)

陆九渊还给他的弟子做出从"日用处开端"的示范。他曾以"断扇讼"这件日常之事使杨简悟彻"本心",又以"起立"这一下意识动作来启诱詹阜民体会"本心"。据詹阜民记述说:

某方侍坐，先生(陆九渊)遽起，某亦起。先生曰："还用安排否？"(同上卷三十五《语录》)

显然，陆九渊提出的发明本心，"就日用处开端"，实质上是要人们把对于封建伦理道德的自我修养贯彻到自己生活的各个方面。在他看来，这种发现、存养"本心"的方法，人人可为，时时可为，处处可为，所以称之为"简易工夫"。他说：

学无二事，无二道，根本者立，保养不替，自然日新，所谓可大可久者，不出简易而已。(同上卷五《与高应朝》)

"易简则可久可大"出自《周易·系辞上》。《易传》对世界有一个深刻的哲学观察，认为最根本的也就是最简易的。陆九渊把自己"发明本心"的方法称为"简易工夫"，即取其虽简而实深刻，虽易而实根本之义。

(二)剥落

"剥落"工夫是陆九渊发觉人心有蔽以后提出来的修养方法。"将以保吾心之良，必有以去吾心之害"(同上卷三十二《养心莫善于寡欲》)。所以它是陆九渊心学道德修养中不可少的一个方面。

陆九渊认为人心之蔽或吾心之害有两种情况："愚不肖者之蔽在于物欲，贤者智者之蔽在于意见，高下汙洁虽不同，其为蔽理溺心，不得其正则一也"(同上卷一《与邓文范》之一)。产生这种"心蔽"的原因也有两个："人之所以病道者，一资禀，二渐习"(同上卷三十五《语录》)。

陆九渊把解除"心蔽"的方法称为"剥落"：

人心有病，须是剥落，剥落得一番即一番清明，后随起来，又剥落又清明，须是剥落得净尽方是。(同上)

"心蔽"有"物欲"和"意见"两种，所以"剥落"的修养工夫，其内容或

目标,就是格除"物欲",扫却"邪见"。陆九渊说:

> 夫所以害吾心者何也?欲也。欲之多,则心之存者必寡;欲之寡,则心之存者必多……欲去,则心自存矣。(同上卷三十二《养心莫善于寡欲》)

> 有所蒙蔽,有所夺移,有所陷溺,则此心为之不灵,此理为之不明,是谓不得其正,其见乃邪见,其说乃邪说。一溺于此,不由讲学,无自而复。(同上卷十一《与李宰》之二)

可见,陆九渊的"剥落"工夫,亦旨在发明本心。但它和"简易工夫"不同,它不是靠自我反省,而是借师友琢磨。他说:

> 人之精爽附于血气,其发露于五官者安得皆正,不得明师良友剖剥,如何得去其浮伪而归于真实,又如何得能自省、自觉、自剥落?(同上卷三十五《语录》)

> 人资质有美恶,得亲友琢磨,知己之不美而改之。(同上)

所以在陆九渊的方法中,"剥落"比起"简易工夫"是较少神秘色彩的,他关于"心蔽"产生的原因和消除的方法,都是立足于实际经验的。但它归根到底还是一种封建道德修养论,凡是不合于封建伦理原则的各种念头都要从内心加以驱除,即名之曰"剥落"。

(三)优游读书

陆九渊的修养方法,除了自我反省的"简易工夫"和得师友琢磨的"剥落"之外,还有读书。他说:

> 若有事役未得读书,未得亲师友,亦随处自家用力检点,见善则迁,有过则改,所谓心诚求之,不中不远。若事役有暇,便可亲书册,所读书亦可随意自择,亦可商量程度,无不有益也。(同上

卷三《与曹挺之》)

在陆九渊的当时,由于他经常强调的是"先立乎其大者","日用处开端",这就使对立门户的学人和自己入门不深的弟子都产生了一种印象或看法,以为他不主张读书讲学。朱熹说:"子寿兄弟气象甚好,其病却在尽废讲学"(《朱文公文集》卷三十一《答张南轩》之十八)。"为彼(指陆九渊)学者,多持守可观,而看道理全不仔细"(同上卷五十四《答项平甫》之一)。对此,陆九渊极加分辨:

> 某何尝不读书来,只是比他人读得别些子。(同上卷三十五《语录》)
> 某何尝不教人读书,不知此后然有什事。(同上)

他还对其弟子包扬(显道)"读书亲师友是充塞仁义"之说加以批评:"不知既能躬行践履,读圣贤书又有什不得处,今显道之学可谓奇怪矣"(同上卷六《与包显道》之二)。对其他弟子也一再申述读书之重要:

> 人不可以不学,犹鱼之不可以无水。(同上卷十二《与黄循中》之一)
> 学能变化气质。(同上卷三十五《语录》)
> 束书不观,游谈无根。(同上卷三十四《语录》)

陆九渊自诩"比别人读得别些子",他读书的经验就是以精熟为贵,以意旨为的。他认为读书不必求多求快,而应择切己有用者少而精读之。他说:

> 书亦正不必遽而多读,读书最以精熟为贵。(同上卷十四《与胥必先》)
> 某常令后生读书时,且精读文义分明、事节易晓者,优游观

咏,使之浃洽与日用相协,非但空言虚说。(同上卷十一《与朱济道》之二)

陆九渊认为读书固当明白文义,但主要是得其精神意旨。他说:

> 读书固不可不晓文义,然只以晓文义为是,只是儿童之学,须看意旨所在。(同上卷三十四《语录》)
> 所谓读书,须当明物理、揣事情、论事势,且如读史,须看他所以成,所以败,所以是,所以非处,优游涵泳,久自得力。若如此读得三五卷,胜看三万卷。(同上)

陆九渊曾援引一学者的诗来概括他的读书经验和主张:

> 读书切戒在荒忙,涵泳工夫兴味长。未晓莫妨权放过,切身须要急思量。自家主宰常精健,逐外精神徒损伤。寄语同游二三子,莫将言语坏天常。(同上)

陆九渊的这些读书经验和主张,表明他把读书看作主要是陶冶性情、涵养道德的过程,而不是扩展知识、增强智慧的过程。在"心学"看来,读书是不可缺少的,但读书的主要目的是为了道德修养,而且这种修养主要是从每个人的内心上下功夫。这种论点影响颇大,从明代以后,中国自然科学技术的发展逐渐落后,原因很多,其中和"心学"这种哲学思想的影响也不无关系。

"简易工夫"发明本心,"剥落"解除"心蔽","优游读书"涵养德性,这是陆九渊心学方法的三个方面,但这三者并非同等看待,无主次之分。在陆九渊看来,自我反省的"简易工夫"是主;师友、圣训但助鞭策而已。他说:

此心之良，本非外铄，但无斧斤之伐，牛羊之牧，则当日以畅茂……此事不借资于人，人亦无著力处。圣贤垂训，师友切磋，但助鞭策耳。（同上卷五《与舒元宾》）

自得、自成、自道，不倚师友载籍。（同上卷三十五《语录》）

可见，陆九渊心学的方法和其哲学基础在性质、特色上都是一致的，皆是从"心"出发。

三、目　标

陆九渊心学方法所要达到的最终目标是明理、立心、做人。

所谓"明理"，即是首先确认，世界皆是"理"的产物或表现。他说：

塞宇宙一理耳，学者所以学，欲明此理耳。（同上卷十二《与赵咏道》之四）

"理"即是"心"，"明理"即是"立心"。所谓"立心"，即是体认万事万物皆心所生，不要执着于一事一物；要自作主宰，不要役于外事外物。陆九渊说：

心不可泊一事，只有立心。人心本来无事，胡乱被事物牵将去。（同上卷三十五《语录》）

收拾精神，自作主宰，万物皆备于我，有何欠缺。（同上）

"明理""立心"都是极力扩充主观自我的思维过程，这一过程的最后结局是"做人"。这在当时叫作"简易直截"，仿佛很容易达到似的。这种思想对于后代，经过改造，有两种效果。一种是有人借用"心学"，只要感到某种事情不合理，觉悟于此，便立即起而行之，后来中国近代许多思想家多少受过这种影响。但是还有另一种效果，就是陶醉于主观自我的思维之中，自以为自己的思维便已经包含了世间的种种真理，这种思想方法和自然科学的实验方法是大异其趣的，不是一种科学方法，所以近代启蒙思想家严复对此做了批判。

应当指出，陆九渊心学的"做人"有两种意思：一是做伦理道德的"完人"。"四端即是本心"，明理、立心，扩充四端，自然可以做一个符合封建伦理道德的"完人"，故陆九渊说：

> 汝耳自聪，目自明，事父母自能孝，事兄自能弟，本无少缺，不必他求，在乎自立而已。（同上卷三十四《语录》）

一是做独立的"超人"。"塞宇宙一理耳"，"万物森然于方寸之间"，明理、立心，扩充自我，必然要做一个驾驭万物之上的、无所不知、无所不能的"超人"。陆九渊以为自己就是这样的人，他说：

> 我无事时只似一个全无知无能底人，及事至方出来又却似个无所不知无所不能之人。（同上卷三十五《语录》）

陆九渊还很形象地描绘了这种顶天立地的"超人"：

> 仰首攀南斗，翻身倚北辰，举头天外望，无我这般人。（同上）

所以，陆九渊心学的最后目标"做人"，也还不是一个社会生活的实践过程，而仍然是一个主观思维的扩张过程，且是最充分的扩张。这表明陆九渊心学从哲学基础、方法到最终目标都贯串着主观唯心主义的精神。

第三节　陆九渊思想的渊源、与禅学的关系及其与朱熹的争论

一、对孟子思想的改造和发展

陆九渊尝以孔、孟继承人自居，他说："窃不自揆，区区之学自谓孟子之后，至是而始一明也"(同上卷十《与路彦彬》)。就论"心"而言，陆九渊的确承继孟子。孟子曰："耳目之官不思而蔽于物，物交物则引之而已矣，心之官则思，不思则不得也，此天之所与我者，先立乎其大者，则其小者不能夺也"，"仁义礼智，非由外铄也，我固有之也"，"学问之道无他，求其放心而已矣"(《孟子·告子上》)。这些观点不仅是陆九渊思想的直接渊源，同时也就是其心学的主要论点。但陆九渊并不是完全因袭孟子，而是对他的思想有所改造和发展。

在孟子思想里，"心之官则思"的"心"，是作为思维器官来理解的；"求放心"主要是指学习态度要专心致志，不要心随鹄飞的意思而提出来的。但在陆九渊的心学里，"心即理"，"心"被升华为具有本原性的伦理实体；"此心苟存，则此理自明"，"求放心"成为体认"充塞宇宙之理"的修养方法和认识方法。在这个意义上说，陆九渊心学是孟子思想中主观唯心主义观点的发展。其实不仅是孟子思想，而是更多地掺杂了禅学思想，这一点明、清时期许多学者早就指出过了。

二、与禅学的关系

陆九渊心学的主要观点和禅宗的立论有不少契合之处。陆九渊主张"苟此心之存，则此理自明"，"一是即皆是，一明即皆明"。这和禅宗所说"若识自心见性，皆成佛道"(《六祖坛经·般若品第二》)，"心量广大，徧周法界，用即了了分明，应用便知一切，一切即一，一即一切"(同上)颇为相似。陆九渊心学的方法和禅宗方法的相通之处，主要是直指本心、明心见性。

《六祖坛经》记六祖惠能传授教法：

> 宗印复问:黄梅(五祖弘忍)付嘱,如何指授？惠能曰:指授即无,惟论见性。(《行由品第一》)
>
> (惠能曰:)我于忍和尚处,一闻言下便悟,顿见真如本性,是以将此教法流行,令学者顿悟菩提,各自观心,自见本性。(《般若品第二》)

陆九渊对他弟子们的教法亦正是如此：

> 某平时未尝立学规,但常就本上理会,有本自然有末,若全去末上理会,非惟无益。今既于本上有所知,可略略地顺风吹火,随时建立,但莫去起炉作灶。(《象山全集》卷三十五《语录》)
>
> 同里朱柠济道、弟泰卿亨道,长于先生(指陆九渊),皆来问道。与人书云:近到陆宅,先生所以诲人者深切著明,大概是令人求放心。其有志于学者数人,相与讲切,不复以言语文字为意。(同上卷三十六《年谱·乾道八年》)

禅宗所特有的"机锋"方法,在陆九渊的心学中也有表现。禅宗不著文,对自己思想观点的理论阐述也主要不靠文字；禅宗主顿悟,其思想体系中的逻辑推理也很少见。这样,禅宗不得不寻求文字以外和推理以外的表达思想观点的方法,"机锋"就是这样产生的。它常常用即境举例、动作示意等办法以偏概全地在问法者的脑中造成某种形象,促其发生跳跃式的联想,达到所谓豁然"顿悟"的境界。例如大历禅师用"破草鞋"的答语(《五灯会元》卷四十一)、师郁禅师用举拂子的动作(《五灯会元》卷十九)来回答"祖师(指达摩)西来意"的问话。对于熟悉禅宗历史和义旨的僧徒来说,这样的问答是很直捷简明的,它能立刻激荡起对菩提达摩全部生平活动的回顾与认识。这种不用正常的语言和逻辑来表达思想的方法,在任何一个非理性的、神秘主义的思想体系中都可能发生。陆九渊认为"六经皆我注脚",对自己观点的理论阐述也很少,同时也主张顿悟法,故有时也用即境举例或动作示意的非逻辑的方法来表明自己的思想。例如,他曾以杨简断扇讼之事来回答他"如何是本心"之问(见《象山全集》卷三十六《年谱·乾道八年》),意即"本心"是先天本然具有的伦理道德品性和判断是非的能力。又以侍坐在侧的弟子,见他遽起而即刻随之站起的动作来说明"本心"如同本能,是一种自然的表现,无须安排。

陆九渊心学和禅学虽有相似和相通,但在根本精神上是有区别的,即禅宗的"性"(或心)和陆九渊的"心"(即性)的内容并不相同。禅宗的心性指的是一种无任何规定性的、无善无恶的、本然的存在(禅宗谓之"空")。六祖说:"性本如空,一念思量名为变化","善恶虽殊,本性无二,名为实性,于实性中不染善恶,此名圆满报身佛"(《六祖坛经·忏悔品第六》)。而陆九渊心学的心,则是一种先天具有伦理道德内容并能判断是非善恶的主观意识(陆九渊谓之"理"或"道")。他说:"道塞宇宙,非有所隐遁,在天曰阴阳,在地曰柔刚,在人曰仁义"(《象山全集》卷一《与赵监》)。"人受天地之中以生,其本心无有不善"(同上卷十一《与王顺伯》)。同样,陆、禅采用的修养或教育方法虽有某种相似,其内容并不完全相同。禅宗归根到底在于说明"万相皆空"的宗教原理,而陆九渊则说明仁义礼智为什么是先天的本心所有。可见两者是有区别的。所以,陆九渊当时的程朱派理学家和后世的一些学者,认为"陆学即禅学",这个论断虽然有道理,但这两者间不能完全画等号。陆九渊心学的形成过程中受到禅学的影响则是无疑的。宋代学者涉足佛学者甚多,清代学者罗聘说:"宋之大儒,有著脚佛门者,若指其人,则人人皆似"(《正信录》卷下)。佛学渗透到儒学中来,成为宋代思想和理论思维的特色。陆九渊对佛学也有所涉猎,他说:"某虽不曾看释藏经教,然而《楞严》《圆觉》《维摩》等经则尝见之"(《象山全集》卷二《与王顺伯》之二)。陆九渊还援用过禅宗的语汇或概念,例如他用来描述"超人"思想形象的那四句话,就是援用五台山法华寺智通禅师的临终偈语(见《景德传灯录》卷十)。这表明佛教或禅宗作为历史悠久、思辨性的思想体系,作为在宋代仍很有势力和影响的宗教派别,对陆九渊的影响是毋庸置疑的。

三、与朱熹的争论

陆九渊与朱熹,作为儒家思想家,在政治立场上是一致的,总是非常自觉地把自己学说的理论内容和根本目标同维护封建伦理及政治制度紧密地联系在一起;在世界观上也有相同的出发点,他们都把"理"理解为世界的本原,认为人具有合于伦理的、善的天然本性。然而他们作为理学家,由于受佛、老的思想影响不同,故对当时理学思潮中的主要概念或范畴(如"理""气""心")的理解也有所不同,并进而发生了争论。

(一)方法论之争

朱、陆都认为"理"是世界的根源,但从这个相同出发点跨出第一步后,他们之间就出现了分歧,陆九渊从发挥儒家传统的"天人合一"观点的途径,提出"心即理",得出主观唯心主义的结论:万物皆自心发。他说:

> 天降衷于人,人受中以生,是道固在人矣。(《象山全集》卷十三《与冯传之》)
>
> 万物森然于方寸之间,满心而发,充塞宇宙,无非此理。(同上卷三十四《语录》)

朱熹则从吸收佛家"体用合一"观点的途径,提出"性即理",认为人性是天理在人身上的体现,因而得出客观唯心主义的结论:万物皆是理的体现,人心只是其一。他说:

> 性者,人物所得以生之理也。(《孟子集注》卷四《离娄下》)
>
> 万物受命于天以生,而得其理之体。故仁义礼智之德,根于心而为性。(《论语或问》卷十四)

朱、陆对"理"的这种不同理解,导致了他们方法上的分歧:朱熹谈"穷理"("道问学"),陆九渊谈"明心"("尊德性")。他们间的争论就是从这里开始的。

朱、陆二人方法论上的一次重要的争论发生在鹅湖寺会上。淳熙二年(公元1175年)初夏,陆九渊及其五兄陆九龄应吕祖谦的约请,会朱熹于信州铅山鹅湖寺。会上,朱陆关于治学方法进行了很激烈的辩论。随陆九渊参加了这次约会的朱亨道记述说:"鹅湖之会,论及教人,元晦之意欲令人泛观博览而后归之约,二陆之意欲先发明人之本心而后使之博览。朱以陆之教人为太简,陆以朱之教人为支离,此颇不合"(《宋元学案》卷七十七《槐堂诸儒学案·朱亨道传》)。

鹅湖寺会上,陆九渊将自己的观点用诗的形式表述出来:

> 墟墓兴哀宗庙钦,斯人千古不磨心。涓流积至沧溟水,拳石崇成泰华岑。易简工夫终久大,支离事业竟浮沉。欲知自下升高处,真伪先须辨只今。(《象山全集》卷二十五《鹅湖和教授兄韵》)

陆九渊一向认为朱熹的讲学或治学方法是"簸弄经语,以自传益真",是"浮论虚说,谬悠无根之甚"(同上卷一《与曾宅之》),故诗中以"支离","浮沉"无根加以讽刺。这使朱熹大为不悦,与陆九渊进行了诘辩,并在三年后陆九龄重来访问时,和诗一首:

> 德义风流夙所钦,别离三载更关心。偶扶藜杖出寒谷,又枉篮舆度远岑。旧学商量加邃密,新知培养转深沉。只愁说到无言处,不信人间有古今。(《朱文公文集》卷四《鹅湖寺和陆子寿》)

朱熹一向认为陆九渊的方法,"其病却在尽废讲学而专务践履,于践履中要人提撕省察,悟得本心,此为病之大者"(同上卷三十一《答张敬夫》之十八),故诗中以"说到无言,不信古今",讥其学术空疏,师心自用。

朱、陆争论的方法论问题,实质上是关于通过何种途径去完成个人的伦理道德修养的问题。朱熹注意"收敛身心",他说:"孟子言学问之道,惟在求其放心,而程子亦言心要在腔子里。今一向耽著文字,令此心全体都奔在册子上,更不知有己,便是个无知觉、不识痛痒之人,虽读得书,亦何益于吾事"(同上卷四十七《答吕子约》之二十六)。而陆九渊也谈读书讲学,认为"自古圣人亦因往哲之言、师友之言乃能有进,况非圣人,岂有自任私智而能进学者"(《象山全集》卷二十一《学说》)。所以,朱、陆在修养和治学方法上的分歧和争论,虽然向来被视为朱、陆学术差异的主要标志,实际上也并非如冰炭不可相容。他们间不可弥合的分歧和争论却是发生在一个没有实际意义的理论问题上,即"无极"之争。

(二)关于"无极"之争

朱、陆之间关于"无极"之辩,不是由于他们的世界观有实质的不同而引起,乃是由于他们对"太极"的理解不同而引起。朱、陆之间往还辩论"无极"有四封书信,内容烦琐,其主要分歧是:

第一,对"太极"的训解不同。朱熹把"极"训为"至极",把"理"之总汇称之为"太极"。他说:"太极者何?即两仪四象八卦之理,具于三者之先而蕴于三者之内者也。圣人之意,正以其究竟至极,无名可名,故特谓之太极"(《朱文公文集》卷三十六《答陆子静》之五)。并主张用道家的"无极"来加以形容,他说:"不言无极则太极同于一物,而不足为万化之根"(同上《答陆子美》之一)。陆九渊则把"极"训为"中","太极"即"理",毋需用"无极"来加以形容。他说:"盖'极'者,'中'也,言'无极'则是犹言'无中'也,是奚可哉"(《象山全集》卷二《与朱元晦》之一)?认为朱熹"无极而太极"之论乃"叠床上之床,架屋下之屋",完全是多余(同上《与朱元晦》之二)。朱、陆在这里的争论实际上没有什么重要的理论意义。

第二,对"阴阳"的理解不同。陆九渊把"阴阳"理解为宇宙间一切对立事物或现象的总的体现,故他认为"阴阳"即是所谓形而上之道。他说:"《易》之为道,一阴一阳而已,先后、始终、动静、明晦、上下、进退、往来……何适而非一阴一阳哉"(同上)?朱熹则把"阴阳"理解为构成宇宙间一切事物的材料,故认为是形而下之器。他在和陆九渊辩论时说:"来书所谓始终、晦明、奇偶之属,皆阴阳所为之器,独其所以为是器之理……乃为道耳"(《朱文公文集》卷三十六《答陆子静》之六)。这里的分歧是由于在陆九渊的思想体系里,没有关于宇宙形成的思想,没有"气"的范畴,故他不是把"阴阳"理解为"气"的表现,而只能是"道"的表现;而朱熹则有比较完备的宇宙形成思想,他认为"气也者,形而下之器也,生物之具也"(《朱文公文集》卷五十八《答黄道夫》之一)。"阴阳,气也……五行、阴阳七者滚合,便是生物底材料"(《朱子语类》卷九十四)。由理派生出气,再由气组成事物,所以他便把"阴阳"理解为"形而下之器"。从这里可以看出,朱、陆都不是把宇宙的本原如实地视为物质,而是杜撰出精神性的理和道,因此他们关于"阴阳"的论争只不过是唯心主义内部的分歧,并不具有唯物论和唯心论相互对峙的性质。

(三)人物评价的争执

朱、陆除了在方法论和宇宙生成问题上发生了争论,还因在文章或书信中对于人物的评价不同而引起争执。

其一是《曹立之墓表》之争。曹立之原是陆九渊弟子,以后归附朱熹门下。此人三十七岁死后,朱熹为他撰写墓表,盛赞他归宿正确:"胡子(胡宏)有言,学欲博不欲杂,欲约不欲陋。信哉如立之者,博而不杂,约而不陋,使天假之天年以尽其力,则斯道之传其庶几乎"(《朱文公文集》卷九十)!对于曹立之的变化,陆九渊极为不怿,认为是退步,去信责其"以为有序,其实失序;以为有证,其实无证……将为正学,乃为曲学,以是主张吾道,恐非吾道之幸"(《象山全集》卷三《与曹立之》之二)。对于朱熹所作《曹立之墓表》,陆九渊认为是"未得实处",而自己指斥曹立之的那封信方是"真实录"(同上卷七《与朱元晦》)。陆派弟子更是不满,"陆学者以为病己,颇不能平"(《朱文公续集》卷四上《答刘晦伯》),"厉色忿词,如对仇敌"(《朱文公文集》卷五十四《答诸葛诚之》之一)。

其二是《荆公祠堂记》之争。朱、陆辩论"无极"稍前,陆九渊应抚州郡守钱伯同之请,为重修临川王安石祠堂撰写记文,即《荆公祠堂记》。陆九渊于此文中,予王安石很高的评价,盛赞其人品高尚:"英特迈往,不屑于流俗声色利达之习,介然无毫毛得以入于其心,洁白之操寒于冰霜;公之质也;扫俗学之凡陋,振弊法之因循,道术必为孔孟,勋绩必为伊周;公之志也"(《象山全集》卷十九)。文中还贬斥王安石的政敌,认为王安石变法带来的后果,旧党也应负责:"熙宁排公者大抵极诋毁之言,而不折之以至理,平者未一二而激者居八九,上不足以取信于裕陵,下不足以解公之蔽,反以固其意、成其事。新法之罪,诸君子固分之矣"(同上)。

陆九渊《荆公祠堂记》对王安石的评价和熙宁之政的分析,在南宋的当时来说,是非常特出的。它在每一点上都是与程朱派的观点不同。程氏洛党后辈,如杨时、邵伯温都带有严重的主观偏见,一向认为王安石人品极坏,学术不正,北宋灭亡之祸就是由他招惹。朱熹在文章、书信中也多次论及王安石,除熙河之役一事评以"看得破"之外(《朱文公文集》卷六十《答王南卿》之一),其他多是贬损否定之词。故陆九渊此文一出,朱熹就加以攻击。他在给弟子刘公度的信中说:"临川近说愈肆,《荆舒祠记》曾见之否?此等议论皆学问偏枯、见识昏昧之故,而私意又从而激之"(同上卷五十三《答刘公度》之二)。刘公度劝慰他"世岂能人人同己、人人知己,在我者明莹无瑕,所益多矣",表示不欲与陆门人物争执计较,朱熹即加以指责:"(公度)此等言语殊不似圣贤意思,无乃近日亦为异论渐染,自私自利作此见解耶?不知圣贤辩异论、辟邪说如此之严者是为欲人人同己、人人知己而发耶?若公度之说行,则此等事都无人管,恣意横流,诚思之如何"(同上)?

朱门弟子在朱熹的影响下,对《荆公祠堂记》屡加攻击。但理论却很弱,讲不出什么道理来,致使陆九渊只能表示轻蔑。他说:"王文公祠记乃是断百余年未了底大公案,自谓圣人复起不易吾言,余子未尝学问,妄肆指议,此无足多怪"(《象山全集》卷一《与胡季随》之二)。连朱熹自己也感到不满意。他说:"临川之辩,当时似少商量,徒然合闹,无益于事也"(《朱文公文集》卷五十《答程正思》之十八)。陆九渊死后七年,朱熹作《读两陈谏议遗墨》。在这篇长文中,他对王安石一生的政治和学术提出五点评论,最后结论是:"安石以其学术之误,败国殄民"(《朱文公文集》卷七十)。这可以说是他对陆九渊《荆公祠堂记》的答辩。

第二十章 陆九渊弟子的思想

陆九渊在南宋思想学术领域内，独树一帜，与朱熹对垒而立，吸引了很多学子。他早年在家乡金溪青田槐堂书屋授徒，晚年在贵溪应天山立精舍讲学，史称他"还乡，学者辐凑，每开讲席，户外屦满，耆老扶杖观听"（《宋史》本传）。陆九渊的及门弟子大体集中两地，一是江西，二是浙东。两地弟子的风格和对陆派心学的建树也有所不同。江西者，多是簇拥象山讲席，著力于构筑陆派门户，以傅梦泉、邓约礼、傅子云等为首，史称"槐堂诸儒"。浙东者，折服"本心"之说，著力于陆九渊心学的阐发，以杨简、袁燮、舒璘、沈焕四人为代表。此四学者生长、活动的慈溪、鄞县、奉化等地，位处四明山麓，甬江流域，故后人称之为"甬上四先生"或"四明四先生"。

第一节 槐堂诸儒——陆九渊门庭的确立

"槐堂诸儒"是指从学或问学于金溪槐堂书屋和贵溪象山精舍的陆九渊弟子。这部分人数甚多，严滋在为陆九渊请赐谥号的奏状中说："一时名流踵门问道者常不下百千辈"（《临川县志》道光三年修，卷四十二下）。从《槐堂诸儒学案》所收录的六十五人的本传来看，槐堂弟子虽多，但学术浅疏，思想境界不高，他们一般掌握不住陆九渊的思想实质，致使陆九渊甚感忧虑，尝以手指心曰："某有积学在此，惜未有承当者"（《象山全集》卷三十六《年谱·淳熙十五年》）。他们对于陆学的贡献，不是在理论的阐发上，而是在宗派的确立上。

一、槐堂诸儒的学术和思想特点

（一）学术浅疏，但不囿于成见

陆九渊对读书的主张是"不必遽尔多读，最以精熟为贵"（同上卷十四《与胥必先》），"且读文义分明、事节易晓者，优游讽咏，使之浃洽与日用相协，非但空言虚说"（同上《与朱济道》之二），也就是主张少而精，切己致用。就其读书的目的或精神实质只在于求得道德修养的提高而非知识的增长而言，也并非虚说。不过，这种读书方法容易产生学术贫乏浅疏的流弊。槐堂诸儒正有此弊。

陆九渊的槐堂弟子中，傅梦泉（字子渊）为第一高足，陆九渊称他"人品甚高，非余子比也"（同上卷九《与陈君举》）。但其学术根柢亦不深厚。

陆九渊曾讥讽程朱派弟子"假窃附会，蠹食蛆长于经传文字之间"（同上卷一《与侄孙濬》）。但他自己的弟子却疏于经传文字。全祖望在修订《槐堂诸儒学案·邹斌传》时谓："陆子之门称多学者，只先生一人而已。"一个学派，弟子百千辈，"多学"只一人，由此可见一斑。

槐堂诸儒虽疏于经传文字，却不落于旧日经传疏释的窠臼，敢抒己见。这显然是受了陆九渊"六经皆我注脚"思想的影响。例如，陆九渊的得意门生傅子云（字季鲁）曾作《保社议》，认为郑玄注《周礼》，"半是纬语半是莽制，可取者甚少"（《槐堂诸儒学案·傅琴山传》）。陆九渊的早期弟子陈刚（字正己）断言："《易·系辞》决非夫子作"（《槐堂诸儒学案·陈刚传》）。陆九渊的一个真正富于创造性的、然而并未为他所重视的弟子是俞廷椿。《宋元学案》里，全祖望据《临川县志》为他补写的传记谓：

> 俞廷椿，字寿翁，临川人，乾道八年主南安簿，调怀安，两易古田令，秩满，充金国礼物官……先生师事象山，倜傥多大志，博通经术，尝言《周礼》司空之官，多散见于五官之属，先儒汩陈之，故因司空之后而六官之伪误，亦遂可以类考，著《复古编》。其使

金而还也,因纪次其道路所经,山川人物与夫言语事物之可考据以备采闻者为《北辕录》。(《槐堂诸儒学案·俞廷椿传》)

《周礼》六官,冬官司空已经亡佚,汉时采《考工记》补之,郑玄注云:"《司空》篇亡,汉兴购千金不得,此前世识其事者记录以备大数尔。"此后,世守其说。俞廷椿却谓:"六经惟《诗》失其六,《书》逸其半,独《周礼·司空》之篇有可得言者。反复是经,质之于《书》,验之于《王制》,皆有可以足正者。而《司空》之篇实杂出于五官之属,且因《司空》之复,而五官之伪误亦遂可以类考,诚有犁然当于人心者,盖不啻宝玉大弓之得而郓讙龟阴之归也"(《复古编·自序》)。《冬官》何以见得散在五官?"廷椿之说,谓五官所属皆六十,不得有羡,其羡者皆取以补《冬官》"(《四库全书总目提要》卷十九)。抽取五官以补《冬官》,其正确与否,自当别论,但却开创了《周礼》研究中"《冬官》不亡"之新派,其后,元之邱葵、吴澄皆沿其说,至明末而未已。

《复古编》,《宋史·艺文志》录作三卷,《四库全书总目提要》作一卷,还是保存下来了,《北辕录》则皆未见载,恐怕已经佚失。在侈谈心性、天理的理学潮流中,俞廷椿作为陆九渊的门下,竟专言实事实功,可谓别树一帜。

(二)流于佛老而不自知

朱熹曾批评陆派人物"其病却在尽废讲学而专务践履……规模窄狭,不得取人之善,将流于异学而不自知耳"(《朱文公文集》卷三十一《答张敬夫》之十八),"金溪之徒,不事讲学,只将个心来作弄,胡撞乱撞","金溪学问,真正是禅"(《朱子语类》卷一二四)。朱熹的这些批评,对陆九渊本人来说并不完全正确。然而朱熹的批评对于陆九渊的槐堂弟子来说,却也多少击中了要害。他们对于陆九渊的"本心",往往正是从道家的虚静和佛家的空无角度去理解,因而"流于异学而不自知耳"。例如:

李伯敏悟"心"。李伯敏(字敏求)是陆九渊早期的学生,终身师守象山之学。陆九渊曾为他解释"心即是一个心,某之心,吾友之心,上而千百载圣贤之心,下而千百载复有一圣贤,其心亦只是如此。心之体甚大,若能尽吾之心,便与天同,为学只是理会此"(《象山全集》卷三十五《语录》)。他向陆九渊求问"下手工夫",陆九渊说:"能知天地之所以予我者,至贵至厚,自然远于非僻"(同上)。可见陆九渊对他讲的是一个具有伦理道德本能的"心"。但他的理解却不是这样。他将自己的理解赋作一诗云:

　　纷纷枝叶漫推寻,到底根株只此心,莫笑无弦陶靖节,箇中三叹有遗音。(同上)

陶渊明中年辞官归田,他的"纵浪大化中,不喜亦不惧,应尽便须尽,无复独多虑"的人生态度(《神释形影诗》)、他的"采菊东篱下,悠然见南山……其中有真意,欲辨已忘言"的生活情趣(《饮酒》之二),都有深深的道家思想烙印。李伯敏却将不喜不惧、悠然自得的陶渊明之"心",误作是具有仁义本性、能辨义利的陆九渊之"心"。应当指出,陆九渊认为仁义道德为人心所固有,是先天的,这也是一种虚构。这就与其师说相违了。

詹阜民识"仁"。詹阜民(字子南)早先曾问学张栻,以后从学陆九渊,儒家学说中,"仁"是一个最基本的、核心的伦理道德范畴。"学者须先识仁"(《二程语录》卷二),有理论修养的儒家学者都有自己对"仁"的理解。陆九渊心学认为"仁"即是"心",因为他所理解的"心",不仅是"思之官",更重要的是具有伦理道德属性,故他说:"仁,人心也"(《象山全集》卷三十二《学而求放心》)、"仁义者,人之本心也"(同上卷一《与赵监》)。因此,在陆九渊这里,识得"本心"即是"识仁"。詹阜民从学张栻时,读其所辑孔子和孟子论仁的言论,不得其解,以后师事陆九渊,陆九渊启诲他如何识心、识仁说:"为学者当先识义利公私之辨",不要"溺于文义"(同上卷三十五《语录》)。这是从伦理道德的角度来谈认识"本心",即要他体识仁义礼智乃人心所固有。詹阜民还是不得其解。其后,陆九渊讲《孟子》时,说"人有五官,官有其职",从生理心理的角度谈到心有知觉作用。这本是陆九渊"心"的概念的次要属性,但詹阜民却由此而有所透悟,他叙述自己明心识仁的过程说:

某因思是，便收此心，然惟有照物而已。他日侍坐无所问，先生谓曰："学者经常闭目亦佳。"某因此无事则安坐瞑目，用力操存，夜以继日，如此者半月，一日下楼，此心已复澄滢中立，窃异之，遂见先生，先生因谓某："道果在迩乎？"某曰："然，昔者尝以南轩张先生所类洙泗言仁书考察之，终不知仁，今始解矣。"先生曰："是即知也、勇也。"某因言而通，对曰："不惟知、勇，万善皆是物也。"（同上）

詹阜民下楼之际忽然悟彻万物皆仁皆心，和佛家顿悟极为相似，就像沩仰宗香严智闲禅师因瓦砾击竹作声而悟得"佛性"一样，都具有非常神秘的性质（见《景德传灯录》卷十一《智闲传》）。据陈淳说："此间九峰僧觉慧者，詹（阜民）、喻（可中——詹阜民门人）顾皆以其得道之故，与之为朋。詹悟道时，尝谓他证印法门传度从来如此"（《北溪文集》卷二《答赵季仁》之四）。詹阜民正是从佛家心是空虚寂静、映照万物的角度来理解陆九渊的"心"和儒家的"仁"的。

二、槐堂诸儒为建立陆学宗派的努力

槐堂弟子对陆九渊的学说没有多大发展，但对陆学宗派的确立，却做了很多的努力。

（一）屈己从师，以立槐堂

陆九渊最初的弟子，年辈皆长于己。《槐堂诸儒学案·邹斌传》谓："陆氏门墙之盛，自德章师文达复斋公始。"《临川县志·李缨传》谓："李缨，字德章，初从学于陆文达九龄，复师象山，旋与文达同中乾道五年己丑科进士。《西江志·曾极传》云：'远近学者宗陆氏之学自极之父谤与李德章师复斋始，二人与先生兄弟年辈相等，而能屈己以从，首崇师道，为里间率先，盖皆有识之士，卓然不囿于流俗者也"（《临川县志》道光三年修，卷四十二下）。陆九渊于乾道八年方获赐同进士出身，可见辈第晚于李缨。

陆九渊还有年龄长于己的弟子。《槐堂诸儒学案·朱桴传》谓："朱桴字济道,与其弟亨道泰卿,年皆长于象山而师事之。"

陆九渊一开始在家乡槐堂讲学授徒,"即去今世所谓学规者,而诸生善心自兴,容体自庄,雍雍于于,后至者相观而化"(《慈湖遗书》卷五《象山先生行状》)。这种标新立异的做法,本已引人注目,乡间间年辈长于陆九渊的士绅,又率先屈己从师,就更加增强了陆九渊的声望,陆氏学派就这样很快形成起来。

(二)筚路蓝缕,创建象山

陆学最兴旺的时期是在陆九渊四十九岁后登贵溪应天山讲学的一段时间。

《象山年谱·淳熙十四年》记曰:

> 初,门人彭兴宗世昌,访旧于贵溪应天山麓张氏,因登山游览,则陵高而谷邃,林茂而泉清,乃与诸张议结庐以迎先生讲学。先生登而乐之,乃建精舍居焉。(《象山全集》卷三十六)

陆九渊登山居住后,因山形似象,故改其名为"象山"。门人也纷纷来象山结庐而居,陆九渊率弟子开山造田,聚粮筑室,相与讲习。他郡学士,也时来访谒,陆派门庭呈现出一片欣欣向荣景象。

象山地僻田瘠,初创时,也是颇艰难的。以后傅梦泉作《曾潭讲堂记》回忆当时情况说:

> 计予之从事先生也,自信而潭,播起道里,衡宇敝陋,居用草创,舍诸生者仅三尺地,每为客子连榻居之。日则支接宾识,拣讨馈饷,以资学侣,与先生任勤劳,蔬粥无时,不堪充脏……(《南城县志》同治十一年修,卷九之三)

槐堂诸儒大都参加了象山的筚路蓝缕的创建事业。

(三)上书著文,力争陆学地位

陆九渊居象山时,和朱熹就"无极"、《荆公祠堂记》展开了激烈的争辩,并各以孔孟正统自居。陆九渊居象山的第三年,受到知荆门军的任命。次年,赴任荆门时,把居象山率诸弟子讲学之事托付傅子云。陆九渊于荆门病故后,陆门即开始凋零,而朱门仍然一派生气。槐堂弟子此时多有破门他去者,但其主要人物仍坚守师说,并竭力为陆九渊争正统地位。

陆九渊死后二十三年(宁宗嘉定八年,公元1215年)仍未得到谥号,槐堂弟子以严滋为首,呈状请谥,状文概括陆九渊的思想学说和学术地位谓:

> 为世儒宗,一时名流踵门问道常不下百千辈,今其遗文流布海内,人无智愚,珍藏而传诵之。盖其为学者,大公以灭私,昭信以息伪,揭诸当世曰:学问之要得其本心而已。学者与闻师训,向者视圣贤若千万里之隔,今乃知与我同本,培之溉之,皆足以敷荣茂遂。如指迷途,如药久病,先生之功宏矣。(《临川县志》道光三年修,卷四十二下)

嘉定十年,陆九渊终于得到"文安"的谥号,他的生平、学术和思想得到了统治阶级的认可。

陆九渊死后四十年(理宗绍定五年,公元1232年)朱熹已得"太师""徽国公"的封赠,朱学的统治地位已经初步确立,傅子云仍作《槐堂书院记》,为陆九渊力争儒学正统地位。

陆九渊再传三弟子对于陆九渊学说的核心和鲜明的个性特色的认识已很模糊,自觉不自觉地在其学中融进了朱学思想,企图折中朱、陆。如陆九渊的著名弟子包扬,"及象山卒,即率其生徒诣朱子精舍中,执弟子礼"(《槐堂诸儒学案·包扬传》)。包扬之子包恢,史称"少得朱陆渊源之学"(《金溪县志》卷五)。包恢弟子龚霆松更有"朱陆忠臣"之称:

龚霆松,号艮所,咸淳庚午乡荐。究心理学,少游徐岩,亲炙包忠肃公、汤文清公,得象山先生本心之旨,超然有悟。时因朱、陆之徒议论不一,遂致支各禅定亦名相持。霆松研究二家源委,为之折衷,作《四书朱陆会同注释》,三年书成,凡二十九卷,又《举要》一卷,约三十余万言,时称"朱陆忠臣"。(《贵溪县志》乾隆十六年修,卷十二)

这些都属于折中朱、陆思想而发的言论。非朱即陆,非陆即朱,这就是当时的统治思想。一直到明末清初,中国思想史才开始突破朱、陆的思想束缚而出现了崭新的局面。

第二节 甬上四学者——陆九渊思想的发展

陆九渊而外,南宋陆学里的主要人物是杨简、袁燮、舒璘、沈焕四人。他们是同乡、同学,在南宋思想学术界占有显著的地位。文天祥曾有文曰:"广平之学,春风和平;定川之学,秋霜肃凝;瞻彼慈湖,云间月澄;瞻彼絜斋,玉泽冰莹,源皆从象山弟兄,养其气翳,出其光明"(《郡学祠四先生文》)。换言之,甬上四学者的思想风貌又有所不同,他们是从不同的角度来传播陆派心学的。

一、杨 简

(一)生平和著述

杨简(公元1141—1226年)字敬仲,慈溪人。五十五岁后,筑室德润湖(慈湖)上居住,世称慈湖先生。

杨简青年时在太学读书,二十九岁时(孝宗乾道五年)中进士,历任地方小官,五十二岁才升到知县,五十四岁时为国子博士。不久,庆元学禁起,又遭贬斥,以祠官家居十四年。七十岁时又出知温州。此后入京,常为无实际职责的散官,最后以耆宿大儒膺宝谟阁学士,官阶至正奉大夫。

杨简一生的政治活动虽是平庸,其学术事业却比较突出。在陆门中他的著述最多,《宋史》本传和《艺文志》共录有十二种,《慈溪县志》录有二十四种,今人张寿镛《慈湖著述考》谓有三十种。现存杨简著作中最重要者当为《慈湖遗书》《慈湖诗传》《杨氏易传》。《慈湖遗书》是后人纂集的杨简文集,有多种版本,其中《四明丛书》版的《慈湖遗书》连同续集、补编共二十一卷,辑录的内容最为丰富。《慈湖诗传》和《杨氏易传》是杨简利用儒家经典来发挥自己心学观点的著作。通过这些著述,杨简进一步发展了陆九渊的主观唯心主义哲学。

(二)陆派心学主观唯心论的进一步发展

杨简对陆九渊心学的发展表现在三个方面:

1. 抛却陆九渊的"沿袭之累"

明代王守仁对陆九渊一面推崇,一面也有含蓄的批评。他说:"象山之学,简易直截,孟子之后一人,其学问思辨、致知格物之谈,虽亦不免沿袭之累,然其大本大原,断非余子所及也"(《阳明全书》卷五《与席元山》)。王守仁所谓陆九渊的"沿袭之累",是指其思想体系里,沿用了程朱派的某些范畴、概念,如"理""气"等。

杨简对陆九渊无一句批评之词,而是以实际行动来修正陆九渊的"沿袭之累"。

第一,在陆九渊的心学里,其基本范畴是"心"。但他言"理"时,还带有程朱派的痕迹,如他说:"此理充塞宇宙,天地鬼神且不能违,况于人乎"(《象山全集》卷十一《与吴子嗣》之八)?似乎"理"比"心"具有更广泛的内容。但是到了杨简就彻底把它抛弃了。在杨简的思想里,只有"心"这一个最高的范畴,它被虚构为一个无思无为、寂然不动、为万物万事之源的精神性实体。他说:

> 心何思何虑,虚明无体,广大无际,天地范围于其中,四时运行于其中,风霆雨露霜雪散于其中,万物发育于其中,辞生于其中,事生于其中。(《慈湖遗书》卷二《著庭记》)

> 人皆有是心,是心皆虚明无体,无体则无际畔,天地万物尽在吾虚明无体之中。变化万状而吾虚明无体者常一也。此虚明无体者,动如此静如此,昼如此夜如此,生如此死如此。(同上《永堂记》)

第二,人心或人之本性是善,何以有恶?陆九渊沿用了"气"的概念,以"气有所蒙,物有所蔽,势有所迁,习有所移"(《象山全集》卷十九《武陵县学记》)等主观以外的原因来解释。杨简抛弃了这些实际上承认了物我对立的思想,而用纯主观的"意"来解释,完全排斥了外物。他说:

> 人心本正,起而为意而后昏,不起不昏。(《慈湖遗书》卷一《诗解序》)
> 人性皆善,皆可以为尧舜,特动乎意,则恶。(同上《乡记序》)

杨简既然认为"心"是一种如同"明鉴"一般的无思无为、寂然不动的精神实体,所以他所谓的"意",就不仅是指"邪念"之类,而是指人的本能之外的一切意识活动。他说:

> 人心至灵至神,虚明无体,如日如鉴,万物毕照,故日用平常不假思为,靡不中节,是为大道,微动意焉,为非为僻,始失其性。(《慈湖遗书》卷九《家记三·论礼乐》)
> (心之)慈爱恭敬、应酬交错、变化云为,如四时寒暑,未尝不寂然,苟微起思焉,即为出位,即为失道。(《杨氏易传》卷十七《艮》)

第三,人心是善,人却有恶,陆九渊认为这是"心有所蔽",故提出"收拾精神","剥落","优游读书"等修养方法,以"发明本心"。但杨简却认为这些强制性的外索工夫,非但无益,甚至有害。他说:

清心、洗心、正心之说行,则揠苗,非徒无益,而又害之。(《慈湖遗书》卷二《永嘉郡治更堂亭名记》)

(元度)笃志于学,夜则收拾精神,使之于静。某曰:元度所自有本自全成,何假更求……收之拾之,乃成造意,休之静之,犹是放心。(同上卷三《与张元度》)

杨简认为人心本明,意动而昏,所以他的修养方法只是"毋意",使心保持寂然不动的无尘无垢的所谓"明镜"状态,使之不思不虑,不与外物接触。这就使得陆象山的主观唯心论更加向唯我论发展,而且其蒙昧主义的色彩更加浓厚。应当指出,这种观点不但不能启发人的思考,而且是用人为的所谓修持方法使得人的思维活动停顿起来。他说:

人皆有至灵至明、广大至智之性,不假外求,不由外得,自求自根自神明。微生意焉,故蔽之;有必焉,故蔽之;有我焉,故蔽之。端尽由于此。(《慈湖遗书》卷二《绝四记》)

意虑不作,澄然虚明,如日如月,无思无为而万物毕照,此永也。(同上《永嘉郡学永堂记》)

杨简所谓"毋意",并非是绝对的不思不为,而是指顺应"心"之本然状态。他认为,这种合于封建道德标准的"中正之心",是人心之本然状态。这就是说,思考是可以的,但是丝毫不能离开封建伦理道德。所以归根到底杨简的唯我论是用烦琐的推论去为封建伦理道德观提供哲学的依据。这种哲学并不是理性哲学,而是带有明显的蒙昧主义色彩。

2. 公开引进佛家思想和提倡蒙昧主义

杨简思想中的两个主要范畴"心"和"意"都与佛家思想有明显的联系。杨简说:"天之所以健行而不息者,乃吾之健行也。地之所以博载而化生者,乃吾之化生也。日月之所以明者,乃吾之明也。四时之所以代谢也,乃吾之代谢也。万物之所以散殊于天地之间者,乃吾之散殊也"(《慈湖遗书》卷十二《家记六·论〈孝经〉》)。和佛家"三界所有,唯是一心"(《华严经·普贤菩萨行品第三十一》)之论如出一辙。杨简"毋意"的要求和佛家"无念"的主张也是一致的。

然而,杨简毕竟是儒家思想家,在这种和佛家相似的思想形式下面,也有和佛家相异的思想内容。杨简的"心"不仅仅是知觉能力,且具有伦理的品性。他说:"君君、臣臣、父父、子子、夫夫、妇妇,道心之中固自有"(《杨氏易传》卷十三《睽》)。"人性本善本神本明"(同上卷九《无妄》)。这就和佛家教义把心分析为各种心理状态(《大日经》有"六十心",唯识宗"心所"有六类五十一种),认为"性中不染善恶"(《六祖坛经·忏悔品第六》)的观点不同。杨简的"毋意"主要还是克制违背封建伦理的意念萌生。

陆派心学与佛家禅宗之间这种虽然晦隐但确然有别的情况,只有陆九渊自己清醒地意识到。当程朱派指责杨简是禅,"不读书、不穷理,专做打坐工夫,求形体之运动知觉者以为妙诀"(《北溪文集》卷一《答陈师复》之一)时,陆九渊替他辩护道:"杨敬仲不可说他有禅,只是尚有习气未尽"(《象山全集》卷三十五《语录》)。而杨简自己却觉察不到这种区别。这与其说是由于他的儒学理论修养不足,还不如说是他的佛学理论修养不足。在杨简的著作里,不止一次对老庄思想提出批评,但对佛家思想却无一句品评的言辞。他模糊地将孔子之"心"认作达摩之"佛",把心学和佛学完全等同起来。他说:

> 孔子曰心之精神是谓圣,即达摩谓从上诸佛,惟以心传心,即心是佛,除此外更无别佛。(《慈湖遗书续集》卷一《炳讲师求训》)

基于同样原因,杨简把佛教的宗教修养和儒家的伦理道德修养混同起来。他在《奠冯氏妹词》中曾这样写道:

> 妇而能觉,古惟太姒,自兹以降,以悼行称于史,固不乏求,其内明心通,惟庞氏母子……(《慈湖遗书续集》卷一)

太姒乃文王之后妃,杨简在《慈湖诗传》里多次赞颂她有"道心","佐助文王,辅成治化"(卷十六《思齐》)。庞氏母女,据陶宗仪考证,当是唐代襄州居士庞蕴妻女。庞氏举家修禅,"有男不婚,有女不嫁,大家团栾头,共说无生死。"女名灵照,制竹漉篱,卖之以供朝夕(《南村辍耕录》卷十九)。可见是佛门的虔诚信徒。杨简把儒家的典范和佛门的信徒视为同类,视为一心,也正是引佛入儒的表现。这就是他的"习气未尽"。

杨简的"毋意"虽然主要是指要克制"心"以外的邪念,但因为他所理解的"心"是如同"明镜"一般的无思无虑、寂然不动的精神实体,所以在实际上必然要否定人的一切意念活动,并反对人们向外界寻求知识。他说:"直心诚实,何思何虑,思虑微起,则支则离"(《杨氏易传》卷十六《井》)。这就使杨简得出两个其他理学家或儒家没有过的结论:

第一,否定人的任何具有能动性、创造性的思维活动。杨简认为凡是说到"能"者,即是"求诸心外",即是"用意害道"。他说:

> 汲古(曾熠)问:"'子曰:中庸其至矣乎,民鲜能久矣。'又曰:'中庸不可能也',何谓'鲜能'与'不可能'?"先生(杨简)曰:"《中庸》'能'字是子思闻孔子之言不审,孔子未尝云'能'。在《论语》只曰'民鲜久矣',无'能'字,如'子曰中庸不可能也',此'能'是用意矣。道无所能,有能即非道。"(《慈湖遗书》卷十三《家记七·论〈中庸〉》)

> 《毛诗序》曰:"《天保》,下报上也,君能下下,以成其政。臣能归美,以报其上焉。"……夫上之礼其下,与下之敬其上,爱敬之情,发于中心,播于歌诗,而《序》谓之"能",盖求诸心外,殊为害道。(《慈湖诗传》卷十一《天保》)

第二,提倡无思无虑的蒙昧主义。杨简认为"有知则有意"(《慈湖遗书》卷十一《家记五·论〈论语〉下》)、"无思无虑是谓道心"(《杨氏易传》卷十三《睽》),进而提出以"无知"为"真知"的蒙昧主义。他说：

> 圣人果有知果无知乎？曰：无知者圣人之真知，而圣人知之实无知也。如以为圣人之道实可以知之，则圣人之道乃不过智识耳，不过事物耳。而圣人之道乃非智识、非事物，则求圣人之道者不可以知为止。……圣人之真无知，则非智识之所到，非知不知所能尽，一言以蔽之曰：心而已矣。（《慈湖遗书》卷十一《家记五·论〈论语〉下》）

蒙昧主义的认识论，反对人们去认识那些可以认识的、具有丰富内容的客观世界及其多样性，以及客观事物的规律和条理，而主张人们去体验那种具有封建伦理道德内容的所谓本心。杨简也正是这样，他认为圣人所认识的不是一般的"智识""事物"，而是"心"。认识事物是"有知"，认识"心"只能是"无知"。"如蒙如愚，以养其正，作圣之功"（同上卷五《吴学讲义》）、"惟无思故无所不明，惟无为故无所不应"（《杨氏易传》卷十四《益》），惟昏昏噩噩才可以使人智慧焕发，品德端正，无所不能，成为"圣人"，这是颠倒了主观与客观的关系，以主观意识吞并了客观世界，这就是杨简蒙昧主义的结论。

（三）实践陆九渊的所谓"六经注我"

宋代理学家通常利用注疏儒家经典来表述和发挥自己的思想观点，但陆九渊却没有留下这方面的著述。他认为"六经注我"，"六经皆我注脚"（《象山全集》卷三十四《语录》），没有必要去注解，致使自己的心学思想未能得到充分的展开和阐述，也不利于其思想学说的传播。到了他的弟子辈，则改变了这种状况。他们开始注疏儒家经典，利用经传来发挥心学思想。槐堂诸儒如傅子云，即著有《易传》《论语集解》《中庸大学解》《童子指义》《离骚经解》等，但其著述已佚，内容不得而知了。甬上学者的经传著述，以杨简为多，并且借以发挥心学的观点。可以说，杨简的经传是陆九渊"六经注我"的具体实践。

杨简所著经传,现存只有《杨氏易传》二十卷和《慈湖诗传》二十卷。《宋史·艺文志》所录《春秋解》十卷已佚,《慈湖遗书》中尚存《春秋解·序》一篇。

杨简经传的基本思想,认为六经皆是"心"的表现。他在《慈湖诗传·自序》中写道:"变化云为,兴观群怨,孰非是心,孰非是正。人心本正,起而为意而后昏,直而达之,则《关雎》求淑女以事君子,本心也;《鹊巢》婚礼天地之大义,本心也;《柏舟》忧郁而不失其正,本心也;鄘《柏舟》矢死靡他,本心也。由是而品节焉,《礼》也;其和乐,《乐》也;其得失吉凶,《易》也;是非,《春秋》也;达之于政事,《书》也。"下面分析一下杨简《易传》和《诗传》的心学内容。

1.《杨氏易传》

宋代《易》学流派,据黄震观察,"言理学者宗伊川,言象数者宗康节"(《黄氏日抄》卷六《读易》)。而《杨氏易传》却立于这样的派别潮流之外,它不言"理",也不言"象数",而专言"心","人心即《易》之道也"(卷九《复》),"易道不在远,在乎人心不放逸而已矣"(卷四《需》)。在《杨氏易传》中,杨简就是从"易之道"和"得易之道"这两个方面,反复地阐发其心学思想的。

杨简认为"易之道"即是"心"。他说:

六十四卦其事不同,道则一也。(卷九《贲》)

易之道一也,亦谓之元,此元非远,近在人心,念虑未动之始,其元乎?(卷七《蛊》)

这样,杨简就在《易传》中得出了万事万物皆是心之变现的结论:

天地之道,其为物不贰,八卦者易道之变化,六十四卦者又变化中之变化也,物有大小,道无大小;德有优劣,道无优劣。其心通者,洞见天地人物尽在吾性量之中,而天地人物之变化,皆吾性之变化,尚何本末、精粗、大小之间。(卷一)

既然"易之道"即是人心,那么"得易之道"就是"不失其心,是之谓得易之道"(卷一《乾》)。于是在《易传》里,杨简又反复论述了他的心学修养的基本方法:"反观"和"毋意"。

所谓"反观",即是"复心",自我反省。他注解《履》卦上九"其旋元吉"说:

> 所谓"旋",人心逐逐乎外,惟能旋者则复此心矣,岂不大哉!孔子曰:"心之精神是谓圣"。孟子云:"仁,人心也。"某自弱冠而闻先训,启道德之端,自是静思力索十余年,至三十有二而闻象山先生言,忽省此心之清明,神用变化不可度思,始信此心之即道,深念人多外驰,不一反观,一反观忽识此心,即道在我矣。(卷五)

所谓"毋意",即不动思虑。杨简认为人心如镜,只有无思无虑,才能"得易之道",如同镜之无尘无垢,才能洞照万物。

在《易传》中,杨简不仅利用《周易》的词句发挥自己的心学观点,而且还用自己的主观唯心主义观点否定了其中的某些唯物主义观点。如《系辞下》认为八卦的制作是由于古人观察和取法外界事物的结果。应该说这种推测与人类的认识发展史是吻合的。但杨简却断然否定。他认为八卦之作不由取法外界而成,而是由心中自然流出,这当然是认识论上的先验论观点。

2.《慈湖诗传》

杨简《慈湖诗传》正如《四库全书总目提要》评介的那样,有两点特出之处:一是"大要本孔子'无邪'之旨,反复发明";二是"然其于一名一物一字一句,必斟酌去取,旁征远引,曲畅其说。其考核六书,则自《说文》《尔雅》《释文》以及史传之音注,无不悉搜;其订证训诂,则自齐鲁毛韩以下,以至方言杂说,无不转引,可谓折衷同济,自成一家之言"(《四库全书总目提要》卷十五）。就第二点而言，《慈湖诗传》是一部具有较高学术价值的宋代传注著作；然而就其第一点而言，《慈湖诗传》实际是杨简利用《诗经》来阐发其心学思想的著作。在杨简看来，《诗经》三百篇，"孔子所取，取其无邪，无邪即道心"（卷一《芣苢》）、"三百篇一旨也"（卷三《燕燕》）。《诗经》是西周至春秋中期的诗歌总集，内容极为广泛，有抒情也有叙事，有歌颂也有诅咒，三百篇如何"一旨"？杨简认为它们是从不同角度来共同体现"道心"的。

一类诗，杨简认为它直接表达了符合儒家伦理道德观点，此即是"道心"。如他认为《樛木》"喻君子礼贤下士……此逮下之心与夫诗人爱敬其君子，赞之祝之之心，皆道心"（卷一）；《采蘩》"此供祭祀之心，勤敬之心，即道心，即圣贤之心，即天地鬼神之心"（卷二）；《汉广》"此不敢犯礼之心，即正心，亦道心，亦天地鬼神之心"（卷一）。

又一类诗，虽是叙事或写景，但杨简认为它能诱发、激起人"本有之善心"（道心）。他在《序》中说："学者取三百篇中之诗而歌之咏之，其本有之善心亦未始不兴起也"（卷一）。如《兔罝》一诗赞美武夫英姿飒爽，足以为国家干城。杨简则说："简咏《兔罝》之诗，亦觉起敬起慕，庄肃孜谅之心油然而生，不知所以始，亦不知所以终，道心融融，此人心所同，千古所同，天地四时之所同，鬼神所同"（同上）。《清人》一诗，《诗序》认为是讽刺"文公退之不以道，高克进之不以礼"的，这是有所据的。据《左传》记述，郑大夫高克好利，郑文公欲远退之而不能，时有狄人侵卫，郑文公虽命高克帅师救援，阴以逐之。高克则玩兵河上，以致兵溃而逃奔陈国，"高克奔陈，郑人为之赋《清人》"（《左传》闵公二年），不了解这种背景，对此诗的意旨也难有真切的体会。但杨简却认为："观是诗虽不知高克与文公事情之详，而其慢易不正可刺可恶，足以消人慢易之心，起人敬止之心"（卷六）。因为"三百篇平正无邪之妙，昭如日月"（卷五《氓》）。三百篇无篇不是"道心"，无篇不诱发"道心"。这就用心学的观点来解释《诗经》了，牵强之处是很明显的。

第三，叙写日常生活的诗，杨简则认为虽无深义，但在其平庸无邪之中即蕴藏着"道心"。他说:"章句儒不知道,率好穿凿,不知日用平常之即道"(卷六《君子阳阳》)。齐诗《著》描写女子出嫁至男家时,见其郎君美服盛装以待的情景。《诗序》以为是"刺时不亲迎"。这样的解释,也并非毫无根据,古礼娶妇,男至女家亲迎,《公羊传》就有记载:"外逆女不书,此何以书? 讥。何讥尔? 讥始不亲迎也"(《公羊传》隐公二年)。朱熹《诗集传》引吕祖谦解释此诗的话说:"东莱吕氏曰:婚礼婿往妇家亲迎,既奠雁卸轮而先归,俟于门外,妇至则揖以入。时齐俗不亲迎,故女至婿门,始见其俟已也"(《诗集传》卷五)。杨简则认为这样的考释没有必要,甚至"害道"。他说:"此诗美其仪礼而已。三百篇盖多平正无他,虽无深旨,而圣人取焉,正以庸常平夷之即道。诸儒不知道,故穿凿而为说,其害道甚矣"(卷七)!

最后,对于《诗经》中的男女幽会的情诗和讥刺君王之讽谏诗,儒家解诗者皆认为是"淫乱之诗"。杨简则认为是为"刺淫"而作,为"忧时"而作,因而是出于"道心"或冥合"道心"的。鄘诗《桑中》写青年男女在桑林中约会相欢,向来被视为"郑卫淫声"的代表。《乐记》说:"郑卫之音,乱世之音也,比于慢矣。桑间、濮上之音,亡国之音也,其政散,其民流,诬上行私而不止也。"杨简驳之曰:"盖作《乐记》者未达乎作者之旨,所以刺乱非为乱也,《桑中》非淫者之辞,乃刺者之辞"(卷四)。小雅《正月》中有"赫赫宗周,褒姒灭之"之句,《诗序》及一般解诗者皆认为是刺责幽王暴虐无道之诗,杨简也表示不同意。他说:"《毛诗序》曰《正月》大夫刺幽王也,言'刺'大悖……此贤者忧心惨惨,忧念国之为虐,祸将至也"(卷十一)。杨简从理学家的伦理观点出发,认为"于君言刺,大悖"(卷八《山有枢》)、"君不可言刺,而况于王乎"(卷六《君子于役》)? 故《诗序》凡言"刺"者,他皆表示反对。

总之,杨简认为"人心本善,本正,人心即道,故曰道心。因物有迁,意动而昏,始乱始杂,然其本心之正,亦间见互出于日用云为之间,三百篇多此类"(卷六《将仲子》)。具体言之,三百篇所表达,或直显"道心",或诱发"道心",或蕴藏"道心",或出于"道心"。一言以蔽之,三百篇皆是"道心"。这就是《慈湖诗传》的中心思想。

由此可见,《慈湖诗传》和《杨氏易传》一样,都是杨简的心学基本观点在疏解儒家经典时的具体发挥,都是陆九渊"六经注我"的具体实践。

二、袁 燮

(一)生平

袁燮(公元1144—1224年)字和叔,鄞县(今浙江省宁波市鄞州区)人。学者称为絜斋先生。

袁燮二十岁左右入太学。《宋史》本传谓:"燮初入太学,陆九龄为学录,同里沈焕、杨简、舒璘亦皆在学,以道义相切磨。后见九龄之弟九渊发明本心之指,乃师事焉。"

袁燮三十八岁(孝宗淳熙八年)中进士,开始在地方和中央为官。官秩凡十七迁,最后为通奉大夫。

袁燮一生的学术思想,除了师承陆九渊心学外,还受到南宋文献派和功利派的影响。真德秀说:"公自少有志经济之业,每谓为学者当以圣贤自期,为宦当以将相自任。故其所讲明者,由体而用,莫不兼综。谓学不足以开物成务,则于儒者之职分为有缺。自六艺百家与史氏所记,莫不反复紬绎,而又求师取友,以切磋讲究之。东莱吕成公接中原文献之正传,公从之游,所得益富;永嘉陈公傅良,明旧章达世变,公与从容考订,细大靡遗"(《真文忠公文集》卷四十七《显谟阁学士袁燮行状》)。这样,袁燮就显得具有和杨简不同的思想风貌。全祖望说:"慈湖之与絜斋不可连类而语,慈湖泛滥夹杂,而絜斋之言有绳矩"(《宋元学案》卷七十五《絜斋学案》案语》)。《四库全书总目提要》认为"其传金溪之学较杨简为笃实"(卷一六〇)。实际上袁燮是从另外一个方面来发展陆九渊心学的。

袁燮的主要著述都收入《絜斋集》。此外,尚有《絜斋家塾书钞》《絜斋毛诗经筵讲义》《袁正献公遗文钞》。

(二)陆派心学向社会政治和伦理方向的发展

袁燮和杨简不同,不是沿着哲学的方向进一步发展陆九渊心学的主观唯心主义,而是沿着政治和伦理的方向,把陆九渊心学运用于社会,得出一些政治哲学的结论,"其传金溪之学较杨简为笃实",实是指此而言。

这也是陆学的一个新的发展。具体说来,这种发展表现为:

1. "心"体现为一切社会行为

把"心"理解为社会伦理道德的本源或本能,这是陆派心学的根本点。但袁燮并没有停留在这一点上,他进一步发挥,认为人的一切社会行为皆是"心"的体现。就君主而言,凡立身施设,皆是"心之精神"。他说:

> 古者大有为之君,所以根源治道者,一言以蔽之曰:此心之精神而已。心之精神洞彻无间,九州四海靡所不烛……朝夕警策,不敢荒宁,以磨厉其精神;监视往古,延访英髦,以发挥其精神;日进而不止,常明而不昏,则流行发见无非精神矣。谨从所出,出则必行,宣布四方,无不鼓舞,号令之精神也;有正直而无邪佞,有恪恭而无媮惰,有洁清而无贪浊,布满中外,炳乎相辉,人才之精神也;民间逋欠不可催者,悉蠲之,中外冗费凡可省者,尽节之,其源常浚,其流不竭,财用之精神也;将明恩威以驭其众,士致其死以卫其长,勇而知义,一能当百,军旅之精神也;黎元乐其生业,习俗兴于礼逊,五谷屡丰,百嘉咸遂,民物之精神也。明主精神在躬,运乎一堂之上,而普天之下,事事物物靡无精神。(《絜斋集》卷一《都官郎官上殿劄子》)

就民众而言,劳动技艺、生产活动也是"心之精神"的表现。他说:

> 仆尝论技之精者,与人心无不契合,庖丁之解牛,轮扁之斲轮,疱瘘之承蜩,其实一也。(《絜斋集》卷八《跋林郎中巨然画之轴》)

应当指出,在主观和客观的相互关系方面,袁燮是看到了一个方面的真理,如工匠之做工,工具之设计,都离不开人的主观设计,是人的思想通过实践而转化成为事物的过程。袁燮在这方面的分析比较细致,在理论思维方面是有一定贡献的。但是,他又把这一点夸大了,甚至绝对化起来,没有认识到人的思想、方案、设计,归根到底来源于客观世界,从而走向唯心论。总之,袁燮的哲学论证是有理论思维意义的。

2. 心学的两个政治哲学命题

袁燮把陆九渊的是人的伦理本能根源的"心",扩展为是人的一切社会行为根源的"心";同时,由陆九渊的"心即理","人心本善"得出政治哲学的两个观点:"天人一理"和"君民一体"。

"天人一理"实际上即是儒家传统的"天人合一"观念。儒家学者论证这一观点的方法有二:一是子思、孟子从人性(他们称之为"中","仁"等)得自于天来说明;一是董仲舒以天人相互感应来证明。但袁燮的"天人一理"主要还是从陆九渊"心即理","宇宙即是吾心"这个唯心主义前提推论出来的。他说:

> 天人本一致。何以天人本一致?只缘此心无天人之殊,天得此而为天,地得此而为地,人得此心而为人。今但为形体所隔,遂见有如此差别,试静而思之,所谓形体者安在?我之形体犹是无有,而又何有天人之异乎?(《絜斋家塾书钞》卷二《大禹谟》)

从哲学观点看,这里所阐明的观点是有合理部分的,认为天、地和人心的来源是一致的。这就从哲学方面比较深刻地说明了世界万物的统一性。但在袁燮看来,这个统一是"吾心",因此他不能解决天、地和人心的差别性。从他的推论中可以看出唯心论所遇到的不可解决的困难。另外,"君民一体"又是袁燮政治思想的特出之处。儒家政治学说中,一向认为君民关系一方面是尊卑相对,"君臣上下、父子兄弟,非礼不定"(《礼记·曲礼》),一方面是治养相须,"无君子莫治野人,无野人莫养君子"(《孟子·滕文公上》)。袁燮却认为,君民一体,只有相须而无尊卑。他说:

> 君民一体也,民固不可无君,君亦不可无民。天下之民所以安居而暇食,优游以生死,果谁之力?人君之为也。是无民君固

不能相养也,民为邦本,本固邦宁,君而无民岂能独立于上?(《絜斋家塾书钞》卷五《太甲中》)

> 君民本一体相须之义,初无尊卑之殊。苟见己之为尊,民之为卑,便是此心不一处,何者?当其见己之为尊,民之为卑,其心必侈然自大,吾之本心初未尝有侈然自大也,本心未尝有而外加益焉,非不一乎?(同上卷五《咸有一德》)

可见,袁燮不是对社会现象进行具体分析,而是从某种抽象的哲学理论的立场来反对君民尊卑之分的。他认为"此心本于善,本无不善者介于其间,才有不善,便二、三"(《絜斋家塾书钞》卷五《伊尹作咸有一德》)。君主若有自视尊贵侈大的思想,便是"与心不一","便是二、三",便是"不善"。这种理论当然是一种空洞的抽象,但在理学统治的时代,毕竟还是多少看出了一些社会问题。

三、舒 璘

(一)生平

舒璘(公元1136—1199年)字元质(一字元宾),奉化人。

舒璘在青年时期曾游太学,受到张栻的教益,后与其兄琥,其弟琪同受业于陆九渊。朱熹与吕祖谦在婺源讲学,舒璘也曾去拜谒。

舒璘三十六岁(孝宗乾道八年)中进士,历任信州教授、江南西路转运司干办、新安教授、平阳令、宜州通判等微职。舒璘家居建塾名"广平书院",故学者称之为广平先生。

舒璘的著述《诗学发微》《诗礼讲解》已佚,今尚存有《广平类稿》。

(二)思想特色

1.平实

全祖望说:"杨、袁之辈后于舒、沈,而其传反盛,岂以舒、沈之名位下之与?嘻,是亦有之。然舒、沈之平实又过于杨、袁也"(《宋元学案》卷七十六《广平定川学案》案语)。这种"平实"的作风,正是舒璘的思想特色。所谓平实,在

舒璘这里,就是将空玄的陆九渊心学移向平凡的日常生活,具体表现为:

第一,论心是本源,以此来说明人的道德修养问题。

舒璘的思想,属于心学体系,认为心是本源,但他趋于平实,只强调它是人的伦理道德修养的根本出发点,而不论及它是充塞宇宙的万物之理。他说:

> 本源既明,是处流出,以是裕身则寡过,以是读书则畜德,以是齐家则和,以是处事则当。(《广平类稿》卷一《答袁恭安》)

第二,论修养,不是泛论人所固有的伦理本性,而是谈一个人应当通过怎样的途径去进行道德修养。

陆九渊提出"简易工夫"、"剥落"、"读书"等修养方法,基本内容或目标是要人静思冥想,了悟"本心"。舒璘则认为修养不是顿悟"本心",而是逐渐磨炼道德品质。袁燮记述说:

> (舒璘)与其兄西美、弟元英,同亲炙象山先生,西美、元英皆有省悟。元质则曰:"吾非能一蹴而入其域也,吾惟朝夕于斯,刻苦磨厉,改过迁善,日有新功,亦可弗畔云尔。"(《絜斋集》卷九《舒元质词记》)

故舒璘少谈抽象的、合于封建伦理的本心之善,而多论根绝利欲、立身清介的品质涵养。他说:

> 某愚不肖,幼不知学,溺心利欲之场,以为读书著文但为科举计。既冠游上庠,获见四方师友,耳闻心受,皆古圣贤事业,乃始渐知曩日之陋,勉而企之,困不能进,中夜以思,觉好乐贪羡之心扫除不尽,是心终不获与圣贤同。(《广平类稿》卷三《谢傅漕荐举剳子》)

第三,言事多于论学。

舒璘的"平实",还表现在他虽身为学官,但却比较关心现实的社会生活,而对空洞的理学议论较少。杨简所撰《舒元质墓志铭》写道:

> 时世故纷揉,天灾沓臻,国病于需,民艰于食。元质纬不暇恤,忧常在公,于是议常平、商盐政、经荒策、论保长,凡为书若干事,上之刺史守尉,其采而试者,效辄响应,当道廉而贤之曰:文学、政事两擅其优,是为天下第一教官。(《慈湖遗书补编》)

黄宗羲在纂辑舒璘文字时,也有同感。他说:

> 广平之集久不传矣,近得之其子孙,所论常平、茶盐、保长、义仓、荒政皆凿凿可见之行事,而言学者甚寡。(《宋元学案》卷七十六《广平定川学案》案语)

2. 折衷

舒璘思想的特色,除了"平实"外,还有折中朱、陆的倾向。

舒璘的思想渊源比较驳杂,杨简在《舒元质墓志铭》里说:"元质于书无所不贯,尤精于毛郑诗……自磨励于晦翁、东莱、南轩及我象山之学,一以贯之。"舒璘本人也尝自言渊源所自曰:"南轩开端,象山洗涤,老杨先生(杨简之父杨庭显)琢磨"(《宝庆四明郡志·先贤事迹》)。这就使舒璘思想带有折中色彩。他既师事陆九渊,也坚定维护朱熹,不赞成在朱、陆之间扩大间隙。从哲学党性原则来看,朱、陆间并没有根本的分歧。他们的哲学党性是相同的。从理学史来看,朱、陆有分歧,又有相同的一面,因此,"折衷朱、陆","调和朱、陆",这从朱、陆的后学来看,是屡见不鲜的。

四、沈 焕

(一)生平

沈焕(公元1139—1191年)字叔晦,世居定海,后徙鄞县(今浙江省宁波市鄞州区),学者称定川先生。

沈焕青年时游太学,与舒璘、杨简、袁燮为友,并师事陆九渊之兄陆九龄。三十岁时(孝宗乾道八年)中进士,历任上虞尉、扬州教授、太学录、高邮军教授、浙东安抚司干办、婺源令、舒州通判等职。

据《宝庆四明志》谓,沈焕有文集五卷,但已佚。今留下的思想资料有南宋袁燮所辑《定川言行编》和近人张寿镛纂辑的《定川遗书》。

(二)思想内容

1. 遵循陆九渊心学的路数——先立根本

全祖望曾说:"甬上四先生之传陆学,杨、袁、舒皆自文安(陆九渊)而沈自文达(陆九龄),《宋史》混而列之,非也"(《宋元学案》卷七十六《广平定川学案》案语)。沈焕对陆九渊虽未执师生之礼,但他的思想,仍是陆九渊心学的路数,即认为心是根本。他说:

> 余观人之一心,精诚所达,虽天高地厚,豚鱼细微,金石无情,有感必通。(《定川遗书》卷一《净慈寺记》)

因而他也主张修养在于"先立大本",为学在于"要而不博"。他说:

> 吾儒急务,立大本明大义耳。本不立义不明,虽讨论时务,条目何为?(《定川言行编》,载《袁正献公遗文钞》卷下)
> 务识大体,非圣哲之书未尝好,史籍繁杂,采取至约。以为简策工夫,要而不博。友人向伯升博通诸书,遗诗箴之曰:为学未能识肩背,读书万卷终亡羊。(同上)

2. 具有陆九渊后学的折中特色

沈焕和舒璘一样,思想具有折中的特色。他所谓的"立本",实际上是指端正个人的道德品质修养,而不是如陆九渊所指的那种对善之本源和宇宙之理即"心"的体认,是平实而非玄远的,故他说:

> 学者工夫当自闺门始,其余皆末也。今人骤得美名,随即湮没者,由其学无本,不出于闺房用力焉,故曰工夫不实,自谓见道,只是自欺。(《定川言行编》)
>
> 昼观诸妻子,夜卜诸梦寐,两者无愧,始可言学。(同上)

沈焕对陆门以外的学派,持宽容兼蓄的态度。他生平不止一次与文献派吕祖谦、吕祖俭讨论切磋,相互增益。袁燮记述说:"后与东莱吕公伯仲极辨古今,始知周览博考之益,凡世变之推移,治道之体统,明君贤臣之经纶事业,孳孳讲求,日益广深,君子以是知君胸中之蕴有足以开物成务者矣"(《絜斋集》卷十四《沈公行状》)。全祖望也说:"沈氏之学,实兼得明招(指吕氏)一派,而世罕知之者"(《鲒埼亭集外编》卷十六《竹州三先生书院记》)。

沈焕在中年时曾与朱熹数番书信往来,对朱熹的方法及其推崇的"二图"(先天图、太极图)皆提出质疑(此书信已佚),因是商榷讨论的态度,故朱熹赞许其"省身求善,不自满足"(《朱文公文集》卷五十三《答沈叔晦》之三),完全不似数年后朱、陆"无极"之辩两家恶语相掷的情景。以后,沈焕一直对朱熹表示尊敬,《定川言行编》记曰:"晚尤尊晦翁曰:'是进退用舍关时轻重,且愿此老无恙。'既寝疾,犹以为言。"此正值朱熹与当政宰相留正不合,将遭罢黜之时。总之,沈焕思想带有明显的陆氏色彩,但却没有和朱、吕异门对立的痕迹。

总的来说,陆九渊心学的内容比较简括,没有给它的后学留下更多延伸、发展的余地,他们不是落于平庸,就是陷入禅窠。而其对立学派程朱理学,内容和著作都比较多,而且规定了启蒙学习、做官为人等等的具体条目,易于遵循,所以从南宋末年起便受到统治者的重视,被推崇为官学。而陆学的情况则不同,如黄震所说:"今未百年,其说已泯然无闻"(《黄氏日抄》卷四十六《陆象山程文》)。一旦朱学自身趋于腐败,或某种反正统的思潮兴起时,陆学却总又显出活跃的生机。明代王学就是陆学的继续和发展。

第二十一章　真德秀、魏了翁在理学史上的地位

南宋理宗褒崇理学,理学思想统治开始确立。这时的真德秀、魏了翁对确立理学统治起了重要的作用。

早在南宋淳熙年间(公元1174—1189年),理学即已兴盛。当时,朱熹、张栻、吕祖谦、陆九渊等理学家聚徒讲学,广传其说。他们以道自矜,高谈心性,当时不仅在学术上受到陈亮事功派的指责,在政治上也受到一些朝廷官员的敌视和反对,如郑丙、陈贾、林栗等人就曾先后奏请摈斥理学。到了庆元年间(公元1195—1200年),统治集团内部展开了以赵汝愚和韩侂胄为代表的权力斗争。赵汝愚为相,引用朱熹等许多理学家,而韩侂胄则得到朝廷中反对理学官员的支持。韩侂胄因其外戚关系和拥立之功而得到宁宗的信用,使得理学势力在政治上受到一次沉重的打击,理学被视为伪学,悬为厉禁,理学家被当作逆党,纷纷被逐。这一禁断理学的事件,史称"庆元学禁"。这一事件的性质属于统治集团内部的宗派倾轧,与北宋新旧党争有所不同。事后,理学人物刘光祖总结教训说:"今之君子,不明大道,自视太高,而责人太苛,则众将忿且怨。或者又唱为荐士之举,区别而封域之。凡有所取,岂无所遗?凡有所扬,岂无所抑?品题既众,则疑怨丛兴,心虽主于至公,迹已涉于朋党。议论先喧于群口,用否岂必于一言,是以一时之虚名,而贾后日之实祸"(《真文忠公文集》卷四十三《刘阁学墓志铭》)。韩侂胄大权在握,为了巩固自己的地位,提出北伐恢复中原的口号,用以博取人民的支持。开禧年间(公元1205—1207年),率尔发动对

金的战争,结果失败,韩侂胄为史弥远所狙杀。嘉定改元,史弥远为相。韩侂胄在军事、政治上的失败,使主战派受到很大的打击和挫折。在学术上,事功之学也从此消沉下去。与此同时,理学却逐步抬头。从庆元至嘉定的二十余年间,理学一直受到禁锢和压抑,"老师宿儒,零替殆尽,后生晚辈,不见典型"(《鹤山大全文集》卷十六《论士大夫风俗》)。学子无所依归,散漫不雅驯。士大夫奔竞仕途,揣摩时尚,习诶踵陋。刘光祖批评当时士习说:"比年以来,士大夫不慕廉靖而慕奔竞,不尊名节而尊爵位,不乐公正而乐软美,不敬君子而敬庸人,既安习以成风,谓苟得为至计。良由前辈长老零落殆尽,今之负物望、协公论者不聚于朝廷,后生晚进,议论无所宗主,正论益衰,世风不竞"(引自《真文忠公文集》卷四十三《刘阁学墓志铭》)。真德秀、魏了翁的主要学术、政治活动就处在这样一个时期。魏了翁曾说他与真德秀"志同气合,则海内寡二",此语符合实际。他们的共同志向是"嗣往圣,开来哲",即要接续"道统",发扬理学,用以范围学人,并进而统一全国士庶的思想。这一愿望果然实现了。《宋史·真德秀传》说:"自侂胄立伪学之名以锢善类,凡近世大儒之书,皆显禁以绝之。德秀晚出,独慨然以斯文自任,讲习而服行之。党禁既开,而正学遂明于天下后世,多其力也。"这段话指出了真德秀(也应包括魏了翁)在理学发展史上所起的作用。

第一节 真德秀的理学思想

真德秀(公元1178—1235年)字景元,后更景希。建宁浦城(今属福建)人。早年从游朱熹弟子詹体仁。庆元五年(公元1199年)进士。理宗时历知泉州、福州,召为户部尚书,后改翰林学士,拜参知政事而卒,谥文忠。学者称西山先生。事迹具《宋史·儒林传》和黄震《古今纪要逸编》。真德秀著述很多,其思想资料主要见于《西山真文忠公文集》(以下简称《文集》)和《读书记》。《读书记》乙记上编为《大学衍义》。

真德秀是继朱熹之后,声望很高的学者。全祖望题《真西山集》说:

"乾淳诸老之后,百口交推,以为正学大宗者,莫如西山。"《心经政经合编序》说:"夫子(真德秀)慨然以斯文为己任,党禁开而正学明,回狂澜于既倒,盖朱子之后一人也。"真德秀以经筵侍读的身份,讲明理学,说动人君,深得理宗的信任。理学在最高统治者的扶持倡导之下,很快取得了正宗地位。

真德秀特别推重《大学》一书。他所进《大学衍义》,大旨在于正君心,肃宫闱,抑权倖。他认为,帝王为治为学,须先明本原,首正身心。他说:

> 《大学衍义》,首之以帝王为治之序者,见尧舜禹汤文武之为治,莫不自身心始也。次之以帝王为学之本者,见尧舜禹汤文武之为学,亦莫不自身心始也。此所谓纲也。(同上)

理宗对《大学衍义》十分称赞,他说:"《大学衍义》一书,备人君之轨范焉。"《大学衍义》也受到后世封建统治者的重视,元武宗谓"治天下此一书足矣",命刊行以赐臣下。明太祖"尝问以帝王之学何书为要,(宋)濂举《大学衍义》,乃命大书揭之殿两庑壁"(《明史·宋濂传》)。明永乐九年辛卯(公元1411年)三月御制《大学衍义赞文》等等,就是明证。

真德秀对朱熹推崇备至,曾说:"巍巍紫阳,百代宗师。"且自谓于朱学"尝私淑而有得"。在学术思想上,真德秀是祖述朱熹的,现论述如下:

(一)德性天与

真德秀认为,人的形体和秉性都是"天"所赋予的,人之所以为人,而不同于禽兽,根本在于人有仁义礼智信的德性。他说:

> 天地赋我以此形,与我以此性。形既与禽兽不同,性亦与禽兽绝异。何谓性?仁义礼智信是也。惟其有此五者,所以方名为人。(《文集》卷三十《问格物致知》)

真德秀所谓的"天",其义近于人格神,"天"主宰万物,而于人特别偏爱。他说:"仁义礼智之性,恻隐、辞逊、羞恶、是非之情,耳目鼻口四支百骸之为用,君臣、父子、兄弟、夫妇之为伦,何莫而非天也"(同上卷二十四《明道先生书堂记》)!这些秉性品格只有人才具备,而禽兽却不具备,这都是"天"偏爱赋予人的啊!"天"给予人的是这样优厚,而期望于人的又是那样深切。按照封建法律规定,臣子必须绝对服从君主,真德秀把人受性于天比作臣子受任于朝,由此论证循守仁义礼智是人所不可或违的天职,否则即是欺嫚于"天"。

在封建社会里,皇帝超越于法律之外,不受任何管束。但在人对"天"的关系上,真德秀认为,所有人,包括君主在内都必须毫无例外地服从天命。作为理宗的经筵侍读,真德秀劝君修德,总是托天命以言之,如他说:

> 今中原无主,正是上天监观四方,为民择主之时,陛下若能修德以格天,天必命陛下为中原之主。不能,则天命将归之他人。此臣所以进"祈天永命"之说也。(同上卷十三《得圣语申省状》)
>
> 帝王当尊者莫如天,所当从事者莫如敬。……夫天道甚明,不可欺也。天命惟艰,不易保也。昧者徒曰"高高在上,不与人接",而不知人君一升一降于事为之间,天之监观未尝不一日在此也。(《大学衍义》卷二十八)
>
> 以人君言之,天既命我以此德,又命我以此位。有此德,方可保此位。(《文集》卷十八《经筵讲义·进读大学卷子》)

这半是颂扬、半是规儆的言论使得理宗为之频首动容。明朝魏校说:"昔人谓人君至尊,故称天以畏之,却是举一大者来压人君"(《明儒学案》卷三)。真德秀置身于承弼之地,他宣扬"天人感应",抬出无上权威的"天"以劝君修德,同样反映了"神道设教"的苦心。

真德秀认为要使政治清明,首先在于正君之心。他说:

> 朝廷者，天下之本。人君者，朝廷之本。而心者，又人君之本也。人君能正其心，湛然清明，物莫能惑，则发号施令，罔有不臧，而朝廷正矣。朝廷正则贤不肖有别，君子小人不相易位，而百官正矣。(《大学衍义》卷一《帝王为治之序》)

这是从维护封建王朝的现实利益和根本利益着想的。真德秀认为，在纲常废弛，士习隳坏的情况下，人君应该率身作则，扶持纲常，植立人极。他说："纲常大端，是谓人极。人极不立，国将奈何？且民无常情，惟上所导"(《文集》卷四《召除礼侍上殿奏札》)。这是真德秀托言天命以劝君正心、修德的根本原因。

真德秀继承了董仲舒的尊天神学。《大学衍义》对董仲舒极为推许说："西汉儒者，惟一仲舒，其学纯乎孔孟。"但是，真德秀不是简单照搬董仲舒的理论，而是用程朱理学对之进行了改造。虽然，他认为"天"主宰万物，能够赏罚予夺，其义近于人格神，但它并不是人格神，它没有类似人的意志和情感。它之所以能主宰万物，赏罚予夺，是因为它本身蕴含着秩序万物的"理"。在真德秀看来，"理"不是人格神，但它"福善祸淫，不少差忒"，执行着人格神的职能，报善以福，报淫以祸，分毫不爽。这种神秘的"理"不是别的，说穿了，就是封建纲常名教。"理"是不可欺嫚，不可亵渎的神明主宰，是任何人不可违抗的最高权威。世界是纲常秩序的"理"世界，没有这"理"，则人将非人，国将不国。他说：

> 夫所谓五常者，亦岂出乎三纲之外哉！父子之恩即所谓仁，君臣之敬即所谓义，夫妇之别即所谓礼。智者，知此而已。信者，守此而已。……呜呼！是理也，其扶持宇宙之栋干，奠安生民之柱石欤？人而无此，则冠裳而禽犊矣。国而无此，则中夏而裔夷矣。(《文集》卷四《召除礼侍上殿札子》)

感谢上天的恩惠，予我以仁义礼智信的德性，使我得以居住这"三纲"

构筑的神圣殿宇。赞美这一切吧,并且遵守这"天道""人道"的和谐秩序吧!这就是真德秀"德性天与"理论意义之所在。

(二)穷理持敬

真德秀继承了程朱理学"穷理持敬"的思想。"穷理"讲的是认识方法,"持敬"讲的是涵养工夫。认识论与道德论紧密联系,这本来就是理学的特点。

首先,真德秀把"穷理"理解为"就事物上推求义理到极至处。"那么,"物"和"理"指什么而言,两者关系如何呢?真德秀说:

> 《易》曰:"形而上者谓之道,形而下者谓之器。"道者,理也。器者,物也。精粗之辨,固不同矣,然理未尝离乎物之中。知此,则知"有物有则"之说矣。盖盈乎天地之间者,莫非物,而人亦物也,事亦物也。有此物则具此理,是所谓则也。……则者,准则之谓,一定而不可易也。……夫物之所以有是则者,天实为之,人但循其则尔。(《大学衍义》卷五)

真德秀这里所说的"器"和"道","物"和"理",不是哲学基本问题意义上的物质和精神,"器"和"物"是指具体事物;"理"即是"则","则者,准则之谓",亦即具体事物的规定性和法则。真德秀认为,任何具体事物都有其秩序和规则,一物具有一物之理,人也是物,因此人也具有"人之理"。当他进一步说明"人之理"是什么的时候,他的程朱理学的观点就明显地暴露出来了,他说:"理者何?仁义礼智是也。人之有是理者,天与之也。自天道而言,则曰元亨利贞;自人道而言,则曰仁义礼智。其实一而已矣"(《文集》卷三十二《代刘季父浦城县庠四德四端讲义》)。他把封建道德规范先验化,并把它作为事物的规定性,这不过是理学思辨方法的运用。

人既先天具有仁义礼智的"理",何以又要就事物来穷理呢?真德秀回答说:"孟子所谓不虑而知者,良知也。孩提之童莫不知爱其亲,及其长,无不知敬其兄,此即良知,所谓本然之知也。然虽有此良知,若不就事物上推求义理到极至处,亦无缘知得尽"(同上卷十八《经筵进读手记》)。就是说,人先天具有的"理",是人的"本然之知",亦即"良知"。"良知"不是义理之极至,因此人须以先验的"理"去推求事物之理,以此来扩充心中之理,使达到义理之极至。

真德秀说:"昔者圣人言道必及器,言器必及道。尽性至命而非虚也,洒扫应对而非末也"(同上卷二十五《昌黎濂溪二先生祠堂记》),"天下未尝有无理之器、无器之理,即器以求之,则理在其中"(同上卷三十《问大学只说格物不说穷理》)。他的"即器求理"思想比那种"离器言理"的思想较有合理性。但他所谓的"器"(或称"物""事物")指的是"洒扫应对"的人伦日用,而"道"和"理",是指仁义礼智信的义理。由于他首先认为人伦日用中存在着仁义礼智信,因此,他所要证明的东西已经包含在前提之中了。由此可见,真德秀的"就事物上推求义理",并不是要去探索外界事物的客观规律,而是要通过封建伦理关系来领悟仁义礼智等道德规范的先验性。

其次,真德秀认为,"穷理"须与"持敬"相辅而行,二者互为条件。"穷理"而不"持敬",于义理必无所得;"持敬"而不"穷理",必流于释氏之虚静。他说:"欲穷理而不知持敬以养心,则思虑纷纭,精神昏乱,于义理必无所得。知以养心矣,而不知穷理,则此心虽清明虚静,又只是个空荡荡地物事,而无许多义理以为之主,其于应事接物必不能皆当。释氏禅学正是如此"(同上卷三十《问学问思辨乃穷理工夫》)。

何谓"敬"?真德秀认为,外表端庄,整齐严肃,内心静一,无二无杂,表里交正即谓"敬"。他说:"端庄主容貌而言,静一主心而言,盖表里交正之义,合而言之,则敬而已矣"(同上《问端庄静一乃存养工夫》)。他认为,理学的"静一",不同于释氏的"虚静"。释氏的"虚静",人心中只见个"空荡荡地物事",而理学的"静一",心有"许多义理以为之主。"释氏的"虚静"犹如槁木死灰,而理学的"静一"则如明鉴止水。他说:

> 此心当如明鉴止水,不可如槁木死灰。鉴明水止,其体虽静,而可以鉴物,是静中涵动,体中藏用,人心之妙正是如此。若

槁木之不可生,死灰之不可燃,是乃无用之物。人之有心,所以具众理而应万事者也。其可委之无用乎!吾道异端之分正在于是,不可不察。(同上卷十八《讲筵卷子·大学修身在正其心章》)

在真德秀看来,水鉴之明,虽未照物,而能照之理,无时不存。内心"静一",虽未思虑,而神明昭彻,其理已具,以此应事接物,便会事事得当,这本来也是程朱理学的认识方法。在程朱理学看来,释氏的本体是"空无",而理学的本体是"实有";释氏"持静"在于体悟万般皆空,而理学"持敬"在于体认实有之"理",以此划开两家界限,确乎凿凿分明。然而,释氏讲"空无",亦自承认"真如佛性","大千世界"为实有,而理学认为仁义礼智之"理"先于天地而存在,要人们静坐体认,其神秘性亦不下于佛教,故全祖望说:"近临川李侍郎穆堂讥其(真德秀)沈溺于二氏之学……愚尝详考其本末……两宋诸儒门庭径路,半出入于佛老"(《宋元学案》卷八十一)。这种批评是很有道理的。

"持敬"工夫从何入手呢?真德秀引导说,持敬首先要对"理"产生一种崇畏心理,收敛身心,使不失尺寸,不踰法度。他说:"敬奚所自始?自戒谨恐惧始"(《文集》卷三十二《刘诚伯字说》),"持身以敬,则凛如神明在上,而无非僻之侵……理义常为之主,而物欲不能夺矣"(同上卷四《论初政四事》)。这里明白指出了"持敬"工夫的信仰主义性质。

质言之,穷理是以心所具有的先验之"理"去推求"事物"之"理",而"持敬"是以信仰来确认这种先验之"理"。

真德秀把"穷理持敬"看作"正心修身之本",而"正心修身"的最高境界则是所谓"物欲消尽,纯乎义理"。理学家的"存天理,灭人欲"不单是针对皇帝讲的,而是要求社会上的所有成员"自天子以至庶人皆当佩服以自警"(《大学衍义》卷十一),以维护封建纲常秩序。但封建社会的重要特征之一,是存在等级特权制度,而皇权处于这一制度的顶端,享有不受任何法律约束的"例外权"。真德秀"存天理,遏人欲"的说教并未在理宗身上起作用。《宋史·理宗本纪》说,理宗"嗜欲既多,怠于政事","经筵性命之讲,徒资虚谈。"可见,封建统治者并未受"存天理,遏人欲"的限制,受害的只能是无任何特权的广大劳动人民了。

第二节 魏了翁的"正心""养心"思想

黄百家说:"从来西山、鹤山并称,如鸟之双翼,车之两轮,不独举也"(《宋元学案》卷八十一《西山真氏学案》)。在确立理学统治方面,魏了翁与真德秀相为羽翼,并称其功。

魏了翁(公元1178—1237年)字华父,邛州蒲江(今属四川)人。庆元五年(公元1199年)进士,历知汉州、眉州、泸州,在蜀凡十七年。史弥远死,与真德秀并召至朝,权礼部尚书兼直学士院,兼同修国史兼侍读,俄兼吏部尚书。官至金书枢密院事,资政殿大学士,卒谥文靖,学者称鹤山先生。事迹具《宋史》本传。他生平著述甚富,所著《九经要义》于孔颖达《五经正义》引纬书之说,皆加黜削,然其书主于注疏释文,故几无思想资料可采。他的思想资料主要见于《鹤山大全文集》(以下简称《文集》)。

魏了翁一生致力于转移风气,矫正士习。他的救弊之方就是推尊理学。当时正讳言理学,魏了翁为理学辩诬,指斥"伪学之禁",与真德秀共同承接濂洛一派。史弥远为相时,对理学采取阳崇阴抑的政策,理学实际仍处于受压抑的状态。嘉定九年(公元1216年),魏了翁上疏乞为周、程赐爵定谥,他在奏疏中说,"圣学"的兴衰关系着世道的治乱,孟子后,"圣学"不传,因而"治之日少,乱之日多。"至周、程出,圣学中兴,人"始得以晓然于洙泗之正传。"因此应该褒赠周、程,"开阐正学",以示学者趣向(《文集》卷五《奏乞为周濂溪赐谥》)。

褒赠理学家在当时并非罕事,如嘉定二年(公元1209年)谥朱熹曰文,嘉定八年谥张栻曰宣,嘉定九年谥吕祖谦曰成等等。但魏了翁为周、程请谥,却是不同寻常的事。这是因为谥法历来限以品秩,朱、张、吕诸儒皆曾显仕于朝,而周惇颐、程颢、程颐三人皆未大用于时。此其一。二是因为韩侂胄打击理学,积怨甚深,史弥远表彰先儒,以示更辙,实出于政治需要,而非即以理学为国是。魏了翁推尊周、程,独以理学为正宗,致使有司迟迟拖延,未能讨论施行。经过魏了翁一再奏请,加上一些朝臣的舆论支持,直到嘉定十三年,朝廷始谥周惇颐为元公,谥程颢为纯公,谥程颐为正公,正式褒扬了周、程开创理学的功绩。于是各州郡纷纷为周、程等理学家建立祠堂,魏了翁应各州郡之请,屡为周、程祠堂作记,表彰弘扬,张大理学旗帜,如他说:"不有周、程诸子为图、为书,振聋发瞶,如是而为极、为仪、为性命、为仁义礼智、为阴阳鬼神、即躬行日用之常,示穷理致知之要,则人将泯泯愦愦,无所于闻"(同上卷四十八《长宁军六先生祠堂记》)。又说:"夫人生于两间而与天地同体,出乎百世之下,而与圣贤同心,使皆能以周子之说反而求之,寡欲以养其心,养心以极于无欲,则是心之运,明通公溥,岂有一毫之私间之哉"(同上卷四十四《合州建濂溪先生祠堂记》)!依他的意见,不有周、程,人将"泯泯愦愦",得闻周、程之说,人始如"大梦之醒",知有性命之奥,无欲之教。

理学家自称独传孔孟之道,但他们一些说法显然与孔孟有别。例如,孔孟之学"不以性命为先",而理学则以性命为"义理之源""群言之首";孔孟之学讲"寡欲"而不言"无欲",而理学则以"消尽物欲,纯乎义理"为圣人之道。这不能不使一些学者产生怀疑。对此,魏了翁在《全州清湘书院率性堂记》和《合州建濂溪先生祠堂记》两文中,引经据典,奋智逞辞,极辩性命之奥和无欲之教是圣人学旨,文长不具引。

魏了翁从"性命为先""自寡欲以至无欲"的理学立场出发,不断地指摘时弊。他指出,自朱熹、张栻、吕祖谦等理学家死后,后生晚辈不明义理,流入俗学、异端,他说:

> 近世朱文公、张宣公、吕成公诸儒死,士各挟其所以溺于人者溺人,而士之散滋甚。记问,学之末也,今又非圣贤之书而虞初稗官矣;虚无,道之害也,今又非佛老之初而梵呗土木矣;权利,谊之蠹也,今又非管晏之遗而锥刀毫末矣;词章,伎之小也,今又非骚选之文而淫哇浅俚矣。(同上卷四十三《道州宁远县新建濂溪周

元公祠堂记》）

正因为理学未尊,学术不正,因而士子揣摩时尚,奔竞仕途,热衷功名利禄,而不以道德为心。魏了翁说:"嘉定以来,虽曰更辙,然后生晚学,小慧纤能,仅于经解语录揣摩剽窃,以应时用,文辞剽浅,名节堕顿。盖自始学,父师所开导,弟子所课习,不过以哗众取宠,惟官资、宫室、妻妾是计。及其从仕,则上所以轩轾,下所以喜悦,亦不出诸此"（同上卷十六《论敷求硕儒开阐正学疏》）。他认为,习俗败坏的原因,在于取士不以其道,有国者不是以品行名节作为取士之本,而是以权谋利禄作为操世之具。上行下效,风俗日卑。因而魏了翁倡言转移风气,推尊理学,加强封建道德教育。他在《论敷求硕儒开阐正学疏》中说:"愿陛下毋以书生为迂腐,毋以正论为阔疏,敷求硕儒,开阐正学。"在魏了翁、真德秀的合力倡导下,理学不久即崇隆起来。周、程、张、朱之书满天下,人人争诵,因而又出现了新的流弊。魏了翁指出:

自比岁以来,不惟诸儒之祠布满郡国,而诸儒之书,家藏人诵,乃有剽窃语言,袭义理之近似,以眩流俗,以欺庸有司,为规取利禄计。此又余所惧焉者（同上卷四十八《长宁军六先生祠堂记》）。

士子诵说理学语录,高谈性命义理,借以文饰口耳,猎取功名利禄,对于六经反而置之不问了。魏了翁因而强调"道贵自得"。他不赞成"多看先儒解说",而主张"循环读经,以自明此心。"他说:

向来多看先儒解说,不如一一从圣经看来,盖不到地头亲自涉历一番,终是见得不真。又非一一精体实践,则徒为谈辩文乘之资耳。来书乃谓只须祖述朱文公诸书,文公诸书读之久矣。正缘不欲于卖花担上看桃李,须树头枝底见活精神也。（同上卷三十六《答周监酒》）

这是他所提倡的学风。魏了翁不依傍门户、跟着别人学舌,独以穷经学古,自为一家。"不欲于卖花担上看桃李,须树头枝底见活精神"一语,不唯有惩于学子的"勦说"偏弊,实际也凝聚了他自己的治学经验。

魏了翁的治学路径,始习朱熹、张栻之说,而后寻研六经,有得于"心",自言"今是昨非",转而尊信"心学"。

魏了翁发挥了邵雍"心为太极"的思想。他说:"心者,人之太极,而人心又为天地之太极,以主两仪,以命万物,不越诸此"(同上卷十六《论人主之心义理所安是之谓天》)。他所谓的"心",是指"人心",但不是个人的私心,而是天下万世的公心,即所谓"天理","千百载而一日,亿万人而一心"(同上卷四十九《简州三贤阁记》)。此"心"会通义理,统帅气质,魏了翁说:"乾道变化,各正性命,根于理者为仁义礼智之性,禀于气者为血肉口体之躯。而心焉者,理之会而气之帅,贯通古今,错综人物,莫不由之"(同上卷四十六《程纯公杨忠襄公祠堂记》)。正因为有此"心",人们才能对古昔圣贤的思想得到理解和继承("贯通古今"),对世人的思想取得联络和交流("错综人物")。这种"心",就是天下万世的公心。这种天下万世的公心也就是宇宙之心,即天理。魏了翁说:

> 大哉心乎!所以主天地而命万物也。(同上卷十五《论人心不能与天地相似者五》)
> 邵子曰:"先天之学,心法也。万化万物生于心也。"每味其言,先儒之所谓学者,盖如此。(同上卷五十三《四明胡谦易说序》)
> 此心之外,别有所谓天地神明者乎?抑天地神明不越乎此心也。(同上卷十六《论人主之心义理所安是之谓天》)

这是说,"心"无限广大,产生万化万物,是世界的主宰。此"心"之外没有什么"天地神明"。

魏了翁说:"人与天地一本也。天统元气以覆万物,地统元形以载万物,天地之广大,盖无以加也。而人以一心兼天地之能,备万物之体,以成位乎两间,以主天地,以命万物,辟阖阴阳,范围造化,进退古今,莫不由之,其至重至贵盖若是"(同上卷十五《论人心不能与天地相似者五》)。人与天地同生于"一本",这"一本"也就是"心"。人成位于天地之间,是天地万物中的一分子,不是普通的一分子,而是"至重至贵"的一员,人之所以"至重至贵",是因为人含具"主天地,命万物"的"心"。

魏了翁这种心本思想与真德秀的尊"天"思想恰成鲜明对照。真德秀把苍天视为世界主宰,他说:"以苍苍者非天,则失之尤甚者。"而魏了翁认为世界主宰不是苍天,而是义理所安的"心",他说:"天非苍苍之谓也,陛下之心与亿兆人之心,义理所安,是之谓天"(同上卷十六《论人主之心义理所安是之谓天》)。真德秀劝君修德,托天命以言之。而魏了翁认为,苍天没有意志,修德做到心安于理就可以了。他说:"心之神明,则天也。此心之所不安,则天理之所不可,天岂屑屑然与人商较是非也"(同上卷六十五《跋师厚卿致仕十诗》)?因此,统治者无须"祈天永命",而应正心养心,虚己尽下,以求其"义理所安"。

黄百家述其父宗羲语曰:真、魏"两家学术虽同出于考亭(朱熹),而鹤山识力横绝,真所谓卓荦观群书者,西山则依傍门户,不敢自出一头地,盖墨守之而已"(《宋元学案》卷八十一《西山真氏学案》)。黄宗羲是心学学者,对魏了翁心本思想不无偏爱,但他说魏了翁不似真德秀之"依傍门户",可谓确当之言。

真、魏两人同生于淳熙五年,同为庆元五年进士,同显仕于朝。虽然两人学术观点有所不同,但并未因此发生矛盾和冲突。在推尊理学方面,他们志同道合,并称其功。魏了翁甚至说:"生同志,死同传",希望他们两人同垂青史,流芳百世。因此,当时以及后世评价真、魏两人,往往合而论之,毁誉与共。理学家称他们为圣学功臣,而反对理学人物则称"真某真小人,魏某伪君子"(金学鲁《真西山文集序》),广大的下层人民对他们也表现出鲜明的爱憎。真、魏二人立朝有直声,游宦有民誉,中外交颂,日望其登宰辅,致太平。可是他们参与朝政后不久,人们就发现他们有名无实,过负众望。当时国家内忧外患,积弱积弊,两人至朝,于治乱安危无一建树,却喋喋不休大讲"正心""诚意"的道学义理,因而受到当时下层人民的嘲骂。宋罗大经《鹤林玉露》载：

> 端平间,真西山参大政,未及有所建置而薨。魏鹤山督师,亦未及有所设施而罢。临安优人装一儒生,手持一鹤,别一儒生与之邂逅,问其姓名,曰:"姓钟,名庸。"问所持何物?曰:"大鹤也。"因倾盖欢然,呼酒对饮。其一人大嚼洪吸,酒肉靡有孑遗。忽颠扑于地,群数人曳之,不动。中一人乃批其颊,大骂曰:"说甚《中庸》《大学》,吃了许多酒食,一动也动不得!"遂一笑而罢。或谓有使其如此,以讪侮君子者,府尹乃悉黥其人。

宋周密《癸辛杂识》云：

> 真文忠公德秀负一时众望。端平更化,人俣其来,若元祐之涑水翁也。是时楮轻物贵,民生颇艰。意真儒之用,必有建明,转移之间,立可致治。于是民间为之语曰:"若欲百物贱,直待真直院。"及童马入朝,敷陈之际,首以尊崇道学,正心诚意为第一义,而复以《大学衍义》进。愚民无知,乃以其言为不切时务,复以俚语足前句云:"吃了西湖水,打了一锅面!"市井小儿嚣然诵之。继参大政,未及有所建置而薨。

这些材料不仅反映了下层人民对真、魏两人的厌弃,也反映了他们对一代理学的憎恶。

理学思想统治的确立,维护了封建制度。人们对理学表示义愤是很自然的。但是光表示义愤是不够的。理学能在思想界占据统治地位,除了理学家的宣传、统治阶级扶持之外,还决定于理论思维自身的发展规律。理论思维总是由低级向高级不断发展的。理学建立起比先前唯心主义有较高理论思维的体系。而当时与理学相抗衡的事功之学在理论深度上是不够的。从这种意义上看,理学占据思想统治地位是有其必然性的,它适应了封建社会后期统治阶级的需要。"庆元学禁"是对理学的政治打击,而不是理论的克服。学禁既开,理学复盛。真德秀、魏了翁以他们的理学素养,"斯文自任",成为确立理学统治的重要人物。理学从开创到确立统治地位,经历约一百八十年。此后在思想界统治了五百余年,到了清代为乾嘉汉学所代替,但其思想影响却一直延续到近代。

第二十二章　程朱理学的修正者——黄震及其思想

第一节　黄震的生平与著作

《宋元学案》卷八十六《东发学案》载全祖望案语云："四明之传,宗朱氏者,东发为最。……晦翁生平不喜浙学,而端平以后,闽中、江右诸弟子支离、舛戾、固陋,无不有之,其能中振之者,北山师弟为一支,东发为一支,皆浙产也。"这是说,黄震是浙江宁波宗朱熹之学的代表人物;而且他与何基等"北山四先生"同为宋代端平以后,闽、浙、赣地区朱熹后学中的翘楚。同卷所载黄百家案语又说,黄震"折衷诸儒,即于考亭亦不肯苟同,其所自得者深也。今但言文洁之上接考亭,岂知言哉?"这是说,黄震对朱熹并不盲目信从,而是有所立异,因而不应把他仅仅视为朱学的继承者。这两则案语,前者概括出,黄震作为程朱理学的继承者,在宋末理学史上的地位;后者则透露出,黄震具有程朱理学修正者的思想风格。

黄震,字东发,浙江慈溪人,学者称为于越先生。逝世后,门人尊称为文洁先生。其生年,据《宝祐四年登科录》推算,应为宋嘉定六年(公元

1213年),其卒年当在元代初年①。

关于黄震的学术渊源,《宋元学案》卷六十四《潜庵学案》载:"王文贯,字贯道,鄞县(今浙江省宁波市鄞州区)人。早嗜学,与乡先生余端臣游。登进士第,教授真州,除宗学谕。从游尝数百人,黄文洁公震,其弟子也。"可见,黄震曾师事王文贯,而王文贯则曾师事余端臣。又据《鄞县志》记载:"余端臣,字正君,精毛氏诗,学宗庆源辅氏,以溯朱子之传"(咸丰六年刊本,卷十四《人物》)。所谓"庆源辅氏",是指辅广。《宋元学案》卷六十四载:"辅广,字汉卿,号潜庵,其先赵州庆源人也。……始从吕成公游,已问学于朱文公,留三月而后返。……伪学禁严,学徒多避去,先生不为动。文公曰:'当此时立得脚定者甚难,惟汉卿风力稍劲。'……与魏文靖公善,每相过,必出文公言语文字,雒诵移晷而去。"由此可知,辅广虽兼为朱熹与吕祖谦的及门弟子,但其为学趋向却与朱熹为近。而黄震,就是辅广的三传弟子。

黄震在《祭叔祖机察壶隐先生墓》一文中,曾这样谈到自己的家世:"在昔先人,来从东嘉,富而好德,朴不务华。迨我叔祖,始以文振。……南北讲解,公亦归老。筑台白沙,放怀诗酒。……赍志莫售,爰俟来者。笃教犹子,彬彬儒雅"(《黄氏日抄》卷九十五。以下简称《日抄》)。这段话透露出,黄震的先世虽然富有,但却并非书香门第。他的叔祖(黄得一,号壶隐先生)虽然是这个家族第一个薄有文名的人,但终其一生也没有踏入仕途。在失意之余,他把全部心血都用来教育自己的"犹子"(侄子),使之成为一介儒士。这个"犹子"就是黄震的父亲黄一鹗。

黄震的少年时代,其家庭已经败落。他曾多次谈到"某生长田间,身经艰苦"(同上卷九十三《特转朝奉郎谢庙堂》),"亲曾种田"(同上卷七十八《咸淳八年劝农文》),"余以家贫厄,少时以外侮告,先人辄令勤学"(同上卷四十六《读史一·史

---

① 按,《宝祐四年登科录》(见《粤雅堂丛书三编》)载:"黄震……年四十四,五月十四日辰时生。"依此逆推,则黄震当生于宋嘉定六年。其卒年,据近人陈垣考订,应为元至元十七年(公元1280年)。参见《辅仁学志》第十二卷第一、二合期,1943年12月版,第286页,陈垣《黄东发的卒年》。

记》)等等。可知他早年曾亲自参加农业生产劳动,这就使他对农民的困苦生活有一定了解。在做官以前,他曾"授书糊口"(同上卷九十三《抚州到任谢庙堂》),生活并不富裕,所以他曾以"浙间贫士人"(同上卷七十八《咸淳八年春劝农文》)自称。

宋理宗宝祐四年(公元1256年),黄震中进士第。这时,下距宋朝覆亡只有二十年,民族矛盾与阶级矛盾都异常尖锐。开庆元年(公元1259年)冬,黄震被任命为吴县尉(据《日抄》卷七十《申府乞免躬亲扰民及理索状》)。这里的地方豪富一向与尉司相勾结,向佃客追索欠租,屡屡将佃客迫害致死。黄震上任后,不仅"不受贵家告"(《宋史》本传),而且还向上司要求"备给板榜,下本司钉挂,永不许干预理索,以致囚死人命"(《日抄》卷七十《申提刑司乞免一路巡尉理索状》),并主张在其他地方也应一并照此办理。

景定元年(公元1260年),黄震摄华亭县,继摄长洲县。

景定四年(公元1263年),黄震被任命为镇江转般仓分司(据《日抄》卷七十二《发孙提刑书》)。这时,正值独揽朝政的贾似道推行公田法,并设置官田所,以便施行。黄震也被改任提领官田所,先后被命于镇江、常州设置分司。他力陈"公田之弊",指出:"朝廷买公田正欲免和籴之扰,而州县催公租又反效和籴之扰"(同上卷七十三《申省控辞改差充官田所干办公事省札状》)。并认为如果设置分司,其结果必然是:"百姓良苦,尚何以饱吏卒之欲"(同上)?

咸淳四年(公元1268年),黄震被任命为史馆校阅(据《日抄》卷七十四《第五任史馆校阅》),"与修宁宗、理宗两朝国史实录"(《宋史》本传)。这年七月,他在轮对时,针对在蒙古兵威胁下险象丛生的南宋政局,极言时弊,并"请罢给僧、道度牒,使其徒老死即消弭之,收其田入,可以富军国,纾民力"(《续资治通鉴》卷一七八)。黄震提出这一建议是有具体背景的:"时宫中建内道场,故震首及之"(同上)。宋度宗为此恼羞成怒,将黄震"批降三级。用谏官言,得寝,出通判广德军"(同上)。

在黄震任广德通判期间,当地由于官置社仓,"仓官至取倍称之息,州县展转侵渔",致使"民不堪命,或至自经"(《日抄》卷八十七《抚州金豁县李氏社仓记》)。可是"人以为熹(朱熹)之法,不敢议"(《宋史》本传)。黄震则坚决主张予以改革。他说:"法出于尧舜三代圣人,犹有变通,安有先儒为法,不思救其弊耶?况熹法,社仓归之于民,而官不得与。官虽不与,而终有纳息之患"(同上)。他所采取的具体改革措施是:"买田六百亩,承代人户纳息。且使常年不贷,惟荒年则贷之,而不复收息。凡费皆取办于六百亩官田之租"(《日抄》卷八十七《抚州金谿县李氏社仓记》)。这样就将社仓法的纳息制度取消了。与此同时,他还禁止、取缔了当地祷祈祠山庙等淫祀、迷信活动。当时,广德郡守贾蕃世"以权相(贾似道)从子,骄纵不法。震数与论是非,蕃世积不堪,疏震挠政,坐解官"(《宋史》本传)。

咸淳六年(公元1270年),黄震任绍兴通判(据《日抄》卷九十四《绍兴府学先圣殿》)。第二年又被改任抚州知州①。这时,抚州大饥,饿殍遍野。黄震一方面向富室劝粜,对于屡劝不听的富室,或则强行发廪,开仓平粜,或则封籍解州(据《日抄》卷七十八《委周知县发廪第二榜》);另一方面则要求百姓"小心听候告粜","不可胡乱作事,有犯到官,决不轻恕"(《日抄》卷七十八《四月初十日入抚州界,再发晓谕贫富升降榜》)。当时,转运司分派给抚州和籴米七万余石,黄震起初是向上司"详述民情",要求免派,后来"以没官田所入应之"(《宋史》本传),从而使当地的负担有所减轻。

咸淳八年(公元1272年),黄震升任江西提举常平仓司。次年,改任江西提点刑狱。"有贵家害民,震按之,贵家怨。又强发富人粟与民,富人亦怨"(同上)。因而受到弹劾,被贾似道免职。

德祐元年(公元1275年),贾似道罢相后,黄震出任浙东提举常平,但第二年南宋小朝廷就覆亡了。

宋亡后,黄震采取了与元朝政府不合作的态度,隐居于宝幢山,"誓不入城市,故居之图籍、器物为人掠尽,亦不问"(《宋季忠义录》卷十《黄震》),"日惟一食,仰天长歌,祈速死"(咸丰《鄞县志》卷二十四《寓贤》),终于"饿于宝幢而卒"(《宋元学案》卷八十六《东发学案》)。

---

① 《黄氏日抄》卷九十四《抚州先圣殿》题下原注:"辛未四月到任"。宋咸淳七年,岁次"辛未"。

黄震的著作有：

（一）《黄氏日抄》（即《慈溪黄氏日抄分类》）。此书本九十七卷。其中，前六十八卷，系黄震阅读经、史、子、集诸书的札记。关于这部分内容，《四库全书总目提要》谓"是编以所读诸书随笔札记，而断以己意"（卷九二），是符合实际的。六十九卷以下，收录作者的奏札、申明、公移、讲义、策问、书、记、序、跋、启、祝文、祭文、行状、墓志铭等作品。这部书原佚第八十一卷、第八十九卷、第九十二卷，实存九十四卷①。

（二）《古今纪要》十九卷。此书上起传说中的三皇时代，下迄北宋哲宗时期。撮举诸史，括其纲要。请汪佩锷《黄氏日抄纪要序》认为，此书"实与日抄相辅而行"。

（三）《古今纪要逸编》一卷。此书又名《理度两朝纪要》。全祖望《东发先生史稿跋》以此书为《理度两朝政要》（见《宋元学案》卷八十六《东发学案》），误。

（四）《戊辰修史传》一卷。此书即全祖望《东发先生史稿跋》中所说的《戊辰史稿》，内为有关杜范、真德秀、洪咨夔、袁甫、徐元杰、李心传的六篇传记，系黄震于咸淳四年（戊辰）任史馆校阅时所作。

（五）《仰天遗草》一卷。关于此书，《（康熙）〈鄞县志〉》卷二十《修辞考·著述》有著录。原书已佚。

第二节 黄震的宇宙论

在宇宙论方面，黄震认为："理无定形，亦无终穷。……事万变而不齐，而理无不在。……理本无所不包"（《日抄》卷六十八《读叶水心文集》），"理虽历万世而无变"（《日抄》卷四十《读东莱先生文集》）。这同朱熹所谓"儒者以理为不生不灭"（《朱子语类》卷一二六），理"无所适而不在"（《朱文公文集》卷七十《读大

---

① 《四库全书总目提要》卷九二《子部·儒家类二》关于《黄氏日抄》云："其中八十一卷、八十九卷，原本并阙，其存者实九十五卷也。"此系未将原佚之第九十二卷算入而致误。

纪》)等提法没有什么两样,也是把精神性的"理"说成是超时空的存在。

黄震还因袭了朱熹关于"天理流行"的观点,一再谈到:"云为百措,无非天理之流行"(《日抄》卷九十三《谢王仓使破白改官状》),"天高地下,万物散殊,皆造化生息之仁,而至理流行之寓"(同上卷八十六《林水会心记》),"一事一物之微,一举一动之暂,无非天理之流行"(同上卷八十七《止庵记》)等等。"理"又被等同于"太极","天理流行"亦即"太极"之流行。所以,他又说:"一太极之妙,流行发见于万物"(同上卷九十一《书刘拙逸诗后》)。依照这种观点,天地间的一切事物,都成了他所谓的"理"("太极")的体现。这就颠倒了客观物质世界同观念之间的关系,说明黄震的宇宙论是继承了朱熹的客观唯心主义的天理论。

黄震在继承朱熹天理论的同时,对程朱理学关于"道"的观点有所修正。

首先,黄震批评了认为"道"超出天地人事之外的观点。

他说:

> 道即理也。粲然于天地间者皆理也。不谓之理而谓之道者,道者,大路之名,人之无有不由于理,亦犹人之无有不由于路。谓理为道者,正以人所当行,欲人之晓然易见,而非超出人事之外,他有所谓高深之道也。(同上卷八十二《临汝书堂癸酉岁旦讲义》)
>
> 夫道,即日用常行之理。不谓之理而谓之道者,道者,大路之称。即其所易见,形其所难见,使知人之未有不由于理,亦犹人之未有不由于路。故谓理为道,而凡粲然天地间,人之所常行者皆道矣。奈何世衰道微,横议者作,创以恍惚窈冥为道,若以道为别有一物,超出天地之外,使人谢绝生理,离形去智,终其身以求之而终无得焉。吁,可怪也!(同上卷九十五《读抱朴子》)

这里,无论是"道即理""道即日用常行之理"的命题,或是"道者,大路之名","人之所常行者皆道"的提法,都渊源于朱熹①。但是,黄震由此而进一步反复强调"道"不在天地人事之外,则是对朱熹的观点的一种修正。

我们知道,在朱熹那里,"道"作为与"理"等同的范畴,既是指作为道德伦理准则的"理",即"人道";也是指作为宇宙主宰、万物本原的"理",即"天道"。就前者而论,朱熹认为"理"在事中;就后者而论,朱熹则强调"理"在事先,认为"未有天地之先,毕竟先有此理"(《朱子语类》卷一)。即认为"理"("道")可以独立存在于天地之外。这两种观点以"理"生"气"为纽带,互相联系,共存于朱熹天理论的思想体系中。然而,在上面的引文中,黄震却是以"道"在事中的观点,否定"道"("理")在天地人事之外的观点。这就在实际上背离了朱熹的"理"在事先说。

黄震在批评老子关于"道"的观点时,曾说:"愚观老氏首言道可道,非常道。又曰:可道非道。是首破天下万世常行之理,而后来之荡空者皆从而衍之也"(同上卷六十一《读欧阳文》)。这里,他是把"道"在事中的观点同老子"道"先天地生的观点对立了起来,用前者否定后者。我们知道,朱熹的"理"在事先说,与老子关于"道"先天地生的观点是一脉相通的。所以,黄震对老子"道"论的批评,实际上也是对朱熹"理"在事先说的背离。

其次,黄震依据"道"在事中的观点,批评了二程及其门人谢良佐对于曾皙的赞扬,反对他们"遗落世事,指为道妙"。

《黄氏日抄》卷二《读论语·子路、曾皙、冉有、公西华侍坐章》中说:

> 四子侍坐,而夫子启以如或知尔,则何以哉?盖试言其用于世,当何如也?三子皆言为国之事,皆答问之正也。曾皙,孔门之狂者也,无意于世者也。故自言其潇洒之趣。此非答问之正也。夫子以行道救世为心……夫子岂以忘世自乐为贤,独与点

---

① 朱熹曾多次说过:"道即理"(《朱子语类》卷七十四),并说:"道只是君臣、父子日用常行当然之理"(《朱文公文集》卷五十九《答吴斗南书》)。"道训路,大概说人所共由之路"(《朱子语类》卷八)。

而不与三子哉？后世谈虚好高之习胜，不原夫子喟叹之本旨……单摭与点数语而张皇之，遗落世事，指为道妙。甚至谢上蔡以曾皙想象之言为实有暮春浴沂之事，云三子为曾皙独对春风冷眼看破……是盖学于程子而失者也。程子曰："……孔子与点，盖与圣人之志同，便是尧、舜气象。"此语微过于形容，上蔡因之而遂失也。……曾皙固未得与尧、舜比，岂得与夫子比？

这里，黄震以孔子为"行道救世"的表率，把"为国之事"视为"行道救世"的具体表现。显然，他认为"道"即存在于"为国之事"中。因此，在他看来，"无意于世"的曾皙，是于此"道"无缘的。而二程、谢良佐对曾皙的赞扬之词，什么"尧、舜气象"，什么"冷眼看破"云云，也就自然是"遗落世事，指为道妙"，即没有讲明"道"之真正所在了。

应当指出，在赞扬曾皙这点上，朱熹比二程、谢良佐更甚。他在《论语集注》《先进·子路、曾皙、冉有、公西华侍坐章》注中说："曾点之学，盖以有见夫人欲尽处，天理流行……其胸次悠然，直与天地万物上下同流。各得其所之妙，隐然自见于言外。视三子之规规于事为之末者，其气象不侔矣。"即认为曾皙能达到一种使自己内心充满"天理"，与"天地万物上下同流"的精神境界，因而是只知拘泥于具体事物的子路、冉有、公西华三人所不能相比的。由此可见，黄震所批评的"遗落世事，指为道妙"的思想倾向，实际上也是包括了朱熹的这种观点在内的。

第三，黄震还批评朱熹后学的"道"论。他说："文公（指朱熹）既没，其学虽盛行，学者乃不于其切实而独于其高远。……说《论语》舍孝弟忠信不言而独讲一贯"（《日抄》卷八十二《抚州辛未冬至讲义》）。他指出，朱熹后学这种"舍孝弟忠信不言而独讲一贯"的思想倾向，是对孔子《论语》所谓"吾道一以贯之"的"道"论的断章取义，是受"异端之说"影响而产生的"荡空之说"（同上卷八十二《临汝书堂癸酉岁旦讲义》）。同时，他还反复批评朱熹后学中有人认为"道不必贯而本一"的观点。他说："近或推之愈高，谓道本自一，不必言贯，此固非后学所敢言"（同上卷二《读论语》）。又说："谓不必言贯，此道不必贯而本一。呜呼！此'有物混成'之说也，而可以乱圣言哉"（同上卷八十二《临汝书堂癸酉岁旦讲义》）？即认为，"道不必贯而本一"的观点，正是直接继承了老子"有物混成，先天地生"的"道"论。

这里必须着重指出：

（一）如上所述，黄震是把"理"视为亘古永存、无所不在的超时空的存在的，然而又反复强调"道"（"理"）在事中的观点，否认天地人事之外有什么"道"（"理"）的存在。显而易见，黄震的宇宙论是有着内在的矛盾的。但是，值得注意的是，《黄氏日抄》中并没有专门阐发过"理"生"气"的问题，而且黄震还表示强烈反对那种不知"实修"，"惟言太极"的风气（同上卷三十三《读周子太极通书》）。他甚至说：对于朱熹，"世不患不见其明理之书，患不见其论政之书"（同上卷九十《晦庵与江玉汝往复帖序》）。可见，黄震对于从本体论的角度探讨"理"的问题，并不重视。

（二）黄震以上所论的"道"，既然是指所谓"人所当行"的"日用常行之理"，可知他所谓的"道"，指的是封建伦理道德规范，那么，他所谓的"事"与"道"的关系，也就根本不是指客观事物及其内部的规律性，而是指在人们的生活中，践履封建伦理道德的问题。因此，他所主张的"道"在事中的观点，并不是唯物主义的观点，而仍属于唯心主义理学的范畴。

第三节 黄震的性论

在性论方面，黄震继承了程、朱"性即理"的观点。他说："'性即理也'一语，近世间有疑之者，愚意训义不得不有所托以明之耳。……性本指人物之所禀赋，然不得不推所赋之实理为说，故曰：'性即理也'。陈氏曰：'理是汛言天地间公共之理，性是言在我之理，只此一理，受于天而为我所有，故谓之性。'此语足以解或者之疑矣"（同上卷二十五《读礼记》）。很清楚，他同程、朱一样，认为所谓"性"，是人与物所禀赋的"天理"。

对于由张载所提出，而后为程、朱所因袭的关于"天地之性"与"气质之性"的观点，黄震也表示赞同。他说："横渠先生……凡所议论率多超卓。至于变化气质,谓'形而后有气质之性,善反之,则天地之性存焉。故气质之性,君子有弗性者焉。'此尤自昔圣贤之所未发,警教后学,最为切至者也。学者宜何如其遵体哉"(同上卷三十三《读横渠语录》)!

黄震在继承程、朱性论的同时,对程、朱的性论也提出了修正的见解。

首先,黄震主张以孔子的人性说统一各种人性说,反对程朱理学将性善说、"天地之性""气质之性"说,同孔子的人性说对立起来。他说:

> 孔子言"性相近""习相远"。此六字参之圣人,稽之众庶,求之往古,验之当今,无人不然,无往不合,此平实语也。孟子道性善,人皆可为尧、舜,而未尝见有能为尧、舜者。此立为议论以诱人为善,而非复孔子平实之比也。自此众论并兴,皆不能出孔子六字之外,虽伊、洛说出天地之性、气质之性,亦不过为孟子解性善之说。(同上卷八十五《回陈总领》)

可见,黄震认为,只有孔子的"性相近"说,才是最平实、正确的人性学说。历史上相继出现的其他人性学说,包括孟子的性善说和宋儒提出的"天地之性""气质之性"说,都不能和它相比,也不能超出它的范围。

程朱理学的人性论认为,孔子的"性相近"说,是指"气质之性",孟子的性善说是指"天地之性"。据《河南程氏遗书》卷第十八载:有人问程颐:"'性相近也,习相远也'(按,见《论语·阳货》),性一也,何以言相近?"他回答说:"此只是言气质之性。"程颐还说:"孟子言性善,是性之本。孔子言性相近,谓其禀受处不相远也"(《遗书》卷第二十二上)。黄震认为,程颐的这种观点,实际是在抬高孟子的人性说而贬低孔子的人性说。所以,他指责程颐说:

> 阴陋吾夫子之说而不敢明言其非,则曰:性相近是指气质而言,若曲为之回护者。然则孟子之言性何其精,而夫子之言性何其粗耶?(《日抄》卷二《读论语》)

他进而指出：

> 人生而有性，已是气质之性。天地之性已自付与在其中。所谓天地之性，既非未生以前虚空中别可言性，则亦不逃乎性相近之说也。（同上卷八十五《回陈总领》）

这里，黄震认为，"性相近"说不仅是指"气质之性"，而且也包括了"天地之性"。这就反驳了程颐所谓"性相近"说只是指"气质之性"的观点。

从这种观点出发，黄震批评程朱理学家，在提出区分"天地之性"与"气质之性"的人性说以后，将孔子的"性相近"说丢在一边，指责他们："翻倒得一新说一方便，归之为宗师。孔夫子《论语》反成堂前太公说古老言语，无复顾之者矣。若各师其师而不以孔子为师，流弊安有穷已哉"（同上）？这里黄震所谓的"以孔子为师"，就是说，应以孔子的人性学说来统一宋儒的人性学说。

正因为如此，黄震还为韩愈的性三品说进行了辩解。朱熹曾谈到，韩愈的性三品说是指"气质之性"，至于"天地之性"则不存在什么"三品"。他说："韩退之《原性》中说三品，说得也是，但不曾分明说是气质之性耳。性那里有三品来"（《朱子语类》卷四）？黄震则指出：

> 性有三品之说，正从孔子上智、下愚不移中来，于理无毫发之背。至伊、洛添气质之说又较精微。盖风气日开，议论日精，得气质之性与天地之性对说，而后孟子专指性善之说举以属之天地之性，其说方始无偏。此于孟子之说有功而于孔子之说无伤。实则孔子言性，包举大体；孟子之说，特指本源而言。性无出于孔子者矣！奈何三品之说本于上智、下愚之说，而后进喜闻伊、洛近日之说，或至攻诋昌黎耶？（《日抄》卷五十九《读韩文》）

由此可见,黄震认为,韩愈的性三品说不仅由来于孔子的观点,而且同宋儒的"天地之性""气质之性"说也不矛盾。这就反驳了朱熹对韩愈性三品说的批评。

其次,黄震反对奢谈人性。他说:

> 学者亦学夫子而已。夫子未尝言性,言性止此一语(按指《论语》"性相近也"语),何今世学者言性之多也。无亦知其性之相近而戒其习之相远可乎?(同上卷二《读论语》)

黄震在这里明确批评了宋代理学家,对他们热衷于谈"性",深表不满。在他看来,即便是为他所首肯的"天地之性""气质之性"说,也是大可不必多谈的。

朱熹在集注《论语·公冶长》中,子贡所说"夫子言性与天道,不可得而闻也"时,曾说:"盖圣门教不躐等,子贡至是始得闻之而叹其美也"(《论语集注》卷三)。对此,黄震针锋相对地予以批驳说:

> 子贡明言不可得而闻,诸儒反谓其得闻而叹美,岂本朝专言性与天道,故自主其说如此耶?要之,子贡之言正今日学者所当退而自省也。(《日抄》卷二《读论语》)

这里,黄震一方面指出,朱熹等理学家之所以违背子贡的原意而强作解人,是为了给其奢谈性与天道提供根据;另一方面他又指出,子贡的这句话恰恰是理学家们所当引起反省的。

第四节 黄震的认识论

在认识论方面,黄震继承了朱熹的"格物致知"说。他称赞朱熹说:"晦翁本《大学》致知格物以极于治国平天下,工夫细密"(同上卷六十八《读叶水心文集》）。有人不同意朱熹将"格物"的"格"字释为"至"字，而认为应释为"去"字，并举出"格斗"一词为证，从而把"格物"释为"格去外物"。黄震认为，这是"晦庵之说既行，异端之辩交起"（同上卷二十八《读礼记》）的表现。他为朱熹的观点辩护说："愚谓格之义皆至也。'格于皇天'，上至于天也。'格于舜'，舜来至于前也。……若格斗去者，亦正以两人亲手而间，彼此击刺，皆至其身，非有间隔其间，故谓之格。安得以格斗为格去外物之证哉"（同上）？

黄震还沿袭朱熹的思想路径，阐述了"心"的作用。他继承朱熹"心者，身之所主也"（《大学章句》经一章注）的观点，指出："心者，吾身之主宰，灵明广大，与造化相流通"（《日抄》卷八十六《省斋记》）。他所谓的"心"，显然不是指作为人体五脏之一的心，而是指的认识主体。他还继承朱熹"心具众理"的观点，认为"心所以具众理而应万事"（同上卷二《读论语》）。又说："心具众理，理贯万事"（同上卷八十八《虚白观记》）。这就是说，作为认识主体的"心"，其思维活动的范围是无所不至的。

黄震还阐发了程、朱的主敬说。二程和朱熹都很重视认识主体的修养。所谓"敬"，就是他们所提出的关于认识主体修养的一种方法。叶适曾批评二程说："程氏诲学者，必以敬为始。……非孔氏本旨也"（《水心文集》卷十《敬亭后记》）。黄震对叶适的观点予以反驳说：

> 礼不先于克己，礼将何自而复？学不先于敬，己私又何自而克？己且未知所以复礼，又何以使民俗之复礼？……公（按指叶适）于义理，独不满于陆而不及朱，似于朱无忤者，然朱之学正主程而程之学专主敬，乃反以程子言敬为非，又何耶？且敬也者，尧、舜、禹、汤、文、武、周公以来相传之说，非程子自为之说也。苏子瞻千古奇才，独以轻薄仇程子，终身思所以破其敬之说，尚终其身不能，而水心欲破之，宜其说之不能自白也。（《日抄》卷六十八《读叶水心文集》）

在这段话中,黄震把"敬"同"克己复礼"联系起来,认为只有"敬",才能"克"去"己私",从而达到"复礼"的目的。他又指出,叶适反对二程的主敬说,实际也就是在反对朱熹。同时,黄震把主敬说讲成是自古以来所谓"圣贤"的"相传之说",这就为主敬说制造了"历史根据"。

黄震在继承程、朱的认识论观点的同时,对程、朱的认识论也提出了修正的见解。

首先,他批评程、朱的"生知"说。

朱熹《论语集注》卷一《为政·十五志学章》注,引二程语云:"孔子生而知者也,言亦由学而至,所以勉进后人也。"朱熹本人在注解此章时,也说:"愚谓圣人生知安行,固无积累之渐。"黄震在《黄氏日抄》卷二《读论语》中,明确表示不同意程、朱对此章的解释,他说:

> 诸儒议论叠出,皆因待圣人过高,谓圣人不待学故也。然圣人亦与人同耳。

这清楚表明,黄震认为,即便是所谓"圣人",也不可能生而知之,而只能是学而知之。他在阅读王安石的《伤仲永》一文时,也写札记说:"金谿农家子方仲永五岁能诗,父日携之环丐于邑人,不使读书。……年二十而泯然众人矣。教之不可已如此"(《日抄》卷六十四《读文集·王荆公》)。这里,他也强调了后天的学习对人取得知识的决定性作用。

其次,在认识主体的修养方法上,黄震虽然赞同程、朱的主敬说,但不同意二程的"静坐"主张,并对之提出了批评。他说:

> 心者,所以治事,而非治于事。惟随事谨省则心自存,正不待治之而后齐一也。……至于斋心服形之老、庄,一涨而为坐脱立忘之禅学,始瞑目株坐,日夜仇视其心而禁治之。及治之愈急而心愈乱,则曰:易伏猛兽,难降寸心。呜呼!人之有心,犹家之有主也。家有主反禁切之,使一不得有为,其扰者势也,而讶心

之难降欤？故世有竭平生之力以从事于禅,适足以槁馘其无用之身,他尚何望？奈何世习缠染,以是易惑,虽明辟"坐忘"之为"坐驰"者,亦或谕学者之静坐,诚不自意,滔滔流俗承虚接渺,谈空演妙之极……（同上卷八十六《省斋记》）

《河南程氏遗书》卷第二上载二程语录云："司马子微作《坐忘论》,是所谓坐驰也。"同书卷第二下载二程语录云："只闭目静坐,为可以养心。"又《河南程氏外书》卷第十二载："伊川每见人静坐,便叹其善学。"由此可知,黄震所谓"明辟'坐忘'之为'坐驰'者,亦或谕学者之静坐",指的就是二程,这里,（一）黄震认为,作为认识主体的"心",是要"治事"即应付客观事物的,可是道家的那种叫人排除思虑的心斋①修养方法,以及禅学那种叫人息虑凝心的坐禅方法,却仇视人的认识能力,硬要"治""心",这就势必使人成为废物。（二）黄震指出,二程所谓"静坐"的认识主体修养方法,也是因受道、佛二家影响而提出来的。（三）黄震认为,二程的"静坐"主张,导致了以后谈虚说空的不良习气。朱熹主张初学者也应以"静坐"为修养方法（见《朱子语类》卷一一九）。所以,黄震对二程主张"静坐"的批评,同时也是对朱熹的批评。

第三,在知、行关系上,黄震强调躬行,提出"言之非艰,行之为艰",力图纠正朱熹后学"不知其躬行"的流弊。

《论语·里仁》中记录了孔子这样一句话："古者言之不出,耻躬之不逮也。"黄震在讲解这句话时,说："耻者,谓言过其行则古之人以为深耻也。夫子此意正欲学者讷于言而敏于行耳"（《日抄》卷八十二《余姚县学讲义》）。他还说,在《论语》中,孔子"不得已而见于问答者,亦皆正为学者躬行而发,凡今见于《论语》二十篇者,往往不过片言而止,言之非艰,行之为艰,圣门何尝以能言为事"（同上）？

黄震为什么这样强调"躬行",提出"言之非艰,行之为艰"？其中的

---

① 《庄子·人间世》云："惟道集虚。虚者,心斋也。"郭象注云："虚其心则道集于怀也。"

缘故,他曾这样说:

> 自晦翁之学盛行,而义理之说大明。天下虽翕然而向方,流弊亦随之而渐生。盖论说之求多,恐躬行之或缺,苟诚用力于躬行,何暇往事乎口说?某行天下,今踰半生,凡见言晦翁之学者几人,往往不知其躬行。……世所谓《中庸》《大学》者,身未必行,惟见笔舌华靡。……(同上卷九十五《祭添差通判吕寺簿》)

这就清楚表明,黄震之所以强调躬行,正是不满于当时宗奉朱熹的理学家们,那种只知"笔舌华靡",空谈义理,不知躬行的现象。他还说:

> 周、程既没,学者谈虚,借周、程之说,售佛、老之私。……此而不辟,其误天下后世之躬行,将又大于杨、墨以来之患者。文公先生(指朱熹)于是力主知行之说,必使先明义理,别白是非,然后见之躬行,可免陷入异端之弊。此其救世之心甚切,析理之说甚精,学者因言之已明,正其身之所行,为圣为贤,何所不可?顾乃掇拾绪余,增衍浮说,徒有终身之议论,竟无一日之躬行。甚至借以文奸,转以欺世,风俗大坏,甚不忍言。文公所以讲明之初意,夫岂若是?然则今日其将何以救此?亦在明吾夫子之训,而深以言之轻出为耻。其行于言也,常恐行有不类,惕然愧耻,而不敢轻于言;其见于行也,常恐不副所言,惕然愧耻,而不敢不勉于行。则言日以精,行日以修,庶几君子之归,而不至骎骎陷入虚诞欺罔之域,则可无负于文公知行并进之训矣。(同上卷八十二《余姚县学讲义》)

这里,黄震虽然提到"无负于文公知行并进之训",但在实际上,他却把朱熹知行学说的主旨归结为教人躬行。而这并不符合朱熹本人的思想实际。朱熹认为:"致知、力行,用功不可偏。偏过一边,则一边受病"(《朱子语类》卷九)。在朱熹的知行学说中,虽然强调"行",认为"行"重"知"轻,但也强调"知",认为"知"先"行"后。朱熹说过"为学之实固在践履"(《朱文公文集》卷五十九《答曹元可》),然而又反对"只教人践履",认为"义理不明,如何践履"(《朱子语类》卷九)?显然,黄震把朱熹的知行学说归结为教人躬行,这正是朱熹所反对的"偏过一边"。因此,黄震对朱熹知行学说的阐发,实际上是对朱熹这一学说的修正。正是通过这种修正,黄震才得以使自己强调躬行的观点,同朱熹的知行学说挂起钩来,从而取得了理论上的依据。

从这种强调躬行的观点出发,黄震还修正了朱熹关于讲学的观点。朱熹是反对只躬行而不讲学的,他曾说:"躬行固好,亦须讲学。不讲学,遇事便有嵲屼不自安处。讲学明,则坦坦地行将去。若只躬行而不讲学,只是个鹘突底好人"(同上卷一二〇)。黄震则明确指出:"今日之所少者,不在讲学而在躬行"(《日抄》卷八十二《抚州辛未冬至讲义》)。他还说:"每窃谓今日吾侪之所少者,非讲说也,躬行也。向也六经之旨未大彰明,我朝诸儒所以极力辩说,至文公而精切的当矣。吾侪何幸,获享其成。入耳著心,以正躬行,此正今日紧事,又暇于文公脚下添注脚乎?……某窃意教不止讲说而已也……不能随事寓教,以正人心,是于腾口澜倒之中,又推其波耳"(同上卷八十四《答抚州程教授请冬至讲书札》)。

关于黄震反复强调的"躬行"的具体含义,他自己曾谈到:"父子、君臣、夫妇、长幼、朋友五伦,反不知实践而无愧,则……口谈义理,皆非其实"(同上卷八十八《余姚县重修学记》)。又说:"至今流布天下者,无非言理之书,不善学者,遂或流而为空言矣。不知古之正心诚意者,正将推以治国平天下"(同上卷九十《晦庵与江玉汝往复帖序》)。可见,他所谓的"躬行",主要是指对于封建伦理道德原则的践履。黄震这种强调躬行的思想,虽然包含有维护封建纲常的一方面,但在当时民族矛盾异常尖锐的特定历史条件下,这种思想对于反对统治集团中妥协苟安和从事抗元斗争,则是有一定积极意义的。

第五节 黄震的道统论

黄震对韩愈、程颐、朱熹的道统论也有所继承。他认为存在着一条所谓"尧、舜、禹、汤、文、武、周公、孔、孟"的传道之统,赞扬二程"发明孔、孟正学于千四百年无传之后"(同上卷三十三《读程氏遗书》),表彰朱熹"精究圣贤之传,排辟异说,所力任者在万世之道统"(同上卷三十九《读南轩先生文集》),把二程、朱熹视为道统的继承人。基于这种道统论,他指责苏轼说:"苏子谓武王非圣人,孔子所不敢言也;谓孔氏之家法,孟轲始乱之,儒者所不忍言也"(同上卷六十二《读苏文》)。

程朱理学家认为,为了维护道统,就必须辟"异端"。黄震也不例外。在黄震的心目中,所谓"异端",主要指佛、道,尤其是佛。这同程、朱的观点也是一致的。他说:"佛、老之害极矣"(同上卷九十《钦道载闲道集序》)!"近世佛氏之害尤甚"(同上卷二《读论语》),"愚平生谓禅学为异端之异端"(同上卷三十四《读晦庵先生文集》)。他在《戊辰轮对札子》中,陈述佛、道之害说:

> 厥今流弊之极,弃父母而为之(指佛、道)者半天下,竭膏血而奉之者遍天下。有家者弊于此而不可以为家,有国者弊于此而不可以为国。(同上卷六十九)

他还向封建皇帝描绘了一幅禁绝佛、道之后,所可能出现的理想图画:

> 收其庄产,上可以富军国;鼓铸其铜像、铜器,又可使货泉流布天下。然此犹以近效言也。鳏寡孤独之类少,而奸盗之罪省,使人人得正其纲常;凶愚吞并之根绝,而冤诈之狱稀,使人人得安于耕凿;无忏罪之说以误民,而闾里之所好皆真善……蔓延天下不可胜言之祸,不动声色销磨就尽,而使民俗得尽复唐虞三代之旧。如四塞之云雾净扫而再睹青天,如积年之蛆秽尽除而重

添活水。开辟以来之奇事,未有如此之大快者!(同上)

在黄震看来,只要禁绝佛、道,就会使封建社会变成近似于桃花源式的"乐土",这自然是一种幻想。不过,由此可以看出,黄震之反对佛、道,是从维护封建纲常伦理与巩固封建统治的需要出发的。他的这种反对佛、道的言论代表了世俗地主阶级的利益。

黄震在反对佛、道的同时,也批评了那些受到佛、道影响,特别是受到佛教影响,以及被他视为"借儒谈禅"的理学家。这种批评,有的地方实际上触及程、朱。此外,他还指名批评程门弟子杨时、谢良佐说:"龟山不免杂于佛……上蔡才尤高而弊尤甚,其于佛学殆不止杂而已"(同上卷四十一《读尹和靖文集》)。他进而指出,张九成、陆九渊、杨简诸人之"借儒谈禅",都是由于受到谢良佐的影响:

> 濂、洛发其精微,后来遂有因精微而遁入空虚者,如张横浦,如陆象山,如杨慈湖,一节透过一节。……盖尝考究三人之说,无一不出于上蔡。……上蔡于程门才最高而不幸与揔老交,故其弊如此。东坡谓其父杀人报仇,其子因以行劫。原上蔡本心不过欲用其心,禅学遂得而入之。吾儒之祸,莫烈于此矣!(同上卷八十五《回董瑞州》)

这里,黄震认为,"借儒谈禅"是"吾儒之病"。黄震之所以有这样的认识,是因为在他看来,这种"借儒谈禅"能诱使人误入禅学而不自知,具有较大的迷惑性。他说:"上蔡以禅证儒,是非判然,后世学者尚能辨之。上蔡既殁,往往羞于言禅,阴稽禅学之说,托名儒学之说,其说愈高,其术愈精,人见其儒也,习之,不知已陷于禅。此其弊则又甚矣。"(同上卷四十一《读上蔡语录》)

黄震还指出,这种"借儒谈禅"的倾向,在他所处的时代,已成为理学家的一种通病。他说:"近世流弊浸淫,凡言吾儒者,多阴用异端之说,甚者昌言异端之不可废,而自贬吾儒之不及"(同上卷三十四《读晦庵先生文集》)。因此,他主张对这种倾向应大力摒除。他在读石介《徂徕文集》时所写的札记中曾说:"徂徕先生学正识卓,辟邪说,卫正道,上继韩子以达于孟子,真百世之师也。……使先生生乎今之世,见托儒者之名售佛、老之说者,辟之又当如何哉"(《日抄》卷四十五《读徂徕文集》)?黄震这里所说的"卫正道",指的就是维护道统,而他自己则正是以道统的维护者自期的。

黄震在继承道统论和主张"辟异端"以维护道统的同时,对程、朱的道统论也提出了修正的见解。

韩愈在《原道》中,曾这样谈到儒家的所谓道统:"吾所谓道也,非向所谓老与佛之道也。尧以是传之舜,舜以是传之禹,禹以是传之汤,汤以是传之文、武、周公,文、武、周公传之孔子,孔子传之孟轲。轲之死,不得其传焉"(《昌黎先生文集》卷十一)。这里有两个问题:(一)所谓道统之"传",应当如何理解?(二)其所传之"道",究竟是什么?关于第一个问题,《河南程氏遗书》卷第十八所记程颐语录中,在谈到《原道》一文时曾说:"如曰:'轲之死不得其传',似此言语,非是蹈袭前人,又非凿空撰得出,必有所见。若无所见,不知言所传者何事?"即认为韩愈是对道统之"传""必有所见",才能说出"轲之死不得其传"这样的话来。由此可见,程颐是把道统之"传"理解为一种难于窥见的传授关系。朱熹对这个问题的看法是:"所谓'人心惟危,道心惟微,惟精惟一,允执厥中'者,尧、舜、禹相传之密旨也"(《朱文公文集》卷三十六《答陈同甫》)。关于第二个问题,朱熹回答说:"如《书》云:'人心惟危,道心惟微,惟精惟一,允执厥中',此便是尧、舜相传之道"(《朱子语类》卷五十八)。显然,在朱熹看来,道统之"传"是尧、舜、禹等所谓"圣人"之间对密旨的亲相授受;而《尚书·大禹谟》上所说的"人心惟危,道心惟微,惟精惟一,允执厥中"这十六字,就是他们所传授之"密旨"。

黄震的看法则不同。他说:

所谓"传"者,前后相承之名也。所谓"道"者,即《原道》之书所谓其位君臣、父子,其教礼、乐、刑、政,其文《诗》《书》《易》

《春秋》，以至丝麻、宫室、粟米、蔬果、鱼肉，皆道之实也。故曰："以是"而传。"以是"者，指《原道》之书所谓"道"者而言之，以明中国圣人皆以此道而为治也。故他日论异端，又曰：果孰为而孰传之耶？正言此之所谓"道"者无非实，而其传具有自来，彼之所谓"道"者无非虚，而初无所自传云尔，非他有面相授受之密传也。托附程录者乃发为异说，称誉《原道》，以为此"必有所见"，若无所见，所谓传者，传个甚么？呜呼，异哉！……愚故意其为上蔡谢氏之门依仿而托于程录也。（《日抄》卷五十九《读韩文》）

又说：

愚按古无传道之说，孔子之学，惟曾子弘毅，足以任道。子思、孟子皆然。至今所讲明者，皆其说也。子夏、子张未见其有传于今也。韩文公辟佛、老，故言中国之所以治者，自尧、舜、禹、汤、文、武、周公、孔、孟次第相承，具有自来，故以传言，以辟佛氏之说。自夷狄晚入中国，于中国之治并无相干，皆平空杜撰，故他日又曰：果孰为而孰传之耶？韩文公之言传道者，意盖如此。不幸释氏以衣钵为传，其说浸淫，遂使吾儒亦谓若有一物亲相授受者，谓之传道。此积习之误，圣门初无是事。（同上卷四十二《读陆象山语录》）

由此可见：（一）黄震认为所谓道统之"传"，根本不是什么面相授受的密传，而不过是前后次第相承之名。他对道统之"传"的这种理解，不仅不同于程颐、朱熹，而且在实际上也不同于韩愈。因为，在韩愈那里，这种所谓道统之"传"，毕竟也是一种所谓心传的关系。（二）黄震认为，所谓道统之"道"，即韩愈《原道》中所谓的"道"。在他看来，这种"道"是"圣人"的"治道"。由于"道统"本身就是一种历史的虚构，因此，黄震对"道"的这种理解，不可能符合实际。但他的这种观点对于朱熹关于道统之

"道"的理解,则是一种否定。(三)黄震认为,那种把道统之"传"说成是"若有一物亲相授受"的观点,是因袭了佛教传衣钵的说法。(四)黄震没有指名批评程颐,而把程颐论《原道》的语录说成是可能为谢良佐所杜撰。这说明,他不愿意直接提到程颐。

针对朱熹派理学家以《尚书·大禹谟》中"人心惟危,道心惟微,惟精惟一,允执厥中"十六字为道统心传之要,黄震在所写《读尚书·人心惟危章》札记中,这样批评道:

> 此章即尧尝授舜之辞,舜申之以授禹而加详焉耳。……盖舜以始初所得于尧之训诫并平日所尝用力于尧之训诫而目得之者,尽以授禹,使知所以执中而不至于永终耳。岂为言心设哉?近世喜言心学,舍全章本旨而独论"人心""道心",甚者单撮"道心"二字,而直谓即心是道,盖陷于禅学而不自知。其去尧、舜、禹授受天下之本旨远矣!……愚按心不待传也,流行天地间,贯彻古今而无不同者,理也。理具于吾心而验于事物;心者,所以统宗此理而别白其是非。……禅学……以理为障,而独指其心曰:不立文字,单传心印。此盖不欲言理,为此遁辞,付之不可究诘云耳。(《黄氏日抄》卷五)

这里,黄震不仅批评了借《尚书·大禹谟·人心惟危章》大谈所谓"道心""人心"之分以及"十六字心传"的朱熹及其门人蔡沈等,而且也批评了"直谓即心是道"的陆九渊。他指出,"十六字心传"之说是对《尚书·大禹谟·人心惟危章》的断章取义,有违原文的本旨。他更进而指出,所谓"十六字心传"之说,和陆九渊"直谓即心是道"一样,都是来源于禅宗的影响。像黄震这样对"道统"论的批评,在宋代理学史上,还是少见的。后来有些思想家对理学思想的批评,往往是以所谓"道统"论作为突破口的。

第二十三章　金华朱学的主要特点和历史影响

第一节　金华朱学的主要传人及其著述

宋室南渡以后,理学重心南移。浙江金华(婺州)地区文化浸盛,人才辈出,有"小邹鲁"之称。孝宗时代(公元1163—1189年),金华著名学者有唐仲友、吕祖谦等。唐仲友主张经世致用而与理学异趣,政治上亦受到朱熹的排挤。吕祖谦承"中原文献"(关洛之学)之绪而开创婺学,并与朱熹、张栻共同倡道于东南。金华丽泽书院是南宋著名学府之一,朱熹曾来此讲学,接引弟子,传播理学。徐侨、叶由庚、杨与立、王翰等,都是金华地区的朱门弟子。他们对于朱学的传播虽然起了一定的作用,但还不是金华朱学的主要传人。由朱熹高弟黄榦授学的何基及其弟子王柏、柏弟子金履祥、履祥弟子许谦是公认的金华朱学主要传人。何、王、金、许,史称"金华四先生",因其推广朱学有功,受到后世封建统治者的褒扬,列为理学正宗。《宋元学案》立有《北山四先生学案》,专述其学。

何基(公元1188—1269年)字子恭,学者称北山先生。少尝从本乡陈震习举子业,但他不喜程课而好义理。后随父伯慧居江西,时伯慧任临川县丞,黄榦适为县令,何基受父命求学于黄榦门下。榦"首教以为学须先办得真心实地刻苦功夫,随事诱掖,始知伊洛之渊源;临别告之以但读熟'四书',使胸次浃洽,道理自见"(《何北山遗集》卷四、王柏《何北山先生行状》)。何基自此接受了理学的思想和方法。

何基从江西回到金华后,隐居故里盘溪,潜心学问,脩然于水竹之间,人们很少知道他的名字。自朱熹门人杨与立(字子权,学者称船山先生,曾任遂昌知县,原籍福建浦城,后定居兰豀)一见推服,人们才知道他是一位学者。于是,"好学之士,次第汲引,而愿执经门下"(同上)。何基也开始执教于乡里。他不以师道自尊,态度谦抑,允许学生和他辩论,因而博得了时人的尊敬和好评。

在学者与官僚往往"一身而二任焉"的封建时代,何基显得有些例外,是个以布衣终身的理学家。他一生不事科举,不受俸禄,无论州郡延聘或朝廷诏命,皆辞不受。例如,理宗淳祐四年(公元1244年),黄榦弟子赵汝腾(庸斋)出守金华时,对他"首加延聘,且以名闻于朝"(同上)。他却缴回照牒,坚不应聘,并赋诗明志:"闭关方喜得幽栖,何用邦侯更品题。自分终身守环堵,不将一步出盘溪"(同上卷二《缴回太守赵庸斋照牒》)。景定五年(公元1264年),理宗诏除何基史馆校勘,继诏崇政殿说书,后又准特补迪功郎添差婺州州学教授兼丽泽书院山长,他并不看重这许多头衔,而以病老力辞。度宗继位,复有诏命,亦辞。他在《辞牍》中说:"某少受学勉斋黄先生,授以紫阳夫子之传,自此服膺讲习,辛勤探索,每愧天分不强,年齿浸暮,义理之蕴奥难窥,师友之渊源日远,汲汲欲自修分以内事,以是与世几成隔绝,故非窃隐逸之行以为高也"(同上卷一)。何基不是政治上的反对派,也不是思想上的"异端",可以说是儒林中的"苦行僧"。他之所以不愿跻身于官场,正是为着从诗书中探索义理之蕴奥,叙录师友之渊源,借以承继道统,弘扬理学。

何基是朱学的忠实信徒。王柏说他"平时不著述,惟研究考亭(朱熹)之遗书,兀兀穷年而不知老之已至"(同上卷四《何北山先生行状》)。这里,还得补充一句:即便有所著述,也莫不以朱学为依归。他这种"确守师训"的特点,于理学的传播固然能起相当大的作用,但从思想史而言,则显得贫乏而缺乏创造精神。《宋史》本传指出他"绝类汉儒",不无道理。他的著作有:《大学发挥》《中庸发挥》《大传发挥》《易启蒙发挥》《通书发挥》《近思录发挥》等,另有文集十卷(按《宋史》本传作三十卷)。其著作大部分皆佚,现存《何北山遗集》四卷。

王柏(公元1197—1274年)字会之,号鲁斋。祖师愈,从杨时受《易》《论语》,与朱熹、张栻、吕祖谦相往还。父瀚,问学于朱熹、吕祖谦。十五岁,父死而孤。少有大志,仰慕诸葛亮,自号长啸。三十岁以后,"始知家学授受之原,慨然捐去俗学以求道",又以"长啸"之名"非圣门持敬之道",更号"鲁斋"(见《鲁斋集》卷十附录,叶由庚《圹志》,《金华丛书》本。按《续金华丛书》另有《鲁斋集》二十卷,本章引文将分别注明),因而转向理学。他多次造访朱熹门人杨与立、刘炎(挶堂)之门。后经杨与立推荐,遂从学于何基。

与何基一样,王柏亦无功名官职,毕生尽力于研讨性命之学。他自述说:"幼孤失学,颠倒沈迷,浸浸乎小人之归矣。一旦幡然感悟,弃其旧习,杜门谢客,一意读书,屏绝科举之业,克去禄仕之念,日夜探讨洙泗伊洛之渊源,与圣贤相与周旋于简册者,今几十载。然而气质昏惰,而未有人十己千之功,以至于必明必刚之地,而又拙于谋生,家事日就凋落,虽有先人之故庐,亦将有飘荡摇兀之势,困穷至此足矣,而终不自悔者,每谓受父母至善之元,得天地正通之气,所以命我者,仁义礼智之性,饱满充足,其初本无一毫瑕缺也。今乃斲丧残坏,反汲汲乎外物之是保,亦已过矣。是以洞洞属属乎操存持守之方,战战兢兢于动静语默之际,不敢遗本而逐末,不敢徇利以忘义,于世味淡泊,无一毫妄想也。故平时书牍不题要官,姓名不入修门"(《鲁斋集》卷七《上王右司书》,《续金华丛书》本)。虽然王柏身上散发出浓烈的理学气味,其志趣、操守和处世态度,无不以理学为型范,但却又不像乃师何基那样以梅竹清风自赏,采取几乎与世隔绝的态度。他曾多次受聘于丽泽书院任教,直至晚年,还欣然应聘主讲于天台上蔡书院。这使他与社会生活保持联系,形成自己的思想特色。

王柏思想的特点之一,是他比较注重社会现实问题,而不是一味咀嚼儒家教条,专从诗书中找活计(按:何基在《宽儿辈》诗中有"万卷诗书真活计,一山梅竹自清风"句)。他在青年时代"欲以天下用其身"的抱负,虽在后来被他当作"俗学"而捐弃,但在南宋末年民族矛盾和社会矛盾日益尖锐的形势下,他的"富国强兵"之志终未泯灭。他关心国家安危,痛陈时弊,冀求统治者有所更张,挽回颓势。例如,王柏看出科举制度的败坏,妨碍了国家选用人才。他说,"士之进退一决于三日之虚文","既登高科,则清官要职执卷取偿,朝廷虽欲不与,不可得也"(同上卷十一《题吕申公试卷》)。在他看来,这种凭考卷做官的办法,是不可以治理天下的,因而主张恢复古代的考选制度。

他还指出,南宋之所以国贫民病,更在于吏治腐败,剥削太重。他以号称富庶之区的两浙地区为例,指出南渡以来,科配之数日繁,夏税名目竟有十三种之多,而地方官吏又借定经界版籍之名,巧取豪夺。故农人之苦,逾于往古,即在秋成之时,也是"百逋丛身,解偿之余,储积无几。往往负贩佣工以谋朝夕之赢者,比比皆是"(同上卷七《社仓利害书》)。然而,"今势家巨室,不以输王赋为能,相习成风。而有司惟困弱小户之是征,至再至三,无所愬告,驱而为盗贼而后已"(同上卷四《送曹西淑序》,《金华丛书》本)。这里,王柏已经接触到南宋末年深刻的社会矛盾。当然,他不可能找到解决这一矛盾的根本办法。他企图从解决国家财政负担问题入手,反对聚敛无度,借以缓和社会矛盾。因此,他提出"富国强兵,必以理财为本"(同上)的方案。如何理财?他说:"理财无巧法,止得输其所当输者足矣。但输其所当输,当自公卿大夫始。是道也,即絜矩之道也,以义为利者也。平天下无以易此"(同上)。这种按照封建国家赋税制度纳税的主张并不足以实现其所谓"富国强兵"的理想,然而他敢于反对公卿大夫、势家巨室享有法律以外特权的思想,则是他的社会政治思想中的进步成分,表明他和那些重义轻利而不屑于理财的理学家是有所不同的。但由于南宋统治集团的腐朽,道揆法守已经根本动摇,王柏的"富国强兵"愿望只能化为泡影。度宗咸淳九年(公元1273年),元军攻占军事重镇襄阳,南宋王朝土崩瓦解之势已成,再也无法挽回了。已是垂暮之年的王柏对于襄樊失守愤恨不已,指责当权者平时不思筹防,"一旦事变之来,莫不束手无策"(同上卷五《书先公独善汪公帖》)。次年,他含恨死去。

王柏思想的另一个特点,是他勇于问难质疑而不轻信盲从。据《宋史·何基传》载:"王柏既执贽为弟子,基谦抑不以师道自尊。柏高明绝识,序正诸经,弘论英辩,质问难疑,或一事至十往返。……基文集三十卷,而与柏问辩者十八卷。"可见其师生之间论辩之多,亦可见王柏的独立思考精神。如对传统的儒家经典,何基认为应当谨守精义,不必多起疑论。王柏反是,其疑论甚多。他作《书疑》和《诗疑》,对《尚书》和《诗经》这两部古代儒家经典公然大发疑论,甚至对朱熹所注《四书》,亦起疑论,表现出大胆的疑经精神(详见本章二节)。

王柏个性鲜明,不喜欢人云亦云。例如,南宋中叶以来,人们都以为社仓法是朱熹的发明。王柏不以为然,指出"社仓之法,人皆谓始于朱文公,而不知始于魏国禄元履。魏公初行于建阳之招贤,文公效而行之崇安之五夫。然文公之法与魏公少异。招贤之仓,遇岁不登则告发,及秋敛之,无贷息也。五夫之仓,春贷秋敛,收息二分,小歉则蠲其半,大饥则尽蠲之,此为小异。魏公之法虽疏而简,文公之法虽密而烦"(同上卷七《社仓利害书》)。王柏不仅将社仓法的发明权还给了魏国禄,而且对朱熹之法表示了非议。由此可见其不肯轻信盲从的精神。

王柏学识广博,对天文历算、地理博物、文字音韵、诗词书画都有较深的造诣,于经史尤为精通,颇多"卓识独见"(《宋史》本传)。著述繁富,计八百余卷。研究经史方面著作有:《读易记》《涵古易说》《太象衍义》《涵古图书》《读书记》《书疑》《禹贡图》《书附传》《诗辩说》(即《诗疑》)、《诗可言》《读春秋记》《左氏正传》《续国语》等;有关四书研究的著作有:《鲁经章句》《论语衍义》《论语通旨》《孟子通旨》《订古中庸》《标注四书》等;有关理学研究的著作有:《周子太极衍义》《研几图》《伊洛指南》《伊洛精义》《濂洛文统》《拟道学志》《朱子指要》《朱子系年录》《紫阳诗类》等;其他著作有:《天官考》(《宋史》本传作《天文考》)、《地理考》《天地造化论》《墨林考》《六义字原》《帝王历数》《正始之音》《雅歌》《文章指南》《文章复古》《文章续古》《发遣三昧》《杂志》《朝华集》《家乘》《石笋清风录》《文集》七十五卷。大部分均已散佚。现存有《书疑》《诗疑》《研几图》等,另《文集》二十卷(按《金华丛书》所收《文集》为十卷)。他的某些思想言论,亦散见于金履祥、许谦等后学著作中。

金履祥（公元1232—1303年）幼名祥,长名开祥,后更名履祥,字吉父,号次农。因家居兰谿仁山之下,学者称仁山先生。年十六,补郡博士弟子员。十八岁,考中待补太学生。其后潜心诗书,转向理学。二十三岁,受业于王柏,从登何基之门。以后,他还考过进士,未中,自此屏弃科举。曾执教于严陵（今浙江桐庐）之钓台书院。恭宗德祐初（公元1275年）,授迪功郎、史馆编校,他辞而弗受。宋亡,携其妻子避居金华山中,后归兰谿。入元不仕,曾馆于齐芳书院,从事讲学,以著述终其身。

金履祥同王柏一样,怀有强烈的爱国思想。《元史》本传称:"时宋之国事已不可为,履祥遂绝意进取。然负其经济之略,亦未忍遽忘斯世也。"元军围攻襄樊时,宋朝任事者束手无策。金履祥目睹国势危殆,于咸淳七年（公元1271年）至临安,以布衣向朝廷进策,请求派重兵由海道直趋燕蓟,牵制持虚,以解襄樊之危。然"为在位所沮,议格弗上"（明徐袍《宋仁山金先生年谱》引许谦语。《率祖堂丛书》本）,终不果用而去。宋亡后,他深怀亡国之痛而感念旧知,作《广箕子操》,抒发胸志,慷慨悲歌。他写道:

> 炎方之将,大地之洋,波汤汤兮,翠华重省方,独立回天天无光。此志未就,死矣死矣死南荒! 不作田横,横来者王。不学幼安,归死其乡。欲作孔明,无地空翱翔。惟余箕子,仁贤之意留苍茫。穷壤无穷此恨长,千世万世,闻者徒悲伤!（同上）①

他曾渴望"独立回天",扶救宋室,但是,黑暗的现实使他无力回天,成了亡国之民。他不是壮士,也不是能臣,困难临头,没有能像文天祥、陆秀夫那样起兵抗元,壮烈牺牲。他所效法的榜样只是箕子,故在改世之后,他以遗民自许,所著文章自署曰"前聘士",止书甲子,不用年号,以示其节操。

---

① 按:此文较王元功编《金仁山先生文集》所录多"兮"字暨"死矣"二字,较董遵编《仁山先生集》（金律重刻本）则多"死矣"二字。

金履祥博学多识,对天文、地形、礼乐、田乘、兵谋、阴阳、律历等各方面学说,都做过广泛的研究,造诣颇深。如在地理方面,他对各地山川、风土、物产都很熟悉。咸淳间,他筹划由海道进兵燕蓟的路线,"海舶所经,凡州郡县邑,下至巨洋别隖,难易远近,历历可据以行"(《元史》本传)。如果他没有相当丰富的地域地形知识,就很难设想得如此精确。他的这项建议虽未被宋朝采用,但在元朝则被视为发展海运之利的重要资料。

关于金履祥治学的特点,清人陆心源说:"其学以由博返约为主,不为性理之空谈。经史皆有撰述,《尚书》则用功尤深"(《重刊金仁山先生〈尚书注〉序》)。这个评论尚属公允。须要指出的是,金履祥作为理学家并没有摆脱空谈性理的习气。他尽毕生之力训释《尚书》,早年作《尚书注》,晚年作《尚书表注》,颇多创解,成一家之言。至于其所著《大学疏义》《论孟集注考证》,大都依据于朱熹传注而略有发挥,殊少新意。清儒王崇炳谓其"于举业为近",唯"考证博通精确,补朱子所不及"(《宋金仁山先生〈大学疏义〉〈论孟考证〉序》)。史学方面,他费时三十年,著有《资治通鉴前编》。这部书仿照邵雍《皇极经世书》与胡宏《皇王大纪》体例,上起尧舜,下接于司马光《资治通鉴》之前,"一以《尚书》为主,下及《诗》《礼》《春秋》,旁采旧史诸子,表年系事,复加训释"(许谦《资治通鉴前编序》)。作者往往在论述史事时发挥义理,将历史纳入理学思想体系。他继王柏《濂洛文统》之后,编有《濂洛风雅》,选辑周、邵、张、程以至朱、黄、何、王诸家之诗,旨在教人涵养道德,明白义理。王崇炳指出,金氏"虑后之学者,徒知务本为重,不知省玩物适情之义,未免偏而不全,执而鲜通"(《濂洛风雅序》)。由此可见,所谓"其学以由博返约为主",其实,就是贯彻"致知以穷理"、由分殊而理一的朱熹理学思想方法。

金履祥从学于何基、王柏,因而深受何、王的思想影响。对此,其门人柳贯有如下评述:"有司以为何公之清介纯实似尹和靖(焞),王公之高明刚正似谢上蔡(良佐)。时称知言。而先生则自其盛年亲承二氏之教,以克之于己者也"(《仁山先生文集》卷五《行状》)。柳贯这一段话几乎成了后人(其中包括《元史》作者和《宋元学案》作者)对金氏的定评。诚然,金履祥对何、王二氏思想兼收并蓄,但比较而言,他的思想更接近于王柏。例如,在社会政治思想方面,他虽不如王柏敢于抨击时政,议论激烈,但他继承了王柏注重现实的精神,没有采取何基那种与世隔绝的消极态度。在学术上,他也继承了王柏的疑经精神,唯不如王柏怀疑之甚,治学较为笃实。在金华四先生中,他对于经学和史学的研究,成绩最著。

金履祥著作,除上述各书外,尚有《大学指义》《私淑编》《昨非存稿》(四十岁以前所作诗文)、《仁山新稿》(辛未至乙亥间之作)、《仁山乱稿》(丙子宋亡以后之作)、《仁山噫稿》(壬辰丧子以后之作)。各稿因藏于家而未及刊行,均已散佚。现存《仁山集》四卷,附录一卷。

许谦(公元1270—1337年),字益之,自号白云山人,学者称白云先生。年少时值宋亡,家破,侨寓借书,刻苦攻读。三十一岁,就学于金履祥。时履祥年已七十,门下弟子数十人,谦独得器重。数年后,金履祥病危,临死前嘱许谦将其所著《资治通鉴前编》次录成定本。履祥殁后,谦专事讲学。地方官屡欲荐举,皆固辞不受。皇庆二年(公元1313年),应肃政廉访副使赵宏伟之命赴金陵执教,不久回到金华。后以眼疾倦于应接,屏迹八华山中,不复外出。而学者翕然往从,"远而幽、冀、齐、鲁,近而荆、扬、吴、越,皆百舍重趼而至",其"为学者师,垂四十年,著录迨千余人。……四方之士,以不及门为耻"(《许白云先生文集》卷首《行实》。商务印书馆《四部丛刊续编》本,以下简称《白云集》)。其门墙之盛,逾于何基、王柏、金履祥三人。时人黄缙谓其"出于三先生之乡,克任其承传之重。三先生之学,卒以大显于世。然则程子之道得朱子而复明,朱子之大至许公而益尊"(同上《行实》后语)。当时,他与北方著名理学家许衡齐名,并称南北二许。他对程朱理学的传播,起了很大的作用。

许谦在学术上受金履祥影响很大,而他在政治上并未受到金履祥的民族思想影响。他隐居不仕,并非怀有"宋室遗民"思想而不愿与元朝统治者合作,而是有其自身的原因。他在《己酉余年四十》诗中自述道:"白发三千丈,青春四十年。两牙摇欲落,双膝痹如挛。强仕非时彦,无闻愧昔贤。自期终见恶,未忍弃遗篇"(同上卷一)。看来,身体不好(按《行实》亦谓"谦素多疾")是他不愿做官的原因之一,但更主要的原因,是他志在成就学业,克绍道统,按其所谓孔子以下君师分职的观点,做职业理学家。因此,他不但没有见恶于当世,反而受到封建统治阶级的推崇与表彰。

许谦的处世态度,表面上似近于何基。他也曾赞美何基"嘉遯乐天命","玉帛谢三聘"(同上《游山》)的隐逸思想,实际上他与何基的性格很不相同。《行实》述其"所以应世者,不胶于古,不流于俗……身在草莱而心存当世",说明他很关心现实政治。事实亦然。例如,延祐二年(公元1315年),江西发生农民起义,元朝统治者派兵残酷镇压了这次起义。许谦闻之欢欣鼓舞,额手称庆,即作《贺萧北野万户破贼启》,其中这样写道:

> 方四海之咸若,俄一隅之震惊。岂刍牧之失宜,致草窃之肆毒。固将安潢池之众,奈久聚绿林之群。天讨有加,官军既集,当决机而取胜,乃列壁而深居。欲尚巧迟,斯养虎以成患;不如乘势,将纵贼而遗谁。顾方略之如公,宜简知而有命。(同上卷三)

这个自称"与鹿豕游"的许谦,对敢于反抗封建压迫的农民竟如此仇恨,而对血腥屠杀起义者的刽子手又如此倾心致贺。这不但可以看出许谦是怎样"身在草莱而心存当世"的,而且也暴露了他的政治面目。

许谦也是一个博览群书的学者,于天文、地理、典章、制度、食货、刑法、字学、音韵、医经、术数之说,无不究及。即于释、老之言,亦能探其蕴奥,辨其同异,别其是非。由此而言,他已不像一个"醇儒"。但他对于理学的承传,则拘守家法,重习经史,尤重"四书"。他强调"圣贤之心,具在'四书',而'四书'之义,备于朱子"(《元史》本传)。故他著《读四书丛说》,对朱熹《四书集注》中的理学思想加以绅绎引伸,又绘图以明其说(参见胡凤丹《读四书丛说序》,《金华丛书》本)。他还著有《读书丛说》《诗集传名物钞》,虽多祖述旧闻,综合诸家之说,然其宗旨皆在阐发朱学。《四库全书总目提要》卷十六《诗集传名物钞》条云:"谦虽受学于王柏(按此言误。柏死时,谦方五岁,未尝受学。胡凤丹《读四书丛说序》因袭此说,亦误),而醇正则远过其师。研究诸经亦明古义,故是书所考名物音训,颇有根据,足以补《集注》之阙遗。"所谓"醇正",就是笃守儒家教条,以学圣人为准的,有一副更加尊严的道学家面孔。在诠释经传方面,许谦虽然祖述王柏、金履祥的某些观点,却没有真正继承王、金二氏的疑经精神。他虽然把金华朱学推向了鼎盛时期,而他本人在学术上却缺乏创造性的见解。

许谦的著作尚有《春秋温故管窥》《春秋三传疏义》(胡宗楙《金华经籍志》引:陆元辅曰:"益之又著《三传义例》未成,未知与《疏义》是否一书?")、《治忽几微》(按这是一部通史著作,仿史家年经国纬之法,起太皞氏,迄宋元祐元年司马光卒)、《自省编》等,均佚。现存《许白云先生文集》四卷。

第二节　金华朱学的思想特色及其历史影响

朱熹后学,枝繁叶茂,宗派林立。金华一支,绵延数世,号称嫡脉。和其他朱学学派相比,它较多地保留了正统朱学的色彩。但是,这一学派在其流传过程中,由于社会历史条件的变化以及由于传授者们各自不同的经历、品格、学术素养诸种因素的影响,不能不使它逐渐形成自己的学术特色和思想风格。下面,我们着重论述其理学思想的一些主要特点。

一、宗法性道统观

道统观念是理学思想的重要内容和特征之一。尤其自南宋以来,道统思想随着理学的发展而广为流行。当时的理学家们几乎无不言道统,以克绍道统自任。这一方面是他们为了适应封建专制主义的政治需要而要求确立理学的权威;另一方面,也是他们为了争取其自身能够享有儒学正宗地位,因而道统承传的不同序列,往往又是理学内部宗派分野的标志。

朱熹是理学的集大成者,同时也是道统思想的积极倡导者。王柏曾经指出,"道统之名,不见于古,而起于近世。故朱子之序《中庸》,拳拳乎道统之不传,所以忧患天下后世也深矣"(《鲁斋集》卷五《跋道统录》,《金华丛书》本)。这里所谓"朱子之序《中庸》",即指朱熹所作《中庸章句序》。在这篇序言中,朱熹全面论述了所谓"自上古圣神"以来的道统传授心法与尧、舜、禹、汤、文、武、周公以至孔、曾、思、孟的道统传授世系,并以二程兄弟"续夫(孟子以后的)千载不传之绪",他本人则以承接二程以后的"道统之传"自许。王柏说他"拳拳乎道统之不传",正好说明他致力于建立理学的新道统。

在朱熹后学中,黄榦一派,自谓得朱子嫡传,故其最重道统。黄榦曾作《圣贤道统传授总叙说》,进一步发挥了朱熹的道统观。他以太极、阴阳、五行之说论证所谓"此道之原之出于天者";又以所谓圣人"继天立极"(朱熹语),发明道统,统理人伦,垂世立教,"若天之垂象昭昭然"(引自《宋元学案》卷六十三《勉斋学案》)。由此可见,他把"道统"的产生和发展,都归结为"天理"的必然。黄榦的这个观点,为其金华后学所继承。例如,王柏就曾提出所谓"天地之道统"与"圣人之道统"。他说:

> 立天道者,阴阳也。立地道者,刚柔也。四时行焉,百物生焉,此非天地之道统乎?圣人以仁义设教,为天地立心,为生民立道,所以继绝学而开太平,此则圣人之道统也。(《跋道统录》)

应当指出,这种所谓"继天立极"的道统观,在理论上是荒谬的。因为无论在自然界和人类社会都不存在什么"道统"。以天理论作为道统论的理论依据,只不过是理学家们以其对于自然史的虚构来伸张他们对于社会史的虚构。就其思想来源而言,则是传统的"天人合一"思想在理学时代的延伸。

总的说来,金华朱学的道统理论多因袭旧说,而少发明,较之江西朱学学者吴澄的道统论(见本书第二十六章第二节)显得逊色。值得注意的是,金华学者特别重视理学的道统。例如,宋理宗时代,王柏族侄王佖(敬岩)曾奏请朝廷,乞立《道学传》。王柏认为,这是不够的,"区区之愚,以为道统立传,却小了道统,当作一《志》。……伊洛以来,门人弟子,著述书目,悉可类聚,首载吾道"(《鲁斋集》卷十七《答陈本斋》,《续金华丛书》本)。他曾作《拟道统志》二十卷,大概就是按照上述观点编成的,惜此书已佚,难以窥见其规模。他的门人车若水(玉峰)编有《道统录》三巨编,其次第与蔡沈所编《至书》相同,而内容更为详细。王佖也编了一部《道统录》,据王柏说,其内容"但止始自周子,至于黄勉斋,门目烦杂,皆不及此(按指车氏《道统录》)精当"(同上卷八《答车玉峰》)。车、王二录虽均未得见,但由此亦可约略看出金华朱学对理学道统重视的程度。

更值得注意的是,由于金华学派以朱学嫡传自居,故其道统观不可避免地带有浓厚的宗法色彩。他们在统纪濂洛以来师友渊源时,往往以学术传授次第作为道统承传世系。现存金履祥所编《濂洛风雅》,虽属一部辑录宋代理学诗的专书,但它也明显地反映出他们这种宗法性的道统观。该书冠以《濂洛诗派图》,实即道统传授图。它尊周惇颐为理学开山祖(按:王柏在《答陈本斋》中有"周子再开万世道学之传"之语),而以二程—杨时—罗从彦—李侗—朱熹—黄榦—何基—王柏这一传授世系为正宗,余皆为旁支。清人戴锜在雍正十年(公元1732年)所作《濂洛风雅序》中指出了这一特点。他写道:

> 《濂洛风雅》者,仁山先生以《风》《雅》谱婺学也。吾婺之学,宗文公,祖二程,濂溪则其所自出也。以龟山(杨时)为程门嫡嗣,而吕(大临)、谢(良佐)、游(酢)、尹(焞)则支。以勉斋(黄榦)为朱门嫡嗣,而西山(蔡元定)、北溪(陈淳)、拗堂(刘炎)则支。由黄榦而何(基)而王(柏),则世嫡相传,直接濂洛程门之诗以共祖,收朱门之诗以同宗。非是族也,则皆不录,恐乱宗也。
> (《濂洛风雅》卷首,《率祖堂丛书》本)

金华朱学这个诗学谱系,无异乎一部士族宗谱,表现出鲜明的宗法色彩。然而,宗法性道统观在实践上形成为理学宗传也是有其理论依据的。许谦在解释道学与道统关系时说:"道学主于学,兼上下言之。道统主于行,独以有位者言之。……凡言统者,学亦在其中。'学'字固可包括'统'字"(《读四书丛说·中庸上》,《金华丛书》本)。此种"学""统"相涵论,实则为学派即宗派的理论。在理学宗派中,金华朱学的宗派情绪最为强烈。例如,许谦后学吴师道(公元1283—1344年)"经义一本朱子,排斥异论,有诋朱子者,恶绝弗与言"(《吴礼部集》附录宋濂《吴先生碑》)。曾与朱熹相诋的唐仲友,未被吴氏列入其《敬乡录》即为一例。由此可见,金华朱学这种宗法性道统观,恰好表现其正统朱学面貌的特点。

二、"分殊而理一"的认识方法与"由传而求经"的学术特色

"理一分殊"论是程朱理学的唯心主义世界观和方法论。金华朱学在承袭这一理论时,其特点是:重"分殊"甚于言"理一",更加强调所谓"分殊而理一"的认识方法和途径。王柏在其《理一分殊》一文中,对此做了较为明确的阐述。他说:

> 统体一太极者,即所谓"理一"也;事事物物上各有一太极者,即所谓"分殊"也。以《易》言之,《大传》曰"易有太极",此易之理一也。及生两仪、四象、八卦,又从而八之为六十四卦、三百八十四爻,每卦每爻各具一太极;四十九策之中,每撰每变各具一太极,所谓易之分殊也。……又以人之一身而言之,四肢百骸,疾痛疴痒,莫不相关,实一气感通,同为吾之体,犹理一也。然目视耳听,手持足行,口言心维,不可以通用,待头目必厚于手足,卫胸腹必重于四肢,足不可加于首,冠不可同于履,何者? 分殊故也。"理一"易言也;"分殊"未易识也。此致知格物所以为学者工夫之最先也……
>
> 或者曰:夫子之时,未尝有"理一分殊"之说也,意者诸老创此论,抑亦新人之耳目乎? 曰:不然也。圣人不先天以开人,后贤亦因时而立教。夫子时虽未有"理一分殊"四字之名,而其所

以教人者,亦莫非"理一分殊"之旨。夫孝之道一也,何其答门人之问不一?说仁之道一也,何其答门人之问未尝同?为政之道亦一也,不以一定之论语人。夫子之教如此之异者何也?分殊故也。……夫子之传"一贯",乃合而言之,是万为一,所谓"分殊而理一"也。周子之图太极,是分而言之,一实万分,所谓"理一而分殊"也。夫子之言,如千流万派,而悉归于沧海之中。周子之言,如一榦之木,而为千条万叶之茂。后世学者恶繁而好略,惮难而喜易,不肯尽心于格物致知之功,务为大言以欺人曰:"天下只是一个道理"。斯言若已悟曾子之一唯,及叩之,初未识何者谓之道,何者谓之理,不过学为笼罩之言,以盖其卤莽灭裂之陋。每闻斯语,则已知其决非学者矣。圣人于天下之理,幽明巨细,无一物之不知,故能于日用之间,应接事物,动容周旋,无一理之不当。学者苟未究其分之殊,又安能识其理之一?夫岂易言欤!愿诸君宽作岁月,大展规模,自洒扫应对,威仪动作,以至于身心性情之德;自礼乐、射御、书数、钱粮、甲兵、狱讼,以至于人伦日用之常,虽乾当坤倪,鬼秘神彰,风霆之变,日月之光,爰暨山川、草木、昆虫,莫不各有当然之则,所谓"万一各正,小大有定"也。于此事事物物上各见得一个太极,然后体无不具,用无不周也。异时出而从政,决不误人之天下国家,决不自误此身而负此生矣。此分殊所以最切于学者。(《金华王鲁斋先生正学编》上卷,《率祖堂丛书》本)

这里,必须首先指出,王柏所谓"理一"之"理",在程朱唯心主义理学体系中,是一种主宰客观世界而又超越于其上的神秘的天理。它是世界的本体,也是认识论上最高的逻辑范畴。故其所谓"分殊而理一",即在"理一"的前提下而"分殊",通过"分殊"又终归于"理一",因而形成"理一"→"分殊"→"理一"这样一个封闭的思想体系。

与此同时,我们也应看到,所谓"理一分殊"论虽然是从纯粹抽象的观念去把握认识对象的,但在"分殊"——即在具体认识对象的把握上,理学家们又强调了各种不同事物之间所存在的差别,以及认识事事物物本身各有其理("太极")的重要性,从而使得这个唯心主义的思想体系也能在一定程度上容纳若干唯物论因素。金华朱学的某些学者就曾提出"理气不相离","理寓于事","道器相即"一类具有唯物论因素的观点,也还有如王柏所说"万物必有大剥落然后有大发生"(《鲁斋集》卷五《复斋记》)的辩证法因素,但他们的这些观点仅仅是个别的、零散的,并且往往为理学唯心主义体系所窒息。至于他们在自然科学中的某些唯物主义和无神论观点则表现得更加明显。例如,王柏在《天地造化论》中,运用其丰富的地理知识,否定了所谓"天倾西北"的传统神话,指出这是因为西北地势高峻所造成的(见《鲁斋集》卷二,《金华丛书》本)。又如,他在《好生录序》中,从"理一分殊"和"仁民爱物"的观点出发,主张不得无故毁伤草木虫鱼等生物,应当适时加以保护,或是"立法定制,品节禁戒",或是"著书立言,开导劝止"(同上卷四)。就当时科学发展水平来看,上述暗合保护生态的观点是很有见地的。

其次,所谓"理一易言也,分殊未易识也"的思想,并非始自王柏,而是本于李侗对朱熹的教言:"理不患其不一,所难者分殊耳。"朱熹据此大倡格物致知、穷理尽性之论,并以这种主"道问学"的方法与陆九渊之主"尊德性"的方法相对立。金华朱学为了反对陆学,排斥佛老,他们比自己的前辈更加强调"分殊而理一"的认识方法和格物致知的工夫。许谦在解释二程"涵养须用敬,进学在致知"两言时说:"所谓'致知',当求其所以知而思得乎知之至,非但奉持'致知'二字而已,非谓知夫理之一,而不必求之于分之殊也"(《白云集》卷三《答吴正传书》)。应当指出,以"致知"求"分殊",反映出金华朱学学风上的重要特色。这种学风与陆学只重发明本心而忽视读书的空疏学风相反,而是提倡读书,考索名物,训释经典,对自然(从草木虫鱼到天地山川)和社会(从典章制度到日用伦常)乃至个人(从日常生活到心性修养)广泛进行探究。但它由此又把朱学推到了另一个极端,导致沉埋于故纸而忽视理论的支离烦琐学风。黄宗羲对此评论说:

"理一分殊","理不患其不一,所难者分殊耳"。此李延平之谓朱子也。是时朱子好为侗侗之言,故延平因病发药耳。当仁山、白云之时,浙河皆慈湖一派,求为本体,便为究竟,更不理会事物。不知本体,未尝离物以为本体也。故仁山重举所言(按:前述王柏已有此言),以救时弊,此五世之血脉也。后之学者,昧却本体,而求之一事一物间,零星补凑,是谓无本之学。因药生病,又未尝不在斯言也。(《宋元学案》卷八十二《北山四先生学案》)

这个评论颇为深刻。"理一分殊"论从其"因病发药"到"因药生病"的变化过程,正反映出朱学本身发展的辩证法。金履祥以后的金华学者"因药生病",折入了句诵字求、支离烦琐的歧途。

金华朱学作为理学正宗,是十分重视儒家经传的。因此,他们把"分殊而理一"的认识方法应用于学术上,就表现出"由传以求经"的特色。金华学派自其开创人何基始,即以发挥朱熹对儒家经典的注释为旨趣。王柏、金履祥大体上沿袭何基的路径,对朱熹注释的经典再加以笺注。有所不同的是,他们的疑经精神又使得他们并不那么拘守经传的教条,在一定的范围和一定的程度上突破了家法而有所创新。传至许谦,其时朱学已被元朝统治者奉为儒学正宗,朱熹所注的经典(如《四书集注》等)已被钦定为科举取士的必读书,因此,以许谦为代表的金华朱学更加显露出它的正统面貌和保守习气。在他们看来,要巩固朱学的正宗地位,就必须羽翼朱熹的传注,维护理学的道统。故许谦明确提出"由传以求经,由经以知道"的主张。他写道:

道固无所不在,圣人修之以为教。故后欲闻道者,必求诸经。然经非道也,而道以经存。传注非经也,而经以传显。由传以求经,由经以知道,蕴而为德行,发之为文章事业,皆不倍乎圣人,则所谓行道也。传注固不能尽圣经之意,而自得者亦在熟读精思之后尔。今一切目训诂传注为腐谈,五代以前姑置勿论,则程、张、朱子之书皆赘语耳。又不知吾子屏绝传注,独抱遗经,其果他有得乎未也?不然,则梯接凌虚,而遽为此诃佛骂祖耳。

(《白云集》卷三《与赵伯器书》)

这里,许谦所谓的"由传以求经,由经以知道",即是把"传"→"经"→"道"看作一个认识的阶梯。"传"是这个阶梯的起点,"道"则是它的顶端。显然,这样一个阶梯是按照"分殊而理一"的方法设置的。它是朱熹理学范围人们思想的模式。必须指出,在这个阶梯中,许谦特别重视它的起点。他说,"道以经存","经以传显",知"道"求经是不能够离开训诂传注的。如果离开传注而去求经知"道",就好像把梯子架在空中了(所谓"梯接凌虚"),最高的"道"("理")也就失去了依托,从而也就会使朱熹理学的正宗地位由此而发生动摇。因此,许谦竭力反对摒绝传注而直求本经。对于朱熹的著作,他主张"句而诵,字而求"(同上《答吴正传书》)。其所著《诗集传名物钞》《读四书丛说》等,都是在朱熹所作传注基础上进行再笺注,"旁引曲证,以明朱子之学"(《四库未收书目·论语丛说》)。许谦力图通过传注以维护朱学,实则把朱学引向"在注脚中讨分晓"(傅山语)的末路。全祖望在《宋文宪公画像记》中曾经指出:"予尝谓婺中之学,至白云而有所求于道者,疑若稍浅,渐流于章句训诂,未有深造自得之语,视仁山远逊之。婺中学统之一变也"(引自《宋元学案》卷八十二《北山四先生学案》)。在金华朱学中,许谦的理学思想虽然较其先辈王柏、金履祥更加"醇正",但他却失去了理论上的创造精神。金华朱学的这一转折,是理学成为统治阶级的官方哲学之后的必然结果。

三、王柏、金履祥的疑经思想

如上所述,金华朱学是一个重视经传的正统学派,而在这一学派中恰好又产生了怀疑经传的思想。"卫道"与疑经,二者似相矛盾,其实,在理学的发展过程中,二者是相辅相成的,也是宋学取代汉学时的重要特征。

金华朱学的疑经思想,以王柏、金履祥为最著。王柏著有《诗疑》《书疑》《大学沿革后论》《中庸论》,金履祥著有《尚书注》《论孟集注考证》等书,对于传统的五经四书乃至朱熹的注解提出了不少疑难,其中有些很有见地的思想。可以说,王柏、金履祥的疑经思想,是金华朱学中最具特色和最有价值的部分。

经学是汉儒传授、讲解古代儒家经典的专门学问,亦称"汉学"。自汉武帝"罢黜百家,独尊儒术"以后,经学取得了学术思想的正宗地位。自汉至宋的千余年间,在儒学营垒中,出现过两种不同的疑经思想:一种是直接批判"圣人之道"的异端思想,如东汉王充的"问孔""刺孟",唐代刘知几的"疑古""惑经"者是;另一种是反对汉儒曲解经典的思想。宋代欧阳修著《诗本义》,郑樵作《诗辨妄》,开启了宋学反对汉学的先河。朱熹作为理学之集大成者,从所谓"圣人之道备于六经"的观点出发,对汉儒错乱经文深致不满。他在一首诗中写道:"大易图象隐,诗书简编讹。礼乐翙交丧,春秋鱼鲁多。瑶琴空宝匣,弦绝将如何?兴言理余韵,龙门有遗歌。"因此,他承二程的余韵,作《周易本义》《诗集传》《诗序辩说》(按:王应麟谓其说"多取郑渔仲《诗辨妄》",见《困学纪闻》卷三),临死前嘱其门人蔡沈作《书集传》,力图矫正汉学之弊。何基称赞他"订正四古经,《诗》《书》则斥去(汉儒)小序之陋,而求经文之正意。《易》则还古《易》篇第之旧,而义主象占,以穷义、文之本旨,以上接邹鲁之正传,自濂洛开端以来,泛扫廓大之功,未有尚焉者也"(《何北山遗集》卷三《解释朱子斋居感兴诗二十首》)。随着理学的兴起,在学术文化领域内出现了一股疑经思潮,形成了宋学与汉学的对立。经学本身也就在宋学批判汉学的过程中获得了进一步的发展。

王柏、金履祥的疑经思想不是来自王充和刘知几,而是继承并发展了朱熹否定汉学的学风。王柏在《诗辨序》中说:

> 圣人之道以书而传,亦以书而晦。夫天高地下,万物散殊,皆与道为体,然载道之全者莫如书。……及其专门之学(按指汉

代经学)兴而各主其传,训诂之义作而各是其说。或胶于浅陋,或骛于高远,援据傅会,穿凿支离,诡受以饰私,驾古以借重,执其词而害于意者有之,袭其说而诬其义者有之,遂使圣人之道反晦蚀残毁,卒不得大明于天下,故曰以书而晦。此无他,识不足以破其妄,力不足以排其非,后世任道者之通病也。

紫阳朱夫子出而推伊洛之精蕴,取圣经于晦蚀残毁之中,专以《四书》为义理之渊薮,于《易》则分还三圣之旧,于《诗》则掇去《小序》之失,此皆千有余年之惑,一旦汛扫平荡,其功过于孟氏远矣。然道之明晦也皆有其渐,盖非一日之积。集其成者不能无赖于其始,则前贤之功有不可废;正其大者不能无遗于其小,则后学之责有不可辞。大抵有探讨之实者不能无所疑,有是非之见者不容无所辨。苟轻于改而不知存古以阙疑,固学者之可罪;狃于旧而不知按理以复古,岂先儒所望于后之学者!虽后世皆破裂不完之经,而人心有明白不磨之理;纵未能推人心之理以正后世之经,又何忍徇破裂不完之经以坏明白不磨之理乎!

(《诗疑》卷二)

这里,王柏从天理的高度申述了经之所以必疑必辨的理由,极力攻击汉儒,强调欲使"圣人之道"大明于天下,就必须恢复被汉儒所割裂破碎的经学的本来面目。这在形式上是主张复古的,而在实质上则是要求按照宋代理学的观点改造传统的经学,以便将其纳入理学的思想体系。这从他们对于《诗》《书》诸经的怀疑可以得到进一步的证明。兹略举于下:

(一)关于《诗经》

王柏认为,《诗》三百篇并非一个时代的作品,不是尽出于周公之所定,孔子之所删。周公时代的旧诗不满百篇,孔子所删定的诗不是周公已定的诗,而是周公以后庞杂之诗,合而为三百篇。然今之所谓三百篇,是否周公、孔子之旧,值得怀疑。因为《诗》《书》后来同遭秦始皇的焚禁,至汉初,《书》虽有伏生口授和孔壁之藏,仍有四十余篇不得复见,而所存者也不胜其错乱讹舛。奇怪的是,《诗》忽出鲁、齐、燕三地,且"三百篇之目,宛然如二圣人之旧,无一篇之亡,一章之失。《诗》《书》同祸,而存亡之异乃辽绝如此,吾斯之未能信"(同上《毛诗辨》)。王柏用比较方法指出了现今之《诗》并非孔子时代的原诗。他的学生金履祥后来又重申了这一观点,说:"王文宪有《诗辨》……因尝考之秦火之后,《书》失几半,《礼》失几亡,而《诗》三百篇何以皆无恙?虽云诗托于声音之流传,岂尽夫子之三百篇乎"(《论语集注考证》卷一)!清儒阎若璩"颇然其说"[1]。从学术思想发展史上看,王柏、金履祥的这种看法是比较符合历史实际的。他们对于汉儒的批判,在历史观和方法论方面也有其一定的进步意义。

然而,王柏、金履祥因其狂热的"卫道",便从疑《诗》进而主张删《诗》,由此而陷入谬误。他们以理学家眼光看待一切事物,当然也以同样的眼光看待《诗经》。他们把这部汇集我国古代诗歌的典籍中有关男女之间的爱情诗视之为"淫诗",并且主观地断定这些言情诗是早已被孔子删去了的,它只是在民间流传着,而汉儒则把这些"淫奔之诗"揎杂进《诗经》里来,这就不合"圣人"删《诗》的本旨。因此,他们要求"有力者请于朝而再放黜之",以免玷污"圣道"的纯洁。王柏写道:

> 愚尝疑今日三百五篇者,岂果为圣人之三百五篇乎?秦法严密,《诗》无独全之理。窃意夫子已删去之诗,容有存于间巷浮薄者之口。盖雅奥难识,淫俚易传。汉儒病其亡逸,妄取而揎杂,以足三百篇之数,愚不能保其无也。不然,则不奈圣人"放郑声"之一语终不可磨灭,且又复言其所以放之之意曰"郑声淫",又曰"恶郑声之乱雅乐也"。愚是以敢谓淫奔之诗,圣人之所必削,决不存于雅乐也审矣。妄意以刺淫乱,如《新台》《墙有茨》之类凡十篇,犹可以存之惩创人之逸志;若男女自相悦之词,如

---

[1] 阎若璩云:"吕东莱公于《诗》一说,朱子于《诗》又一说,故各解'思无邪'之旨,前辈谓之未了公案。王鲁斋出,则谓《诗》非圣人之原本。余颇然其说。"(见,王应麟在《困学纪闻》卷三按语,商务印书馆1959年版第321页)

《桑中》《溱洧》之类,悉削之以遵圣人之至戒,无可疑者。所去者亦不过三十有二篇,使不得淆秽《雅》《颂》,毂乱《二南》,初不害其为全经也。……今夫童子淳质未漓,情欲未开,或于诵习讲说之中反有以导其邪思,非所以为训。且学者吟哦其丑恶于唇齿间,尤非雅尚。读书而不读淫书,未为缺典。……愚敢记其目(按指他所列应删的三十二首诗的篇目①)以俟有力者请于朝而再放黜之,一洗千古之芜秽云。(《诗疑》卷一《总说》)

王柏把他要求删《诗》的理由几乎全讲出来了,同时也把他的道学家的面孔几乎全暴露出来了。他对古代的几首爱情诗如此深恶痛绝,既怕它有伤儒者的雅尚,更怕它引起人欲横流,冲决礼教的堤防。似乎只有把它删除殆尽,才算是"遵圣人之大训"。就此而言,他是不如朱熹的。

朱熹在《诗经》研究中,抛开依傍汉儒《小序》的传统方法,直求本经。他肯定《桑中》《溱洧》一类诗"为淫奔之诗",指出汉儒否认其为"淫诗"的谬误。在经学史上,这是他的一个贡献。然而,朱熹并没有因为《诗经》里存在"淫诗"而要求予以"放黜"。为了"卫道",他提出所谓"凡诗之言,善者可以感发人之善心,恶者可以惩创人之逸志"(《论语集注》卷一)的理论。但这样一来,那些属于"恶者"的"淫奔之诗",就可以作为"惩创人之逸志"的反面教材而有其保留的价值了。

王柏在表面上是赞成朱熹的"惩创"说的,但他认为这种说法只适用于《新台》《墙有茨》一类刺淫诗,对《桑中》《溱洧》一类"淫诗"是不适用的,实际上,这是他对朱熹"惩创"说的一种修正。及至金履祥更直接反对了朱熹的这个观点。他说:"郑声之淫,夫子尝欲放之,而今郑声具在,虽序者巧以为他事及刺人,然其淫丑之态不可掩也。……以此观之,其间淫

---

① 王柏所列应删篇目于下:《野有死麕》《静女》《桑中》《氓》《有狐》《大车》《丘中有麻》《将仲子》《遵大路》《有女同车》《山有扶苏》《箨兮》《狡童》《褰裳》《东门之墠》《丰》《风雨》《子衿》《野有蔓草》《溱洧》《晨风》《东方之日》《绸缪》《葛生》《东门之池》《东门之枌》《东门之杨》《防有鹊巢》《月出》《株林》《泽陂》等,凡三十二篇。

诗固夫子之所去而世俗之所传者,诸儒得之例以为古诗而不察也。不然,则若《溱洧》《桑中》诸诗几于劝矣,而何'惩创'之有哉"(《论语集注考证》卷一)!事实上,王柏、金履祥只有在否定汉儒的同时否定朱熹的"惩创"说,才能使自己的"放黜"论得以成立。

应当指出,王、金二氏的"放黜"论并非个人的随意之谈,而是理学思想发展必然得出的论点。在宋元之间,要求按照理学的观点重新修订经书,蔚然成风。与王柏同时代的沈朗就曾向朝廷奏请重订《国风》。其理由是:"《关雎》,夫妇之诗,颇嫌狎亵,不可冠《国风》。"故别撰《尧》《舜》二诗以进,并因此受到理宗的嘉奖,赐帛百匹。可是,这位封建统治者却没有胆量代行孔子的职权而删《诗》。

对于沈朗这场小小的闹剧,清人袁枚评论道:"敢翻孔子之案,迂谬已极。……余尝笑曰:'《易》以《乾》《坤》二卦为首,亦阴阳夫妇之义,沈朗何不再撰二卦以进乎?'且《诗经》好序妇人,咏姜嫄则忘帝喾,咏太任则忘太王。律以宋儒夫为妻纲之道,皆失体裁"(《随园诗话》卷六,人民文学出版社1961年版,第167页)。这位著名文学评论家以辛辣的笔触嘲笑了理学家的愚妄。

至于王柏的"放黜"论,更加引起了后世的非议。《四库》馆臣从"卫道"观点斥其删《诗》之妄,说:"柏何人斯,敢奋笔而进退孔子哉"(《四库全书总目提要》卷十七《诗疑》条)!一个虔诚的"卫道者"竟因此而变成了狂妄的"异端",自然是王柏始料所不及的。近人章太炎则从"国粹"观点批评王柏一派"欲自行删《诗》,亦可谓胆大妄为者矣"(见《申报》1922年5月14日章氏讲学报道,转引自汤志钧《章太炎年谱长编》下册,第697页)。顾颉刚肯定了王柏《诗疑》的疑古精神,但也指出他要"把《诗经》删掉许多,这是他的罪"(《诗疑》卷首《序》,朴社1930年版第1—2页)。王柏对汉儒《诗序》的批判还是有些历史眼光的,然其对待《诗经》本身却采取了一种不顾历史的态度,师心自用,企图削古代经典之足,以适理学思想之屦,这就是他之所以未能审慎对待历史文化遗产的症结之所在。

(二)关于《书经》

王柏首先反驳了一种传统观点,即信古而不可疑经。他说:"在昔先儒笃厚信古,以为观《书》不可以脱简疑经,如此则经尽可疑,先王之经无复存者"(《鲁斋集》卷四《书疑序》,《金华丛书》本)。王柏不同意这种观点,认为"先王之经"本不可疑,只是在经过秦始皇焚禁之后,"后世不得见先王之全经","经既不全,固不可得而不疑"(同上)。还说,所疑者非疑先王之经,而是疑后世之经。因此,他批评了汉唐诸儒"泥古护短"的保守习气。

对于《书经》(又名《尚书》)的怀疑,并非始自王柏。在他之前,已有吴棫、朱熹疑《尚书》古文,赵汝谈则并今文而疑之。王柏也是既疑古文,又疑今文,全面排击汉儒。

朱熹曾从语言之难易的角度,提出他对《书》古文的怀疑。他说:"孔壁所出《尚书》,如《禹谟》《五子之歌》《胤征》……皆平易,伏生所传皆难读。如何伏生偏记得难底,至于易底全不记得,此不可晓"(《朱子语类》卷七十八)。王柏则从驳斥所谓"孔壁之书皆科斗文字"之说进一步论证了《书》古文之可疑:第一,所谓科斗之书体,求之而不可得,后世所传夏、商时代的鼐、鬲、盘、匜之类器物,举无所谓科斗之形;第二,谓科斗始于颛帝,不过是因袭《书序》作者之言对远古时代的傅会;第三,既然说"科斗书废已久,时人无能知者",又不知何以参伍点画,考验偏傍而更为隶古文字的?第四,或曰"以所闻伏生之书,考论文义,定其可知者",则可见"古文之书,初无补于今文,反赖今文而成书,本欲尊古文而不知实陋古文也";第五,"孔氏之遗书,如《周易·十翼》《论语》《大学》《中庸》之属,皆流传至今,初不闻有科斗之字于它书,而独记载于《书·大序》其张皇妄诞,欺惑后世无疑"(上引均见《书疑》卷一《大序疑》)。金履祥更疑孔安国《尚书序》为东汉人之伪作,指出"不惟文体可见,而所谓'闻金石丝竹之音',端为后汉人语无疑也。盖后汉之时,谶纬盛行,其言孔子旧居,事多涉怪……则此为东汉传古文者托之可知也"(《尚书表注》卷上)。他们对《书》古文的怀疑给后儒以很大的影响。

王柏认为,《书》今文同样值得怀疑,因为汉初,伏生已年老,口不能正言,使其女传言以授晁错,而且伏生、女子为齐人,晁错为颍川人,语音各异,只能以意属读,故错讹甚多,因此,《今文尚书》也是不可靠的。于是,他由疑经进而要求改经。他说：

> 读《书》者，往往困于训诂而不暇思经文之大体，间有疑者又深避改经之嫌，宁曲说以求通，而不敢轻议以求是。……然伏生、女子之口传，孰不知其讹舛？圣人之经不可改，伏氏之言亦不可正乎？纠其谬而刊其赘，订其杂而合其离，或庶几得乎圣人之旧，此有识者之不容自已。……呜呼，欧阳公（修）曰："经非一世之书也，传之谬非一日之失也，刊正补缉非一人之能也，使学者各极其所见而明者择焉，以俟圣人之复生也。"予深有感于斯言。(《鲁斋集》卷四《书疑序》)

王柏据此作《书疑》九卷，略于训注而重订错简，移易补缀全经。如他据孟子所读《尧典》，认为战国之时《二典》未尝分离，故并《舜典》于《尧典》；以文意不顺，合《益稷》于《皋陶谟》；又以《论语》所引"尧曰：咨！尔舜，天之历数在尔躬，允执其中，四海困穷，天禄永终"二十四字补"舜让于德，弗嗣"之下，作为《尧典》经文。又删去萧齐姚方兴于《舜典》"慎徽五典"之上所增二十八字（按：即"曰若稽古帝舜，曰若重华，协于帝。濬哲文明，温恭允塞，玄德升闻，乃命以位"），俾《二典》不致相离，等等。他以为经过这样一番删改、移易和补缀，即可使这部"二帝三王之书"得"复圣人之旧"。然而，如同他因删《诗》而受到后人批评一样，其改《书》也不能不遭非议。《四库全书总目提要》作者斥其"师心杜撰，窜乱圣经"，"排斥汉儒不已，并集矢于经文"，有违"濂洛关闽诸儒立言垂教之本旨"(卷十三《书疑》条)，几乎要把他革除出教门了。

王柏的《书疑》不是一部严谨的学术著作，其中纰缪甚多，但它也有某些不可忽视的学术成就。例如，他指出姚方兴所增二十八字中"玄德"二字不见于《六经》，而是晋代所崇尚的老庄之言，故知其绝非本语(见《书疑》卷一《二典三谟总疑》)，这就从思想史上揭露出《古文尚书》之伪。他的《尧典疑》，实际上反映了他对上古史的怀疑。如说尧时"四岳"位尊德厚，为什么卒无姓名闻于后？尧有天下七十载,为什么与之共治者希阔寂寥如此之甚？又如在疑"宅南交"与"在璿玑玉衡"的注文时,他应用地理和天文学知识,指出了蔡沈《书集传》美化上古历史的错误①。在《大诰疑》中,他尤其批判了宗教神学世界观,指出所谓"宁王遗我大宝龟","何异于唐德宗遭奉天之难而委之以先定之数也"(同上卷六)。由于王柏不了解殷周时代是一个迷信天命的历史时代,因此,他不相信"圣如周公,经国制事,而肯出是言"(同上),进而怀疑这篇文献的真实性,这是缺乏历史观点的。当然,《大诰》是否真为周公所作,尚难定论,然其文体与西周金文相近,视为周初作品应无可疑。王柏认为《大诰》不以"义"讨伐武庚,"拳拳只说一个'卜'字","乃欲假蓍龟以镇压天下之邪心"(同上),这一方面反映他以理学家眼光看历史的迂腐之见,另一方面又说明他是反对宗教迷信和命定论的。联系到他对邵雍象数学的批判,②可以看出王柏这种非命论是他疑经思想中的进步成分。王柏因疑《大诰》而被责为"集矢于经文",看来,他在这个问题上比后世某些封建卫道者倒还要高明一点。

王柏的学生金履祥"推本父师之意"(《尚书表注》自序),对《尚书》做了更为深入的研究,取得了一些超越前人的成果。例如,他推翻了《书序》和《史记》关于《高宗肜日》为武丁祭成汤的旧说,肯定此篇为"祖庚之时绎于高宗之庙"而作(见《尚书注》卷六)。王国维通过对卜辞的研究,详细论证了金履祥这个观点的正确性。他说:"仁山之说虽与《书序》及古文家说不

---

① 按:王柏《尧典疑》中所谓"说者"系指蔡沈《书集传》,实则指朱熹。因为蔡沈在其《书集传序》中说:"《二典三谟》,先生(朱熹)盖尝是正,手泽尚新。"金履祥《尚书注》则径以为"朱子曰"可见。"宅南交",《蔡传》指交趾之地。王柏说:"愚恐未然。交趾在舜时为要荒之外,而洞庭、彭蠡之间三苗方负固不服,则何以万里建官于兽蹄鸟迹之中乎？""璿玑玉衡",《蔡传》谓为浑天仪。王柏质问道:"若果为浑天仪之类,制度精巧如此之至",为什么史臣不略提其纲,而但以"在璿玑玉衡"五字而止之？(关于"璿玑玉衡",历来众说纷纭,可参见李约瑟博士《中国科技史》第四卷第一分册(天学)中译本第146—148、388—400页。)

② 王柏认为,邵雍精于数学,"因用心推得天地万物之理","是以程朱以来推尊之而不敢非也",然康节之学终究"是不可学者","若一一定之于数,则王道可废,世教可息,三纲五常任他作坏不必扶持,乱臣贼子任他纵横不必诛戮,何者？其数当如是也"(《金华王鲁斋先生正学编》上卷《回叶成父》),在理学家中,像他这样批判象数学中的命定论思想的,实不多见。

同,然得其证于后出之卜辞,可知殷之史事在周世已若存若亡,此孔子所以有文献不足之叹欤"(《观堂集林》卷一《高宗肜日说》)!

由上可见,王柏、金履祥如果没有对前人的批判精神,他们在学术上就不可能取得这样的成就。但也必须指出,王柏、金履祥作为理学家,他们疑经的根本目的在于发展理学。他们摒弃两汉经学中的谶纬迷信思想,而又代之以道统心传之学,为理学寻找历史的或理论的依据。例如,王柏竟说《大学》原出于《尧典》,"'明德''新民''至善'皆在其中","其体用、本末、先后已极分明"(《书疑》卷一《二典三谟总疑》)。又说,"天命之性"始于《汤诰》,《大禹谟》所言"危微精一",得唐、虞之心传,为"万世帝王之宝典"(同上卷二《汤诰疑》)。他甚至说,殷高宗"恭默思道之时,无迹之可寻,无法之可受,商家一箇天下,密运于方寸之间"(同上卷三《说命疑》)。金履祥也说:"恭者,敬身以处。默者,不言而思。思道者,想此道体何如也。此高宗旧学处"(《尚书表注》卷上)。又说:"然惟其恭默思道,所以心无异念,纯乎诚敬,故梦帝赉于良弼,此所谓至诚之道可以前知,动乎四体者也"(《尚书注》卷六)。他们如此"师心杜撰",按照理学的模式改铸古史(顺便说一句,《四库》馆臣却没有对此有所批评),正是为了把道统推溯到孔子以远的上古时代。不属于金华学派的朱学学者王应麟也说:"《仲虺之诰》,言仁之始也。《汤诰》,言性之始也。《太甲》,言诚之始也。《说命》,言学之始也。皆见于《商书》。……孔子之传,有自来矣"(《困学纪闻》卷二)。王应麟的观点虽不尽同于王柏、金履祥,但他所谓"孔子之传有自来",则是指理学道统源远流长,反映出他们以理言经,以经明理的共同特色。

王柏、金履祥的怀疑精神,并及《四书》与理学诸儒。他们像其他理学家一样,特别推崇《四书》,王柏称之为"经天纬地之具,治世立教之书",说"苟能于《大学》以求其用,于《论语》以求其教,于《孟子》以求其通,于《中庸》以求其原,如是则义理沛然"(《鲁斋集》卷八《答王栗山》,《续金华丛书》本)。然而,他们对《四书》以及朱熹的集注又有不少疑论。如王柏疑《大学》《中庸》皆出于《子思》二十三篇之内(同上卷十《中庸论上》),疑《论语》出于古

《家语》①，为子思所集(同上卷九《家语考》)，疑《孟子》是自著之书(见《金华王鲁斋先生正学编》下卷《朱子读书法》)。他对于《大学》《中庸》《论语》的怀疑，尚可略备一说，然其所谓"《孟子》疑是自著之书，故首尾文字一体，无些小瑕疵。若是弟子集，则其人甚高，不可谓轲死不传"(同上)之说，显系他为维护道统而不顾事实的臆断。

对于朱熹《四书集注》，王柏、金履祥亦颇致疑词。王柏说："朱子之说《中庸》，至矣精矣，而某妄有所疑。朱子平时谓《家语》为《孔丛子》伪书，今于《集注》反取之以证《中庸》之误，愚尤惑焉"(《鲁斋集》卷八《通赵星渚》，《续金华丛书》本)。他还认为，《中庸》一书，章节散漫，易于错简，而朱熹于该书次第尚承汉儒之旧，所分章节太密，"恨不及质正朱子，既不敢自以为然，又不敢自欺曰无疑"(同上卷十《中庸论下》)。朱熹于《大学》，谓"格物致知之义而今亡矣"，故补传一章。王柏批评他"勇于补而不勇于移，竟以传文为经文"(同上卷九《大学沿革论》)。又说，"《大学》格致章不亡"，无待于补，而"考亭后学，一时尊师道之严，不察是否，一切禁止之"(同上卷十《大学沿革后论》)，对此表示不满。为了把《论语》抬到经书的地位，王柏"以《论语》属词联事，集为《鲁经章句》，而以《大学》《中庸》为之传，整比成卷"(引自王虎文《金华征献略》卷四《叶由庚传》)，企图树立以《论语》为中心的四书体系。他这种鲁莽的做法，曾受到朱熹门人叶由庚的批评。

金履祥撰《论孟集注考证》，用陆德明《经典释文》之例为朱熹《集注》作疏解，自称："或疑此书(与《集注》)不无微牾，既是再考，岂能免此。但自我言之则为忠臣，自他人言之则为谗贼尔"(《论孟集注考证跋语》)。事实上，此书与《集注》确有不少牴牾处，如朱熹赞孟子"伤惠伤勇"说是"恐人过予轻死"，而金履祥认为孟子此说只能为当时之戒，"使如后世吝予偷生之习性，则孟子之戒又须别矣"(《孟子集注考证》卷四)。金履祥作为南宋的主战派，他否定朱熹此解，显然是针对当时士大夫偷生苟安风气而发的。在

---

① 按：王柏认为，《家语》有三种，即古《家语》、后《家语》、今《家语》。《论语》为古《家语》之精语，《礼记》为后《家语》之精语，今《家语》"意王肃杂取《左传》《国语》《荀》《孟》《二戴》之绪余，混乱精粗，割裂前后，织而成之"。(见《家语考》)

他看来,否定《集注》的某些观点,正是出于他对朱学的忠诚。这固然反映出金氏以正宗朱学自居,但也表现其治学的独立思考精神。《四库全书总目提要》作者笼统地斥其为"门户之见","殊不可训"(卷三十五《论语孟子集注考证》条),未免失之于偏。

王柏疑难朱熹并不限于经书,对理学的一些重大问题同样置疑。如朱熹在与陆九渊兄弟关于"无极太极"的辩论中,谓"无极即是无形,太极即是有理",为陆氏所驳难。王柏对此也有非议。他说:"'无极而太极'一句,某非敢妄疑先哲,但疑其既是无形而有理,则图中圆象非形而何"(《鲁斋集》卷八《回赵星渚书》,《续金华丛书》本)?他从周惇颐《太极图易说》本身揭露朱说的矛盾,这比陆九渊反复辩论所谓"太极"非物要机智得多。当然,王柏没有、也不可能站在陆学一边,他仅仅是从"未必起象山之疑议"(同上)的观点来责难朱熹的。

王柏、金履祥是朱学的传人,他们对朱熹的疑论是从维护朱学的根本立场出发的。黄百家对王柏之学有这样一段评论:

> 鲁斋之宗信紫阳,可谓笃矣,而于《大学》则以为"格致"之传不亡,无待于补;于《中庸》则以为《汉志》有《中庸说》二篇,当分"诚明"以下别为一篇。于《太极图说》,则以为"无极"一句当就图上说,不以无极为无形,太极为有理也。其于《诗》《书》,莫不有所更定,岂有心与紫阳异哉!……后世之宗紫阳者,不能入郛廓,宁守注而背经,而昧其所以为说。苟有一言之异,则以为攻紫阳矣。然则鲁斋亦攻紫阳者乎?甚矣,今人之不学也!(《宋元学案》卷八十二《北山四先生学案》)

这番话颇有见地。王柏及其学生金履祥因其宗信之笃,而能成为朱学的传人;又因其敢于质疑问难,而能入朱学之郛廓,促进理学的发展。反之,他们的后学对朱熹传注不敢有一言之异,由宗信变成迷信,金华学派本身也就停止了发展而逐渐衰微。至明清时代的朱学末流,更加成了抱残守缺的腐儒。

四、金华朱学的历史影响

金华学派是朱熹理学中的一个重要宗派,它在历史上产生过广泛、深远的影响。

首先,它促进了理学的北传。南宋时期,金华朱学还是一个地方性学派。何基、王柏、金履祥等人不登仕途,讲学活动也不出浙江一隅。他们虽然在学术上颇有声名,但影响不大。入元以后,国家统一,理学北传,金华朱学始越出本地而广为传播。王柏弟子张𡒄(字达善,祖籍四川导江,称导江先生),元初被延聘于江宁学宫,时中州士大夫皆遣子弟受学《四书集注》,后又讲学于维扬,学徒益盛。黄宗羲说:"鲁斋以下,开门授徒,惟仁山、导江为最盛。仁山在南,其门多隐逸。导江在北,其门多贵仕,亦地使之然也"(同上)。黄百家也说:"吴正传言:导江学行于北方,故鲁斋之名因导江而益著。盖是时北方盛行朱子之学,然皆无师授。导江以四传世嫡起而乘之,宜乎其从风而应也"(同上)。以后,许谦又被侍御史赵宏伟延至金陵讲学,逾年而归。史称许谦弟子甚众,前后著录千余人。许谦门人吴师道被召入国子监,宗朱子以为教。金华学者的讲学活动,使朱学在全国范围内得到了广泛的传播。

其次,它开启了明初理学。被称为"开国巨公,首倡有明三百年钟吕之音"的宋濂是金华朱学的传人。濂受学于柳贯(字道传,浦江人),贯则出于金履祥门下。全祖望在《宋文宪公画像记》中指出,金华学统自许谦"渐流于章句训诂"为一变,至义乌诸公(柳贯、黄溍等)"遂成文章之士"为再变,至宋濂"渐流于佞佛者流"为三变(同上)。他以宋濂为金华学统的终结者,恰好说明了金华朱学对明初理学有着深刻的影响。关于宋濂的理学思想,本书将专章论述。

最后,还需要指出的是,金华朱学虽不像江西朱学(以吴澄为代表)那样主张"和会朱陆",但它在与陆学的争辩过程中,又不能不或多或少地接受心学的影响。如王柏说"孟子激发人说'放心''良心'诸处都流汗"(《金华王鲁斋先生正学编》下卷《朱子读书法》);金履祥强调"事物之理本具于吾心之知,惟夫不能格事物之理,则不能充吾心之知"(《大学疏义》)的思想,都已接近于心学。金华朱学(王柏、金履祥及其后学)在认识论上的心学色彩,对于元明理学都产生过直接或间接的影响。